MÉMOIRES

DE LA

SOCIÉTÉ DES ANTIQUAIRES

DE PICARDIE.

DOCUMENTS INÉDITS

CONCERNANT LA PROVINCE.

TOME ONZIÈME.

HISTOIRE
DE
L'ABBAYE ET DE LA VILLE
DE
SAINT-RIQUIER

LA VILLE DE SAINT-RIQUIER. — SA COMMUNE. — SA NOBLESSE. — SES DIVERS ÉTABLISSEMENTS. — SEIGNEURIES & FIEFS DE L'ABBAYE SITUÉS EN DIVERS LIEUX. — SES PRIEURÉS. — L'HÔTEL-DIEU. — LE CHATEAU DE LA FERTÉ.

Par l'Abbé HÉNOCQUE,

Doyen du Chapitre de la Cathédrale d'Amiens, ancien Supérieur du petit Séminaire de Saint-Riquier, membre titulaire résidant de la Société des Antiquaires de Picardie.

TOME TROISIÈME.

AMIENS,
A. DOUILLET & Cie, Imprimeurs de la Société des Antiquaires de Picardie,
Rue du Logis-du-Roi, 13.

1888

AU LECTEUR

Avant de livrer au public le troisième volume de l'Histoire de Saint-Riquier, assez différent des autres par sa physionomie et sa marche, par une série de documents formant un tout complet, nous rappellerons que nos recherches ont été faites avant tout dans les archives et les chroniques de la ville et du monastère, indiquées dans notre introduction. Nous y avons ajouté les renseignements que pouvaient nous fournir les écrits des auteurs dont nous avons donné les noms dans les notes au bas des pages.

Nous avons eu à cœur de faire revivre le souvenir des principaux personnages d'une ville déchue aujourd'hui, mais dont les commencements ont joui de quelque célébrité dans la contrée, avant qu'Abbeville l'eût éclipsée par la résidence de ses comtes. Signaler des bienfaits, des services dont un grand nombre de bourgs et de villages ont ressenti les influences, c'est payer une dette de reconnaissance à des hommes honorés de l'estime et de la considération de leurs concitoyens et encourager les efforts et les devouements des générations présentes. Nous offrons aussi à ceux qui voudraient rapprocher le passé des temps actuels un exemple de la mobilité et de la vanité des choses humaines.

Si l'on voulait nous reprocher la profusion des détails, la sécheresse de quelques nomenclatures de noms à jamais ensevelis dans l'oubli, nous pourrions répondre que nous avons marché sur les traces de ceux qui ont recherché les mœurs, l'histoire intime d'un grand nombre de localités moins importantes que la ville de Saint-Riquier, qui a tant reçu de son monastère, et lui doit toute son importance. On recueille avec soin les notes amassées par D. Grenier; elles font l'ornement de beaucoup de publications locales, bien qu'elles n'offrent pas toujours plus d'intérêt que les nôtres.

Nous demanderons grâce à nos lecteurs pour les erreurs qu'ils pourront rencontrer dans cette longue suite de généalogies, de noms de familles, de dates, de faits féodaux empruntés peut-être parfois à des sources peu sûres. Nous en avons corrigé quelques unes, nous craignons qu'on en découvre encore d'autres. L'auteur comprend plus que personne l'imperfection de son œuvre; mais il lui semble qu'il doit avoir mérité quelque peu de la science archéologique en offrant à des travailleurs plus experts un grand nombre de notions et de faits perdus dans de vastes collections et dans des archives qu'il n'est pas toujours facile d'aborder, soit par défaut de temps, soit par la distance des lieux. Nous souhaitons que les amis des études des siècles passés trouvent dans notre ouvrage des matériaux dont ils puissent tirer parti pour fixer des points d'histoire locale qui ont été rarement abordés.

Nous emprunterons à l'un de nos plus utiles devanciers notre épilogue ou dernier hommage à la ville qui nous a procuré les consolations de nos longues études.

Centula, diligo te, doctricis captus amore,
Ultima cum tibi do munuscula, mater, aveto;
Atque vicem referens, dic Nato : Nate, Valeto.

LIVRE XVI.

LA SEIGNEURIE DE SAINT-RIQUIER.

CHAPITRE I.

LA VILLE DE SAINT-RIQUIER DU XIe AU XVIIIe SIÈCLE.

Nous avons parlé au chapitre XIII du IIIe livre de l'origine de Centule et de sa splendeur sous saint Angilbert. Après avoir subi toutes les vicissitudes des guerres et des désastres des âges suivants, ouvert ses portes aux populations qui se pressaient au tombeau du glorieux patron de ces contrées, Centule perdit son nom dans le mouvement religieux, dont l'histoire nous a conservé de si beaux souvenirs. Celui de saint Riquier qu'on vient invoquer avec tant de foi s'incarne, pour ainsi dire, dans la dévotion du peuple chrétien et on ne parle plus que de la ville de Saint-Riquier, *Urbs Sanchariensis.* C'est ainsi que la ville de Centule devint la ville de Saint-Riquier, comme *Leuconaus,* la ville de Saint-Valery, comme *Sithiu,* la ville de Saint-Omer. Il serait superflu d'énumérer d'autres localités anciennes dont les noms ont été absorbés dans celui du patron (1).

Les chartes latines du XIIe et du XIIIe siècle parlent souvent du *Castrum Sancti Richarii.* En effet la ville alors fortifiée par une bonne enceinte de murailles et de nombreuses tours comptait parmi les places de guerre de l'époque. Souvent attaquée, toujours

---

(1) Nous nous proposons de donner en note les formes latines et françaises des noms des lieux dont il sera parlé dans cette partie, en négligeant toutefois les variantes qui ne sont dues qu'à la négligence ou l'ignorance des copistes.

Hariulfe, D. Cotron, Jean de la Chapelle seront nos premières sources. Le Dictionnaire Topographique du département de la Somme par M. Garnier nous sera aussi d'un grand secours pour les noms cités dans d'autres auteurs.

Saint-Riquier. *Villa Centula.* — *Centulum.* — *Urbs Sanchariensis.* — *Castrum S. Richarii.* —*Vicus, Villa S. Richarii* ou *Divi Richarii.*—*S. Richarius in Pontivo.* — S. Richier en Ponthieu. — S. Rikier. — S. Ricquer.

Hariulfe — D. Cotron. — Jean de la Chapelle. M. Garnier.

vigoureusement défendue, elle entretenait ses fortifications en bon état, sous la surveillance d'un capitaine qui commandait au nom du roi (1).

La ville de Saint-Riquier n'a d'autre histoire avant 1126 que celle de son monastère. La commune, octroyée par l'abbé Anscher à la demande de Louis-le-Gros, lui donna alors une existence civile et administrative dont les actes ont eu leur retentissement dans les luttes du moyen-âge. Les démêlés entre la commune et les abbés ont été étudiés par les investigateurs de nos coutumes locales: On connaît les privilèges concédés bénévolement par les abbés ou obtenus par la persévérance de l'échevinage à revendiquer l'indépendance et l'autorité dans la petite seigneurie dont il était investi.

Avant d'énumérer les droits seigneuriaux des Abbés sur la ville de Saint-Riquier, avant de rappeler les institutions, les us et coutumes de sa commune, il nous a paru utile de retracer sa topographie. Quelles qu'aient été les transformations survenues dans les propriétés urbaines, il reste constant que son enceinte circonscrite par les nouveaux et les *Vieils Fossés* n'a point été sensiblement modifiée depuis l'abbé Anscher. Il est sans doute difficile d'assigner l'époque à laquelle les remparts des derniers siècles ont renfermé la ville dans l'enceinte dont il reste des ruines presque indestructibles ; mais ce n'est certainement pas à la suite du siège de 1421 ou des désastres de 1475. Nous avons reconnu dans les comptes de la ville et l'examen de plusieurs titres qu'avant cette époque il est question des nouveaux et des vieux fossés, d'une double enceinte de la ville.

L'ancienne enceinte est encore délimitée en plusieurs endroits par des fossés profonds ; par exemple entre la rue de Gapennes et la rue de Neuville ou par des lignes faciles à suivre, comme dans la propriété de M. Levoir, entre la rue de Neuville et la rue Vincheneux, dans les jardins entre la rue de Gapennes et le chemin de Millencourt. Nous ne saurions plus reconnaître si la rivière formait là première enceinte du côté du midi, ou si elle était défendue par des murailles. Mais point de doute pour nous qu'il existait une enceinte se dirigeant du Scardon à la porte d'Abbeville. La place de cette

---

(1) Voici, d'après Louandre, quelques aperçus d'une ville fortifiée du moyen âge. La ville avait une enceinte de murailles continue, crénelée et défendue par des tours rondes engagées dans les murs. Ces tours étaient surmontées de terrasses garnies de plomb et portaient chacune un nom particulier, ordinairement un nom de saint. L'enceinte était en pierres blanches dans la partie supérieure, en grès à sa base. Un large fossé rempli d'eau en défendait l'approche. Chaque porte, flanquée de grosses tours et surmontée de machicoulis (au XIV° siècle) et de guérites munies de cloches pour sonner l'alarme au moindre danger, formait comme une forteresse particulière. Des ouvrages avancés en terre ou en bois désignés sous le nom de Chas-

telet, Bastilles, Manteaux, Bailles, Barbacanes, complétaient avec les ponts-levis et les barrières le système de défense. Un chemin de ronde régnait à l'intérieur, autour des murs.

« Les portiers ne pouvaient ouvrir ou fermer les portes de la ville qu'en présence d'un échevin et d'un mayeur, je bannières auxquels on avait confié les clefs. Ces deux officiers étaient tenus de les leur apporter chaque jour renfermées dans un petit coffret, qu'ils reprenaient aussitôt l'ouverture et la fermeture des portes, pour les garder sûrement dans leurs maisons. Les portiers étaient pris parmi les hommes de confiance. »

Histoire d'Abbeville. Tome II, pag. 337.

CHAPITRE I. — LA VILLE DE SAINT-RIQUIER DU XI° AU XVIII° SIÈCLE.

porte était-elle en face de la rue du Brusle ? Faudrait-il la reporter jusqu'au passage du Pont-Hulin sur le Scardon ? L'inspection des lieux nous donnerait difficilement la solution de cette question. Tout en opinant pour la rue du Brusle, nous ne pouvons nous empêcher de faire remarquer que le rideau du *Sentier derrière les jardins* de la rue Habengue nous a toujours fait supposer l'existence d'anciennes constructions en cet endroit : puis il reste des traces de constructions le long de la promenade des Arbrets et une apparence d'enceinte au-dessus de la source de Mirandeuil. Aux abords de ce lieu, on a même trouvé des cadavres et des restes d'armes, en creusant le chemin de l'ancien hameau de Montigny à Saint-Riquier. Il ne serait donc pas impossible que la porte d'Abbeville ait touché Drugy au passage du Scardon. Cette enceinte de l'ouest allait-elle rejoindre les tours de la première enceinte, ou suivait-elle le chemin creux qui remonte jusqu'au chemin de Millencourt ? C'est ce qu'il est difficile d'affirmer aujourd'hui ; mais ce qui est certain, c'est qu'à la naissance de ce chemin, il existe des traces d'une enceinte extérieure aboutissant au chemin de Gapennes. On voit en outre dans les comptes de 1495 qu'on paie un ouvrier pour avoir démoli une tour aux *Vieils fossés*, près la tour Robert de Poix (1).

Sept portes, percées dans l'enceinte des *Vieils fossés*, étaient connues sous les dénominations suivantes : 1° Au nord la porte du *Boulevert*, du côté de Gapennes. En 1495, on mène encore des pierres à la porte du *Boulevert*. « On met une aisselle au tupecul de cette porte, que les gens d'armes avaient rompue ; » 2° au nord-est la porte d'Yvrench, qu'on appelle aussi la *Porte peinte*, sans doute pour une couche de badigeon appliquée sur le bois. En 1495, Etienne-aux-Cloques prend à ferme le *Vieil fossé* de la Porte peinte jusqu'au *Nœuf fossé* de la dite ville. On parle ailleurs d'un *Vieil fossé* à la porte allant vers Yvrench, nommé le Fossé de l'Ange ou plutôt de l'Angle. Au registre des comptes de 1740 on parle encore de la Porte peinte, « près les grands jardins de l'Hôpital, qui tient aux vieilles murailles » ; 3° à l'est la porte de Neuville sur le chemin de ce hameau ; 4° au sud-est la porte de Vincheneux, à l'issue de *Vincheneux*, ou du chemin qui conduit à Gorenflos, près du canton auquel la pairie de Vincheneux a donné son nom. Dans un accord entre la ville et la Ferté, en 1323, on parle des fossés mouvants de la rue de Vinchœneul, « des ruines dans les camps en venant de la porte de « la rue de Vinchœneul. » On parle en outre de « Trenkie qui va de Vinchœnœul à la « poterne de Saint-Benoît, dedans les dernières portes de la ville vers les camps ; » 5° au sud la porte Notre-Dame avec des défenses avancées contre le château de la Ferté, entre lesquels on note la *Vieille-Fortiche*, dont les ruines sont encore faciles à reconnaître en face du cimetière ; 6° la porte du Pont-Hulin ou d'Abbeville ; 7° la porte du *couchant* d'où partait la seconde enceinte aboutissant à la porte du *Boulevert*.

(1) Ce nom rappelle l'ancienne famille de Tyrel ou de Poix, dont les domaines sur l'Authie touchaient à ceux de l'Abbaye. Il est probable qu'un chevalier de cette famille aura commandé dans la ville de Saint-Riquier et fait bâtir cette tour.

Dans l'enceinte actuelle, on avait pratiqué quatre portes dont on peut encore fixer l'emplacement, puisque les murs existent à l'endroit des chaussées par lesquelles on entrait dans la ville. Voici les noms de ces portes : au nord, *Haymont-Porte* ; à l'est, la porte *Saint-Jean* ; au sud, la *porte Hairon* ; à l'ouest, la porte *Saint-Nicolas*. Il y avait devant ces portes des ponts sur les fossés et probablement des herses. Des portelettes ouvraient un passage aux piétons, aux heures où les portes étaient fermées. Les gardiens occupaient des logettes tout auprès pour la surveillance des entrées. Les comptes du XVIIIe siècle nous ont conservé le chiffre de leur salaire et nous disent que le tapecul de la porte Notre-Dame était chargé d'une redevance envers la Ferté (1).

Plusieurs écrivains anciens et notamment les chroniqueurs, qui racontent le siège de Saint-Riquier en 1421, ont confondu la porte Haymont, située au pont le plus élevé de la ville vers le nord avec la porte Hairon, qui conduisait à Notre-Dame. En copiant les pages qu'ils consultaient, nos contemporains ont récriminé contre la destruction de la porte Hairon, dernier vestige, disent-ils, de la ville féodale, que l'administration des Ponts-et-Chaussées a fait disparaître il y a quelques années. Les comptes anciens nous permettent de rétablir cette porte à sa place véritable. On voit en effet, par les notions topographiques qu'ils contiennent, que la porte Hairon fermait la rue du Mont Pèlerin, aboutissant à la porte Notre-Dame sur le Scardon. En 1627 cette porte a perdu son nom et l'a échangé contre celui de porte Notre-Dame, probablement démolie à cette époque : « Ténement près la porte Hairon, depuis appelée porte Notre-Dame. » La distinction des deux portes du sud a été du reste constatée en 1840, lorsqu'on a réparé le pont sur le Scardon. Les piles des tours de l'ancien pont ont été mises à jour, ce qui a confirmé les observations recueillies dans les vieux parchemins de la ville.

Nous voyons par les comptes que les deux enceintes des murailles ont été entretenues en même temps. Il est à croire que les *Vieils fossés* ont été conservés même en présence des nouveaux remparts. L'existence d'une double porte, sur chaque point cardinal, donne quelque fondement à cette assertion. Mais peu à peu les injures du temps rendant inutile une enceinte délabrée, qui ne renfermait plus que des masures ruinées, toute la résistance s'est concentrée derrière les nouveaux remparts et les propriétaires du sol ont démoli les tours et les murailles pour agrandir leurs cultures.

(1) Le 13 juin 1793, on déposa sur le bureau du Directoire du département de la Somme plusieurs pièces qui demandaient la démolition des portes de Saint-Riquier sur la grande route d'Abbeville à Arras par Doullens. On faisait remarquer que les portes tombaient de vétusté, que les cintres des voûtes étaient menacés d'une ruine prochaine, que les murs lézardés en plusieurs endroits surplombaient, que ces portes n'ayant que huit pieds de largeur sur onze de hauteur, les débouchés étaient insuffisants et qu'ainsi la démolition était indispensable et urgente pour le passage des subsistances des armées de la République ; enfin que la ville de Saint-Riquier n'étant plus une place forte, ces portes étaient devenues inutiles.

La démolition, ajournée d'abord faute de ressources, fut ordonnée le XI Germinal an II et confiée aux ingénieurs chargés des routes. (*Registres aux Délibérations du Conseil Général du Département de la Somme, bureau des Travaux publics, registres* 3 *et* 4.)

Société des Antiquaires de Picardie P. N° 7.

Porte du Hérou à St Riquier. Dessin de Pallard.

FORTIFICATIONS DE LA VILLE. TOUR MARGOT.

A l'aspect de quelques débris de tours, que notre génération a encore vues debout, on peut juger et du nombre considérable de tours et de la puissance de ces fortifications, à l'époque où l'on ne foudroyait pas les murailles et les villes avec des bombes et les engins de destruction que la science moderne perfectionne sans cesse. On était à l'abri des flèches et des biscayens derrière les créneaux de pierre et l'on ne déposait les armes qu'après avoir disputé le terrain pied à pied. Ville frontière pendant tout le moyen-âge, Saint-Riquier opposait sa double enceinte de remparts et de tours à toutes les attaques de ses ennemis. On a vu que ses courageux habitants n'ont point failli à leur mission, quoique les calamités des guerres incessantes de ces siècles aient presque toujours pesé sur eux, qu'ils aient été rançonnés, pillés, incendiés nombre de fois. Depuis près de trois siècles que cette ville de guerre est déclassée, ses défenses abandonnées aux forces corrosives des vents de mer ont en même temps subi l'action plus délétère de la mobilité de l'esprit français. Quelques années encore et toute trace des luttes de nos pères aura été complètement effacée. On pourra en toute sécurité leur reprocher leur ignorance et leur manque de civilisation, sans être contredit par la présence des monuments de leur patriotisme, ni par le spectacle de leurs patients labeurs ou de ces efforts persévérants, qui ont triomphé de l'ennemi et nous ont assuré l'indépendance dont nous jouissons (1).

Les bases de quelques tours sont cachées sous des massifs de lierre ou enfermées dans des constructions modernes. Plusieurs des grosses tours avaient leur nom caractéristique. Signalons, outre la tour de Robert de Poix, la *grosse tour*, la *tour Margot Du Four*, *la tour Henotte*, *la tour Fourrée*, *la tour des Poulies*. Une seule reste encore debout, mais elle est percée à jour de tous côtés et sans couronnement. Le voyageur peut saluer, de la route de Doullens, la silhouette de cette ruine pittoresque, qui a bravé la furie des Espagnols et les intempéries des saisons. De tous les remparts de la vieille ville du Moyen-Age il ne reste, dans un état satisfaisant, que la portion des murs restaurés pour les jeux et récréations des élèves du petit séminaire.

Conduisons maintenant à travers l'antique ville féodale ceux qu'une semblable description pourrait intéresser. Nous partageons la ville en quatre zones, marquées par ses grandes chaussées, à peu près orientées sur les points cardinaux. Avant de nous engager dans le dédale de ses rues, où sont écrits quelques souvenirs de l'histoire locale, faisons une station sur la place publique, quadrilatère assez spacieux, formant une magnifique avenue à l'église monastique, qui domine si majestueusement sur la ville. Bénissons avant tout, les moines, ces hommes généreux dont la piété l'a dotée depuis des siècles

(1) Il est peu de villes en France, dit Charles Louandre, même dans les régions du Nord, qui aient souffert des ravages de la guerre plus cruellement que Saint-Riquier. Brûlée par les Normands au IX° siècle, par le comte de Flandre au siècle suivant... par Hugues de Caudavene... elle soutint une douzaine de sièges pendant la guerre de Cent Ans.
Revue des Deux-Mondes, 15 juillet 1873.

d'une basilique, que la collégiale d'Abbeville essaya de surpasser, mais sans succès, et qui ne le cède dans notre département qu'à l'incomparable cathédrale d'Amiens (1).

En dehors du quadrilatère, sur un prolongement de la place, un monument se détache des autres habitations, dont il se distingue par sa tour surbaissée, reste assez fruste d'un édifice plus imposant dans les siècles passés. C'est le beffroi, le palladium des libertés communales, le centre de la vie politique, d'où s'élevait le cri de ralliement des défenseurs de la cité, comme le signal de toutes les agitations. C'est en 1528 que le beffroi fut édifié au milieu de la place. Auparavant il devait ne former qu'un seul corps de bâtiment avec le Bourdois et faire en même temps saillie sur les autres constructions.

Le passé de la ville de Saint-Riquier revit pour nous dans ses comptes. En voici une brève description. Tout autour de la place, entre des maisons humbles et rustiques, s'élevaient des édifices en belle pierrre de taille, bâtis par des familles nobles de la ville. Les enseignes et les devises de ces maisons, habitées plus tard par les marchands et les taverniers, appartiennent-elles à cette noblesse ou à la réclame des commerçants ? C'est ce que nous ignorons aujourd'hui : qu'il nous suffise de copier les archives. Au centre de la place en face de l'église, on remarque l'hôtel de la *Fleur de Lys* ou *Fleur de France*, dont les possesseurs sont connus depuis quatre siècles. Sur le même rang vers le nord on voit l'*Hôtel de l'Angle* ou *de l'Ange*, puis l'hôtel *Saint-Martin*, l'hôtel du *Pot d'étain*. En descendant à la gauche de l'hôtel de la Fleur de Lys, l'hôtel des *Luppars*, plus tard le *Vert Léopard*, touche à celui des *Molinets* qui est suivi du *Bel-Hôtel*, résidence urbaine des sires de Gapennes. Leurs droits sur cette maison ont passé de famille en famille. Est-ce le Bel-Hôtel qui a créé un titre féodal à un héritier des Montmorency du Ponthieu, à Guillaume-Nicolas du Bois de Bel-Hôtel ? Cette demeure seigneuriale, avec ses redevances mixtes à plusieurs suzerains, avec ses cens et surcens, tient une large place dans les cueilloirs et les archives de la localité. Sur la même ligne, l'*Hôtel Saint-Jacques* fait le coin de la rue du *Baille*, au lieu dit le *Bourg*, nom qui semble indiquer le centre de la seigneurie communale.

Sur la façade du midi le logement *Du Vaire* ou *Grand-Vaire*, habitation de Jean de la Chapelle, dont le nom fut illustré, au xv° siècle, par les titres d'historiographe et de notaire apostolique, fait le coin de la rue du *Mont Pèlerin*. La *Maison-Dorée*, puis le *Vert-Bois*, le *Blanc-Coulon*, l'*Hôtel des Suisses*, occupaient l'espace compris entre la rue du Mont Pèlerin et la rue Notre-Dame. L'*Hôtel du Cygne*, *Les Trois-Rois*, la *Vignette*, appelée depuis Hôtel Saint-Nicolas, dessinaient à l'Est les contours de la place avec l'église Saint-Nicolas.

Nous avons vu que la modeste chapelle de Saint-Nicolas, bâtie pour les familiers ou serviteurs du monastère, après avoir été enclavée dans l'enceinte sacrée, fut plus tard

(1) Voir, *Tome* II, la description de l'église et du monastere et les renclôtures de l'Abbé d'Aligre

édifiée hors des murs du monastère, du consentement de l'Evêque d'Amiens. C'est par erreur qu'on lui a donné dans quelques pouillés et dans quelques titres officiels le titre d'église paroissiale ; jamais elle n'a joui de cette prérogative, elle fut seulement concédée à une confrérie pour ses exercices religieux, mais sous la réserve des droits seigneuriaux du monastère. L'église Saint-Nicolas ne contenait que deux verges de terrain. Des maisons étaient adossées contre les murailles et la préservaient du tumulte et de la fange du marché. Les derniers pans de murailles ont disparu de notre temps. Le *Bourdois* lui-même s'appuyait contre cet édifice ; il ne contenait, depuis le changement du beffroy, que 7 à 8 pieds. Petit corps de garde sur la place, sans destination après le déclassement de la ville, il avait été baillé par les mayeur et échevins à cens non rachetable. Le dernier censitaire avait bâti dans le sous-sol un four, dont on a démoli les restes en 1860.

QUARTIER DU NORD. — La rue de *L'Hôpital*, aujourd'hui bien abaissée, arrivait autrefois à Haimont-Porte par une pente très-raide. Le splendide coup d'œil, dont on jouit au sommet de cette rampe, ne dédommage que les touristes d'une pénible ascension. A gauche, on cotoye l'Hôtel-Dieu et sa ferme, dont les constructions se sont renouvelées et notablement agrandies au xviie siècle, et plus encore au xviiie, par d'importantes acquisitions sur les héritiers de Marguerite de Pollehoye (1749). Les vastes cours de la ferme, le verger en face de l'Hôtel-Dieu, d'autres vergers dont l'un près *des Vieils fossés* remblayés, et l'autre dans la rue d'Yvrench, en dehors des murs actuels, ont été rachetés sur plusieurs particuliers. De nombreuses habitations du moyen-âge étaient comprises dans ces spacieux enclos. En fouillant le sol végétal, ici labouré, là converti en prairies artificielles, mais partout imprégné de *détritus* calcinés et noirâtres, on peut conjecturer qu'il existait là autrefois des rues amassées. Qu'il nous suffise de signaler la rue des Anglais, descendant alors par le verger de la rue d'Yvrench, à travers les fossés actuels, jusqu'à la muraille du monastère.

Dans la rue de l'Hôpital, entre autres habitations, on distinguait l'*Hôtel du Petit-Cygne* tenu en 1475 de la maladrerie du Val, l'hôtel *Saint-Georges*, l'hôtel *Sainte-Barbe*, patronné des artilleurs, l'hôtel *de Neuville*, dont il est fait mention en 1475, et en dehors de la porte Haymont, l'hôtel *Saint-Vigor*. A la grande rue du faubourg actuel aboutissent les chemins de *Montigny*, de Millencourt, de Neuilly-l'Hôpital, d'Agenvillers, de Domvast, de Gapennes, de Noyelles-en-Chaussée, d'Yvrencheux, d'Yvrench et d'Oneux. Les *Vieils fossés*, du côté de la porte d'Yvrench, sont encore parfaitement dessinés. Quelques pans de murs aideraient presque à supputer la force des remparts.

Dans les derniers siècles, un moulin à vent dominait les murs de la ville de ce côté. Sa motte contenant quatre verges était même exhaussée sur les remparts.

La porte d'Haymont ne devrait-elle pas son nom à un domaine connu du temps d'Hariulfe, sous le nom d'*Hamangi-Mons*? (1).

---

(1) Hariulfe. *Chron. Cent. Lib. III, pag.* xix.

On s'est occupé vers 1843 de la porte d'Haymont, quand l'administration des Ponts-et-Chaussées, pour élargir la route, en décréta la démolition. La Société des Antiquaires de Picardie protesta contre une mesure qui portait atteinte à l'art du moyen-âge et effaçait des souvenirs précieux pour la contrée (1). On ne s'arrêta point devant ce vœu de la science archéologique.

Nous lisons dans l'histoire de M. Prarond, la remarque suivante : « Ceux qui ont vu la porte d'Haymont, démolie en 1843-44, diront que c'était une ouverture de forme ogivale, peu élevée, entre deux tours rondes, que reliait une étroite plate-forme au-dessus même de la porte. En avant de cette porte, du côté des champs, s'avançaient, de chaque côté, des murs en pierres blanches qui faisaient autrefois partie du système général des fortifications de la ville » (2).

Rappelons ici qu'à peu de distance de la porte du Boulevert, un lieu dit *le Camp du Roi* nous reporte, à travers les siècles, au campement de Hugues Capet, près des murs de Saint-Riquier. Plus loin dans la plaine, entre le chemin de Domvast et celui de Gapennes, la borne de la banlieue est encore assise à l'extrémité d'une pièce de terre.

Le quartier le plus populeux de la ville de Saint-Riquier se trouve dans le grand carré compris entre la porte d'Haymont et celle de Saint-Jean. Dans cet espace les rues se croisent et se coupent à angles plus ou moins égaux, et rappellent même plusieurs noms du dénombrement du ixe siècle. Les maisons manquent d'amasement et de jardins. C'est bien un débris de l'antique Centule, où le pauvre peuple ne pouvait se créer que des petites masures.

On distingue, de l'Est à l'Ouest, la rue des *Maréchaux*, au-dessus du jardin de l'Hôpital ; au-dessous du même jardin, la rue des *Macheries*, vieux synonyme sans doute de rue des *Boucheries*, conduisant de la rue de l'Hôpital à la rue Montgorguet. Les Macheries sont suivies de la rue du *Cantroy* qui aboutit à la rue des *Anglais* et suit parallèlement celle des *Ecoles*. Du Midi au Nord, ces rues sont coupées ou bornées par la rue *Montgorguet*, où le seigneur de la Ferté possédait un four bannier, et la rue des *Angles* ou *Anglais* se prolongeant autrefois, comme nous l'avons marqué plus haut, jusqu'à la rue d'Yvrench. Ce nom emprunté à un peuple étranger, avant les guerres qui appelèrent les Anglais dans notre ville, rapproché de quelques surnoms recueillis dans les chartes du xiie siècle, nous fait supposer une émigration d'Anglais à la suite de Saint Thomas de Cantorbéry, recevant à Saint-Riquier une généreuse et cordiale hospitalité. La rue où ils se sont fixés aura pris leur nom et l'aura ainsi conservé à la postérité.

Les hôtels de *Grambus*, de *Bours*, de *Gaissart*, de *Coulombeauville*, avaient été édifiés dans ce quartier.

A peu de distance de la rue d'Yvrench, sous Pommereuil, peut-être à la jonction des

---

(1) *Annales Archéologiques de Didron. Tome* i, *page* 52. — *Bulletin de la Société. Tome* i, *page* 351.

(2) *Histoire de Saint-Riquier, page* 288.

chemins d'Yvrench et d'Yvrencheux s'élevaient les *Fourches patibulaires* (1) de la commune, emblêmes de sa juridiction souveraine. Les hommes seuls y subissaient le supplice mérité par de grands crimes ; car un petit champ au-dessous d'un rideau, vers le chemin de sole qui se détache à la route d'Auxi, portait le nom de *Justice à femmes*. C'est en ce lieu qu'on enterrait toutes vivantes les femmes condamnées à mort. Ce supplice réservé aux femmes, tout barbare qu'il nous paraisse, nous montre cependant que nos pères respectaient la pudeur de la femme ; c'est pourquoi, lors même qu'elle avait outragé les lois fondamentales de la société civile ou religieuse, on lui épargnait l'humiliation des fourches patibulaires ; et, pour la soustraire aux regards du public, on l'ensevelissait ainsi toute vivante dans la terre.

Ajoutons ici une remarque de Pierre Le Prêtre. « Or est à savoir que grand multitude de gens affluoient de toutes parts à la Justice, et par espécial femmes et filles, pour la grande nouveleté qui étoit de pendre une fême : car onques plus ne fu veu au royaume de France » (2).

Revenons à la grande place. En s'avançant à l'Est vers la rue Saint-Jean, autrefois grande rue du *Moûtier*, on cotoye à droite le grand mur de clôture du monastère. A gauche après l'hôtel de la Vignette, aujourd'hui de Saint-Nicolas, on remarquait l'hôtel de l'Echevinage. On sait l'importance de l'Echevinage dans l'histoire d'une ville du moyen-âge. C'est là que se tenaient les plaids de la commune, les assemblées des mayeur, échevins et corps de ville. Le prévôt royal y avait aussi ses assises et y rendait ses arrêts pour les justiciables de la contrée. L'hôtel de l'Echevinage était tenu de la ville ; il lui payait des redevances, dont les droits furent modérés en 1495, « à cause de feu et de destruction de la ville. »

Dans la rue du Moûtier, un ténement, surnommé *le Paraclite*, avait appartenu à Jehan de Molliens : il aboutissait par derrière à l'habitation de M. de Grambus et à l'Ecu de France.

A la porte Saint-Jean commençait la chaussée de Neuville, fermée aux *Vieils fossés* par la porte de Neuville (3). « En la rue de Neuville devoit être le ténement de la demoiselle de Brucamps, depuis de Guy de Domqueur. »

« Au bas et au haut de la rue de Neuville, » à gauche, on voit le *Mont-Vinaigre* ou *Malvinage*, ancien âtre des conquérants Mérovingiens, où l'on a découvert dans ces dernières années de curieux vestiges de leur sépulture. (4)

On parle en 1387 « de la rue du *Mauvinage*, jouste la voie par laquelle on va au fossé de la ville, aboutant audit fossé d'autre part. »

Près de la Porte Saint-Jean, une vieille chaussée se détache à droite, longe les fossés,

---

(1) 1293. « Jean Cleuet vend une pièce de terre à Pommereuil, sous les fourques de la ville. »

(2) *Chronique, folio* XIII, *verso*.
On lit encore dans la *Bibliothèque de l'Ecole des Chartes* qu'on ne pendait pas les femmes, mais qu'on les brùlait.

(3) On l'appelait la porte des Nobles au IX® siècle (Tome I, page 210)

(4) Voir Tome I, page 97.

conduit à la rue Vincheneux, la rue des *Tanneurs* au xiv° siècle, où Jean de Vincheneux possédait un moulin.

Toute la partie comprise entre les nouveaux et les *Vieils fossés*, a formé pour un temps le fief *Francières*, connu dès 1355, et tenu de l'Abbaye et de la Ferté. On a conservé les noms de plusieurs des possesseurs de ce fief noble.

Le fossé des eaux sauvages de Neuville, ancien affluent du Scardon, lorsque les sources de cette rivière allaient s'alimenter jusque sous les bois d'Yvrench, s'appelle le fossé *Carruel*, auprès duquel on connaît la ferme du fossé *Carruel*, aujourd'hui propriété de M. Levoir.

La rue de Vincheneux a tiré son nom de l'antique domaine de Vincheneux, fief tenu de la Ferté en pairie. La famille Vincheneuil, si recommandable par ses services au moyen-âge, aura sa page au chapitre de la noblesse de Saint-Riquier. Le manoir de la pairie de Vincheneux s'appelait l'hôtel du *Baille*. Le pré *Pelant*, près « la Portelette de Vincheneux, » avait son ténement joignant aux vieils fossés. A quelques pas de là, les marchands de lin se réunissaient à jours déterminés au pied d'une croix et y tenaient leur marché. Un peu plus loin dans la plaine on a le jardin Du Four, place d'un four banal, auquel on arrivait par la rue *du Four*. C'est de-là que la famille bourgeoise de Du Four, dont le ténement était amasé en cet endroit, a tiré son nom. Dans le même canton les *Pourchains* ou *Pourquiers* et la *Justice de la Ferté* tenaient « au quemin qui mène de la Ferté à Neuville ».

L'antique château de la Ferté montre au Sud-Est de la ville, ses larges et indestructibles murailles du xiii° siècle, autrefois flanquées de tourelles et pourvues de tous les engins de défense que la science militaire y avait ajoutés. Le château de la Ferté contient 15 journaux avec ses dépendances en prairies et en bois, y compris le terrain affecté à son moulin à vent, dont la butte est restée longtemps visible.

Des sources d'eau ferrugineuse, jaillissant du sein des terres humides de ce domaine, coulent au milieu des vergers. Elles étaient autrefois recueillies pour les valétudinaires de la contrée, qui ne pouvaient, à cause de la dépense des voyages, demander la santé aux eaux minérales plus renommées. On lit dans les annales de l'Hôtel-Dieu que feu M° Guillaume de Pontroué, chanoine de Picquigny, étant venu à Saint-Riquier pour y prendre les eaux minérales d'une fontaine près du bois de la Ferté, choisit son logement à l'Hôtel-Dieu, où il mourut en 1690. (1)

Nous touchons par la Ferté au quartier Saint-Benoît, dont il a été parlé dans la des-

---

(1) D. Grenier parle aussi de ces eaux minérales. (*Tome* LVII, *fol.* 64, *v.*)

« D'après les mémoires de M. Dargnies, ces eaux n'on pas de réputation. On ne les prend plus. La fontaine n'est pas en bon état, quoique feu M. Vraiet, médecin à Abbeville, m'ait assuré plusieurs fois qu'elles étaient plus minérales que celles d'Abbeville, et supportaient mieux le transport. »

Cette fontaine dont parle D. Grenier ne serait-elle pas celle qu'on a appelé *Bonne Fontaine*, Borfontaine, et dont il sera parlé un peu plus loin ?

cription du monastère (II, 259) et à l'église Notre-Dame, d'où nous remonterons au quartier du Sud, après avoir signalé les lieux principaux du faubourg.

Au confluent des ruisseaux du Scardon et de la Malvoisine, les eaux se répandaient dans un lac poissonneux que le châtelain entretenait entre le rempart et la rivière, comme on le voit dans les accords de 1323. Le ruisseau de la Malvoisine, qui remontait autrefois jusqu'à Bussu, et pour le curage duquel il y eut de nombreux procès entre la ville et le seigneur de la Ferté, sépare le château de *l'Atre Notre-Dame* ou cimetière de Notre-Dame d'après la désignation du xvi° siècle. L'église paroissiale, dédiée sous le titre de la Nativité de Notre-Dame, par Saint Angilbert lui-même, n'est autre que la seconde église du splendide monastère du ix° siècle.

Le ténement en face de Notre-Dame autrefois nommé le *Vieil fossé* et, en 1384, le fossé de la *vieille fortiche*, séparait la *rue Neuve*, au faubourg Notre-Dame, du *Quintinier*. Cette rue se bifurque à l'extrémité du faubourg ou l'on rencontre la *chaussée d'Ailly* et le sentier de *Buigny*. La rue *Baraquevaux* s'en détache à gauche pour conduire au moulin d'*Arundel*, si pittoresquement assis sur une colline, d'où l'on domine tout le paysage des environs et d'où la vue se prolonge, à travers la vallée du Scardon, jusque dans les profondeurs de la baie de Somme.

La rue Notre-Dame qui passe sur le Scardon conduit à la porte Hairon, dont il ne reste plus de trace. A peine entré dans la ville, vous gravissez la rue du *Mont Pèlerin*, nom caractéristique, qui rappelle les souvenirs les plus sacrés de l'antique ville de Saint-Riquier. Vous auriez vu autrefois à votre droite la rue parallèle de la *Poissonnerie* longeant les murs de l'abbatiale : — rue aujourd'hui fermée, — et à votre gauche la rue transversale de la *Vallée*, où la famille de Hangard avait son hôtel et le ténement de sa *Garde-robe*. Cet hôtel, appelé depuis hôtel de *Francières* et de *Fransu*, est aujourd'hui détruit. L'hôtel de Fransu avait hérité des charges du fief de Giles de Saint-Riquier. Il est donc permis de supposer que Giles de Saint-Riquier l'avait aussi possédé et qu'ainsi une famille du nom de saint Riquier aurait eu, au moins transitoirement, son domicile dans la ville d'où elle tirait son nom, le plus glorieux des noms des feudataires du monastère. Le *Noir Mouton* venait après l'hôtel de Fransu, puis l'hôtel *Thiboutot* contre le rempart. On reconnaît encore cette habitation adossée à une tour en ruine. Chef-lieu d'un fief souvent nommé dans les terriers du monastère, elle fut longtemps possédée par la noble famille de Hesdin.

On parle, en 1488, de la maison de l'*Incluse* en face de l'hôtel de Fransu. Nous savons par cette mention, que même à cette époque de saintes femmes menaient encore, à Saint-Riquier, la vie de *recluses*, comme au ix° siècle.

Entre les remparts et la rue du *Quintinier* (1) conduisant de Notre-Dame à Friau-

---

(1) On appelait *Quintinier* ou *Questinier* la partie de Friaucourt, à gauche en entrant, depuis la rue jusqu'aux remparts. On a aussi donné à cet endroit le nom de rue *Michel*.

court, il faut placer la *rue aux Pareurs* avec sa ruelle, la *maison Judcy*, ainsi appelée de son propriétaire au xviii° siècle, le *Jardin des Étuves*, l'*Atre des Pauvres*, joignant aux murs de la ville, la *Tannerie* avec son ténement, la *Vieille Poissonnerie* avec son ténement, le *Four du Fossé* « auprès de la forteresse de la porte », les *Vieilles Prisons*, d'après les comptes de 1495, près desquels les ténements de l'échevinage avaient des cens.

Réservons les faubourgs de Friaucourt et de Saint-Mauguille pour leurs articles et arrivons, du côté de l'Ouest, à la grande chaussée d'Abbeville, et à tous ses aboutissants.

La route nationale que nous suivons aujourd'hui ne date que du dernier siècle. La chaussée de la vieille ville va passer sur le pont Hulin aujourd'hui démoli, à l'endroit où le chemin s'infléchit devant le château de Drugy, pour se diriger à mi-côte au-dessus de Drugy, de Neuf-Moulin et au-dessous des bois d'Abbeville.

La rue du *Baille* ou de *Saint-Christophe*, qui part de la grande place, nous conduit à la porte de Saint-Nicolas en cotoyant le *Lion d'or* et le *Blanc-Pignon* « au lèz vers les ventailles et fossés de la ville », et l'on entre ensuite dans la rue *Habengue*. Dans cette rue le voyageur rencontre à gauche le *Jardin de l'Aumône* et le *Jardin Bailleul* appartenant autrefois à l'Abbaye et la ruelle conduisant à l'*Abreuvoir du Midi*, puis une autre maison bâtie sur IX journaux de terre dont l'abbaye avait également la propriété. Là était une des bornes de la banlieue, dont les magistrats de la commune ont longtemps contesté l'autorité.

On s'est demandé quelle était l'origine du mot *Habengue* : « Ce mot, nous écrit M. l'abbé De Cagny, emporte l'idée d'habitations riches. » On peut le faire dériver du mot *habentia* qui signifie *avoir, richesses* ! Nous aurions donc dans cette rue celle des *Cent-dix Milites* du temps de Saint-Angilbert ? Rien de plus vraisemblable, si l'on considère les privilèges particuliers de ce quartier, si l'on tient compte de la mesure *Habengue*, différente de celle de Saint-Riquier, même sous la domination communale, mesure qui a existé jusqu'à l'unification des poids et mesures à l'époque de la Révolution : de là sans doute l'existence d'un marché dans les temps les plus reculés, autre prérogative du quartier.

Dans la rue Habengue, notons l'hôtel *Saint-Nicolas*, l'hôtel *Saint-Antoine* près la ruelle *Cressonnière*, l'hôtel *aux Ecaillons*, le ténement de la *Cressonnière* à sire Arthur Froissart en 1475, la maison nommée la *Poissonnerie*, l'*Atre ou cimetière des Juifs;* ce qui nous montre que ces avares usuriers avaient aussi trouvé leur proie dans une ville peuplée de nobles, de croisés, de citoyens riches et prodigues, et s'y étaient établis.

Entre la rue Habengue et la dernière porte vers Abbeville appelée quelque part la porte Habengue, des actes oubliés de 1212 et de 1214 mentionnent la rue d'Abbeville, autre expression pour désigner une partie de la même rue.

On s'isole actuellement des embarras de la voie publique, en tournant par un sentier rapide derrière les vergers, c'est la ruelle *Cresson* conduisant, ce nous semble, à la seconde enceinte de fortifications et venant aboutir à la rue du *Brusle* au-delà de laquelle « on suivoit la *rœullette du Brusle* joignant à la vieille muraille. » Jehan de Péronne payait au xvi° siècle des cens pour un ténement faisant le coin de la rue du Brusle.

La rue du Brusle est un point de repère : elle conduit à la propriété communale du Brusle, d'une contenance de 6 journaux, tenue de l'Abbaye pour 6 sols parisis de cens. Cette propriété était sise entre le chemin du Brusle à Domvast et les fossés de la ville. Nous avons insinué ailleurs que ce pourrait être un quartier de Centule brûlé par les Normands. Dans le nom, dans l'aspect de ces terres noirâtres, incultes, marquées d'un cachet de désolation, naturellement boisées après un si grand désastre, dans le voisinage du quartier Habengue avec ses privilèges, ne serait-il pas possible de trouver quelque apparence de vérité à notre supposition ? On nous a objecté que le nom de Brusle signifiait ordinairement un bois ; nous ne le contestons pas, mais que de bois croissent sur des terrains abandonnés par suite d'incendies !

On parle, en 1740, d'une maison tenant du Septentrion au mur des *Arbalétriers* et du Midi à la rue Habengue. On lit ailleurs qu'une portion de vieilles murailles au-dessus du Brusle se nommait le mur des Arbalétriers. C'est donc en cet endroit, en face de murailles aujourd'hui détruites, que les Compagnies de la Jeunesse, dont il sera question plus loin, préludaient par de fréquents exercices au dur métier de la guerre ou de la défense des places fortes.

Quelques ruelles sans nom communiquaient autrefois de l'intérieur de la ville avec le Brusle. Au-dessus du Brusle, on voyait plusieurs moulins à vent connus dans les derniers siècles sous les noms de *moulin Piolé*, de *moulin de Tinques*, de *moulin Angoulant*. Ce dernier transporté à Millencourt laissa longtemps pour souvenir la ruine de sa tour en pierres blanches.

On doit se demander, après cette description, quelle fut la population de Saint-Riquier au moyen-âge. Le chiffre n'est indiqué nulle part. Mais avant la fondation d'Abbeville toute la population de la contrée considérait *Centule* comme le centre le plus important de son commerce et de son industrie. On pouvait compter au moins 15,000 âmes du temps de saint Angilbert. L'invasion des Normands ruina la ville pour des siècles. Le désastre de 1131, après que Centule fut relevée de ses ruines, fit encore périr un grand nombre de ses habitants et en obligea d'autres à chercher ailleurs un asile. Cependant, grâce aux pélerinages, à la présence des nobles fondateurs du monastère, aux fortifications de la ville, la population était encore assez considérable et pourrait être estimée au chiffre de 6 à 8,000 âmes jusqu'à la fin du xv° siècle. Nous avons raconté dans la suite de notre histoire les grandes catastrophes qui ont dispersé les habitants. Nous avons indiqué plus haut que les anciens manoirs s'étaient peu à peu convertis en jardins ; ce qui donne l'explication d'émigrations successives et les raisons de l'abaissement de la population au chiffre actuel.

Il ne nous reste aucun document sur le commerce de Saint-Riquier. Nous voyons seulement, dans une ordonnance de l'échevinage d'Abbeville relative à la draperie, une espèce d'association entre les marchands drapiers d'Abbeville et ceux de Saint-Riquier. D'après cette ordonnance du 13 mars 1302-1303, « tant que les marchands de draps d'Abbeville et de Saint-Riquier commerceront dans les mêmes lieux, les draps de Saint-Riquier seront reçus à Abbeville aux mêmes conditions qu'ils étaient au moment où saint Louis alla à la croisade (1). »

Donnons ici les noms de quelques capitaines qui ont gouverné la place de guerre de Saint-Riquier.

1414. Antoine de Brouilly. Chevalier, tué à la bataille d'Azincourt.

1421. Le bâtard de Belloy, pour les Dauphinois, puis Nicaise de Boufflers pour les Bourguignons, ou le Borgne de Fosseux, d'après Monstrelet (2).

1433 à 1463. Jean d'Auxi, le *bon Père* de Pierre le Prêtre.

1471. Georges Grey, pour les Anglais.

1475. Guillaume Des Bons (*de Bonis*).

1516 à 1546. Pierre Le Vasseur, écuyer, seigneur d'Hiermont, en partie.

1561. Galois Carpentin, écuyer, seigneur de Cumont et autres lieux.

Il eut pour successeur Charles Carpentin, écuyer et seigneur de Maurissel.

1589. Jean de Cacheleu, écuyer, seigneur de Loches et Popincourt, capitaine pour la Sainte-Union ou la Ligue.

1620. Henri de Conflans, gouverneur de Saint-Riquier.

Avant 1635. Flour Le Ver, écuyer, seigneur de Caux, Halloy et Framicourt.

1635 à 1665. André Le Ver, chevalier, seigneur des mêmes lieux.

1665 à 1700. Jean Le Ver, chevalier, seigneur des mêmes lieux.

1700 à 1739. Jean-Hubert Le Ver, marquis de Caux, capitaine au régiment du roi, infanterie. Les capitaines de cette famille se succédaient de père en fils.

Enfin N. de Pestre, seigneur de la Ferté, comte de Seneff.

NOMS DES PERSONNES TITULAIRES DES FONCTIONS ECCLÉSIASTIQUES, CIVILES ET JUDICIAIRES, ETC., EN 1777, D'APRÈS L'ALMANACH D'ABBEVILLE.

Le Monastère. — Point d'abbé, l'Abbaye étant restée en Economat.

Prieur : D. Ambroise Carnac. — *Sous-prieur* : D. Jacques-Joseph Playout. — *Professeur* : D. Pierre-Paul Druon. — *Procureur* : D. Jacques Rivart. — *Cellérier* : D. Jacques Dollez. — *Cours de Philosophie* : 24 étudiants (3).

---

(1) *Monuments inédits sur la Picardie*, Tome IV, page 630.
(2) M. Prarond. *Histoire de Saint-Riquier*, page 69.
(3) Changement en 1779. — *Prieur*, D. Senez. — *Sous-Prieur*, D. Moulin. — *Professeur de la seconde année de Théologie*, D. Boubaix. — *Cellérier*, D. Wallet. — *Procureur*, D. Caze. — *Bibliothécaire*, D. Sagniez.

Paroisse. M. Pierre Callé, bachelier en théologie de l'Université de Paris. — M⁰ Jean-Baptiste Leuillier, vicaire. (1)

Chapelle de la Trinité. M⁰ Judcy, curé de St-Martin : M⁰ Dutertre, chapelain titulaire.

Chapelle Saint-Jacques. M⁰ Macquet, curé.

Paroisse Saint-Mauguille. M⁰ Antoine Louchart.

Hôtel-Dieu. M. l'abbé Deflandres, Maître-administrateur. — Madame Bourgeois de Saint-François, supérieure. — M. César Judcy, chirurgien.

Ecoles publiques et gratuites : pour les garçons, un clerc laïque. Pour les filles, une sœur de Providence.

Etat militaire : Gouvernement vacant par la mort de M. de Pestre, comte de Seneff (2).

Hôtel-de-Ville. — M. Hourdel de Bayart, maire. — M. Buteux, lieutenant du maire. — M. Buteux, premier échevin. — M. Judcy, second échevin. — M. de Quevauvillers de Vincheneul, premier conseiller assesseur. — N., second conseiller assesseur. — M. de Fontaine, procureur du Roi. — M. Froissart de Patronville, secrétaire-greffier. — M. Maisnel, receveur des deniers patrimoniaux et d'octroi.

Un sergent à masse portant la livrée de la ville.

Prévôté Royale. — M. Turpin de Wargemont, prévôt royal (3). — M. Buteux, substitut du procureur du roi, avec pouvoir de postuler. — *Procureurs* : MM. Jacques-Angilbert Buteux, Georges-Angilbert Maisnel, Charles-Alexandre de Fontaine, Jean-Baptiste-Augustin Buteux : *plus, une charge à vendre.* — *Huissiers-Audienciers* : MM. Nicolas-François Hourdel, Jarques-Michel Hourdel, Jean-Jacques Cantrel, huissier-audiencier de la prévôté de Beauquesne à la résidence de Saint-Riquier.

Sergent royal: M. Edouard de Fontaine. *Plusieurs charges de sergent vacantes.*

Audiences : Mardi et vendredi de chaque semaine.

Justice de l'Abbaye. — M. Vignon, bailly. — M. Jean-Baptiste-Augustin Buteux, lieutenant. — M. Jean-Baptiste Buteux, greffier. — M. Georges-Angilbert Maisnel, procureur-fiscal.

Audience : Le Lundi.

Economat de l'Abbaye : M. Aclocque, receveur.

Justice de la Châtellenie de la Ferté, M. Vignon, bailli. — M. Charles Alexandre de Fontaine, lieutenant du bailli. — M. Jean-Baptiste-Nicolas Hourdel, procureur fiscal. — M. Champion, greffier et receveur.

Audience : Le lundi.

Auditeurs royaux. MM. François Buteux et Dominique Canu.

---

(1) Il est remplacé en 1778 par M⁰ Delaporte.
(2) 1778. Plus d'état militaire, ce dernier gouverneur n'étant que viager.
(3) 1778. M. Legrand, prévôt jusqu'en 1790.

Finances du Roi. M. Hourdel, contrôleur des actes des notaires, distributeur de la formule. — M. Carin, distributeur des vingtièmes. — M. Grosjean, receveur des aides du département. — M. Thanier, contrôleur des aides. — M. Hourdel, buraliste des aides.

Chirurgiens. MM. Judcy l'aîné et Judcy le jeune.

Bureaux de correspondance générale. M: Buteux de Célanges.

Marchés ordinaires. Les mardi et vendredi de chaque semaine.

Foire. Le premier dimanche de mai ; elle dure pendant les fêtes et dimanches du mois de mai.

Notaires royaux et apostoliques. MM. Froissart, Buteux le jeune, Maisnel, Hourdel, Brailly,à Domqueur, Révillon à Maison-Ponthieu.

Arpenteurs royaux. MM. François Buteux, Carin.

Marché franc. Le second mardi de chaque mois.

MESURE DE CAPACITÉ POUR LES GRAINS A SAINT-RIQUIER.

Au XVIII° siècle, la mesure des grains de Saint-Riquier était celle d'Abbeville. Le setier se composait de seize boisseaux ; huit boisseaux formaient la mine, et douze setiers le muid.

En 1208, d'après une charte de Mayoc, une mine de Saint-Riquier à la mesure de Saint-Riquier contenait quatre setiers ; d'après cette estimation une mine aurait égalé le tiers d'un muid. La mine indiquée plus haut aurait donc été bien inférieure. Dans cette hypothèse, la ville de Saint-Riquier a dû changer de mesure, pour adopter celle d'Abbeville.

Le setier au blé d'Abbeville contenait 3 setiers, 3 piquets et un tiers d'Amiens ; celui au mars 3 setiers et un demi-piquet (1).

Le setier de froment d'Amiens pesait 50 liv. et celui d'Abbeville 204 livres.

La mesure Habengue était moins forte que l'autre. 52 setiers de blé de la mesure Habengue égalaient 45 setiers, huit boisseaux d'Abbeville : différence de près d'un sixième.

LA RIVIÈRE DU SCARDON ET SES MOULINS.

La rivière du Scardon descendait autrefois par deux cours d'eau des vallons situés au-dessus de Bussu, du côté méridional, et d'Oneux, du côté septentrional. Ces deux cours d'eaux qu'on nommait le Scardon et la Malvoisine faisaient leur jonction au-dessous du château de la Ferté, près le cimetière actuel. Aujourd'hui les sources taries dans les vallées ne sont visibles qu'aux environs du bosquet de la Ferté et forment, au même point

(1) M Darsy. *Bénéfices de l'Eglise d'Amiens. Tome* II, *page* 394.

de jonction, la petite rivière du Scardon qui coule de l'est à l'ouest jusqu'à Abbeville, le long des villages de Drugy, Neufmoulin, Caux et Lheure. Le Scardon se grossit de plusieurs sources, entre autres de celles des Pleureuses et de Mirandeuil et recueille les eaux qui descendent de Drucat à la Bouvaque. Le Scardon se divise en trois branches en entrant dans Abbeville et se jette dans la Somme, un peu au-dessus de la Fontaine-le-Comte, après un parcours de 10 kilomètres. La petite vallée du Scardon fut en tout temps très riche en moulins et en usines diverses. Nous ne citerons ici que les moulins anciens ou modernes tributaires de notre abbaye, entre Saint-Riquier et Lheure. Nous rencontrons en premier lieu le moulin de Jean de Vincheneul dans le quartier de la ville qui portait ce nom : il est cité dans les actes du xive siècle ; — puis au ixe siècle celui du monastère dans l'enceinte même de la clôture ; — troisièmement le moulin de Bassery en la rue de Habengue en face du Hamel ; — quatrièmement le moulin de Tanvoy un peu plus près de Drugy. Il est question, en 1285, dans un accord entre Giles de Machemont et Firmin le Carbonnier du molin de Tanvoy ainsi que de sa maison et de ses dépendances. En 1290, Giles de Machemont dans son testament donne au couvent le revenu qu'il percevait sur le moulin de Tannoy ou Tanvoy.

Un différend existait en 1406 entre le monastère et le seigneur de la Ferté au sujet de ce moulin. Un mandement ou *committimus* fut donné par le roi Charles VI au prévôt de Saint-Riquier pour informer « sur une trenkie ou un fossé que les religieux
« avaient ouvert au-dessus le molin de Tannoy, pour faire aller la rivière droite, la-
« quelle se tordait et n'allait pas au droit, dont l'eaue avait à son cours grand empê-
« chement et avoient les religieux intention de réédifier ledit molin, qui étoit en ruine,
« lequel molin dessus et dessous est sur leur justice vicomtière et en leur jurisdiction
« et seigneurie. Néanmoins contre raison et contre le bien public, le seigneur de la
« Ferté et ses gens et officiers à port d'armes vindrent de nuit et remplirent de fagots
« et borrées ledit trenkie et gâtèrent l'herbe qui étoit à fauquer en leurs près, pour
« charier iceux fagots, dont les religieux se complaignirent et dolurent, comme il
« appert par ledit mandement, et fut faite information par ledit prévôt sur iceux
« crimes, et les fauteurs adjournés aux requêtes, pour ravoir le cours de cette rivière. »
En 1410 on rapporte « la taxature de témoins oys à futur par Ferry d'Hangest, écuyer
« d'écurie du roi, bailli d'Amiens et Enguerrand de Noyelles son adjoint, qui furent
« ici cinq jours pour oyr huit témoins à futur. Eut ledit bailly 16 liv. et son adjoint 9
« liv. et les témoins 4 liv. 3 sols. Gautier de Châtillon, tuteur de Messire Jean de Châ-
« tillon, fut contraint de rétablir les ventelles de Tannoy qu'il avait démolies. Il appela
« deux ou trois fois, et de peur d'être condamné à une amende envers le roi, il trouva
« moyen d'avoir un mandement par lequel les appels furent changés en opposition sans
« amende (1). »

Le moulin de Mirandeuil, ainsi nommé de la source de ce nom, est souvent cité dans

(1) *Cartulaire.* Fol. 65.

notre histoire. C'est aujourd'hui le *Petit Moulin*, rétabli sur des ruines dont notre génération a longtemps contemplé les restes.

Les chroniques parlent du moulin *de Marinis*, situé sans doute à peu de distance et empruntant son nom au reflux de la mer dans la vallée du Scardon (tome I, page 15). Le nom *de Marinis* serait-il une variante de celui de Besquigneuil, moulin que les annales du XIII° siècle placent sur la même rivière ?

Le grand Moulin, appelé autrefois le moulin du Prier, a donné son nom au village actuel de Neufmoulin, après sa reconstruction. Cette dénomination n'a-t-elle pas primé et effacé celle d'Oustremencourt, dont il est si souvent parlé dans les chroniques monastiques ? C'est la seule explication admissible de la disparition de ce village.

Le moulin des Raques ou d'Oustremencourt, entre Neufmoulin et Abbeville, ne laisse de trace que dans nos chroniques. Il en sera question dans l'histoire de ces localités.

Les religieux avaient un droit de pêche sur le Scardon jusqu'à Caux. En 1662, ce droit fut concédé à Claude de Roncherolles, seigneur de la Ferté, par un bail emphythéotique, dans lequel on indique sur quelles parties de la rivière ils jouissaient de la pêche.

On voit, dans les documents du XII° siècle, une famille du nom de Scardon (1), Renier de Scardon signa la charte de commune d'Abbeville en 1284.

CHAPITRE II

SEIGNEURIE DU MONASTÈRE SUR LA VILLE DE SAINT-RIQUIER.

La terre de Saint-Riquier, le premier des grands fiefs de l'ancienne fondation, le propre *Franc-Alleu* ou patrimoine du seigneur mérovingien, a joui de tout temps des droits les plus étendus que peut conférer une seigneurie. Ceux qui ont participé avec les moines aux prérogatives de la seigneurie, sur quelques points du terroir, ont reçu leurs domaines de la libéralité des premiers maîtres du sol. Les mouvances de cette seigneurie s'étendaient même sur plusieurs villages voisins.

La commune tenait ses privilèges et sa juridiction de l'abbé Anscher, avec les restrictions que nous avons signalées et des réserves spéciales pour les trois jours de la

(1) Armes d'or à trois chevrons de gueules

fête de Saint-Riquier en octobre (1). Mais elle n'eut jamais aucun droit, ni sur l'enceinte du monastère, ni au-delà des bornes de sa banlieue. Dans toutes ses entreprises contre l'abbaye, elle a constamment échoué. Tous les juges auxquels elle s'est adressée ont sanctionné les prérogatives seigneuriales du legs sacré du Bienheureux patron de la ville.

Examinons successivement tous les droits du monastère sur la ville de Saint-Riquier.

Patronage de toutes les églises et chapelles et préséance sur les curés et chapelains.

L'Abbé était de plein droit collateur de la cure Notre-Dame, de la cure de Saint-Benoit, tant que cette église a existé, comme on le voit entre autres documents au pouillé de 1301. Il était patron de la chapelle de Saint-Benoit en l'église Notre-Dame, après la suppression de cette paroisse et de la chapelle de Saint-Barthelemi dans la même église.

Les chapelains de l'Hôtel-Dieu, de Sainte-Marguerite-au-Val, de la Ferté, faisaient hommage à l'Abbé de Saint-Riquier aussitôt après leur promotion.

Les deux tiers des offrandes qui se faisaient dans la paroisse Notre-Dame et dans l'Hôtel-Dieu et en outre les deux tiers des droits pour les draps mortuaires appartenaient autrefois aux moines (2). Cette branche de revenu a été prescrite dans les derniers siècles.

1309. Le pape Clément V a fait juger par des commissaires un différend entre l'Abbé de Saint-Riquier et le curé de Notre-Dame, entre le même Abbé et les chapelains de Saint-Nicolas et le maître de l'Hôtel-Dieu, au sujet de la bénédiction des cendres, des rameaux, des cierges de la fête de la Chandeleur. Le droit de bénédiction a été réservé à l'Abbé. La même question a eu une semblable solution en 1521, 1727, 1739, 1744 (3).

Un accord entre le prieur du monastère et le curé de Notre-Dame pour la bénédiction du pain, les dimanches et fêtes, sauvegarde les droits du monastère qui consent à faire une concession au curé.

A l'Abbé du monastère la prérogative de faire les processions du Saint-Sacrement. Les tentatives des curés pour s'adjuger ce droit ont toujours échoué devant les réclamations des moines (4).

---

(1) *Charte de commune.* Tome I, pag. 407
(2) *Tome* II, pag. 8.
(3) *Tome* II. *Ibid.*
(4) Voir *Tome* II, pag. 17, 18, 74.
Ajoutons ici le fait suivant : Sire Antoine Palot, curé de Saint-Riquier, le jour du Saint-Sacrement 1505, après la procession accoutumée, se permit de la prolonger en parcourant des rues où l'on n'avait pas l'habitude de passer. Pour cette usurpation de droits, il fut cité devant le prévôt de Saint-Riquier, Bauduin Ternisien, et obligé de reconnoître qu'il avoit eu tort, en faisant « chose nouvelle » et qu'il ne pouvoit agir ainsi « sans le congiet et permission de MM. les religieux et le couvent ». *Cartulaire, fol.* 22, 23.

1787. Sommation à M. Callé, curé de Notre-Dame, pour l'obliger à assister avec son vicaire et son clergé aux processions générales de la Fête-Dieu, aux autres processions prescrites, aux cérémonies de *Te Deum*. Il paraît que, par ostentation d'indépendance, M. Callé se contentait d'envoyer son vicaire.

Des reliefs, des redevances, des procès, des actes nombreux d'hommes vivant, mourant et confisquant, fournis par le curé de Notre-Dame et les marguilliers, établissent outre le patronage de l'église, la reconnaissance de droits seigneuriaux sur les biens de la fabrique.

1230. Accord avec le curé de Notre-Dame approuvé par Geffroy d'Eu, évêque d'Amiens, pour quelques immeubles appartenant à l'Eglise.

Une sentence arbitrale du 18 août 1533 entre l'Abbaye, la fabrique Notre-Dame et la confrérie de Saint-Nicolas porte : 1° que des terres de ces établissements sont tenues cottièrement de l'abbaye ; 2° que des terres ont été léguées à la fabrique par demoiselle Jeanne Dunelle, épouse du sieur Decroix et par d'autres particuliers ; 3° que, parmi ces terres, il en est qui sont de l'ancien domaine du monastère et que les mayeur, échevins et marguilliers administrateurs de la fabrique ne seront point tenus d'en « wuider leurs mains », mais pourront les tenir et posséder, « en donnant homme vivant, « mourant et confiscant, quand le cas écherra et en païant le droit de relief, tel que du « quint denier de la valeur des dites terres » ; 4° que pour les autres terres, qui ne sont pas de l'ancien domaine, les dits administrateurs seront obligés « d'en wuider leurs mains ». Le relief fut payé en 1534.

1645. Accord avec les mayeur, échevins et marguilliers de Notre-Dame sur les droits qui sont dus par la fabrique Notre-Dame, les propriétés de la ville et la Maladrerie du Val.

1749. Aveu fourni au nom de la fabrique Notre-Dame pour les deux manses, lequel aveu porte aussi traité entre les parties, par lequel traité ladite fabrique s'est obligée de payer annuellement à la manse abbatiale 50 livres et à la manse conventuelle 18 livres, le tout pour des cens fonciers. Ce traité confirme des conventions de 1737 et de 1746 (1).

HÔTEL-DIEU. — Une charte de l'Abbé Mathieu permet la dédicace de la chapelle de l'Hôtel-Dieu (1210), mais avec des réserves comme la défense d'y célébrer l'office paroissial et d'y inhumer les fidèles défunts (2).

Une charte de l'Abbé Eustache de Pollehoye permet de réédifier la chapelle de l'Hôpital de Saint-Nicolas et énumère en même temps les droits et prérogatives que l'Abbé de Saint-Riquier conserve sur cette chapelle.

Une charte constate, en 1368, pour les frères et religieuses de l'Hôtel-Dieu, l'obligation d'inhumer leurs frères et sœurs dans le cimetière du monastère.

(1) *Inventaire des titres*, pag. 751-754.   (2) *Tome* I, pag. 480.

Le Présidial d'Amiens déclare que les maîtres de l'Hôtel-Dieu sont obligés d'assister au service divin en l'église du monastère, les trois jours des fêtes de Pâques, le jour de la fête de Saint-Riquier et les jours des Rogations (1574).

Les religieux adressent une sommation au maître et aux religieuses de l'Hôtel-Dieu sur la sépulture des religieuses dans leur hôpital; mais en vain: on s'est émancipé de la tutelle de l'Abbaye sous la commande et l'on continue d'inhumer dans un caveau (1669).

Un accord devant les grands vicaires d'Amiens règle encore en 1689 les droits et les prérogatives de l'Abbaye sur l'Hôtel-Dieu.

On pourra suivre dans l'*Inventaire* des Archives tous les démêlés qui eurent lieu entre les deux établissements pour les droits seigneuriaux. Par sentence rendue aux Requêtes du Palais de Paris, en 1703, l'Hôtel-Dieu est encore condamné à payer au monastère des censives, des droits seigneuriaux et le quint denier ou à exhiber les titres qui lui confèrent un privilège. L'Hôtel-Dieu fit opposition à cette sentence. Le procès se termina à l'amiable en 1728. Mais en 1747, par un abonnement annuel de 24 livres à l'Abbé et de 2 livres 10 s. à la manse conventuelle, on mit fin à toutes ces discordes. Il était toutefois stipulé qu'en cas de vente d'immeubles le monastère rentrerait dans tous ses droits seigneuriaux (1).

CHAPELLE DE SAINT-NICOLAS. — Nous avons raconté comment elle fut bâtie par les moines, et pour quel usage, et comment elle fut cédée aux confrères de Saint-Nicolas pour leurs exercices religieux. Devenus maîtres de cette chapelle, les confrères ont de tout temps essayé de se soustraire, eux et leurs biens, à la domination seigneuriale du monastère, mais toujours en vain, ainsi que le prouvent les titres du monastère conservés aux archives.

1339. Protestation des religieux contre une procession nocturne des confrères de Saint-Nicolas. (Tome II, page 74).

1531. Un accord devant Imbert de Saveuse, bailli d'Amiens, entre les religieux et les confrères de Saint-Nicolas, au sujet de plusieurs possessions léguées à leur chapelle et de la mouvance de l'Abbaye, impose aux confrères le relief et la présentation d'un homme vivant, mourant et confisquant. Les archives nous donnent la suite de ces *personnes caduques*.

1534. Un procès devant le bailli d'Amiens au sujet du relief, après la mort de Jean de Péronne, se termina par un accord entre les parties. Les confrères consentirent à payer le relief au quint denier : on leur abandonna des cens et des surcens dont ils jouissaient de temps immémorial, à la condition d'en payer seulement le relief.

1688. Les confrères de Saint-Nicolas se firent condamner, pour avoir refusé de payer à l'Abbaye les reliefs au quint denier, les censives échues, et furent obligés de présenter un homme vivant

(1) *Inventaire des titres*, pag. 779-787.

1740. Il paraît que les confrères oubliaient facilement leurs engagements. On les en fit souvenir par une sentence rendue au bailliage d'Amiens, qui fixa à 100 livres le droit de relief au quint denier dont la confrérie restait redevable envers l'Abbaye.

La réunion de la confrérie de Saint-Nicolas à la cure de Notre-Dame de Saint-Riquier fut homologuée au Parlement, le 27 novembre 1744. La fabrique fournit un aveu en 1766, mais elle se laissa encore condamner en 1784 pour ne pas avoir acquitté les droits seigneuriaux de la confrérie (1).

La Maladrerie du Val. — Autorisée par l'abbé Gelduin en 1144 (2), elle était aussi soumise à la seigneurie de Saint-Riquier et à tous les droits qui en découlent. Nous renvoyons pour le détail au chapitre qui traitera de cette institution.

Dîmes de Saint-Riquier. — Ces dîmes sont mentionnées dans le privilège de 1172. Elles étaient payées à 7 gerbes du 100. On les nommait les *Dîmes de Saint-Benoist*, parce qu'un tiers appartenait à l'église de ce nom. Les deux autres tiers revenaient à l'Abbaye. Toutefois dans quelques cantons le curé de Notre-Dame avait les deux tiers et le chapelain de Saint-Benoit l'autre tiers, à l'exclusion de l'Abbaye. Après le partage des manses, le tiers de M. l'Abbé fut chargé de 4 setiers de blé et de 30 livres en argent envers le curé de Notre-Dame (3).

Droits Seigneuriaux — Justice plénière, reliefs, censives, vicomté, champart, droit de mort et vif herbage, droit de chasse, afforage, étalage, tonlieu, voirie, redevance des bouchers, franc-salé, droits de chasse, droits de pêche dans le Scardon.

Justice. — Haute, moyenne et basse justice dans toute la seigneurie, dans la ville comme sur le territoire avant la commune. Depuis 1126, la ville avec sa banlieue fut

---

(1) *Ibid* 769-777.

1768. Après le décès de deux hommes vivants et mourants, les marguilliers-administrateurs des biens de la confrérie de Saint-Nicolas refusèrent de payer le quint denier, en se réclamant de l'édit de 1250, qui avoit fixé le relief de chaque journal de terre à 4 s. pour les bourgeois de Saint-Riquier et le relief des maisons à une année de la valeur de location. Les religieux opposèrent : 1° la prescription établie par la coutume et l'obligation de payer le quint denier ; 2° l'absence d'*être civil* pour la chapelle de Saint-Nicolas, base du privilège accordé à la commune et aux bourgeois 3° la qualité de bourgeois jurés non établie ni prouvée pour les hommes vivants. Pour toutes ces raisons les religieux demandaient la confirmation d'une sentence de 1766 et le paiement du quint denier, mais cette sentence avait été rendue par défaut.

La question fut donc de nouveau portée au parlement et après examen des prétentions respectives, sur le rapport de Bèze de la Pelouse, les administrateurs furent assimilés aux bourgeois de Saint-Riquier et les religieux déclarés non recevables dans leur demande d'un relief au quint denier. Cet arrêt ne fut rendu qu'en 1777 Les religieux n'acceptèrent point cette décision, et en 1781 les économes généraux du clergé formèrent une tierce opposition sur lesquelles les parties furent appointés par la grand'chambre.

M. de Calonne, avocat au Parlement, qui avait rédigé une consultation pour les administrateurs de la chapelle et qui rapporte ce procès, ne nous donna pas la solution de 1781, dans son ouvrage intitulé *Des observations et jugements sur les coutumes d'Amiens, d'Artois et de Boulogne*. Paris, chez l'auteur, 1784.

Nous apprenons par les titres du monastère quelle fut cette solution.

(2) *Tome* I, pag. 436.

(3) *Inventaire des titres*, pag. 750

soustraite à la juridiction de l'Abbaye. Toutefois les vassaux des moines, même dans la ville, étaient justiciables du bailli de l'abbaye pour la redevance de leurs censives, mais seulement lorsqu'ils les faisaient citer à leur cour de justice. Tous les arrêts de justice ont établi cette jurisprudence. (Voir les arrêts de 1256, 1260, 1264, 1306, 1311, 1312, 1318, 1325, 1336, 1340, 1361 (1).

On peut dire que presque tous les démêlés entre l'Abbaye et la ville ont été des conflits de justice. Les raconter ici ce serait refaire l'histoire. Nous renvoyons le lecteur aux arrêts analysés dans les volumes précédents.

Vicomté. — Il n'est question dans les archives que de la vicomté des trois jours de la fête de Saint-Riquier en octobre. C'était l'Abbé qui nommait le vicomte et lui conférait plein pouvoir pour la police et l'administration de la ville pendant ces trois jours. La vicomté, inféodée pour un temps, fut rachetée sur Jean Pocholle en 1259 et réunie au domaine du monastère. L'archiviste du couvent remarque que la coutume de nommer un vicomte pour la fête de Saint-Riquier était tombée en désuétude au moment où il écrivait. Ce fut la conséquence du grand procès intenté par le seigneur de la Ferté et du progrès des idées, qui sapaient si profondément les bases alors bien ruineuses du système féodal.

1699. Une sentence, rendue aux Requêtes du Palais à Paris au profit de l'Abbaye, condamne des brasseurs qui n'avaient point voulu reconnaître la juridiction du vicomte pendant les trois jours de fête. En affirmant que la garde de la ville était de temps immémorial confiée à un vicomte, nommé la préveille de la fête de Saint-Riquier, pour la police, la justice et les émoluments à percevoir pendant les trois jours de fête, cette sentence obligea deux brasseurs à payer au vicomte douze pots de bière pour chaque brassin qu'ils avaient fait pendant ces trois jours. Les brasseurs se le tinrent pour dit et s'exécutèrent les années suivantes (2).

Relief. — Tous les immeubles qui relevaient de la seigneurie de Saint-Riquier devaient les reliefs au quint denier, d'après estimation, sauf les droits et privilèges des bourgeois jurés, qui avaient obtenu un allègement considérable sur cet impôt. L'établissement de la commune n'avait point d'abord favorisé les bourgeois et ne les avait point libérés du relief imposé à toutes les terres cottières. Mais, peu à peu, les bourgeois ont obtenu les privilèges dont il a été parlé en plusieurs pages de notre histoire et dont il sera encore question à l'occasion des coutumes de la ville de Saint-Riquier. On sait que les reliefs sur les rotures étaient d'abord à merci, c'est-à-dire fixés selon le bon plaisir du seigneur, qui n'était censé accorder qu'une jouissance viagère et qui ne laissait les héritiers continuer leur jouissance qu'à des conditions nouvelles. Dans la suite, on se contenta d'exiger le quint denier, ou la valeur du cinquième de la propriété. Des arrêts nombreux du Parlement ont maintenu le droit de quint denier sur les ro-

(1) Inventaire, pag. 693-699.   (2) Ibid pag. 701-708.

tures de la ville de Saint-Riquier et des autres fiefs de la fondation primitive, conformément à ce qu'exigeait la coutume du Ponthieu et sans avoir égard à la coutume générale du bailliage d'Amiens, qu'on invoquait sans cesse pour se soustraire à un droit si onéreux. Voir les arrêts de 1640, 1675, 1692, 1705, 1711, 1712, 1779, etc. (1).

Les terres des caritiers n'étaient point soumises au relief du quint denier; on suivait pour elles les coutumes d'Amiens.

Censives. Après le partage entre les deux manses, les censives de Saint-Riquier firent partie du lot de M. l'Abbé, à peu d'exception près, à la charge de payer 4 s. 6 deniers à l'Hôtel-Dieu et 10 s. 4 chapons à la confrérie de Saint-Nicolas.

Le 15 juillet 1533, procès et arbitrage par la médiation d'Imbert de Saveuse, bailli d'Amiens, entre le monastère et la ville pour cens, droits seigneuriaux de la ville et de la Maladrerie du Val.

L'abbé est toujours maintenu dans ses privilèges.

1664. En vertu d'un arrêt du Grand-Conseil, on racheta, au prix de 500 livres, des cens et des champarts aliénés, à demoiselle Antonie Doresmieux, veuve de François Waignard, du consentement de D. Brachet, supérieur général de la Congrégation de Saint-Maur. C'est là une preuve de la vie nouvelle qui commençait à circuler dans le corps religieux avec la réforme de Saint-Maur.

1700. Par commission obtenue en la prévôté les religieux purent arrêter, pour sûreté de cens et arrérages, ce qui était dû et appartenait aux vassaux, aux censitaires, tenanciers et autres possesseurs de fonds et héritages, tenus et mouvants de l'Abbaye (2).

Droit de chasse sur le terroir de Saint-Riquier. — 1779. Un grand procès de chasse fut intenté à plusieurs gentilshommes d'Abbeville et jugé à la Table de Marbre de Paris ; à ce procès prirent part les économes séquestres du clergé en l'absence de l'abbé. Les délinquants convaincus d'avoir fait des battues sur le terroir, même au milieu des grains, furent condamnés à payer une amende et tous les frais d'un procès très coûteux (3).

Afforage. Les droits d'afforage étaient perçus sur le vin et la bière conjointement avec la ville. Il fallait payer quatre oboles et une poitevine pour chaque fût de vin vendu à broche et en détail. En 1405 un mandement du roi obligea les habitants de Saint-Riquier à payer leurs afforages. Certains retards faisaient craindre la désuétude. Le mandement du roi les réveilla de cette apathie et réprima le mauvais vouloir (4).

Etalage. Un arrêt rendu au Parlement, d'après le rapport de deux commissaires envoyés sur les lieux par Philppe Le Bel en 1292, régla ce qui suit pour les étalages. Les étaux pour les poissons resteront au même endroit et dans le même état où ils sont, à

---

(1) *Inventaire des titres*, page 58-67.
(2) *Inventaire des titres*, pages 721-738.
(3) *Ibid.* 90-98.
(4) *Cartul. fol.* 44.

moins que le mayeur et les échevins jugent à propos de les changer pour l'utilité de la ville, à condition cependant que, si un jugement est prononcé, les religieux n'en souffriront aucun préjudice ; on ne vendra sur les étaux amovibles que les choses sur lesquelles les religieux ont des droits. Que si les mayeur et échevins voulaient poser de nouveaux étaux ou changer la foire de place, ils seraient tenus de dédommager les religieux, pour les pertes qu'ils en éprouveraient, d'après l'estimation faite par le bailli miens.

Le droit d'étalage se percevait à raison d'un sol sur chaque boutique, le jour de la fête de Saint-Riquier et de celle de Saint-Marcoul en 1292 (1).

Tonlieu. Ce droit se percevait sur tous les marchés qui se tenaient à Saint-Riquier ; il fut donné en fief, comme on le verra au chapitre des fiefs. En 1789 il était vendu ou cédé à la commune. C'est elle qui le mettait aux enchères sous les conditions suivantes : 1° ferme du Cambage, 12 pots de bière sur chaque brassin ; 2° ferme d'Obole, 2 s. par chaque baril de bière vendu en détail dans les villes ; 3° ferme des Esgards de porcs, 1 s. sur chaque porc vendu au franc-marché ; 4° ferme du Tranel, 1 s. pour chaque cheval ; 5° ferme de mesurage des grains : plus d'enchérisseurs (2).

Redevance des Bouchers. Ce droit était de 28 livres de suif pour chaque boucher établi à Saint-Riquier et payables au trésorier du monastère.

L'arrêt de 1292, dont il a été parlé plus haut, confirmait les droits du couvent sur la redevance des bouchers soumis à payer quatre deniers, les trois jours de fête de Saint-Riquier.

En 1469, Jean Ségard, boucher à Saint-Riquier, fut condamné par sentence de la prévôté à payer au trésorier, « un onchel de suif à faire chandelle pesant xxviii livres, pour terme échu au Noël précédent. »

Cette sentence de condamnation fut renouvelée, en 1493, 1536, 1581, envers d'autres bouchers. En 1748 ce droit fut compensé par un abonnement annuel de 30 s. (3).

Droit de voirie. Le trésorier était seigneur voyer dans tout Saint-Riquier, comme dans les autres seigneuries, sans privilège pour la commune. Quand l'office de trésorier fut réuni à la mense conventuelle sous la réforme de Saint-Maur, le prieur exerça l'office de voyer par lui-même ou par un religieux revêtu de son pouvoir.

L'arrêt de 1292 avait réglé ce qui suit sur la voirie : A l'abbé et au couvent appartient le droit de donner la permission de bâtir sur le froc. Toute construction élevée sans cette permission sera démolie dans la huitaine qui suivra l'avertissement, par les religieux eux-mêmes, si le délinquant ne l'exécute pas. S'il était douteux que le bâtiment fût élevé sur le flégard, le bailli d'Amiens serait appelé à juger le différend ; 2° après la permission donnée, si on dépasse les bornes, l'abbé jouira du même droit que ci-des-

(1) *Inventaire des titres*, page 825.
(2) *Ibid.* 764-767.
(3) *Ibid.* 826-830.

sus ; mais il n'y aura point d'amende ; 3° quand les bâtiments tomberaient en ruine, pour les réparer ou les rebâtir, on devait prévenir le froquier ou voyer qui les visitait avec des experts et donnait la permission, son refus toutefois n'empêchait point de rebâtir sur les mêmes fondements ; 4° le propriétaire devait au voyer 12 s. p. pour sa visite, une fois seulement, quand même il y en aurait plusieurs ; 5° c'est en présence du mayeur que les experts prêtaient serment ; 6° les bornes plantées pour séparer les frocs des héritages étaient placées par des experts qui prêtaient serment devant le froquier.

Ce droit de voirie, toujours et partout impopulaire, suscita bien des démêlés entre le couvent et les particuliers. Mais les magistrats donnèrent toujours raison au couvent, comme on le voit dans un grand nombre de sentences.

Une de ces sentences, en 1630, condamna Jean Monard à payer un verre de feuchère au trésorier pour anticipation sur la voie publique.

Les administrateurs de l'Hôtel-Dieu ne subissaient pas les visites du voyer avec plus de patience que la charge du relief. On voit, en 1658, un procès-verbal du trésorier de l'abbaye qui constate que les administrateurs de l'Hôtel-Dieu ont anticipé sur le froc et refusé aux experts l'entrée de leur jardin. Il leur fallut subir un arbitrage et exécuter les règlements (1).

Droit de mort et vif herbage. On le percevait dans les conditions fixées par la coutume de l'abbaye.

Droit d'épave sur les démolitions et les ténements en déshérence. 1395. Une sentence fut rendue à la prévôté de Saint-Riquier par Pierre le Poivre, lieutenant du prévôt, contre un particulier qui avait démoli une maison tenue du moustier et avait emporté les plombs et les matériaux. Cette sentence le condamna à payer 20 florins de France au monastère.

Les religieux ont donné à Raoul Montyoisin un ténement laissé entre leurs mains par défaut d'homme et de relief. On lui fixe un cens de 5 sols. Le bail fut fait en 1473, *après la première destruction*, dit le cartulaire.

Domaine des religieux a Saint-Riquier. Il avait été donné en fief. On ne possédait plus que quelques jardins et quelques journaux de terre rachetés ou échangés, en partie exploités par les religieux, en partie loués à des particuliers. Il sera parlé au chapitre des fiefs, de ces petits domaines, ainsi que des bois de Saint-Riquier partagés entre les deux menses.

Droit de pêche. Il en a été fait mention à l'article du Scardon.

Seigneurie de la Ferté. Nous avons rapporté plusieurs fois dans l'histoire les entreprises des seigneurs de la Ferté sur les droits de l'abbaye. Quand nous traiterons de cette seigneurie créée, comme nous l'avons insinuée, par le titre d'avouerie, nous re-

(1) *Ibid.* 819-21.

CHAPITRE II. — SEIGNEURIE DU MONASTÈRE SUR LA VILLE DE SAINT-RIQUIER.

viendrons sur quelques conflits qui trouveront naturellement leur place dans cette partie de nos annales (1).

Nous avons analysé les coutumes de l'abbaye de Saint-Riquier. On voit « en 1568, « par des lettres de Charles d'Humières, Abbé de Saint-Riquier et de Nicolas Rumet, « bailli général du temporel de l'abbaye, à MM. les premiers présidents et conseillers « de la cour du Parlement, conseillers ordonnés par le roi sur la réformation et homo-« logation et décrets des coutumes d'Amiens, que l'abbé et le couvent réservèrent les « droits de l'abbé et demandèrent qu'on ne fût pas atteint par les coutumes générales « du bailliage d'Amiens, » ce qui leur fut accordé, puisque les coutumes anciennes étaient encore en usage en 1789.

En 1695 « les religieux de Saint-Riquier ont fait un terrier général de leur abbaye et « ont fait assigner les appelants pour passer déclaration. Ceux qui refusèrent de recon-« naître le droit de quint denier à toute mutation, droit que leurs auteurs avaient tou-« jours acquitté, et que tous les détenteurs des treize seigneuries reconnaissaient, fu-« rent condamnés par plusieurs sentences du prévôt de séant à payer le droit. »

Nous donnons ici les noms de quelques baillis et de quelques receveurs des menses abbatiale et conventuelle, recueillis çà et là dans les archives.

BAILLIS ET LIEUTENANTS DU BAILLI.

1329. Renier de Bancheville.
1336. Jean Houchard.
1347. Williaume Lenfant.
1347-1352. Jean de Molliens, lieutenant.
1394-1414 Jean de Bouberch.
1456. Jean Houchard.
1457. Huc Le Prêtre.
1481. David Le Quieux.
1512. Marc de Calonne.
1525. Jacques de Lessau, lieutenant.
1527. Jean Pecoul.
1533. François de Saisseval.
1564. Nicolas Rumet, bailli, lieutenant-général du bailli d'Amiens, mayeur d'Abbeville en 1560 et 1562.
1598. Hector Rumet.
16... Nicolas Rumet, neveu du précédent.
1623. Antoine Rumet (2).
1655. Jean de Wanel.
1671. Michel Hourdel.
1719. Jean du Bourguier.
1756. Louis-Michel Lherminier.

RECEVEURS-FERMIERS DE LA MENSE ABBATIALE OU CONVENTUELLE.

1544. François de Saisseval, seigneur de Marconnelle et autres lieux.
1564. Jehan Bochain.
1574. Jacques Groult.
1600. Antoine Groult.

---

(1) *Inventaire*, pages 710-718.

(2) « On lit dans une note de D. Grenier que cette famille fut fort attachée à Saint-Riquier, que Nicolas Rumet et ses descendants furent plus de 150 ans baillis du monastère (M. Prarond, *Hommes utiles*, tome III, page 89.)

Vers sur Nicolas Rumet extraits d'une élégie :

Belgica quem genuit, nutrit Bolonica tellus,
Lutetia docuit, Scolaque Pictavis,
Edoctus patrios judex conscendit honores.
Monstrolio binis junctus et ipse thoris.
Nobilitate genus, pietate virtute bearunt,
Rumetumque suis docta Minerva bonis.

Mémoires de la Société des Antiquaires de Picardie,
Tome XII, page 117. — Voir aussi tome II de notre histoire, page 209.

1626. Jacques Groult, fils du précédent ; sa femme Marie de Lesperon continua la recette après sa mort (1647).
1652. N. Manessier.
1665. N. de Richemont.
1667. N. Becquin.
1680. N. de Richemont.
1691. Joseph-Léonor Picquet de Bonnainvillers.
169.. N. de Surville.
1700. Nicolas Chopart.

1708. Jacques de Gry, bourgeois de Paris.
1712. Charles Becquin, d'Abbeville.
1713. Lelang de Richemont.
1719. Hector de Roussent.
1733. N. Le Sénéchal d'Amiens.
1734. N. de Brossette.
1757. Claude Bouillette.
1767-1779. N. Aclocque, négociant à Amiens.
1779. N. Douzenel de Buigny (1).
1787-1790. N. Aclocque (2).

CHAPITRE III.

ÉGLISE PAROISSIALE DE NOTRE-DAME.

Nous avons parlé de son origine (3), des droits du monastère sur la cure, des contestations qui ont surgi à la suite de conflits de juridiction. Il ne nous reste plus qu'à traiter des revenus de l'église Notre-Dame, de ses fondations, de son clergé.

La déclaration de 1730 pour l'établissement des décimes à payer par le clergé nous donne l'état des revenus et des charges de la cure de Notre-Dame.

Revenus. « — Dîmes novales laissées au curé pour portion congrue, 370 livres. — Cinq « journaux de terre à la sole, affermés pour la sole en blé, 104 livres 13 s., et pour la « sole en mars, 20 livres. — Supplément payé par l'abbé de Saint-Riquier, 62 livres 4 s. « Cette charge fut imposée à l'abbé dans le partage avec les religieux, parce qu'il était « gros décimateur. — Fondations payées par le seigneur de la Ferté, 34 livres 10 s. — « Casuel, 50 livres. — Total des revenus, 641 livres 7 s.

Charges. — Réparations du presbytère. 15 livres. Il restait au curé 626 livres 7 s. (4).

---

(1) Voir tome II, page 315.

(2) Le sieur Aclocque, receveur de la mense abbatiale, avait en 1790 un bail de 27,525 livres. Il adressa des réclamations au directoire du département, sur des avances qui lui étaient dues. Une sentence du 15 novembre 1792 le débouta de ses prétentions. Après sa mort ses héritiers réclamèrent une somme de 84,394 livres pour indemnité de non jouissance d'objets repris en son bail. Ils furent également déboutés le 26 février 1793. *Registres aux délibérations du Conseil général du départ. de la Somme. Bureau des domaines nationaux.*

(3) *Tome* I, *page* 147.

(4) M. Darsy. — *Bénéfices de l'Eglise d'Amiens. Tom* II, *paq* 275.

La déclaration, faite en 1789 à MM. les Administrateurs du district d'Abbeville, nous donne un chiffre plus élevé pour le revenu de la cure.

Revenus. — Dîmes novales, 360 livres. — 4 setiers de blé, 40 livres. — Supplément de M. l'Abbé, 154 livres. — id. des religieux, 15 livres. — Fermage de xxxvi journaux 1/2 de terre, 462 livres. — Total 985 livres.

La propriété foncière se trouvait considérablement augmentée, par suite de donations, de l'annexion peut-être des propriétés de la chapelle Saint-Nicolas ou de terres de la fabrique (1).

Charges. — Plusieurs pièces de terre étaient chargées d'obligations, comme celle de chanter les matines aux fêtes, les premières vêpres des dimanches et fêtes, celle de chanter une grand'messe au premier jour de mai et de donner aux pauvres de la ville une aumône de 200 livres de pain. — Total : 66 livres 13 s. 6 deniers. — Il restait 922 livres 6 s. 6 d.

Revenus *et dépenses de la fabrique*. — Il ne nous reste qu'un compte-rendu du 22 Brumaire, An III, par M. Callé, curé de Saint-Riquier. Ce compte accuse une propriété de 140 journaux de terre (2), sans compter 22 journaux qui ont été vendus, et en outre d'autres rentes hypothéquées sur des terres pour fondations. Recette 2,125 livres.

Charges. — Obits et Fondations 247 livres. — Au chantre et à l'instituteur pour moitié de son traitement, 175 livres : l'autre moitié était payée sur les revenus de la confrérie de Saint-Nicolas, ainsi que les charges suivantes : — Fonctionnaires dont on ne signale point les occupations, 175 livres ; — Au second chantre, 50 livres ; — Au serpentiste, 100 livres ; — Au bedeau, 80 livres ; — Aux enfants de chœur, 36 livres. — Contributions : x. ; — Aux ouvriers qui ont arraché les armoiries tant du dedans que du dehors de l'église, 120 livres. — Au citoyen Callé pour ses cueilloirs, papiers timbrés et travaux, 50 livres. — On a distribué des grains aux petits clercs et aux pauvres. Ce qui restait a été donné aux parents pauvres des militaires envoyés sous les drapeaux pour la défense de la patrie.

Fondations et Obits. — Un obit solennel avec vigiles et commandaces, fondé par la dame de la Ferté en 1342. Il est dû pour cet obit 6 setiers d'avoine.

Le service religieux est encore exactement acquitté aujourd'hui, grâce aux sentiments religieux du propriétaire de la Ferté et de M. Canu, possesseurs ou héritiers de ce domaine.

---

(1) On remarque que les cens et surcens des biens de la cure étaient payés par la fabrique, ce qui fait présumer que des terres de la fabrique auraient été concédées au curé pour élever son traitement.

(2) Ces terres étaient situées non-seulement sur le terroir de Saint-Riquier mais, aussi sur l- roirs d'Yvrencheux et d'Yvrench, de (' Maison Ponthieu, de Coulonvill- Gapennes, de Buigny l'Abbé lencourt, d'Agenvillers

Deux obits fondés par Thibaut de Hesdin seigneur de Bezencourt, paroisse de Brailly-Cornehotte, qui vivait de 1500 à 1600. Ces deux obits sont encore célébrés aujourd'hui. La seigneurie de Bezencourt avait légué 8 livres sur son domaine de Bezencourt pour ces deux obits.

Fondation de cinq messes aux fêtes de la Sainte Vierge ou dans les octaves et d'une autre messe basse par M. François Piollé, curé de Montigny, diocèse de Paris. Quatre journaux 1/2 de terre, au chemin des Croix, avaient été grevés de 20 livres de rente pour l'acquit de cette fondation, que nous retrouvons encore aujourd'hui sur l'obituaire de la paroisse.

M. Antoine de Roussent de Gredainville avait fondé deux obits qui sont encore acquittés. Son fief de Gredainville devait payer 9 livres à la fabrique.

Vingt-deux livres 10 s. de rente ont été créés par Jacques Cantrel (28 mars 1738) pour huit obits, qui doivent être acquittés pour le repos de son âme et pour Marie Beaugers, sa femme.

Ces obits réduits à cinq sont toujours célébrés dans l'église paroissiale.

Deux obits avec vigiles et commandaces fondés par Jacques Carpentier, à raison de 6 livres, sur 5 journaux de terre hypothéqués à cette intention, ont été conservés, mais réduits à un seul obit. On signale encore dans les archives quelques rentes pour des messes ou des obits. Mais ces fondations ont péri dans la Révolution.

Un dernier état de l'église paroissiale de Saint-Riquier, c'est celui de l'inventaire du mobilier dressé en 1790. Notons en particulier : quatre cloches dans le clocher : des bancs assez remarquables pour l'époque, ceux que nous voyons aujourd'hui dans la basilique monastique : des chandeliers d'autel avec leurs souches à ressort en spirale, et d'autres ustensiles en cuivre : deux bâtons de chantres en bois doré et argenté : un fauteuil pour le célébrant et des tabourets pour ses assistants en velours d'Utrecht. Tout est médiocre et sans valeur.

Parmi les ornements et vases sacrés, notons d'abord deux calices et autres vases sacrés, une croix processionnelle avec lames d'argent, une statue de la Sainte-Vierge en argent, montée sur un pied d'ébène, le tout pesant 27 marcs d'argent, d'après l'estimation de l'orfèvre Depoilly. Les vases sacrés de Saint-Nicolas pesaient quatre marcs d'argent.

L'inventaire indique ensuite sept parements d'autel conformes aux couleurs liturgiques, les uns en soie, les autres en laine, sur deux desquels on voyait des médaillons avec galons d'or : sept ornements complets dont le plus riche était en velours rouge avec orfroi en drap d'or : une robe pour le bedeau avec médaille en argent : des ceintures en soie pour enfants de chœur : deux draps mortuaires en laine et soie.

Il existait en 1789 plusieurs chapelles dans l'église Notre-Dame : 1° celle de Sainte-Marguerite-du-Val ou de la Léproserie, transférée dans l'église paroissiale après la destruction de l'habitation ; 2° celle de la Trinité, transférée du château de la Ferté ; 3° celle de Saint-Jacques fondée par les seigneurs de la Ferté (1) ; 4° celle de Saint-Benoît. Il en est fait mention ailleurs, ainsi que des charges auxquelles elles étaient assujetties.

Noms de quelques curés de Saint-Riquier. Nous ne désignerons que ceux dont on connaît les noms de famille, avec l'année dans lesquelles il en est fait mention dans les archives, sans prétendre donner une succession suivie.

1317. Robert de Hanchies.
1319. Robert de Cachy.
1330. N. Oudard (2).
1337. Leonard Beaudoin.
1339. Watier le Col.
1360 à 1372. Jehan Coupel.
1381. Nicaise d'Amiens.
1397. Pierre Randoulot (3).
1410. Jehan Cornet.
1414. Jehan Coignet (4).
1421. Nicole David, vice-gérant. Il était maître de l'Hôtel-Dieu. Il fut repris pour une procession du Saint-Sacrement(5).
1431. Hue Le Bochu.
1505. Antoine Palot ; il signa les coutumes pour ceux qui ne savoient pas écrire.
1534. Guillaume Masse.
1537. N. Lepois, vice-curé.

1544. Quentin Dorge.
1570. David de Houdencq.
1586. Jehan Carpentier.
1670. Antoine Daullé, curé et doyen de chrétienté.
1690. Martin Hecquet.
1718. François Seguin.
1718. Nicolas Floury.
1730. Robert Du Bourg, par résignation du précédent laquelle ne fut pas agréée.
1730. Louis Brunel.
1737. Laurent Beauduin.
1744. François Quillet, prêtre desservant.
1750. Nicolas-Norbert Ducloy.
1775. N. Callé qui vécut jusqu'en 1833 ; il était docteur en théologie.
1828 à 1858. Louis Padé, curé de 2ᵉ classe.
1858. M. Fricourt, curé actuel.

Nous rapporterons ici volontiers un éloge de M. Callé par l'auteur de la monographie de Saint-Riquier. « Dans ces temps de perturbation où les monuments des arts étaient devenus la proie de l'ignorance et de la barbarie, les amis de la religion et de l'histoire nationale apprendront avec intérêt que ce fut le digne pasteur de l'église de Saint-Riquier, M. l'Abbé Callé qui, dans les temps les plus orageux de 1793, contribua puissamment à sauver cet édifice d'une destruction certaine, parvint également à soustraire à l'impiété et à la profanation les précieux restes du saint patron, fondateur du monastère, que l'on révère encore dans le sanctuaire de cette belle basilique, où ils sont exposés à la vénération des fidèles avec les autres saints, principalement honorés dans le Ponthieu (6) ».

Puisse cet éloge du bon et placide abbé Callé faire oublier son peu de fermeté, à l'époque où l'on imposa le serment à la constitution civile du clergé ! Quand on exigea

(1) Il y a dans cette église, dit D. Grenier, une chapelle qu'on appelle la castrale . autour du cintre de la porte sont plusieurs écussons. On voit aussi plusieurs armoiries sur diverses fenêtres de l'église : ce sont les armes du seigneur, avec ses alliances et celles de sa femme.

On n'a point la description de ces armes
(2) *Tome* II, *page* 17.
(3) *Ibid*, *page* 73.
(4) Peut-être le précédent par erreur de copiste.
(5) *Cartulaire*. Fol. 22.
(6) *Description de l'Eglise de Saint-Riquier, pag.* 58.

l'exécution de cette loi schismatique, il essaya d'unir deux choses inconciliables dans la circonstance : l'obéissance à l'autorité civile et la soumission filiale au chef de l'Eglise Catholique, Apostolique et Romaine. On ne lui permit pas de s'en tenir à la restriction mise à son serment (1). On exigea une adhésion entière à la loi. L'Abbé Callé n'eut pas le courage de résister à des injonctions que la conscience devait condamner. Il resta donc à Saint-Riquier, abusé peut-être par des doctrines qui avaient obscurci la vérité catholique, remplissant, de bonne foi, sans doute, ses fonctions comme par le passé, pliant sous l'orage, au moment où la tempête renversait tout autour de lui, puis se relevant avec la même bonne foi, quand ses paroissiens réclamèrent son ministère, rétablissant le culte sous une administration épiscopale privée de juridiction canonique (2), enfin demandant pardon de ses erreurs de grand cœur, après le concordat par lequel tout rentra dans l'ordre.

Un prêtre généreux et vénéré, que la Providence suscita pour relever des ruines toujours saignantes et prouver qu'on peut tout avec l'énergie d'une foi inébranlable, succéda au pasteur, témoin des égarements de la Révolution. Bien que son administration n'appartienne pas à notre histoire, on ne nous pardonnerait point notre silence sur l'œuvre du supérieur-curé de Saint-Riquier. Nous emprunterons notre notice à un article nécrologique de 1838, dû à M. Courbet-Poulard de très honorable mémoire.

« Monsieur Louis Padé, naquit à Amiens, en 1787, d'une famille honorable. Préservé, comme autrefois les enfants de la fournaise, du foyer brûlant de l'impiété, il apprit des lèvres de sa mère à prier le Dieu qu'on chassait de ses temples. Avec l'ère du consulat, les écoles longtemps fermées se rouvrirent, et enfant sérieux avant l'âge, Louis Padé les fréquenta avec autant d'assiduité que de fruit. Il fut admis notamment dans la maison de l'Oratoire, qui avait pour directeur un grand maître, le R.P. Scellier, et pour élèves entre autres Giraud, plus tard cardinal-archevêque de Cambrai, de Bonald, cardinal et archevêque de Lyon, etc. C'est du sein de ce petit cénacle qu'il se disposait à partir pour Saint-Sulpice, cette précieuse école du sacerdoce, lorsque ses parents, dont il dérangeait les vues, s'opposèrent à sa vocation. Après bien des efforts de douceur et de patience pour vaincre cette opposition, l'élève de l'Oratoire dut passer outre, et avec les ressources des emprunts, prendre, quand même, la route du séminaire. Là il eut pour condisciples les hommes les plus éminents du clergé de son temps. C'est dans le cours de son séminaire que M. Padé, auquel on avait confié la garde de l'infirmerie, ferma les yeux à l'illustre M. Emery, supérieur de la congrégation des Sulpiciens. »

---

(1) Comme beaucoup d'autres curés, M. Callé avait prêté serment à la constitution civile du clergé avec cette réserve : « *Excepté tout ce qui tient essentiellement à la foi et à la religion Catholique, Apostolique et Romaine.* — (*Archives de la commune de Saint-Riquier.*)

(2) Le 8 octobre 1801, l'abbé Lecomte, curé de Saint-Sépulcre d'Abbeville, doyen de chrétienté, vicaire-général de Mgr de Machault, prit des reliques de saint Riquier dans sa châsse, du consentement de M. Callé. Les deux partis étaient donc bien près de s'entendre

« A peine rentré de Paris, où il avait résisté aux vives instances, qui voulaient le retenir pour le ministère des paroisses dans la capitale, M. Padé fut envoyé avec le titre de vicaire à Saint-Valery : là il donna, de 1812 à 1815, la mesure de ce qu'on pouvait attendre de lui : aussi cette ville se souvient encore de son nom. En 1815, M. de Mandolx appela le jeune ecclésiastique à prêcher en sa présence le sermon de l'Assomption, et lorsque l'orateur descendit de la chaire, son évêque l'embrassa avec effusion, en lui annonçant qu'il l'attachait désormais, comme vicaire, à la cathédrale. Ne trouvant pas que son ministère fût aussi fructueux qu'il l'eût désiré, parce qu'il avait affaire à sa ville natale, à la paroisse même de ses parents, M. Padé, un peu fatigué d'ailleurs, sollicita une cure à la campagne, et il fut nommé à Franleu, où il reste, même aujourd'hui, dans les cœurs des traces de son passage. »

« C'est au presbytère de Franleu que vint le trouver, vers 1819, la lettre par laquelle Mgr de Bombelles lui remettait la direction du collège de Montdidier, direction qu'il n'abandonna qu'à la mort de l'évêque, dont il avait pleinement justifié la confiance par un esprit d'ordre et une puissance de discernement, qui lui avaient concilié toute l'estime et toute la bienveillance du prélat. »

« A Montdidier, M. Padé avait eu le temps d'interroger et de reconnaître ses aptitudes, qui concordaient du reste avec ses goûts ; son âme s'était révélée plus particulièrement ; il était définitivement né pour l'éducation de la jeunesse. En quittant le collège, il partit pour Saint-Riquier. »

Nous avons raconté, tome I, page X, l'arrivée de M. Padé à Saint-Riquier. Nous y renvoyons le lecteur.

« Quand M. Padé eut doté le diocèse de ce magnifique établissement d'instruction secondaire, quand avec tant d'abnégation et de désintéressement dans la donation qu'il en avait faite au diocèse, il eut dépensé tant de zèle, d'intelligence et de dévoûment dans la direction qu'il lui avait imprimée, vint l'heure de se séparer de la nombreuse famille qu'il avait élevée et de se charger exclusivement de la cure de Saint-Riquier. Il adoucit les rigueurs de l'épreuve qu'il ressentit du vide de cette séparation, par les consolations qu'il puisa de plus en plus dans la Bible, qui avait toujours fait ses délices : il demanda notamment aux psaumes leur secret qui se dérobe si souvent à travers les élans lyriques, dont ces odes sacrées sont remplies ; il chercha la clef de ce *jardin fermé* : il essaya d'ouvrir *cette fontaine scéllée*, et des témoignages éminents ont déposé que le fondateur du petit séminaire, le restaurateur de la basilique de Saint-Riquier, a écrit son nom en caractères plus ineffaçables encore, si c'est possible, dans son monument des psaumes que dans ses œuvres de pierre. L'ouvrage des *Psaumes mis à la portée des fidèles* (1), est le plus beau testament que le saint prêtre eût pu écrire dans cette période de dix-huit années, où il n'a cessé d'avoir en main les livres sacrés. »

(1) Deux volumes seulement de cet ouvrage ont paru du vivant de l'auteur, chez Perisse, à Paris et à Lyon. On ne désespère pas de voir imprimer la suite.

« Voilà M. Padé, voilà l'homme que la paroisse de Saint-Riquier, que le petit séminaire, que le diocèse ont perdu le 2 septembre 1858. »

Une nombreuse tribu sacerdotale donnait à la ville de Saint-Riquier une physionomie toute religieuse. On peut compter, par des messes acquittées à certaines époques, jusqu'à vingt et trente prêtres dans la ville, sans les moines cloîtrés dans leur abbaye. A leurs noms, par leur titres ou leurs fonctions, on reconnaît les fils des familles les plus considérées de la ville. Le service religieux était loin d'exiger un si nombreux personnel d'ecclésiastiques. On ne signale dans les offices que le curé et son chapelain, puis un diacre et un sous-diacre, le maître de l'hôtel-Dieu et son coadjuteur. Ajoutons les chapelains, comme ceux de Saint-Nicolas, de Sainte-Marguerite du Val des Lépreux, de la Trinité, de la Ferté, de la Chapelle de Saint-Jacques et de l'église paroissiale de Saint-Benoît. Que faisaient les autres prêtres? Plusieurs instruisaient les enfants des écoles de la paroisse, ministère toujours honoré dans l'église catholique ; ce qui confond la mauvaise foi de ceux qui ont reproché au clergé de laisser croupir les enfants du peuple dans l'ignorance. Il est constant, en effet, que le clergé n'a cessé d'instruire le peuple, de développer dans la société avec la crainte de Dieu les notices du vrai, du juste, du beau, les connaissances des vérités naturelles que réclame sa condition. Le moyen-âge instruit surtout par ses prêtres, avait, personne ne le conteste plus, ses artistes, ses ouvriers habiles, intelligents et consommés dans la pratique de leur art. Les entrepreneurs, les architectes surgissaient du sol natal, et la ville de Saint-Riquier peut montrer avec quelque orgueil les œuvres de ses anciens corps d'état.

On sait en outre que l'Eglise permet à tous ses enfants, sous la garantie d'un titre patrimonial, d'aspirer aux saints ordres : elles les appelle, dans ces conditions, à l'exercice actif du ministère pastoral, sans le leur imposer. Elle consent, lorsqu'ils sont à l'abri des nécessités de la vie, à ce qu'ils se sanctifient au sein de leurs familles, dans la pratique des vertus chrétiennes et sacerdotales. Si elle leur offre des bénéfices avec des charges spirituelles, elle ne leur refuse pas la liberté de résigner leurs titres, quand les forces de la nature fléchissent sous le poids des années ou des infirmités. Il est probable que la ville de Saint-Riquier comptait beaucoup de ces prêtres exempts, par leur position sociale, des grandes responsabilités d'un ministère redoutable aux Anges eux-mêmes. Les institutions si chrétiennes de l'époque inclinant de nombreux enfants sages et pieux vers une vocation sublime et considérée dans la société, l'école monastique s'ouvrait à ces natures privilégiées. Quelques-unes se sentaient attirées par le parfum des vertus célestes qu'on y respirait ; d'autres moins généreuses peut-être, mais pourtant éprises de l'amour des choses de Dieu, y formaient la résolution de vivre, au milieu du monde, dans une séparation complète de ses sollicitudes et de ses occupations. C'est pourquoi beaucoup de jeunes étudiants suivaient leur attrait pour la vie sacerdotale, qu'ils honoraient par les pratiques d'une vraie et solide piété. Combien de ces prêtres se sont agrégés à la confrérie de Saint-Nicolas dont nous allons nous occuper ! Dans

CHAPITRE III. — ÉGLISE PAROISSIALE DE NOTRE-DAME.

cette honorable confrérie ouverte à toutes les conditions, ils se soutenaient par de bons exemples et de bons conseils ; ils y puisaient une force spirituelle contre laquelle venaient se briser le courant des mauvais instincts de la nature humaine, viciée par le péché de notre origine. Si le nombre des vocations ecclésiastiques témoigne, comme on l'a dit souvent, des sentiments religieux d'une population, qu'on juge par là de ceux de la ville de Saint-Riquier. Aussi nous voyons, par les exercices du culte public, que les prédications y étaient très multipliées, que les fondations s'accroissaient sans cesse. Mais, au xvii° siècle, cet élan pour le sacerdoce diminua sensiblement : au xviii° siècle, il ne restait plus que les prêtres nécessaires pour le culte public. On peut conclure de cette décadence que l'esprit moderne se développait et préparait le grand cataclysme, qui a pour un temps submergé aussi la société religieuse à Saint-Riquier.

Nous allons donner les noms des prêtres du xv° et du xvi° siècle que nous avons rencontrés dans les archives diverses de Saint-Riquier. Il a pu en exister d'autres encore dont les noms ne sont pas parvenus jusqu'à nous:

1400 à 1425. Fremin le Cordier. — Philippe de Nuelmont. — Jean Hurtel. — Jean a l'Eteule. — Robert Warin — Robert et Pierre Le Couer. —Sire (1) Jehan de le Motte.— Robert Langle.— Jean Leduc, écolâtre — Pierre et Jean de Montreuil, tous confrères de Saint-Nicolas. — Jean Accard.

1425 à 1450. Messire Robert Le Maréchal. — Sire Guillaume Le Poivre. — Sire Nicolas de Villers. — Sire Jehan Gautier.

1450 à 1475. Messire Jehan Canu. — Messire Bauduin de Muyne. — Fabry. (Ce nom reparaît plusieurs fois sans autre indication). — Messire Toussaint Regimbard. — Mess. Guillaume le Bon (*de Bono*).— Mess. Jehan Maillard. — Mess. Guillaume Wiron. — Mess. Guillaume et Jean Feutre. — Mess. Jean Ternisien, mort en 1504. — Mess. Jehan Leclerc. — Mess. Philippe Canu, — Mess. Nicole Ternisien. — Mess. Fremin Galepoix. — Mess. Jehan de Saint-Blimond, curé de Notre-Dame du Val. — Mess. Jehan de la Chapelle, curé d'Oneux, mort en 1504.

1475 à 1500. Messire Jehan de Maisons.—Sire Riquier Nocquier. — Sire Nicole Tilloloy, prévôt de Saint-Nicolas. — Mess. Hugues Taulier.— Mess. Jean Coffin. — Sire Pierre de le Cappelle.

(1) Nous ajoutons les titres de *messire, sire, maître,* quand nous les avons lus dans les Archives.

Sire Jehan Mocart. — Mess. Mathieu de Péronne. — Sire Jehan Lenfant. — Mess. Jehan Gillard — Mess. Riquier Corognier. — Messire Nicole Lenglet. — Mess. Jehan Buteux — Mes. Jehan Matifas. — Mess. Nicole Cantrel, mort en 1504. — Mess. Jehan Le Tavernier. — Mess. Jacques d'Embry. — Mess. Hue Senault. — Mess. Mathieu Bourdon, etc.

Cinquante-cinq prêtres pour le xv° siècle, sans les curés de la paroisse, les doyens de chrétienté et les maîtres de l'Hôtel-Dieu.

1500 à 1525. Nicolas de Montigny. — Nicole Le Prevot. — Jehan Carpentier. — Pierre et Nicole de Machy. — Jacques Tavernier. — Pierre Dacquet. — Jehan Hecquet. — Jehan de Fransières. — B. Platel. — Sire Nicole de le Capelle. — M° Adrien Ternisien. — M° Hugues de Caulers. — Sire Jacques Coffin.— Sire Pierre Rogier. — Sire Antoine Caron. — Sire Charles Villemant. — M° Jehan Masse. — Sire Nicole de Vincheneux. — Sire Adrien Denamps. — Sire Hue le Bochu.

1525 à 1550. Sire Bon Le Jeune. — Sire Jean de Tuncq. — Sire Jean Ringard. — Sire Hugues Pecoul. — Sire Jehan Rumault — Sire Grégoire Bourdon, écolâtre en 1586. — Sire Jacques Bourdon, écolâtre en 1587.-- Sire Pierre Robillard — Sire Philippe Caron, curé de Conteville. — Sire Balthasar Du Quesne. — Sire Eustache

Catel, curé de Cahours. —Sire Antoine d'Auchy. — Sire Eustache Dupuis. — M• Ricquier Roussel.— Sire Fremin d'Offinicourt.—M• Pierre Lessopier, curé de Neuville. — Sire Augustin de Sarton. — Sire Nicole Couvreur. — Sire Giles Maillard. — M• Oudard Du Puich. — Sire Jehan Ternisien. — Sire Robert Lefevre — Sire Regnault le Varlet. — Sire Pierre de Blottefière. — Sire André du Fresne. — Sire Jehan Rimbert.— Sire Thibaut du Moustier. — Sire Guillaume Palot et sire Jean Palot. — Sire Jacques Froissart. — Sire Nicolas de Vausselles.

1550 à 1575. Sire David Heren. — Sire Pierre Legris. — Sire Jacques Sannier, régent au collége de Bourgogne, curé d Agenville.

1575 à 1600. Sire Nicolas Dacquet, premier clerc de l'église paroissiale en 1618. — Sire Honoré Piolé, maître ès-arts. Il faisait l'école à Saint-Riquier. La commune lui a alloué 5 livres. —Sire Floury de Machy, écolâtre en 1591.— Sire Robert de Visques. — Sire François Duquesne. — Sire Thibaut Macquet. — Sire Jacques Couvreur. — Sire Nicole Le Jeune. — Sire Pierre Darcier. — Sire François Leroux. — Sire Charles Dolliger. — Sire Pierre Porquier, curé de Neuville. — Sire Jehan Varlet. — Sire Thibaut Ternisien. — Sire Honoré Bouscot, écolâtre. — Sire François Mauppin. — M• Claude Hecquet, curé d'Oneux.

Pour le xvi• siècle soixante-seize prêtres.

Au xvii• siècle nous avons encore recueilli les noms de vingt-sept prêtres parmi lesquels nous citerons Arthur Froissart, qui instruisait les enfants en 1619. — Sire Guillaume Gueudré, qui instruisait aussi les enfants en 1619. — Sire Denis Dubois, maître d'école en 1627, M• Claude Crépin, maître d'école ; sire Jehan Debrie, qui enseignait les enfants en 1618. — Sire Jehan Pla, maître d'école en 1620 ; François Piolé, prêtre à Paris.

Au xviii• siècle nous n'avons relevé que les noms des curés, des vicaires, et en outre d'Angilbert Hourdel, chapelain de la Ferté, de Pierre Dominique Hourdel et de N. De Phaff, descendant du baron allemand réfugié à Saint-Riquier.

CHAPITRE IV.

LA CONFRÉRIE DE SAINT NICOLAS.

Le culte de Saint Nicolas, depuis la translation de ses reliques à Bary en Apulie (1087), se propagea en Occident d'une manière vraiment prodigieuse. On s'empressa de lui dédier partout des autels et des Eglises. Nous citerons entr'autres les chapelles de Saint-Nicolas à Forêt-Montier, au Crotoy, à Saint-Valery (1), à Bernaville, à Yaucourt, à Domart, à l'Hôtel-Dieu de Saint-Riquier. L'Abbé Anscher partagea cet enthousiasme pour le Saint protecteur de l'innocence et de la pureté chrétienne. Le souvenir en resta jusqu'aux temps présents dans la chapelle de Saint-Nicolas, où fut après lui érigée une confrérie, dont on a retrouvé beaucoup de titres et notamment les statuts primitifs. On doit fixer la fondation de cette confrérie à l'année 1302 ; c'est l'époque à

(1) Une chapelle de Saint-Nicolas y fut édifiée dans le monastère comme à Saint-Riquier.

laquelle l'official d'Amiens donna ses lettres de confirmation à divers articles d'un règlement proposé par le doyen de Saint-Riquier, spécialement chargé d'organiser cette pieuse assemblée. La place que cette confrérie occupa dans la haute société de Saint-Riquier nous fait un devoir de signaler ses statuts et les faits principaux qui s'y rattachent.

La confrérie de Saint Nicolas était commune aux fidèles des deux sexes qui se proposaient d'honorer et de glorifier spécialement : 1° la Sainte-Trinité source et origine de toute sainteté, de toute bonté et fin dernière de tous les hommages rendus aux saints; 2° Notre Seigneur Jésus-Christ ; 3° sa glorieuse mère la Vierge Marie ; 4° et en particulier le Saint Pontife Nicolas, évêque de Myre.

« Les confrères et les consœurs, disent les statuts, doivent avant tout considérer que les glorieuses actions des saints et leurs triomphes méritent d'être célébrés par de nombreuses solennités, parce que l'honneur en revient à celui qui veut être béni dans ses saints. En effet, c'est lui qu'on glorifie par des louanges pleines d'amour et de suavité spirituelle ; c'est lui qui les a élevés si haut, afin que leurs mérites, qui sont son œuvre, puissent être dignement loués et pour que tous ces hommages fassent éclater plus admirablement ses grandeurs et les douceurs de son amour. »

« C'est pourquoi le psalmiste a dit : Louez le Seigneur dans ses saints ; et ailleurs : Dieu est admirable dans ses saints. Oui, Dieu est vraiment admirable dans ses saints, Lui qui a glorifié le Bienheureux Pontife et très doux confesseur Nicolas, qui l'a décoré d'un si grand nombre de miracles pendant sa vie et après sa mort, qu'il nous semble mériter les louanges de tous les siècles ; car son admirable fécondité de grâces prouve une puissance sans bornes, pour secourir les malheureux, ainsi que le chante Notre Mère Sainte-Eglise : *Deus qui Beatum Nicolaum innumeris decorasti miraculis*. Bien plus son nom lui-même est un chant de triomphe. Quand le nom de Nicolas, le *vainqueur des peuples*, est prononcé, les coups des plus fiers athlètes sont impuissants ; tous les ennemis sont terrassés. C'est pourquoi les deux sexes et toutes les conditions peuvent compter sur son secours et doivent se recommander à ses prières et implorer son assistance ; car il aime à répandre les biens du Ciel sur des serviteurs qui le prient de tout leur cœur. »

« Saint Nicolas est vraiment l'honneur du sacerdoce. Il faut en particulier que les clercs et les prêtres se recommandent à lui avec dévotion ; car le Seigneur a surtout rendu célèbre le jour de son ordination et de son élection, ainsi que le rapporte son histoire, lorsque une voix céleste l'appela au gouvernement de l'Eglise Métropolitaine de Myre en Mœsie. »

« C'est pourquoi après avoir remémoré ses nombreux miracles, les bienfaits signalés dont le Seigneur Jésus a comblé toutes les régions de la terre par son glorieux Pontife Saint Nicolas, les confrères et les consœurs ont statué ce qui suit : »

I. Les prêtres et les clercs originaires de Saint-Riquier, pour honorer Saint-Nicolas, non par un motif de vaine gloire, mais par des sentiments de piété et d'humilité, se réuniront la veille de son ordination au mois de juillet, le 15 des calendes d'août (18 juillet), pour chanter les vêpres. Le lendemain ils célébreront la messe et les vêpres avec grande solennité et grande dévotion.

II. Comme la milice cléricale n'a point, dans le court pèlerinage de cette vie, d'autre mère, d'autre secours, d'autre refuge que la Très-Sainte Vierge, qui fut remplie du Saint-Esprit au jour de l'Annonciation, il est juste que la corporation du clergé réunisse tous ses efforts pour chanter ses louanges, puisqu'on sait qu'elle n'oublie pas ses serviteurs et que sa puissante protection leur est assurée pour l'âme et pour le corps. C'est pourquoi les prêtres et les clercs demeurant à Saint-Riquier ont résolu de chanter, en l'honneur de la Sainte Vierge, des vêpres le vendredi et la messe le samedi de chaque semaine, depuis la Trinité jusqu'à l'ordination de Saint Nicolas au mois de juillet.

III. Pour que ces offices soient célébrés à perpétuité, les clercs et les prêtres se sont réunis en confrérie et se sont engagés par serment, la main sur la poitrine, et les prêtres (*in verbo Domini*) sur l'Evangile, de garder et d'observer de tout leur pouvoir les présents statuts.

Les prêtres et les clercs des écoles (ou *les étudiants*) paieront chaque année dans l'octave de la Pentecôte, aux prévôts et aux procureurs qu'ils auront nommés, le tiers de leur bourse (1). Cet argent servira à fournir les luminaires et ce qui est nécessaire pour la messe. Ceux qui ne seront point écoliers donneront la même somme que s'ils étaient étudiants, si telle est la décision de deux confrères et du prévôt.

IV. La confrérie aura deux prévôts, l'un nommé par les étudiants et l'autre par les confrères de la ville. Les prévôts pourront convoquer les confrères et régler, pour le bien de la confrérie, toutes ses affaires intérieures. On sera tenu de leur obéir, sous peine d'une amende de six deniers.

V. Tous les confrères présents à Saint-Riquier se rendront exactement, à l'église indiquée par les prévôts, aux premières vêpres de l'ordination de Saint Nicolas, de manière à arriver avant le *Gloria Patri* du premier psaume, sous peine d'une amende de six deniers. Ceux qui ne seront pas éloignés de plus de douze lieues devront, sous la même peine, être rendus dans la ville avant la nuit et annoncer leur arrivée aux prévôts. Douze deniers d'amende pour ceux qui ne seront pas le lendemain arrivés à la messe, avant le *Gloria in excelsis*. Douze deniers aussi pour retard aux vêpres, sans distinction du lieu d'habitation, à moins que le prévôt n'ait permis aux étrangers de se retirer.

VI. Après les vêpres de Saint Nicolas, on chantera les vêpres des morts, *Placebo*, et le

---

(1) La bourse était une cotisation de la valeur de dix sous, de la monnaie de l'époque où un setier de blé se vendait 6 à 8 s., 16 s. dans les temps de disette, où l'honoraire d'une messe se payait de 16 deniers à 2 s. et un obit solennel 2 s. (*Registres de comptes de* 1431 *à* 1504.)

lendemain une messe solennelle pour les confrères défunts et les bienfaiteurs. Deux deniers d'amende pour l'habitant de la ville, s'il fait défaut. Les étrangers qui partiront avant l'office, devront réciter, s'ils sont clercs, les psaumes pénitentiaux, et s'ils sont prêtres, l'office des morts, à savoir *Placebo. — Dirige. — Chorus Angelorum...*

VII. On fixe à un denier, pour les confrères habitant Saint-Riquier, le retard aux vêpres de la sainte Vierge du vendredi, et à deux deniers le retard à la messe, selon les règles posées plus haut. On exige que les confrères soient présents en personne, qu'en allant, en venant, et surtout dans l'Eglise, ils observent les règles de la modestie et de l'humilité, de peur qu'un air fier et insolent n'excite les laïcs, qui sont mal disposés pour le clergé de la ville, à dénigrer la dignité cléricale.

VIII. On inflige la même amende à ceux qui quitteraient, sans la permission des prévôts, avant la fin des vêpres ou de la messe, excepté dans les cas qui dispensent même de la présence, à savoir : les maladies, l'obligation de prendre quelque remède, l'absence de la ville pour le commerce, le mariage ou les funérailles d'un ami. Quant à ceux qui sont employés chez les grands, appelés à diriger les écoles, obligés, par leur bénéfice situé dans la ville ou ailleurs, à remplir quelques fonctions dans leur église, ils sont dispensés d'assister en personne, et ne sont point soumis aux amendes ; on les oblige cependant à payer le tiers d'une bourse pour leur cotisation annuelle.

IX. Les confrères retenus à l'étranger, comme ceux qui sont aux universités, feront parvenir le dû de leur bourse entre les mains des prévôts, soit par eux-mêmes, soit par quelque intermédiaire. Comme on ne doit rien à celui qui ne tient pas à sa parole, il est statué que la confrérie n'est point engagée envers ceux qui n'auront point acquitté, selon les règlements, la quotité annuelle de bourse dont ils sont redevables.

X. Quand on demande à entrer dans la confrérie, le clerc ou le prêtre peut être reçu par procureur, mais les laïcs, hommes ou femmes, sont tenus de se présenter personnellement et ne sont reçus que sur un bon témoignage de deux confrères qui les accompagneront.

XI. Les clercs, les prêtres, les femmes ne paient rien à leur entrée, mais ils paieront à leur sortie une bourse entière avec les arrérages, s'ils en doivent.

XII. Les prévôts liront aux récipiendaires les statuts de la confrérie et leur feront prêter serment de les observer religieusement.

XIII. Chaque confrère, à sa mort, laissera en aumône une bourse entière et une somme convenable à son rang, pour l'œuvre de la confrérie.

XIV. Tous les confrères présents à Saint-Riquier, avertis par le prévôt, assisteront aux funérailles de ceux qui mourront dans la ville de Saint-Riquier. Une amende de six deniers sera exigible de ceux qui ne sont pas empêchés par une des raisons énumérées plus haut. On assistera aussi aux funérailles du conjoint d'un membre de la confrérie, quand il aura laissé en aumône une bourse entière ou une partie de bourse. En quelque lieu et de quelque manière que meurent les confrères, quand ils auront payé une bourse entière et tout ce qu'ils devaient à la confrérie et quand le prévôt aura été officiellement informé du décès, chaque prêtre sera tenu de célébrer ou de faire célébrer une messe ; chaque clerc récitera ou fera réciter un psautier ; les laïcs, hommes ou femmes, diront cent fois *Pater noster* et autant de fois *Ave Maria* dans le mois.

XV. Chaque confrère est tenu de payer ses amendes, avant le samedi qui précède le fête de l'ordination de saint Nicolas : s'il ne s'exécute pas, le prévôt doit le citer. Le jour des comptes, reste-t-il encore des débiteurs, le prévôt les dénoncera à l'assemblée des confrères ; autrement il restera responsable de toute la dette. Si dans une grave nécessité les prévôts avaient besoin du bras séculier de la commune, ils choisiraient trois ou quatre des confrères qu'ils croiraient les plus capables de les seconder et ceux-ci devraient accepter cette mission et s'y dévouer, sous peine de payer une bourse ; mais s'il arrivait que les prévôts ou l'un d'eux fût condamné à subir une peine judiciaire ou corporelle, tous les confrères seraient tenus de venir à son secours.

XVI. En compensation du travail que s'imposent les prévôts, ils ne paieront point de bourse, l'année de leur gestion ; mais les amendes seraient doublées, s'ils en méritaient pour absences non légitimes.

XVII. Afin de resserrer les liens de la charité et de la fraternité entre tous les membres de l'association, le jour de l'ordination de saint Nicolas, les confrères présents dans la ville de Saint-Riquier se réuniront pour le repas commun dans un lieu convenable, désigné par les prévôts ou les trésoriers. Il est expressément défendu d'y jouer aux dés ou autres jeux de hasard. Une amende de douze deniers frappera et les absents et les joueurs.

XVIII. Après le festin de la fête, les prévôts et les trésoriers rendent compte des dépenses et des recettes, en présence de quatre confrères désignés par toute la communauté. En ce même jour on procède à l'élection des prévôts. Les anciens sont rééligibles. Voici le mode de l'élection. La communauté nomme trois électeurs et ceux des membres qui ont les suffrages des trois électeurs ou de deux sont déclarés prévôts pour l'année et obligés d'accepter, sous peine d'une amende de dix sous. Séance tenante, ils jurent, en présence de leurs confrères, de remplir fidèlement tous leurs engagements durant l'année de leur présidence.

XIX. Pour qu'on ne puisse point s'excuser pour raison d'ignorance, chacun des confrères aura une copie des présents statuts. En outre on les lira au moins deux fois l'année, savoir le mardi de la Pentecôte et le jour de l'ordination de saint Nicolas. Tous assisteront à cette lecture, sous peine d'une amende de six deniers, s'ils ne présentent des excuses légitimes.

XX. Afin d'assurer l'avenir et le progrès de la confrérie, en multipliant le nombre de ses membres, les écoliers qui en font partie se sont engagés par serment à faire inscrire tous les écoliers de la ville de Saint-Riquier actuellement à l'université de Paris ou dans une autre université. Si après l'avertissement des prévôts, ceux-ci refusent leur agrégation, tant que durera leur rébellion, ils seront excommuniés de la confrérie en la manière suivante : aucun des confrères ne devra, sous peine de parjure, s'associer avec le récalcitrant, ni le saluer dans les classes, les conférences, les défis, les examens ou dans quelque acte que ce soit de la vie scolaire, ni demeurer sous le même toit ; et celui qui manquera à son serment, ce qu'à Dieu ne plaise ! sera puni d'une semblable exclusion. On excepte pourtant de cette prohibition les rapports nécessaires du maître envers le disciple, qu'il doit faire promouvoir. Cependant on fait un devoir à ce maître d'amener son disciple à résipiscence : on s'en rapportera à sa parole sur cet article.

XXI. Telle doit être en outre la concorde entre tous les confrères que, s'il arrive qu'un procès soit mû contre un membre de la Société, soit à Paris, soit ailleurs, aucun d'eux ne se permettra de remplir dans le Tribunal l'office de procureur ou d'avoué, ou de prêter aide et conseil à son adversaire, à moins qu'il ne soit chargé par son office de l'accuser ou de le juger.

XXII. La violation réitérée des statuts obligera les prévôts à exclure les délinquants, et aussi longtemps qu'ils persévéreront dans leur mauvaise conduite, on ne devra leur donner aucune marque d'honneur. Mais pour que sa perversité ne soit pas profitable à un rebelle, après un triple avertissement, on prendra l'avis de tous les confrères, et les prévôts exigeront une bourse entière et ce qu'il pourrait encore devoir. Si un délinquant refuse, on pourra l'y forcer par sentence judiciaire.

XXIII. Tous ces statuts sont approuvés par les confrères et les consœurs dont les noms suivent : Pierre, curé de Notre-Dame de Saint-Riquier, Messire Jean N..., Messire Jean Bobes, Maître Adam Soles, Messire Girard le Marescal, Pierre de Huppy, Hugues de Huppy, Marie de Hangard, Jeanne de Ville et plusieurs autres... Tous ont promis par serment, la main sur la poitrine, et les prêtres sur l'Evangile, d'observer fermement et inviolablement tout ce qui est contenu dans ces statuts. »

L'acte fut dressé par le doyen de Saint-Riquier, député par l'official du diocèse, puis confirmé par ce dernier et scellé du sceau de la cour spirituelle d'Amiens, le lundi après la fête de saint Mathieu (1302).

Addition. L'article XXI des présents statuts devenant nuisible à la confrérie par sa rigidité ou par une fausse interprétation, on en donna, en 1322, une explication ou une nouvelle rédaction.

1° Les avocats, conseillers, procureurs ou autres, qui seront à pension de seigneur ou d'autres personnes, pourront tenir pour leur maître contre un confrère.

2° Si un avocat, conseiller ou sergent n'est point requis par son confrère, il pourra servir de conseil à la partie adverse, lorsqu'il sera demandé.

3° Si un avocat, un conseiller, un sergent, était commandé par le juge d'aller au conseil six fois l'an, il conviendrait, soit par raison, soit par force, qu'il obéit au juge et au conseil contre son confrère.

La confrérie de Saint Nicolas fut bientôt dotée par la charité des confrères, et par des legs. Nous indiquerons les principaux bienfaiteurs, d'après les registres sur lesquels on a transcrit pieusement les dons des confrères et tous les actes de propriété (1).

I. Sire Jehan d'Estrées, mort en 1760, a laissé en cens sur divers ténements et sur des terres une somme de LX sous à la charge de lui célébrer un obit annuel et des messes pour lui et ses bienfaiteurs. En 1458 on célébrait 16 messes.

II (1366). Jehan Rayer donne une bourse à la confrérie de Saint Nicolas et quatorze livres de cens qu'il possédait sur des maisons à Abbeville. Sa maison d'Abbeville est léguée à Saint Vulfran, à la charge de donner 14 livres de revenu à la confrérie de Saint-Nicolas. Il demande qu'on célèbre pour lui une messe *de Requiem*, tous les lundis, à l'hôpital de Saint Riquier. Il ajoute que, quand on aura tout payé, le surplus du revenu appartiendra aux confrères « pour leur peine, labeur et salaire et pour un obit « annuel, et en outre servira pour boire ensemble le jour de l'ordination de Saint « Nicolas. Si la confrérie deffalait, — que Diex ne vœuille mie ! — je veul que li mané-« gliers de Notre-Dame en facchent semblablement. »

III (1370). Etienne Accard donne des cens de la valeur de XLIII sous chargés de surcens. Il demande 7 messes pour lui et ses bienfaiteurs.

IV (1372). Toussaint Rayer, laisse LXX sous à la condition de célébrer 18 messes. Jean de Saint-Blimond augmenta cette donation et réclama pour lui deux messes « à notte, » aux fêtes de Saint Nicolas dans l'église Notre-Dame.

V (1375). Jehan Accard, fils de Giles Accard, « aumône à la confrérie de Saint-Nicolas 10 sous de cens sur sa maison pour deux messes du Saint-Esprit pendant sa vie et deux messes *de Requiem* après sa mort.

VI (1381). Honoré Accard, fils de Jean, bourgeois de Saint-Riquier, lègue en son nom une bourse à la confrérie de Saint Nicolas : en outre il donne à la confrérie de Saint Nicolas tous les biens, dont son frère lui a laissé la jouissance.

VII (1410). Jehan Lecourt laisse dans son testament un journal et demi de terre, sous le moulin d'Arundel, à la confrérie de Saint Nicolas ; il demande des messes, « raisonnablement, selon la valeur d'icelle terre et l'estimation des gouverneurs de la confrérie. »

---

(1) *Registre de Saint-Nicolas.* — *Archives paroissiales.*

VIII (1413). Sire Toussaint Rayer, prêtre, donne par testament cent sous de rente à la confrérie de Saint Nicolas, à prendre sur des cens, à la condition de service religieux. Toussaint Rayer, prêtre à Amiens, possédait des cens à Amiens sur une maison, rue de Feures. « En 1453 les mayeurs et échevins forcèrent les confrères de Saint Nicolas légataires de ces cens, à vendre leurs droits. » Jean de Saint-Blimond licencié-ès-lois fut envoyé toucher le prix de cette vente. « On lui remit xx écus en or à la couronne du coing et forge du roi. » Cette somme fut employée en d'autres cens ou rentes pour célébrer des messes selon les intentions du défunt.

IX (1414). Le testament de Marie Rayer, sœur de Toussaint Rayer, femme de Jean Rohaut, dit Brunet, favorisa la confrérie de Saint Nicolas, parmi ses nombreux légataires. Elle donne à l'église de Saint-Nicolas de Saint-Riquier, deux francs et de la toile « pour faire une obe et un admict pour la confrérie dont elle est consœur, la somme « de un franc pour une bourse, adfin que cascun confrère faiche son devoir selon la « teneur de la chartre. Elle donne aussi pour Dieu et en aumône à la confrérie Saint « Nicolay en Saint-Riquier tout le fief entièrement qu'elle tient de l'ospital Saint- « Jean de Jérusalem, à cause de leur maison Desmont, à la cargue et par quoi qu'ils « sont tenus de dire ou faire dire cascune sepmaine trois messes pour les âmes de « ses père et mère et de Alexandre de Vauchelles jadis son mari, de son frère et de « tous ses bienfaiteurs. »

Ce fief portait le nom de fief de Bayardes et était sans doute un démembrement de celui de la Ferté, dont il a été parlé dans notre histoire (1), contenant LXIX jx de terre. Il fut relevé par la confrérie de Saint Nicolas qui le vendit en 1427 à Pierre de Montreuil « pour la somme de 400 écus et 18 s. pour chaque pièce, monnaie du roi. » Jean de Le Motte, prêtre légataire de Pierre de Montreuil, en paya le relief aux chevaliers de Saint-Jean de Jérusalem. Mais la mère de Pierre de Montreuil en réclama la saisine et en fit don de nouveau à la confrérie de Saint Nicolas. Du prix de la vente on acheta un fief à Coulonvillers et 5 jx de terre appelés les *Pourchains*, près la justice de la Ferté au chemin de Neuville.

X (1423). Jacques Flewin, dans son testament, lègue à la confrérie de Saint Nicolas dix sous de rente annuelle sur une maison, rue du Moustier, à la condition de célébrer quatre messes par an. Son fils Martin Flewin, religieux de Saint-Martin-aux-Jumeaux, de l'ordre de Saint-Augustin, à Amiens, donna la maison entière, en imposant l'obligation d'acquitter cinq messes en plus, il ajouta encore xxxii s. de cens, pour onze messes qu'il demandait pour le repos de son âme et pour ses bienfaiteurs.

XI (1431). Pierre de Montreuil lègue à la confrérie de Saint Nicolas xvii jr de terre à la charge de 42 messes et de services religieux.

(1) *Voir notre histoire.* Tome i, page 445.

XII (1431). Messire Guillaume Matiffas, prêtre, donne xi s. p. de cens et demande six messes pour lui et ses bienfaiteurs.

XIII (1433). Périne Matiffas pour xii s. de cens demande deux obits « à notte, » pour elle et pour ses bienfaiteurs.

XIV (1444). Guillaume de Bouberch lègue v j^x de terre : il demande trois obits pour lui et sa femme et en outre trois messes, « et un chierge en chire devant l'image de Saint Nicolas. »

XV (1453). Mahieu de Le Vault par un legs de xx s. oblige la confrérie de Saint Nicolas à dire huit messes pour lui, pour Périne sa femme et Colette Le Longue sa fille.

XVI (1463). Messire Jehan de Saint-Blimond donne 9 j^x de terre, tenus de Colard Rohault par douze deniers. On lui abandonne une redevance de xxviii s. de cens et on s'engage à chanter pour lui deux messes solennelles « à nottes, à diacre et sous-diacre, aux fêtes de saint Nicolas en décembre et mai, avec l'oraison *Inclina*. »

XVII. Les comptes indiquent aussi que des messes étaient célébrées pour d'autres bienfaiteurs dont nous n'avons pas trouvé les fondations. Ainsi nous noterons trois obits « solemnels pour les âmes de Mailly de Bouberch et de ses trois femmes ; des obits pour les âmes de Messire Robert de Maumarkie et ses bienfaiteurs, pour les âmes de Jehan Hernas et ses bienfaiteurs ; un obit à diacre et sous-diacre pour Jehan Potier et une messe ; 24 messes pour Guillaume de Hesdin et sa femme, deux obits pour Jehan le Cambier, etc. »

Il reste, de 1407 à 1790, beaucoup de comptes de la confrérie : nous y avons glané des particularités dignes de mention pour les mœurs et coutumes de la ville de Saint-Riquier au moyen-âge. C'est une histoire anecdotique.

Les volontés des donateurs étaient fidèlement exécutées et les revenus religieusement employés. Ces fondations primitives étaient acquittées après un siècle d'existence, comme à l'origine.

Les prévôts laïcs, toujours choisis parmi les principaux confrères, recevaient les arrérages, les cens, les fermages en nature, soldaient les dépenses et rendaient chaque année leurs comptes à la grande fête de l'ordination de saint Nicolas.

Les confrères furent nombreux pendant plusieurs siècles. Les nobles et les bourgeois se faisaient gloire d'inscrire leurs noms dans cette pieuse association et de participer à ses privilèges, comme à ses innocentes agapes. Le principal repas avait lieu au jour de la grande fête annuelle. Un sage réglement avait prévu les abus et interdit la licence.

Comme beaucoup de corporations de cette époque, les confrères avaient leur Evêque. Nous supposons que c'est le prévôt ecclésiastique. Ne pouvant après son élection le conduire solennellement en procession dans les rues de Saint-Riquier pendant le jour

CHAPITRE IV. — LA CONFRÉRIE DE SAINT NICOLAS.

sans le consentement de l'Abbé, les confrères avaient essayé d'organiser, non une retraite aux flambeaux, mais une procession nocturne. Malheureusement les lumières les trahirent et les moines toujours en garde contre toute surprise qui aurait compromis leurs privilèges, intentèrent un procès aux organisateurs de la fête (1). Il fallut renoncer à ces démonstrations nocturnes. Mais le curé de Notre-Dame plus accommodant permit aux confrères de célébrer leurs fêtes solennelles dans son église.

Compte de 1431. — *Recettes*, 77 liv. 1 s. 4 deniers. — *Mises*, 69 liv. 4 s. 4 deniers. Excédant, 12 liv. 12 s. 6 deniers (2).

Mais il reste une créance de 81 liv. sur la ville (3), plus 36 liv. 4 s. pour les arrérages.

Le jour de l'ordination de saint Nicolas, « Jacques Pautre exposa et déclara en brief les miracles de saint Nicolas. Pour sa peine, on lui paya par l'ordonnance des confrères quatre patars. »

Une difficulté ayant surgi entre la confrérie et Messeigneurs de Jérusalem pour le fief Bayardes, parce qu'on n'avait pas présenté un homme habile à posséder, le commandeur de Beauvoir se rendit sur les lieux. « On lui offrit à l'hôtel de L'angle deux « quennes de vin et un dîner et les difficultés s'aplanirent. »

Compte de 1504. — *Recettes* 137 liv. 12 s. *Mises*, 118 liv. (4).

La ville doit encore 32 liv. prêtées en pur prêt.

La confrérie possédait pour ses repas de corps une vaisselle d'étain qu'elle louait aussi aux habitants de la ville et même aux étrangers pour leurs festins de mariage et autres, depuis 18 deniers jusqu'à 5 s.

Compte de 1506. — *Recettes*, 123 liv. *Mises*, 88 liv.

La confrérie paie des gages aux officiers royaux, aux sergents, au greffier de la prévôté, aux procureurs, aux conseillers de la confrérie.

Compte de 1507. — *Recettes*, 123 liv. — *Mises*, 133 liv., mais ce qui reste dû forme la balance.

---

(1) Voir notre tome II, page 74.

(2) Nous passons sous silence le détail des recettes et dépenses fixes. Nous ne noterons dans chaque compte que les circonstances dignes de quelque attention

(3) La confrérie avait prêté à la ville une somme de 81 florins de France, somme très considérable pour l'époque. Pressés de rembourser cet emprunt et toujours obérés, par suite des guerres, les mayeur, échevins et communauté s'etaient obligés, sur les plus redoutables serments et sur l'hypothèque de leurs biens, à satisfaire à leur obligation. Ils avaient nommé Jehan le Prevot leur procureur spécial à ce sujet. Par un autre acte du même jour, ils s'engageaient encore à payer chaque année 64 s., « Sans de rien le principal amenzir et sans que pour ce ils pussent contredire payer tout la dicte somme »

Cette obligation avait encore été renouvelée, le 4 janvier 1393.

(4) On voit dans ce compte que « Alléaume Accard avoit à Abbeville une maison en pierre ou il souloit demeurer en son vivant. » Cette maison fut donnée à MM. du chapitre de Saint-Vulfran à Abbeville, à la condition de rendre 13 liv à la confrérie de Saint-Nicolas.

Le luminaire est en partie payé par la confrérie de Saint-Nicolas et en partie par la paroisse, d'où l'on peut conclure, ainsi que par d'autres comptes, que la chapelle de Saint-Nicolas servait de *secours* à la paroisse.

Les deux grandes fêtes de saint Nicolas sont célébrées dans l'église paroissiale. La confrérie fournit ou paye à la fabrique de Notre-Dame l'herbe verte dont on s'est servi, soit pour joncher le sol, comme on le faisait à cette époque, soit pour orner les murs de guirlandes. Les comptes notent souvent cette dépense (1).

COMPTE DE 1530. — *Recettes*, 136 liv. — *Mises*, 124 liv.

« Vin de l'ordination de saint Nicolas légué par sire Jehan Rayer, pour que les confrères s'entretiennent par vraie et bonne confraternité, 20 s. »

« Pour la bienvenue du Prévôt, 8 s. »

« Pour le *gratis*, que les comptes précédents furent rendus, 18 s. »

« Pour les comptes, rendus publiquement le lendemain de l'ordination et le vin des comptes, 23 s. 6 den. »

« Fut prins le jour de l'ordination un digner pour les confrères, 14 s. 10 d. et sy ont été prins sur le corps pour 16 s. de tartes, que les prouvanchiers avaient omis et laissé à compte. »

« Pour distribution de 2 lots de vin avec les deniers de pain, les jours de Pasques, Toussaint et Noël, aux pauvres de l'hôtel-dieu, comme d'ordinaire, par le légat d'Arthur de Franqueville, 16 s. 6 d. »

Au prévôt pour ses gages ordinaires, 7 liv.

Suit l'indication des messes. Remarquons 156 messes pour Marie Rayer et 42 pour Pierre de Montreuil.

COMPTES DE 1532-1533. — *Recettes*, 101 liv. — *Mises*, 128 liv.

La chapelle de Saint-Nicolas, brûlée et ruinée en 1474, se trouvait encore dans un triste état. Les guerres sans cesse renaissantes empêchaient les travaux solides et durables.

« On voit dans les comptes qu'on a acheté 2,000 lattes pour 4 liv. 10 s. : — voiture pour les amener, 10 s. : — 11,000 clous, 63 s. 6 d. : — pour le messager 18 s. : — 2,500 tuiles à 30 liv. le mille ; les fétissures à 3 s. pièce : — voiture pour les tuiles, 8 s. le mille : — six belnées de sable, 8 s. 10 deniers : — une cartée de chaux, 22 s. 6 deniers : — chaque journée, 4 s., y compris le loyer du petit garçon, lequel a servi comme manœuvre. »

« On racoutre les verrières, on lève et on rassit le passet du grand hostel. » (Lisez Autel.)

« David Le Caille, procureur de la confrérie, est envoyé à Amiens solliciter un procès

---

(1) D'après le cérémonial des Evêques, les lieux saints sont ornés d'herbes odoriférantes et de fleurs aux jours solennels. *Cerem. Lib.*, *Cap.* VII Art. III.

de la confrérie. On lui paie 4 liv., et 50 s. pour le cheval. Ne serait-ce pas pour la maison de pierre d'Abbeville où l'on voit des dépens payés jusqu'à 46 s. ? »

« Au même David Le Caille pour ses gages ordinaires 13 s. »

COMPTE DE 1534-35. — *Recettes*, 104 liv. 4 s. — *Mises*, 108 liv. 4 oboles.

On voit dans ce compte des dépenses spéciales pour appointements de procès avec les religieux, déclarations, grosses, etc.

On donne au prévôt et au commis de la recette, 6 liv.

Le XVI° jour d'Août, on fait procession pour la bonne paix et on paie aux gens d'Eglise 10 s.

COMPTE DE 1539-40. — « La nuyct de l'ordination, au souper pour la table de l'Evésque, 8 s. »

« Pour un misseuil à dire et célébrer les messes, 43 s. »

COMPTE DE 1544. — *Recettes*, 199 liv. 8 s. 5 d. — *Mises*, 142 liv. 12 s. 2 d.

On signale trois fêtes de saint Nicolas, célébrées en décembre, mai et juillet.

« Mise extraordinaire pour avoir été faire inventorier à Abbeville tous les biens, ti-
« tres, ornements et autres besongnes appartenant à ladite confrérie, devant que sire
« Nicole Couvreur, naguère prévost, se parti pour aller à Paris : et ladite inventaire
« faite par sire Quentin Dorge, curé, sire Grégoire de Bourdon, Nicolas Masse, pré-
« vost, Philippe de Troy, procureur de la dite confrérie, et aultres, a été payé 33 s. »

« Ledit jour avoir accepté un heuchier à mettre l'estain, livres, comptes et aultres
« choses appartenant à icelle confrérie, 15 s.

« Pour avoir accaté 6 aunes de toile à faire un soupplis et 6 à faire une obbe, à 8 s.
« chacune aune, à cause que les ennemis avoient tout pillé et pour le fachon dudit
« soupplis a été payé 9 s.; font 105 s.

On achète aussi « un galice et deux burettes, 31 s.; — deux nappes à mettre dessus
« l'ostel, 32 s. ; — une loquette fermant ladite église et deux clefs, l'une à l'huis et
« l'autre au coffre, 20 s.; — ungne casure pour dire messe, 10 liv. 3 s.;— des courtines
« de lin, 72 s.; — un sceau à mettre l'eau bénite et un gouppion à jeter l'eau bénite,
« 3 s. 4 d.

« Dépenses pour avoir comparé les comptes avec ceux de l'abbaye, afin d'éclairer
« quelques difficultés de censives, 25 s.

« Le jour de l'élection, des pourvanches faites le lendemain du Saint-Sacrement de
« l'hostel dernier passé, ont été prins pour commanchement de la dépense, comme il est
« d'ordinaire, sur sire Guillaume Masse et Jehan le Josne prouvenchiers (pourvoyeurs)
« eslus la somme de 16 s. ; mais depuis a été advisé, à raison de la guerre et aultre
« fortune, non faire les provisions pour les banquets de l'ordination ; pourtant a esté
« paié par le commis de ladite conffrairie lesdits 16 s. »

Le blé vaut de 16 à 31 s. le setier. « On fait une modération à un fermier qui a éprouvé des pertes. »

Comptes de 1545. — *Recettes,* 128 liv. — *Mises,* 123 liv.

« La confrérie est obligée de vendre du bled pour deubte *aux gens d'armes* estant « en la ville. »

« Chaque mercredi, on chante une messe avec diacre et sous-diacre, deux choristes, « pour les confrères et consœurs et on fait une procession autour du cimetière.

« On continue la restauration de l'Eglise ; on travaille à la cloche ; on racoutre le « tabernacle, où le Saint-Sacrement de l'hostel repose. On acate le simbole à mettre le « Saint-Sacrement de l'hostel avec une croix à mettre sur l'hostel. On commande à un « tailleur d'image ungne image de saint Nicolas, pour porter devant le bâtonnier et on « la fait paindre : 105 s. »

Comptes de 1573-1574. — *Recettes,* 437 liv. 15 s. 10 d. — *Mises,* 368 liv. 4 s. 9 d.

« La confrérie a droit de prendre 8 deniers sur les offrandes qui se font aux messes des trois fêtes de saint Nicolas et dont la confrairie est en bonne possession. Le reste appartient au monastère. » C'est la reconnaissance des droits de l'Abbé, que nous n'avions pas encore vu exigés sur la confrérie.

Martin de Fransières, artiste Abbevillois, a été chargé d'exécuter des travaux d'art à la chapelle. Il fait les quatre Evangélistes, il peint et dore le crucifix, Notre-Dame, saint Jehan, sainte Madeleine, plusieurs Anges et les membreaux de la table d'autel ; il fait un ciel au-dessus du grand autel, le dore et l'azure ; il dore des Anges aux candélabres. On pave la chapelle, on ajoute des courtines à l'autel avec deux fronteaux et des franges. On y prêche le carême. Toutes les dépenses de la chapelle s'élèvent à 105 sols.

Compte de 1586-87. — *Recettes,* 702 liv. 12 s. — *Mises,* 532 liv. 15 s.

L'année de ce compte, la récolte a manqué. Le blé est d'un prix exorbitant et vaut 12 liv. le setier. La confrérie ne le vend que 10 liv. à ses fermiers « en considération de la cherté des grains et de la petite dépouille faite en la présente année. »

Le 23 février 1587, après les plaids tenus par le mayeur et les échevins, en présence de plusieurs confrères, on impose à la confrérie une cotisation de 80 écus pour « sub-« venir aux pauvres de la ville et faire travailler aux ouvrages qu'il est besoin de faire « à icelle ville, suivant la commission envoiée par le roi notre sire et le faict desdits pau-« vres. C'est pourquoi le prévôt et les receveurs font d'office la revente des grains dus « à la confrairie par les fermiers et échus depuis la Saint-Remi. La vente produit six « vingt dix-huit écus. On distribue en outre du blé aux pauvres. »

On charrie des briques pour la réparation de la chapelle ; ce qui indique que la chapelle avait aussi participé aux désastres communs.

CHAPITRE IV. — LA CONFRÉRIE DE SAINT NICOLAS.

On paie 12 s. à deux prêtres, Sire Grégoire de Bourdon et Sire Jacques de Bourdon, écolâtres, qui enseignent les enfants.

COMPTES DE 1587-1588. — *Recettes*, 618 liv. 10 s. 6 s. — *Mises*, 699 liv. 18 s. 2 d.

On vend pour 96 écus, du blé au prix de 4 liv. 2 s. le setier, de l'avoine au prix d'un écu. Les enchères sont reçues et accordées « à l'extinction de la chandelle. »

Quatre setiers d'avoine ou de blé sont déposés au grenier de la ville par ordre du mayeur et des échevins : « on se propose de les mettre en farine pour fortifier la ville.»

Les confrères, obligés de louer des greniers pour leur blé, en font construire un sur la chapelle elle-même. Un escalier de 30 marches conduit à ce grenier ; on achète « du choppin » pour faire le bourdon de la montée.

La confrérie donne 23 écus au manéglier de Notre-Dame pour subvenir aux affaires de l'église, sans doute aux réparations par suite de désastres.

La confrérie a encore un procès pendant à Paris.

Me Honoré Bouscot enseigne une partie des enfants et Jacques de Bourdon, l'autre partie.

COMPTE DE 1591-1592. — *Recettes*, 294 liv. — *Mises*, 273 liv.

Le blé est vendu aux enchères, il vaut un écu le setier.

Par ordre du mayeur et des échevins, deux setiers huit boisseaux de blé sont donnés pour convertir en pain de munition, à l'usage des soldats du capitaine Bois-Précieux, qui tient garnison à Saint-Riquier.

On chante la messe à Saint-Nicolas les dimanches et fêtes. C'est donc un *secours* de la paroisse.

On rétribue frère Sébastien Rembert, cordelier d'Abbeville, pour avoir prêché l'Avent, le Carême et le Saint-Sacrement, sire Jacques de Bourdon et sire Floury de Machy, « pour avoir enseigné à lire et écrire à des jeunes enfants. »

COMPTE DE 1593-1594. — *Recettes*, 259 liv. 5 s. 6 d. — *Mises*, 213 liv.

On rétribue sire Floury de Machy, pour avoir fait le service divin tant à Notre-Dame qu'à la Chapelle les dimanches et fêtes, frère Antoine Hibuy (ou Hibny), cordelier d'Abbeville, pour ses prédications.

« On délivre 8 boisseaux de blé, par l'édit de Messieurs, à Jehanne Cantrel pour l'aider à vivre pendant ses blessures. »

Plus de repas à cause du malheur des temps.

COMPTE DE 1594-1595. — *Recettes*, 86 liv. — *Mises*, 127 liv.

Dans ces années de tribulations pour la ville et les environs, les terres ni labourées ni ensemencées restent en friche. Le peu de récoltes qu'on a soignées, est pillé par les gens de guerre. On n'acquitte presque plus de messes. On paie cependant les gages ordinaires. La vaisselle d'étain n'existe plus : elle a été vendue ou enlevée par les hommes d'armes.

Compte de 1595-1598. — *Recettes*, 149 écus. — *Mises*, 125 écus.

Trois années en un seul compte et de médiocres recettes. Telle est la détresse du pays que pour LXXX jx de terre on ne reçut que quelques setiers de blé et d'avoine. Le blé vaut 8 à 9 liv. le setier. Les fermiers sont réduits à ne payer qu'une partie du fermage. On voit toujours à la tête de la confrérie le nom des deux prévôts, mais, contre l'usage précédemment établi, le prévôt laïc prime le prévôt ecclésiastique.

On lit dans un registre « le procès-verbal des ruines, démolitions, et pillages faits à la ville de Saint-Riquier en l'an 1595 : « par où l'on voit que l'abbaye a été pillée et Saint-Nicolas tout rompu, portes, serrures, coffres et meubles brisés ; par où l'on voit comme les originaux et les titres ont été perdus. »

Compte de 1598-1599. — La confrérie ne reçoit que sept à huit setiers de blé vendus au prix de 4 l. 10 s.: presque toutes les terres manquent de culture.

Compte de 1613. — *Recettes*, 437 liv. — *Mises*, 367 liv.

Les confrères distribuent du blé à plusieurs pauvres familles ;et à ceux qui instruisent les enfants. On désirerait faire quelque chose à monsieur le curé de Saint-Riquier sur les recettes de la confrérie, attendu le petit revenu de sa cure. Cet article des mises n'est point pris en considération.

M⁰ Jehan Saguet, religieux, reçoit, pour avoir prêché Avent, Carême, Saint-Sacrement, une somme de 8 liv. 12 s., par ordre du mayeur et des confrères. »

Compte de 1615. — *Recettes*, 245 liv. — *Mises*, 301 liv.

Il n'y a cette année qu'un seul prévôt laïc.

Compte de 1617. — *Recettes*, 396 liv. — *Mises*, 248 liv.

On remarque dans le repas de corps le plat de l'Evêque.

« Quatre livres sont accordées par ordre du mayeur à un cloqueman, qui va la nuit avec une clochette, pour avertir de prier pour les trépassés. »

Compte de 1618. — *Recettes*, 375 liv. — *Mises*, 313 liv.

Des aumônes en blé. La confrérie contribue à la réparation du mur du cimetière de la paroisse et à l'acquisition d'ornements pour l'église. On répare la chapelle.

Compte de 1619. — *Recettes*, 192 liv. plus 21 setiers de blé, 19 setiers d'avoine. — *Mises*, 332 liv.

La confrérie distribue libéralement du blé aux pauvres et aux gens d'église. « On achète une aube pour les gens d'église qui désirent dire la messe en passant. On fait des quêtes dans la ville pour des messes solennelles de trépassés. La confrérie donne 24 liv.

Compte de 1623. — *Recettes*, 227 liv. — Il reste 28 setiers de blé, 3 setiers d'avoine. — *Mises*, 369 liv.

Depuis quelques années les comptes sont présentés aux mayeurs et échevins, administrateurs de la confrérie, en présence du prévôt et des confrères. C'est un empiètement de la juridiction civile, causé par le malheur des temps : il en était de même pour la paroisse. Pour changer cet état de choses, il fallait lutter longtemps.

On accorde 20 liv. au curé pour nourrir et recevoir le prédicateur des stations.

Des gens de guerre gardent Saint-Riquier. On fournit de l'avoine aux chevaux de M. le Connétable.

COMPTE DE 1628. — *Recettes*, 314 liv. plus 71 setiers de blé, 9 setiers d'avoine.

On fait mise de 12 liv. payées aux receveurs et marguilliers de l'église et paroisse de Saint-Mauguille par charité, afin d'aider à rétablir la dite église brûlée « et du tout ruinée par les malveillants. »

Il reste dans les derniers temps un compte des revenus de Saint-Nicolas s'élevant à 610 liv.

Nous arrêtons ici l'énumération de ces formules qui deviennent trop uniformes pour le lecteur. Mais nous signalons à la suite de ce compte de 1628 une délibération très-curieuse de la confrérie. Elle fut prise à l'occasion d'une entreprise de captation sur la chapelle de Saint-Nicolas, d'où résulta un grand procès suscité par un écolier de l'Université de Paris, nommé Guillaume Rohaut, originaire d'Amiens. C'est une révélation des agissements et de l'effronterie « d'un coureur de bénéfice », selon la pittoresque expression des rédacteurs des comptes.

Guillaume Rohaut, on ne sait pas pourquoi ni sur quels renseignements, avait jeté son dévolu « sur la cure et chapelle de Saint-Nicolas d'Yaucourt en Saint-Riquier. » C'est ainsi que dans ses rêves ambitieux il qualifiait son futur bénéfice. Provision en cour de Rome, titres de prise de possession, arrêt du parlement pour saisir les revenus de la Chapelle en ruine, saisie réelle adressée aux receveurs et fermiers de la confrérie, rien ne manquait pour mettre les prévôts et les confrères en demeure de vider leurs mains en faveur de Guillaume Rohaut. Il y avait là une confusion évidente de noms. Le coureur de bénéfice s'était fait instituer chapelain de la chapelle castrale d'Yaucourt pour lors en ruine. Il semble que ce malentendu, si facile à expliquer, devait s'éclaircir en un instant ; mais il n'en fut pas ainsi. Même après s'être fourvoyé et peut-être parce que le bénéfice lui parut plus opime, l'ambitieux écolier de l'Université ne voulut point lâcher prise. Comprenons, si nous le pouvons, l'embarras de nos confrères, en présence d'une attaque si imprévue, des plaidoyers des avocats qui venaient tout embrouiller par les arguments les plus excentriques. Confondant d'abord les revenus avec la chapelle, dont ceux-ci étaient complètement séparés, les avocats prétendaient que les biens étaient mal administrés, qu'on s'en servait « pour ivrogner ». Ils soutenaient que d'après les capitulaires de Charlemagne on ne devait pas bâtir une chapelle ou un oratoire sans les doter, et enfin que les confréries avaient été défendues par ordonnance de François Ier, en 1579.

Cependant, après les enquêtes et contre enquêtes, la défense sut réduire à néant tout ce verbiage de mauvais plaideurs. Il lui suffisait de produire les comptes pour réfuter une imputation calomnieuse de débauches sacrilèges. Il était évident aussi, sur le vu des comptes, et c'est une observation historique à recueillir, que tous les revenus étaient employés à acquitter les charges et « en aulmones envers les pauvres veufves et pau-
« vres orphelins. »

D'après l'ordonnance des confrères, « quand les obligations imposées par la vo-
« lonté des donateurs étaient remplies, ce qui restait servait à faire apprendre mestier
« aux pauvres misérables et à soulager *des pauvres femmes veufves*, qui étaient dans
« l'extrême misère et qui n'osaient néanmoins se mendier ». C'est ainsi que les revenus étaient administrés pieusement et sans désordre.

Pour répondre à l'argument tiré des capitulaires, sachant que le monastère existait depuis le vii° siècle, les confrères n'étaient point absolument tenus de connaître l'origine de la chapelle qui existait certainement, quand on jeta les fondements de la confrérie. C'est pourquoi ils n'hésitèrent pas à répondre que la chapelle était antérieure au capitulaire de Charlemagne. Il eût été probablement difficile au compétiteur de réfuter cet argument. On représenta ensuite avec beaucoup de raison que l'ordonnance de François Ier ne concernait que les corporations ou confréries de gens de métier et non celles de dévotion, où l'on entre librement et sans s'exposer à des concurrences ruineuses.

Guillaume Rohaut perdit son malencontreux procès en Parlement et la confrérie continua paisiblement ses pieuses dévotions jusqu'en l'an 1673. Elle eut encore à repousser en cette année de nouvelles convoitises et à réfuter une erreur presque semblable.

Les commandeurs et chevaliers de l'ordre du Mont-Carmel et Saint-Lazare autorisés à réunir à leur mense les biens des maladreries, lieux pieux, hôpitaux abandonnés, adressèrent une assignation au prévôt et aux confrères de Saint-Nicolas, pour les sommer de leur remettre leurs biens et leurs titres. On comprend de suite que l'assignation se trompait de porte par similitude de nom. Il eût suffi de renvoyer cette assignation aux administrateurs de Saint-Nicolas en l'Hôtel-Dieu : mais la confrérie était en cause et l'on savait par expérience comment l'esprit de chicane obscurcit les meilleures causes. C'est pourquoi le prévôt alla défendre la sienne devant le Parlement ; il présenta un long mémoire, consciencieusement rédigé, accompagné de pièces péremptoires à l'appui. Il fit valoir la gloire de sa chère confrérie, autorisée par l'évêque diocésain, enrichie par les Souverains-Pontifes de nombreuses indulgences, de libéralités dont elle était favorisée depuis quatre siècles, libéralités dues à la piété des fidèles de l'un et de l'autre sexe.

L'affaire se termina par un désistement des chevaliers du Mont-Carmel, à la date du **26 août 1673**.

CHAPITRE IV. — LA CONFRÉRIE DE SAINT NICOLAS.

C'est la dernière lueur de cette institution religieuse. L'esprit de foi diminuait avec une effrayante progression, et le sacerdoce était tari dans ses sources. On ne vit plus de raison de maintenir à la confrérie une existence spéciale. C'est pourquoi en 1744, on réunit les biens de la confrérie à la cure de Notre-Dame de Saint-Riquier, après enquête *de commodo et incommodo*, et contre enquête sur les revenus de la fabrique et emploi de ces biens et revenus. Monseigneur De la Motte, évêque d'Amiens, dans son ordonnance épiscopale, déclara que ces biens seraient régis et perçus par le receveur de la fabrique, que les comptes seraient rendus devant le curé, les anciens marguilliers et confrères de la dite confrérie, que toutes les fondations et obligations seraient acquittées et qu'on entretiendrait un prêtre aux dépens de la fabrique, pour l'instruction des jeunes gens, et cela gratuitement. Toutes ces conditions étaient rigoureuses et sous peine de nullité de la réunion.

Remarquons l'établissement de l'école populaire dirigée par un prêtre. Rappelons une dernière fois qu'au milieu des mobilités de l'esprit humain, la religion accusée d'être l'ennemie de l'instruction du peuple, perpétuait ainsi les leçons données par le clergé. Est-ce que la moderne commune de Saint-Riquier est mieux dotée que l'ancienne pour ses écoles? Est-ce que nos pères avaient moins de sentiment de la dignité humaine que nous ?

Que de révélations historiques dans ces froides études de l'antiquité, dans ces chartes et ces cueilloirs qu'on rejette avec tant de dédain !

Pour sortir son plein effet, cette réunion fut homologuée au Parlement le 29 novembre 1744, avec toutes les conditions exprimées.

Les comptes annuels et particuliers de la confrérie continuèrent d'être rendus en la forme accoutumée. Le dernier nous conduit jusqu'en 1790.

Dans ce compte-rendu du citoyen Callé, curé de Notre-Dame, le 22 brumaire an III, on fait figurer en recettes, au nom de la confrérie de Saint Nicolas, pour LXXXIIJ* de terre, 1037 liv. 1 s. et 29 setiers de blé, sans compter les champarts qui restent dus. Il a été payé 135 liv. pour obits et fondations.

La confrérie avait jadis contracté un emprunt de 480 liv. dont elle payait la rente. On signale sur le revenu des distributions en grains aux petits clercs et aux pauvres.

CHAPITRE V.

LA COMMUNE DE SAINT-RIQUIER.

Nous avons suivi la commune, depuis son origine jusqu'à la fin de notre histoire. Nous avons analysé les faits principaux de la vie municipale dans ses démêlés avec le monastère. Si l'on nous accuse d'avoir été plus prodigue de blâme que de louanges, nous répondrons, pour notre justification, que nous avons cité les documents originaux et les jugements des diverses juridictions appelées à pacifier les différends. Qui pourrait nous reprocher d'avoir voulu être sincère et d'avoir donné les conclusions de la justice elle-même ?

Dans ses luttes avec le monastère, pour élargir le cercle de son indépendance trop resserré à son gré et secouer le joug de l'autorité religieuse, la commune, loin d'être victime des empiètements de l'abbé de Saint-Riquier, comme on l'a répété trop souvent, a conquis des libertés ou des privilèges nombreux. Afin de ne pas les voir contester, elle les a codifiés dans un recueil de coutumes que le XVII° siècle nous a transmis sous ce titre : *Recueil véritable de quelques droits, usances, coustumes et antiquités de la ville de Saint-Riquier, justices, prééminences, prérogatives, franchises et institution des maïeurs, eschevins et bourgeois de ladite ville, tiré des anciens titres, coustumes et chartres d'icelle par moy soubsigné, au mois de novembre mil six cent vingt-six. Signé au bas : Lefebure...* (1)

La plupart de ces droits, sont fondés sur les arrêts rendus à la suite des difficultés soulevées par la commune, comme on pourra s'en convaincre par les matières traitées dans les huit chapitres de ce recueil.

Chapitre I. — DES MAYEURS ET DES ÉCHEVINS. — (Articles I à XV).

Sur ces quinze articles douze sont fondés sur les arrêts de 1306, 1189-1365, 1336-40, 1323, 1256-1312, 1383, 1390, 1360. Les articles III, XII et XV appartiennent à la coutume locale. Art. 1, 13, 16.

Chapitre II. — DES VICOMTES ET DES TROIS JOURS DE FÊTE. — (Articles XVI à XXI). —

---

(1) Ce recueil de Lefebure passa dans la suite dans les mains de Claude et de J.-B. Buteux.
M. Prarond cite tous les articles de ce recueil ou dans le texte de son histoire ou dans des notes, ainsi qu'il le déclare *dans sa préface*.

Quatre articles sur cinq sont tirés des arrêts ou accords de 1291, 1256, 1292-1312, 1363. Le xvi° appartient à la coutume locale. Art. 9.

Chapitre III. — Banlieue et Flégards. — (Articles xxii à xxx).

Les sept articles de ce chapitre appartiennent aux compositions de 1256, 1293, 1340, 1325, 1312, 1328, 1363.

Le trentième article mérite d'être rappelé ici, sinon dans sa teneur, au moins dans son esprit. Il énumère les jours de fête dans lesquels il était permis de houer sur les flégards sans la licence du moine froquier, d'y planter des arbres, d'étayer des échafauds, etc.

Cette prérogative comprend les jours de fêtes ci-après désignés avec le caractère spécial de la solennité : 1° la fête du Saint-Sacrement, pour la procession ; 2° la fête de l'Ascension, pour la procession ; 3° le lundi de la Pentecôte, pour la grande procession des reliques ; 4° la fête de la Trinité, pour le grand pèlerinage de Saint-Sauveur ; 5° le jour de Notre-Dame, 8 septembre, fête patronale de la paroisse ; 6° la fête de saint Jean-Baptiste, pour les feux de joie ; 7° la fête de saint Pierre et saint Paul, grande solennité pour l'ordre monastique ; 8° le premier mai, grand pèlerinage de Saint Marcoul ; 9° la fête de la confrérie de saint Nicolas ; 10° la fête de Saint Riquier en octobre pendant trois jours ; 11° la fête de saint Benoît, patron de l'ordre bénédictin ; 12° la fête de saint Mauguille, patron du faubourg.

On voit par cette nomenclature avec quel élan la population célébrait les fêtes patronales de la ville et avec quelle solennité elle recevait les pélerins et les étrangers dont le concours était prodigieux dans les siècles de foi.

On répandait aussi de l'herbe fraîche dans les rues, sur le pavé des églises. Les échafauds étaient dressés pour des représentations publiques, probablement pour des mystères, jeux scéniques très goûtés de nos pères.

La ville de Saint-Riquier était alors trop patriotique pour ne pas se montrer empressée d'observer ces traditions si chères aux populations.

Chapitre IV. — Bourgeoisie et Privilèges des bourgeois en vente et reliefs. (Articles xxxi à xl.)

Des dix articles de ce chapitre, les huit premiers renvoient aux concordats ou arrêts de 1340, 1312, 1306, 1256 : les deux derniers à la coutume locale.

Chapitre V. — Cens et Surcens. — (Articles xli à xlv.)

Le premier est emprunté à la coutume locale, les quatre autres aux jugements de 1336 et 1340.

Chapitre VI. — Murs, Fossés, Rivières. — (Articles xlvi à l).

Pour les cinq articles de ce chapitre on doit se reporter aux arrêts de 1312 et 1360, à ceux de 1256-57, 1323, 1371, sur les accords passés avec les seigneurs de la Ferté.

Chapitre VII.—Le Val, Le Beffroi, L'Echevinage, Le Brusle.—(Articles li à lix). Des neuf articles de ce chapitre, huit invoquent en leur faveur les arrêts de 1325, 1552, 1558, 1363, 1387, 1310, 1210, 1356, 1283. Le lix° contient ce qui suit : « Le Brusle appartient à ladite ville. Les mayeurs et échevins tiennent cette place de l'abbaye pour 6 sols parisis de cens chaque année. Le Brusle était anciennement planté d'arbres. Les mayeur et échevins ont permis de remettre cette place à l'usage qui leur semblerait plus convenable. »

On voit dans les anciens comptes de la ville que le moulin du Brusle avait été donné à cens aux abbés et religieux, moyennant cent sols par an, à la charge de le tenir à mouture.

Chapitre VIII. — Tonlieu, Afforage, Gambage et autres franchises.—(Articles lx à lxxviii).

Les onze premiers, sauf l'article lxii, et el dernier, reproduisent diverses parties des règlements de 1340, 1384, 1286-1287, 1416, 1356, 1319, 1312, 1379. Les autres sont tirés de la coutume locale.

La coutume locale de la commune (1507) a trouvé sa place dans le recueil des coutumes de M. Bouthors (1), et dans l'histoire de Saint-Riquier par M. Prarond. Il nous suffira d'en donner l'analyse avec les quelques explications que nous avons jugées nécessaires.

Article I. Il affirme la juridiction du mayeur et des échevins sur toute la ville de Saint-Riquier et sa banlieue, leurs droits seigneuriaux, leurs droits de justice sur les bourgeois et jurés, « qu'ils soient demeurant en ténements responsables et subjects ausdits maire et échevins ou non. » Mais cette juridiction ne s'exerce point sur les terres et endroits réservés par l'abbé ou le seigneur de la Ferté, ni sur les habitants qui, n'étant pas agrégés à l'association communale, restent les sujets du monastère et du château.

Article II. Par une dérogation très-importante à la coutume du Ponthieu et une disposition empruntée aux coutumes du bailliage d'Amiens, les successions en dehors des testaments sont partagées également, d'abord entre tous les enfants légitimes sans distinction de sexe, et ensuite entre tous les héritiers appartenant à des degrés inférieurs.

Article III. Le retrait lignager existait sur toute propriété foncière de la commune et de la banlieue, « vendue devant les mayeurs et échevins à l'huis de l'échevinage. » Tout parent des vendeurs, à quelque ligne qu'il appartînt, était admis pendant quarante jours à retraire l'immeuble, en remboursant l'acheteur de tous ses frais.

Il paraît, d'après une note du manuscrit, que cet article de la coutume locale ne fut pas accepté au bailliage d'Amiens : car on remarque qu'il ne s'observait plus.

(1) Bouthors *Coutumes locales.* Tome i, page 515.

Article IV et V. La coutume locale admet par l'article IV les cens, les surcens et rentes sur toutes les propriétés et habitations soumises à la juridiction de la ville : elle laisse aux particuliers la faculté d'en fixer les conditions, de multiplier les surcens, les reliefs, issues et entrées, sans toutefois oublier les stipulations réglées avec la ville dans les concordats de 1336 et 1340. C'est pourquoi, dans l'article suivant, on règle que les surcens en chapons ou autres revenus sans argent, quand ils sont soumis à des droits de relief d'issue et d'entrée, ne paieront jamais que 12 sols pour relief et autant pour isssue et entrée.

L'article VI qui s'occupe des servitudes qu'imposent les terrains superposés ne fait que rappeler le droit coutumier universel. Les propriétaires de terrains supérieurs sont tenus de les soutenir et d'entretenir les levées de terre à leur dépens, de manière à ne point porter préjudice aux possesseurs inférieurs.

L'article VII permet de laisser couler les eaux sur les propriétés voisines, tant qu'il n'y a pas de construction ni de dommage réel. Mais du jour qu'on élève un bâtiment, les « noqueures » sont nécessaires et supportées par les deux parties, si elles deviennent communes.

Article VIII. Les bourgeois de Saint-Riquier ne doivent pas de tonlieu en argent, quand ils achètent « pour leur vivre » des bêtes soumises à ce droit.

Article IX. En dehors des cas privilègiés, les maire et échevins pouvaient connaître des cas criminels et civils et les juger. Quand l'exécution des sentences au criminel obligeait « à pendre, estrangler, fustigier, copper oreille ou aultrement exécuter », les vicomtes des diverses juridictions de la ville, du roi, de la Ferté, de l'abbaye, devaient en supporter les frais. Leurs droits étaient réglés par des compositions spéciales.

L'article X traite du serment que les vicomtes de l'abbaye et de la Ferté, étaient obligés de faire aux magistrats de la commune. Par ce serment, ils s'engageaient à respecter leurs privilèges. Quand d'une ville ou d'un village on appelait d'une décision des vicomtes, les magistrats pouvaient examiner si vraiment les vicomtes avaient droit de juger, et, s'il y avait contestation ou dénégation par l'une des parties, ils restaient maîtres de la cause. Nous avons constaté par les décisions des *Olim* que les officiers royaux eux-mêmes étaient soumis à ce serment.

Article XI. Le droit du ban autorisait à appeler, « au son de la grande cloche de la ville », les personnes de la ville et de la banlieue qui auraient fait des blessures mortelles ou capables de causer quelque dommage et qui auraient fait quelque autre cas énorme. Si le coupable ne comparaissait pas devant le mayeur et les échevins, pendant que la cloche lui intimait l'appel des magistrats, il était banni de la ville et banlieue et ne pouvait rentrer qu'après avoir racheté son ban par une amende de 60 sous.

Les Articles XII, XIII, XIV, s'occupent des amendes. 1° Les amendes de 60 s. tournois et de 7 s. six deniers tournois infligées sur les ténements tenus en surcens de la ville, pour quelque cas que ce soit, appartiennent à la ville, si les délinquants ne se purgent au roi où à leurs seigneurs. 2° Le maire et les échevins ont droit de prendre ou faire prendre par les bourgeois ou les sergents de la ville les personnes ou bestiaux, qui causent des dommages dans les propriétés de la ville ou banlieue soumises à la juridiction communale, comme aussi dans les fossés de la ville (et même au Brusle, d'après un manuscrit plus moderne), de les condamner et de faire payer les amendes par les délinquants ou leurs cautions. 3° Toute personne responsable à l'autorité communale doit, pour défaut, 2 s. 6 deniers chaque fois ; pour chaque retard, au terme de l'assignation devant les maire et échevins, 2 s. 6 deniers ; pour dénégation d'un procès évoqué à leur tribunal, 2 s. 6 deniers ; pour un fait proposé, 5 s. et en matière de meurtre, 20 s.; et quand le procès est amendé de main commune, chacune des parties, qu'elle soit sujette ou non à la mairie, doit la moitié des faits proposés.

Article XV. Le droit d'afforage était réglé ainsi qu'il suit à l'époque de la rédaction des coutumes. Le maire et les échevins avaient le droit d'afforer tous les vins, bières, cervoises et autres menus breuvages que l'on vendait et distribuait en la ville et banlieue. Pour l'afforage du vin, on devait au maire et échevins une pinte de vin et un pain, au monastère une seconde pinte, une troisième au Val ou à la maladrerie des lépreux, une quatrième à l'Hôtel-Dieu. Pour les menus breuvages afforés on devait un lot et un pain. Celui qui se serait permis de vendre les boissons soumises à ce droit, avant qu'il fût perçu, était condamné à 60 s. d'amende pour chaque fois.

Article XVI. Les mesures, les aunes, les pots, les lots et demi-lots, les poids, devaient être confrontés avec les étalons des poids et mesures de la ville, marqués de son seing et enseigne, sous peine de 60 s. d'amende, infligée à chacun des délinquants : même amende, si dans l'inspection on trouve que les mesures, aunes et poids ne sont pas marquées ou ne sont plus conformes à l'étalon de la ville.

Ces coutumes furent déposées entre les mains du maire et des échevins par les gens d'Eglise et autres, le 27 septembre 1507. Ceux qui ne savaient pas signer ont prié sire Palot, curé de Notre-Dame, sire Mahieu de Bourdon, curé de Saint-Mauguille, et le prévôt Bauduin Ternisien de signer pour eux.

Parmi les trente et quelques signatures apposées au bas de ces coutumes, nous relevons celles des de Lessau, de Maisons, de Vauselles, de Molliens, de Fontaine, de Ponthieu, de Péronne, tous procureurs, vicomtes du roi, sergents royaux ou bourgeois et échevins (1).

(1) Relevons ici une remarque de M. Prarond, empruntée à D. Grenier :

« Hariulfe nous apprend qu'au onzième siècle « (lisez ix° siècle dans Hariulfe) les métiers payaient « exclusivement les droits à l'abbaye En 1507, « ajoute D. Grenier, ces droits très modifiés et très « amoindris se payent à la châtellenie de la « Ferté. »

La féodalité ecclésiastique, ajoute M. Prarond, est tout-à-fait éclipsée. *Histoire de Saint-Riquier*, page 80.

Il nous semble que ces observations ne sont pas absolument conformes à la vérité historique. 1° Hariulfe n'a pas mentionné ces droits. 2° Les redevances du ix° siècle étaient imposées non sur les métiers, mais sur les habitations. Il ne

CHAPITRE V. — LA COMMUNE DE SAINT-RIQUIER.

Pour pénétrer plus avant dans les mœurs et la vie intime des bourgeois de Saint-Riquier, présentons aux lecteurs quelques fragments des comptes de recettes et de dépenses de la ville. Ces comptes seront quelque peu mutilés ; mais nous attachons moins d'importance aux chiffres qu'à la nature de la recette ou de la dépense et c'est sous ce dernier aspect que les comptes nous paraissent susceptibles d'intéresser quelques lecteurs.

Une ordonnance royale, rendue en 1256, organisa le service municipal dans ses rapports avec le souverain, « à qui, dit l'ordonnance, il appartient de le contrôler. » C'est par ce moyen que la France féodale se transformait en monarchie et que la fusion s'opérait peu à peu entre des coutumes diverses et souvent contradictoires.

L'élection des mayeurs était fixée par cette ordonnance au lendemain de la fête de saint Jude et de saint Simon. Cette disposition resta à l'état de lettre morte pour Saint-Riquier. On continua l'ancien usage de nommer le mayeur, le jour du Bouhourdis ou du premier dimanche de carême (1).

Il était enjoint aux mayeurs, tant anciens que nouveaux et à quatre notables, dont deux choisis parmi les échevins sortants, d'aller à Paris auprès du roi, aux octaves de la Saint-Martin (18 novembre), pour rendre compte de leurs recettes et de leurs dépenses.

C'est à cette ordonnance que l'on doit le compte de la ville de Saint-Riquier en 1258. Il a été retrouvé dans les archives de l'Empire, au milieu de quelques autres comptes des communes de Picardie (2). Les redditions de compte ont continué dans la suite, mais leur absence des archives nationales prouvent que l'ordonnance n'a été qu'éphémère.

COMPTE DE 1258 (3). — A l'entrée en fonctions de Fremin de Hangard, mayeur en

---

pouvait plus en être question sous la commune, émancipée de la juridiction abbatiale. 3° Les commerçants ne payaient au seigneur de la Ferté que le droit de travers et ce droit se levait sur les voyageurs, plutôt que sur les habitants de la ville.

(1) Ce jour du Bouhourdis s'appelait aussi le jour des Brandons. Le premier dimanche du Carême ou des Brandons, les laboureurs faisaient des processions autour de leurs granges et de leurs villages avec des brandons allumés, croyant, par cette cérémonie, les préserver des accidents du feu et des fureurs des embrasements, reste, dit-on, des superstitions payennes — Brandon, du mot allemand Brand, qui signifie torche ou brandon.

(2) Ces comptes ont été en partie reproduits par M. Dufour dans les *Mémoires de la Société des Antiquaires de Picardie* (Tom xv, pag. 585-658), avec des variantes, et des commentaires auxquels nous empruntons nos observations et nos notes sur ces comptes.

(3) « Les revenus de la commune provenaient :

1° de ses propriétés et de la location de certains droits ; 2° des impôts sur les denrées, sur le vin et les boissons ; 3° des amendes. Les deniers communaux servaient à l'entretien de la ville, à la défense et à la réparation des fortifications, aux honoraires des capitaines, aux divers présents que réclamaient la présence d'hôtes illustres ; car nos pères pratiquaient honorablement l'hospitalité. Ils offraient des présents aux rois, aux princes, aux évêques, aux grands seigneurs : ils offraient le vin d'honneur aux personnages de distinction et aux magistrats.

Quand la dépense excédait le revenu, on demandait au roi la faculté de créer des impôts qu'on a souvent appelé maltôte, nom odieux et anti-populaire, comme tout ce qui agg ave les charges du peuple. Les magistrats municipaux, ainsi que le corps de la bourgeoisie, étaient responsables des dettes de la commune. Ils s'engageaient sur la foi de leurs corps et par serment, sur l'hypothèque

l'an du Seigneur 1258, la dette de la ville de Saint-Riquier s'élevait à 2,765 liv. 9 sols 8 den., moins les fermes qui étaient estimées 220 liv. Ces sommes étaient dues à des bourgeois d'Abbeville et de Saint-Riquier. Une somme de 550 liv. restait due au roi pour son don (1). — D'autre part on redevait à la ville 1,090 liv. 8 s.; plusieurs de ces sommes étaient à peu près irrecouvrables. La plus grosse était celle du comte d'Anjou, inscrite pour 900 liv.

I. — Voici les recettes de 1258 sous la mairie de Fremin de Hangard : 1° Les tailles 549 : — 2° Amendes pour forfaitures, 16 liv. 15 sols : — 3° Droits de bourgeoisie à l'entrée et aides, 40 liv. 10 s. 3 den. (2) : — 4° Pesage de laines y compris la location de la maison, 8 liv. 12 s.: — 5° Arrérages de la ville, 43 liv. 7 s ; — 6° Cauchie de la ville, 38 liv. 15 s. 6 den.: — 7° Dans la huche de la ville, 182 liv. (3) : — 8° Dépôts entre les mains du Mayeur, 4 liv. 12 s. 9 den.: — Somme totale de recettes, 949 liv. 12 sols 6 den.

II. — Dépenses et mises dans l'année : 1° A Monseigneur le Roy, 300 liv. (4) : — 2° Aux gens du Roi, serviteurs et messagers, 46 liv.:— 3° A Williaume L'Anglais 120 liv. (somme remboursée sur la dette de l'année) : — 4° Pour les fours, 50 liv.: — 5° Pour présents de vin et gardes, 43 liv. 5 s.:— 6° Au clerc de la ville, aux sergents, aux guetteurs et autres employés de la ville, 46 liv. 6 s.: — 7° Pour coûts de deniers dus par la ville et le change, 45 liv.: — 8° Pour présent de vin à l'Evêque à son entrée, 19 liv. 14 sols 5 den.: — 9° Pour dépenses des bourgeois au Parlement, à Paris, à Amiens, à Arras et ailleurs, 51 liv. 14 s. :— 10° Dans la huche, 49 liv. Dépense totale, 949 liv. 12 s. 4 den.

III. — Dettes restant à ce jour du Bouhourdis : 1° A un bourgeois d'Abbeville, 200 liv.: — 2° A un bourgeois de Saint-Riquier, 850 liv. 2 s.:— 3° Aux enfants Renier Accard, 210 liv. 8 s. (5) :— 4° A divers, 417 liv. 1 s. 8 den.;—5° Don de Monseigneur Le Roy, 450 liv.; — 9° Somme totale, 2,423 liv. 17 s. 8 den.

de leurs biens présents et à venir et des biens de la communauté. On appelait argentiers les receveurs des deniers communaux, les trésoriers de la ville et des deniers publics. — Louandre. *Histoire d'Abbeville.* Tome II, page 301-311.

(1) Cette dette de 950 livres pour le don du roi, « Donum domino regi, » se rapporte aux subsides promis à saint Louis par les villes du royaume pour la paix d'Angleterre, c'est-à-dire pour le paiement de l'indemnité pécuniaire stipulée au profit de Henri III, par le traité de 1258, en compensation de l'abandon de ses droits sur la Normandie, l'Anjou, la Touraine et le Poitou.

Monuments inédits. — Tome IV, pag. 580, 581.

(2) Le droit de bourgeoisie, subordonné à la fortune du sujet, ne s'élevait jamais au-delà de 20 sous : il était ordinairement moindre.

(3) Les deniers de la ville devaient être renfermés dans la huche commune. On ne laissait pas plus de 20 livres à la disposition de l'argentier ou du trésorier municipal.

(4) Les communes devaient, sinon annuellement, au moins dans les calamités publiques, faire un don ou un présent au roi. Les comptes combinés semblent indiquer un don annuel de 200 liv.

(5) Les rentes à vie formaient une grande partie du passif des villes. L'usure étant rigoureusement proscrite par les lois ecclésiastiques et civiles, on ne pouvait emprunter qu'en aliénant son capital et l'on recevait des annuités, sous forme de rente viagère. C'est là sans doute l'explication des grosses sommes dues à quelques particuliers.

CHAPITRE V. — LA COMMUNE DE SAINT-RIQUIER.

IV. — Dettes passives ou sommes à recouvrer : 1° Du comte d'Anjou, 900 liv. (1);— 2° De Raoul de Lhopital, X (2); — 3° Arrérage, s'il était bon, 147 liv. 17 s. — Somme totale à recouvrer : 1,087 liv. 17 s. 9 den.

La dette passive restait à peu près la même. La dette active était allégée de quelques centaines de francs.

Le compte est certifié conforme par Fremin de Hangard à sa sortie et par Pierre Pinchon à son entrée le jour du Bouhourdis de l'an 1259.

Maître Jean de Nemours et Maître Odon de Lorry furent chargés par le Roi de recevoir et de vérifier ces comptes, le jour de l'Exaltation de la Sainte-Croix 1260.

COMPTE DE 1495. — Ce compte est incomplet, surtout pour les recettes ; mais les dépenses accusées, sans qu'on puisse toujours lire la quotité, nous montrent assez bien la physionomie de la ville de Saint-Riquier à cette époque.

I. RECETTES. 1° Afforage sur le vin et menues breuvages, cervoises, etc., X.—2° Il est parlé de l'aide (3), « accordé à la ville par le Roi notre Sire, » pour prendre deux deniers sur chaque lot de vin et une obole sur chaque lot de cervoise ou autre menues boissons vendus à broche et en détail. On en a fait un compte à part. La recette en est faite en monnaie courante de deniers, patarts et livres, la livre valant XX patarts et le patart XII deniers. — 2° Les exploits et amendes ont produit 20 s. — 3° Cens des terres.... on n'indique pas le chiffre ni celui des surcens... — 4° Recettes sur le Val, 20 liv.: sur la maison des Ratiaulx, 23 liv. 15 s. (4): — 5° Recettes des fermes qui se donnent à la chandelle au plus offrant et dernier enchérisseur, X:— Ferme de la chaussée de la ville XLIX s.: — du mesurage des grains, XVI s.: — des poids et balances, IV s : — du plombel, V s. — Les autres fermes ne sont pas mentionnées en cette partie de compte que nous possédons, ni les revenus des terres, des cens, etc.

II. MISES ET DÉPENSES : 1° A la confrérie de Saint-Nicolas pour argent prêté, X : — 2° Au seigneur de la Ferté pour afforage, 10 liv.: on payait 20 liv. avant 1489 : — 3° A Colard de Lessau, procureur-général de la ville, pour voyage à Amiens le 14 et 15 avril avec Bauduin Ternisien, prévôt de ladite ville, sur un ordre du bailli d'Amiens qui les mandait pour consentir au traité fait entre les rois de France et d'Angleterre, 12 s. par jour, soit 24 s.: — 4° Pour les dépenses du prévôt et de son cheval 10 s.: — 5° Au même procureur lorsqu'il se rendit à Amiens avec le mayeur pour approuver les cou-

---

(1) Les villes à cette époque furent pressurées par le comte d'Anjou qui ne se faisait pas scrupule d'emprunter pour ne pas rendre. A l'occasion de la guerre que souleva la succession du comté de Flandre, ce prince se fit avancer des sommes considérables par les communes de Picardie, sans leur en donner la moindre reconnaissance Si elles tenaient à exiger un titre de créance, elles ne l'obtenaient qu'en consentant à une réduction.

(2) Toutes les fois que le chiffre inscrit au manuscrit est illisible, on le remplace par un X.

(3) L'aide a remplacé sous un nom plus acceptable l'odieux impôt de la maltôte.

(4) La terre des Ratiaulx dépendait du Val-des-Lépreux : elle étoit située aux environs de Montigny-les-Jongleurs.

tumes générales du bailliage, porter les anciennes coutumes de la ville et aussi pour chercher avis touchant des différends entre la ville et l'hopital (1), 12 s. par chaque jour pendant trois jours : — 6° Pour les dépenses du cheval de M. le mayeur, 6 s.:— 7° Aux conseillers du bailliage pour la consultation dont il est question plus haut, 32 s.:— 8° A la femme Jeban le Samanier, pour avoir gardé et nourri à la mammelle un petit enfant batard refusé par l'hôpital, pendant le temps nécessaire pour obliger ledit hôpital à le recevoir, c'est-à-dire pendant six semaines environ, 20 s.: — 9° Au Révérend Père en Dieu, Mgr l'Evêque d'Amiens « pour ses dons d'avoir fait reconcillier l'église Notre-« Dame, paroisse de ladite ville, qui avait été pollute par le sang versé à la suite de coups « donnés par un jeune enfant à son camarade, d'où il était allé de vie à trépas », X. Divers voyages furent faits à cette occasion par Pierre de la Cappelle et Fremin le Carpentier à Abbeville, auprès du père gardien des Cordeliers, du doyen de la chrétienté et autres gens de bien, pour avoir leur avis sur la réconciliation, puis à Amiens pour requérir le pouvoir de réconciliation, adressé au doyen de Saint-Riquier (2) : 10° Payé au doyen pour la reconciliation, tant pour principal qu'en dépens. X. — 11° Divers travaux aux portes et aux murs sont payés aux ouvriers à raison de 16 deniers par jour : — 12° Payé au père de l'ordre des Frères Prêcheurs, qui avait prêché le dernier carême, pour cinq messes par lui célébrées et 14 s. à lui baillés par l'ordre de MM. de la Ville. 24 s. : — 13° Au prêcheur et gens d'église au retour du lundi de Pâques pour leur pocage, 8 s.: — 14° Au curé et gens d'église pour leur cuignet de Noël (3), 8 s.: — 15° Pour une messe tous les dimanches après la messe paroissiale, 5 liv. 4 s.: et pour l'eau bénite du dimanche et la messe pendant 25 dimanches, 2 liv. 22 s. — 16° On donne à celui qui a fait le guet au beffroy, pendant la messe de paroisse, 8 deniers, et au guetteur, soit pour le guet, soit pour le nettoyage des plombs du beffroi, 3 s.: — 17° A divers particuliers envoyés à la recherche pour connaître quel chemin tiendraient les gens du batard Cardon, 15 deniers : — 18° Pour dépense, une nuit des brandons : à savoir vin, poisson, et autres vivres, après les nominations du lieutenant du capitaine, 30 s.: pour dépense au jour des brandons, à savoir pain, vin, poisson etc., après la nomination du mayeur, 4 liv. 12 s.: pour dépense en pain, vin, poisson, etc., le lendemain des brandons, « après les serments prêtés et renouvelés des officiers de la ville et de l'église, là où « furent veus messieurs le curé et le clerc, le lieutenant du capitaine de la ville et tous « les officiers vieux et nouveaux, 100 s. » — 19° Il a été dépensé à l'hôtel Perache,

---

(1) Les fonctions communales étaient gratuites, ainsi l'avaient décrété les rois de France. Mais on payait les dépenses de ceux qui voyageaient au nom de la commune.

(2) Bouthors remarque que dans les questions difficiles que la justice échevinale avait à décider, on avait coutume de recourir aux lumières des magistrats municipaux des grandes villes. On appelait cela aller à l'enquête. Les mayeurs de Montreuil, de Saint-Riquier étaient en perpétuelle communication avec Amiens, comme on le voit par les dépenses de vin d'honneur. Qu'y venaient-ils faire ? Probablement chercher des conseils.

(3) Le cuignet de Noel est représenté plus loin sous le nom de gâteau.

proche le jour des caresmieux, au retour du Brusle, après le berlet jeté, pour le carré du vin, 5 s. : item le gras dimanche après les comptes rendus, X : —20° Pour le vin accoutumé du mayeur à trois termes, Pâques, Noël et Toussaint, 21 s. 4 den. : pour le vin du procureur général de la ville, aux sergents à verge et de nuit, à l'horloger, aux argentiers, X.

21° Les articles suivants indiquent le vin donné aux maires des diverses bannières de la ville. L'énumération contient les maires des bannières des diverses enseignes qui suivent : des tanneurs et sueurs ou cordonniers : des bouchers, des seures ou serruriers et carons ou charrons : des tisserands de drap : des marchands de toile : des paveurs, des huchers ou menuisiers : des boulangers : des laboureurs. Le roi des arbalétriers et ses compagnons du serment, le roi des archers et ses compagnons du serment, ont aussi leur vin spécial. — 22° Payé à l'anteveille de la franche fête de Saint-Riquier, après l'afforement des vins et breuvages, 33 s.: — 23° Aux officiers royaux pour la Saint-Louis, 8 s.: — 24° Aux compagnons d'icelle ville pour leur fête de Notre-Dame du VIII septembre en la manière accoutumée, 8 s.: — 25° « Aux cordonniers pour des souliers à usage d'hommes, de femmes, d'enfants et de valetons, lesquels souliers ont été distribués pour Dieu en aumône à plusieurs pauvres personnes, le jour des âmes, 6 liv. 4 s.: chaque paire coûtant de 2 s. 11 den. à 2 s. 4 den. »

Nous ne suivrons pas les comptes dans le dénombrement des cens et surcens dont les ténements sont chargés ; ce serait trop fastidieux ; mais nous observerons qu'à l'aide de cette énumération on reconstituerait une ville du moyen-âge ; toutes ses rues, les maisons avec le nom des habitants et souvent leur condition et leur profession Notre organisation politique nous a rendus étrangers à cette étude de la société antique, au milieu de laquelle nos pères circulaient avec une parfaite aisance. Ce serait, à première vue, un dédale inextricable que ces cens, ces surcens de la ville, du monastère avec ses divers offices dotés de revenus particuliers, de l'Hôtel-Dieu, du château de la Ferté, des diverses confréries et en particulier de celle de Saint-Nicolas, de quelques seigneurs étrangers ; mais à l'aide d'une comptabilité exacte et renouvelée chaque année, on reconnaît les droits de chacune des corporations de la ville. Des jugements motivés fixent les points en litige et chacun recueille ses revenus avec une parfaite régularité.

Nous n'avons pas à établir de comparaison avec le régime actuel. Les mœurs et les coutumes ont été changées par nos révolutions successives et les progrès des arts et de l'industrie. Si nous jouissons de plus de bien-être, estimons-nous heureux de vivre sous la civilisation moderne ; mais gardons-nous de verser l'injure sur un système, dont nos pères ne souffraient guère et dont ils ne songeaient pas à se plaindre ; car ils sentaient que leur condition morale l'emportait sur celle des temps plus anciens. Leur vie était plus calme que la nôtre, leurs fêtes publiques plus nombreuses et plus animées que les nôtres, empreintes d'une plus grande cordialité et d'une plus franche gaieté.

COMPTE DE 1522. — Deux argentiers s'intitulent administrateurs du castel, des cens, rentes, revenus, héritages de la ville de Saint-Riquier, pour un an, commençant au jour du gras dimanche, second jour de mars de l'an 1521 (vieux style) et finissant à pareil jour du gras dimanche, quinzième jour de février 1522, sous la mairie de Sire Jacques de Lessau l'aîné.

On met dans le compte les aides octroyés par le roi. Ces aides, comme les années précédentes, consistent en deux deniers sur chaque lot de vin et une obole sur chaque lot de cervoise, brumart et autres menus breuvages vendus à broche et en détail.

I. Recettes. — 1° Les fermes des avalages de vin, de la chaussée, des grains amenés au marché, les égards de pourceaux, 7 liv. 5 s. — La ferme du grand et petit plombel, des poids et mesures n'ont pas trouvé de preneurs. — Point de recettes non plus sur les amendes. — 2° Recette des grains pour LVI j^r de terre, compris jachères, environ 30 liv. — 3° Recettes de droits d'issue et d'entrée et de reliefs, 8 liv. 5 s. — 4° Arrérages des comptes et fermes de cervoise 69 liv. 2 s. 3 den. — 5° Recettes de cens de la commune, 10 den. — 6° Cens du chapitre des pauvres, ou du Val, tout appartenant à la commune, 25 liv. 12 s. 1 den. Le reste des recettes nous manque, mais le total s'élève à 346 liv. 12 s. 6 den.

II. Dépenses. On accuse en dépenses 268 liv. 7 s. 8 den. En voici seulement quelques-unes : 1° Aux gens d'église pour le cuignet de Noël : à diverses personnes pour voyage, à l'argentier pour avoir conduit plusieurs hommes à Doullens, afin que, selon le commandement du roi, on pût choisir deux francs-archers : somme totale pour ces mises, 32 liv. 2 s. 6 den.: — 2° Dépenses aux hôtels, avant le départ et au retour des voyages d'affaire de la ville, aux maçons pour avoir travaillé aux forteresses de la ville, aux mêmes pour le jour de l'Ascension qui est leur fête, pour messager à Pont-Remy pour chercher des nouvelles, X.

En 1532, les recettes s'élèvent en 158 liv., les dépenses à 138 liv.—En 1599, recettes 84 livres, dépenses 98 liv. C'est une année désastreuse par suite des guerres de l'époque, dont les comptes portent aussi le cachet.

Compte de 1630. Jehan Garin, sergent royal, bourgeois juré, remplit l'office d'argentier. Un seul argentier au lieu de deux : ce n'est point le seul signe de décadence. On a aussi réduit le nombre des échevins de douze à quatre. Il est vrai qu'une ordonnance royale a prescrit cette mesure ; mais l'immixtion du pouvoir royal, qui centralise de plus en plus l'administration, porte un coup funeste à l'élection populaire et aux ressources urbaines. C'est ainsi que la vie municipale s'étiolera de plus en plus, jusqu'au jour où les mairies seront accaparées par le roi et vendues comme des offices royaux.

Le compte de 1630 commence le 15 février et finit le 7 mars 1631. Les aides formaient encore un rôle spécial. Les recettes se percevaient toujours en argent, en blé, avoine, chapons, etc., le tout estimé selon la valeur vénale et moyenne de l'année.

I. Recettes. Nous ne donnerons que quelques chiffres. De toutes les fermes, la plus lucrative est celle de l'Esgard des porcs vendus ou exposés aux marchés dans la ville, la banlieue et lieux circonvoisins de la juridiction communale ; elle a valu 36 liv. —

CHAPITRE V. — LA COMMUNE DE SAINT-RIQUIER.   65

La ferme du Cambage des bières n'a point été adjugée. Les troupes en garnison dans cette ville ont causé des empêchements à la vérification des produits. — Quelques fermes n'ont pas trouvé de preneurs, comme celles du grand et petit plombel, des mesures et poids, de la chasse : — 2° La ferme du jardin du Brusle a produit 28 liv.; celle des fossés de la ville, 25 liv. 8 s.: Les fossés de la ville avaient été partagés en quatre sections : la première, de la Grosse Tour jusqu'à la tour Margot du Four ; la deuxième, de celle-ci à la tour Henotte ou Henolle : la troisième, de cette dernière jusqu'à la porte du Bois ; la quatrième, de la porte du Bois jusqu'à la Grosse Tour ;— 3° La ferme de 57 j^x de terre a été payée en nature : — 4° Recette pour 36 j^x de terre à Neuilly donnés par Jacques de Bersacles, 19 liv. 3 s. 6 den. (1) : 5° Pour la terre des Rateaux, X.: — 6° Les cens recueillis par la ville ont produit environ 120 liv.: — 7° Droits seigneuriaux, 8 s.

II. Dépenses. Nous ne signalons également que quelques chiffres. Le total nous manque comme pour les recettes.—1° Divers cens dus aux établissements religieux et civils, environ 70 liv.:—2° Cens au Saint-Esprit de Rue pour les terres de Jacques de Bersacles 50 s. 6 deniers :—3° Au roi pour son domaine à Saint-Riquier, 15 liv. 2 s.:—4°Au curé et aux gens d'église de la ville pour le service de Pâques et Noël, la rétribution accoutumée, 48 s.; item pour l'octave du Saint-Sacrement, 20 s.:—5° A M. Antoine Bocquillon, chapelain de Saint-Etienne en l'église cathédrale d'Amiens est due chacun an une somme qu'il est tenu de venir ou envoyer chercher, 11 liv. 6 deniers :—6° Aux bourgeois de la ville « pour aucunement les récompenser des peines et vacations qu'ils ont eu pour assister « à l'audition et examen des comptes, 6 liv. » :— 7° Au prédicateur du carême, 7 liv.: à celui de l'octave du Saint-Sacrement, 40 s.: à celui de l'Avent, 4 liv., plus 2 liv. pour le soulager des frais d'une maladie : — 8° A M° Pierre de Tigny, procureur du bailliage d'Amiens, pour ses gages ordinaires de procureur de la ville de Saint-Riquier, 60 s : 9° Aux maîtres d'école de la ville, pour les récompenser de leurs peines et vacations d'avoir enseigné les pauvres enfants de la ville gratuitement, 20 liv.: — 10° Aux officiers de la ville pour avoir vaqué à la réception et distribution des clefs de la ville, les trois jours de la fête de Saint-Riquier en octobre, 4 liv : — 11° « Aux harquebusiers de la ville » pour les remercier de leurs peines et vacations d'avoir assisté à la reddition des comptes, 4 liv. ; également à la compagnie de la jeunesse pour assistance aux comptes,

(1) Dans un compte de 1475, on lit que sire Jacques de Bersacles, seigneur de Machy, a gratifié, par don d'entrevifs irrévocable, la ville de Saint-Riquier de xxxv journaux de terre, à condition de faire célébrer une messe basse dans l'église Notre-Dame, les vii vendredis de carême, et de donner ce jour-là 25 pains à 25 pauvres qui y assisteront. Ces messes devaient être célébrées à l'intention du donateur, de ses prédécesseurs et amis trépassés. Pour les sept messes on devait payer 14 s , pour les pains 29 s. et 4 s. pour les ornements et luminaires : total, 47 s. Ces terres situées à Neuilly-l'Hôpital devaient, homme vivant et mourant à l'église du Saint-Esprit, une paire d'éperons, la veille de la Pentecôte, le relief et 2 s. 6 den. de cens, à cause de la seigneurie de Beauvoir. Le cens, comme on peut le remarquer en la dépense, s'était élevé avec la dépréciation des monnaies.

9

30 s.: — 12° Au roi de la compagnie des harquebuziers ; aux cinquanteniers de la ville, 4 liv. et 4 pots de vin pour présent, 32 s. »

Les principales luttes de la commune avec le monastère ayant été exposées dans l'histoire (voir la table), il nous reste à recueillir ici quelques faits de moindre importance ou étrangers au monastère.

1258. Le parlement s'occupa en cette année d'un différent entre les bourgeois de Saint-Riquier et les officiers du roi. Ceux-ci prétendaient lever deux droits de moutonnage sur les bourgeois de Saint-Riquier, l'un à raison de la concession du droit de bourgeoisie, l'autre pour droit de suzeraineté. Les bourgeois réclamèrent contre cette exaction excessive. On fit une enquête à ce sujet, comme il arrivait dans de semblables débats. Le parlement, sur les conclusions des juges enquêteurs, décida que le roi n'avait qu'un seul droit de moutonnage, non pas celui qu'on réclamait pour avoir reconnu aux habitants de Saint-Riquier le droit de bourgeoisie, mais sans doute celui qui lui appartenait pour sa suzeraineté sur la commune (1).

1275. On nous a conservé un jugement du bailli d'Amiens contre le mayeur et les échevins de Saint-Riquier pour un fait de *Catel* ou *Cateux*. On comprenait sous ce nom des biens mobiliers et dans un sens plus restreint des bêtes de somme et des troupeaux. Un procès de catel, autant qu'on peut le conclure des termes assez obscurs d'une sentence des assises du bailliage d'Amiens, avait été intenté à la commune de Saint-Riquier par le vicomte d'Abbeville. L'administration communale récusa le juge. On en appela au bailli d'Amiens. Ce magistrat fit ajourner les parties devant un grand nombre d'abbés, de chevaliers, de personnages importants de la contrée, devant les officiers de justice, tels que les prévôts de Saint-Riquier et de Beauquesne et autres.

L'arrêt rendu aux assises porte que les mayeurs et échevins de Saint-Riquier disaient : « qu'ils n'étaient mie tenus ni ne devoient répondre de castel par devant le vi-
« comte d'Abbeville, que ceux d'Abbeville demandoient le record de leur cour, c'est-
« à-dire l'exécution de la sentence. Li home du Roi jugèrent et dirent que la commu-
« nauté n'avoit dit parole ni raison souffisante par coi li maire et eskevins d'Abbeville
« n'en eussent leur record et par le jugement des devant dis fu ce record rendu au
« mayeur et a eskevins d'Abbeville. » (2).

(1) *Olim.* Tome I, page 47.
(2) D. Grenier. *Tom.* LIV, fol. 211.
Nous donnons les noms des membres de l'assise, d'après les monuments inédits d'Augustin Thierry (*Tome* IV, page 584).
Jean d'Athies, bailli d'Amiens, Mgr Drien ou Drich d'Amiens, Mgr Drien de Milli, Mgr Williaume Tirel, seigneur de Poix, Mgr Mahieu de Roye.
Là furent aussi Simon Valier, prévôt de Beauquesne, Jean Pigret, prévôt d'Amiens, Jean le Moussu, prévôt de Saint-Riquier, Jean Gousselin, prévôt de Vimeu, Jakemon de Ponchel, prévôt de Beauvais, les abbés de Saint-Lucien de Beauvais, de Saint-Jean d'Amiens, de Selincourt, leurs moines et plusieurs religieux ; messire Pierre d'Amiens, messire Jean de Poix, puis messire Enguerrand d'Airaines, messire Beaudoin de Guines, messire Jehan de Moyencourt, messire Enguerrand de Riencourt et plusieurs autres chevaliers : les maires et échevins de Montreuil, de Vaben, de Rue ; Hue de Brenvillers, bailli d'Abbeville, Gérard de Basly, bailli de Rue, maître Nicolas de Fricamps,

CHAPITRE V. — LA COMMUNE DE SAINT-RIQUIER.

1291. On lit dans l'inventaire du trésor des chartes de France : « Obligation des « maires et échevins de Saint-Riquier de payer tous les ans au roi 12 liv. 4 s. par. de « cens, justice et autres droits en la dite ville de Saint-Riquier. Est réservée toutefois « au roi la haute justice audit lieu. » (1).

1327. On lit dans le cartulaire que le bailli d'Amiens avait appelé à son tribunal un conflit entre l'abbaye et les magistrats de la commune au sujet des saisines, de la banlieue ; qu'il avait même enjoint à l'abbé de venir faire la preuve de ses privilèges à son tribunal et lui avoit assigné un jour pour comparaître aux assises. L'abbé, déclinant la compétence du bailli, s'adressa directement au roi. Il fut défendu au bailli de s'occuper du monastère de Saint-Riquier. (2)

1356. La question du guet ou garde de la ville avait soulevé un débat entre la commune et le seigneur de la Ferté qui voulait en exempter ses sujets. On transigea sur cette question.

Il fut stipulé que les sujets de la Ferté demeurant « dans les forteresses ou entre les tours », c'est-à-dire dans l'enceinte de la ville, seraient soumis aux charges de ce service, mais qu'on en exempterait les hommes demeurant dans les faubourgs.

Une autre question fut aussi réglée par cette convention : c'est celle du droit de travers exigible par les seigneurs de la Ferté. On en exempta les bourgeois pour les denrées et autres objets assujettis à ce droit, mais seulement pour ce qui devait rester en ville. Pour le négoce hors de la ville, ou pour ce qui ne faisait que traverser la ville, les bourgeois restaient soumis à la servitude commune. Toutefois en gardant leurs marchandises en ville, un jour et une nuit, ils se libéraient du droit de travers. Les marchandises achetées en ville par les bourgeois n'étaient soumises à aucune redevance. On n'était condamné à l'amende pour défaut de paiement du droit de travers qu'autant qu'on avait passé la dernière porte. En outre le délit constaté en ville ou dans la banlieue était jugé par les mayeur et échevins (3).

En cette même année les cens que l'échevinage devait à la Ferté furent reportés par le chatelain de la Ferté sur d'autres manoirs. L'échevinage fut tenu du roi sans intermédiaire. Il ne resta chargé que de surcens à l'Hôtel-Dieu.

1371. Une nouvelle convention entre la commune et le seigneur de la Ferté résolut des difficultés que le concordat de 1323 (*Tome* II, *page* 27) sur les eaux du Scardon n'avait pas prévues. Le seigneur retenait ces eaux au détriment des autres habitants. Il fut réglé que le sieur de la Ferté pourroit, « sans fraude et par nécessité d'eaue, retenir par « estangs l'eau de la rivière, deux jours seulement ; lesquels deux jours passés lesdits

maître Hue de Causehon, sire Hue de Gaissart, sire Gérard de Gaissart et ses frères, Hue de Famechon, Hue de Pont-Remi, Renier Bousse, maître Jean d'Airaines.

(1) M. Prarond. *Histoire de Saint-Riquier, page* 51.
(2) *Cartulaire, fol.* 47.
(3) *Coutumes locales de la ville.*

« mayeur et échevins pœuvent de leur authorité donner cours à l'eaue et oster et dé-
« molir ce que lesdits sieurs pourroient avoir fait faire. » (1).

1382. Aux lettres de sauvegarde mentionnées dans notre histoire (*Tome* II, *page* 49) on pourrait encore ajouter celles de 1382, signalées dans les registres du trésor des chartes. JJ. 121 fol. 141-42, pièce 226.

1416. Le 28 mars, le mayeur de Saint-Riquier et plusieurs personnes notables firent en sa compagnie le pèlerinage de Notre-Dame de Boulogne. Un compte de cette dernière ville indique qu'on leur a offert le vin d'honneur, comme aux pèlerins de marque. Le fait est relaté dans les annales de Notre-Dame de Boulogne (2).

1551. Dans le désarroi où se trouvaient les moines sous l'oppression de la commende, la commune voulut étendre le droit de relief au-delà des concessions anciennes. La question fut portée au parlement, qui déclara que le privilège des bourgeois ne regardait que les immeubles tenus de la prévôté et des caritiers.

L'année précédente l'autorité municipale avait voulu aussi soumettre les religieux à la redevance sur la vente des grains, imposée par la vicomté du marché aux poissons. Un arrêt de 1550 déclara les religieux exempts de cette charge.

M. Prarond s'est demandé si les gentilshommes de Saint-Riquier recherchaient les charges échevinales. Nous répondrons qu'un grand nombre d'entre eux s'était fait admettre dans la bourgeoisie. Comme ils avaient droit aux charges publiques, ils les ont exercées, toutes les fois que la confiance de leurs concitoyens a jugé bon de leur remettre en mains la gestion de leurs intérêts.

Nous donnerons ici les noms des mayeurs que nous avons retrouvés dans les archives ou autres écrits publics et particuliers. Nous pourrions y joindre ceux de plusieurs corps d'échevins; nous nous bornerons à en citer, en note, un par siècle, pour ne pas trop fatiguer les lecteurs.

Vers 1158. Hugues Merlet (3).
1167. On ignore le nom du mayeur. Nous avons retrouvé ceux des échevins (4).
1199. Adam Le Courvoisier.
1207. Bernard Lippe.
1210. Pierre de Lyson.
1212. Oylard de Revealmont ou de Réalmont

1223. Arnoul de Pommereuil.
1224. Jean de Hangard.
1226. Arnoul de Pommereuil.
1234. Jean de Hangard.
1236. Jean de Hangard.
1238. Jean de Hangard.
1239. Jean de Bersacles (5).

(1) *Archives municipales*.
(2) L'abbé Haigneré. *Histoire de Notre Dame de Boulogne*. — L'abbé Corblet. *Hagiographie*. Tome IV, page 475.
(3) Les dates indiquées ici sont celles où nous avons lu ces noms dans les archives. On peut supposer des élections antérieures ou postérieures.
(4) *Echevins* : Henri de Vincheneuil. — Arnould. — Guillaume de Brailly. — Odon des Autheux. — Simon Major. — Hugues Canète. — Arnoul Austais. — Odon Courvoisier. — Gérard Palpèbre. — Gautier Villain. — Séguin le Cambier.
(5) XIIIe siècle. — *Echevins* : Bernard le Carbonnier. Hugues Harnas. — Inguerran de Crécy. — Adam d'Oneux. — Jean de Vaux. — Jean de Hellencourt. — Thomas de la Poterne. — Arnould

1242. Jean de Hangard.
1243. Henri de Vincheneuil.
1249. Alerme de Pommereuil.
1250. Hamon Le Merchier.
1255. Adam Le Duc.
1258. Fremin de Hangard.
1259. Pierre Pinchon.
1268. Pierre de Vincheneuil. Son élection fut annulée.
1269. Robert Turquaise
1270. Jean Rosel.
1275 Bernard Pinchon.
1294. Jean d'Oneux.
1299. Bernard de Cromont.
1306. Bernard Harnas.
1310. Bernard Lippe.
1313. Raoul de l'Arbroye.
1317. Raoul de l'Arbroye.
1326. Toussaint Rayer.
1327. Bernard Harnas
1330. Toussaint Rayer.
1331. Toussaint Rayer.
1337. Toussaint Rayer.
1359. Jean d'Estrées.
1362. Pierre de Bouberch (1).
1365. Pierre de Bouberch.
1370. Jean Palot
1375. Pierre de Bouberch.
1379. Jacques de Bersacles, mayeur de sa tierce mairie.
1384. Jehan de Bouberch.
1400. Mathieu Harnas.
1410. Enguerrand Le Prévost, mayeur de sa quatrième mairie.
1435. Enguerrand de Maisons.

1475. Riquier de Maisons (2).
1488. Jean Briet, dit Ganain.
1494. Jean Briet, dit Ganain, non accepté pour défaut de domicile.
1495. David Le Quieux.
1505. Jean Lessopier.
1507. Jacques de Lessau.
1519. N. d'Hervilly.
1521. Jacques de Lessau l'aîné (3).
1529. David Lecaille.
1530. Adrien de Visques.
1537. Jehan de Péronne.
1544. Thiebaut Carpentier.
1549 David Lecaille
1552. Eustache d'Auxi.
1558. Jean Lenglacé.
1602. Nicolas Perache.
1613. Jean Le Prévost.
1627. Jean Buteux, remplacé après sa mort par Jean Perache.
1630. Jean Le Prévost.
1631. Jean Le Prévost.
1633. Claude Le Fèvre.
1641. Jean Garin.
1644. N. du Boille.
1648. N. Maisnel.
Vers 1650. N. Froissart de Patronville (4).
1656. Nicolas Buteux.
1657. Jacques Buteux.
1660. Octavien du Wanel.
1666. Sulpice du Boille.
1667. Octavien de Wanel.
1672. Adrien Piolé.
1684. Jacques Froissart.
1693. Antoine Buteux.

de Portemont. — Renier d'Argoules. — Raoul Le Boulenguier. — Grégoire Pérache. — Renier Le Quien (Canis).

(1) xiv° siècle. — *Échevins* : Pierre Hardi. — Jacques de Bersaques. — Jean Le Carbonnier. — Williaume de Hesding. — Raoul le Cappellier. — Guerard de Hangard. — Robert le Maréchal. — Jean de Hangard. — Pierre Scourion. — Jean Accard. — N. de L'Angle. — Pierre le Gondalier. — Jean Harnas.

(2) xv° siècle. — *Échevins* : Sire Hugues de Hesdin. — Sire Jean Iorice. — Bernard Lecaille,

— Jean Briet, dit Ganain. — Henri de Molliens. — Jean Le Blond. — Guérard Palot. — Colard de Lessau.

(3) xvi° siècle. — *Echevins* : Jean de Péronne. — Philippe Huguet. — Colard de Lessau. — Antoine Garin. — Adrien Leloche. — David Lecaille. — Jacques de Lessau le Jeune. — Jacques de Maisons. — Jean Macquet. — Nicolas Carpentier.

(4) xvii° siècle. En 1650, les échevins avaient été réduits au nombre de quatre. — Nicolas Buteux. — J.-J. Cantrel. — Judcy. — Poulin.

1695. Jean Du Boille.
1702. N. du Boille.
1709. N. Froissart.
1713. L'abbé Molé, sous le titre de maire perpétuel.
Vers 1715. Jean du Boille l'aîné.
1718. Pierre Froissart.
1719. N. Marcotte.
1761. N. Froissart.
1767. Charles-Alexandre de Fontaine

1772. Nicolas François Hourdel de Bayart.
1777. Hourdel de Bayart (1).
1783. Nicolas Buteux.
1784. N. Hourdel.
Louis-César-Alexis Judcy, lieutenant du Maire.
1789. Nicolas Buteux.
1790. Charles-Alexandre de Fontaine.
1791. N. Froissart.

CHAPITRE VI.

LA NOBLESSE DE SAINT-RIQUIER.

Aux jours de la splendeur féodale du monastère, l'Abbé de Saint-Riquier était suivi d'un nombreux cortège de vassaux et d'hommes-liges. Il recevait leurs hommages comme les princes et les seigneurs du royaume. On sait que c'est dans ces possesseurs de bénéfices militaires et plus tard de fiefs qu'il faut chercher la première noblesse de la France. La ville de Saint-Riquier était donc, autrefois, le centre d'une agglomération considérable des nobles de la contrée. Hariulfe nous a conservé une longue nomenclature de noms carlovingiens, mais sans valeur pour nous, puisqu'ils ne représentent même pas les noms des terres que les possesseurs tenaient de l'Abbaye (2).

(1) XVIII° siècle. — *Échevins* : N. Buteux. — N. Judcy. — *Conseillers assesseurs* . Premier, N. de Quevauvillers de Vincheneux. Second, N. de Fontaine, procureur du roi.

(2) *Chron. Cent. Lib. III. Cap. III.*

Sous les deux premières races, il n'y avait pas de nom de famille. Ce furent les nobles qui, en raison de leur plus grande importance sociale, commencèrent à s'en servir au XI° siècle, et ce n'est que dans le XII° que cet usage était devenu général ; mais les femmes mêmes des chevaliers ne sont désignées, la plupart du temps, que par le nom de baptême.

La noblesse, alors en possession exclusive des fiefs, adopta les noms de ces fiefs avec la particule DE, abréviation de seigneur *de*. Mais plusieurs nobles, par caprice ou pour tout autre motif, prirent ou reçurent pour surnom des sobriquets, rappelant soit une belle action, soit une habitude du corps ou de l'esprit, soit une qualité ou même une infirmité. Cette dernière espèce de surnom devient aussi, avec ceux indiquant le métier, la profession, le partage du reste de la nation.

Un nom de fief, porté dès l'origine, est une marque presque certaine de noblesse remontant à ce temps. Alors les noms qui ne faisaient que commencer dans les familles changeaient facilement. Les cadets prenaient le nom des fiefs qu'ils avaient par héritage. Quelquefois on prenait indifféremment le nom de l'une des terres, qu nd on en possédait plusieurs.

Si l'on peut attacher quelque importance à nos conjectures sur la rue *Babengue* (1), on saurait ainsi quel quartier habitaient ces nobles clients du monastère. Hélas ! qu'il est bien déchu de son antique illustration ! Sa décadence, du reste, date déjà de bien loin; il n'y a rien d'étonnant, après toutes les calamités qui ont passé sur la ville de Saint-Riquier et l'ont obligée à resserrer de plus en plus son enceinte. Au XIII° siècle, la ville de Saint-Riquier était encore habitée par un grand nombre de nobles, comme on le conclut, avec une pleine évidence, de ce passage des *Olim : Consenserant quadraginta de melioribus et majoribus ville sancti Richarii et per quos plus regitur villa ipsa* (2). Point de doute que le plus grand nombre des mayeurs et des échevins n'ait alors appartenu à la noblesse féodale de la ville ou des villages circonvoisins, auxquels on avait laissé un libre accès à la bourgeoisie de Saint-Riquier. Les noms, recueillis dans des actes authentiques, en font foi.

Après le XIII° siècle, la noblesse décimée par les guerres, amoindrie par l'insuffisance du revenu territorial, ou déplacée par des fonctions, soit civiles, soit militaires, émigra peu à peu de la ville de Saint-Riquier, pour celle d'Abbeville, capitale du comté de Ponthieu, favorisée par une position plus avantageuse pour le commerce, et mieux défendue par ses fortifications. C'est ainsi qu'on retrouve les mêmes noms à Saint-Riquier et à Abbeville, et en particulier un grand nombre de possesseurs de fiefs fixés dans cette dernière ville. La destruction de la ville, en 1475, paraît surtout avoir porté un coup fatal à la noblesse. On ne voit plus, dès lors, que quelques noms des anciennes familles nobles. Leurs hôtels, si l'on peut donner ce nom aux ténements dont parlent les annales, ne sont plus habités par les premiers propriétaires.

Ajoutons encore que les fiefs, s'agglomérant dans des familles puissantes, il n'y a plus de place pour la noblesse des siècles précédents. Ne serait-il pas même possible qu'une partie considérable de ces vieilles souches nobiliaires se fût desséchée sur ce sol, trop appauvri pour les nourrir honorablement, et que les fils des vaillants chevaliers n'aient été réduits, pour soutenir leur modeste existence, à partager les travaux des laboureurs aux mains rudes et calleuses, et n'aient renoncé à des privilèges qui ne leur offraient plus qu'un vain titre, sans réalité ? Dans les derniers temps, la ville de Saint-Riquier ne nous montre plus, en dehors de la classe roturière, que les dignités de ses procureurs ou officiers de justice, dont la position sociale semble prédominante, mais qui n'ont jamais songé à revendiquer les avantages et les faveurs de l'ancienne noblesse de Saint-Riquier.

Sous Louis XIV surtout, on a exigé de ceux qui voulaient jouir des prérogatives de la noblesse, la preuve de leurs titres, afin de sauvegarder les intérêts du fisc (3). On

---

(1) Voir plus haut, *pag.* 12.
(2) *Olim. Tom.* II, *pag.* 652.
(3) Les gens vivant noblement étaient francs et exempts de toutes tailles, subsides, aides, impositions, passages, travers, péages etc.; mais ils payaient l'impôt du sang.

Les lettres d'anoblissement avaient commencé en 1270 sous Philippe-le-Hardi. Ce fut à certaines

ne voit pas qu'aucun habitant de Saint-Riquier ait ambitionné l'honneur de remonter jusqu'à ces anciennes familles, dont l'histoire locale a gardé quelques souvenirs. Nous regrettons que le temps ait effacé tous ces vieux blasons (1). Nous ignorons si les familles dont nous allons reproduire, sinon les généalogies, au moins quelques noms inscrits dans les actes publics, ont tous appartenu à cette noblesse féodale. Toutes les fois que les titres de chevaliers ou d'écuyers leurs seront accolés, le doute ne sera pas possible. La mention des autres aura un moindre intérêt. Toutefois, qui sait si des fureteurs, plus favorisés dans leurs recherches, ne profiteront pas de ces indications comme de jalons, pour remonter plus haut dans des généalogies, qu'il leur importerait de reconstituer ?

Disons ici, à l'honneur de M. le marquis de Belleval et de M. de Rosny, que leurs travaux sur la noblesse du Ponthieu, ont été très utilement compulsés pour cette partie d'histoire locale. Nous leur faisons hommage de tout ce que nous avons emprunté à leurs recherches. Mais on pourra voir en certains endroits que nous avons consulté des documents, qui leur étaient restés étrangers, et qui ajoutaient quelques anneaux à plusieurs de leurs généalogies (2).

Nous avons le plus souvent uni l'histoire des familles avec celle des fiefs qu'elles ont possédés. Un certain nombre de noms, n'ayant point là trouvé leur place, nous les avons groupés tous ensemble, sous la dénomination de familles nobles ou bourgeoises de Saint-Riquier. Nous avons aussi classé, dans cette première catégorie de noms, les familles qui ont le plus souvent habité Saint-Riquier.

Nous empruntons ici à M. de Rosny quelques notes utiles pour cette partie de notre histoire (3).

époques une manière de battre monnaie. Quelques auteurs ajoutent que pour les obtenir il était nécessaire de jouir au moins de 2,000 liv. de rentes, afin de servir le roi, quand il appelait la noblesse à la guerre. Différentes charges ou offices dans l'armée, dans la magistrature, dans les maisons royales ou princières, donnaient droit à l'anoblissement, tandis que certains offices étaient frappés de dérogeance.

(1) C'est surtout dans les croisades que s'introduisit l'usage des blasons et des armoiries, des devises, des cris de guerre. La croix, la coquille, la merlette, oiseau voyageur, le besant, monnaie orientale, le lion des déserts et d'autres armoiries analogues, rappellent ordinairement des souvenirs des croisades.

(2) M. de Belleval. *Nobiliaire du Ponthieu et du Vimeu.* 2º édition. — M. de la Gorgue de Rosny. *Recherches généalogiques sur les comtés de Ponthieu, de Boulogne, de Guines et pays circonvoisins.*

(3) On appelait chevaliers-bannerets ceux qui avaient assez de vassaux ou d'hommes pour lever bannière et marcher à leur tête. Ainsi on voyait quelquefois l'aîné de la famille chevalier-banneret et ses cadets chevaliers-bacheliers et écuyers. Le chevalier-bachelier quoique moins riche que le banneret, portait le titre de Monseigneur ou Messire. Les souverains mêmes le leur donnaient. Les écuyers étaient des gentilshommes, jeunes ou vieux. qui n'étaient pas encore parvenus à l'ordre de la chevalerie. On les désignait quelquefois sous le nom de sergents dans les anciens titres . *Servientes.* Les écuyers-bannerets étaient ceux qui avaient assez de vassaux pour lever bannière, mais qui n'avaient pas encore reçu l'ordre de chevalerie.

Le sergent, *Serviens*, était un gentilhomme sans suite dont le fief ne devait qu'un homme de guerre. On l'appelait sergent d'armes, parce qu'il combattait à cheval, couvert de l'armure complète.

CHAPITRE VI. — LA NOBLESSE DE SAINT-RIQUIER.

FAMILLE ACCARD. — Elle appartient à la noblesse de Saint-Riquier des XIII°, XIV°, XV° et XVI° siècles, comme on le conclut surtout de ses alliances et de ses charges

XIII° SIÈCLE. — Vers 1250, Renier Accard. Son nom est cité dans les comptes du temps. Il eut pour fils, Adrien Accard.

1260-1300. — Jean Accard, trésorier, est nommé quelque part *Testis Ambianensis Diœcesis*. Il est aussi surnommé Barillet, parce qu'il habitait l'hôtel du Barillet.

1299. Nicole Accard, échevin en 1299 et 1306.

XIV° SIÈCLE. — 1306. Riquier Accard, échevin.

1306-1339. Giles Accard, échevin, a épousé Marie La Boulenguière. Son testament est daté de 1339. De ce mariage sont issus Toussaint, Huon, Giles Accard. Il fut auditeur royal en 1313, 1317, 1331.

Giles ou Gilon Accard est procureur du roi en 1337. Son fils, Jehan Accard, auditeur royal, en 1362.

1352. Jehan Accard est manéglier de l'église Notre-Dame, procureur de la Ferté et de nobles personnes pendant la minorité de Jehan de Varennes. Echevin en 1362, arbitre en 1331, il a épousé D^lle Marie de Saint-Fuscien. Il est nommé de l'Angle, parce qu'il habite l'hôtel de l'Ange (*l'Angle*). A sa mort, il fait des legs à la confrérie de Saint-Nicolas.

1357. Un autre Jehan Accard a épousé Jehène le Massue.

Colard Accard, neveu de Gilles Ier, lieutenant du prévôt en 1325, est procureur du comte de Ponthieu en 1339.

1370. Estaule ou Etienne Accard, prévôt et bienfaiteur de la confrérie de Saint Nicolas. (Ci-dessus, *pag.* 42).

1370. Honoré Accard donne 4 sous de cens à la confrérie de Saint-Nicolas et les biens dont il hérite de son frère. (Ci-dessus, *pag.* 42).

1372. Noël Accard, auditeur royal à Saint-Riquier.

Les sergents d'armes ou royaux étaient désignés pour être gardiens des villes.

Leurs fonctions consistaient à défendre les villes, à se mettre, au besoin, à la tête des bourgeois, dans les expéditions. Ils rendaient des jugements et les faisaient exécuter.

Jean de Domard, Pierre de Bouberch, Jean de Hallencourt, sont nommés, en 1359, dans des lettres de sauvegarde, comme gardiens spéciaux d'Abbeville. L'année suivante les mêmes sergents sont nommés gardiens de Saint-Riquier, sauf Jean de Hallencourt.

Jean de Buigny, Jean de Sarton, Bertrand de Leures, Guillaume de Hesdin, sergent du roi au bailliage d'Amiens sont nommés gardiens de l'abbaye de Saint-Riquier en 1366.

Les notaires, qui paraissent aux XIV° et XV° siècles en qualité de témoins, sous le nom d'auditeurs royaux, étaient souvent de race noble : vers le milieu du XVI° siècle ils reprennent le titre de notaires ; ils étaient souvent en même temps procureurs.

Les titres anciens sont remplis de noms de nobles qui faisaient le commerce. Pouvait-il en être autrement, lorsque les guerres incessantes ruinaient les gentilshommes et laissaient les cadets sans fortune ? Les marchands s'appelèrent plus tard honorables hommes et leurs femmes demoiselles.

M. de Rosny, *Tom.* 1. *Préface.* — *Passim.*

XV° SIÈCLE. — 1412. Marie Accard, épouse de Nicolas de Wierre.

1416. Jean Accard, fils de Giles II, auditeur royal. (Ci-dessus, *pag.* 42).

1413-1428, Sire Jehan Accard, prêtre et prévôt de la confrérie de Saint-Nicolas.

1429 Robert Accard, garde-scel.

1431. Guillaume à l'Estaule, fils probablement d'Estaule Accard, garde du scel royal à Saint-Riquier.

1460. Jeanne Accard a épousé Nicolas de la Fresnoye, et une autre Jeanne Accard, Jean de Saint-Blimond, vers 1500.

1488. Jacques Accard, vivant à Saint-Riquier.

1544. Philippe Accard, confrère de Saint-Nicolas, donne à la confrérie, III j^x de terre.

XVI° SIÈCLE. — Aléaume Accard, chanoine de Saint-Wulfran d'Abbeville, habitait une maison de pierre, rue de la Tarterie, à Abbeville. Il a laissé des cens sur cette maison, à la confrérie de Saint-Nicolas. C'est une présomption de son origine (1).

FAMILLE D'ALLIEL. — Cette noble famille est mêlée à l'histoire de la ville de Saint-Riquier, où plusieurs de ses membres ont habité. Elle tire son nom d'Alliel, section d'Ailly-le-Haut-Clocher.

1373. Sire Hue d'Alliel, écuyer, échevin de Saint-Riquier. Il a épousé en secondes nôces Marie de Villers. Il prit à ferme, de l'Hôtel-Dieu de Saint-Riquier, tous les cens et rentes que cette communauté possédait à Ailly, Alliel et Famechon (1350). Marie de Villers, sa femme, possédait une rente sur la vicomté d'Abbeville.

1379. Robert d'Alliel, garde-scel à Saint-Riquier.

1417. Jean d'Alliel, écuyer, fils de Renault, et son héritier, d'après des titres de l'Abbaye de Saint-Riquier, reçoit la saisine d'Alliel.

1420. Hue d'Alliel, époux de Jeanne Houselle, veuve d'Edmond de Rély, habite Daours. Il vend aux religieux de Saint-Riquier son ténement du Porc-Sanglier (2) pour leur hôtel d'Abbeville (1448).

1451. Fremin d'Alliel, écuyer, seigneur de Villers-sur-Mareuil, demeure à la Ferté. Il a épousé Jeanne de Formentin, fille de Jean de Formentin et de D^{lle} Jeanne de Mailly. Il est présent à la bénédiction de l'Abbé Pierre Le Prêtre, le 16 novembre 1452. Il vend aussi aux religieux une maison qu'il possédait à Bray-sur-Somme.

Marie d'Alliel épousa Guillaume Briet, et lui porta la terre d'Alliel (3).

---

(1) Armes : *d'argent à la croix ancrée de gueules.*
— *Archives de Saint-Riquier.*
(2) Voir Tom. II, *pag.* 97.

(3) Armes : *de . au sautoir de vair accompagné en chef d'un croissant de...* — *Archives de Saint-Riquier.*
— M. de Belleval. *Nobiliaire du Ponthieu.*

FAMILLE DE BAILLEUL — Plusieurs familles nobles ont porté le nom de Bailleul. L'une d'elles l'a illustré. Voici quelques noms qui appartiennent à notre histoire.

1431. Henri de Bailleul, clerc de lettres de Baillis-Royaux à Saint-Riquier.

1480. Eustache de Bailleul, moine à Saint-Riquier.

Jean de Bailleul, vivant à Saint-Riquier (1).

FAMILLE DE BEAUVOIR. — Le nom de Beauvoir se lit à plusieurs époques dans nos archives. A laquelle des familles qui ont porté ce nom faut-il le rattacher? Nous posons la question aux maîtres de la science héraldique. Nous ne pouvons qu'inscrire des noms.

1318. Selles ou Sabletz de Beauvoir, conseiller et avocat du roi à Doullens, achète le fief de Senarmont qu'il revendit en 1321. Il épousa Agnès de Hangest et fonda une chapelle au Gard pour son obit.

1379. Robert de Beauvoir a son manoir au Hamel-lès-Saint-Riquier.

1435. Jean de Beauvoir conjoint à N. de Maisons, avait des cens à Saint-Riquier : il réclame des droits sur une maison occupée par Jean le Prévôt. C'est lui, sans doute, qui en 1458, est dit possesseur, à Saint-Riquier, du chef de sa femme, d'un ténement sis entre l'hôtel du Barillet et l'hôtel Saint-Martin, ainsi que de plusieurs autres ténements dans la ville.

1457. Jean et Jacques de Beauvoir, chevaliers, sont présents à la bénédiction de Pierre Le Prêtre.

1455. Jacques de Beauvoir, probablement fils de Jean et dame Adde ou Ide de Fransières. Dame de Fransières, de Neuville et d'Agenvillers, demeuraient à Saint-Riquier : ils y ont fondé trois obits dans l'église de Saint-Riquier, le 7 novembre 1455.

Jean de la Chapelle remarque que les terres de Jean Hangard appartenaient, en son temps, à M. de Beauvoir. Est-ce un héritier de cette noble famille?

Nous avons de bonnes raisons de croire que Claire de Beauvoir, fille de Jean de Beauvoir et de Louise de Mailly, dame de Fransières, Bouchon, Tours, Villers, Le Plouy, Maison-Roland, épouse de Louis de Bournonville, dont elle était veuve en 1507, appartient à cette famille de Beauvoir. Son fils Jean de Bournonville épousa Marguerite de Bussu. On dit qu'elle était sœur de Ferry de Beauvoir, évêque d'Amiens.

Une fille d'un autre Jean de Beauvoir, Antoinette, dame de Beauvoir, sœur de Jean de Mailly, évêque de Noyon, unie à Jean de Saveuse, fut la mère de Ferry de Saveuse, seigneur de Saveuse, Sains et Beauvoir. Ce Ferry de Saveuse a donné son nom à un fief de Saveuse à Saint-Riquier. Il sera question en son lieu du fief de Saveuse. Nos archives remarquent qu'il jouissait des droits des MM. de Beauvoir (2).

---

(1) Armes : *d'hermines à l'écusson de gueules.*
Archives de Saint-Riquier.

(2) Armes . *d'argent à deux bandes de gueules.*

Archives de Saint-Riquier. — M. de Rosny. Familles de Beauvoir et de Saveuse.—Histoire de Cambray. — Carpentier.

FAMILLE BECQUET. — Cette famille, qui revendique l'honneur de compter parmi ses membres le glorieux martyr de Cantorbéry, Thomas Becket, n'a pas besoin de ce prestige pour présenter des gentilshommes de bonne race. Elle occupe une petite place dans la noblesse de Saint-Riquier.

1418. Guy Becquet, écuyer, possédait un ténement à Saint-Riquier qu'il a cédé à l'Abbaye pour une fondation, mais à la charge de lui fournir homme vivant et mourant. Il vendit ensuite aux religieux le cens qu'il avait sur cette maison (31 octobre 1422) et s'engagea à obtenir le consentement de sa femme Eustache, qui avait son douaire sur cette maison (13 novembre 1440).

1495. Pierre Becquet allié à D^{lle} De Le Motte, habitait Saint-Riquier (1).

FAMILLE DE BERSAQUES OU BERSACLES. — Cette famille, originaire de Saint-Riquier ou du fief de Bersaques entre Saint-Riquier et Millencourt, est éteinte dans le pays depuis plusieurs siècles. En consultant les recherches de M. de la Gorgue de Rosny, nous avons la preuve qu'elle s'est propagée en Flandre, et qu'elle fut longtemps prospère aux environs de Saint-Omer. Une filiation bien suivie n'existe pas : on en retrouve des lambeaux dans les ouvrages de M. de Belleval et de M. de Rosny. Cette famille, disait M. de Belleval, est de bonne noblesse et de belles alliances.

PREMIÈRE BRANCHE.

XIe SIÈCLE. — I. — Herbert I de Bersacles possédait, à la fin du XIe siècle, des dîmes qu'Anscher de Saint-Riquier, seigneur de la Ferté, a données au prieuré de Biencourt, en 1090.

XIIe SIÈCLE. — II. — 1145-1199, Adam I de Bersaques, chevalier, cité dans les chartes du Val et de l'Hôtel-Dieu.

III. — 1185, Herbert II de Bersaques, échevin de Saint-Riquier.

XIIIe SIÈCLE. — 1239, Jean I de Bersaques, mayeur de Saint-Riquier.

1239, Robert de Bersaques possède un fief à Surcamps, et des terres à Saint-Riquier.

1242, Guillaume I de Bersaques a épousé Jeanne de Vincheneul. Il vendit en 1270, à l'abbaye de Saint-Riquier, un droit de cens sur un ténement enclavé dans les grands jardins, rue du Moustier. Il est dit homme du roi en la prévôté de Saint-Riquier (1288). Le nom de son fils Enguerran nous est connu par le testament d'Eremburge Castaigne.

IV. — 1207-1240, Wautier ou Gautier I de Bersaques, chevalier, fut allié à Adde. On a les noms de quatre de ses fils, Adam, Simon, Jean et Hue.

Un chirographe de 1241 sur Bersacles porte ce qui suit, d'après le Cartulaire :

(1) Armes : *d'argent fretté d'azur.* — *Archives de Saint-Riquier.* — M. de Belleval. *Nobiliaire.*

« Hue ly Vieille fut rechupt religieux de chéens et entre autres choses il avoit xiv jour-
« naux de terre qui devoient terrage rendu en la grange du seigneur de Bersacles.
« Parce que lui et ses biens furent condamnés, il nous étoit grief étrange mener ledit
« terrage. Il fut traité avec le seigneur que chacun an pour ledit terrage il aroit de
« notre grange du meilleur après les semences à cette mesure et si nous faliémes il
« revenoit sur son terrage et si lui devions payer chacun an trois mines d'avoine. Et
« incontinent après le traité fait, il engagea ledit grain annuel et emprunta 12 livres
« parisis sur, et nous quitta jusqu'à pleine restitution, sans compter les fruits *in sortem*
« en diminution. Présents ses héritiers. »

Wautier mourut peu de temps après ce traité : il est souvent nommé dans les chartes de l'Hôtel-Dieu.

V. — 1264, Adam II de Bersaques, fils et héritier de Gautier épousa Isabelle. Il vendit son fief au monastère. « Adam, dit le Cartulaire, sous son sceau d'une
« mantelle de Paon à six branches, fait savoir que par pauvreté jurée et prouvée,
« moyennant la somme de 400 livres parisis, il vendit à Giles de Machemont et à son
« couvent, céda, transporta tout son fief et seigneurie de Bersaques qu'il tenoit en
« hommage-lige, comprins toute la ville, son manage, terres aliénables, bois, terrages,
« cens, rentes, hostes et hommages, fours, molins, yaues, sans rien excepter, avec la
« seigneurie, excepté le fief qui fut Adam Perache de Nouely, tenu de Jean de Hellen-
« court son seigneur, qui le possessera par ledit de Hellencourt, et excepté xvi jour-
« naux de terre appartenant à Henri Scorion, bourgeois de Saint-Riquier, tenus par
« terrage dudit Jean de Hellencourt, et pour laquelle seigneurie ledit Adam, vendeur,
« était tenu et obligé d'être chevalier, toutes et quantes fois qu'il plaisoit au couvent
« et fit toutes suretés et renonciations lui et Isabelle sa femme à ce présente, qui
« nous quitta son droit de douaire ».

Cette charte de vente fut vidimée par le doyen de Saint-Riquier et l'official d'Amiens.

L'année suivante (1265), les trois frères d'Adam, savoir : Simon, Jean et Hue de Bersaques, qui s'étaient réservés leur viager sur xxv journaux de terre, reçurent 73 liv. parisis et quittèrent au couvent ce droit viager. En 1268, dame Adde de Bersaques, leur mère, vendit son douaire « pour un muid de blé à la mesure de Saint-Riquier, à 12 deniers près du meilleur, et 8 liv. parisis payées chacun an à la Pâque, en quelque état que icelle Adde fut en religion ou autrement. »

V BIS. — 1288, Jean de Bersaques, un des frères d'Adam, figure dans un plaid à Auxi-le-Château. Il était aussi seigneur de terres à Ligescourt.

V TER. — Alerme ou Aléaume de Bersaques, dit Perke à Pie, d'une branche collatérale sans doute, du consentement de Eve, sa femme, vendit au couvent deux pièces de terre, dont l'une, sise auprès du chemin de Mirandeuil, et l'autre dans le Val de Bersaques, voisine de la terre de Raoul de Bersaques : ce dernier était clerc.

XIV° SIÈCLE. — VI. — Gautier II de Bersaques a vendu, vers 1300, des terres au couvent.

VI. — 1362, Jacques I de Bersaques, écuyer, marié à Jeanne d'Asquette, épouse en premières nôces de Hugues Leclerc, possédait des fiefs à Neuville, à Friaucourt : il donne le dénombrement de ses fiefs de Bersaques et de Pommereuil. Sire Jacques de Bersaques a rempli plusieurs fois les fonctions d'échevin, notamment en 1362 et 1375 : il était mayeur en 1379 de sa *tierche mairie* : il eut pour enfants Jean, Jacques qui suivra plus loin, et Pierre de Bersaques, qui fit hommage d'un fief à Hiermont.

VII. — Jean II de Bersaques, écuyer, est possesseur, en 1380, d'un fief tenu de la pairie-seigneurie de Ponches.

XV° siècle. — VIII. — Jean III de Bersaques, fils sans doute du précédent, était échevin en 1410.

IX. — Jean IV de Bersaques, était propriétaire de l'hôtel du Lys en 1475. On le dit tavernier en 1495. Ainsi Jean de Bersaques pourrait être accusé de dérogeance. — Mariette de Bersaques qui vivait encore en 1521 et Alix de Bersaques, dont le nom se retrouve encore en 1530, seraient-elles ses filles?

VIII bis.— Gautier III de Bersaques, homme-lige du monastère vers 1380 et vivant à Saint-Riquier, fut père de Colard de Bersaques, garde-scel vers 1414, auditeur royal de 1425 à 1443, prévôt de la confrérie de Saint-Nicolas, homme lige aussi du monastère en 1463. Il possédait aussi un fief à Longvillers.

Une héritière des Bersaques, Jeanne Le Cerf possédait leur hôtel du Lys, en 1552.

DEUXIÈME BRANCHE.

XIV° siècle. — VII bis. — Jacques II de Bersaques, dit M. de Belleval, né à Saint-Riquier, habitait Abbeville avec sa femme, Agnès Pétus, en 1370. D'eux est issu Vautier de Bersaques.

XV° siècle. — VIII. — Vautier ou Gautier IV de Bersaques, épousa Jeanne Le Vasseur. M. de Rosny le dit domicilié à Saint-Riquier. Il eut pour fils Colard, Jacques qui suivra, et Jean, garde du scel-royal à Abbeville, en 1421.

IX. — Colard de Bersaques, écuyer, seigneur de Gorenflos en partie, épousa Catherine de Bouberch, dont il eut : 1° Hugues, seigneur de Beaulieu (fief à Brucamps), prêtre et maître de l'Hôtel-Dieu de Saint-Riquier en 1475; 2° Jacques ; 3° Marguerite, D^{lle} de Beaulieu, femme d'Antoine de Saint-Souplis, greffier à Abbeville en 1480, d'où les Saint-Souplis de Beaulieu.

Colard de Bersaques est dit homme-lige de Saint-Riquier, dans un jugement à Feuquières. Il fut garde-scel en 1464.

X. — Jacques III de Bersaques, écuyer, seigneur de Gorenflos, épousa Alix du Bos de Villers, fille de Mahieu, sieur de Machy, dont il n'eut qu'une fille, Barbe de Bersaques, alliée à Pierre de Blottefière, seigneur de Froyelles. La seigneurie de Gorenflos passa ainsi dans la maison de Blottefière, que nous retrouverons plus d'une fois dans nos archives. Jacques de Bersaques, devenu seigneur de Machy, donna à la ville de Saint-Riquier xxxv journaux de terre, avec obligation de services religieux. (Ci-dessus, *page* 65).

La famille de Bersaques a laissé son nom à un fief situé à Gorenflos.

PREMIÈRE BRANCHE DES BERSAQUES DE SAINT-OMER.

XIV° SIÈCLE. — IX. — Jacques de Bersaques, écuyer, fils de Jean, dit M. de Belleval, fils de Gautier, d'après M. de Rosny, fut mayeur de Saint-Omer, lieutenant de la châtellenie d'Eperlecque pour le seigneur de Croy, en 1442, puis capitaine et seigneur de Welle, par acquisition de Robert de Lisques, en 1446 : il épousa Marie de Saint-Martin, fille d'une Bernieules et mourut en 1455 ou plus probablement en 1473. C'est lui, sans doute, que Pierre Le Prêtre voulait désigner, quand il disait qu'un Jacques de Bersaques, originaire de Saint-Riquier, était grand échellier au duc de Bourgogne, au siège de Luxembourg. D'autre part, on lit dans Olivier de la Marche, que Robert de Bersaques, né à Saint-Riquier, échellier au seigneur de Croy, et Joannès au seigneur de Mortagne, frère du duc de Bourgogne, entrèrent les premiers dans la ville de Luxembourg.

Jacques de Bersaques fit, en 1443, des libéralités à la ville de Saint-Riquier. Il possédait un fief à Bainghen, dont le fils paya le relief en 1473.

On lui connaît deux fils, Philippe, et Thomas qui suivra.

X. — Philippe de Bersaques, écuyer, était châtelain du château d'Eperlecque en 1473 : son père s'était démis en sa faveur de cet office. Philippe, sieur de Welles et Follinque, capitaine au service du duc de Bourgogne, s'allia à Jacqueline de Wailly, dame de Monnecove, fille de Guillaume et de Marie de Senlis. Leurs enfants : Denis, Claude, Oudard, Jean, Jacques, Adrienne et Jacqueline.

Claude de Bersaques épousa Jacqueline de Berghes. Il possédait un fief à Tournehem, en 1543.

Oudard de Bersaques, chanoine de Liège, de Courtray, fut conseiller et grand aumônier de Charles-Quint. Il fut aussi curé de Saint-Denis de Saint-Omer et chanoine de la cathédrale. Ayant été nommé prévôt du chapitre, il prit possession de cette dignité, le 19 septembre 1539, et entra dans la ville, le 18 juin 1540. Oudard de Bersaques trépassa à Bruxelles, le 15 février 1557, et fut inhumé dans le monastère de *Frigidi Montis* ou Froidmont (1).

Jean de Bersaques prit l'habit religieux à Saint-Bertin en 1559, fut gardien des enfants, régent du collège, prieur, receveur-archiviste du monastère. Il mourut le 18 décembre 1604. Il écrivit les annales du monastère et dressa un cartulaire : mais son manuscrit n'a pas été retrouvé. Il a laissé des vers sur des miracles opérés par la Sainte-Vierge (2).

(1) *Gallia christiana*, Tom. III, pag. 475.   (2) M. de la Plane — *Histoire de Saint Bertin*. Tome II. *Passim*.

Adrienne de Bersaques fut alliée à Nicaise Piers.

Jacqueline de Bersaques épousa Michel de Lengaigne, et fut mère de plusieurs fils : 1° Jacques ; 2° Denis, qui fut nommé évêque d'Ypres, mais que Charles-Quint ne voulut point agréer parce qu'il était étranger au pays ; 3° Baudez Lengaigne qui fut chanoine de Saint-Omer.

XI. — Denis de Bersaques, l'aîné des fils de Philippe, sieur de Monnecove, de Welles, allié à la fille de Jean de Clarques, sieur de Poterie, d'où Philippe, conjoint à D^{lle} de Boulenguier, dame de Ludorp, d'où trois fils, Nicaise, Denis et Rodolphe.

Denis fut licencié ès-lois, et garde des titres et chartes d'Artois. Lieutenant du bailli de Saint-Omer, puis mayeur, il fit exécuter, en 1587, une sentence contre l'Abbé de Saint-Bertin.

XII. — Nicaise de Bersaques, sieur d'Arquingoult, fut lieutenant au bailliage de Saint-Omer. Il obtint ses preuves de noblesse en 1593.

DEUXIÈME BRANCHE DES BERSAQUES DE SAINT-OMER.

X. — Thomas de Bersaques épousa Marie de Lyane, fille de Pierre et d'Yolande de Liestre en 1483. De ce mariage sont issus Jean, Pierre et Catherine qui fut alliée à Laurent de Saint-Omer, dit Wallon-Cappelle.

XI. — Jean I de Bersaques, sieur du Castellet, fut allié à Margueritte Duffaut, fille de Jean et de Jeanne De Le Porte. Il eut pour enfants : 1° Jean, qui suit ; 2° Thomas, chanoine de Béthune ; 3° Marguerite, alliée à Jean Le Normant, sieur et vicomte de Serques ; 4° Catherine, femme de Nicolas d'Estiembecque. En 1473, Jean de Bersaques relevait une dîme à Tournehem.

XII. — Jean II de Bersaques, fils du précédent, écuyer, fit l'apport d'un fief à la châtellenie de Tournehem, le 29 septembre 1543 : échevin de Saint-Omer en 1555, il fut député vers l'empereur Charles-Quint.

Il nous reste quelques noms de ces familles, dont la généalogie nous est inconnue.

Gautier de Bersaques, capitaine d'Eperlecque, allié à Chrétienne d'Isque, fille de Griffon et de Jeanne de Longueville.

François de Bersaques, écuyer, sieur de Saint-Philibert, capitaine de chevaux-légers, s'unit à Madeleine des Essarts, d'où Gabrielle, femme, vers 1680, de François Flahaut, écuyer, sieur de Lannoy, capitaine de chevaux-légers. Il s'unit en secondes nôces à D^{lle} Du Crocq, et fut père de Marguerite, qui épousa le 1er février 1703, Messire Charles le Sénéchal, chevalier, sieur d'Auberville.

Jacques de Bersaques, curé de Saint-Omer, avait un frère du nom d'Hiérosme, écuyer, sieur de Sainte-Croix, demeurant au Verval, paroisse de Quesne-en-Boulonnais. Celui-ci s'allia 1° à Louise de Lengaigne, et 2° en 1699, à Catherine d'Ausque, fille de Jacques d'Ausque, écuyer, sieur de Floyecque et de Marie du Val.

1619. Jean de Bersaques, chanoine gradué, et Archidiacre d'Artois, pénitencier de Flandre, fut élu doyen par le chapitre le 22 mars 1619, confirmé par les grands vicaires de l'Evêque le 29 du même mois. Il mourut le 2 septembre 1625, et fut inhumé dans le cloître, près du chapitre (1).

Gilles de Bersaques allié à Agnès de Guillemande, fut père de Marie de Bersaques, qui épousa, vers 1600, Jean de Hoston, chevalier, sieur de Fressignies.

On voit que la page nobiliaire de Bersaques est bien remplie (2).

FAMILLE DE BOMMY. « L'origine de cette famille, dit M. de Belleval, est incertaine et entourée de nuages ; elle serait venue, d'après quelques généalogistes, à la suite des seigneurs de la Gruthuse. » Nos archives semblent leur donner tort ; car elles affirment qu'elle était établie à Saint-Riquier dès le xiv° siècle.

1347. Pierre de Bommy et Jacques de Bommy, son frère, habitent Saint-Riquier.—
1384. Jeanne de Bommy a épousé Williaume Le Cordier.
1456. Pierre de Bommy vivant à Saint-Riquier.
1565. Hector de Bommy, écuyer, fils de Mathieu, mayeur d'Abbeville, seigneur de Hamelet, Vaux et Williammeville, épouse Jeanne de Lessau, de Saint-Riquier, dont il eut huit enfants.
1696. Les héritiers du sieur de Bommy devaient 15 liv. au monastère pour un fief (3).

FAMILLE BOSKET. — 1202. Williaume Bosket, bourgeois de Saint-Riquier, repris dans les chartes de l'Hôtel-Dieu.

1226. Lambert Bosket, chevalier et vicomte de Saint-Riquier (4).

FAMILLE DE BOUBERCH. — Une famille de Boubers fait remonter son origine à celle d'Abbeville. Les derniers héritiers de ce nom ont pris le titre de Boubers-Abbeville-Tuncq, comtes de Boubers. « Il ne faut pas confondre cette famille, dit M. de Belleval, avec celle des Bouberch de Saint-Riquier, originaires de cette ville. » Nous n'avons rien découvert dans nos archives qui puisse contredire ou confirmer cette opinion. Nous allons ajouter aux recherches de M. de Belleval les noms que nous avons lus dans les anciens titres de la ville, en avertissant toutefois le lecteur que nous n'avons vu aucune généalogie. Aussi la filiation est toute hypothétique, comme un certain nombre d'emplois et de fonctions pour chaque personnage.

---

(1) *Gallia Christiana* Ibid 483.
(2) Armes : *d'azur à trois molettes d'éperons d'or.*
Archives de Saint-Riquier. — M. de Belleval. — Nobiliaire du Ponthieu. — M. de Rosny. Recherches, etc.

(3) Armes : *d'azur à la rose d'or en cœur, contournée de quatre besans de même.*
Archives de Saint-Riquier. — M. de Belleval. Nobiliaire, ibid.

(4) Archives de Saint-Riquier.

XIVᵉ SIÈCLE. — I. Pierre de Bouberch. Il occupait une grande maison derrière le beffroy; on la nommait l'hôtel de Saint-Martin. Elle avait été habitée avant lui par Jean de Lessau. Pierre de Bouberch paraît en 1313 comme échevin de Saint-Riquier, sergent royal en 1325, comme auditeur du roi en 1337, prévôt en 1343 (1). Il eut deux fils, Pierre et Mailly de Bouberch.

PREMIÈRE BRANCHE DE BOUBERCH. — II. Pierre II de Bouberch avait épousé Ælis N. Il fut sergent du roi à Abbeville en 1349, à Saint-Riquier en 1350, mayeur de Saint-Riquier en 1362-1365 et 1375, souvent auditeur royal : il fonda deux messes dans la confrérie de Saint Nicolas, en lui léguant des cens. Il eut plusieurs fils : Jean qui suivra, Jacques, Hue et Nicole de Bouberch. Du moins tous ces personnages sont contemporains.

Messire Jacques de Bouberch est dit chevalier ; il a épousé Fremine Le Farcy.

Hue de Bouberch, confrère de Saint Nicolas, est présent au testament de Toussaint Rayer, en 1413.

Nicole de Bouberch fut bailly de La Ferté.

III. Jean de Bouberch, dit Lambelin, était auditeur du roi en 1380, lieutenant du bailly en 1388. Il est aussi inscrit aux archives de Saint-Nicolas parmi les bienfaiteurs de la confrérie. Il mourut en 1407.

XIVᵉ SIÈCLE. — DEUXIÈME BRANCHE DE BOUBERCH. — II. Mailly de Bouberch, fils de Pierre, souvent échevin, était conseiller du roi en 1365 ; il mourut en 1379 et laissa 15 s. de cens à la confrérie de Saint Nicolas. De Mahaut de Regniaumont ou plutôt de Reaulmont, sa femme, il eut deux fils, Jean de Bouberch qui suit, Guillaume, chef d'une troisième branche, et une fille, N. de Bouberch, femme d'Eustache Au Costé, écuyer, seigneur de Bouillancourt, habitait le Hamel.

III. Jean 1ᵉʳ de Bouberch, fils de Mailly, mayeur de Saint-Riquier en 1384, bailly de l'Eglise de Saint-Riquier, souvent désigné comme auditeur royal, épousa N. Au Costé puis Pérotte Vallier, dont il eut Jean qui suit, et Perotte, femme de Nicolas Accard.

IV. Jean II de Bouberch, procureur-général du duc de Bourgogne en 1434, eut pour fils Jean III de Bouberch.

V. Jean III de Bouberch, écuyer, lieutenant-général du bailli d'Amiens en 1465, procureur-général du duc de Bourgogne en 1470, puis conseiller du roi et maître des requêtes en 1476, s'était fixé à Abbeville. De Perette de Flavy, sa femme, il eut Jacques de Bouberch.

VI. Jacques de Bouberch, écuyer, fut confrère de Saint Nicolas, auditeur royal en 1490. C'est lui sans doute qui a vendu en 1490 le fief de la mairie de Drugy à Philippe de Bristel. Il fut père de Marguerite de Bouberch, femme de Jean Le Roy, seigneur de Dargnies et de Cornehotte en 1500, et probablement de Philippe de Bouberch, qui racheta en 1501 les fiefs vendus par Jacques de Bouberch.

(1) Voir *Tome* II *de l'Histoire de Saint-Riquier*, page 35.

Citons parmi les membres de cette famille, dont la filiation n'est pas connue : 1° Pierre de Bouberch, licencié ès-lois et procureur du roi, présent à la lecture des coutumes en 1507 et maire de Drugy ; 2° Jehan de Bouberch qui habitait en 1495 l'hôtel du Cygne à Saint-Riquier ; 3° Marie de Bouberch, dame de Hellencourt et de Genville, qui possédait en 1507 le fief du Petit Hellencourt, les fiefs de la Lance et de la pairie d'Yseux, soumis à La Ferté.

XIV° SIÈCLE. — TROISIÈME BRANCHE DE BOUBERCH. — III. Guillaume de Bouberch, écuyer, seigneur de Houpilières, fut garde-scel à Saint-Riquier en 1397. Bienfaiteur de la confrérie de Saint Nicolas (*ci-dessus*, p. 44), il fut en outre bailli de Gapennes, sénéchal du Ponthieu pour le roi d'Angleterre, de 1424 à 1429. Il assista en 1425 à un repas à Abbeville avec Jean de Bouberch. La municipalité d'Abbeville n'ayant pas rendu ses comptes depuis 16 ans, on le commit pour les recevoir avec Guillaume de Hesdin, avocat du roi, tous deux de Saint-Riquier. Guillaume de Bouberch avait épousé Jeanne Accard ; il eut pour enfants Jean de Bouberch, mort sans alliance, Gauthier, prieur de Biencourt, Guillaume qui suit, Catherine, femme de Colard de Bersacles.

IV. Guillaume de Bouberch, écuyer, seigneur de Houpilières, eut pour fils et héritier Guillaume III de Bouberch (1).

FAMILLE DE BRAILLY. — Elle fut alliée à la famille de Gaissart par le mariage de N. de Brailly avec la sœur de Beauduin de Gaissart.

1148. Bernard de Brailly. — 1167. Guillaume de Brailly, bourgeois et échevin de Saint-Riquier.

1330. Thomas de Brailly, neveu de Beauduin de Gaissart, dit le *Moiniot*. (*Tome* II, *p*. 30.) — 1337. Pierre de Brailly, fieffé convoqué à la guerre — 1340. M° Jean de Brailly, prêtre.—1343. Adam de Brailly, religieux, administrateur de Chevincourt (2).

FAMILLE BUTEUX. — Plusieurs branches de cette famille ont possédé la noblesse. La famille de Saint-Riquier qui tirait son origine, d'après D. Grenier, de la famille Buteux de Coulonvillers, en serait une. Mais quand même la famille de Saint-Riquier n'aurait jamais prouvé sa descendance nobiliaire, ce nom qui a figuré dans nos annales avec distinction pendant plusieurs siècles, mérite ici un bon souvenir.

Martin Buteux, lieutenant de Coulonvillers, allié à Marie de Fontaine, aurait eu, d'après D. Grenier, plusieurs fils, entre autres Nicolas Buteux, procureur à Saint-Riquier, bailly d'Hanchy et de Bayart, allié à D^{lle} Marcotte. Il serait décédé en 1591.

---

(1) Armes : *d'or à trois aigles de sable*, et quelquefois *de gueules à trois berceaux* (ou bers) *d'or*.
Archives de Saint-Riquier. — M. de Belleval. Nobiliaire. Ibid. — M. de Rosny. Recherches, etc.

(2) Archives de Saint-Riquier.

Sans chercher à infirmer le témoignage de D. Grenier, nous ferons observer qu'il existait des Buteux à Saint-Riquier avant cette époque.

Le capitaine Pierrequin Buteux dont il a été parlé en 1536 et qui s'est couvert de gloire à Saint-Riquier (1), aurait eu, d'après l'abbé Buteux, son épitaphe à Coulonvillers (1586) et y serait qualifié du titre d'écuyer.

1495. Messire Jean-Baptiste Buteux est prêtre à Saint-Riquier.

1536. Jean Buteux, marié à D^{lle} Le Fuzelier, fut père de Catherine Buteux, épouse de Jean Le Sage, seigneur de Vauchelles. Il habitait l'hôtel de la Belle-Croix. — 1582. Hector Buteux à Saint-Riquier. — 1599. Nicolas Buteux, échevin, notaire royal (1626), procureur de la prévôté, bailly de la seigneurie de Neuilly-le-Dien.

1627. Jehan Buteux, mayeur en cette année, mourut pendant sa magistrature.

Nous omettons ici les noms des autres notaires, procureurs, maires, qui se sont succédé pendant plusieurs siècles et que nous avons cités en leur lieu.

1661. Pierre Buteux, greffier de l'Abbaye, possédait des fiefs à Noyelles.

1667-1705. Antoine Buteux, procureur du roi, allié à Marie Froissart, fut père de Pierre Buteux et de Nicolas Buteux.

Les Buteux de Plouy-Domqueur seraient issus de Pierre Buteux de Saint-Riquier.

D'un Buteux de Franqueville serait issue D^{lle} N. Buteux qui épousa en premières nôces M. Dominique Canu de Saint-Riquier, et en secondes nôces M. Chamont, receveur des domaines. — Mme Dupuis de Gorenflos appartenait à cette même famille.

L'abbé Buteux a fait des mémoires sur l'*Histoire locale* (2).

FAMILLE CLÉMENT. — Plusieurs noms de cette famille d'hommes-liges du xive et du xve siècle nous ont été conservés.

1310. Jean Clément, homme-lige de Saint-Riquier, témoin dans une charte. — 1337. Giles Clément, échevin. — 1375-1379. Jean Clément, échevin, possède un fief à Saint-Riquier.

1410. Pierre Clément, échevin, confrère de Saint Nicolas (3).

FAMILLE DE COUPPE-COULLE. — 1299. Robert Couppecoulle, échevin.

1313, 1317, 1330. Jean, échevin, bienfaiteur de la Maladrerie du Val. — 1331.. Martin, échevin. — 1337. Simon, échevin. — 1376 Jehan Couppe-Coule, prêtre à Amiens, nomme M. Roger, prêtre, pour son procureur à Saint-Riquier, où il possédait des terres.

---

(1) Tom. II, page 189.
M. Prarond. *Histoire de Saint-Riquier*, pag. 120.
(2) Armes indiquées par M. Prarond. *Ibid. D'azur à trois oiseaux d'or, posés 2 et 1.*

Archives de Saint-Riquier. — M. de Rosny. *Recherches, etc.*

(3) *Archives de Saint-Riquier*

1412. D^lle Marie Couppecoule fait un legs au monastère (*Tom.* ii, *p.* 80).
1544. Jean Couppecoulle, échevin à Abbeville (1).

FAMILLE DE LA COUSTURE. — Son nom lui vient du fief de la Cousture.
1410. Bertremieu de la Cousture, échevin de Saint-Riquier. — 1458. Jehan de la Cousture habite l'hôtel du Barillet (2).

FAMILLE DE CROMONT, aujourd'hui CRAMONT. — Ancienne famille, établie à Saint-Riquier, comme il appert par les archives, anoblie en 1387 à Abbeville.
1258 à 1303. Raoul, dit le Prévôt de Cromont, écuyer, seigneur de Longvillers. Il doit des censives à l'abbaye de Bertaucourt pour un four qu'il a établi à Longvillers en 1258. Il a vendu avec Marie sa femme ses possessions de Longvillers qu'il tenait de cette abbaye.
1281. Guillaume de Cromont, 23° Abbé de Dommartin. — 1283. Marguerite de Cromont et ses enfants possèdent une maison à Saint-Riquier, et se trouvent dans la nécessité de la vendre. — 1299. Bernard de Cromont, mayeur de Saint-Riquier. — Hugues de Cromont, échevin.
1347. Fremin de Cromont, auditeur du roi à Saint-Riquier, garde-scel à Abbeville en 1362, lieutenant-général du sénéchal de Ponthieu en 1364, fut anobli par lettres-patentes de 1387, moyennant 100 francs d'or. Seigneur de la Bouvaque, il donnait aveu en 1377.
Son frère Toussaint de Cromont fut procureur des religieux de Saint-Jean de Jérusalem, procureur du roi à Abbeville, et en 1364 procureur-général du roi d'Angleterre.
1364. Jacques et Huon de Cromont, vivant à Saint-Riquier. — 1365. Jean de Cromont, abbé de Sery (3).

FAMILLE DE DOMQUEUR. — La ville de Saint-Riquier, pendant la longue existence de cette famille, a compté plusieurs de ses membres au nombre de ses habitants.
1205. Eurard, Robert, Roger et Simon, fils de Roger, témoins dans les chartes du Val. — 1205. Wautier de Domqueur, vivant à Saint-Riquier, est désigné sous le nom de Clerc. — 1239. Guillaume de Domqueur, repris dans le testament d'Eremburge Castaigne.

(1) Armes : *de gueules à trois coupes d'or à l'antique.*
Archives de Saint-Riquier. M. de Rosny. *Recherches, etc.*

(2) *Archives de Saint-Riquier.*
(3) *Archives de Saint-Riquier.* — M. de Belleval. *Nobiliaire.*

1366. Béatrix de Domqueur, D^lle de Brucamps, avait une maison et des cens à Saint-Riquier. Gui de Domqueur est connu pour son héritier (1).

FAMILLE DU BOILLE. — Elle a tiré son nom du fief du Boille situé à Airaines. Noble famille, d'après M. de Belleval (2).

1450. Jean Du Boille, écuyer, sieur du Boille, garde-scel à Saint-Riquier, avait épousé N. de Brucamps, nièce de Marguerite de Brucamps, femme de Pierre Gaude d'Abbeville.

1518. Jean Du Boille, écuyer, fils du précédent, prévôt de Saint-Riquier. Dans un acte du 20 juillet 1518 il est dénommé : « Jehan Du Boille, escuïer, juge et garde de la prévosté de Saint-Riquier pour le roi. » Il y eut transaction le 7 juin 1521 entre Jean Du Boille et Jean Gaude. Il se démit le 13 mai 1528 en faveur d'Antoine de Buigny de Cornehotte et lui résigna le fief des Du Boille.

1627. Samuel Du Boille, greffier héréditaire de la prévôté de Saint-Riquier, allié à D^lle Françoise Poulain, fille de Jeanne Lenglacé. Il habitait l'hôtel du Lys. — 1644, 1666. Sulpice Du Boille, mayeur de Saint-Riquier. — 1672. Jean Du Boille, sergent royal à Saint-Riquier.

1701-1702. Divers actes au nom de Jean Du Boille. Il était greffier de la prévôté. Il fut maire vers 1715. Jean Duboille s'intitule Jean Du Boille l'aîné (3).

FAMILLE D'ERGNIES. — Connue à Saint-Riquier au XIV° siècle.

1310. Frère Wautier d'Ergnies, prêtre et religieux à l'Hôtel-Dieu. — 1384. Thomas d'Ergnies, bourgeois de Saint-Riquier, y possédait des cens (4).

FAMILLE D'ENGLEBERINE. — Deux noms de cette noble famille dans nos archives.

1359. Jean d'Engleberine, écuyer, fils de Pierre et de D^lle Hélins la Fauresse, était greffier de la prévôté de Saint-Riquier, où il avait son ténement. Il a vendu des fiefs au profit de Robine du Maisniel (5).

---

(1) Armes : *d'or au chevron de gueules.*
Archives de Saint-Riquier. M. de Belleval. *Nobiliaire.*
(2) *Nobiliaire, pag.* 250.
(3) Armes : *d'azur à trois lambels d'or.* — *Archives de Saint-Riquier.* — M. de Rosny. *Recherches, etc.* — M. Leclerc de Bussy. *Les Prévôts de Saint-Riquier,* pag. 86. — M. Prarond. *Histoire de Saint-Riquier,* pag. 644-45.
(4) *Archives de Saint-Riquier.*
(5) *Id.*

CHAPITRE VI. — LA NOBLESSE DE SAINT-RIQUIER.

Famille Flevin. — Son passage dans Saint-Riquier a laissé le souvenir de ses pieuses libéralités.

1313-1327. Jehan Flevin, échevin de Saint-Riquier, a fait des donations dans son testament à la confrérie de Saint Nicolas. Sa femme se nommait Pérette Dèble.

Sire Martin Flevin, leur fils, ratifia ce testament, auquel il ajouta de nouvelles libéralités. Sire Martin Flevin était moine de Saint-Martin d'Amiens (1).

Famille de Fontaines. — L'une des plus anciennes, des plus illustres maisons du Ponthieu, contemporaine des seigneurs de la Ferté, d'après le testament de Robert de la Ferté en 1128. A-t-elle eu quelqu'un de ses rejetons dans la noblesse de Saint-Riquier ? Nous ne saurions établir cette filiation. Nous le présumons et nous citons les noms suivants.

1128. Gui de Fontaines, Enguerran et Ursé ses frères, signent au testament de Robert de la Ferté.

1310. Estaton de Fontaines, feudataire du monastère.

1435. Nicolas de Fontaines, vivant à Saint-Riquier. — 1464. Jehan de Fontaines, confrère de Saint Nicolas, greffier de l'Abbaye, auditeur royal.

1507. Nicolas de Fontaines, échevin, procureur à Saint-Riquier, auditeur royal et sergent royal.

Au xviiie siècle, nous voyons une famille de Fontaines dans les magistratures et offices de la ville de Saint-Riquier (2).

Famille de Francqueville. — Elle tirait probablement son nom d'un fief à Coulonvillers.

1450. Colard de Francqueville, né à Saint-Riquier, lieutenant de la Ferté, confrère de Saint Nicolas. Il fut allié à Jeanne de Maisons. — 1495. Arthur de Francqueville, originaire de Saint-Riquier, plus tard mayeur de bannières à Abbeville, auditeur du roi en la sénéchaussée du Ponthieu, à moins qu'il n'y ait confusion entre deux personnages différents.

1542. Marie de Francqueville, femme de Pierre L'Yver, dame de Francqueville, du Festel (fief de Saint-Riquier) et de Trenquie (3).

Famille du Gardin *(de Gardigno)*. — Anoblie au xviie siècle.

1238-1242. Adam du Gardin, échevin à Saint-Riquier. — 1236. Bernard du Gardin,

---

(1) *Archives de Saint-Riquier.*
(2) Armes . *d'or à trois écussons de vair.* *Archives de Saint-Riquier.*
(3) Armes : *d'argent à trois forêts de gueules,* 2 *et* 1, *et au lambel d'azur en chef.* *Archives de Saint-Riquier.*

homme-lige de Saint-Riquier, vend des terres à Ailly. Anselme son frère est repris dans l'acte. — 1270. Jean du Gardin.

1366. Hommage et relief de Guy du Gardin pour un fief à Friaucourt.

1684. Philippe du Gardin, écuyer, seigneur de Long, vend à Bussu des terres dépendant de l'Abbaye (1).

FAMILLE GAUDE. — Famille abbevilloise, connue dans nos annales par Mathieu Gaude, garde-juge de l'église de Saint-Riquier (1306) et Nicolas Gaude, moine à Saint-Riquier (1554) (2).

FAMILLE DE HANGARD. — Noble famille de Saint-Riquier qui a pendant plusieurs siècles occupé les fonctions les plus honorables dans la ville.

1140. Gérard de Hangard signe aux chartes pour le Val. — 1145. Gui de Hangard, souvent nommé dans les chartes de Saint-Riquier.

1224. Jean de Hangard, souvent mayeur. Il est question en 1266 de ses terres au val de Villers, de terres vendues à Régnier d'Yaucourt (3). — 1255. Firmin de Hangard, échevin de Saint-Riquier, mayeur en 1258. — 1266. Jacques de Hangard, bourgeois de Saint-Riquier. Est-ce lui qu'on retrouve à Abbeville en 1274, mayeur de bannières ? — 1297. Pierre de Hangard, échevin. Il vend des terres à l'Abbaye en 1326. — 1299. Guérard de Hangard, échevin, échange des censives avec les religieux à Bussu.

1303. Marie de Hangard fait des donations à la confrérie de Saint Nicolas. — 1311. Regnier de Hangard, échevin, sergent du roi en la prévôté de Saint-Riquier. — 1314. Jean de Hangard, sergent-royal, prévôt à Saint-Riquier. Il vend des terres à l'Abbaye, sur le terroir de Gapennes. — 1326. Aleaume de Hangard a son ténement à Saint-Riquier. — 1330. Pierron de Hangard, échevin. — 1347. Jehan de Hangard, manéglier de l'église de Saint-Riquier, demeure près Hémon-Porte, en la banlieue de Saint-Riquier. Il fut échevin en 1362 et 1384. Il a existé un dénombrement de ses biens en 1380. Il est dit écuyer dans un contrat de vente. — 1350. Guerard de Hangard, plusieurs fois échevin. Il échange des terres avec les religieux en 1362. — 1373. Hue de Hangard possédait le fief de Bayart et le fief de Vaux. Il habitait Saint-Riquier. — 1377. Henri de Hangard, sergent royal à Saint-Riquier. — 1380. D^{lle} Guillemette de

---

(1) Archives de Saint-Riquier.
(2) Armes : d'or, à an phistere ou paillefeu, le vol ouvert de sable, armé et lampassé de gueules. Archives de Saint-Riquier.
(3) On lit ce qui suit dans un Nécrologe du chapitre d'Amiens du XIIIe siècle :
Pridie Nonas Novembr. Obitus Johannis de Hangart, burgensis de S^{to} Richario et Margarete uxoris ejus, in quorum anniversario septem libre dividentur.., videlicet in vigiliis IX solidi, in matut. xx solidi et in missa IX solidi capiendi de rebus emptis a domino Watigero milite.

Nous conjecturons que cet obit a été fondé par ce Jean de Hangard.

CHAPITRE VI. — LA NOBLESSE DE SAINT-RIQUIER.

Hangard a épousé Mahieu de Millencourt, chevalier. — 1384. Guillaume de Hangard, vivant à Saint-Riquier.

1407. D^{lle} Guillemette de Hangard alliée à Guillaume Frétel de Vismes, comme on le voit dans son testament, en vertu duquel testament et par arrêt de Philippe Le Maire, lieutenant du bailli d'Amiens, Guérard Frétel fut décrété et maintenu par le roi en très grande quantité « de chens, rentes, surcens, terres et plusieurs autres droitures appartenant à Guillemette de Hangard et tenues de l'Eglise. Hue de Goy, procureur de l'Abbaye accorde qu'il soit décrété, sauf les droits de reliefs et droits seigneuriaux auxquels ledit Frétel fut condamné » (1).

1458. Jacques de Hangard possède le ténement de sire Guillaume de Maisons, ténement très-important connu en 1475 sous le nom de hôtel de Hangard, le même peut-être que celui qui fut appelé plus tard hôtel de Fransu ou de Francières.

Il est encore question d'un Jacques de Hangard en 1539, probablement l'un des fils du précédent, à l'occasion des droits qu'il possédait à Saint-Riquier.

Le silence se fait à cette époque sur cette famille qui a joué un si beau rôle à Saint-Riquier. Ses biens passèrent à la famille de Beauvoir (2).

FAMILLE HARNAS. — Elle paraît tenir un des principaux rangs à Saint-Riquier pendant plusieurs siècles.

1140. Richier Harnas, bourgeois de Saint-Riquier. — 1145. Wenbold Harnas, bourgeois de Saint-Riquier. — 1167. Guillaume, Riquier, Durand, Celerevier Harnas, quatre frères, bourgeois de Saint-Riquier.— 1184, 1202. Guillaume Harnas, échevin. — 1185. Robert Harnas, échevin. — 1199. Ernold Harnas, bourgeois de Saint-Riquier.

1207. Jean Harnas, bienfaiteur de l'Hôtel-Dieu. — 1239. Hugues Harnas, échevin. — 1300. Gautier Harnas possédait des terres à Saint-Mauguille.

1306 et 1327. Bernard Harnas, mayeur et souvent échevin. — 1350. Etienne ou Estaule Harnas, sergent royal à Saint-Riquier où il exécute les sentences du Prévôt.— 1362. Jehan Harnas, plusieurs fois échevin, bienfaiteur de la confrérie de Saint Nicolas. — 1384. Mathieu Harnas, échevin.

1423. Jacques Harnas, bourgeois de Saint-Riquier (3).

FAMILLE DE HESDIN. — Noble famille de Saint-Riquier, « très ancienne, dit M. de Belleval, originaire d'Abbeville ou de Saint-Riquier. On a prétendu qu'elle descendait

---

(1) *Cartul., fol.* 56.
(2) Armes : *de gueules à trois jumelles d'argent.* — *Archives de Saint-Riquier.*

Voir ci-dessus (*pag.* 11) la garde-robe de Hangard.
(3) *Archives de Saint-Riquier.*

des premiers comtes de Hesdin. Cela n'est pas impossible, mais cela n'est pas prouvé. » Nous suivrons la généalogie de cette famille par M. de Belleval dans les noms qui concordent avec nos annales. On pourra y constater bien des additions.

XIII° SIÈCLE. — I. Pierre de Hesdin (de *Hisdigno*), échevin à Saint-Riquier en 1250, vivait encore en 1300 et possédait des cens à Saint-Riquier.

M. de Rosny a recueilli dans cette période les noms de Firmin, bourgeois d'Abbeville (1257) et de Jean, Gardien des Frères-Mineurs (1253).

II. Guillaume de Hesdin, écuyer (1280). M. de Belleval le dit fils d'Enguerran, gouverneur de Bapaume en 1240. Nous croyons plus volontiers qu'il était fils de Pierre. Il avait son manoir à Saint-Riquier, il était clerc marié, homme-lige de Saint-Riquier ; il vivait encore en 1336. Il fut père de Jean, et probablement de Regnier, échevin à Saint-Riquier, qui a vendu à l'abbaye des terres sises à Bussu, et de Pierre, homme-lige de Saint-Riquier (1318).

XIV° SIÈCLE. — III. Jean de Hesdin, écuyer, homme lige de Saint-Riquier, seigneur de Mautort par son mariage avec Jeanne de Mautort. Il fut témoin en 1288 dans un plaid à Auxi-le-Château : il jugea aussi un différend entre l'Abbaye de Saint-Riquier et celle de Bertaucourt. Il mourut en 1325, laissant deux enfants, Colart qui suit, et Jeanne, peut-être aussi Guillaume de Hesdin, sergent du roi, nommé gardien de l'abbaye en 1366, échevin de Saint-Riquier en 1359, auditeur royal en 1376.

Jeanne de Hesdin épousa Jean de Saint-Blimond qui eut le quint de la terre de Saint-Blimond par traité du 28 novembre 1344.

En 1337, Beaudoin de Hesdin mourait Abbé de Selincourt ; il avait fait profession à Dommartin.

IV. Colard de Hesdin, écuyer, sieur de Bezancourt, avait épousé Marguerite de Réaulmont, dame de Bezancourt ; il fit hommage pour ce fief en 1384. Il avait donné en 1370 le dénombrement des fiefs de Vaux et du Hamel : il donna, en 1388, le relief et l'hommage des fiefs de Valines et de Réaulmont. Il était échevin de Saint-Riquier en 1370, 1379, 1384. On le dit encore homme-lige du sire de Fiennes. En 1373, il tenait aussi des fiefs des bailliages de Rue, de Nouvion et de Buignopré. On lui connaît deux fils, Jean dit Foncault et Guillaume.

V. Jean de Hesdin, écuyer, fut huissier d'armes du roi, lieutenant de la maîtrise des eaux et forêts en Ponthieu en 1420. Conjoint à Marie Le Ver, veuve de Fremin le Flameng, il mourut sans enfants, après avoir fondé une chapelle à Saint-Wulfran d'Abbeville.

Signalons dans ce siècle des noms dont la généalogie est inconnue : Barthélemy de Hesdin, échevin en 1313 ; Riquier de Hesdin, qui tenait des terres à Bussu ; Ajoutin de Hesdin, échevin à Saint-Riquier ; Martin de Hesdin, échevin ; Jacques de Hesdin, sergent royal et échevin ; Renaud de Hesdin, échevin.

XV⁰ siècle. — V^bis. Guillaume de Hesdin, écuyer, était seigneur de Bezancourt, de Valines et Réaulmont, du Hamel, de Saint-Jean de Rue, qu'il avait hérité de Jean de Saint-Blimond, légataire de Catherine de Hesdin. Guillaume de Hesdin fut auditeur royal à Saint-Riquier, confrère de Saint Nicolas, élu en l'élection du Ponthieu, avocat en la sénéchaussée d'Abbeville, commissaire à Abbeville en 1407, lieutenant du bailli de la Ferté (1401). De Catherine Lenganeur, son épouse, sont nés, Hugues qui suit, Guillaume, Pierre, Jossequin, Catherine.

Guillaume fut chanoine-trésorier de Saint-Wulfran d'Abbeville : on voyait encore son épitaphe en 1700. Catherine épousa Jean de Bernamont, demeurant à Boulogne.

Nous n'avons encore qu'une généalogie incomplète de cette famille : car elle ne parle pas de Jeanne de Hesdin, femme de Riquier de Wierre, seigneur de Maison-Ponthieu, de Marie de Hesdin, femme de Philippe Berthault, de Huguette de Hesdin, femme de Roland Robaut, de Doullens, de Guillaume de Hesdin qui légua XVII j⁰ de terre à la confrérie de Saint-Nicolas de sa ville natale (1495), et fonda des messes au monastère.

VI. Hugues de Hesdin, écuyer, ajouta à ses autres seigneuries celle de Thiboutot, dont il habita l'hôtel. Il fut conjoint à Péronne de Warnes et eut d'elle : 1°Jean, qui suit ; 2° Jean, prêtre, docteur en théologie, chapelain de Saint-Wulfran-en-Chaussée, où l'on vit longtemps sa tombe recouverte de verre et son portrait avec de beaux vers latins ; 3° Marguerite, religieuse à l'Hôtel-Dieu de Saint-Riquier (1464). Il fut aussi échevin de Saint-Riquier (1475).

VII. Jean de Hesdin, écuyer, seigneur des mêmes lieux, domicilié à l'hôtel de Thiboutot, épousa Jeanne Le Prestre. Ses enfants sont Jean, Roland, Antoine qui suit, Adrienne, femme de Jean de Saint-Souplis (1514), qui composa pour ses fiefs en 1530, Jacqueline, femme de Jean de Grambus, Jeanne qui a possédé un fief à Gueschard.

XVI⁰ siècle. — VIII. Antoine de Hesdin, écuyer, seigneur des mêmes lieux, fit alliance avec Marie de la Berquerie, dont il eût : 1° Roland, homme d'armes des ordonnances du Roi, en 1550, mort à marier ; 2° Thibaut qui suit ; 3° Catherine, femme de Nicolas de Saint-Blimont, puis de Jean de Boubers et en troisièmes nôces de Jean Abraham, seigneur de Millencourt ; 4° Antoinette, femme de Nicolas Le Roy, seigneur de Moyenneville (1546).

IX. Thibaut de Hesdin, écuyer, seigneur de Bezancourt, Valines, Réaulmont, Thiboutot, Saint-Jean de Rue, épousa Marie de Boubers, fille d'Adrien, seigneur de Bouleaux, et de Marie de Brucamps, et mourut sans postérité (1557). Ses biens retournèrent à ses sœurs. Catherine hérita du fief Saint-Jean de Rue ; Antoinette des fiefs de Thiboutot, Valines, Réaulmont, du moulin du Titre et des terres de Bezancourt, et les porta dans la famille Le Roy. Le Hamel était entré dans le domaine des du Maisniel.

XVII⁰ siècle. — On cite après cette époque en 1619, Augustin de Hesdin, allié à Marguerite de Beaumont, père de Giles de Hesdin, sieur de Lassaigne et frère Augustin de Hesdin, religieux de Saint-André-au-Bois, puis en 1730, Mgr de Hesdin, chevalier, sieur de Cormont, demeurant à Cahon et Adam Christophe, son frère (1).

FAMILLE HEUDAIN. — Originaire de Saint-Riquier ; elle fut anoblie en 1412.

1250. Alelme Heudain, échevin, possesseur de fiefs. — 1275. Jean Heudain I, échevin.

1359. Jean Heudain II, tenait le fief du camberlage de Buigny-l'Abbé : il avait succédé à Robert Fauvel.

1412. Jean Heudain III, probablement fils du précédent et Jacqueline sa femme, « habitants de Saint-Riquier, dit M. de Belleval, furent anoblis, eux et leur postérité, « par lettres du roi en juillet 1412, moyennant 98 livres parisis. » Ce Jean Heudain est appelé homme-lige de Saint-Riquier en 1443. On trouve parmi les auditeurs royaux le nom de Heudain, dix fois de 1429 à 1461. Il faut supposer que ce titre appartient au père et à un fils du même nom. On parlait encore en 1475 de l'hôtel Heudain, situé devant le beffroi.

1458. Jean Heudain IV, « cyrurgien à Saint-Riquier, rue des Anglais, » fut le père de Marie Heudain, épouse de Robert Doresmieux en 1480. M. de Rosny la dit fille d'un notaire de Saint-Riquier ou d'un fameux chirurgien d'Abbeville. Il faut croire que, de Saint-Riquier, Jean Heudain alla s'établir à Abbeville. Car après 1475 il n'est plus question de cette famille à Saint-Riquier.

Vers 1517, Mahaut de Heudain épousa Pierre Doresmieux, le fils du précédent.

Signalons encore Jacques de Heudain, auditeur à Saint-Riquier en 1425. Une complainte des moines de Saint-Riquier sur les empiétements de la Ferté fut rédigée par Jean Heudain (2).

FAMILLE HOURDEL. — C'est une famille de notaires, de baillis, de procureurs, etc. dont une branche est venue de Montreuil s'établir à Saint-Riquier, et de là à Crécy et Oisemont. Ses fiefs, ses alliances lui donnent un rang distingué dans la bourgeoisie et même des prétentions de noblesse. Elle eut trop de considération à Saint-Riquier pour que nous ne rappelions pas son passage, quoi qu'il nous soit impossible de suivre sa généalogie.

1575. François Hourdel, sieur du fief Hourdel à Conchy ou Conchil, au bailliage de Waben, appartenant alors à notre abbaye, a pu préparer cette migration de la branche de Saint-Riquier.

---

(1) Armes : *de gueules, semées de trèfles d'or, à trois croissants aussi d'or.*
Archives de Saint-Riquier. — M. de Belleval. *Nobiliaire.* — M. de Rosny. *Recherches.*

(2) Armes : *d'or à trois daims de sable.*
Archives de Saint-Riquier. — M. de Belleval. *Nobiliaire.* — M. de Rosny. *Recherches.*

CHAPITRE VI. — LA NOBLESSE DE SAINT-RIQUIER. 93

Vers 1600, Michel Hourdel I fut notaire à Saint-Riquier ; il y avait été précédé par Jean Hourdel, curé de Saint-Mauguille vers 1565.

Son fils, Pierre Hourdel, lui succéda en 1650 et en 1664 Michel II remplaça ce dernier.

Ce Michel Hourdel fut aussi bailli de l'abbaye et conseiller de la prévôté. On connoit plusieurs de ses fils, Michel, Jean, Nicolas, Louis, et deux filles dont l'une se fit religieuse à l'Hôtel-Dieu de Saint-Riquier. Voici quelques notes sur ses fils.

Michel fut procureur du roi à Crécy. L'une de ses filles, Jeanne Hourdel, épousa Louis Dargnies, greffier en chef du bailliage de Crécy. De ce mariage est issu en 1683 l'abbé Dargnies, vicaire général de Mgr Sabathier, évêque d'Amiens et oncle de plusieurs vicaires généraux et d'autres ecclésiastiques éminents.

Jean Hourdel entra dans la congrégation de la mission fondée par Saint Vincent de Paul et mourut en odeur de sainteté à Richelieu. Nous avons donné un abrégé de sa biographie (*Tome* II, *page* 443) : il fut suivi dans cette congrégation par un de ses frères dont nous ignorons le nom.

Louis Hourdel fut sergent royal à Crécy.

Nicolas succéda à son père et fut prévôt de la confrérie de Saint Nicolas. On voit après lui dans la succession des notaires, Louis-François Hourdel (1735), puis Nicolas-François, en 1737, Nicolas-Jean-Baptiste-Angilbert, en 1767.

Signalons encore François Hourdel, huissier en 1737, Angilbert Hourdel, chapelain de Saint-Jacques de la Ferté, en 1745, et son frère Dominique qui lui succéda, en 1748, dans le même office.

Madeleine Hourdel, fille de Nicolas-Jean-Baptiste-Angilbert, épousa un baron Allemand, Simon-Georges-Joseph Phaff de Phaffen-Hoffen, exilé à Saint-Riquier en 1760, (*Tome* II, *page* 306). De ce mariage sont issus François-Simon, Jean-Georges, Victoire-Félicité, Henriette-Françoise, Thérèse, et Joseph-Dominique. L'un des fils aînés fut prêtre à Saint-Riquier.

Tous ces enfants ont habité Saint-Riquier dans l'hôtel du petit Cygne, domicile de la famille Hourdel. Une réclame de l'almanach d'Abbeville, pour l'année 1778, annonce « que le sieur Phaff, sculpteur en résidence à Saint-Riquier, s'occupe de tous les ouvrages d'art. »

Nous retrouvons dans un contrat de vente d'immeubles à M. Padé vers 1830, les noms qui suivent : 1° M. Joseph-Dominique Phaff, Baron de Phaffen-Hoffen, ancien inspecteur de l'enregistrement et des domaines, ayant demeuré à Saint-Riquier, à Abbeville, puis à Vitry-le-François ; 2° Mme Victoire-Félicité Phaff, veuve de M. Jean-Charles-Remi Bournel, ancien directeur des domaines : 3° Mme Victoire Phaff, épouse de M. Louis-Désiré-Jean-Marie-Félix Bournel, lors vérificateur de l'enregistrement et des domaines ; 4° Mlle Victoire-Octavie Bournel, majeure célibataire.

Dans une lettre de faire part où l'on annonce la mort de M. Robert-Thomas-François-Henri-Hubert Bournel, décédé à Amiens le 22 février 1858, nous lisons parmi les membres de la famille les noms : de 1° M. Bournel, chevalier de la légion-d'honneur, directeur des domaines à Mâcon, frère du défunt ; 2° de M¹¹ᵉ Octavie Bournel ; 3° de la veuve du Baron Phaffen-Hoffen d'Arras ; 4° du Baron de Phaff-Hoffen, chambellan du grand-duc de Bade ; 5° de M. et Mᵐᵉ Petit-Lefèvre de Saint-Riquier, et de leur fille, derniers représentants à Saint-Riquier de la famille Hoürdel.

Nous avons donné à la page 15 et 16 de ce volume les noms des fonctionnaires de la famille Hourdel en 1777. Le plus honorable de cette famille était alors Michel Hourdel de Bayart, maire en 1777 et 1784.

Nicolas François Hourdel de Bayart avait aussi été honoré de cette dignité en 1772 (1).

FAMILLE DE L'ABBAYE. — « Une famille de ce nom, dit M. de Rosny, originaire de Saint-Riquier, était établie à Abbeville au xivᵉ siecle. »

En 1326, Jean de l'Abbaye, échevin à Saint-Riquier. — 1342 Jean de l'Abbaye et Jeanne de Domvast, sa femme, fondent une chapelle au prieuré de Saint-Pierre d'Abbeville et lui donnent XXX jˣ de terre à Cramont pour l'âme de leurs parents. Ils demeuraient à Abbeville, rue aux Pareurs. Est-ce ce Jean de l'Abbaye qui était échevin à Saint-Riquier en 1326 ?

Voir d'autres noms dans M. de Rosny (2).

FAMILLE DE L'ARBROYE ou DE LA BROYE. — Elle nous offre pendant plusieurs siècles des personnages honorés des plus hautes dignités ; point de doute qu'elle appartienne à l'ancienne noblesse. Tire-t-elle son nom de l'ancien chef-lieu du doyenné de ce nom ? Nous n'avons rien vu qui la rattache à ce bourg.

1198. Adam de l'Arbroye, maître de l'Hôtel-Dieu et probablement son fondateur. Ce nom reparaît dans les archives, de 1249 à 1260, avec le même titre. Si c'est encore le premier supérieur, la Providence lui aurait accordé une verte vieillesse.

1202. Frère Guillaume de l'Arbroye, moine à Saint-André-au-Bois. — 1223. Raoul de l'Arbroye, échevin. — 1224. Pierre, échevin. — 1253. Wautier de l'Arbroye, nommé à l'occasion de ses possessions à Saint-Riquier. — 1261. Jean de l'Arbroye, bourgeois de Saint-Riquier, échevin en 1306, a épousé Jeanne Huclos, fille de Jean Huclos, bourgeois d'Hesdin (3); il fait un très ample testament, aujourd'hui perdu, où il est question de l'Abbé Jean probablement de sa famille (4).

(1) *Archives de Saint-Riquier*. — M. de Rosny. *Recherches*, etc.

(2) *Archives de Saint-Riquier*. — M. de Rosny. *Recherches*, etc.

(3) Leur contrat de mariage se trouve au cartulaire de l'Hôtel-Dieu de Saint-Riquier, (n° 156).

(4) Voir *Histoire de Saint-Riquier*, Tome 1, page 512.

CHAPITRE VI. — LA NOBLESSE DE SAINT-RIQUIER.

Vers 1300, quittance de Maroye de l'Arbroye pour les cens qui lui sont dus sur ses terres. — 1313, 1317. Raoul de l'Arbroye, mayeur de Saint-Riquier. — Jacques de l'Arbroye, échevin en 1326, est son frère ainsi que Pierre, aussi échevin en 1326. — Vers 1351, Françoise de la Broye, alliée à André Doresmieulx. — 1375. Périne de la Broye a épousé Jean de Vaux, seigneur de Vaux.

Rasse de Boffles, écuyer, fils de Ramage de Boffles et de Marie d'Ailly, bailli de Gapennes et conseiller du duc de Bourgogne, pensionné sur la recette du Ponthieu, avait hérité en 1490 des droits sur une maison provenant de Périne de la Broye et de Jean de Vaux. On le dit domicilié à Saint-Riquier, dans la rue de la Vallée (1).

FAMILLE LANGLAIS et LANGLET. — Nous conjecturons avec quelque probabilité que plusieurs membres de cette famille, dont parlent nos archives, appartenaient à des réfugiés anglais, qui ont suivi saint Thomas de Cantorbéry dans son exil, et qui, s'établissant dans cette ville, ont laissé leur nom à la rue des Anglais (2).

1199. Walter Langlais (*Anglicus*), prêtre à Saint-Riquier. — Williaume Langlais (*Anglicus*), prêtre à Saint-Riquier.

1242. Radulfe ou Raoul Langlais, échevin. — 1258. Mathilde Langlaise possède une maison près Hémon-Porte. — Williaume Langlais, cité dans les comptes de Saint-Riquier.

1495. Messire Nicolas Langlet, prêtre à Saint-Riquier.

1511. Catherine Langlet, mariée à Simon de Machy, à Saint-Riquier (3).

FAMILLE DE LANGLE (de *Angulo* ou peut-être de *Angelo*, à cause de l'hôtel de l'Ange).

1238-1242. Arnoul de l'Angle (de *Angulo*), échevin.

Vers 1300, D^{lle} Alène de Langle a vendu ses terres au monastère.

1410. Robert de Langle, prêtre, confrère de Saint Nicolas. — 1449. Jacques de Langle, garde-scel à Saint-Riquier. — 1455. Antoine de Langle vivant à Saint-Riquier (4).

FAMILLE LE BRIOIS. — Ancienne famille Abbevilloise, anoblie, dit M. de Belleval, par les charges qu'elle a possédées à Abbeville.

1379. Colard le Briois, sergent royal à Saint-Riquier, puis nommé gardien d'Abbe-

---

(1) *Archives de Saint-Riquier.*

(2) Nous nous appuyons pour émettre cette opinion sur un fait historique. On raconte que tous ceux qui étoient attachés par le sang ou par l'amitié à saint Thomas furent bannis avec leurs familles, sans distinction de rang, de sexe ou d'âge. Le nombre des exilés s'éleva au moins à quatre cents personnes.

(3) *Archives de Saint Riquier.*

(4) *Archives de Saint-Riquier.*

ville en 1412. Il eut pour fils Gilles le Briois et pour petit-fils Riquier le Briois, seigneur de Domesmont, dont la fille Jeanne le Briois épousa Jacques des Groseilliers et lui apporta la seignerie de Domesmont.

1421. Bernard le Briois, clerc à Saint-Riquier (1).

FAMILLE LE DUC. — Son nom lui a été mérité pour la charge de capitaine confié à l'un de ses membres.

1224. Robert Le Duc, cité dans le cartulaire de l'Hôtel-Dieu. — 1230. Adam Le Duc vend une maison à Alelme le Maréchal. Il est échevin en 1243 et 1250, mayeur en 1255.

1331. Jean Le Duc, échevin. — 1352. Ancel Le Duc, procureur de l'église de Saint-Riquier. — 1380. Jean Le Duc possède des terres à Saint-Riquier. — 1384. Marguerite La Duchoise vivant à Saint-Riquier.

1414. Messire Jehan Le Duc, écolâtre, confrère et prévôt de Saint Nicolas. (*Tome* II, *page* 74).

Le nom de Le Duc survit jusqu'en 1630 dans Antoine Le Duc (2).

FAMILLE LE FARSY. — 1268. Jean Le Farsy acheta des cens à Robert Crepin, dans la rue de la Poterne. En 1270, il acheta à Thomas de Belleval de nouveaux cens d'une valeur de 63 s. pour 24 liv. — 1288. Pierre Le Farsy, fils de Jean et Emmeline sa femme furent obligés de vendre par nécessité pour 30 liv. 10 s. le revenu de 13 liv. de cens qu'ils possédaient : 1° sur des terres aux champs à Saint-Riquier en la vallée de Bersaques et à Blencourt ; 2° sur des ténements dans les rues du Moustier, du Montgorguet et des Maréchaux. — Pierre Le Farsy fonda son obit dans l'église du monastère.

1370. Fremine Le Farsy épousa Fremin Martin et plus tard messire Jacques de Bouberch (3).

FAMILLE LE FÈVRE. — Le nom de Le Fèvre se succède pendant plusieurs siècles dans les archives de Saint-Riquier. Des reliefs, des hommages témoignent de la noblesse de cette famille, dans quelques branches au moins.

Plusieurs familles nobles ont porté ce nom en Ponthieu. Si la ville de Saint-Riquier

---

(1) Armes : *d'azur, au chevron d'or accompagné de trois besants d'argent.*
Archives de Saint-Riquier. — M. de Belleval, *Nobiliaire.*

(2) *Archives de Saint-Riquier.*
(3) Armes : *d'azur au chevron d'or, accompagné de trois roses de même.*
Archives de Saint-Riquier.

n'est point le berceau de la famille de Le Fèvre de Saint-Remi, de Le Fèvre des Amourettes, dont il sera parlé aux fiefs Blencourt et des Amourettes, du moins ces fiefs possédés à Saint-Riquier leur donnent un rang distingué parmi les hommes-liges du monastère.

Un manuscrit de Dom Grenier affirme que la famille des Le Fèvre de Caumartin serait originaire de Saint-Riquier. Etablie à Abbeville vers 1500, cette famille a demeuré long temps à l'*Asne Rayé*, rue du Pont à la Chaîne, dans une grande maison ; puis, dit le manuscrit, s'étant élevée dans la robe, elle a prétendu descendre de Pierre Le Fèvre, bailli d'Amiens, puis maître de requêtes sous le roi Jean. Elle a alors établi sa généalogie, qui toutefois n'est certaine qu'à partir d'Aubert Le Fèvre.

Cet Aubert Le Fèvre, toujours d'après le manuscrit de D. Grenier, serait originaire de Saint-Riquier et père de Jean Lefèvre qu'on qualifie du titre d'écuyer, seigneur de Caumartin, de Villers, de Neuville, et qui était cependant mercier à l'*Asne Rayé*. Aubert Le Fèvre était proche parent de Marguerite Le Fèvre, femme de Jean du Fay d'Abbeville, de Firmin Le Fèvre, chanoine de Saint-Wulfran et prieur de Verjolay, de Colaye Le Fèvre, femme d'Honoré le Blond, procureur en Ponthieu (1).

Les généalogies connues des Familles LE FÈVRE ne commencent guère que vers 1500. Nos archives remontent bien plus haut et ne nous donnent que des noms isolés, que nous allons reproduire, sans savoir quels rapports ils avaient avec la noblesse abbevilloise.

D'abord des échevins : 1207, Vicart Faber ou Le Fèvre ; 1223, Enguerran Le Fèvre ; Hubert Le Fèvre, etc.

Puis vers 1300, Eve la Fèveresse vend des terres à Yaucourt. — 1317. Laurence Le Fèvre épouse de Pierre Le Fèvre acquitte les droits exigibles pour des terres qu'elle a achetées. On cite le nom d'une de leurs filles, Jehanne Le Fèvre.— 1326 à 1380. Jehan Le Fèvre, dit de l'Angle, confrère de Saint-Nicolas et Bernard Le Fèvre sont nommés dans des contrats relatifs à leurs domaines.

1407. Robert Le Fèvre fait hommage pour le fief de Patronville. — 1458. Messire Jehan Le Fèvre, homme lige du monastère, doyen de Saint-Riquier, confrère et prévôt de Saint-Nicolas.— 1475. Nicolas ou Colard Le Fèvre, garde-scel : il reçoit une saisine de terres à Pommereuil en 1515.— 1480. Guy Le Fèvre, moine de Saint-Riquier donne une chappe au monastère. — 1495. Catherine Le Fèvre vivant à Saint-Riquier.

1507. Fremin Le Fèvre, homme-lige du monastère parmi les signataires des coutumes. — 1509. François Le Fèvre possède le fief du bois Annette. — 1544. Simon Le Fèvre, bourgeois de Saint-Riquier et son fils Nicolas Le Fèvre. — 1559. Thomas Le Fèvre, argentier de Saint-Riquier. En 1571, Demoiselle Renée Le Fèvre, veuve de Jacques de Baynat a donné le relief d'un fief à Feuquières.

(1) M. de Rosny. *Recherches*, etc.

1626. N. Le Fèvre, bourgeois d'Abbeville, possède des terres à Drugy. — Vers 1630. Antoine Le Fèvre, sergent royal à Saint-Riquier ; Claude Le Fèvre son fils, échevin en 1630, mayeur en 1633. — 1659. Philippe Le Fèvre, moine et chantre au monastère. — 1698. M* Louis Le Fèvre se rend acquéreur de biens à Buigny, sur Pierre du Maisniel (1).

Nous omettons ici les noms de plusieurs prêtres de ce nom.

Françoise Le Fèvre, de Saint-Riquier, alliée à Jean Michaut, seigneur de la Tulotte.

XVII° SIÈCLE. — Philippe Le Fèvre, de la branche des Le Fèvre de Vadicourt, receveur de la Ferté (2).

FAMILLE LE MARÉCHAL. — Nom emprunté à une haute dignité de l'époque, sans doute héréditaire dans cette famille. Ce nom est souvent cité avec honneur dans les archives et dans les chartes.

XII° SIÈCLE. — 1140. Henri Le Maréchal. — 1158. Robert Le Maréchal. — 1185. Godard Le Maréchal, échevin.

XIII° SIÈCLE. — 1207-1223. Alelme Le Maréchal, échevin. — 1230. Robert Le Maréchal. Il est question de ses cens à Saint-Riquier. — 1286. Jean Le Maréchal allié à Marie Dauras. On a de lui des contrats de vente d'immeubles.

XIV° SIÈCLE. — Vers 1300, Renier Le Maréchal aussi connu par des contrats de vente. — 1362-1384 ; Robert Le Maréchal, échevin, lieutenant du prévôt, auditeur du roi, garde-scel.

XV° SIÈCLE. — 1407. Robert Le Maréchal, établi notaire à Saint-Riquier, par le bailli d'Amiens au nom du roi. — 1414. Sire Robert Le Maréchal, prêtre. — 1495-1521. Encore un Robert Le Maréchal à Saint-Riquier (3).

FAMILLE LENGLACÉ. — Ancienne et d'origine abbevilloise ; un petit rameau a été transplanté à Saint-Riquier. Jean Lenglacé, échevin en 1523, sergent royal en 1553. Un autre Jean Lenglacé, notaire et successeur de Nicolas Carpentier en 1576 : il habitait l'hôtel de la Fleur de Lys, acheté à Jean Poultier, qui par son épouse Jeanne Le Cerf l'avait hérité des Bersaques. Françoise, une des filles de ce notaire, fut mariée à N. Le Fèvre.

Jean Lenglacé le jeune, fils du précédent sans doute, fut notaire, procureur, et bailli de Maizicourt. Il avait épousé Jeanne de Ponthieu, fille de Jeannequin de Ponthieu (1602). Sa fille fut conjointe à Jean Poulain et de ce mariage est issue Jeanne Poulain qui épousa Samuel du Boille. Ce dernier devint aussi propriétaire à son tour de l'hôtel de la Fleur de Lys (4).

(1) *Archives de Saint-Riquier.*
(2) Armes de la famille Le Fèvre de Vadicourt : *d'azur à la fasce d'argent, accompagnée de trois étoiles de même.*

(3) *Archives de Saint-Riquier.*
(4) Armes · *de gueules à trois bandes d'or (au chef d'argent, chargé de trois roses de gueules.*
Archives de Saint-Riquier

CHAPITRE VI. — LA NOBLESSE DE SAINT-RIQUIER. 99

Famille le Prévot. — Ce nom qui se reproduit dans toutes les villes, plusieurs familles l'ont emprunté aux fonctions de Prévôt, déléguées dans le principe à la noblesse. Le monastère possédait des prévôtés en plusieurs villages. Les prévôts de ces lieux ont souvent habité Saint-Riquier.

XIIIe Siècle. 1218. Jean le Prévôt. — 1225. Pierre le Prévôt, fieffé d'une prévôté de l'abbaye. — 1288. Thiébaut le Prévôt, témoin dans un plaid à Auxi-le-Château.

XIVe Siècle. — 1347-1375. Jean le Prévôt possédait le fief de la prévôté de Willencourt. En 1341, il était prévôt de la confrérie de Saint Nicolas. — 1379. Pierre le Prévôt fait hommage pour la prévôté de Gapennes. — 1384. Enguerrand le Prévôt, quatre fois mayeur à Saint-Riquier, auditeur du roi en 1405.

XVe Siècle. — 1407-1462. Jean le Prévôt, souvent auditeur du roi ; en 1450 bailli et procureur des terres de Colard Rohaut. — 1443. Michel le Prévôt vivant à Saint-Riquier. — Adrien le Prévôt, écuyer. — 1463. Jacques le Prévôt. — 1465. Jean le Prévôt dit Noblet, sans doute pour sa position inférieure dans cet ordre, possédait des terres à Ailly-le-Haut-Clocher. — 1488. Jean le Prévôt, conseiller de la prévôté.

XVIe Siècle. — 1500. Sire Nicole le Prévôt, prêtre à Saint-Riquier. — 1528. D^{lle} Anne le Prévôt, alliée à Martin Senault. — Vers 1580. Nicolas le Prévôt, procureur et notaire royal à Saint-Riquier, échevin, puis mayeur en 1586.

XVIIe Siècle. — 1630-1632. Jehan le Prévôt, mayeur en 1630, conjoint à Marie de Vausselles, fut notaire et successeur de Jean Lenglacé. — 1644. François Le Prévôt, écuyer, sieur de Brissac, vend son fief à l'Hôtel-Dieu. — 1648. Philippe le Prévôt, notaire, neveu de Nicolas, bienfaiteur de l'Hôtel-Dieu d'Abbeville ; il habitait l'hôtel du Pot d'Etain.

XVIIIe Siècle. — 1747. Charles Le Prévôt, père de dame Antoinette Le Prévôt, possédait le fief des Trotins à Fontaine (1).

Famille Le Pullois. — Famille noble qui a subsisté jusqu'au XVIe siècle. — 1140. Robert Le Pullois, dans les chartes du Val. — 1145. Renier Le Pullois. — 1179. On donne à Robert Le Pullois, avec franchise, la maison et porte de Jake le Carbonnier.

1202-1212. Pierre *Apulus* ou le Pullois, échevin. — 1207. Jean Le Pullois, échevin. — 1212. Hue Le Pullois.} — 1219. Lambert Le Pullois, témoin dans un acte du comte de Ponthieu. — 1262. Williaume le Pullois, échevin.

1306. Pierre Le Pullois délégué aux états-généraux de Tours pour l'affaire des Templiers (2), échevin en 1313, auditeur royal en 1317. — 1329. D^{lle} Jeanne Le Pullois,

(1) Il nous est impossible d'assigner les armes des familles qui ont porté ce nom à Saint-Riquier.

Archives de Saint-Riquier.
(2) M. Proyard. *Histoire de Saint-Riquier, page* 53.

femme de Nicolas Lessopier, tante de Jean d'Yaucourt. (*Tome* ii, *page* 19). — 1363. Hugues Le Pullois fait hommage pour un fief à Saint-Riquier. — 1363. Pierre Le Pullois, dit Carbonnel, fait hommage pour un petit fief, rue des Macberies: il était lieutenant du prévôt en 1377.

1456. Jehan Le Pullois, dit Lyron, vivant à Saint-Riquier. — 1463. Pierre le Pullois, lieutenant du prévôt.

Cette famille avait en même temps donné des bourgeois à Abbeville, par exemple en 1223 Lambert Le Pullois, personnage considéré à Abbeville (1).

FAMILLE LE ROY. — Les familles qui ont porté ce nom ont possédé plusieurs fiefs du monastère de Saint-Riquier. Une famille Le Roy habitait Saint-Riquier au xv° et au xvi° siècle.

1458. Ernoul Le Roy, à Saint-Riquier.

1521, Guérard Le Roy, à Saint-Riquier. — 1580. D^{lle} Jeanne Le Roy, fille du précédent, possédait la pairie de Vincheneuil. — Oudard Le Roy, allié à Marguerite Canu, possédait des terres à Bussu (2).

Nous retrouverons des familles Le Roy dans la Notice des domaines.

FAMILLE DE LESSAU. — La co-existence de cette famille à Amiens, Abbeville et Saint-Riquier, est attestée par les archives de ces villes. Nous avons réfuté (*Tome* ii, *page* 196) le dire de la chronique de D. Cotron sur son alliance avec celle de Saint François de Paule. Elle fut anoblie en 1387, dit M. de Belleval, et elle s'est éteinte au xvi° siècle, après avoir possédé la noblesse pendant deux siècles. Est-elle originaire de Saint-Riquier ou d'Abbeville ? C'est une question non résolue.

Il nous sera difficile de donner une généalogie suivie par suite de la confusion des noms dans nos annales.

XIII° SIÈCLE. — 1294. Jean de Lessau, bourgeois de Saint-Riquier, occupait une maison aboutissant aux allées des remparts de la ville ; c'est l'hôtel Saint-Martin, qui a appartenu dans la suite à Raoul Le Flameng. — Jean de Lessau, un de ses fils était clerc.

XIV° SIÈCLE. — 1360. Pierre de Lessau, à Saint-Riquier d'abord, peut-être plus tard auditeur royal à Abbeville et anobli en 1387. C'est lui qui a dû acheter, en 1405, 6 livres de rente à Guillaume de Grambus pour 84 liv. : cette rente passa à Jean de Lessau d'Abbeville et fut vendue au doyen et au chapitre de Saint-Wulfran. Nous pouvons supposer que Jean de Lessau fut le fils de Pierre. Un greffier de la prévôté en 1436 portait

(1) *Archives de Saint-Riquier*.   (2) *Archives de Saint-Riquier*.

ce nom, ainsi qu'un procureur du monastère en 1464. Ce dernier fut auditeur du roi plusieurs fois, de 1475 à 1487. Dans la première moitié du xiv° siècle, on voit aussi un Raoul de Lessau, procureur du monastère. Son testament existait dans les archives de Saint-Riquier. Il tenait des fiefs de Ponches en 1300.

XV° Siècle. — Un autre Raoul de Lessau de 1460 à 1495, auditeur royal, qui épousa Périne Lentuelle, était homme-lige du monastère et procureur de Hue de Montmorency. — 1475. Nicolas ou Colard de Lessau, échevin, procureur général de la ville, auditeur du roi en 1493, bailli de la Ferté en 1511. On trouve dans les archives des acquisitions de fiefs en son nom. Son fils Jacques de Lessau fut procureur, échevin et sans doute bailli de la Ferté après son père. Ce Jacques de Lessau est contemporain d'un autre Jacques de Lessau dont il sera parlé plus loin. Pour les distinguer on les désignait sous le nom de Jacques de Lessau l'Aîné et de Jacques de Lessau le Jeune. L'aîné fut mayeur en 1507, auditeur du roi, notaire et bailli de Coulonvillers, Domqueur, Ergnies, Le Festel.

1478. Sœur Isabelle de Lessau et sœur Wasse de Lessau, religieuses hospitalières à Saint-Riquier.

XVI° Siècle.—Sire Jean de Lessau, greffier en cour laye, mayeur en 1521, auditeur du roi en 1505 et en 1516, bailli de Saint-Riquier et de la dame de Francières, était présent à la lecture des coutumes en 1507. Le 1er juillet 1503, il avait fait don d'une partie de ses biens à son fils aîné Jacques, en avancement d'hoirie. M. de Belleval lui donne pour enfants Jacques qui suit : Jean, prieur claustral du monastère, dont il a été donné une courte biographie (*Tome* II, *page* 196) ; 3° Marie, femme de Jacques Groult, seigneur de la Folie en 1527 et receveur de l'Abbaye.

Guillemette de Lessau, vivant à Saint-Riquier en 1495, appartient sans doute à l'une des familles dont nous faisons la généalogie.

Jacques de Lessau le Jeune fut lieutenant du bailli de Saint-Riquier, auditeur du roi, notaire, procureur de dame Claire de Beauvoir et son bailli, conseiller en cour laye. Il était mort en 1547. De sa femme Jeanne de Blondelus il eut un fils, Thibaut de Lessau, écuyer, seigneur de la Barre, alliée à Françoise Le Bel de Canchy, le 15 septembre 1547. De cette union est issue une fille, Jeanne de Lessau qui épousa en 1565 Hector de Bommy, seigneur de Hamelet, Vaux et Williameville. En 1584, Jeanne de Lessau donna le relief d'une censive sur la Vassorie.

1507. Perrotin de Lessau possédait le fief de Soyécourt à Saint-Riquier.

1530. Marguerite de Lessau, fille de Jacques de Lessau était alliée à Philippe de Troy, notaire à Saint-Riquier. Leur fils, Jacques de Troy, procureur de l'Hôtel-Dieu à l'assemblée de 1567, pour l'approbation des coutumes, représentait en même temps plusieurs villages aux environs de Saint-Riquier.

1530. Jehan de Lessau, fils de N., conseiller de la confrérie de Saint-Nicolas, occupait le tènement de Jean Rimerel.

Nous renvoyons à M. de Belleval pour les noms de cette famille, étrangers à Saint-Riquier (1).

Famille Lessopier ou Leschopier. — « Cette famille de Saint-Riquier, dit M. de Belleval, serait celle de Jean Lessopier, dit Grand-Camp, châtelain et gouverneur de la Broye, quand Philippe de Valois s'y arrêta pendant quelques heures, le soir de la bataille de Crécy, et qui ouvrit la porte à la fortune de la France, ou pour parler avec l'histoire, à l'infortuné roi de France. »

1309. Jean Lessopier, garde-scel à Saint-Riquier. — 1314. Jean Lessopier, sergent royal à Saint-Riquier (2). — Nicolas, mari de D^lle Jeanne Le Pullois. — 1381. Jeanne Lessopier, femme de Jean Le Boucher.

1480. Pierre Lessopier, moine à Saint-Riquier. — 1495. Colard Lessopier et maître Antoine Lessopier, vivant à Saint-Riquier. — Vers 1490, David Lessopier habitait l'hôtel de l'Ecu de France. — 1488, 1495, 1507. Jehan Lessopier, conseiller de cour laye, garde-scel à Saint-Riquier, en 1505, mayeur. Il eut pour fils Jehan Lessopier.

1531. Jacques Lessopier, notaire, procureur à Saint-Riquier, bailli d'Yvrench, mayeur en 1567 ; il comparaît avec ces titres à la rédaction des coutumes.

1565. Un relief de Pierre Lessopier : est-ce le même que Pierre Lessopier, curé de Peuville en 1525 ? — 1599. Thomas Lessopier, échevin.

1630. Marie et Jeanne Lessopier, filles d'Adrien Lessopier sont mariées, la première à François Marcotte, la deuxième à François Dargnies (3).

Famille de L'Heure ou Leure. — Elle tire son nom du village de L'Heure près de Saint-Riquier, où plusieurs de ses membres eurent leur habitation. — 1210. Simon de Leure, témoin dans une charte du comte de Ponthieu. — 1237. Jean de Leure, témoin dans une transaction de Renier d'Yaucourt.

1334. Philippe de L'Heure possédait un fief noble à Saint-Riquier. Il fut exempt comme gentilhomme d'une maltôte que les magistrats de la commune lui avaient imposée (Tome II, page 232). — 1336. Bernard de L'Heure, sergent royal à Saint-Riquier, fut nommé gardien de la ville.

1370. Fremine de L'Heure avait épousé Honoré Rayer.

1531. Le sieur de L'Heure commandait un régiment (4).

---

(1) Armes . de gueules au sautoir d'argent accompagné de quatre limaçons de même.
Archives de Saint-Riquier. — M. de Belleval. Nobiliaire — M. de Rosny. Recherches, etc.
(2) Est-ce que par hasard Jean Lessopier, dit Grand-Camp, serait ce sergent royal ?

(3) Armes · d'argent au chevron de gueules, accompagné de trois molettes d'éperon de même.
Archives de Saint-Riquier. — M. de Belleval. Nobiliaire.
(4) Archives de Saint-Riquier.

FAMILLE DE L'HÔPITAL.— Famille noble de Saint-Riquier, qui a tiré son nom de ses services envers l'Hôtel-Dieu.

1158-1185. Hugues de L'Hôpital, bourgeois de Saint-Riquier, connu par les chartes du Val des Lépreux. — Frère Martin de L'Hôpital, religieux à l'Hôtel-Dieu.

1258. Raoul de L'Hôpital, cité dans les comptes de Saint-Riquier. — 1260. Richard de L'Hôpital, bourgeois de Saint-Riquier, père de Michel. Sa femme Aelis fut alliée en secondes nôces à Raoul de Drugy. — 1292. Adam de L'Hôpital, clerc marié, soumis à la taille par la commune (*Tome* I, *page* 542).

1330. Marguerite de L'Hôpital, habitait rue des Macheries.

1400. Jean de L'Hôpital, marié à Jeanne Le Prêtresse (1).

FAMILLE LUCAS. — Elle a laissé peu de souvenir, mais ses alliances forment une présomption de sa noblesse.

1264. Bertremieux Lucas, marié à D^{lle} Marguerite de Pommereuil est cité dans les archives pour avoir vendu une maison de pierre aux religieux ; on nomme avant lui Hugues Lucas, l'un des notables de la ville (2) et après lui Henri Lucas en 1286 (3).

FAMILLE MATIFFAS. — Originaire de cette ville, elle y a longtemps vécu ou tout auprès dans le fief de la Haute-Salle à Millencourt. Elle prouve en 1704 qu'elle jouissait des priviléges de la noblesse au moins depuis 1374. Nous empruntons sa généalogie à M. de Belleval et nous y joignons les notes de M. de Rosny, de D. Grenier et les souvenirs de nos archives. Si cette famille est éteinte, c'est depuis le dernier siècle.

XIIIe SIÈCLE. — I. Jean Matiffas I, homme-lige de Saint-Riquier, possédait des fiefs dans cette ville et à Huppy (1276).

II. Mathieu Matiffas I, écuyer, homme-lige de Saint-Riquier (1321).

Il est convoqué pour la guerre en 1337 avec Jean Matiffas.

XIVe SIÈCLE. — III. Jean Matiffas II, dit Grignard, clerc vivant à Saint-Riquier et possédant les fiefs des Aloyaux et de Bellegente (1343).

IV. Jean Matiffas III, dit Courageux, avait hérité le fief de Bellegente et possédait le fief de Saint-Mauguille (1348).

Henri Matiffas fit hommage du fief Vilmaret en 1374. Colard Matiffas vivait à Saint-Riquier en 1388.

V. Mathieu Matiffas II, homme-lige de Saint-Riquier est déclaré noble et issu de noble génération par sentence du 27 juillet 1374, et il est déchargé des droits d'acquêt. Il demeurait alors à Saint-Riquier, il se retira à Abbeville en 1380.

---

(1) *Archives de Saint-Riquier*
(2) *Testament d'Eremburge cité plus loin.*
(3) Armes : *d'azur à trois griffons d'or*, 2 et 1. *Archives de Saint-Riquier.*

VI. Jean Matiffas IV, fils de Mathieu tient des fiefs à Buigny et à Montigny-lès-Saint-Riquier. Il est aussi seigneur de la Salle à Millencourt (1384-1408) ; il est probablement père de Jean, qui suivra, de Hugues, de Robert, de Guillaume, de Périne.

XV° SIÈCLE. — Hugues, dit Hutin, tient, en 1408, les fiefs de Bellegente et Friaucourt. — Robert fut moine à Saint-Riquier et prévôt de Noyères (1412-1455). — Sire Guillaume fut prêtre et doyen de Saint-Riquier, confrère de Saint-Nicolas. — D^{lle} Périne, fit des legs à la confrérie de Saint-Nicolas en 1433.

VII. Jean Matiffas V fut allié à D^{lle} Jeanne de Lessie ou de Lessau d'Abbeville (1440). Ses enfants, Colard et probablement Jehan et Marie. — Jehan fut prêtre à Saint-Riquier. Marie épousa Jean ou Philippe Matiffas (1458).

VIII. Colard Matiffas, écuyer, seigneur de la Salle, habitait l'hôtel des Luppars à Saint-Riquier et exerçait la profession de brasseur, ce qui fit suspecter sa noblesse. Son fils Jean Matiffas eut même à se défendre contre des entreprises sur ses prérogatives de noblesse. Les habitants de Millencourt l'avaient imposé à une taille de 10 s. Le roi ordonna aux états de l'en décharger, pourvu qu'il leur apparût que Jean Matiffas, fils de Colard, fût noble et issu de noble origine.

IX. Jean Matiffas VI, seigneur de la Salle, épousa D^{lle} Françoise Toullet. Ses enfants sont probablement, Jean qui suit, Guillaume et Jeanne. Il parut à la rédaction des coutumes en 1507, comme homme-lige de Saint-Riquier.

Guillaume fut abbé de Sainte-Larme ou Saint-Pierre de Selincourt de 1479 à 1498. Il mit un grand zèle à relever son monastère ravagé par les guerres du temps. Il fit porter la relique de la Sainte-Larme dans les diocèses d'Amiens et de Noyon, pour recueillir des aumônes. On l'a toutefois accusé de malversations et il fut obligé d'abdiquer en 1498. Il mourut le 15 mars 1508.

Jeanne fut mariée à N. de Barly, père de Jacques de Barly, garde-scel à Saint-Riquier, prévôt de la confrérie de Saint-Nicolas, dans laquelle il a fondé deux obits.

XVI° SIÈCLE. — X. Jean Matiffas VII, seigneur de la Salle, s'unit à Marie Calippe, fille d'un procureur d'Abbeville. Plusieurs témoins furent appelés à déposer devant Jean de Lessau, auditeur du roi à Saint Riquier sur sa noblesse. Ils déclarèrent qu'ils avaient bonne connaissance de la noblesse de Jean Matiffas le père, et de Jean Matiffas le fils, seigneur de la Haute et Basse Salle (1503). Ses enfants sont Jean, Louis, Pierre, Charles et Marie.

XI. Jean Matiffas VIII, écuyer, seigneur de la Salle, fit hommage en 1553 : allié à Suzanne Massue, il eut deux filles, Suzanne Matiffas qui épousa Flour Le Vasseur, écuyer, sieur d'Ouville et N. Matiffas unie au sieur Le Roy de Valines. M. de Rosny nomme deux autres enfants, Daniel et Amélie. Jean Matiffas a comparu à la rédaction des coutumes du bailliage d'Amiens en 1567. Il ne laissa point d'héritier.

XIbis. Louis Matiffas, écuyer, succéda à son frère et donna son relief en 1591.

CHAPITRE VI. — LA NOBLESSE DE SAINT-RIQUIER.

Conjoint à Jeanne Gaillard d'Aumâtre, il n'eut qu'un fils, Flour Mattiffas, père de Jacques et de Françoise alliée à François de Boullaque.

Pierre Matiffas ne nous est connu qu'à l'occasion d'une saisine qu'il reçut du bailli de Milllencourt pour XII j^x de terre donnés par son père et sa mère. Il avait épousé D^{lle} Jeanne de Tigny, vers 1588.

Citons encore à cette époque Antoine Matiffas, curé de Buigny et Bellancourt.

XVIIe Siècle. — XII. Jacques Mattiffas avait épousé D^{lle} Marie Proyart ; il devint seigneur du fief de la Salle et en donna le relief en 1655. Mais ce fief fut saisi en 1670 et racheté par son grand oncle, Charles Matiffas qui le rendit à son seigneur héréditaire. Après la mort de Jacques, sa fille Charlotte Matiffas alliée à Barthélemy d'Hocquélus, sieur d'Assis, vendit le fief à Pierre Becquin, sieur du Chaussoy (1681). Une autre fille de Jacques eut pour époux le seigneur de Saint-Y en Normandie.

XI^{ter}. Charles Matiffas, fils de Jean VIII, qui continua de porter le nom de seigneur de la Salle, avec celui de seigneur de Bretel, même après la vente du fief, s'unit en premières nôces à Marie de May dont il eut François qui suit, Antoine, Marie et Claude, et en secondes nôces à Hélène de Buigny-Cornehotte.

Claude Matiffas fut conjointe à François de la Planque, procureur à Abbeville. Il fut maintenu dans la noblesse en 1596.

XII. François Matiffas I, écuyer, seigneur de la Salle et de Brétel, se maria aussi deux fois : 1° avec Marie Fouré qui fut mère de François et de Marie et avec Jeanne Roïer, qui lui donna François qui suit, et Nicolas qui suivra.

Première Branche. — XIII. François Matiffas II, écuyer, seigneur de la Salle et de Brétel, épousa Charlotte Le Scellier, dame de Rozet et de Frireules (1681). Il fut maintenu dans la noblesse avec son frère Nicolas en 1706. De lui sont issus Jean-François qui suit, Antoine-Adrien, Charles, Marie-Françoise.

XIV. Jean-François, écuyer, seigneur de la Salle, mousquetaire du roi, demeurant à Brestel, paroisse de Boismont, s'unit le 12 février 1730 à Geneviève Moisnel qui mourut en 1776, d'où Nicolas et Antoine.

Antoine-Adrien Matıffas, lieutenant au régiment de Fontenilles en 1706, fut seigneur de Monteville.

Deuxième Branche. — XIII. Nicolas Matiffas, fils de François et de Jeanne de Roïer, écuyer, seigneur de Monthu, fut allié en premières nôces à Marie d'Ailly (1683) et en secondes nôces à Marie de Cossette (1694). Il eut du premier lit : François, seigneur de Monthu, lieutenant au régiment de Clermont-Prince, qui épousa Marie-Toussaine de Cacheleu ; 2° Antoine, seigneur de Tilloloy, demeurant à Brestel qui fut le père de Madame de Valibour ; 3° Françoise ; 4° Charlotte. Du second lit il eut Nicolas, sieur de la Motte, Marie, Marie-Thérèse.

Vers 1740, François Matiffas, seigneur de Monthu et Elisabeth de Boisselle, sa femme, ont donné à l'Hôtel-Dieu de Saint-Riquier des terres sises à Noyelles-sur-Mer.

XIV. Nicolas Matiffas, écuyer, sieur de Lamotte, qui demeura à Authie en 1763. La seigneurie de La Motte provenait de Vincent de la Motte allié à Jeanne Matiffas qui était fille de Jean Matiffas, seigneur de Lannoy et de Jacqueline Le Caron.

La famille Matiffas fonda cinq obits à Millencourt aux principales fêtes de la sainte Vierge (1).

FAMILLE DE MAUMARKIE. — Famille du XIVᵉ siècle, très considérée à Saint-Riquier. — 1306. Messire Robert de Maumarkie, échevin, bienfaiteur de la confrérie de Saint-Nicolas (*Tome* III, *page* 44.) — 1310. Laurent de Maumarkie fut député à Tours pour la ville de Saint-Riquier, avec Pierre le Pullois, pour le procès des Templiers. — 1313-1331. Pierre de Maumarkie, échevin. — 1380. Laurent de Maumarkie possédait des terres à Saint-Riquier (2).

Il existait à Abbeville une famille du même nom.

FAMILLE DE MILLEBOURG ou MYBOURG (3). — Famille importante du XIIᵉ siècle.

1126. Robert de Millebourg, prévôt de Saint-Riquier, fut destitué et exilé avec ses frères pour avoir fomenté des troubles (*Tome* I, *page* 409). — 1147. Arnoul de Mybourg, bourgeois de Saint-Riquier. — 1155. Jean de Millebourg, bourgeois de Saint-Riquier. 1185. Gérard de Mybourg, échevin. — 1210. Richard de Mybourg, bourgeois de Saint-Riquier (4).

FAMILLE DE MOLLIENS. — Noble famille dont plusieurs membres ont habité la ville de Saint-Riquier et y ont rempli d'honorables fonctions (5).

1347-1375. Jean de Molliens, dit Renclus, bailli de la Ferté, lieutenant du bailli du monastère est domicilié à Saint-Riquier. — Colard de Molliens, allié à Dˡˡᵉ Marie Le Maréchal, est échevin en 1407, argentier en 1431. Mise de fait sur les biens de la dame de Molliens en 1404. Le monastère a racheté des cens à Colard de Molliens en 1407.

1443-1463. Jean de Molliens, dit Renclus, homme vivant de la commune. — 1475. Henri de Molliens, échevin.

---

(1) Armes : *d'azur à la bande d'or, accompagnée de trois trèfles de même, 2 en chef, 1 en pointe.*
Archives de Saint-Riquier. — M. de Belleval. *Nobiliaire.* — M. de Rosny. *Recherches, etc.*
(2) *Archives de Saint-Riquier.*
(3) On lit *De Milleburgo* ou *Medio Burgo.* Nous croyons cette seconde orthographe plus rationnelle, si on ne distingue pas deux familles.
(4) *Archives de Saint-Riquier.*
(5) Les seigneurs de la Ferté furent seigneurs suzerains de fiefs à Molliens-Vidame. On explique ainsi la présence d'une famille de Molliens à Saint-Riquier.

1507. N. de Molliens, échevin, présent à la rédaction des coutumes.
On voit encore à Saint-Riquier, au xvii° siècle Antoine de Molliens (1).

Famille de Montigny. — Un fief de ce nom existait auprès de Saint-Riquier. C'est là l'origine de cette famille peu connue du reste.

1185. Hugues de Montigny.
1332. Demoiselle Marie de Montigny vend des terres à l'abbaye.
1521. Nicole de Montigny, prêtre à Saint-Riquier (2).

Famille de Naours. — On en trouve quelques rejetons à Saint-Riquier au xii° et au xiii° siècle.

1145. Arnould de Naours, bourgeois de Saint-Riquier.
1223. Williaume de Naours, échevin. — 1228, 1242. Girold de Naours, échevin.—
1275. L'hommage de Thomas de Naours est cédé à l'abbaye de Saint-Riquier par Dricq ou Dreux d'Amiens, dont il est l'homme-lige (3).

Famille de Nouvion. — Elle a recherché les priviléges de la bourgeoisie de Saint-Riquier. Si elle n'a pas habité la ville, elle avait du moins le fief de la garde de la fête de Saint-Riquier au 9 octobre. Aux noms qu'on peut lire dans le nobiliaire de M. de Belleval, nous ajouterons ceux que nous avons recueillis dans nos archives.

1155. Bertrand de Nouvion, chevalier, bourgeois de Saint-Riquier, était fils de Henri de Nouvion : il confirme une donation du comté de Ponthieu (*Tome* i, *page* 442). On voit son nom dans plusieurs chartes de l'époque : il est seigneur suzerain de terres près le Ratel, domaine du Val des Lépreux. On lui connaît plusieurs fils. Anscher, Pierre, Henri, Eustache, Dreux.

1164. Henri de Nouvion approuve une donation d'Ansel, seigneur de Cayeux, aux moines de Sery. — 1198. Simon de Nouvion, homme du comte de Ponthieu fit une donation à l'abbaye de Saint-Riquier, du consentement de ses frères Hugues et Thomas.

1207. Eustache de Nouvion, chevalier, seigneur de ce lieu et de Béthencourt, échevin de Saint-Riquier, vend en 1211 la dîme de Petit-Port et de Flibeaucourt au Val des Lépreux d'Abbeville. On lui donne de nombreux enfants, entre autres Henri. — 1260. Henri de Nouvion, chevalier, seigneur de Nouvion et autres lieux est témoin

---

(1) Armes : *d'argent à la fasce d'or, chargée de trois tourteaux d'argent.*
Archives de Saint-Riquier.

(2) *Ibid.*
(3) *Ibid.*

dans un arbitrage à Saint-Riquier : il abandonne au Gard ses droits sur Bichecourt et Roberval (1). Ses enfants, Jean, Thomas et Marie.

1337. Le seigneur de Nouvion, fieffé de la prévôté de Saint-Riquier, est convoqué pour la guerre.

Marie de Nouvion porta la seigneurie de Nouvion dans la maison de Doudeauville. En 1379, Jean de Doudeauville, son petit-fils, fit hommage pour le fief de la garde ou vicomté des trois jours de fête de Saint-Riquier (2).

FAMILLE PÉCOUL. — Une famille de ce nom remplissait d'importantes fonctions à cette époque à Saint-Riquier. Un de ses membres Adrien Pécoul, docteur de Sorbonne, fut vicaire général de Richelieu pour le gouvernement de l'Abbaye, tant au spirituel qu'au temporel (*Tome* II, *page* 231).

1530. Sire Hugues Pécoul, prêtre à Saint-Riquier. — 1534. Sire Pierre Pécoul, doyen de Saint-Riquier. — 1537. Jehan Pécoul, écuyer, sieur de la pairie de Vincheneul, bailli du temporel de l'Abbaye (3).

FAMILLE DE POCHOLLE. — Elle appartient à l'ancienne noblesse de Saint-Riquier : elle tenait en fief la vicomté de l'Abbaye.

1167. GAUTIER DE POCHOLLE, chevalier, cité dans une charte du monastère.

1246-1258. Jean de Pocholle, vicomte de Saint-Riquier, vendit son office au monastère. La famille s'est retirée à Montreuil. M. de Belleval a donné la suite de la généalogie (4).

FAMILLE DE PONTHOILE. — Elle eut ses représentants à Saint-Riquier au XIIIe siècle. 1234, 1238. Pierre de Ponthoile, échevin. — 1234. Williaume de Ponthoile, échevin. — 1235, 1243. Jehan de Ponthoile, échevin — 1289. Reméaule ou Remaniez de Ponthoile est homme de fief du seigneur de Bussu ; il tient sa seigneurie d'Offencourt (lisez Offinicourt) d'Emmeline de Bussu, femme de Jean d'Yvrencheux ; mais le premier seigneur était homme-lige de Saint-Riquier. — Remeaule de Ponthoile avait fondé un obit au monastère (*Tome* II, *page* 418) (5).

---

(1) M. Delgove, *Le Gard*, page 173.
(2) Armes : *d'azur à trois aigles d'or*. Archives de Saint-Riquier. — M. de Belleval. Nobiliaire.
(3) *Ibid.*
(4) Armes : *de gueules à la croix d'or, accompagnée d'un épervier s'essorant de même*. Archives de Saint-Riquier. — M. de Belleval. Nobiliaire.
(5) Archives de Saint-Riquier. — M. de Belleval. Nobiliaire.

Famille de Pont-Remi. — Vers 1383, Guillaume de Pont-Remi et D¹¹ᵉ Jeanne sa femme ont payé des cens à Saint-Riquier. — 1399. Barbe de Pont-Remi, veuve de Marie Dorémus, habitait Saint-Riquier.

1408 Giles de Pont-Remi alliée à Hue de Famechon sert un aveu à Saint-Riquier pour Millencourt (1).

Famille Rayer. — Famille ancienne à Saint-Riquier, souvent honorée de fonctions publiques, digne d'éloges pour ses grandes libéralités à la confrérie de Saint Nicolas.

1199. Guillaume Rayer, bourgeois de Saint-Riquier et échevin, nommé dans les chartes de l'Hôtel-Dieu.

1280. Toussaint Rayer, prêtre. — Vers 1300, Huon Rayer. Son fils Jean Rayer fut père de Toussaint Rayer, le plus connu de tous.

1327. Toussaint Rayer, plusieurs fois mayeur, auditeur royal, garde-scel de la prévôté de Saint-Riquier. Ses actes sont nombreux dans les archives de la prévôté, il sut résister à toute mesure illégale. Il eut pour fils Honoré et Jean Rayer.

1363. On connaît aussi un Jacques Rayer, conseiller de la prévôté.

1367. Honoré Rayer, bourgeois de Saint-Riquier, compagnon de l'échevinage, homme-lige de N. de Benezi, seigneur de Coulonvillers, et possesseur du fief des Bardes. On a son testament (1381) dans les archives de l'Hôtel-Dieu. Il est très curieux ; il fut allié à Fremine de L'Heure et eut trois enfants, Toussaint, prêtre à Saint-Riquier, Mariette et Belot.

1414. Mariette Rayer épousa en premières nôces Alexandre de Vauchelles, et en secondes nôces Jehan Rohaut, dit Brunet ; elle a hérité de son père le fief des Bardes. Son testament est conservé aux archives de la confrérie de Saint Nicolas (*Tome* III, *page* 42).

Jehan Rayer, second fils de Toussaint, auditeur royal en 1350, légua le quart de ses acquisitions à la confrérie de Saint Nicolas, après la mort de son frère Honoré (*Tome* II, *page* 42). Il possédait aussi des cens à Amiens. Il eut une fille, Marguerite Rayer et probablement un fils, Toussaint Rayer, bourgeois de Saint-Riquier, qui fut garde-scel de la baillie d'Amiens (2).

Famille Roussel. — Noble famille de Saint-Riquier, du xivᵉ au xviiᵉ siècle.

1337. Mathieu Roussel, moine à Saint-Riquier. — Rault Roussel habitait l'hôtel de Saint-Vigor.

1420. Jean Roussel, moine et prévôt à Arvillers. — 1455. Bauduin Roussel fut député à Avignon par Pierre le Prêtre, pour traiter de la résignation de l'Abbé Hugues

---

(1) Armes : *d'argent au chef de gueules.* (2) *Ibid*
Archives de Saint-Riquier.

Cuilleret (*Tome* II, *page* 115). — 1475. Mathieu Roussel, sergent-royal à Saint-Riquier.

1530. M⁰ Riquier Roussel, prêtre à Saint-Riquier.—1537-1557. Jacques Roussel, notaire et procureur au siège royal de la prévôté. — 1544. Michelle Roussel, religieuse à l'Hôtel-Dieu. — 1551. Antoine Roussel, échevin.

1630. M⁰ Nicolas Roussel à Saint-Riquier.

1598. Claude Roussel, écuyer, sieur de Wailly, fils de Charles Roussel, possédait le petit fief de Saint-Riquier à Aumâtre (1).

FAMILLE DE SAINT-RIQUIER. — Plusieurs fiefs du monastère ont porté ce nom. Il est tout naturel qu'il ait existé des familles de Saint-Riquier. Eteintes depuis longtemps, ces familles n'ont point de généalogie suivie. Nous donnons ici par ordre de date les noms que nous avons recueillis dans les cartulaires et diverses publications.

XI° SIÈCLE. — 1084. Anscher de Saint Riquier, seigneur de la Ferté, par son union avec Lietseline, veuve de Gautier de la Ferté, fonda le prieuré de Biencourt qu'il donna à l'abbaye de Marmoutier. Ce nom d'Anscher en rappelle d'autres inscrits dans des chartes antérieures : comme le titre de fief n'est pas désigné, nous ne pouvons les rattacher à cette famille.

XII° SIÈCLE. — Garin de Saint-Riquier est témoin d'une donation d'Anscher de Houdencourt à l'abbaye de Bertaucourt (1129) — Jacques de Saint-Riquier (1131), Gautier de Saint-Riquier (1139) sont chanoines de Saint-Wulfran.

Robert de Saint-Riquier désigné dans les chartes sous le nom de Chevalier du Ponthieu (1150). — Hugues de Saint-Riquier, moine de Saint-André (1167).

Robert de Saint-Riquier, chevalier, fils de Hubert, est signalé dans plusieurs chartes de Jean, comte de Ponthieu (1170 à 1210). Il assistait à la fondation du monastère de Saint-André. — Il faisait partie de la troisième croisade (1191).

XIII° SIÈCLE. — Simon de Saint-Riquier fait des libéralités à la collégiale de Saint-Wulfran. Son fils Gautier reçoit une prébende de 100 sous. Un autre Gauthier de Saint-Riquier est gratifié aussi d'une prébende de 100 s. par Guillaume, comte de Ponthieu (1205).

Le sceau d'un Gautier de Saint-Riquier fut apposé au bas d'une charte pour les religieuses de Willencourt.

Vers cette même époque Jean de Saint-Riquier est témoin d'une charte de Thibaut de Gorges en faveur du prieuré de Notre-Dame d'Epécamps.

Roger de Saint-Riquier possédait aux environs de Rue un fief mouvant de l'abbaye de Saint-Riquier (1216).

(1) *Archives de Saint-Riquier.*

Gautier de Saint-Riquier résignait, en 1224, le revenu qu'il retirait des terres des Templiers à Yvrench.

1236. Raoul de Saint-Riquier retrait le fief Robert le Jeune vendu aux moines par Jacques de Melicoq, en payant à ceux-ci 230 liv. Mais les moines gardent un cinquième donné en aumône. Raoul engage ensuite le fief du consentement d'Oda, sa femme, pour 230 liv. et laisse les fruits, comme le permettait la bulle du pape Innocent III. — Geffroy de Saint-Riquier frère de Raoul.

M° Guerard de Saint-Riquier, dit Mellet, vendit au monastère en 1266 le fief qu'il possédait sur le terroir de Saint-Riquier et donna en même temps le reste de ses biens par testament. A la même époque Denise Chrétienne de Saint-Riquier donnait deux journaux de terre à Villers pour l'acquit de deux messes, chaque année.

Hugues de Saint-Riquier, chevalier, assiste comme témoin à une donation de Dreux d'Amiens, sire de Vinacourt, à l'abbaye de Bertaucourt. On n'indique point l'année ; mais c'est dans ce même temps. — Gérard de Saint-Riquier devait à l'abbaye de Dommartin une rente sur le domaine de Moriamesnil (1270).

XIV° Siècle. — Jean de Saint-Riquier lègue des terres au monastère en 1310.

Thomas de Saint-Riquier est cité parmi les bienfaiteurs de l'Hôtel-Dieu d'Abbeville (1342) ; il tenait des ténements du prieuré de Saint-Pierre d'Abbeville, ainsi que Asselin, Pierre, Jean, Witasse et Laurent de Saint-Riquier.

Vers 1363, Giles de Saint-Riquier, qui a un manoir à Neufmoulin, fait hommage pour le fief de Blencourt tenu de l'abbaye. Le même Giles de Saint-Riquier, domicilié plus tard à Fienvillers, vend en 1395 un fief à Saint-Riquier entre Bersaques et Hémon-Porte, moyennant vi^{xx}xv florins d'or et de poids, pour en jouir après la mort de Richard Le Poivre et d'Emmeline sa femme, auxquels ce fief était engagé.

Jean de Saint-Riquier possédait des terres à Saint-Riquier vers 1387.

XV° Siècle. — Philippe de Saint-Riquier, procureur à la consignation à Paris et de Pierre le Prêtre (1455). — Jean de Saint-Riquier, vicomte du Pont-aux-Brouettes à Abbeville (1460). Ce Jean de Saint-Riquier est probablement le notaire Apostolique Impérial, maître ès-arts et licencié en droit, qui rédigea en 1457 une protestation pour empêcher l'évêque d'Amiens de prescrire contre l'exemption du monastère, à l'occasion du repas auquel il avait été invité après la bénédiction de Pierre Le Prêtre (*Tome* II, *page* 119).

Catherine de Saint-Riquier fut mère naturelle de Hector de Moreuil. Le père de cet enfant légitimé par lettres données à Ardres au mois de juin 1520, était fils de Walerand de Soissons, comte de Moreuil, bailli d'Amiens.

Espérons que ces recherches aideront à replacer cette famille dans la hiérarchie féodale et à retrouver ses armes aujourd'hui ignorées (1).

(1) Point d'armes connues.
Archives de Saint-Riquier. M. de Rosny. *Recherches, etc.*

Famille Scourion. — Originaire de Saint-Riquier, elle a probablement émigré après les désastres de cette ville au xv° siècle. Elle a brillé dans la magistrature d'Amiens. Deux de ses branches ont fait preuve de noblesse au xvi° siècle. Elle existe encore en Touraine. Les notes que nous avons recueillies depuis le commencement du xviii° siècle nous ont été procurées par un de ses membres, M. de Scourion de Beaufort, aujourd'hui capitaine-commandant au 15° chasseurs.

Les premiers noms de cette famille ont été conservés dans nos archives.

XIII° siècle. — 1250. Arnould Scourion, échevin à Saint-Riquier. — 1264. Henri Scourion, bourgeois de Saint-Riquier. — 1294. Renier et Laurent Scourion, possesseurs de fiefs à Saint-Riquier.

XIV° siècle. — 1317. Pierre Scourion, auditeur du roi. — Jake Scourion, échevin en 1327, 1331, 1336. — Un autre Pierre Scourion est dit marchand drapier : il est échevin en 1359, 1362, 1375, 1379. Il légua au monastère, en 1381, la moitié d'un fief de xliv j° à Nuellemont et quelques cens avec huit muids de blé. Son fils Riquier vendit l'autre moitié en 1387. Riquier épousa Demoiselle Jeanne de Belloy. — Fremin Scourion lui succéda en 1407, comme homme vivant de la commune, pour une partie de ses biens.

1371. Jean Scourion, fils de Régnier, vendit des terres, au terroir de Friaucourt, à Demoiselle Béatrix de Domqueur. C'est lui sans doute qui était receveur des subsides de guerre à la prévôté en 1340. — Raoul et Bernard Scourion domiciliés à Saint-Riquier (1387).

XV° siècle. — 1407. Nicole Scourion, veuve de Jean de Bouberch, fait hommage au monastère pour un fief à Yaucourt, et Bernardine Scourion pour un fief à Belleval.

Guerard Scourion, auditeur du roi en 1432, 1440, 1445, habitait la rue du Moustier. — 1475. Des cens sont donnés à la ville par la famille des Scourion. — Anda Scourion est reprise dans le testament de Marie Rayer, sa cousine.

1475. Loys Scourion est conseiller au siège du bailliage d'Amiens.

XVI° siècle. — La généalogie suivie de la famille Scourion commence avec Jacques Scourion au xvi° siècle.

I. Jacques Scourion I, écuyer, sieur de Friaucourt, conseiller au présidial du bailliage d'Amiens et lieutenant particulier du roi, épousa Marie Louvel, dont il eut deux enfants, François et Denise. Il possédait une habitation à Saint-Riquier.

Marie Louvel épousa en secondes noces Antoine Le Quieux.

II. François Scourion, écuyer, sieur de Friaucourt, Tilloy et Begaudel (fief dans la prévôté de Beauquesne), conseiller et magistrat au présidial d'Amiens, hérita de l'habitation paternelle à Saint-Riquier. Il fut déchargé comme noble du droit de francfief et de nouveaux-acquêts en 1548. Il fut conjoint à Demoiselle Hélène Le Quieux, nièce de l'abbé de ce nom. On lui connaît deux fils, Jacques et Antoine, desquels sont issues deux branches dont la filiation nous a été conservée presque intégralement jusqu'à nos jours, et une fille, Françoise, alliée à Adrien Picquet, seigneur de Dourier. Hélène Le Quieux comparut, avec la noblesse de Guines, à la rédaction des coutumes d'Amiens en 1567, comme mère et tutrice de Jacques Scourion, écuyer, sieur de Tilloy.

III. — Première branche des Scourion. — Jacques Scourion II, écuyer, seigneur de Friaucourt, de Tilloy et de la Houssoye, seigneurie acquise en 1578 de la famille de Saint-Simon et de Créquy, conseiller au présidial d'Amiens, épousa, en premières nôces, vers 1570, Demoiselle Jeanne Perache, fille de Jean, écuyer, sieur de Fontaine et de Marguerite Gorin. On cite de lui entre autres actes une transaction, en 1580, avec les maire et échevins de Saint-Riquier pour un champart. Ses enfants sont Charles, François, Marie et Renée, épouse de François de Collemont. On le dit encore propriétaire d'une maison à Saint-Riquier. Après la mort de Jacques Scourion, Jeanne Perache convola en secondes nôces avec François Tardieu de Melleville.

IV. Charles Scourion, écuyer, seigneur de la Houssoye, héritier des domaines de son père, fit hommage à l'abbaye de Saint-Riquier en 1587 : il épousa en 1600 Demoiselle Le Boucher. Il fut nommé échevin d'Amiens en 1612. Sur ses instances il avait été déchargé, en 1600, par les états de Doullens, et, en 1605, d'une taille imposée par les habitants de Vignacourt, où il possédait des fiefs considérables, ainsi qu'à Saint-Ouen. En 1603, il donnait le relief d'un fief à Guignemicourt, hérité de sa mère. De Charles Scourion sont issus Jacques, décédé sans héritier, Nicolas, Louis et plusieurs filles.

V. Nicolas Scourion de la Houssoye, écuyer, fit hommage, en 1653, du fief de Friaucourt ou Scourion, dont il était héritier féodal. Outre ce fief, il possédait les seigneuries de la Houssoye, de la Tour de Montigny, en l'élection de Montdidier, d'Handiville, Vienne et Gimart audit Montigny. C'est dans son fief seigneurial de la Tour de Montigny qu'il résidait dans sa vieillesse ; il fut président trésorier de France à Paris, où il mourut dans la paroisse de Saint-Médericq, le 29 mars 1694, pendant un voyage. Il épousa en premières nôces Demoiselle Catherine du Fresne (1654), décédée avant un an de mariage ; en secondes nôces, Demoiselle Louise de Louvain sa cousine (1655), qui mourut sans postérité en 1669 ; en troisièmes nôces, Demoiselle Louise Werel. De ce mariage sont issus Charles, Nicolas, Hector, Hubert, Louis, Marie-Anne, Madeleine-Gabrielle. Dans une sentence de 1659 on le dit noble, bourgeois de Paris. Pour ces raisons, et parce que ses terres sont en friche, on le décharge d'une taille imposée par les habitants de Guignemicourt. Dans son testament du 20 septembre 1688, il chargea son épouse d'exécuter ses dernières volontés, et Charles, son fils aîné, de prendre soin de l'éducation de ses frères et sœurs. En 1700, Hector Scourion fit hommage à l'abbaye pour ses frères et sœurs avec François d'Hollande, son oncle, qui avait épousé Catherine Scourion, fille de Charles.

Le fief de Friaucourt fut vendu, en 1701, à Joseph Vaillant, seigneur de Romainville et autres lieux, et depuis cette époque il ne reste plus de trace des Scourion dans les archives de Saint-Riquier. Nous suivrons toutefois cette famille avec les notes de M. Scourion de Beaufort. Charles avait épousé à Metz Demoiselle Daunois. Louis s'unit à Demoiselle de Guillebon de Wawignies, mais ni l'un ni l'autre ne laissa de postérité. On ne connaît pas d'alliance à Nicolas ni à Hector. Ce dernier mourut en son domaine de Montigny. Hubert continua la famille. La terre et seigneurie de la Houssoye fut vendue vers 1714 à M. de Fricamps.

VI. Hubert reprit dans les actes le nom le plus ancien de la famille et on le voit qualifié messire de Scourion de Friaucourt. Il épousa à Mory Mont-Crux, en 1720, Demoiselle Marie-Louise de Jambourg de Monstrelet et mourut subitement, pendant un voyage à Bar-le-Duc en 1750. Il eut pour légataire universel son fils aîné.

VII. Charles-Antoine-Nicolas de Scourion de la Houssoye, né en 1727 à Montigny (Oise), acheta en 1754, la seigneurie de Cangé en Touraine. A partir de cette époque environ il porte le nom de Scourion de Provinlieu de Beaufort. Il s'allia à Tours en 1778 à Demoiselle Marie-Adélaïde Guibal de Salvert. En 1789, il assista à l'assemblée électorale de la noblesse de Touraine, où il fut qualifié messire de Scourion de Beaufort, chevalier, seigneur de Cangé et d'Hervau. Il eut trois fils, Jules-Charles-Mériadec de Beaufort, né au château de Cangé le 9 décembre 1778, Joseph, décédé célibataire en sa terre de la Martinière en Touraine, et Arsène-Lucile.

VIII. Jules-Charles Mériadec épousa en 1808 à Saint-Denis-sur-Sarthon (Orne), Demoiselle Jeanne-Cécile Ruel de Belle-Isle, d'où le suivant et trois filles.

IX. Louis-Charles-Mériadec de Scourion de Beaufort, né le 17 mai 1815, marié en 1849, au château de Mazières près Tours, à Demoiselle Charlotte-Victorine les Gilles de Fontenailles.

X. De ce mariage sont issus deux fils, Charles-Joseph-Mériadec de Scourion de Beaufort, né à Tours le 19 août 1850, actuellement capitaine-commandant au 15° chasseurs et Charles-Victor-Hubert, né le 18 mars 1853 à Tours, capitaine-instructeur du 25° dragons à Nantes, où il a épousé Demoiselle Bascher de Beaumarchais.

III. — DEUXIÈME BRANCHE DES SCOURION. — Antoine de Scourion I, écuyer, sieur de Begaudel et Fresneville, anobli par lettres du 8 août 1594 (1), avocat, procureur du roi à Amiens, fut conjoint à Demoiselle Adrienne de Louvencourt (1571), d'où Antoine, Jacques, François, seigneur de Fresneville, conjoint à Marguerite de Haussy de Vaucoys de Péronne, et Isabeau. Celle-ci épousa en premières nôces Gabriel Boitel, écuyer, sieur de Vrely, et en secondes nôces M° Antoine Pingré. On ne connaît pas de descendants de François.

IV. Antoine de Scourion II, écuyer, sieur de Bégaudel et avocat à la Cour du Parlement, épousa Demoiselle Léonore Baudoult, de Péronne, dont on connaît plusieurs

---

(1) On cite d'autres lettres antérieures datées de 1544, en faveur d'Antoine Scourion, son grand oncle, frère de Jacques I, qui ne laissa point de postérité et qui institua pour héritier son petit-neveu.

enfants, Antoine, Marguerite, Jacques et Jean. Marguerite épousa noble homme Robert d'Ournel, seigneur de Grandcourt, mayeur de Péronne en 1650, 51, 58, 59, 60.

V. Antoine de Scourion III, écuyer, conseiller au présidial d'Amiens, élu en la sénéchaussée de Péronne, uni en 1627 à Demoiselle Anne Vaillant, fille de Nicolas Vaillant; d'où Antoine, Madeleine, femme de noble homme Simon Samier, conseiller du roi, Antoinette, Adrienne, Marie, unie à Pierre de Lavault, sieur de Toulon en Poitou, et aussi Anne-Françoise Scourion, comme il appert d'un partage en 1664.

VI. Antoine de Scourion IV, écuyer, avocat au Parlement, épousa en 1657 Demoiselle Charlotte de Parviller, de Péronne, d'où cinq enfants, François, Nicolas, Anne, Catherine et Charlotte.

Catherine qui habitait Péronne a produit ses titres de noblesse en 1699, et fut déchargée d'impôts.

VII. François de Scourion, sieur de Begaudel, fut capitaine au régiment de Normandie. Il s'allia à Demoiselle Marie d'Aloigny de Rochefort, dame de Boismorand, en Poitou ; il eut sept enfants : 1° François, mort en bas âge ; 2° Antoine, chevalier de Boismorand, capitaine de grenadiers au régiment de Normandie, chevalier de Saint-Louis, mort sans postérité ; 3° François, capitaine d'infanterie au régiment de Conty, tué en 1744 près Coni en Italie, sans laisser de postérité ; 4° Jean-Marie qui suit; 5° Nicolas, abbé de Boismorand, prévôt du Chapitre de Saintes et grand-vicaire de ce diocèse ; 6° Thérèse ; 7° Catherine, mariée à Louis de la Châtre, écuyer, seigneur de la Roche-Belmon, morte vers 1763.

VIII. Jean-Marie Scourion, écuyer, seigneur d'Antigny, capitaine au régiment de Normandie et chevalier de Saint-Louis, épousa Marie d'Argies, dont il eut François, mort en bas-âge, Louis, François, Marie, morte en bas-âge, Antoinette, Thérèse, Marie, Marguerite.

La suite de la généalogie nous manque, mais au moment de la Révolution quatre membres de cette branche assistaient à la réunion de la noblesse du Poitou sous le nom de Scourion de Boismorand et de Scourion de Bellefond : ils étaient tous capitaines en divers régiments.

Cette branche s'est éteinte en 1868 dans la personne du comte Victor de Scourion de Boismorand, décédé célibataire. Une sœur unique, Madame de Verrine a laissé postérité.

Mentionnons en terminant Jean de Scoruhons, du conseil du duc de Bourgogne en 1450, et Maximilien Jacques Scorion, né en Bouvigny, en 1678, conseiller au conseil d'Artois en 1743, marié d'abord à Marie-Florence Du Fresne, puis à N. Quarré du Repaire. Ces membres appartenaient probablement à un rameau, transplanté à Tournay avant l'époque où commencent les généalogies suivies, y résidant jusqu'à nos jours sous le nom de Scorion.

2 janvier 1885. — Décès de Jean-Claude Scorion, propriétaire à Péronne, âgé de

73 ans, appartenant sans doute à la seconde branche, mais déchue depuis la Révolution (1).

FAMILLE DE VILLE. — Ancienne famille de Saint-Riquier dont l'origine nous est inconnue.

1145. Simon de Ville, bourgeois de Saint-Riquier. — 1167. Gautier de Ville, échevin.

1302. Jehan de Ville, bourgeois de Saint-Riquier, confrère de Saint-Nicolas.—1375, 1379. Gontier de Ville, échevin,

1431. Jacques de Le Ville, vivant à Saint-Riquier.

1599. Jehan de Ville occupe l'Hôtel de l'Ange ; il est sergent royal en 1630.

1630. Mathieu de Ville, à Saint-Riquier. — Jacques de Ville, sergent-royal (2).

FAMILLE DE VINCHENEUIL. — C'est sans doute cette famille qui a donné son nom à la rue Vincheneux et au fief Vincheneux, tenu en pairie de la Ferté. Au XIII° siècle, elle était des plus considérées et formait des alliances avec la noblesse ; mais au XVII° elle était devenue besoigneuse et n'aurait plus songé à user de ses titres de noblesse.

Le mot de Vincheneuil viendrait bien de *vince-nof* (*vico nuovo*), vieille forme d'un mot qu'on pourrait traduire par *Rue Neuve*.

1155. Henri I de Vincheneuil ou Vicenof, bourgeois de Saint-Riquier, échevin en 1167, connu par les chartes locales. — 1155-1207. Gautier de Vincheneuil, échevin. — 1185. Adam de Vincheneuil, échevin.

1218. Thomas de Vincheneuil, clerc à Saint-Riquier. — Henri II de Vincheneuil, bourgeois de Saint-Riquier, mayeur en 1210, en 1243, et en d'autres années dont on n'a pas gardé le souvenir ; il tenait son fief de Vincheneuil en pairie de la Ferté. Il est repris dans les chroniques de l'Hôtel-Dieu pour plusieurs acquisitions à Gorenflos et à Cramont, de 1239 à 1242, parce qu'il a fait don de toutes ces terres à l'Hôpital, par disposition testamentaire, de concert avec sa femme Eremburge Castaigne. Il prolongea, croyons-nous, son existence jusqu'en 1270.

Le testament d'Eremburge, décédée en 1240, est très curieux pour les donations qu'elle fait et les personnes qui y sont désignées. Le nom de Henri de Vincheneuil n'y figure pas, mais la saisine de tous leurs biens, après la mort de leur fils, prouve qu'il s'est associé à toutes les libéralités de la charitable Eremburge (3).

---

(1) Armes *d'azur à trois gerbes d'or, 2 et 1, liées de même.*
Archives de Saint-Riquier. — *Nobiliaire de Picardie*, par de Villers. — M. de Rosny. *Recherches, etc.* — *Notes de famille.*

(2) *Archives de Saint-Riquier.*

(3) Ce testament existe encore aux archives de l'Hôtel-Dieu (*Cartulaire*, n° 57); il y a quelques lacunes causées par la vétusté. M. Le marquis Le Ver en a fait une bonne analyse que nous allons reproduire.

Eremburge déclare qu'elle fait son testament en

CHAPITRE VI. — LA NOBLESSE DE SAINT-RIQUIER.

Henri de Vincheneuil eut deux enfants. Wautier qui mourut sans postérité et Jeanne, mariée à Guillaume de Bersacles. La famille de Bersacles hérita des biens de Gorenflos.

son bon sens et en bon état, du consentement de Henri de Vincheneuil son mari.

Eremburge lègue à l'église Notre-Dame de Saint-Riquier, 40 s.: — Au curé, 20 s.: — A Vermond, son chapelain, 8 s.: — A Hubert le clerc, 2 s.: — A Thomas... (illisible), 12 liv. ou 12 s.: — A l'église de Balances (Valloires), 20 s.: — A l'église de Moreaucourt (près de l'Etoile), 20 s.: — A l'église de Berteaucourt, 20 s.: — A l'église d'Espagne, 20 s.: — A la Léproserie de Rue, 20 s.: — A la Léproserie d'Abbeville, 20 s.: — A la Léproserie de Saint-Riquier en la maison du Val, X.: — Aux Frères-Mineurs d'Amiens, 40 s : — Aux Frères-Prêcheurs d'Amiens, 40 s. — Aux Frères-Mineurs d'Abbeville, cent sous : — A la fabrique de l'église d'Amiens, 10 s. — A l'église du Gard, 40 s.: — Aux pauvres de l'hôpital d'Abbeville, 20 s.: — A chaque prêtre du chapitre de Saint-Riquier. 10 s. ou 2 s.: — A l'Incluse de Saint-Riquier, 10 s.: — A la maison de l'hôpital de Saint-Riquier, cinq journaux et demi de terres, situés vers le bois de Saint-Riquier ; à la même maison, 20 s.: — A Henri, fils d'Oger, filleul de la dite Eremburge, 20 s. : — A ses autres filleuls cent sous : — Aux pauvres caffards de Saint-Riquier, 40 liv. par., pour s'acheter des tuniques et des chaussures, par le conseil de frère Ade, maître de l'Hôpital : — A Hugues et Renier, fils d'Alard Kieukète, 7 liv. p. et à Aelides, 40 s.: — *Item*, elle lègue à Henri son neveu, fils d'Enguerran de Pommereuil, 20 journaux de terre et 10 vergues sis auprès de Vincheneuil.

Elle lègue à Ade Th., 26 liv. — Elle lègue à Jehanne, sa fille, 29 journaux de terre, dont 15 sont situés près la rivière et 14 auprès de l'Arbre de Coulonvillers. — Elle lègue à la fille de Jehanne la moitié de son manoir situé au milieu de..., qui fut à Lanchl de A (de l'Arbroye) avec 20 liv. par. : — *Item*, elle lègue encore à Jehanne sa robe : — En outre elle lègue à son petit fils Inguerran 20 liv. et 8 journaux de terre sis à Morte-Aisne (Moriaminy ?) et la moitié des terres qu'elle a achetées à Wart de Maisons : — *Item*, elle lègue à Eve de Vaux sa sœur trois muids de bled : — A l'église de Saint-Riquier deux journaux et demi de terre sis vers N. ; à son fils sa terre de Gorenflos et de Cramont et 20 liv. par. : — *Item*, à Messire Inguerran et à Messire Jehan de Pinkegny, prêtres, 10 liv. à chacun 5 liv. — A Marie, sa sœur, un muid de bled : — A Messire G., son chapelain, un demi-muid d'avoine : — A Marie, sa servante, un muid de blé : — A Foulques, 10 s. . — A Jean Bardoul, 10 s. : — *Item*, elle lègue 40 s. pour restituer à ses domestiques, si quelqu'un venait à prouver qu'il n'a pas exactement reçu ses gages : — *Item*, elle lègue à Messire Guillaume de Domqueur, chevalier, 40 s. pour restitution : — A l'héritier de Robert de... 20 s pour restitution : — *Item*, elle lègue à son fils Wautier la moitié du manoir qui fut à Gautier de Maisons : — A l'hôpital de Long, 20 s. — A Messire Hugues de la Cuisine, 20 s.: — A Messire Sewin, chapelain de Saint Benoît, 10 sol — Elle legue 40 s. pour faire son luminaire, par le monastère de Ablacânea (par le monastère de Blangy ? dit M. Le Ver), et un demi-muid de blé pour faire du pain et en distribuer aux pauvres le jour... (de ses funérailles ?), tout autant qu'on pourrait en avoir avec cette quantité de blé.

Nota. — Il faut remarquer que tous les legs qu'elle fait à son fils Gautier, portent expressément la condition suivante : il ne pourra vendre ni aliéner, sans l'assentiment et le consentement de Messire Ade, maître de l'hôpital de Saint-Riquier. Si le dit Wautier prend femme, il peut la doter de la moitié de sa terre et de la moitié de son manoir.... S'il meurt sans enfants, toute la terre à lui léguée par sa mère doit revenir à l'hôpital, pour y fonder une chapellenie ou toute autre chose, comme maître et frères de l'Hôtel Dieu jugeront convenable.

Item, elle lègue à Marie de Saint-Benoît, 10 s. — *Item*, elle lègue à Wautier son fils et à Jehanne sa fille la moitié des cens qu'elle possède avec Henri son mari et en outre la moitié de huit livres de cens : — Elle lègue à l'hôpital deux.... : elle veut que son mari reste maître de toutes les créances qu'elle a sur... (les moines ou les terres de l'abbaye de Saint-Riquier ?) à savoir, deux cents livres : mais elle excepte les *cateux* présents : — *Item*, elle lègue aux exécuteurs de son testament, qui sont le Maître de l'hôpital de Saint-Riquier et Inguerran de Pommereuil, 12 livres que ledit Henri de Vincheneuil leur payera sur les porcs et les chevaux

1268. Pierre de Vincheneuil, nommé mayeur, ne fut pas agréé par l'Abbé ni par le roi. Suspect ou convaincu de complicité ou de suggestion dans les troubles de la ville, peut-être en 1263, il avait encouru la disgrâce du roi qui décréta qu'il ne serait éligible qu'autant qu'il y aurait été autorisé par un mandat spécial.

(de ses étables?).

Elle lègue encore à ses exécuteurs testamentaires la moitié du blé et de l'avoine de la communauté avec son mari, en exceptant toutefois la part de ses legs particuliers ; elle veut que ce legs atteigne deux cents livres de deniers : — *Item*, elle lègue à toutes les personnes de l'église de Saint-Riquier, 5 s. : — Elle fait ses legs à ses exécuteurs testamentaires pour qu'ils prennent sa défense et qu'ils soient obligés de presser l'exécution de son testament et le paiement de tous ses legs et qu'ils n'aient aucune dépense à supporter sur leurs propres biens. — Elle veut que ses exécuteurs testamentaires rendent leur compte en présence de N... chapelain de Notre-Dame, de Aléaume de Pommereuil, le mayeur, de plusieurs notables de la ville, Hugues Lucas, Renier Le Quien, Pierre de Tannoye, Bernard de..., doyen, Jehan N. : — *Item*, elle lègue à Eve sa sœur son manteau vert (*de Glauco*), sa pelisse de poil de lièvre et à Marie sa sœur son surtout de...: — *Item*, elle lègue à ses exécuteurs la moitié de tous ses blés sur pied et moitié de tout ce qui peut lui revenir ; — *Item*, elle lègue à l'église de Saint-Riquier cent s. : — *Item*, elle lègue à Jehanne sa fille une pelisse de..., et elle veut que Jehanne sa fille ait la moitié de sa part dans les étoffes dont elle n'a pas disposé et la moitié de tous les ustensiles de sa maison, demandant expressément qu'on les lui attribue dans l'exécution de son testament.

Eremburge demande humblement qu'on appose le sceau de la commune sur le présent testament, pour lui donner la force et l'autorité publique.

Ce testament fut exécuté selon les vœux d'Eremburge. Après la mort de son fils Wautier, Jeanne sa fille et Guillaume de Bersacles, son mari, s'étaient fait mettre en possession des terres de Gorenflos et Cramont par les seigneurs du fonds ; mais le maître de l'hôpital se présenta avec le testament que nous venons de rapporter et les terres lui furent rendues. Guillaume et sa femme se dessaisirent entre les mains de l'official et s'engagèrent à ne jamais troubler l'Hôtel-Dieu dans la possession de ces biens.

REMARQUES SUR CE TESTAMENT.

Ce testament est un de ces monuments chrétiens du treizième siècle, dont nos annales sont si riches et dont nous nous plaisons à reproduire ici une esquisse. Toutes les grandes œuvres religieuses du pays ont une mention honorable, un témoignage affectueux de sympathie. A nos yeux, avec nos idées, l'aumône sera, si l'on veut, minime, mais si nous comparons la valeur de la monnaie du temps, nous comprendrons que l'acte de bienfaisance est d'une plus grande importance. Une charité ardente et éclairée est seule capable de cette générosité et de ces sollicitudes maternelles. Les institutions même les plus nouvelles, comme celles des Frères-Prêcheurs et des Frères-Mineurs qui datent à peine de dix ans, sont reconnues par Eremburge. Ses dons aux exécuteurs testamentaires ont un caractère de prévoyance qu'on ne saurait assez louer : il importe que cette charge ne soit point onéreuse et que toutes les démarches soient payées.

On sait combien la religion chrétienne inspire de respect pour les dernières volontés. C'était une faute de mourir intestat, mais c'était surtout un sacrilège de ne point accomplir les intentions des testateurs. Tout était placé sous la sauvegarde du prêtre ; disposition et exécution : et l'excommunication pouvait frapper les héritiers assez ingrats pour renier une dette sacrée. Les œuvres pies n'étaient jamais oubliées. Cet hommage au Créateur, l'arbitre souverain de nos destinées, au premier maître des biens de ce monde, rassurait l'âme effrayée à la vue d'un compte rigoureux et préparait de puissants intercesseurs, des prières abondantes.

Plusieurs des dispositions d'Eremburge nous révèlent quelques particularités de famille. Nous voyons qu'elle se rattachait par les liens du sang aux familles *de Labroye, de Pommereuil, de Vaux*. Ade I de Labroye, Maître de l'Hôpital est son frère ainsi que Jean de la Broye, dont la chronique loue aussi le magnifique et très ample testament.

Nous apprenons aussi par un legs d'Eremburge qu'il existait alors à Saint-Riquier une recluse, c'est-à-dire une pieuse femme, vivant dans une solitude complète et dans la pratique des plus rudes mortifications. Ce genre de vie autorisé et consacré par l'Eglise était encore assez commun. Sainte Colette, recluse à Corbie, deux siècles après,

CHAPITRE VI. — LA NOBLESSE DE SAINT-RIQUIER.

1273. Bernard de Vincheneuil vend sa maison à l'abbaye de Saint-Riquier.

1288. Giles de Vincheneuil et Marguerite sa femme vendent une maison sise contre les murs de l'abbaye devant l'église Saint-Benoît.

1290. Jean de Vincheneuil fut homme-lige de l'abbaye, possesseur d'un moulin dans la rue de Vincheneux, plusieurs fois échevin, prévôt en 1333. Il jugeait en 1290 un différend entre l'abbaye de Saint-Riquier et le couvent de Bertaucourt. Il mourut chargé de dettes (*Tome* I, *p*. 545).

1310. Henri III de Vincheneuil paraît dans un procès contre Agnès de Caulers.

1412. Margot de Vincheneuil cousine de Marie ou Mariette Rayer.

Vers 1500, Sire Nicole de Vincheneuil, prêtre.

Un fief de ce nom à Coquerel eut pour seigneurs des sieurs de Vincheneuil, écuyers (1).

FAMILLE DU WANEL. — Elle a occupé des positions importantes à Saint-Riquier pendant plusieurs siècles et se recommande par ses alliances avec la noblesse.

1568 à 1601. Nicolas du Wanel, pourvu de la prévôté de Saint-Riquier le 16 juillet 1568. Le titre suivant en fait foi : « A tous ceux qui ces présentes lettres verront, Nicolas du Wanel, licencié-ès-lois, prévost de Saint-Riquier pour le roi notre sire, salut. » On dit que son office fut saisi réellement le 17 janvier 1601 : pourtant la pièce dont nous donnons le titre est du 28 novembre 1601.

1586. Charles du Wanel achetait à Buigny-l'Abbé des terres vendues pour subsides dans les guerres de religion.

1627. Octavien du Wanel, procureur à Saint-Riquier, maire en 1660 et 1667. Il épousa D^lle Françoise Grebert. — **1627.** D^lle Anne du Wanel, veuve de Claude du Val est reprise dans un accord pour des partages. Est-ce la même Anne du Wanel, qui est mariée en secondes nôces à François Papin, sieur de Montargis ? — **1644.** N. du Wanel, sergent royal à Saint-Riquier. — **1655.** Jean du Wanel, notaire à Saint-Riquier, bailli du temporel de l'abbaye, échevin en 1660, fut alliée à Marguerite de Tigny.

a laissé un grand exemple de foi. Elle habitait auprès d'une Eglise et on montre encore aujourd'hui la place de son humble cellule. La maison de l'Incluse de Saint-Riquier jouissait encore longtemps après d'une certaine renommée. Il en est question au siècle suivant et on nomme la maison de l'Incluse comme le point de repère d'un quartier.

Les Pauvres Caffards de Saint-Riquier avaient excité toute la compassion d'Eremburge. Elle leur laissa de quoi se vêtir convenablement. Ce mot, devenu synonyme d'hypocrisie, de fausse dévotion, n'avait point encore été profané : il s'appliquait à des hommes vraiment religieux et voués à une pauvreté volontaire, à une rude pénitence, sous les livrées de la mendicité. Est-ce le monde qui les a flétris en haine de grands exemples propres à le condamner, ou bien des désordres scandaleux ont-ils pour jamais ruiné cette profession publique de la pauvreté évangélique ? C'est ce qu'il nous est impossible de dire, faute de documents positifs

(1) *Archives de Saint-Riquier.*

François du Wanel, son fils, vendit à Mayoc des immeubles à Charles Monguyot, écuyer, sieur desdits lieux.

Cette famille donna aussi deux religieuses à l'Hôtel-Dieu de Saint-Riquier (1).

FAMILLE DE WISQUIGNY, WISQUES OU WY. — Trois formes, ce nous semble, d'un nom dont l'orthographe s'est peu à peu abrégée. La famille de Wisquigny fut surtout libérale envers l'Hôtel-Dieu. On connaît encore le domaine de ce nom, aux environs d'Agenvillers.

1199. Robert de Wisquigny, bourgeois de Saint-Riquier ; Gautier, Michel et Jean ses frères ; ses sœurs sont Brunette et Oda, mariée à N. de Drucat. La femme de Gautier se nommait Gillette.

1210. Jean de Wisquigny donna une partie de ses biens à l'Hôtel-Dieu, puis se donna lui-même, en se faisant frère hospitalier dans la communauté. — 1258-1282. Inguerran de Wisquigny, vavasseur d'Enguerran Frétel de Vismes. — 1267. Barthélemy de Wisquigny. Ses fils sont Jacques, Jean, Pierre.

1490. Michel de Wy ou Wich, échevin.

1526. Michel de Wy, prieur claustral au monastère. — 1529. Adrien de Wisques, échevin, mayeur en 1530. — 1554. Jean de Wy, moine à Saint-Riquier. — 1569. Antoine de Wisques achète le Petit Moulin au nom de Bernard de Wisques (2).

A ces familles dont les noms font la gloire de l'antique ville féodale, nous en ajouterons plusieurs autres dans les notices que nous allons donner sur les fiefs du monastère. Beaucoup de noms de familles nobles ou bourgeoises, qui ont vécu dans cette ville avec moins d'éclat dans la suite des âges, ont laissé des souvenirs dans les principales fonctions de la ville, ou se recommandent par leurs aumônes aux institutions religieuses. Nous renvoyons à la liste des membres du clergé, des magistrats, des divers officiers de la ville ou de la prévôté pour leurs noms.

Qu'on nous permette seulement d'évoquer ici quelques noms d'hommes liges, d'échevins ou de bienfaiteurs ; parmi les hommes liges, les familles de Simon le Mayeur ou le Maire, de Legrand, de Martin, de Bardoul, d'Yzengremel, de Mareulx, de Banquetun, de la Cressonnière, de Le Cordier, de le Couer, de Le Baille qui a laissé son nom à une rue de la ville et à un jardin : parmi les échevins, les familles de Maintenay, de Maisnières, de Portemont, de Prouville, de Sanchy, nom qui rappelle un fief cité dans un privilège du pape Alexandre III, et aujourd'hui inconnu, d'Argoules, de Macquet, de Péronne : parmi les bienfaiteurs, Demoiselle de Prestoye qui a vécu à Saint-

---

(1) Armes . de sable à trois bandes. (2) Archives de Saint-Riquier et de l'Hôtel-Dieu.
Archives de Saint-Riquier.

Riquier et légua des terres au monastère pour deux obits ; Demoiselle Jeanne de Callaude, bienfaitrice de la confrérie de Saint Nicolas.

CHAPITRE VII.

LES FIEFS DE SAINT-RIQUIER.

Nous suivrons l'ordre suivant dans l'énumération des fiefs : 1° les fiefs monastiques ; 2° les fiefs séculiers ; 3° les fiefs éteints ou perdus depuis longtemps (1).

I. — FIEFS MONASTIQUES.

Nous distinguerons les offices claustraux, le fief des Cariliers, le fief des Potages ou du Bedeau, le fief du Couturier.

LES OFFICES CLAUSTRAUX. — On appelait de ce nom des bénéfices distincts des manses conventuelles et possédés en titre par des religieux ; ce qui était contraire au vœu de pauvreté et affaiblissait singulièrement la discipline religieuse, surtout sous la commende.

Les offices claustraux furent abolis par une bulle de Clément XIV, le 15 juillet 1772. Il y était statué que les chapelles et les offices claustraux demeureraient éteints et supprimés, quand ils viendraient à vaquer par la mort des titulaires ou de toute autre manière, que les revenus seraient réunis aux manses des monastères ou des prieurés dont ils faisaient partie. Des lettres patentes du 14 août suivant ordonnèrent l'exécution de cette bulle sollicitée par le roi.

Les offices claustraux de l'abbaye de Saint-Riquier comprenaient l'office de l'aumônier, du prévôt ou du prieur de l'abbaye, du prévôt d'Escamonville, du trésorier, du sous-prieur, du chantre et du sous-chantre.

Il nous reste bien peu de renseignements sur les offices claustraux.

---

(1) Une note de l'Inventaire des Titres des manses du monastère, rédigée en 1784, porte ce qui suit, page 3. « La négligence a fait perdre par la prescription un revenu certain sur les rentes, qui sont quelquefois jointes aux cens et qui, toujours plus considérables que les cens, se prescrivent toujours. On ignore une quantité de droits seigneuriaux que les mutations produisent et qui se perdent enfin de même par la prescription des seigneurs voisins qui, plus vigilants et curieux d'étendre leur directe, profitent de cette négligence, pour la faire servir par les vassaux de l'Abbaye et on perd ainsi les objets mêmes des censives. »

I. L'office de l'aumônier. — Le fief de l'Aumône consistait en censives et droits seigneuriaux. Dans les derniers temps, le revenu en appartenait au seigneur abbé ou aux religieux. D'après des conventions spéciales, des fidèles avaient augmenté les ressources de l'aumônier par des donations ou des ventes, comme on le conclut d'actes indiqués au Répertoire, que nous désignerons sous le nom d'Inventaire des Titres.

Un jardin à Saint-Riquier, portant le nom de Jardin de l'Aumône, en était sans doute le chef-lieu. VIII journaux de terre ou de prés à Tonvoy étaient annexés à ce jardin. Ces deux propriétés étaient louées à des habitants au xviii° siècle. Les religieux en perçurent le revenu, après la suppression des fiefs claustraux.

Un autre jardin ou pré nommé le jardin Bailleul et voisin du jardin de l'Aumône, contenant un journal et demi, avait été acheté par les moines en 1684 (1).

II. L'office du prévôt. — Au xvii° siècle, l'office du Prévôt fut cédé par bail à loyer à des religieux. Ce qui amena un procès en 1651 entre D. Gilles Royel et D. François de Cacheleu, qui se disputaient cet office. Un arrêt en confirma la possession à D. Royel ; mais il y eut peu de temps après une nouvelle occasion de procès entre le prévôt-fermier et les autres moines. D. Royel s'était engagé, en 1656, par convention verbale, à sous-louer à la commuuauté, pour six ou neuf ans, tous les droits et revenus de la prévôté, moyennant une somme de 150 liv. par an, sous réserves toutefois de quelques reprises. Le jugement du 1er octobre 1658 ratifia la convention qui fut renouvelée en 1664 pour six ans (2).

III. Prévôté d'Escamonville. — Nous renvoyons, pour ce qui concerne ce fief, à l'article d'Escameauville ou Equemauville dans la seigneurie de Maison-Roland.

IV. Office du Trésorier. — Le fief de la Trésorerie avait été créé sur la seigneurie de Saint-Riquier, d'où vient que les archives l'appellent un démembrement de cette seigneurie. Les revenus du trésorier avaient beaucoup perdu de leur importance dans les derniers temps du monastère. Ils ne consistaient plus qu'en quelques menues censives sur CLXVIII journaux de prés, sur quelques maisons dans la ville ou quelques manoirs au dehors, le tout tenu par 12 liv. 16 sous parisis, un setier et demi de bled environ, 2 setiers d'avoine, 21 chapons, 4 poules.

Les droits seigneuriaux et les reliefs du fief de la Trésorerie étaient payés au quint denier par tous les vassaux, sans exception des bourgeois jurés, dont les privilèges ne s'étendaient pas sur les mouvances de ce fief, le Trésorier ayant toujours conservé ses droits. Les habitants de Saint-Riquier essayèrent de secouer ce joug en 1735. Mais la coutume prévalut et l'on continua de payer le quint denier.

Le Trésorier était en outre seigneur froquier ou voyer dans toute la ville de Saint-

(1) *Inventaire des Titres de Saint-Riquier*, pages 793-796.   (2) *Ibid.* Page 166-171.

Riquier et dans toutes les seigneuries de l'abbaye. Après la suppression des offices claustraux, le prieur du monastère fut investi de ce droit, qu'il pouvait déléguer à un de ses religieux. On sait à quelles récriminations la justice froquière était exposée dans une administration de domaines aussi étendue que celle du monastère, et quel grand nombre de procès ont surgi dans la suite des siècles.

Des jardins appelés dans les Archives Jardins de Nicamp, du nom d'un propriétaire, devaient la dîme au trésorier, à raison de 7 gerbes du cent. Un autre petit jardin, à la porte Notre-Dame, était redevable d'un setier d'avoine au même fief.

On voit, dans les papiers féodaux anciens, qu'il existait trois fiefs de la Trésorerie,[1] sis sur le terroir de Neufmoulin ou de Saint-Riquier. Au XVIIe siècle, ils sont possédés par les seigneurs de Ramburos ; en 1703 ils rentrèrent sous la puissance des religieux.

D. Cotron cite, sous la date de 1409, le relief de Guillaume de Nouilly pour un fief restreint, sis entre Oneux et Yaucourt, et nommé le fief de la Trésorerie (1).

V. Les offices du SOUS-PRIEUR, DU CHANTRE OU DU SOUS-CHANTRE étant éteints, il n'en est plus question dans le répertoire de 1785.

On voit encore cependant à cette époque un fief des offices claustraux. Ce fief était situé à Rivière, annexe de Béthencourt, canton de Molliens-Vidame ; *Riveria in Vimento*, dit D. Grenier (2). Ce fief consistait en un droit de dîme sur ccc jr de terre audit lieu. Les offices claustraux possédaient les deux tiers de cette dîme et le curé l'autre tiers ; ils percevaient en outre un droit de demi-terrage. On ne rendait plus au prieur, au dernier siècle, qu'une somme de 5 liv. 10 s.

FAMILLE DE DAMIETTE.—On voit, en 1480, que le fief des offices claustraux était inféodé au seigneur du lieu, Adrien de Damiette, seigneur de Béthencourt-Rivière. Il le tenait par testament de Jean Pelle, seigneur de Béthencourt-Rivière. Son successeur Hubert de Damiette donna son relief en 1511 et son petit-fils Antoine en 1527. Puis se succèdent dans la seigneurie et les hommages, Antoine II de Damiette, Pierre I, Claude, Pierre II. Ce dernier vendit, pour payer les dettes de son père, vers 1692, sa seigneurie de Béthencourt-Rivière à François d'Hollande, écuyer, que nous voyons à cette époque en possession du fief.

En 1480, Dampt Pierre de Damiette était moine de Saint-Riquier (3).

FAMILLE D'HOLLANDE. — François d'Hollande de Friaucourt, écuyer, trésorier à la généralité d'Amiens, avait épousé en premières nôces Catherine Scourion et en secondes nôces Elisabeth de Gorguette.

---

(1) *Inventaire des Titres*, pages 811 à 819. — 797 à 799.
(2) *Tome* XXVII, *page* 56.
On voit aussi *Riverie*. — M. Garnier, *Dictionnaire Topographique*.
(3) Armes : *d'argent au chevron de gueules, accompagné en pointe d'une épée de même.*
M. de Belleval, *Nobiliaire*.

Après sa mort, arrivée en 1723, sa veuve donna le dénombrement de son fief avec D^lle Marie-Madeleine d'Hollande, sœur de François d'Hollande. Celle-ci laissa le fief à François-Firmin, marquis de Louvencourt, son oncle (1).

Famille de Louvencourt. — Ancienne famille de Picardie, encore existante aujourd'hui.

1780. Nicolas-Barthélemy, marquis de Louvencourt, hérita la seigneurie de Béthencourt-Rivière de son oncle François-Firmin et la laissa, en 1789, à Claude-François-Joseph de Louvencourt. Ce dernier est le père de la sainte fondatrice des religieuses de Louvencourt (2).

La bulle d'Alexandre III sur les priviléges de Saint-Riquier fait mention des dîmes de Béthencourt-Rivière. L'abbé de Saint-Riquier était alors patron de l'Eglise ; mais ce droit a été cédé dans les derniers siècles à l'évêque d'Amiens (3).

Fief des Caritiers. — Ce fief consistait en revenus pour les officiers du monastère chargés des *Courtoisies* ou pitances accordées aux religieux, après certains offices extraordinaires (4). Ces revenus étaient perçus sur des censives ou droits de vente exigibles au quint denier, sans distinction de bourgeois ou non bourgeois. Une partie de ces cens avait été rachetée à Wiltus, seigneur des Rabuissons à Amiens (1277) ou à plusieurs bourgeois de Saint-Riquier. Une autre provenait de manoirs rachetés à Marguerite de Cramont et à ses enfants ou sur des habitants de la ville et donnés à cens à divers particuliers.

En 1364, les Caritiers, étant de nouvelle création, ne jouissaient pas de tous les droits du monastère : ainsi les mayeur et échevins pouvaient connaître des difficultés soulevées au sujet de leurs cens, mais avec la restriction d'un renvoi à l'abbé et au prévôt, si ces deux autorités jugeaient à propos d'en connaître. Les coutumes locales ont noté cette particularité.

1548. Les marguilliers de l'église Notre-Dame, dans le premier temps de la commende, avaient négligé d'acquitter des cens aux caritiers ; une sentence de Jacques d'Acheux, prévôt de Saint-Riquier, les obligea à payer de ce chef 75 liv. 7 deniers pour deux années. On leur imposa aussi la charge de payer le relief et de nommer une personne caduque ou homme vivant, etc.

Les papiers féodaux ont conservé quelques faits propres à confirmer nos assertions et à montrer que ces biens ecclésiastiques avaient l'origine sacrée de l'aumône ou le droit inviolable de propriété payée des deniers de la communauté (5).

---

(1) Armes : *d'argent à deux croix pâtées, au pied fourchu de sable ; au chef d'azur chargé de trois besans d'or.*

(2) Armes : *d'argent à trois têtes de loups de sable.*

(3) *Inventaire des Titres,* pages 801 à 808.

(4) Voir *Tome* i, page 538.

(5) *Inventaire,* etc., pages 799-809.

Fief du Couturier ou de la Couture. — Un dénombrement fourni, en 1752, par Antoine Buteux, arpenteur juré, nous a conservé l'objet de ce fief et ses charges.

Le possesseur du fief recevait de l'abbaye 10 setiers 8 boisseaux de blé muison et 12 setiers d'avoine à la mesure d'Abbeville. Pour cette redevance il était obligé d'assister, avec l'épée au côté et une baguette à la main, aux processions de la communauté, les jours de la Purification, des Rameaux, du Saint-Sacrement, de l'Assomption, de Saint Riquier en octobre et autres processions, cérémonies extraordinaires et publiques ; il marchait en tête de la procession et, la cérémonie terminée, il prenait un dîner ou un souper au réfectoire des moines, après la communauté.

A ce fieffé, comme il le reconnaissait dans son dénombrement, on imposait une autre charge beaucoup plus onéreuse. « C'était l'obligation de faire à neuf tous les habits « des religieux, tels que les frocs, les robes, grands et petits scapulaires, soutanes, ca- « misoles, culottes, bas et sergettes ou d'en payer la façon, s'ils étaient faits par d'au- « tres que lui. » Le dénombrement mentionnait, en outre, que les autres charges ou émoluments attachés à cette office, étant abrogés par le non usage depuis un temps immémorial, il était superflu d'en faire la description (1).

Ce fief encore réputé noble dans un dénombrement de 1703 est appelé servile dans celui que nous transcrivons. C'était, selon la remarque des auteurs, un fief *sine gleba*.

Les archives n'ont conservé que peu de noms des fieffés de la Couture.

1326. Jean d'Estrées tient noblement le fief de la Couture dont le relief est de 60 s. parisis.

1381. Dénombrement de Jeanne le Scellier, fille de Wautier, bourgeois de Saint-Riquier.

1424. Relief et saisine au profit d'Arnoult de Villers, passementier et de Bernarde sa femme, dernière nièce et plus proche héritière de Jeanne le Scellier.

1622. Edme Piollé, marchand à Saint-Riquier, donne le fief de la Couture à son fils Adrien Piolé, par son contrat de mariage avec Marie Coulon d'Abbeville (2).

---

(1) D. Grenier nous a conservé un aveu du 24 mai 1424. « Le possesseur avait droit de prendre sur la dite église un muid de bled et un muid d'avoine, à la mesure de ladite église, un haste de porc et un pain à la Saint-Remi, une carbonnée de lard, long d'un pied et demi, large d'un demi-pied, à prendre aux Caresmiaux, trois flans du couvent, quand on porte la croix devant l'Ascension, un agnel le même jour de l'Ascension ou quatre sols, la dîme des lins et des chanvres de Noyelles-en-Chaussée, le surcorps ou habit séculier des religieux nouvellement vêtus, la pelisse ou autre habit de chaque religieux défunt. Les charges étaient de fournir la toraille, au Mandat le Jeudi-Saint, devant l'abbé ou prieur, porter ou faire porter aux processions solennelles une blanque vergue, pour faire traire les gens arrière, devait payer de chacun religieux le frucbon de deux estamines, deux famulaires, deux coutes, un froc, une cotte, un pinchou de drap, une paire de cauche et de cauchons et netoyer une fois le dortoir des religieux, quand il en était requis, veiller la nuit du trépas d'un religieux, livrer le fil et l'aiguille pour l'ensevelir, et pour ce devait avoir au pain de 4 livres, mais moitié de la pâte du couvent, moitié de la pâte bise. » D. Grenier, *paquet 4 art. 3 cité par M. Prarond. Histoire de Saint-Riquier, p. 167.*

(2) *Répertoire, fol.* 663-669.

FIEF DES POTAGES OU DU BEDEAU. — Ce fief portait le nom *des Potages*, parce que le possesseur avait droit chaque jour à une écuelle de bouillon ou du potage qu'on donnait aux serviteurs du monastère et à xiv pains par semaine. Le service du fief obligeait à préparer et à servir tout ce qui était nécessaire pour le *Mandatum* des pauvres et des religieux. On sait que le *Mandatum* est le lavement des pieds, pratiqué dans les grandes églises le Jeudi-Saint, et dans les monastères aux jours fixés par les constitutions. Le *Mandatum* des pauvres se faisait dans les monastères avant le dîner et celui des religieux après. En quelques lieux, il se faisait tous les jours, en d'autres, toutes les semaines. Nous n'avons aucun détail à ce sujet pour Saint-Riquier, mais la quotité de pain offert au feudataire semble la rénumération d'un grand travail et prouverait le fréquent usage de cet acte d'humilité monastique. Il semble cependant que la redevance a diminué dans les derniers temps par la conversion du pain en blé. On ne payait plus annuellement que x setiers viii boisseaux de blé muison et 5 livres d'argent, ce qui fait supposer un service moins onéreux. Ce fief était noble ; il fut racheté en 1699.

1312. Pierre Le Farcy vend le fief des Potages à Pierre Leguay.

1344. Dénombrement de ce fief par Colard Maignes. Deux siècles plus tard on le retrouve entre les mains des Vausselles.

FAMILLE DE VAUSSELLES OU VAUCHELLES. — Ancienne famille de Saint-Riquier, dont la noblesse n'a jamais été reconnue ni prouvée, mais qui a occupé d'importantes fonctions dans l'ordre judiciaire.

1487. Colard de Vausselles a épousé D^{lle} Colaye Lorice. Il est échevin en 1507.

1511. Jean de Vausselles, procureur du roi. — 1530. Sire Nicolas de Vausselles, prêtre. — 1574. Jean de Vausselles, procureur du roi et notaire à Saint-Riquier, possède le fief des Potages. Son fils Thibaut, procureur au bailliage d'Amiens, est donataire de ce fief dans son contrat de mariage avec Marie Du Four : il le vend en 1584 à son frère Jacques de Vausselles, notaire et procureur. Mais celui-ci le laisse hypothéquer pour constitution de rentes.

Jacques de Vausselles, fils du précédent et son héritier, a épousé D^{lle} Louise Moisnel ; substitut du procureur du roi : il laissa, par suite d'une mort prématurée, des enfants mineurs dont le relief fait connaître les noms (1692).

Le fief fut possédé en 1692 par Louis de Vausselles, auquel succéda l'une de ses sœurs, Françoise de Vausselles, épouse de François Lescot, bourgeois d'Abbeville. En 1699, Joseph Lescot, fils de François, vendit le fief aux moines. C'est le petit couvent qui a bénéficié de la suppression de ce fief (1).

(1) *Inventaire des Titres*, pages 506-509.

II. -- FIEFS SÉCULIERS.

1. Fief des Amourettes. — Ce fief situé sur le terroir de Saint-Riquier vers Gapennes, à Mancheron ou aux environs, contenait 20 jʳ de terre.

Famille du Hamel. — Probablement originaire d'Abbeville et issue de l'ancienne bourgeoisie. — Claude Du Hamel possédait ce fief avant 1550. Son fils Antoine fit hommage et donna son relief en 1550 (1).

Jean le Brasseur, possesseur de ce fief en 1580, le vendit en 1587 au suivant.

Famille Perache. — Si cette famille n'est pas originaire de Saint-Riquier, du moins elle y a occupé des charges honorables : elle y est connue dès le xiiiᵉ siècle.

1238. Enguerrand Perache et sa femme Richilde ont fondé la chapelle du Val des Lépreux à Saint-Riquier (*Tome* ii, *page* 508). — Raoul Perache aumône cette même chapelle de ses libéralités, en lui offrant des terres à Noyelles. — 1239. Grégoire Perache, échevin à Saint-Riquier. — 1240. Mᵉ Alelme Perache, clerc.

1507. Guerard Perache, possesseur d'un fief à Maison-Roland, signa les coutumes de la Ferté. Louis Perache est seigneur d'un autre fief au même lieu en 1502.

1570. Jeanne Perache, fille de Jean Perache, écuyer, sieur de Fontaine, homme d'armes des ordonnances sous M. d'Humières, épousa Jacques Scourion, écuyer, sieur de la Houssoye. — 1572. Louis Perache était greffier de la prévôté. — 1590. Saisine du fief des Amourettes à Louis Perache, greffier de la prévôté de Saint-Riquier. Dˡˡᵉ Marguerite, sa fille, épousa Antoine Le Fèvre et apporta le fief des Amourettes dans cette famille.

Signalons encore Nicolas Perache, maire en 1602, et Jean Perache, maire en 1627, et son fils Claude Perache, prévôt royal à Saint-Riquier (1644), puis un autre Claude Perache, aussi prévôt en 1669.

On dit que le dernier descendant de cette famille, homme d'esprit et de goût, passionné pour les arts, s'éteignit à Abbeville, il y a quelques années, au milieu des curiosités choisies qu'il avait su rassembler.

Famille Le Fèvre des Amourettes. — Famille abbevilloise, célèbre par ses richesses et par l'hospitalité qu'elle donna à Louis XIII vers 1630. — Jacques Le Fèvre des Amourettes, fils d'Antoine et mayeur d'Abbeville, conseiller du roi, contrôleur au grenier au sel, illustra le nom du fief en l'ajoutant à son nom de famille.

1663. Relief de Nicolas Le Fèvre des Amourettes, fils du précédent, avocat au Par-

---

(1) Armes : *d'azur à la bande d'or chargée de trois roses de gueules.*

lement ; il le vendit à N. Garbados, brasseur à Saint-Riquier. Il avait épousé D^lle de Montmignon, dame Du Bus (1).

FIEF BRISSAC OU DU FLOS DU QUEVAL. — Le fief Brissac, anciennement *Flos du Queval*, comprenait XLVIII j^r de terre au terroir de Saint-Riquier, vers Gapennes, et des mouvances à Oneux. Il doit son nom à la famille de Brissac, inconnue dans les archives au dernier siècle.

FAMILLE DE DOMARD. — Très noble et très ancienne famille éteinte au xve siècle ; elle a eu ses représentants dans la noblesse féodale de Saint-Riquier.

1239. Wainot de Domard, prêtre, nommé dans nos archives. — On rachète des fiefs à un Bernard de Domard (1256).

1330 à 1369. Jean de Domard, sergent royal à Saint-Riquier, auditeur du roi en 1346, a aussi possédé un fief à Saint-Riquier, probablement le fief Brissac. Il est dit gardien d'Abbeville en 1349. — 1340. Simon de Domart possède le fief de Brissac. — 1364. Relief de Guillaume son fils, dit Habanel.

Au xve siècle, Jean, vicomte de Domard, légua des cens à la ville de Saint-Riquier. Est-ce lui qui, le 12 mai 1412, donna quittance de ses gages pour lui, pour un chevalier et sept écuyers de sa compagnie (2).

FAMILLE DE BLOTTEFIÈRE. — 1584. Relief au profit de Pierre de Blottefière, frère et héritier d'Antoine de Blottefière, écuyer, sieur d'Yonval. A cette époque la famille de Blottefière donna encore des reliefs pour des immeubles mouvants de Saint-Riquier et tenus en cotterie. On nomme spécialement Pierre de Blottefière et ses sœurs, dont D^lle Anne de Blottefière, veuve d'Antoine d'Aigneville, seigneur de Boiville ; D^lle Louise de Blottefière, unie à Adrien de Bourdan ; D^lle Jeanne, épouse de Philippe de Saint-Delis. — Après Pierre de Blottefière, le fief Brissac fut possédé par Adrienne de Blottefière, dont hérita Anne, tante d'Adrienne et après Jeanne, citée plus haut. — 1612. Louis de Saint-Souplis, écuyer, sieur de Beaulieu, prit hypothèque sur ce fief que possédait alors la famille de Saint-Delis.

Nous retrouverons la famille Blottefière à Willencourt.

1664. François Le Prévot, écuyer, sieur de Brissac, vendit le fief à l'Hôtel-Dieu de Saint-Riquier (3).

FIEF DE FRIAUCOURT OU SCOURION. — Il est question de Friaucourt dans la vie du Bienheureux Angelran. Parmi ses actes les plus mémorables, on parle de ses efforts

---

(1) Armes : *d'argent au chevron d'azur à trois gousses de fèves de sinople, 2 en chef, 1 en pointe*. *Histoire des Mayeurs d'Abbeville*, page 653.
(2) Armes : *d'argent au chevron de gueules accom-* *pagné de trois merlettes de sable*.
Inventaire des Titres, pages 196-198.
(3) *Inventaire des Titres*, page 240.

CHAPITRE VII. — LES FIEFS DE SAINT-RIQUIER.

pour rendre à son monastère l'église de Friaucourt (1). Il est question ensuite de Friaucourt dans le testament de Robert de la Ferté en 1129. Ce seigneur donne aux religieux toute la terre labourable qu'il possédait à Friaucourt, vers Saint-Mauguille et le Hamel (2).

Ce qu'on appelle ici Friaucourt (3), petit groupe d'habitations fort champêtres, c'est la partie des faubourgs de Saint-Riquier située entre la ville et Saint-Mauguille et traversée par la rue Verte. « Il faut présupposer, dit le Cartulaire, que oudit terroir de « Friencourt, y avoit une église. Environ l'an 1456, on trouva grande machonnerie de « grosses pierres de thuf, à l'endroit du Val-Saint-Riquier, qui avoient apparence de « grands fondements d'église et furent apportées en icelle église (c'est-à-dire au mo-« nastère). »

Le fief de Friaucourt consistait, au xviii° siècle, en mouvances, tant en rotures qu'en fiefs, sur des terres sises au faubourg de Saint-Riquier, au terroir de Saint-Mauguille et aux environs, et au terroir de Moufflers. Il a donné son nom à une famille de Saint-Riquier que M. de Belleval a confondue avec les seigneurs de Friaucourt, au canton d'Ault. Il était à peu près dans la vérité, lorsqu'il disait, dans la première édition de son *Nobiliaire*, que cette famille était originaire de Friaucourt ou de Saint-Riquier. Nous croyons concilier ses variations dans les deux éditions de son ouvrage, en distinguant deux familles qui ont porté le titre de seigneurs de Friaucourt. L'une à Saint-Riquier et l'autre à Friaucourt. Voici des noms qui attestent l'existence de cette famille à Saint-Riquier.

FAMILLE DE FRIAUCOURT. — Le nom le plus ancien dans nos archives est celui de Gautier de Friaucourt, moine de Saint-Riquier (1208).

1325. Jean de Friaucourt, chevalier, seigneur de Friaucourt est surnommé Poulain. N'y aurait-il pas dans cette appellation quelque affinité avec la famille le Pullois de Saint-Riquier (en latin *Apullus*), ou la famille Poulain. Jean de Friaucourt vend des terres à Caumont, à son ami Henri de Caumont. De Marguerite de Blangy, sa femme, il eut un fils du nom de Hue de Friaucourt, écuyer, possesseur en 1350 de fiefs à Saint-Riquier, Drucat et Neuilly-l'Hôpital. — Les enfants de Hue de Friaucourt sont Pierre, Jean, Marie, femme de Mathieu de Vaux, écuyer, plus probablement seigneur de Vaux-lès-Saint-Riquier, que de Vaux-lès-Abbeville. — A Pierre de Friaucourt succède Hue, dit le Hutin, puis Olivier de Friaucourt qui épousa Mariette le Moictier de Neuilly-l'Hôpital (4).

M. de Rosny a retrouvé quelques noms qui nous semblent confirmer nos appréciations. Il cite avant 1356 Jean de Hellencourt, sieur de Friaucourt.

---

(1) *Chron. Cent. Liber* IV. *Cap.* XVII.
(2) D. Cotron. *Anno* 1129.

(3) *Froocort*, Friencourt, Frieucourt.
(4) Nous avons emprunté cette généalogie aux

17

1362. Giles IV, baron de Mailly, avait épousé Marguerite de Friaucourt, dame dudit Friaucourt et d'Offinicourt (autre fief près de Saint-Riquier).

1445. Jean Quesnel, sieur de Friencourt, Aliénor sa femme et D^{lle} Jeanne, leur fille, demeurent à Wault-lès-Friencourt. Quel rapprochement entre Friaucourt et Vaux-lès-Saint-Riquier !

En 1478, le domaine de Friaucourt avait passé dans la maison de Scourion qui l'a possédé pendant plus de deux siècles, d'où le nom de Scourion dans les Archives.

Nous renvoyons à la famille Scourion pour la succession des seigneurs de Friaucourt. En 1701, le fief des Scourion fut vendu à Joseph Vaillant, écuyer, seigneur de Romainville.

FAMILLE VAILLANT. — Cette famille aujourd'hui éteinte fut maintenue dans sa noblesse au xviie siècle. En même temps qu'il donnait l'aveu du fief de Friaucourt, Joseph Vaillant recevait la saisine des fiefs d'Yaucourt, de Thiboutot à Saint-Riquier, d'Hémimont près Bussu, du fief de Loche ou Cacheleu. Joseph Vaillant laissa le fief de Friaucourt à François Vaillant I, son neveu. En 1750, François Vaillant II, fils du précédent, écuyer, sieur de Haute-Mare et autres lieux donna le relief du fief de Friaucourt.

Le dernier possesseur fut François Vaillant III, chevalier, qui mourut au commencement de ce siècle (1).

En 1366, Witus Gardiaux possédait un fief à Friaucourt.

En 1619, N. Hourdel, curé de Witz et consorts eurent un procès pour un champart au même lieu (2).

FIEF GRÉDAINVILLE. — Ce nom de fief est dû à Philippe Gredaine qui le possédait au xve siècle.

Le fief comprenait xv j^x de terre à Saint-Riquier, xxviii j^x sur d'autres terroirs : il rapportait 20 liv. de censives en 1785.

La famille Gredaine, à peine connue dans les archives, a cependant fourni un moine à l'abbaye, Pierre de Gredaine, mentionné en 1480.

FAMILLE FUZELIER. — On la voit à Abbeville au xive siècle. Par son alliance avec Marguerite Le Quieux, fille de David Le Quieux, bailli de l'Abbaye, Nicolas Le Fuzelier, écuyer, procureur en la sénéchaussée du Ponthieu, devint possesseur du fief Gredainville ; Nicolas Fuzelier le partagea à ses deux filles. L'une d'elles Adrienne

---

deux éditions du *Nobiliaire* de M. de Belleval, au mot *Friaucourt*. M. de Belleval remarque lui-même que la généalogie de cette famille est difficile dans les époques qui ont précédé le xive siècle. Nos observations apporteront peut-être quelques lumières.

(1) Armes : *d'argent, au lion de sable armé et lampassé de gueules.*

(2 *Inventaire des Titres*, page 205. — M. de Belleval, *Nobiliaire*. — M. de Rosny, *Recherches*, etc.

Fuzelier fut mariée à Jean Buteux, d'où est issue Catherine Buteux qui s'unit à Mathieu Le Saige (1536) et lui porta sa part de fief (1).

FAMILLE LESAIGE OU LESAGE. — D'origine Abbevilloise. — 1562. Saisine du fief à Jean Le Sage, fils de Mathieu, chevalier, seigneur de Vauchelles, rachasseur pour le roi dans la forêt de Crécy. — 1574. Saisine au profit de François Le Sage, fils du précédent, bailli de Rue. Celui-ci vendit le fief à Nicolas Tillette d'Offinicourt en 1584 (2).

FAMILLE TILLETTE D'OFFINICOURT. — Nous renvoyons au fief d'Offinicourt, seigneurie de Neufmoulin.

En 1644, nos archives accusent le relief de Nicolas Roussel demeurant à Oisemont, mari et bail de Françoise Marcotte, sœur et héritière de Louis Marcotte. Est-ce la partie du fief laissée à une des filles de Nicolas Fuzelier ?

Ce fief est coté dans un état des fiefs de Picardie pour 50 liv.

FAMILLE DE ROUSSEN. — 1719. Ce fief appartenait à Antoine de Roussen, receveur de l'abbaye, qui l'avait acheté à honorable homme Claude Le Fèvre, consul à Abbeville. — 1741. Relief de Louis-Charles-Antoine de Roussen, fils mineur du précédent, conseiller du roi en 1785, garde-marteau des eaux et forêts. Ce dernier donna un dénombrement du fief (3).

FIEF DU HAMEL OU BOYARD. — Le Hamel, ancien hameau dans la banlieue de Saint-Riquier, désigné dans le livre des Miracles de Saint-Riquier sous le nom de *Villare Gemeticum (Tome I, page 247)*, renfermait en 1767 un enclos de XIV j^r de terre, reste d'un grand manoir possédé au XVe siècle par la famille des Bouberch de Saint-Riquier. Le canton du Hamel est encore bien connu. On a quelquefois confondu le fief du Hamel appelé aussi Boyard avec le fief de Bayardes, sis à Ivrench. Nous croyons nécessaire de signaler cette distinction dans les domaines de l'Abbaye.

Ce fief contenait au XVIIIe siècle XXIV j^x de terre en plusieurs pièces.

Nous ne connaissons point d'hommes-liges de ce fief avant les sieurs de Hesdin, dont nous avons donné la généalogie (*Plus haut, page* 90). Nos archives n'indiquent pas non plus à quelle époque il est entré dans les domaines de la famille du Maisniel. Avant les Du Maisniel, Philippe Cocu possédait ce fief, coté pour un revenu de 21 liv. 10 s., d'après un état des fiefs de Picardie. On voit successivement Pierre du Maisniel, qui le donne à son fils Claude, dont hérita ensuite Claude II, fils de ce dernier.

En 1701, il appartint à plusieurs co-partageants : 1° à Dame Barbe de Lance, épouse

---

(1) Armes : *d'or, à trois fusées de gueules, mises en fasce*.

(2) Armes : *d'argent, au chevron d'azur, accompagné de deux croissants de gueules et d'une rose de même en pointe*.

(3) *Inventaire des Titres*, page 333.

de Messire Pierre Lafond, avocat au Parlement de Paris, fille de Barbe de Cacheleu, veuve de François du Maisniel, donataire d'un tiers du fief, (La donation ayant été contestée par Marguerite Manessier, veuve aussi de François du Maisniel, fut confirmée par arrêt de 1699). 2° à D^{lle} Marie du Maisniel, veuve de Nicolas Becquin (Celle-ci avait vendu son tiers à Nicolas Briet, seigneur de Rainvillers, écuyer, qui donna son dénombrement en 1706.) 3° à Antoine du Maisniel de Boyarcourt, sieur du Hamel ; ce tiers passa à André Caullier de Boyarcourt, conseiller du roi en l'élection de Ponthieu, à Abbeville, fils de demoiselle Marie du Maisniel (1).

Fief du Moulin Angoulan ou du Brule. — Ce fief était restreint. Le moulin sis au Brûle, qui donna lieu à plusieurs transactions entre l'Abbaye et la Ville, fut transporté à Millencourt, en 1670, par André d'Aigneville, seigneur de Millencourt. Bâti en forme de tour et en pierre de tuf, ce moulin rapportait chaque année cent sous de rente au monastère et autant à la ville. On en vit les ruines longtemps encore après sa disparition ; le fief suivit le moulin. Il résulte de diverses procédures de 1342 à 1381. que la commune de Saint-Riquier jouissait alors de ce moulin en fief, qu'elle ne pouvait en bâtir d'autre qu'avec la permission de l'Abbé, et « ils le porront, dit *le Cartulaire*, « refaire, réédifier, hauchier, rabachier, toutefois qu'il leur plaira et pourfiter des pro-« fits et émoluments, et s'il nous plaisait de donner licence d'élever un ou plusieurs « autres, nous avons la moitié des pourfits et émoluments, et partant la moitié du coût « et de l'entretenance (2). »

Au XVII° siècle ce moulin était possédé par le sieur de Saint-Martin de Langres. André d'Aigneville, chevalier, seigneur de Millencourt s'en rendit acquéreur et en reçut la saisine en 1660 (3).

Fiefs du Grand et du Petit Patronville. — Le fief du Grand Patronville comprenait xxxviii journaux de terre sur les terroirs de Saint-Riquier, Vaux et environs et en outre des censives et un demi-champart.

Le Petit Patronville contenait xxiii journaux de terre aux mêmes lieux, avec des censives et un demi champart.

Nous unissons ces deux fiefs, occupés ordinairement par les mêmes possesseurs.

Famille Rohaut. — Noble famille qu'on rencontre dans les archives de Saint-Riquier pendant plusieurs siècles.

1299. N. Rohaut, échevin.

1399. Jean Rohaut, dit Brunet, écuyer, allié à Marie Rayer et plusieurs fois auditeur royal à Saint-Riquier, se rendit acquéreur du fief du Petit Patronville sur Jacques Le Maire, de Drugy, moyennant 30 écus d'or, de la valeur de 18 s.

---

(1) *Inventaire des Titres*, page 353. (3) *Inventaire des Titres*, page 425.
(2) *Cartul. Fol* 16

1407. On voit aussi un dénombrement du Petit Patronville par Robert Le Fèvre, bail de Marie Pinchon, puis un relief de Jean Du Maisniel, prêtre.

1468. Colard Rohaut, écuyer, seigneur de Charantonnel, de Vaux, Vauchelles, Belleval et Patronville, pannetier du roi à Paris, vendit les deux fiefs nobles de Belleval et du Petit Patronville à Jean Grevin, marchand à Domart ; ces terres étaient en friche depuis longtemps ; ce qui fit modérer le prix du quint denier. Il avait épousé Hugonette de Hesdin.

En 1518 on voit encore à Saint-Riquier Pierre Rohaut, conseiller au siège de la prévôté, puis Simon Rohaut et d'autres membres de cette famille repris ailleurs.

1590. Les deux fiefs sont hypothéqués au profit de Pierre Du Maisniel, bourgeois d'Abbeville, par Pierre Carpentier, notaire à Saint-Riquier, pour sûreté d'une rente due au dit sieur Du Maisniel. Jacques Carpentier hérita de ces fiefs qui passèrent ensuite dans la famille Froissart.

1606. Nicolas Rohaut, sieur de Condé, faisait hommage de la mairie de Boisbergue (1).

FAMILLE FROISSART. — Elle a rempli depuis le xv° siècle des fonctions diverses à la prévôté de Saint-Riquier et à la commune. On retrouvera les noms des officiers publics, à leur rang dans ces offices.

1475. Arthur Froissart, prêtre et écolâtre de Saint-Riquier.

1630. Nicolas Froissart le Jeune fut donataire de Nicolas Froissart son père, dans son contrat de mariage avec Catherine Canu, des deux fiefs de Patronville. Ces domaines passèrent ensuite à Jacques Froissart (1663), qui prenait le titre de sieur de Patronville (2), à François Froissart (1688), à Pierre Froissart (1727), frère de François, à Jacques Froissart, sieur de Patronville, fils de François (1748). Mais le fief du Petit Patronville était à cette époque démembré : car Jacques Froissart vendit une partie de ce fief à Antoine Buteux et à sa femme, Marie Froissart, qui en donna un dénombrement en 1705. Leurs enfants l'ont renouvelé en 1751. On voit dans l'inventaire des titres que l'autre partie a appartenu à Charles et Philippe de Quevauvillers d'Abbeville (3).

1804. Nicolas Froissart, maire. — **1830.** Casimir Froissart, maire.

FIEF DE ROUGE-MAISON OU ROUGE-CAMP. — Fief noble situé entre Bersaques et Saint-Riquier, au terroir de Nuellemont, contenant XLIV journaux de terre avec des censives : il avait son chef-lieu, à Saint-Riquier, dans un manoir autrefois amasé de v journaux de terre. Au xvii° siècle il formait deux fiefs nobles.

---

(1) Armes : *d'azur, au chevron d'or accompagné de trois croissants de même, 2 en chef, 1 en pointe.*

(2) Armes : *d'azur, à une fasce haussée d'or, surmontée de trois trèfles de même rangés en chef, et ac-* *compagné en partie d'une cannette d'argent, becquée de gueules, nageant sur des ondes d'argent.* (M. de Belleval).

(3) *Inventaire des Titres,* pag. 488 à 496.

FAMILLE LIPPE OU LIPPART. — Famille noble de Saint-Riquier aux xii°, xiii° et xiv° siècles, sauvée de l'oubli par ses signatures aux chartes et ses hommages.

1199. Raoul Lippe, bourgeois de Saint-Riquier.

1210. Bernard Lippe, bourgeois et mayeur. — 1230. Adam Lippe, échevin. — 1255. Riquier Lippart, échevin

1310. Romain Lippart donne un dénombrement du fief de Rouge-Maison. Il est appelé, en 1359, homme-lige du monastère. Vers le même temps, Jean Lippart, fils de Wuillaume vendit à Adrien Le Personne des fiefs tenus par Thomas Lippart.

1375. Hommage et relief de Romain Lippart pour le fief de Rouge-Maison. — 1382. Messire Pierre Lippart est désigné sous le nom de capitaine de l'Eglise de Saint-Riquier.

1621. Ce fief était en la possession d'Adrien Poulain et d'Adrienne Segard sa femme ; un exploit de main-assise par Firmin de Vausselles, sergent royal à Saint-Riquier, lui obtint la saisine de ce fief.

FAMILLE LE FÈVRE. — Il est constaté par un dénombrement de 1759 que ce fief a appartenu successivement à Jacques Le Fèvre, à Charles Le Fèvre, à D¹¹° Françoise Le Fèvre, et après elle à sa fille D¹¹° Marie-Madeleine-Françoise Charpentier, veuve de Louis Le Prévost, conseiller du roi et trésorier des fortifications d'Abbeville (1).

SAINT MAUGUILLE.

I. L'ÉGLISE DE SAINT-MAUGUILLE. — Il a été parlé plusieurs fois dans notre histoire de Saint Mauguille et spécialement (*Tome* I, *pages* 75-82) de son antique et modeste église paroissiale. Cette église avait pour paroissiens les habitants du faubourg de Friaucourt et du hameau de Drugy, quatorze maisons en tout, en 1689, savoir quatre à Saint Mauguille et dix à Drugy (2). On reconnaît encore les chemins par lesquels les habitants de ce hameau se rendaient aux offices.

Le seigneur de la Ferté avait donné au prieuré de Biencourt le patronage de cette église, comme on le voit dans sa charte de fondation en 1096. Il faut supposer que le monastère de Marmoutier, de qui dépendait le prieuré de Biencourt, avait depuis transféré ses droits à l'évêque d'Amiens, puisqu'il en était le collateur en 1730.

Notons en passant que le faubourg de Saint-Mauguille fut brûlé par les Impériaux en 1524, brûlé de nouveau en 1628, et « du tout ruiné par les malveillants, disent les archives. »

Nicaise de Boufflers, écuyer, sieur de Beaussart, capitaine du château de la Ferté en 1421, fut enterré, en 1450, dans le cimetière de Saint-Mauguille.

(1) *Inventaire des Titres*, pag. 567.

(2) M. Darsy. *Bénéfices de l'Eglise d'Amiens, Tome* II, *page* 270.

Le titulaire de cette paroisse en 1728, Adrien Michaut, fit la déclaration suivante, le 5 mai, sur les revenus de la cure : 1° dîme concédée par le monastère, 247 liv.; 2° dîme novale, 70 liv. ; 3° renvoi de blé et avoine, 96 liv. 12 s.; 4° IV journaux de terre dont le tiers rapportait chaque année au curé, 22 liv. 15 s. ; 5° une rente chargée de 36 messes, 18 liv. ; 6° casuel 15 liv. ; Total 474 liv. 7 s. Les charges s'élevaient à 85 liv., savoir : frais de dîme, 70 liv. ; réparation du presbytère, 15 liv. Il restait au curé 389 liv. 7 s. (1).

L'inventaire de 1790 porte une propriété de fabrique de v journaux de terre dont le fermage produisait 125 liv., somme considérable pour l'époque ; 34 liv. de rente annuelle, des surcens et des obits. Pour 42 messes basses, 4 messes chantées, pour le pain et le vin, la fabrique payait par an 45 liv. au curé.

Cette église n'était pourvue en 1790 que des objets indispensables au culte. Le curé réclamait même les chandeliers, pour les avoir payés de ses propres deniers. Les vases sacrés furent estimés trois marcs deux gros d'argent.

La paroisse de Saint-Mauguille fut supprimée dans la nouvelle organisation du culte et unie à celle de Notre-Dame de Saint-Riquier. L'église avec son cimetière fut vendue, ainsi que son presbytère entouré de jardin, de verger, de pré à labour. Cette petite église, dont une partie est huit fois séculaire, reste encore debout, au milieu de son cimetière converti en prairie. Mais elle a perdu sa destination sacrée : humble bûcher d'une grande maison, à laquelle elle est aujourd'hui annexée, elle attend que la piété des propriétaires efface les outrages du temps et crée une chapelle domestique, afin de lui restituer quelques rayons de cette auréole religieuse, dont son front a été orné dans les plus beaux âges de la foi chrétienne.

Le dernier curé de Saint-Mauguille s'appelait Louchard : il avait été précédé par Lecomte (1750), par Carlier (1730), par Antoine Michaut (1690). Ajoutons deux noms recueillis dans les archives.

1407. Sire Mahieu Bourdon, frère du moine de ce nom (*tome* II, *page* 107).

1565. Henri Hourdel de la famille de ce nom.

II. FIEF DE SAINT-MAUGUILLE. — Désigné comme fief noble au commencement du XVII° siècle, il n'était plus en 1685 qu'un petit fief restreint, contenant IV journaux amasés et payant 5 s. p. par an.

La grosse dîme perçue à 9 du cent appartenait aux moines de Saint-Riquier, qui en attribuèrent au curé, en 1565, une gerbe sur six gerbes. Une branche était inféodée au sieur Douzenel de l'Epine.

En 1362, Jean Matiffas donna un relief pour ce fief.

FAMILLE DU FOUR. — Ancienne famille de Saint-Riquier qui a laissé son nom au lieu dit : *Jardin du Four*.

(1) M. Darsy. *Ibid.*

1207. Riquier du Four, échevin. — 1261. Simon du Four et Renier son frère sont connus comme hommes-liges du monastère.

1374. André du Four et Pérette Paillard sa femme font hommage du fief de Saint Mauguille.

1408. Hommage de Raoul Romerel, au nom d'Agnès du Four sa femme.

La famille a existé jusqu'au xvii° siècle, donnant toujours des échevins à la commune.

FAMILLE DE LE CAPELLE OU DE LA CHAPELLE. — Très considérée aux xiv° et xv° siècles. A la notice de cette famille donnée en note (*Tome* II, *page* 168), nous ajouterons que sire Raoul de le Cappelle était homme-lige de Saint-Riquier, sans doute pour le fief de Saint-Mauguille ; car quelques années après, en 1527, Jeanne de le Cappelle en donne le relief. Unie à N. de Quevauvillers, elle porta le fief dans cette famille.

FAMILLE DE QUEVAUVILLERS — Famille de propriétaires ruraux et d'officiers ministériels à Saint-Riquier. « Deux branches, dit M. de Belleval, s'affilièrent à la noblesse et les autres restèrent dans la bourgeoisie. » Nous pensons que celle de Saint-Riquier appartient à cette dernière descendance. Nous ne nous occupons que d'elle. D'après l'inventaire des titres, elle a donné des notaires à Saint-Riquier en 1546 et 1563, savoir Jean et François de Quevauvillers.

1557. François de Quevauvillers, laboureur à Saint Mauguille, fils de N. de Quevauvillers et de Jeanne de le Cappelle, légataire de sa mère, donne son relief; Jacques de Quevauvillers son fils le donna en 1584, puis on nous a conservé en 1663 la saisine d'Antoine, sieur de Saint Mauguille et autres terres cottières. Mais un exploit de main assise et de mise de fait sur le fief l'exposa à perdre sa propriété. Il se tira de ce mauvais pas, comme on le voit, par le dénombrement de son fils, François de Quevauvillers, avocat à Abbeville (1696). — Dénombrement en 1748 par Dominique de Quevauvillers, sieur de Saint Mauguille, fils de....

Est-ce son fils qui prend le titre de seigneur de Vincheneux en 1760, et qu'on voit dans l'échevinage en 1780 ?

En 1541 on trouve Marie de Quevauvillers consacrée à Dieu dans l'Hôtel-Dieu de Saint-Riquier.

1755. Les religieux de Saint-Riquier font un accord avec Philippe de Quevauvillers, pour extraire des pierres de la carrière de Saint-Mauguille (1).

FIEF DE THIBOUTOT (2).—La maison seigneuriale de ce fief était située dans la ville de Saint-Riquier près la porte de Saint-Nicolas : elle existe encore aujourd'hui. Pierre le Prêtre remarque dans sa chronique qu'elle fut épargnée dans l'incendie de 1475, parce que le seigneur de ce domaine, Hugues de Hesdin, était d'intelligence avec le parti des

---

(1) *Inventaire des titres, page* 405. — *Archives de Saint-Riquier.* — M. de Belleval, *Nobiliaire.*

(2) *Thipetot, Thiboustan.*

CHAPITRE VII. — LES FIEFS DE SAINT-RIQUIER.

Français qui brûlèrent et ruinèrent la ville de Saint-Riquier. Un état des fiefs de 1703 donne, comme dépendance de ce domaine seigneurial, une ferme à Millencourt de LX journaux de terres labourables à la sole, terres généralement médiocres et louées à raison de 40 setiers de blé, 40 setiers d'avoine et quelques gerbes, et en outre de 100 liv. d'argent. Ce fief percevait encore des rentes et des censives à Millencourt et à Saint-Riquier.

Ce fief appartenait à la famille de Hesdin en 1380 ; il passa par héritage dans celle de Le Roy de Moyenneville, qui le vendit en 1580 à Jean Lherminier d'Abbeville.

FAMILLE LHERMINIER. — Famille bourgeoise d'Abbeville anoblie par des fonctions publiques.

1612. Relief de Nicolas Lherminier, fils de Jean, sieur de Thiboutot et marchand à Abbeville. Il eut deux fils, Pierre et Nicolas. — Nicolas acheta une partie du fief Belleval à Yvrench.

1648. Relief de Pierre Lherminier, fils du précédent, lieutenant-criminel à Abbeville. Pierre Lherminier fut mayeur à Abbeville en 1665 et 1669.

Nous avons vu une note curieuse de ce lieutenant criminel : « Mandement de Pierre Lherminier, sieur de Thiboutot, lieutenant au bailliage et siége présidial d'Amiens, à Louis Langlois, receveur du domaine, de payer à Cyprien Lebert, exécuteur de la haute justice dudit Amiens, 10 liv.: pour avoir roué François Roger : 6 liv. pour avoir transporté le corps du dit Roger sur le grand chemin et l'avoir mis sur la roue : 40 s. pour les cordages, l'échelle et d'autres ustensiles, avec la quittance au dos et sa marque autographe (1).

Pierre Lherminier épousa Jeanne Le Roy de Jumelles. Après Pierre Lherminier, sa fille Marie-Marguerite laissa démembrer le fief de Thiboutot, dont plusieurs pièces de terres furent vendues à Gapennes et à Buigny-l'Abbé. Elle épousa successivement Claude de Buissy, d'où est issu Pierre de Buissy, puis Charles Destailleurs, écuyer, sieur de Chantereine, de Francières et de la Queute. Sa fille du second lit épousa André de Monchy, sénéchal et gouverneur du Ponthieu, et lui apporta les biens de la famille Destailleurs.

Pierre de Buissy, sieur de Thiboutot, chevalier, vicomte du Mesnil, hérita ce qui restait du fief de Thiboulot. Le relief signé du nom de Pierre de Buissy, seigneur de Thiboulot et scellé de ses armes ne fut pas reçu (1711). On voit toutefois que la famille resta en possession du fief: car il eut pour successeur en 1727 François Joseph de Buissy, vicomte du Mesnil, mousquetaire de la garde du roi.

Nous retrouverons à Yvrench la famille de Buissy, et aussi la famille Lherminier représentée par Nicolas, seigneur de Belleval et frère de Pierre.

---

(1) *Archives du Collège Héraldique, voir cahier Picardie, page* 10.

Vers 1700, le revenu de Thiboutot est évalué à 200 liv. (1).

On voit aussi une partie de ce fief dans la famille Douzenel.

1696. Antoine Lherminier était prévôt de Saint-Riquier ; son fils Joseph-Dominique fut clerc tonsuré, mais il renonça à la cléricature et se maria. Le fils de ce dernier, Jean-Baptiste-Joseph était mort en 1731.

1736. Louis-Michel Lherminier, bailli du monastère.

1780. N. Lherminier, prévôt de Saint-Riquier.

FIEFS PERDUS OU ÉTEINTS.

FIEFS MONASTIQUES. — Les fiefs dont il va être parlé, consistaient en des offices ou charges nobles envers l'abbaye. Il ne nous reste que peu de détails sur ces fiefs.

I. FIEF DE TONLIEU OU *Theloneum*. — Le possesseur de ce fief, sans doute gardien ou inspecteur des marchés, prélevait un droit sur toutes les denrées vendues au marché de Saint-Riquier. On ne nous a conservé que les noms de quelques fieffés.

1366 et 1375. Guillaume d'Amiens ou de Canaples, dit Lagan, fit hommage pour le fief noble du *Theloneum* que lui avait cédé Pierre d'Amiens son parent ; en 1407, il vendit ce fief à Pierre Lengagneur d'Abbeville, huissier des armes du roi et trois fois mayeur d'Abbeville, pour la durée de trois vies d'homme et il en reçut la somme de 10 liv. 11 s. 7 den. Ce fief fut retrait ensuite par les moines.

II. FIEF DU PAIN D'ABBEVILLE. — Un dénombrement de 1703 porte qu'il consistait dans un droit d'acquit sur le pain vendu par les boulangers d'Abbeville dans l'étendue de la vicomté du roi. Le fieffé ne rendait au monastère qu'un pain de la valeur d'une maille.

Pierre Lengagneur, dont il a été parlé plus haut, posséda aussi ce fief et en fit hommage en 1407. Il eut un grand procès avec le monastère pour ce fief ou le précédent. L'enquête dura 19 jours. Elle fut faite par Jean de Linguil et Jean Boyer. Les vacations de chaque jour s'élevèrent à 7 liv., ce qui donna un total de 134 liv. payées par Thomas d'Arech, prévôt du monastère.

Le fief passa dans la famille de Rue par des alliances et ensuite dans celle de Le Ver, seigneur de Caux. On cite au xvii° siècle Flour Le Ver, puis André Le Ver : il n'en est plus question en 1786.

III. FIEF DE LA GARDE DE SAINT-RIQUIER. — Il n'est parlé qu'une seule fois de ce fief dans les archives, à l'occasion de l'hommage de Jean de Nouvion, chevalier, seigneur d'Oudainville, de Nouvion et de Queux (1371). Ce qui fait supposer que ce fief était héréditaire dans cette famille de bourgeois de Saint-Riquier.

(1) *Inventaire des Titres*, page 599-610 — M. de Belleval *Fiefs et Seigneuries.*

Le fleffé recevait deux muids d'avoine, pour garder la ville pendant les trois jours de la fête de Saint-Riquier au mois d'octobre. On lui procurait tout ce qui était nécessaire pour ce service. Ce fief a été racheté (1).

II. FIEFS SÉCULIERS.

On peut supposer que de nombreux fiefs ont été créés à Saint-Riquier dans la suite des siècles et que plusieurs ont été éteints par des circonstances diverses. Quelques noms seulement ont laissé des traces dans les archives.

Fief de Fransières. — Il en est parlé plusieurs fois au xiv° siècle. Il était situé dans la ville même, entre les portes de Neuville et de Saint-Jean ; il rendait 20 s. p. aux Caritiers. Il a tiré son nom de ses possesseurs.

Famille de Fransières. — Cette famille, que plusieurs généalogistes ont confondue avec celle des seigneurs du village de Francières en était-elle distincte ? ou bien n'était-elle qu'une branche détachée du tronc principal ? Nous laisserons aux héraldistes l'examen de cette question. Il nous suffit ici de reproduire les noms des Fransières qui nous semblent appartenir à notre histoire.

1279. Williaume de Fransières et Aubrie sa femme achètent à Michel de Drugy une maison à Vincheneux près la Ferté et dix journaux de terre. Il était échevin en 1291.

1354. Mikiel de Fransières prend à bail plusieurs ténements en la rue de Neuville entre les deux portes : c'est sans doute l'origine du fief de Fransières. — 1374. Jehan de Fransières a un manoir à Coulonvillers, tenu de la confrérie de Saint-Nicolas. Il est légataire dans un testament d'Honoré Rayer avec Williaume de Fransières. — Bernard de Fransières possède aussi des terres tenues de la confrérie de Saint-Nicolas. — 1375. Henri de Fransières chevalier, et Nicole sa femme, font hommage d'un fief à Saint-Riquier.

1408. Nicole de Fransières vend un fief à Jean Rohaut, pour 240 florins d'or : mais ce fief fut retrait par les religieux. — Jean de Fransières, fils de Colaye ou Nicole de Fransières, âgé de 24 ans en 1411, reçoit des lettres de rémission pour avoir servi dans l'armée de Jean de Bourbon et de Charles d'Orléans. — 1426. Guillaume de Fransières, écuyer, demeurant à Abbeville, vend au curé du Mesnil 20 liv. de cens sur une maison sise à Saint-Riquier. On le dit héritier de Guillaume de Fransières, dit le Bègue, écuyer, prisonnier à Compiègne en 1423. — 1433. Pierre de Fransières a son ténement à Saint-Riquier, probablement au Hamel. Etienne Bourdon lui cède des cens. — 1450. Jacques de Fransières, vivant à Saint-Riquier. — 1488. Dame Adde de Fransières, dame de Neuville et d'Agenvillers a son hôtel à Saint-Riquier et pour

---

(1) *Cartulaire et Archives de Saint-Riquier*. — *Passim.*

bailli Fremin de Lessau : elle a fondé son obit à Saint-Nicolas ; elle a épousé Jacques de Beauvoir. — 1495. Jehan de Fransières, prêtre.

1533. Antoine de Fransières, fils de Mathieu, paie le relief du fief des Trotins. — 1564. Les hoirs de Michel de Fransières habitent Saint-Riquier. On signale encore Claude de Fransières à Saint-Riquier en 1630 et François de Fransières en 1666.

Nous omettons plusieurs noms historiques de la famille de Fransières, qui paraissent aussi bien appartenir à la famille de Saint-Riquier qu'à celle du village de Fransières.

Les moines du dernier siècle n'ont point reconstitué la suite des hommes-liges de leurs fiefs perdus. S'ils avaient eu la passion des généalogistes de notre temps, nous connaîtrions bien mieux les vieilles familles de Saint-Riquier. Ajoutons que le domaine de Gueschard portait le nom de fief de GAISSART-BOURS-FRANSIÈRES. N'y a-t-il pas dans le dernier de ces noms l'indication d'une famille de Fransières et de fieffés du monastère(1)?

FIEF DE SAVEUSE. — Il est parlé de ce fief au XVIe siècle dans la chronique de D. Cotron. — 31 août 1507. Ferry de Saveuse, écuyer, seigneur de Saveuse, Sancy et Beauvoir, vendit deux fiefs, sis à Saint-Riquier, à Nicolas de Lessau, procureur de la ville de Saint-Riquier. L'abbé Eustache fit le retrait de ces fiefs, en payant le prix d'acquisition à Nicolas de Lessau. Ces deux fiefs comprenant des terres et une maison étaient sans doute les domaines pour lesquels il y eut un procès, en 1493, entre Ferry de Saveuse et l'Abbaye. Le seigneur de Saveuse tenait *cottièrement* plusieurs maisons, des ténements, des terres et d'autres possessions à Saint-Riquier et environs. Il les donna à cens annuel et perpétuel, afin de jouir des droits seigneuriaux et des revenus. De là des démêlés avec les moines, qui en souffraient préjudice. Ferry de Saveuse n'avait point requis le consentement du couvent ni tenu compte de la coutume d'Amiens, par laquelle était régie la ville de Saint-Riquier. Après diverses négociations il intervint un accord dont voici la teneur :

Le contrat de cens était ratifié, 1° à la condition de payer au monastère annuellement, à la fête de Noël, 12 deniers, pour chaque journal de terre, sis en dehors de la ville de Saint-Riquier et des faubourgs, et en outre de laisser les religieux jouir de tous les droits féodaux ; 2° un procès étant engagé avec la commune de Saint-Riquier, on réservait la question des maisons et possessions situées dans la ville et les faubourgs (2).

FIEF DE BLENCOURT (3). — Ce fief situé à Saint-Riquier vers Neuville à l'arbre de Maison-Roland, était possédé en 1364 par Giles de Saint-Riquier. Il appartenait peu de temps après à la famille de Le Fèvre de Saint-Remi.

FAMILLE DE LE FÈVRE DE SAINT-REMI. — Originaire du Ponthieu, elle était éteinte au XVIe siècle, après avoir, dit M. de Belleval, produit un personnage célèbre, que le

---

(1) *Archives de Saint-Riquier.* — M. de Belleval. *Nobiliaire. Famille de Fransières.*

(2) D. Cotron, années 1493-1507.

Voir aussi famille Beauvoir.

(3) Les gens du pays disent Bleucourt.

Ponthieu. a le droit de revendiquer comme un de ses plus glorieux enfants. Cette famille était noble, car les membres prenaient le titre d'écuyer.

Le premier feudataire de Saint-Riquier connu dans cette famille est Christophe Le Fèvre. Il possédait un fief à la Ferté, le fief de Vincheneul, pairie mouvante de la Ferté.

Jean Ier Le Fèvre dit *Le Galois*, écuyer, seigneur de Saint-Remy, Avesne, Blencourt, et Vincheneul, vivait en 1380 et mourut en 1451. Il épousa Jeanne d'Anvin de Hardenthun. Jean Le Fèvre possédait de son chef, dit M. de Belleval, les seigneuries d'Avesne, de Blencourt et de Vincheneul : il acquit la seigneurie de Saint-Remi-en-Campagne dans le vicomté de Neufchâtel, après 1449.

Jean II Le Fèvre, dit Le Galois de Saint-Remy et Toison d'Or, seigneur de Saint-Remy, La Vacquerie, Avesne, Maurienne, Vincheneul, Blencourt et Heudelimont, conseiller et chancelier du duc de Bourgogne, et premier roi d'armes de la Toison d'Or, naquit à Avesne-en-Ponthieu (1394), dit M. de Belleval, et non pas à Abbeville, comme le prétend Olivier de la Marche. Sous le nom de *Héraut Charolais*, il fut créé premier roi d'armes de la Toison d'Or en 1429. Son nom est mêlé aux grands événements de cette époque, sur lesquels il laissa des mémoires très-estimés et plusieurs fois imprimés. Il qualifiait lui-même son style « de gros et rude langage Picard. »

Avant ses nombreuses occupations à la cour des ducs de Bourgogne, Toison d'Or avait été nommé élu en Ponthieu et il habitait Abbeville ; il mourut à Bruges le jour de Saint-Sacrement, (16 juin 1468). De Toison d'Or et de Marguerite de Pierrecourt son épouse sont issus, Jean qui suit, Nicolas mort sans postérité, et une fille alliée à N. de Machy, seigneur de Prouville.

Jean III Le Fèvre, écuyer, seigneur de Saint-Remy, Heudelimont, Guisny, La Vacquerie, Blencourt et Vincheneul, surnommé Le Galois et Toison d'Or, est connu dans tous les actes sous le nom de Saint-Remy, sans plus tenir compte de celui de Le Fèvre. Il fut élu d'Abbeville et lieutenant du capitaine d'Abbeville : il mourut en 1500, après avoir contracté trois alliances : la première avec Jacqueline d'Estouteville, la deuxième avec Nicole d'Anvin de Hardenthun, la troisième avec Anne Le Vasseur. Il laissa cinq enfants des deux dernières alliances, dont Philippe qui suit.

Philippe de Saint-Remy, écuyer, seigneur de Saint-Remy, Blencourt, Vincheneul et Heudelimont, épousa Anne de Pierrecourt, dont il eut Jean décédé sans postérité et Hélène, dame de Blencourt et Vincheneul, qui fut conjointe à Jean Quiéret, écuyer, seigneur de Caurroy, et mourut en 1539, sans laisser d'héritier. Ses parents recueillirent sa succession. Nous n'en avons pas trouvé la trace (1).

Fief de Soyécourt. — Ce fief situé à Saint-Riquier eut sa coutume ainsi formulée en

---

(1) Armes : *de gueules, au sautoir d'argent, accompagné de quatre aigles éployées aussi d'argent.*

M. de Belleval. *Nobiliaire*. Lettres sur le Ponthieu, page 173.

1507. « Tel cens, tel relief ; quint denier en vente. » Il relevait de l'Abbaye, dit M. de Belleval, quoiqu'ailleurs on marque qu'il relevait de M. de Robercourt.

FAMILLE LE QUIEN (*Canis*). — Ainsi nommé sans doute pour l'humeur un peu tapageuse d'un de ses membres : famille ancienne de Saint-Riquier dont nous avons recueilli les noms suivants :

1243. Renier Le Kien, un des notables de la ville.—1299. Bernard Le Kien, mayeur. 1331. Renier Le Kien, échevin.

Avant 1507, Marie et Colleton Lequien possédaient le fief de Soyécourt. Perrotin de Lessau leur avait succédé, lors de la rédaction des coutumes (1507).

Le nom de Lequien a été honorablement porté en Ponthieu, en Artois, dans le Boulonnois et illustré par l'auteur de l'*Oriens Christianus*.

FIEF DE SAINT-RIQUIER. — On a conservé le souvenir d'un fief de Saint-Riquier, mais sans trace de feudataire : il aura sans doute appartenu à quelques membres d'une famille de ce nom : il existait encore au xv° siècle. (Voir la famille de Saint-Riquier).

FIEF DU HARANGUIER. — Ce fief était situé vers Gapennes.

FIEF DE BORFONTAINE. — Un fief de ce nom a dû exister au xiii° siècle, près du petit bois de la Ferté, d'où est venu probablement le nom d'une source du Scardon, ainsi appelée.

FAMILLE DE BORFONTAINE. — Elle est nommée dans les Archives.

1207. Anscher de Borfontaine, échevin. — 1243, 1258. Robert de Borfontaine, échevin.

FIEF DE TONVOY. — Ce fief était situé près de la rivière du Scardon, entre Saint-Riquier et Drugy.

FAMILLE DE TONVOY. — De 1224 à 1249, Pierre de Tonvoy, un des notables de la ville, échevin en 1224, 1238, 1242. Voir Testament d'Eremburge (*page 116, en note*).

1402. Guillaume de Tonvoy, chevin.

Au fief de Tonvoy étaient annexés VIII journaux de terre, situés sur le banc de Nicamps vers le Hamel, touchant aux anciens vignobles de l'Abbaye, provenant d'un échange avec Grégoire Leguy en 1242.

FIEF DE LA CROIX. — On cite une terre ou un village de ce nom dans le dénombrement de 831 et dans les chartes qui sauvegardent les droits du monastère (1). Plusieurs auteurs, par similitude de nom, se sont cru autorisés à placer ce domaine à *Croix-au-Bailly* (canton d'Ault). Mais cette assertion n'est confirmée par aucune donnée historique, tandis qu'un terroir aux environs de Neufmoulin a porté ce nom au xiii° siècle.

---

(1) Hariulfe. *Chronic. Lib.* III. *Cap.* III.

CHAPITRE VII. — LES FIEFS DE SAINT-RIQUIER. 143

On lit en 1253 que Jean de Candas, frère de Messire Enguerrand de Candas, engagea à l'abbé de Saint-Riquier xxxiii journaux de terre, au Val de la Croix (1), tenant à Wautier de l'Arbroye et à Adam le Mansel, pour 120 liv., aux conditions imposées par le pape Innocent III. Ce fait ne paraît-il pas suffisant pour classer cette possession dans les alleux du noble et généreux fondateur ?

Fief Havecourt. — Un lieu dit du nom d'Havecourt sur le terroir de Saint-Riquier nous représente assez bien le nom de *Habacurtis*, cité par Hariulfe parmi les domaines du monastère (2) et dont aucun auteur n'a depuis signalé l'existence ailleurs. On parlait encore en 1387 du terroir d'Havecourt *in Valle Boel*. Il y avait donc là un fief.

Fief des Macheriers. — 1365. Pierre Le Pullois fait hommage pour un fief, sis rue des Macheriers (2).

Fief de Sancy. — Lieu inconnu, mais représenté, dans l'Histoire de Saint-Riquier, par le privilége d'Alexandre III (3), sur les dîmes, par Pierre de Sanchy, par Ferry de Saveuse, seigneur de Sancy au xv* siècle.

Fief Rouanche ou Rouenche. — Sis à Saint-Riquier, cité par M. Garnier, d'après D. Grenier, mais sans désignation de seigneur (4).

BOIS DE SAINT-RIQUIER.

Ces bois étaient situés sur divers terroirs, savoir : sur celui de Buigny, celui de Vauchelles et ceux de Cahours et Neufmoulin.

Le grand bois l'Abbé contenait ccccLxxxx arpents liv perches, dont cxxii arpents lxvi perches de réserves, et ccclxvii arpents lxxxxviii perches de bois taillis, en coupes réglées de 18 ans. Il était indivis entre l'Abbé et les religieux ; mais l'Abbé en emportait les deux tiers en baliveaux et taillis : par conséquent les deux tiers des charges pesaient sur l'Abbé.

En 1712, on demanda la permission de couper ce qui serait nécessaire, dans la réserve, les baliveaux et les taillis, pour rétablir les ruines des bâtiments causées par le débordement des eaux et le vent en 1711, ce qui a été accordé.

En 1719, l'Evêque de Noyon, à la suite de l'incendie de l'Abbaye, autorisa les religieux à jouir en entier de la coupe des bois de Saint-Riquier et de la moitié de celle de Chevincourt, sous la condition de faire supporter aux religieux tous les frais de réparation des lieux incendiés.

Outre le grand bois l'Abbé, le monastère possédait encore le bois Gaillard d'une

---

(1) *Lieu dit* : Chemin des Dames, au-dessous et au sud de la Croix, partant de la grande route longeant le Martelon et la Vassorie et tombant dans le chemin du Petit Moulin.

(2) Hariulfe. *Chron. Lib.* iii. *Cap.* ix.

(3) Tous les fiefs énumérés ici sont nommés çà et là dans les *Archives de Saint-Riquier*.

(4) *Dictionnaire topographique*.

contenance de xv journaux, le bois de la Presle, d'une contenance de xix journaux et celui du Fayel, qui ne contenait que LXXII verges.

La grande route du Havre à Lille fut percée au milieu des bois de Saint-Riquier en 1772. Pour dédommager les religieux du préjudice causé par la perte de cette partie de leur terrain, on leur accorda l'ancien chemin d'Abbeville à Saint-Riquier (1).

QUELQUES LIEUX-DITS du cadastre de Saint-Riquier qui peuvent rappeler des souvenirs :

Au Nord : Le camp à Cornailles.
   Le camp du Roi.
   Les terres de Mancheron.
A l'Est : Chemin des Chasses-Marées.
   Vieux chemin de Saint-Riquier à Domvast, qu'on dit le chemin des Anglais.
   La Justice à femmes.
   La plaine du Val.
Au Sud : Le jardin de la grand'mère Breville.
   Le jardin du Four.
   Le moulin du Bosquet.
   La tombe d'Isambard.
   La blanche Voie.
   Le Reposoir.
   La fosse Martulatière.

Le chemin des Censiers.
Les Vals-Minons.
La Motte aux Pasteurs.
Les terres de l'Eglise.
A l'Ouest : Le bois royal de la Presle.
Le Horne.
Les terres Bourdon.
Le bois royal, dit le bois de l'Abbaye.
Le Hamel.
Le Brûle.
Le moulin du Brûle.
Le moulin Canique.
Le moulin Piollé.
Le chemin Magnon.
Le chemin des Meûniers.

CHAPITRE VIII.

DOYENNÉ DE SAINT-RIQUIER.

On sait que l'Evêché d'Amiens fut de tout temps divisé en deux Archidiaconés : celui d'Amiens et celui du Ponthieu. L'Archidiaconé du Ponthieu renfermait, dès les temps les plus anciens, huit doyennés, savoir : Abbeville, Airaines, Gamaches, La Broye,

---

(1) *Répertoire*, pag. 997 à 1006.
On lit dans le 17e article des Coutumes de l'Abbaye, que ceux qui, sans y être autorisés, coupent des arbres ou les ébranchent doivent pour chaque étalon, pérot, tayon, 60 s. p. d'amende envers l'abbaye; et pour les menus bois ou herbes 7 s. 6 d.:

s'ils laissent leurs bestiaux pâturer à garde ou sans garde, pour chacune gardée,
et au-dessous, 60 s. p. : sans garde aux bois de haute futaie, 7 s. 6 d. et à garde faite 60 s. p. ainsi que dans les labours croissants.
Le 18e article dit que ceux qui ont acheté des

Montreuil, Oisemont, Rue et Saint-Riquier. Vers la fin du xvii° siècle, plusieurs doyennés furent divisés à cause de leur étendue. Ainsi Hornoy, Mons, Saint-Valery, Auxi-le-Château, furent créés aux dépens de ceux d'Airaines, Oisemont, Gamaches et La Broye. Le canton de Saint-Riquier ne subit aucun changement dans ces remaniements.

Les décanies sont d'origine romaine. On connaissait, dans la hiérarchie des pouvoirs, les comtes, les centeniers, les dizainiers ou doyens (*decani*).

On conjecture avec quelque raison que les doyennés furent constitués sous une nouvelle forme du temps de Charles-le-Chauve. « Il est bon, dit un capitulaire de cette époque, que les évêques désignent des lieux convenables par décanies pour les prêtres les plus éloignés des villes à l'instar des districts pour les Archiprêtres. » Du temps d'Hincmar, les doyens étaient investis d'une juridiction et leur territoire était parfaitement circonscrit. Ce prélat engageait les prêtres de la décanie, quand ils se réunissaient aux calendes, à conférer sur les besoins des âmes (1).

Les décanies civiles ont existé en France avant celles de chrétienté et c'est pour distinguer ces dernières qu'on a ajouté le mot de chrétienté (2). On voit dans certains actes les noms de doyens civils, comme celui de Robert, doyen de Saint-Maxent dans les chroniques de Saint-Riquier, en 1186, 1200 et 1201, de Jean, doyen de Saint-Maxent, en 1206 et 1222, et celui de plusieurs autres dont la résidence n'a rien de commun avec celle des doyens de chrétienté. Il est probable que ces doyens civils ont fait place un peu plus tard aux auditeurs royaux.

Les attributions des doyens de chrétienté nous semblent spéciales aux actes qui intéressent l'Eglise et que l'immunité ecclésiastique avait spécialement placés sous la juridiction des évêques. En vertu des privilèges conférés aux clercs par la loi civile comme par la loi canonique, l'Eglise connaissait des causes des veuves, des orphelins, des clercs, des mineurs, des femmes mariées, des établissements fondés pour les pauvres, des causes des clercs entre eux ou des clercs avec les laïques, des mariages, du patronage des églises, des dîmes, des vœux, des testaments, principalement quant aux legs pieux, des serments, des crimes de sacrilège, d'usure, de simonie, d'hérésie, de fornication, d'adultères et autres causes de droit commun appartenant au tribunal ecclésiastique (3).

Les doyens répandus dans les différentes parties du diocèse recevaient des mandements

---

bois doivent les avoir coupés, en dedans le 15° jour de mai, et vidés, en dedans la Saint Jean-Baptiste en suivant, sous peine de confiscation et que le vuidange doit se faire en plein jour, sous peine de 7 s 6 d. d'amende envers l'abbaye, chaque fois.

(1) Ducange. *Glossaire* au mot *Decania*.

(2) M. Darsy. *Bénéfices de l'Eglise d'Amiens*. Tom I, page xxix.

(3) Les actes rédigés par les doyens mettent en évidence la salutaire influence de l'Eglise sur la société civile. L'Eglise se déclare la tutrice des femmes, des enfants mineurs comme des établissements ecclésiastiques. Elle intervient pour protéger le douaire des épouses et elle n'accepte une donation, une vente, qu'autant que le douaire est assuré sur une propriété équivalente : elle ne permettrait pas non plus qu'on sacrifiât les droits des enfants mineurs.

Bouthors. *Coutumes*. Tom. I, pag. 262

ou commissions, afin d'instruire d'office beaucoup de causes canoniques et de transmettre à la cour épiscopale les éléments d'une procédure. Ils recevaient en outre les contrats des particuliers, qui devaient faire titre devant le tribunal ecclésiastique, les envoyaient à l'official, pour être par lui *vidimés* et scellés du sceau épiscopal.

Nous pourrions relever dans les annales du monastère de Saint-Riquier, au XIII° siècle surtout, un très grand nombre d'actes rédigés par les doyens de chrétienté du temps. Il serait inutile de charger ce travail de citations sans profit pour le lecteur, qui les retrouverait au besoin dans les cartulaires et répertoires du monastère.

Nous croyons aussi que les doyens de chrétienté avaient, dans cette période historique où l'Eglise jouissait de la plénitude de ses attributions, des fonctions assez compliquées, pour ne pas suffire seuls au ministère des paroisses. On voit même en certains doyennés des revenus spécialement affectés au titre décanal.

Ces doyens étaient choisis le plus souvent parmi les titulaires du chef-lieu des doyennés, mais ce n'était pas une règle. On voit même dans les derniers temps beaucoup de doyens choisis parmi les curés les plus capables des paroisses.

Quand les rois eurent confié la rédaction des actes publics à des auditeurs royaux ou à des notaires, nous pensons aussi que les doyens ont été remplacés par des notaires apostoliques, ce qui a beaucoup diminué leurs attributions.

Après Philippe-le-Bel, les cours séculières s'immiscèrent dans les causes ecclésiastiques et en dépouillèrent graduellement les évêques et les auxiliaires de la curie épiscopale. Aussi Charles V fit défense aux évêques et à leurs officiaux de connaître à l'avenir des actions réelles, c'est-à-dire, comme il l'explique lui-même, des ventes de fonds de terre, des héritages, des retraits lignagers. Il enjoignit aux officiers royaux d'empêcher, même par saisie du temporel, toutes les procédures que le tribunal ecclésiastique pourrait faire sur ces causes. Le Pape fit des remontrances au roi, mais le roi n'en tint pas compte.

Au milieu de ces vicissitudes, les doyens de chrétienté, appelés aussi vicaires forains, restèrent sans conteste les représentants de l'autorité épiscopale. Non-seulement ils présidaient les réunions des clercs, mais ils informaient contre les coupables résidants dans leurs doyennés et envoyaient leur enquête au promoteur. Ils luttaient, autant qu'ils le pouvaient, contre les envahissements de la puissance séculière. Ils réclamaient en faveur de l'immunité des clercs, quand ils étaient arrêtés ou emprisonnés par les laïcs. Un évêque d'Amiens, au XIV° siècle, rendait les doyens complices d'homicide, si leur négligence ou leur pusillanimité laissait juger et exécuter des clercs, sans que leur procès fût avant tout poursuivi selon les lois ecclésiastiques. Par le fait même ils étaient déclarés suspects ou interdits de toute juridiction (1).

Nous donnons ici les noms des paroisses, secours ou annexes, chapelles ou hameaux

---

(1) *Actes de l'Eglise d'Amiens*, Tom. I, pag. 52.

CHAPITRE VIII. — DOYENNÉ DE SAINT-RIQUIER.   147

du doyenné de Saint-Riquier au xviii° siècle. Les paroisses sont nommés en premier lieu. Les secours sont marqués par une croix. Les autres localités n'ont pas de titre.

Paroisse de Notre-Dame de Saint-Riquier.
Saint-Mauguille, Drugy.
Agenvillers, Hellencourt.
Ailly-le-Haut-Clocher, Alliel et Famechon.
Beaumetz, Ribeaucourt †.
Bernaville.
Berneuil, Gorges †.
Brailly-Cornehotte, Bellinval, Bezancourt.
Brucamps.
Bussu, Yaucourt.
Canchy, Neuilly-l'Hôpital †, le Halloy.
Coulonvillers, Hanchy †, Cumont.
Cramont, la maison d'Aymont.
Domart-en-Ponthieu, la Haye.
Domesmont, Vacquerie †.
Domqueur, Domquerelle, Plouy.
Domvast.
Epecamps (prieuré-cure), Espinoy.
Ergnies.

Franqueville, Barlette.
Fransu, Houdencourt †.
Gapennes, le Quesnoy.
Genville.
Gorenflos.
Longvillers.
Maison-Roland.
Mesnil, Domléger †
Millencourt.
Mouflers.
Oneux, Festel †, Neuville.
Noyelles-en-Chaussée.
Prouville.
Saint-Hilaire, Lanches †.
Saint-Léger-lès-Domart, Haracourt.
Surcamps, Vauchelle-lès-Domart †.
Ville-sous-Flixecourt.
Villers-sous-Ailly.
Yvrench, Yvrencheux †. (1).

TITRES DIVERS, AU DOYENNÉ DE SAINT-RIQUIER.

Prieuré de Notre-Dame, à Containvillers près Bernaville.
Prieuré de Notre-Dame à Domart.
Prieuré de sainte Marie-Madeleine à Domvast.
Chapelle de Nuémont sur le terroir d'Agenvillers.
Chapelle d'Esmimont sur le terroir de Bussu.
Personnat de Brucamps.
Personnat de Bussu.
Personnat d'Ergnies.
Personnat de Maison-Roland.
Chapelle de Notre-Dame à Alliel.
Chapelle Saint Nicolas à Bernaville.

Chapelle Saint Valery à Bernaville.
Chapelle Saint Nicolas à Domart.
Les six chapelles à Domart.
Chapelle de Saint Benoît, en l'Abbaye de Saint-Riquier.
Chapelle de la Trinité, à la Ferté-les Saint-Riquier.
Chapelle de Saint Jacques dans l'église Notre-Dame, à Saint-Riquier.
Chapelle de Sainte-Marguerite, au Val de Saint-Riquier.
Chapelle de Saint Nicolas, à Yaucourt.

LES DOYENS DE CHRÉTIENTÉ DE SAINT-RIQUIER.

Au xiii° siècle nous n'avons que des noms de baptême, Hugues, Gautier, etc.
1292. M° Vincent Lierpont, prêtre de Maison-Roland, fondateur d'un petit hôpital à Hiermont.

1431. Sire Pierre de Mayoch, confrère de Saint Nicolas.
1431. Avant ou après lui, sire Guillaume Matiffas.
1453-1458. Sire Bernard Gelé.

(1) 38 cures, 19 secours.

1463 M⁰ Jean Le Fèvre.
1534. Mort de Pierre Pécoul, en son vivant doyen de Saint-Riquier.
1552. Pierre Franquelin, curé de Brucamps.
1586. Louis Lespinoy.

1670 Antoine Daullé, curé de Notre-Dame de Saint-Riquier.
1738. M⁰ Maran, curé de Noyelles-en-Chaussée
1744. N. Floury, curé de Genville.

CHAPITRE IX.

PRÉVÔTÉ DE SAINT-RIQUIER.

« On pourrait, dit M. Prarond, rattacher la prévôté de Saint-Riquier à l'accord de
« Chinon (1) ». « Le traité de 1225, d'après M. Bouthors, eut pour effet la création
« de deux nouvelles prévôtés qui agrandirent la circonscription du bailliage d'Amiens.
« Saint-Riquier devint le centre de la première et Doullens de la seconde (2).» Ces deux
assertions ne nous paraissent pas parfaitement exactes, et M. Bouthors lui-même
se chargera de la réponse. « Les Communes, ce fait est incontestable, n'obtinrent
« l'octroi ou la confirmation de leurs privilèges qu'à la condition d'être placés sous
« la tutelle immédiate du prévôt royal. Tous les pouvoirs immédiats de la féodalité
« se trouvant rompus, il n'y avait plus que le pouvoir du Souverain qui pût les pro-
« téger. Comme conséquence de cette garantie, elles payaient une foule de taxes, dont
« l'ensemble fournit l'une des branches les plus importantes du revenu public (3). »
De là on est en droit de conclure que la prévôté de Saint-Riquier existait en 1124,
époque présumée de la fondation de la commune de Saint-Riquier : et quand Anscher,
dans sa charte de 1126 confirmée par le roi, déclare que Robert de Millebourg et ses
frères sont à tout jamais exclus de la prévôté, est-ce que cette peine ne doit pas s'entendre de la destitution de la prévôté royale ? L'Abbé de Saint-Riquier n'était nullement tenu d'inscrire, dans un contrat solennel, qu'il privait un de ses subordonnés
d'une fonction spéciale à son couvent.

Les auteurs s'accordent assez à reconnaître que l'origine des prévôtés est inconnue.
La prévôté ne serait-elle point par hasard une transformation des vicairies, des cente-
naries de l'époque Romaine ? Un centre important, comme Saint-Riquier, fut dans

(1) *Histoire de Saint-Riquier*. p. 108.
(2) *Coutumes*. Tome I, pag. 44 Tome II, pag. 2.
(3) *Ibid* Tome II, pag. 1.

les temps les plus anciens le siége d'une autorité royale, sous quelque nom qu'elle puisse se présenter à nous (1).

Il y a dans le traité de Chinon une observation importante pour notre sujet. Marie de Ponthieu, afin de sauver quelques épaves de son naufrage politique, offrit au roi la ville de Saint-Riquier (*villam divi Richarii*) et Doullens. Le roi, pour se montrer bienveillant, lui remit deux mille livres, c'est-à-dire son relief du comté de Ponthieu, les revenus que son père possédait à Abbeville, à Rue, dans le Marquenterre, à Ponches, à Pont à Villers, à Saint-Valery, revenus qui sont des appartenances de Saint-Riquier, *qui sunt de pertinentiis sancti Richarii* (2). Ces revenus ne viendraient-ils pas en partie de la prévôté de Saint-Riquier avant 1225 ?

On verra, dans l'indication des lieux soumis à la prévôté de Saint-Riquier, qu'elle s'étendait sur une partie du Ponthieu, sauf les villes d'Abbeville, de Rue et de Saint-Valery que la force des choses a distraites.

Dans les auteurs anciens le nom de prévôté s'applique à des dignités d'églises et de monastères, à des offices de l'ordre civil même, d'un rang inférieur. Les Abbés, les Comtes, les Seigneurs ont leurs prévôts, chargés de surveiller leurs propriétés, de réprimer les délits commis dans les bois et dans les campagnes. Des fiefs sont attachés à ces fonctions, comme on le voit dans les archives de Saint-Riquier, et le surnom de Prévôt ne tarda pas à désigner les individus qu'on a investis de ce mandat de confiance. Mais il semble qu'au xiii° siècle, après la création des parlements, des bailliages, les prévôtés royales ont acquis une importance qu'on ne leur connaissait point auparavant. Les prévôts sont des juges-royaux en première instance dans un district déterminé ; leurs sentences, quand il y a appel, sont révisées par les Baillis, comme les Parlements jugent en dernier ressort les causes qu'on porte à leur tribunal, après condamnation des baillis, grands justiciers du roi.

« Le prévost est tout à la fois un juge, un agent du fisc et de la force publique, le gardien des lois et des coutumes, des conventions entre particuliers, des chartes communales, du temporel des Eglises et de tous les établissements religieux, relevant de la juridiction royale par l'amortissement. Il réprime les délits : il prononce des jugements, il fixe les amendes, les perçoit, les paie au trésor public ; il recueille aussi les épaves, les trésors et tous les droits perçus par les rois (3). » Beaucoup de condamnations judiciaires à cette époque imposant des amendes, il est le collecteur de cette classe d'impôts : d'où il est arrivé quelquefois que la prévôté fut donnée à ferme ou vendue à un prix déterminé. En rendant au roi une somme fixe, le prévôt jouissait de tous les

---

(1) « La prévôté de Saint-Riquier, dit D. Grenier, devint subalterne au bailliage d'Amiens depuis qu'elle a été éclipsée du comte de Ponthieu par la cession de la princesse Marie » Il suivrait donc de cette affirmation qu'elle existait avant 1225, contrairement à l'assertion de MM. Praroud et Bouthors.

(2) *Histoire des Mayeurs d'Abbeville*, pag 152, 155.

(3) Bouthors. *Coutumes*. Tom II, pag. 4

profits des jugements. Ce fut une source d'exactions et d'injustices. Les princes, qui craignaient de pressurer leurs peuples ou de les livrer à des mercenaires toujours avides de gain, se gardaient de vendre ou d'affermer les prévôtés, et ne voulaient nullement qu'elles fussent baillées par argent au plus offrant.

On a attribué à saint Louis l'origine de ces sortes de baux dont on fixait la durée à trois ans. C'est à tort ; cette institution désastreuse pour les peuples date du commencement du xiii° siècle. Le pieux roi au contraire détruisit ces iniques coutumes et rétablit la prévôté de Paris dans sa première dignité (1).

« La prévôté de Paris, dit Joinville, était alors vendue ; ceux qui l'avaient achetée soutenaient leurs enfants et leurs neveux en leurs outrages : car les jouvenceaux avaient confiance en leurs parents et amis qui tenaient la prévôté. Pour cette cause le menu peuple ne pouvait avoir droit des riches que par les grands présents et dons qu'il faisait aux prévôts. Par les grandes injures et les grandes rapines qui se faisaient en la prévôté, le menu peuple n'osait demeurer en la terre du roi, mais allait demeurer en autres prévôtés et seigneuries. Le roi ne voulut plus que la prévôté fut vendue, mais donna de bons gages à ceux qui la garderaient dorénavant. » Cette réforme saint Louis l'étendit à tout son royaume par ses établissements et ses ordonnances.

Les attributions judiciaires des prévôts étaient limitées aux matières personnelles, réelles et mixtes, dont ils pouvaient connaître en première instance. Le litige ne devait pas dépasser la somme de 60 s., ni les délits entraîner une amende supérieure (2). Les autres causes civiles, réelles, personnelles ou mixtes, ainsi que les affaires criminelles, étaient de la compétence des baillis. Ces magistrats institués par Philippe-Auguste furent chargés de rendre la justice dans une province, de représenter le roi et de concentrer les revenus, dont ils allaient rendre compte à des époques déterminées.

Sous l'action de ces diverses magistratures et des plaids royaux, les anciennes formes judiciaires du duel et du combat judiciaire, des épreuves de l'eau, du fer rouge, disparaissent, pour faire place aux décisions des gardiens de tous les droits et des vengeurs de toutes les oppressions.

La prévôté de Saint-Riquier, rattachée avec la prévôté de Doullens au bailliage d'Amiens, après la confiscation du Ponthieu, n'en fut jamais séparée, quelles que fussent les alliances ou les changements politiques. La coutume d'Amiens régna dès lors dans la prévôté de Saint-Riquier. On en suivit à peu près toutes les prescriptions, en

---

(1) Ducange. Glossaire. Au mot Præpositura.
(2) Bouthors, ibid. pag. 4.
On a retrouvé des comptes de la prévôté. En 1248 le prévôt de Saint-Riquier devait au roi 193 liv. 6 s. Un compte de 1274 porte 568 liv. Un autre de 1285 porte 247 liv. 8 s. 11 den. En 1296 pour Saint-Riquier et Montreuil, la recette est de 351 liv. 4 s. 8 den. — Rerum Gall. Veteres Scriptores.

Tom xxi, p. 275-568.
On indique en 1683, une recette de 897 liv. En procédant par comparaison avec les autres prévôtés, celle de Saint-Riquier tient un bon milieu entre les diverses prévôtés Mais il ne faut pas oublier que les profits sont subordonnés aux causes jugées chaque année.

tenant compte néanmoins de certains usages populaires trop difficiles à déraciner. Quand on révisa les coutumes, en 1507 et 1567, la prévôté de Saint-Riquier ne présenta que neuf articles ou coutumes spéciales d'une minime importance ; ce qui prouve que la législation ou la pratique des tribunaux avait parfaitement assimilé cette partie du territoire, ravie aux traditions du Ponthieu (1). On n'en adopta que trois (2).

Le tribunal de la prévôté de Saint-Riquier se composait d'un prévôt, de plusieurs procureurs du roi, d'un greffier, de sergents royaux : il faut y ajouter un garde-scel et des auditeurs royaux, auxquels succédèrent les notaires. La centralisation administrative continuant son œuvre, soumit les contrats et les conventions des particuliers au visa des prévôts et les revêtit de leur sceau. Pour plus de sûreté et d'authenticité, ces contrats étaient reçus par des clercs instruits dans la science des lois, qu'on nomma auditeurs ou notaires royaux. Ils étaient toujours rédigés par deux auditeurs, dont les fonctions, à cette époque, paraissent temporaires, car on remarque qu'ils se succèdent très souvent. Leur office n'est pas encore héréditaire ; ils sont sans doute élus par les baillis.

La transcription de l'acte aux archives de la prévôté est une nouvelle garantie de la liberté et de la sincérité des transactions. On laisse instrumenter tous ceux à qui la coutume le permet, mais on sait qu'une institution publique finit par l'emporter sur toute autre et attirer tous les actes, soit par suite de la négligence des officiers privés, soit par la non valeur de leurs écrits, comparés à ceux qui sont revêtus du sceau de l'authenticité royale.

Nous avons à examiner ici une question, qui n'a pas été, ce nous semble, traitée jusqu'ici. C'est l'exercice de la juridiction du prévôt de Saint-Riquier sur Abbeville. Nous n'avons d'autre document pour le temps qui a précédé la domination anglaise sur le Ponthieu, que la charte de 1225 dont les termes, par eux-mêmes, sont assez obscurs. Depuis le jour où le roi d'Angleterre, Edouard III, eut dans son apanage le comté de Ponthieu (1272), rien de plus évident que l'exercice de l'autorité du prévôt de Saint-Riquier sur Abbeville. Le premier fait que nous avons recueilli remonte à 1307. Le mayeur d'Abbeville, Hue Broquette et deux échevins, Pierre Clabaut et Adam-Aux-Couteaux, avaient été accusés de malversations et de concussion dans l'exercice de leurs fonctions. Cette plainte, portée par un grand nombre d'habitants et plusieurs échevins, provoqua de la part du sénéchal, Richard Roquelan, des mesures rigoureuses. Le justicier du comte de Ponthieu mit sous sa main l'échevinage et la commune et institua d'office un gouverneur chargé d'administrer la ville ; mais le maire et les échevins révoqués refusèrent de se soumettres aux volonté du nouveau gouverneur et continuèrent d'exercer leurs fonctions. Le sénéchal les fit emprisonner : ce qui les obligea à se placer sous la protection d'un officier de justice du roi de

---

(1) M. Prarond. (*Histoire de Saint-Riquier*, p. 136).   (2) *Coutumes du Bailliage d'Amiens*, Abbeville Chez Devérité. 1781.

France, c'est-à-dire du prévôt de Saint-Riquier. Celui-ci les remit en liberté. Le mayeur et les échevins reprirent l'exercice de leurs fonctions et le prévôt de Saint-Riquier défendit aux habitants d'Abbeville, sous les plus sévères menaces de prise de corps, de saisie de leurs biens, d'obéir au sénéchal, de reconnaître pour mayeur et échevins ou pour magistrats d'autres personnes que Hue Broquette, Pierre Clabaut, Adam-Aux-Couteaux et les magistrats par eux institués. Cette sentence donna lieu à de longs démêlés. L'affaire fut portée au Parlement et jugée en faveur du sénéchal. De tous ces débats nous n'avons à relever qu'une expression : c'est que le roi de France appelle le prévôt de Saint-Riquier son prévôt : *Præpositum nostrum* (1).

C'est probablement en vertu des pouvoirs reçus de la prévôté que Pierre de Bouberch, sergent royal à Saint-Riquier, réclama à l'échevinage d'Abbeville un homme coupable de meurtre et le fit exécuter ; on appela, il est vrai, de son acte pour abus d'autorité et on l'obligea à restituer le criminel par figure (*Tome* II, *page* 35). Mais quelle autre raison, pour ce sergent royal, de s'immiscer dans l'exercice de la justice abbevilloise qu'une délégation du bailli d'Amiens ou du prévôt de Saint-Riquier ?

1324. Un sergent royal reçoit du prévôt de Saint-Riquier l'ordre de se rendre au prieuré de Saint-Pierre d'Abbeville, afin d'arrêter un malfaiteur qui s'y était réfugié et que les moines ne voulaient pas rendre à la justice du maire.

Le 18 septembre 1342, par contrat passé devant les auditeurs royaux de Saint-Riquier, il est décidé que les marchandises d'Abbeville seront déchargés sur le guindal du quai de la ville.

En 1349, Toussaint Rayer, prévôt de Saint-Riquier, reçoit les actes d'Abbeville, en vertu des droits de la prévôté royale de Saint-Riquier sur le ressort du Ponthieu.

Jusqu'en 1351, dit encore M. Prarond, c'est le garde-scel de Saint-Riquier qui recevait les actes d'Abbeville.

Voici du reste un acte de l'autorité royale qui semble justifier nos assertions, il est de 1369. Le roi Charles V, « pour la bonne et vraie amour, loyauté et obéissance » qu'il a toujours trouvée et trouve de jour en jour dans les maires, échevins, bourgeois et habitants d'Abbeville, de Rue et autres villes du comté de Ponthieu, veut que toutes les affaires contentieuses et litigieuses « meuz et à mouvoir » soient jugées « par des « hommes jugeurs, » établis par lui dans le comté et ressortissent en première instance au sénéchal du Ponthieu et ensuite au Parlement de Paris, sans qu'aucun « des subgez de nos dictes villes de Abbeville, de Rue ne autres dudit Contée, pour « quelques causes soient traitiez ès prevotez de Saint-Riquier, de Vymeu, au bailliage « d'Amiens, ne ailleurs que oudit Contée et en nostre Parlement (2) »

Il est permis de conclure de ce document que les prévôtés de Saint-Riquier et du Vimeu étaient pour Abbeville, Rue et autres villes du comté de Ponthieu, des tribu-

---

(1) Augustin Thierry. *Monuments inédits de l'Histoire du Tiers-Etat*. Tome IV, pag. 77.

(2) *Ordonnance des Rois de France* Tom. v, pag 174.

naux de première instance dans les cas royaux, c'est-à-dire dans ceux qu'on ne pouvait faire juger que par les officiers du roi. C'est ainsi qu'on explique les faits d'appel au prévôt de Saint-Riquier et l'exercice de son autorité royale sur Abbeville.

« La sénéchaussée de Ponthieu, dit Louandre, fut érigée en justice royale en 1369. » Ainsi Abbeville n'avait pas de justice royale avant cette époque. C'est donc à la prévôté de Saint-Riquier qu'on recourait avant la création de ce tribunal, c'est à la même prévôté qu'on recourait, quand on en appelait au souverain.

Les attributions du prévôt de Saint-Riquier, déjà considérables à cette époque, furent encore augmentées, de 1315 à 1365, par la suppression de la prévôté de Doullens, à la suite de l'annexion de la seigneurie de cette ville à celle de Lucheux. Le ressort de la prévôté de Doullens fut dans cette période divisé entre ceux de Saint-Riquier, Montreuil et Beauquesne ; mais le roi Charles V ayant égard, dit son ordonnance, aux doléances des habitants de la ville de Doullens, qui souffraient préjudice, parce qu'on ne voyait plus dans ses murs cette foule d'étrangers que des assises périodiques avaient coutume d'y appeler, les rétablit, en juin 1365, pour rendre à cette ville son ancienne aisance (1). Cette observation nous montre l'importance d'une prévôté pour les localités qui jouissaient de la présence de ce tribunal.

Quand on rendit à Doullens ses prérogatives, on stipula que les fermes des prévôtés seraient conservées jusqu'à l'expiration du bail.

Cette courte exposition d'une question qui n'a pas encore été traitée jusqu'ici, du moins que nous sachions, mettra peut être sur la voie, pour arrêter l'attention sur d'autres documents, qui élucideront mieux ce point d'histoire locale.

La juridiction prévôtale embrassait le doyenné de Saint-Riquier. Elle s'étendait en outre sur beaucoup d'autres localités des doyennés voisins. Nous renvoyons au doyenné de Saint-Riquier pour les villages cités (2). Nous ajoutons ici les autres par doyennés anciens, selon la lettre alphabétique.

I. DOYENNÉ D'ABBEVILLE.

Bouchon.
Buigny-l'Abbé.
Buigny-Saint-Maclou. Bonneval.
Coquerel, Longuet.
Drucat, Plessiel.
Hautvillers, Lamotte, Ouville.
L'Etoile.
Marcheville, Cauroy.

Millencourt.
Neufmoulin, Pré (hameau dépendant de Caux).
Noyelles-sur-Mer, Noyellette ou Nolette.
Nouvion.
Port-Le-Grand.
Sailly-le-Sec, Sailly-Bray, Flibeaucourt.
Le Titre.
Vauchelle-lès-Abbeville.

(1) M. Delgove. *Histoire de la Ville de Doullens*, pag 63.
(2) Il faut détacher de ce doyenné les paroisses de Domvast, Longvillers, Bernaville, Berneuil et Gorges, Domesmont, Vacquerie, Epécamps, Saint-Hilaire, Lanches, Domart, Saint Léger.

II. DOYENNÉ DE RUE.

Argoules, Valloires, Balances, Préaux.
Bernây.
Crécy-Grange (ferme près Crécy).
Dominois, Petit-Chemin.
Estrées-lès-Crécy.
Favières, Hamelet.
Fontaine-sur-Maye.
Froyelles.
Forêt-l'Abbaye.
Forêt-Montier, la Motte, la Motelette, la Neuville, la Bucaille, Genville, Bois-Rissard, Beauregard, Boivonnage, Retz-à-Coulon.
Ligescourt.
Machy.
Machiel.
Ponches, Estruval.
Saint-Firmin, Ferme Baillet, Bihen ou Baie d'Hencort, Batiforax.
Saint-Quentin.
Regnières-Ecluse, Campignol.
Vironchaux, Mésoutre.
Vron, les Hallots, Hutte de Tronquoy, Bodoage.

III. DOYENNÉ DE LA BROYE.

Beauvoir-Rivière* (1).
Conteville, Abbaye d'Aimont.
Dompierre, Wadicourt, Watléglise, Voisin, Rapchy*.
Gueschard, Cumonville.
Hiermont.
La Broye*, Barly-à-Larbroye*, Biencourt*.
Le Boisle, Boufflers, Vergolay, Mœsmont.
Maison-Ponthieu, Saint-Lot.
Neuilly-Le-Dien, Acquet.
Witz-sur-Authie.
Villeroy, Willencourt*.
Rey*.
Mesnil-Crescent*, Vaux*, Haravesne* (2).

IV. DOYENNÉ DE PICQUIGNY.

Bettencourt, Saint-Ouen.
Boudeville, Moreaucourt.

Ainsi la prévôté de Saint-Riquier comprenait à peu près dans leur ensemble les cantons actuels d'Ailly-le-Haut-Clocher, de Crécy, de Nouvion, une grande partie des cantons de Domart, quelques communes de ceux de Rue, Bernaville, Picquigny et Abbeville.

Nous allons donner successivement les noms des prévôts-royaux et de leurs lieutenants, que nous avons pu recueillir, des gardes-scels, des sergents-royaux, des auditeurs royaux et des notaires. La liste est bien incomplète. D'autres pourront y ajouter de nouveaux noms. Nous signalerons ces divers personnages sous l'année dans la-

---

(1) Ce doyenné contenait plusieurs villages aujourd'hui compris dans le département du Pas-de-Calais, indiqués ici par un astérique.

(2) Dans quelques paroisses il y a des enclaves du Ponthieu, des parties soumises à la sénéchaussée d'Abbeville.

Voir M. Prarond. *Histoire de Saint-Riquier*, pag. 135-142. — *Coutumes du bailliage d'Amiens*, pag. LIX-LX (Chez De Vérité à Abbeville. 1781).

quelle leurs noms paraissent dans les archives, sans rien préjuger du commencement ni de la fin de leurs fonctions.

1126. Robert de Millebourg, destitué sur la demande de l'Abbé Anscher.
1194. Pierre N.
1225. Jean le Prévôt.
1226. Barthélemy de Vismes, le grand bienfaiteur de l'Hôtel-Dieu ?
1230-1250. Lambert Hambeluche.
1260. Pierre Bonnières.
1275. Jean le Moussu (voir plus haut, page 66).
1314. Jean de Hangard.
1323. Mathieu de Vaudricourt, écuyer, bailli d'Abbeville en 1328. Il commence dans le nobiliaire de M. de Belleval la généalogie d'une noble famille encore existante. On retrouve son nom dans les terriers de Saint-Riquier du XVIII siècle.
1325. Jean de Vincheneuil et Colard Accard, son lieutenant.
1333. Gérard de la Brière, lieutenant du prévôt.
1343. Pierre de Bouberch.
1353. Jean de Canteleu.
1354. Pierre Le Sergent.
1359. Jean de Molliens, lieutenant du prévôt.
1367. Guillaume Le Vasseur, prévôt, puis prévôt-fermier en 1379.
Robert Le Maréchal, lieutenant du prévôt en 1376, Pierre le Pullois aussi lieutenant, en 1377.
1382. Jean Cauwert. — Pierre Le Poivre, lieutenant.
1384. Pierre de La Porte, prévôt. — Pierre Le Cambier, lieutenant. — Jean de Bouberch, lieutenant en 1388.
1401. Nicolas Godard, seigneur de Vauchelles-lès-Domart et de Sourdis : on le dit lieutenant du Sénéchal du Ponthieu en 1432. Sa famille posséda le fief Alix à Moufflers. Il reparaît en 1416.
1404. Jean Rohaut, dit Brunet.
1425. Jacques de Barly.
1432. Enguerran de Maisons, écuyer, originaire de Saint-Riquier.
1436. Jean de Maisons, écuyer, probablement fils du précédent. On cite de lui une sentence contre les religieux de Valloires en 1447 et un jugement en faveur de l'abbaye de Saint-Riquier en 1499.
1461. Jean Heudain, lieutenant.
1463. Pierre Le Pullois, lieutenant.
1468. Riquier de Maisons, écuyer.
1493. Bauduin Ternisien, que nous croyons appartenir à une famille de ce nom à Saint-Riquier : il s'intitulait juge et garde de la prévôté de Saint-Riquier pour le roi. Il assista en cette qualité à à la rédaction des coutumes en 1507. Il existe encore beaucoup d'actes de ce prévôt.
1518-1528. Jean du Boille ; il se qualifie des titres « d'escuyer, de juge et garde-scel de la prévôté pour le roi. » Voir sa famille, page 86.
1528. Antoine de Buigny pourvu à Amiens en cette année, par résignation du précédent. Antoine de Buigny était licencié ès-lois, seigneur de Cornehotte, du Bois-Rasoir, du Boille-lès-Airaines, Saint-Delier et autres lieux : il fut aussi lieutenant-général du Sénéchal du Ponthieu en 1542 et lieutenant-général de l'amiral de France. Il s'intitule aussi juge et garde ordinaire de la prévôté pour le roi. Il demeurait à Abbeville rue Saint-Gilles. Il épousa : 1° Marguerite de La Ruelle; 2° Jeanne le Sage. Il eut pour lieutenant-général Jehan Pecoul, écuyer.
1540. Jean de Buigny, fils du précédent. Les provisions manquent, le registre de cette époque étant perdu. Il épousa : 1° Barbe de Mailly, 2° Barbe de Saint-Delys, de la famille d'un lieutenant général au bailliage d'Amiens, bien connu dans les histoires locales. Le château de Neuville les-Saint-Riquier a été hérité et possédé par une de ses descendantes, Marie-Joséphine-Alexandrine du Maisniel, qui

épousa, en 1800, Jean-Baptiste Drillet de Lanigou, chevalier de Saint-Louis. Le domaine de Neuville a été vendu par cette famille, mais elle habite encore Brailly-Cornehotte.

1546. Jacques d'Acheu, avocat en la sénéchaussée du Ponthieu, fut pourvu sur la résignation du précédent, le 17 septembre 1546 et reçu à Amiens le 19 octobre suivant. On doute que la famille Jacques d'Acheu ait appartenu à celle des seigneurs de Saint-Maixent. M. de Belleval du moins n'a pas trouvé le trait d'union. Ce prévôt s'intitulait licencié ès-lois, seigneur de Larchez, conseiller du roi, prévôt de Saint-Riquier; il avait épousé Marguerite Le Riche, et fut père de Thibaut, sergent royal et du suivant.

1563. Jean d'Acheu, pourvu par la résignation de son père, en 1563, ne fut reçu à Amiens que le 20 novembre 1565 Jacques d'Acheu continua ses fonctions dans cet intervalle. Jean d'Acheu signa les coutumes d'Amiens en 1567. Il mourut en 1568.

1568. Nicolas de Wanel, de Saint-Riquier. Il fut pourvu le 16 juillet 1568, et reçu à Amiens le 16 septembre de la même année. On lit sur un de ses actes : « Nicolas du Wanel, licencié ès-lois, prévot de Saint-Riquier pour le Roi notre « Sire ». Son office fut saisi réellement le 17 janvier 1608 (voir la famille de Wanel, page 119). (1)

1608. Pierre du Mas fut pourvu et ne fut point reçu.

1623. Claude Fournel, pourvu sur la démission de Pierre du Mas, le 10 novembre 1623, fut reçu le 10 décembre de la même année à Amiens. On ne dit pas qui géra la prévôté dans la vacance. Il vécut jusqu'en 1631.

1631. Claude Pérache I, pourvu le 17 juillet, fut prévôt de Saint-Riquier jusqu'en 1669. S'il n'habitait plus Saint-Riquier, du moins sa famille en était originaire et remontait jusqu'au XIII° siècle. Guérard Pérache signa les coutumes de la Ferté en 1507.

M° Louis Pérache avait été au siècle précédent greffier de la prévôté de Saint-Riquier. Sa fille Marguerite Pérache épousa Antoine Lefèvre des Amourettes. (Voir la famille Perache, page 127).

Noble homme Jean Pérache sieur de Maisons, fut lieutenant général de la prévôté de Saint-Riquier, il épousa Jeanne Dargnies. Leur fille Catherine Pérache unie à Jacques Lefebvre mourut le 12 avril 1632.

1669. Claude Pérache II, fils du précédent, d'abord prévôt de la Ferté, fut pourvu par la résignation de son père, le 16 juin 1669, et reçu le 9 août : il mourut le 11 mars 1696. Il avait épousé Catherine Pottier.

1696. Alexandre L'Herminier, avocat au Parlement, pourvu par le décès du précédent et la résignation de sa veuve, le 29 septembre 1696, fut reçu le 6 novembre suivant. Il a été question de cette famille à l'occasion du fief Thiboutot (page 137).

1767. M° Jean-François Turpin seigneur de Wargemont et autres lieux. Il est ainsi qualifié dans un acte du 31 mars 1767. On trouve aussi son nom dans les almanachs du temps.

1780. N. L'Herminier.

1788. N. Legrand (2).

---

(1) Le Père Daire indique vers l'année 1373 Jacques de Vausselles, successeur de son père. Nous préférons la liste de D. Grenier que nous suivons ici. (Voir la famille de Vausselles, page 126).

(2) Le nom de Legrand parut en 1779. Serait-ce le père de celui que l'on indique comme successeur de L'Herminier ?

Archives de Saint-Riquier.—D. Grenier. Tom. XXVII. pag. 58. — M. de Bussy. Les Prévôts royaux de Saint-Riquier (1873)

GARDE-SCELS.

Dépositaire du sceau de la prévôté, le garde-scel, ainsi que l'indique son nom, était chargé de sceller tous les actes de la prévôté. Plus d'une fois les garde-scels furent élevés à la dignité de prévôt. C'est pourquoi leurs noms figurent de temps en temps dans cette charge.

Beaucoup d'actes de garde-scels commencent ainsi : « N. ad présent garde-scel de la « baillie d'Amiens, établi en la prévosté de Saint-Riquier pour sceller et confermer « les contraux, convenenches, marques, obligations qui sont faictes et receues en la « dicte prévosté entre parties. »

1337, 1349, 1359. Toussaint Rayer.
1376. Guillaume Le Vasseur.
1379. Jean de Maisons, puis Robert d'Alliel.
1380. Robert le Mareschal.
1397. Guillaume de Bouberch.
1409. Jean Lessopier.
1413. Jean Houchard.
1414. Colard de Bersaques.
1421. Jean de Bersaques.
1424. Robert Conin.
1425. Jacques du Baille.
1429. Robert Accard.
1431. Guillaume à l'Estaule.
1445. Colard de Bersaques.
1449. Jacques de L'Angle.
1450. Jean du Boille.
1455. Colard de Bersaques (1).
1460. Jacques de Barly.
1465. Jean Lorice.
1475. Colard Le Fèvre.
1488. Jean Lessopier.
1500. Jean Briet, dit Ganain.
1507. Jean Lessopier.
1519. Nicolas de Marcheville.
1521. Jean Pente qui s'intitule procureur et conseiller au bailliage d'Amiens.
1529. Nicolas Eusteler, procureur et conseiller au bailliage d'Amiens.
1530. Jean Castelet, *idem.*
1535. Raoul de Fer, *idem.*
1556. Lienard Leclercq, procureur du roi en l'élection d'Amiens.
1565. Jean Toulet, marchand à Amiens.
1572. Pierre Marcotte.
1576. Nicolas de Wanel, licencié-ès-lois et prévost-juge.

PROCUREURS DE LA PRÉVÔTÉ.

Les procureurs étaient des officiers établis en la prévôté, afin d'agir devant les tribunaux au nom des plaideurs. Ces officiers dont l'institution était fort ancienne et précédait même le règne de Philippe VI, ont été supprimés par la loi du 20 mars 1791 et remplacés par les avoués. La prévôté de Saint-Riquier avait six charges de procureurs.

Les noms des procureurs, que nous rencontrons dans nos archives, sont généralement des noms de notaires ou d'autres officiers de la prévôté. Nous jugeons inutile de les reproduire ici.

(1) Est-ce le même personnage que ci-dessus ou une autre personne du même nom ? Nous l'ignorons.

SERGENTS ROYAUX.

Les sergents royaux, autant que nous avons pu le constater, étaient des officiers royaux chargés de la police dans les villes et de mandats spéciaux des hommes du roi : ils portaient des exploits, des assignations, des saisies, des exécutions : ils arrêtaient les individus frappés de contrainte par corps ou qui causaient des désordres. Ils sont aujourd'hui remplacés par les huissiers et les gendarmes.

La prévôté de Saint-Riquier comptait, au xiv° siècle, huit sergents royaux, dont beaucoup, sinon tous, appartenaient à la noblesse. Au xviii° siècle, ils ne se recrutaient guère que dans les classes de la bourgeoisie.

NOMS DE QUELQUES SERGENTS ROYAUX.

1310. Jean Le Moisne.
1311. Régnier de Hangard.
1314. Jean de Hangard.
1314. Jean Lessopier.
1314. Guillaume de Bours, chevalier.
1314. Hupars de Bours.
1314. Jean Hurtaut.
1314. Cornus de Frohen.
1314. Bernard de Quatrevaux.
1325. Pierre de Bouberch.
1336. Bernard de l'Heure.
1350. Jean de Domart.
1350. Estienne ou Estaule Harnas.
1353. Guérard le Boucher.
1362. Jean de Buigny, aussi gardien de l'abbaye.
1366. Jean de Sarton.
1366. Jean Vignon.
1377. Henri de Hangard.
1377. Colard de Bacouel.
1379. Guillaume Le Vasseur.
1379. Jacques de Hesdin.
1379. Hoste de Saint-Saufflieu.
1379. Colard le Bryois.
1379. Jean de Sarton.
1379. Colard d'Ellecourt.
1400. Colard Godard.
1407. Henri Brogniard.
1408. Colard Le Fruictier.
1416-1435. Robert de La Croix.
1416-1435. Nicolas Legrand.
1475. Mathieu Roussel.
1507. Nicolas de Fontaine.
1507. N. de Ponthieu.
1553. Jean Lenglacé.
1620. Jean de Tigny.
1630. Antoine Le Fèvre.
1630. Jacques de Ville.
1644. N. du Wanel.
1653. Antoine de Tigny.
1672. Jean du Boille.
1743. Charles de Fontaine.
1777. Edouard de Fontaine.

AUDITEURS ROYAUX ET NOTAIRES (1).

On appelait auditeurs royaux les officiers commis par le roi pour recevoir les actes des parties ou du moins assister comme témoins à la confection de ces actes ; car il

---

(1) « On a appelé anciennement, dans certains cantons, auditeurs, les hommes nommés partout ailleurs notaires. Les preuves en sont multiples dans les coutumes d'Amiens, du Ponthieu et Clermont. Les assistants qui se trouvaient à la passation ou à la lecture de quelque acte, soit qu'ils le signassent ou non, ont pareillement été désignés par le surnom d'auditeurs du roi ; ils étaient nommés par les baillis jusqu'en environ l'an 1370. »

Le P. Daire. *Histoire Littéraire d'Amiens*, pag. 583.

semble, à la lecture de certains nombres d'actes de la prévôté de Saint-Riquier, que les garde-scels les avaient écrits et scellés et que les auditeurs n'étaient que des témoins jurés pour attester les volontés des contractants. Il nous semble aussi que les auditeurs royaux n'exerçaient qu'un mandat temporaire, tant ils se succédaient souvent, et presque chaque année. Deux auditeurs étaient requis pour chaque acte de la prévôté. On en compte quelquefois quatre dans la même année.

Aux auditeurs royaux ont succédé les notaires ou tabellions, institués d'abord par saint Louis dans ses états et par ses successeurs dans les différents états du royaume. Les notaires, dans le principe, rédigeaient les minutes et les tabellions en étaient dépositaires et délivraient des grosses. Henri IV créa, en 1597, les notaires garde-notes et garde-scels et supprima les officiers antérieurs.

Au xviiie siècle, des notaires de Saint-Riquier prenaient encore le titre de notaires Apostoliques et royaux. Les notaires Apostoliques, d'après le droit de l'époque, avaient le privilège d'instrumenter par toute la France, en Angleterre, en Espagne et dans l'empire Romain. En 1421, un arrêt du Parlement enjoint aux notaires Apostoliques de se restreindre aux actes relatifs aux bénéfices et aux actes soumis à la puissance ecclésiastique. En 1494, Charles VIII interdit à tous ses sujets de faire passer aucun contrat par notaires Apostoliques, impériaux ou épiscopaux en matière temporelle, sous peine de nullité de ces actes. Chéruel ajoute que depuis cette époque les notaires Apostoliques furent nommés par le roi dans tous les diocèses de son royaume. N'est-ce pas plutôt par l'édit de 1691 que le roi s'est réservé ce droit et a réglementé l'exercice des fonctions des notaires Apostoliques ?

AUDITEURS ROYAUX (1).

1313, 1317, 1331. Giles Accard.
1327. Pierre Le Pullois et Pierre Scourion.
1330. Colard Le Messager et Jacques Rosel.
1331. Toussaint Rayer et Jacques Rosel.
1332, 1337. Jacques Rosel et Giles Accard.
1334. Toussaint Rayer.
1346. Jean de Domard et Jacques Rosel.
1347. Pierre de Bouberch et Fremin de Cromont.
1349. Pierre de Bouberch et Colard Le Messager.
1350. Pierre de Bouberch et Jean Le Carbonnier, admis par le prévôt à *faire un contrat ou à en ouïr*.
1351. Jean Le Laboureur et Jean Rayer.
1352. Pierre de Bouberch et Henri Le Poivre.
1362. Jean Accard.
1372. Robert Le Maréchal et Jean de Sarton.
1376. Noël Accard et Guillaume de Hesdin.
1379. Pierre de Bouberch et Jean Hardi.
— Raoul Le Cappellier et Robert Le Maréchal.
1380. Raoul Le Cappellier et Jean de Bouberch.
— Robert Le Cambier.
1381. Jehan de Bouberch et Jehan Robillard.
1384. Raoul Le Cappelier et Jean de Sarton.
— Jean de Sarton et Jehan Rohaut, dit Brunet.
1385. Jehan de Bouberch et Jean de Sarton.

(1) Nos listes sont imparfaites et sans doute fautives, par suite de variantes entre nos archives et les tableaux que nous avons consultés. Nos lecteurs les corrigeront, s'ils ont de meilleurs renseignements.

1388, 1400. Jehan Rohaut, dit Brunet.
1397. Jehan de Bouberch, dit Lambelin et Pierre Lepoivre. — Pierre Le Poivre et Guillaume le Cambier.
1398, 1399. Jehan de Bouberch et Pierre Le Poivre.
1405. Enguerrand le Prévôt et Guillaume Le Cambier.
1407. Pierre Le Poivre et Williaume de Hesdin. — Robert Le Maréchal.
1412. Guillaume de Bouberch et Guillaume de Croix
1413. Guillaume de Bouberch.
1416. Jean Accard et Guillaume Le Cambier.
1417. Jean Godard et Colard de Maisons.
1419. Guillaume Le Cambier et Barthélemi de la Couture.
1423. Enguerrand de Noyelles et Rasse de La Porte.
1424. Guillaume de Hesdin et Jean Heudain.
1425. Jean Accard et Colard de Bersacques.
— Jacques Heudain et Colard de Bersacques.
1429. Jean Heudain et Colard de Bersaques.
1431. Jean Heudain et Jean Houchard.
1432. Colard de Bersaques et Jehan Cauchois.
— Jean Houchard et Guérard Scourion.
1435. Jean Heudain et Jean Le Prévôt. — Guérard Scourion et Etienne Doré.
1437. Jean Heudain et Guillaume de Hesdin.
1440. Guérard Scourion et Jean Lyron.
1445. Guérard Scourion et Etienne Doré.
1448, 1450, 1451, 1452, 1453. Jean Heudain et Jean Le Prévost.
1460. Colard de Bersaques et Raoul de Lessau.
1461. Jean Heudain et Jean Le Prévot. — Raoul de Lessau et Riquier de Maisons.
1463. Raoul de Lessau et Riquier de Maisons.
— Jean Lorice et Pierre de Bruyer.
1464. Jean Le Prévot et Jean Lorice.
1465. Jean Lorice et Jean de Fontaines.
— Raoul de Lessau et Riquier de Maisons.
1475. Riquier de Maisons et Jean de Lessau.
1485, 1489. Jean Briet et Jean de Lessau.
1487. Jean Briet, dit Ganain et Mahieu Lorice.
— Jean Briet et Jean de Lessau.
1488. Jean Briet et Mahieu Lorice.
1490. Jacques de Bristel et Jacques de Bouberch.
1493. Jean Briet et Colard de Lessau.
1505. Jean de Lessau et Nicolas de Fontaines.
1510. Jean de Lessau et Jean Lessopier.
1516. Jacques de Lessau, fils de Jean, et Jacques de Lessau, fils de Colard.
1777. François Buteux et Dominique Canu.

NOTAIRES ROYAUX.

1516. N. Macquet, notaire à Saint-Riquier.
1521. Jacques de Lessau, l'aîné, et Jacques de Lessau, jeune, notaires royaux à la prévôté, nommés par M. le Bailly d'Amiens.
1525. Jacques de Lessau aîné et David Lécaille.
1531. David Lécaille et Philippe de Troy, notaires et procureurs.
1545. Jehan Lejeune et Jehan Chanal.
1546, 1551. Jacques Roussel et Jean de Quevauvillers, notaires de la prévôté.
1548. Thibaut Carpentier.
1556. Jacques Lessopier.
1560. Nicolas Carpentier, fils de Thibaut.
1563. François de Quevauvillers.
1564. Jean Lessopier.
1565. Jehan de Vausselles.
1572. Jacques Lessopier.
1573. Martin Caron, pourvu le premier, après création de nouveaux offices.
1575. Thibaut de Vausselles, après Jacques Choppin.
1576. Jean Lenglacé, successeur de Nicolas Carpentier.
1578. Jean Panderat.
1579. Nicolas Le Prévot.
1585. Jacques de Vausselles et Jean Buteux.
1587. Jacques Carpentier et Claude Dorion.
1591. Jean Lenglacé jeune, successeur de son père.
1592. Thibaut Carpentier, successeur de feu Jacques de Vausselles.
1605. Antoine de Tigny.
1606 Jacques Carpentier, Jean Le Prévot l'aîné, successeur de feu Lenglacé.

1614. Pierre Marcotte, successeur de feu Jacques Carpentier.
1622. N. Froissart.
1623. Jean Le Prévôt.
1627. Nicolas Buteux, notaire et procureur à la prévôté de Saint-Riquier.
1630. Jean Maisnel.
1634. Jean Du Wanel, par acquisition de Jeanne Carrette, veuve de Jean le Prévôt.
1638. Nicolas Buteux, petit-fils de Nicolas Buteux.
1640 à 1672. Nicolas Marcotte, fils de Pierre.
1643. Michel Hourdel, notaire, par adjudication, le 11 mars.
1644. Le Prévôt et Buteux, notaires royaux. — Nicolas Marcotte.
1650. Pierre Hourdel, successeur de Michel. — Philippe Le Prévôt, successeur de Nicolas Maisnel son oncle.
1650. Jacques Buteux.
1659. Nicolas et Jacques Buteux. — Jean Du Wanel.
1664. Michel Hourdel.
1667. François Du Wanel, fils de Jean.
1676. Claude Maisnel.
1697. Pierre Froissart.
1699. Réné Chevalier.
1707. Jacques Buteux, neveu de Philippe Le Prévôt. Après Jacques Buteux, Nicolas Buteux.
1711. Pierre Buteux.
1729. Pierre Froissart.
1730. Jean-Baptiste Buteux, successeur de Nicolas, son frère, et aussi procureur.
1735. Louis-François Hourdel.
1737. Nicolas-François Hourdel, notaire et procureur.
Nicolas Le Prévôt.
1749. Georges-Angilbert Maisnel, fils et successeur de Claude Maisnel (1696) qui lui-même remplaçait un autre Claude Maisnel.
1767. Jean-Baptiste-Auguste Buteux, succède à son père.
1767. Nicolas-Jean-Baptiste-Angilbert Hourdel, notaire et procureur, par démission de son père, puis Jean-Baptiste-Augustin, son fils.
1782. Pierre-Jacques-Nicolas Froissart.
1787. Defontaine et Buteux (1), et les deux précédents.

CHAPITRE X.

REFUGE D'ABBEVILLE.

La chronique de Saint-Riquier revendique, pour la plus noble des filles de Centule, la capitale du comté de Ponthieu : elle déclare, en 831, que son domaine appartenait tout entier au monastère et qu'aucune partie n'était donnée en bénéfice ni possédée en franc-alleu. Du reste, elle reconnaît que ce lieu n'est pas une simple métairie, mais un *oppidum*, c'est-à-dire un lieu fortifié et presque une cité. Ce qui donne un libre champ

(1) *Archives de Saint-Riquier*. — Le P. Daire, *Histoire littéraire de la Ville d'Amiens*, page 582, etc.

aux partisans de l'antiquité d'Abbé. *Villa* privilégiée de l'Abbé et des moines de Centule, Abbeville oublie son premier nom et n'est plus que la ville de l'Abbé, *Abbatis Villa*. Ce signe est caractéristique.

Vers la fin du x° siècle, Hugues Capet jugea à propos de fortifier l'île qui commande la rivière de Somme, d'y établir un château-fort et il la demanda ou la prit aux moines qui, du reste, lui avaient de grandes obligations. La position, il faut le reconnaître, offrait d'immenses ressources pour la défense du pays ; et le rôle qu'Abbeville a joué depuis dans l'histoire, montre que les pressentiments du fondateur d'une puissante race de rois n'étaient point de vaines hallucinations.

Les érudits du xvii° siècle ont beaucoup disserté sur l'origine d'Abbeville. Le géographe Sanson, dans sa curieuse et originale dissertation sur la ville de *Britannia*, n'hésite pas à conclure que cette ville problématique, dont Scipion entretenait les députés de Marseille, est sa ville natale d'Abbeville. Le P. Ignace ne peut admettre que le Troyen Brutus soit le fondateur d'Abbeville, quoiqu'on lui montre un écrit où cette opinion est soutenue ; il s'attache même à réfuter cette hypothèse ; mais toutefois il affirme que la ville existait, au moins cinquante ans avant J.-C., sous le nom de Refuge; qu'elle soutint même un siége contre César et son armée, qu'enfin elle se soumit à payer un tribut au vainqueur. Pourtant il avoue qu'aucun auteur ancien ni même moderne n'a produit de témoignage authentique sur la fondation d'Abbeville ou sur les faits qu'il signale.

De Vérité, dans son *Histoire d'Abbeville*, s'élève avec raison contre ces hypothèses dénuées de toute critique historique. Toutefois, comme il lui en coûterait trop d'avouer qu'une cité si importante dût quelque chose à des moines, il cherche le nom d'Abbeville dans l'étymologie de *Alba villa, la ville aux pierres blanches, aux maisons blanches*. Il se fonde sur ce singulier argument : que les premières maisons étant construites en pierres blanches et en bois, il a toujours été d'usage de couvrir le bois d'un placage blanc. Qui ne comprend, d'après cette intéressante découverte, que le nom *d'Abbeville* ne doive appartenir à toutes les villes et à tous les villages ? Bayle dans sa dispute avec Sanson sur l'origine d'Abbeville, posait bien mieux la question, lorsqu'il lui disait : « Quels titres antérieurs avez-vous à Saint-Riquier ? Qu'avez-vous, « à Abbeville, qui annonce votre ancienneté ? Votre monastère de Saint-Pierre ? Votre « collégiale ?... Il est notoire, en effet, que tous les grands établissements d'Abbeville, « toutes les chartes et les privilèges, tous les documents historiques fixent son origine « à l'époque assignée par Hariulfe. »

Louandre fait preuve de sagesse et d'impartialité, quand il déclare qu'il est raisonnable de s'en rapporter au seul auteur qui puisse fournir des renseignements à cet égard. Que si l'on rejette son témoignage, il faut renoncer à chercher, d'après les documents positifs, quelques lumières sur l'origine d'Abbeville, parce qu'il n'y a plus que ténèbres au-delà du xi° siècle.

CHAPITRE X. — LE REFUGE D'ABBEVILLE.

Nous avons réfuté dans l'Histoire des Abbés (*Tome* i, *p.* 499), les assertions de Jean de la Chapelle et du Père Ignace sur l'existence d'un refuge à Abbeville, du temps de l'Abbé Hugues de Chevincourt. D'après des documents authentiques, nous avons établi que les bâtiments nécessaires au Refuge avaient été achetés à plusieurs particuliers sous l'Abbé Hugues Cuillerel, de 1428 à 1448. Le siège de Saint-Riquier en 1421 avait averti les religieux des dangers auxquels ils étaient exposés dans une ville frontière et trop peu importante pour soutenir l'attaque des puissantes armées qu'on commençait à mettre en mouvement. Un siècle plus tard, quand les Espagnols eurent dévasté la ville et le monastère (1554), le Refuge d'Abbeville était tout disposé pour recueillir et abriter les moines ; et c'est la gloire des abbés réguliers qu'on ne saurait accuser d'avoir manqué de précautions. Il fallut toute la cupidité de la commende pour disperser les moines, lorsqu'il était si facile de les conserver réunis dans cette retraite, jusqu'à ce que les désastres de la vengeance des Espagnols fussent réparés.

Nous avons dit en son lieu tous les services que le Refuge d'Abbeville rendit aux chefs Bourguignons et à Pierre Le Prêtre lui-même, dans les diverses péripéties des guerres de Louis XI (*Tome* ii, *pages* 128-137), et comment un des monuments les plus remarquables de la piété des moines fut enlevé dans les guerres de religion (*Ibid.*, *page* 198).

Le Refuge d'Abbeville n'eut guère d'histoire en dehors des évènements douloureux du Ponthieu. Signalons seulement les particularités suivantes :

1492. Un différend existait entre le Monastère et le Prieuré de Saint-Pierre sur quatre maisons dépendantes du Refuge et situées rue de la Babos, au lieu vulgairement dit *Treu-Méhaut*. La municipalité d'Abbeville fut choisie pour arbitre et obligea D. Antoine de Lesquielle, prévôt de Saint-Pierre, à payer aux religieux 12 s. de cens et à donner homme vivant. Jean Lecat, prêtre et chapelain de Saint-Wulfran, fut institué à ce titre par le prieur de Saint-Pierre. En 1631, le sieur François Waignard donna 9 liv. 7 den. de cens pour des maisons sises à Abbeville, probablement ces mêmes maisons du *Treu-Méhaut*.

Dans le partage des manses, après la réforme de Saint-Maur, on assigna à l'Abbé deux parts du Refuge et la troisième part aux religieux. Des procès-verbaux du temps constatent la division qui fut faite par des experts choisis parmi les chefs de corporations compétentes pour l'estimation des bâtiments. Une partie de ce Refuge fut louée à cette époque. On cite encore un bail de 1710 au sieur Godard de Beaulieu, maire perpétuel d'Abbeville. Mais sous l'Abbé Guillaume de Sanzay sa part du Refuge restait à sa disposition ; car on parle dans les mémoires de l'époque de son séjour à Abbeville pendant plusieurs années de ses vacances (*Tome* ii, *page* 303). Le sieur de Vauchelles en était le locataire en 1785.

Le Refuge d'Abbeville fut vendu, le 26 février 1791, au sieur Félix Marcel Cordier, procureur de la commune d'Abbeville, pour 10,800 liv.

Le Refuge était situé entre la porte du Bois et la chapelle du Saint-Esprit. Il touchait par un bout à l'hôtel de Livry ; il comprenait, outre le corps de logis principal, des remises et écuries, une cour et un grand jardin (1).

(1) *Inventaire des Titres,* page 843.

LIVRE XVII.

LES FIEFS DE LA PREMIERE FONDATION.

CHAPITRE I.

SEIGNEURIE DE DRUGY ET NEUFMOULIN.

Nous continuons, après l'histoire féodale de Saint-Riquier, l'étude des treize fiefs de l'ancienne fondation par celui de Drugy et Neufmoulin, deux villages qui constituaient l'un des treize grands fiefs (1).

Drugy (2), dépendance de Saint-Riquier, est mentionné dans le dénombrement de 831 et les autres chartes du IXe siècle. Il ne restait, comme nous l'avons déjà énoncé, que 9 à 10 maisons en 1689. Son domaine, renfermant un château, faisait naturellement partie du lot de l'Abbé. Mais il fut dans la suite rendu aux moines pour l'acquit de quelques charges claustrales.

La seigneurie de Drugy comprenait: 1° La maison seigneuriale avec ses dépendances, d'une contenance de VIII j^x. On l'avait convertie en ferme à la fin du XVIIIe siècle : 2° Un domaine de CLV j^x de terres labourables : 3° Des droits de dîme : 4° Des droits seigneuriaux, comme justice, champart, droits de pêche, etc. Ces droits seigneuriaux s'étendaient sur tout le terroir de Drugy, de Saint-Mauguille et sur une partie de celui de Friaucourt.

I. L'ancien Château. — De 1218 à 1260, divers habitants de Drugy avaient vendu leurs manoirs à l'Abbaye par pauvreté prouvée et jurée. D'autres les avaient donnés en

---

(1) Notons en passant que la seigneurie de Saint-Riquier formait l'un de ces grands fiefs.
(2) *Druciarum, Drusianum,* Druysi. Drusi. Drugy-lès-Saint-Riquier. — *Hariulfe.* — *Chron. Lib* III. *Caput.* III. — M. Garnier. *Diction. Topog.*

aumône. C'est sur l'emplacement de ces habitations rustiques que s'est élevé le château-fort dont l'enceinte est encore marquée par l'enclos de la ferme actuelle. Un vivier établi, en 1272, dans des prairies acquises par l'abbé Giles de Machemont, nourrissait des poissons pour l'usage du monastère. Une autre prairie achetée de 1672 à 1685 avait agrandi considérablement les pâtures de la ferme.

En 1361, l'abbé donna 400 écus d'or pour les réparations et la garde du château. Nous renvoyons à notre histoire pour les sièges de 1421 et 1470 (1).

Les constructions ruinées par les guerres et les ravages du temps offraient au dernier siècle le plus triste aspect. Le castel était démantelé. Des réparations avaient été imposées, en 1709, après la mort de Daniel de Cosnac. On ne s'en occupa point. Les économes du clergé pressaient en vain les abbés commendataires par leurs sentences contradictoires. Ce n'est qu'en 1755 que les religieux parvinrent à relever les ruines. Leurs restaurations subsistent encore aujourd'hui, comme on peut le constater par l'examen des bâtiments de la ferme. Les pierres, du consentement de Philippe de Quevauvillers, ont été extraites de la carrière de Saint-Pierre à Vaux, située sur l'ancien terroir de Saint-Mauguille. Il reste cependant quelques vestiges de la construction et de l'appareil du XIII° siècle à la façade méridionale d'une muraille des granges, et çà et là quelques restes d'encorbellement de tours ou d'escaliers.

II. LA DIME. — Elle est mentionnée dans le privilège du pape Alexandre III. Fixée à 7 gerbes pour 100, en certains cantons, à 8 pour 300 dans d'autres, la dîme se partageait entre l'Abbé, le curé de Saint-Mauguille et le seigneur du fief de l'Epine, situé sur le terroir de Buigny. Il y eut en 1575, en 1725 et 1750, des procès pour la dîme des pois, ce qui indique une culture séculaire de ce légume sur les bords du Scardon. L'officialité de Reims a même été appelée à terminer un différend.

III. DROITS SEIGNEURIAUX. — Le champart, le past, le don appartenaient aux religieux seuls. Le champart rendait 8 gerbes sur 100. Aux censives, au droit de chasse se joignaient les droits de relief, lods et ventes, à toute mutation. Toutefois les bourgeois de Saint-Mauguille, banlieue de Saint-Riquier, jouissaient des privilèges de la commune, de ses franchises et libertés.

Les religieux avoient haute, basse et moyenne justice, et la pêche depuis le pont Hulin jusqu'au *Pont de la Ville* dans Neufmoulin.

Sous Giles de Machemont, plusieurs faits de justice à Drugy et Neufmoulin, contestés par la commune de Saint-Riquier, furent décidés en faveur de l'Abbaye.

(1) Ajoutons ici les faits suivants. Au mois de mai 1474, les Bourguignons qui s'en étaient emparés de nouveau, l'évacuèrent devant les troupes de Louis XI qui l'incendièrent.
En 15 6, il avait pour capitaine Jean de Belleval, écuyer, maréchal héréditaire du Ponthieu, seigneur dudit lieu, d'Aigneville et de Morival, lequel y habitait alors. Il mourut en 1599.
M. de Belleval. *Les fiefs du Ponthieu, etc.* page 117.

CHAPITRE I. — SEIGNEURIE DE DRUGY ET NEUFMOULIN.

En 1330, les hommes du seigneur de la Ferté avaient levé un homme mort sur la terre du fief de Drugy, c'était une usurpation du droit de justice contre laquelle l'abbé réclama. Une sentence d'assises de Galerand de Vaux condamna le seigneur de la Ferté et réintégra le Monastère dans ses droits. En 1491, le prévôt royal de Saint-Riquier, ayant levé une femme tuée par accident sur la terre de ce fief, fut obligé de reconnaître son tort par lettres patentes et de déclarer qu'il avait troublé les moines dans leurs droits de seigneurie.

La seigneurie de Drugy, non compris le village de Neufmoulin dont il sera parlé plus loin, comptait cinq fiefs : 1° La Mairie de Drugy ; 2° Le fief des Aloyaux ; 3° Le fief Coulombeauville ; 4° Le fief Francamp ; 5° La Vassorie (1).

I. LA MAIRIE DE DRUGY. — Fief noble avec une maison amasée de granges, terres labourables, justice foncière, censives en argent, droitures, droits seigneuriaux, exploits, amendes, etc.

FAMILLE DE DRUGY. — En voici quelques souvenirs. — 1262. Raoul de Drugy, maire de Drugy, vendit aux moines un manoir « tenant d'un côté à la cauchie qui va du moulin *De Marinis* à Drugy, et de l'autre au manoir de Mathilde la Mairesse. » — En 1272, il vendit encore pour XL liv. deux jardins, dont l'un tenait au jardin de la mairie, et l'autre à la cauchie du moulin *De Marinis*. — 1284. Michel de Drugy, mentionné pour une vente à Williaume de Fransières (*Page* 139).

1300. Mahieu de Drugy possédait des terres à Ponches. — 1321. Guérard, maire de Drugy, homme-lige du monastère. — 1375. Werrie Guinard, mari d'Agnès la Mairesse, probablement fille de Guérard, donne un dénombrement renouvelé en 1406 par Agnès après la mort de son mari.

FAMILLE DE BOUBERCH (2). — 1490, Jacques de Bouberch, écuyer, auditeur royal, vendit la Mairie de Drugy à Jacques de Bristel, qui la rétrocéda en 1501 à Philippe de Bouberch, écuyer, échevin à Abbeville. Jacques de Bristel en donna le dénombrement en 1496.

FAMILLE LE ROY. — Louis Le Roy, écuyer, seigneur de Dargnies et de Cornehotte, donna, en 1539, le dénombrement du fief de la Mairie de Drugy. De tout le fief? Nous en doutons, parce qu'en 1545 Marguerite de Nouvillers, épouse en secondes nôces de Jacques des Groiseliers donna à bail la moitié de ce fief. — 1553. Relief et hommage de Jacques Le Roy, fils du précédent, qui meurt sans postérité.

Après 1600, relief et hommage de Louis Le Roy, écuyer, neveu de Jacques, marié à N. de Frétin. Sa fille, Isabeau Le Roy, épousa Antoine Dinger et après lui Jean Offroy, sieur de la Barre (3). Le fief de la Mairie de Drugy resta à Claude Dinger.

(1) *Inventaire des Titres. Pages* 901-953.
(2) Voir plus haut, *page* 81.
(3) Voir la famille Le Roy au fief de Réaulmont, seigneurie d'Hautvillers.

FAMILLE DINGER. — Claude Dinger, écuyer, seigneur de la Roche-Beauchamp, de la Mairie de Drugy, gentilhomme de la Fauconnerie du Roi, était fils d'Antoine Dinger, seigneur d'une Vassorie, mais non de celle de Drugy, puisque nos archives nous en donnent la succession, sans faire mention de lui. Il avait épousé Marie Offroy de la Barre et il eut, entre autres enfants, Claude Dinger auquel il donna dans son contrat de mariage avec Anne de Ribeaucourt, le fief de la Mairie de Drugy.

1654. Relief et hommage de Charles Dinger, écuyer, conseiller du contrôleur des domaines du Ponthieu, allié à D^{lle} de Bernières. Les religieux ont racheté à ce dernier le fief de la mairie de Drugy (1677). Le chef-lieu avait été cédé à Charles Groult (1).

FIEF DES ALOYAUX. — Terres labourables avec censives, past et don sur terres vilaines à Drugy et Ostremencourt ou Neufmoulin. Redevance au xve siècle : 9 livres et 10 chapons de cens et le champart.

1289. André de Ponches, chevalier, seigneur de Vron, vendit au monastère les hommages de ce fief et de plusieurs autres.

1343. Dénombrement de ce fief par Jean Matiffas.

FAMILLE ROMEREL. — 1468. Pasquier Romerel a hérité de son père Jean Romerel le fief des Aloyaux qu'il vendit à Firmin Lointier pour 100 liv. et 40 gros de Flandre.

La famille Romerel habitait Saint-Riquier au xve siècle. On cite en 1408, Raoul Romerel, mari d'Agnès du Four.

FAMILLE LOINTIER. — Connue à Saint-Riquier dès le xiie siècle. — En 1185, Hugues Lointier est échevin de Saint-Riquier.

A Firmin Lointier succédèrent Jean de Monoquillers en 1524, puis Martin Senault.

FAMILLE SENAULT. — 1529. Martin Senault, mari de D^{lle} Anne Prévost, constitua sur le fief des Aloyaux une rente à Jean Le Nourrequier, seigneur de Coulombeauville, puis lui vendit son fief pour 284 livres parisis et en outre 10 s. parisis de cens pour les caritiers et cent sous pour le couvent (2)

La famille Senault était représentée à Saint-Riquier, en 1495, par Jehan Senault et messire Hue Senault, prêtre. Jehan Senault, Abbé de Dommartin, appartenait-il à cette famille ? D'un contrat de Martin Senault en 1529, on pourrait supposer que ce Jehan Senault fut originaire de Saint-Riquier.

FIEF DE COULOMBEAUVILLE. — A ce fief appartenaient des terres et des mouvances sur les terroirs de Drugy, Neufmoulin, Yaucourt, Millencourt. Les archives distinguent

---

(1) *Archives de Saint-Riquier.* — *Inventaire des Titres, pages* 944, 947.

(2) *Inventaire des Titres, page* 940. — M. de Rosny, *Recherches, etc.*

deux fiefs de ce nom. L'un à Yaucourt contenant xxxii j⁵ de terre, l'autre à Drugy. Ce dernier avait un manoir, lvii j⁵ de terres labourables, xviii j⁵ de pré, des censives dont on estimait le revenu à 75 liv. Nous réunissons ces deux fiefs parce que nous rencontrons les mêmes possesseurs, sauf quelques éclipses dont nous ferons mention (1).

FAMILLE DE COULOMBEAUVILLE ou *Coulombiaux*. — 1239. Jean de Coulombiaux vendit à Henri de Vincheneuil des terres sises à Cramont. — 1250. Renier de Coulombeauville, échevin de Saint-Riquier. — 1260 à 1294. Hue ou Hugues Colombiaux, clerc, homme lige du monastère, seigneur de plusieurs ténements à Saint-Riquier, réclame, en 1289, en sa qualité de noble, contre une maltôte imposée au profit de la commune.

1350. Colard Coulombiaux vivant à Saint-Riquier.

Hôtel de Coulombeauville (*voir plus haut, page* 8).

FAMILLE DE VIGNACOURT. — Cette famille issue, dit M. de Rosny, de celle de Quiéret, a donné un de ses membres au monastère de Saint-Riquier. Elle avait un représentant à Drugy au xv° siècle. Elle tira son nom du hameau de Vignacourt au comté de Saint-Pol. Les deux grands maîtres de ce nom, si célèbres dans les Annales des chevaliers de l'ordre de saint Jean de Jérusalem, appartiennent à cette famille.

Colard de Vignacourt, écuyer, seigneur de Coulombeauville était, dit M. de Rosny, gouverneur de Saint-Riquier après 1435. Ne serait-ce pas plutôt capitaine du château de Drugy ? Il fut allié à Jeanne de Domqueur.

1450. Rasse de Wignacourt, écuyer. — 1437. Jean de Vignacourt, né à Abbeville, garde-scel du Ponthieu.

C'est Hugues de Vignacourt, né à Drugy, fils de Colard, qui fut moine à Saint-Riquier.

Marguerite de Vignacourt, fille de Colard, épousa Jean de Bristel et lui apporta le fief de Coulombeauville.

Jacques de Bristel, leur fils, écuyer, seigneur de Martainneville-lès-Bus, argentier d'Abbeville en 1494, vendit son fief de Coulombeauville à Philippe de Bouberch. En 1480, ce fief était possédé par la famille Briet (2).

Ce n'est pas la première fois que le nom de Vignacourt se rencontre dans nos annales. En voici d'autres qui appartiennent probablement à la famille de Vignacourt, bourg du canton de Picquigny. — 1129. Gautier de Vignacourt est témoin dans le testament de Robert de la Ferté. — 1145. Hugues de Vignacourt, bienfaiteur du Val des Lépreux. — 1186. Godard de Vignacourt, Robert et Hubert ses fils, nommés dans les chartes du Val.

1279. Adrien de Vignacourt fonda un obit à Saint-Riquier.

(1) *Inventaire des titres, pages* 245 et 256.

(2) Armes de Vignacourt : *d'argent à trois fleurs de lys au pied coupé.*

FAMILLE BRIET. — C'est une des plus illustres familles d'Abbeville, déjà connue, au xiv° siècle, à Saint-Riquier et feudataire de plusieurs fiefs du monastère, comme on le verra dans la suite. Citons d'abord les membres de cette famille qui ont habité la ville de Saint-Riquier. — 1321. Pierre Briet, homme lige de Saint-Riquier. — 1488. Jehan Briet, dit Ganain, mayeur de Saint-Riquier en 1488, écuyer, nommé mayeur en 1494, mais non reçu. Il fut seigneur de Hausset, prévôt de la confrérie de Saint-Nicolas, auditeur du roi en 1493, garde-scel en 1500, plusieurs fois échevin, receveur de Messire de Neuville; il avait épousé Périne de Haudrechies.

1495. Guillaume Briet, échevin qui signa les coutumes de Saint-Riquier en 1567. — 1499. Jacques Briet et Hue Briet, à Saint-Riquier.

1521. Sire Enguerrand Briet, à Saint-Riquier. — 1541. Catherine Briet, religieuse à l'Hôtel-Dieu de Saint-Riquier.

1480. Antoine Briet, écuyer, est seigneur de Coulombeauville et de la Vassorie. Il vend ses fiefs à Jean Le Ver, seigneur de Caux ou Cahours, dont le fils et successeur, Nicolas Le Ver, maria sa fille Antoinette à Jean Des Groiseliers. Par suite de ce mariage, celui-ci devint seigneur de Coulombeauville (1).

FAMILLE DES GROISELIERS. — Famille originaire d'Abbeville ou d'Artois, qui a vécu dans le Ponthieu du xiv° au xviii° siècle.

1546. Jean Des Groiseliers, seigneur de Domesmont, Saint-Léger-lès-Domart, Coulombeauville, La Vassorie et autres lieux, bailli de Boubers, fut père de Jacques, Josse et Antoinette. — 1565. Jacques Des Groiseliers, écuyer, sieur des mêmes lieux, mayeur d'Abbeville, épousa Isabeau du Fossé et fut père d'Antoinette Des Groiseliers qui resta orpheline en bas âge. Comme il fut question, nous ignorons pour quelle cause, de prendre hypothèque sur les fiefs de la Vassorie et de Coulombeauville, Jacques Des Groiseliers fit opposition en 1565.

1568. Dame Antoinette Le Ver, qui avait épousé en secondes nôces Claude Degand, sieur d'Arly, se dessaisit des deux fiefs en faveur de D^{lle} Antoinette Des Groiseliers, sa petite fille; mais son mari à qui elle avait donné l'usufruit dans son contrat de mariage, par exploit de main assise, se fit mettre en possession de ces deux fiefs (1570).

Antoinette Des Groiseliers, fille de Jacques, fut mariée en premières nôces à François Le Ver, et en secondes nôces à Antoine de Sacquespée, seigneur de Selincourt.

Le relief de Josse Des Groiseliers pour le fief de Coulombeauville, en 1572, nous fait soupçonner que ce fief lui fut vendu et que le fief de la Vassorie fut donné à François Le Ver, mari d'Antoinette des Groiseliers. François Le Ver le vendit à Antoine Groult (2).

(1) Armes anciennes de Briet : *de gueules à la croix d'argent chargée de cinq hermines de sable.*

(2) Armes des Groiseliers : *de sable à la croix ancrée de gueules.*

FAMILLE GROULT. — Cette famille bourgeoise d'Abbeville a obtenu les privilèges de la noblesse par des fonctions publiques. Jacques Groult, écuyer, seigneur de la Folie et de Boussart était receveur de l'abbaye de Saint-Riquier. C'est son fils Antoine qui acheta le fief de Coulombeauville. Ce dernier possédait en outre le fief de la mairie de Maison-Roland. Receveur de l'Abbaye de Saint-Riquier après son père, il restait redevable d'une somme de 666 écus à l'abbé commandataire Henri de la Châtre ; celui-ci, pour sûreté de payement, prit hypothèque, en 1599, sur ses deux fiefs.

1637 Saisine au profit d'Antoine Groult, conseiller du roi, président au magasin et grenier au sel d'Abbeville, receveur de l'abbaye de Saint-Riquier, à lui donné par Antoine Groult son père, et Antoinette Manessier sa mère.

Il nous semble, dans le silence des Archives, qu'après Antoine Groult le fief de Coulombeauville échût à son fils Jacques Groult, receveur de l'Abbaye, seigneur de la Folie, de Boussart, de la Lance et autres lieux ; il avait épousé Marie de Lesperon qui lui survécut et continua de percevoir les revenus de l'Abbaye de Saint-Riquier. On ne voit pas qu'il ait laissé d'héritier. C'est pourquoi nous lisons dans les archives « une saisine « au profit de Charles Manessier, conseiller élu à l'élection du Ponthieu et procureur « du roi au grenier au sel d'Abbeville y demeurant, nommé command des fiefs d'Os- « tremancourt, de Coulombeauville, des censives et terres cottières à lui adjugées par « décret de la sénéchaussée du Ponthieu sur Charles-François Groult, sieur de Cou- « lombeauville (27 février 1700). »

Un frère puîné de Jacques Groult s'appelait François : il faut croire que cette succession fut disputée au fils de François par la famille d'Antoinette Manessier son aïeule et qu'il y eut vente. Mais tout le fief ne fut pas acquis par Charles Manessier seul ; il était command, et Charles-François Groult en eut sa part, car nous lisons encore dans les archives sous la date de 1775 : « dénombrement du fief Coulombeau- « ville à Yaucourt, par Louis Charles Manessier, écuyer, fils de Josse, petit-fils de « Charles, acquéreur sur Charles-François Groult, fils de François, petit-fils de « François, arrière-petit-fils de François, qui fut fils d'Antoine Groult, » Il y eut donc division du fief (1).

Charles Manessier, command en 1700 dans la vente des fiefs d'Ostremancourt et de Coulombeauville, légua la moitié de ces fiefs à Marie-Ursule de la Hodde, son épouse. La contre-partie possédée par Louis-Charles, puis par Josse Manessier, appartenait en 1782 à Marie Manessier, femme de Marie-Louis-Joseph de Boileau, écuyer, seigneur de Ténède (2).

(1) Armes de Groult : *d'argent à la fasce d'azur, accompagnée en chef d'un lion de sable et en pointe de trois perroquets de sinople, becqués et membrés de gueules.*

(2) Division ou éclipse du fief de Coulombeauville.—1524. Jean de Monoquillers.—1510. Jean Le Nourrequier, seigneur de Coulombeauville. Celui-ci le vendit en 1559 à Marie de Gourlé, veuve de Hugues de Belloy de Rogeant. xvIIe siècle.

Fief noble et terres éclipsées du fief de Coulombeauville à Claude d'Ellecourt, puis à sa sœur Marie, femme de Mathieu Morel, marchand à Saint-

Fief de Francamp. — Ce fief situé sur les terroirs de Drugy, de Neufmoulin, Bersacles, consistait en cens et en champart sur CI journaux de terre réduits en 1786 à XCIV journaux.

Famille Waignard. — Cette famille illustrée par Waignard, auteur de mémoires sur Abbeville et le Ponthieu, a donné deux religieux au monastère de Saint-Riquier au XVII° siècle, Antoine et Philippe Waignard.

1575. Ce fief fut vendu par les commissaires du roi à François Waignard, sieur d'un fief à Miannay ; il passa ensuite à son fils Nicolas Waignard, sieur de Vironchaux, bourgeois et échevin d'Abbeville en 1578, qui épousa demoiselle Marguerite Noël.

Vers 1620, François Waignard, fils du précédent, fut marié à D^{lle} Antoinette Doresmieulx.

1641. Relief et hommage de D^{lle} Antoinette Doresmieulx pour Nicolas Waignard, son fils mineur. — Nicolas Waignard, lieutenant-général de la sénéchaussée du Ponthieu, fut père de D^{lle} Marie-Marguerite Waignard, dame de Vironchaux, qui transmit, vers 1700, le fief à son mari Claude-François de Mons (1).

Famille de Mons. — Claude-François de Mons, écuyer, seigneur d'Hesdicourt, Vironchaux et autres lieux, fut père de Claude de Mons, qui donna son relief en 1736. Le petit couvent négocia avec M. de Mons sur les droits de champart aliénés pour subvention, au temps des guerres religieuses (2).

Fief de la Vassorie (3). — Fief tenu noblement et en plein service avec terres cottières, justice foncière et cens en argent. Le canton porte encore le nom du fief. Le chef-lieu entre Drugy et Neufmoulin avait une maison amasée d'édifices ruraux, de jardins, d'herbage, le tout comprenant IV journaux, plus IV journaux de terres labourables. Le domaine contenait 155 journaux de terres labourables, plus IV journaux de prairies. Quelques pâtures seulement devaient des cens à d'autres seigneurs.

Famille de Noully ou Neuilly. — Cette famille originaire de Neuilly-l'Hôpital a donné un Evêque à Amiens, Alelme de Neuilly, chanoine et official d'Amiens, avant d'être élevé à la prélature. Dans son testament Alelme de Neuilly a légué au chapitre LX s. p. sur la terre de la Longue-Haye à Neuilly.

Plusieurs membres de cette famille ont habité Saint-Riquier. En 1252, Pierre de

---

Valery et enfin à leurs enfants Nicolas et François qui en fournissent le relief en 1657.

Voir l'*Inventaire des Titres*, p. 245 et 256. — M. de Belleval, *Nobiliaire* — M. de Rosny, *Recherches*, etc.

(1) Armes de Waignard : *d'azur à un chevron d'argent, accompagné de trois crossettes d'or et de trois croix recroisettées de même*.

(2) Armes de Mons : *D'azur au chevron d'or accompagné de deux étoiles de même et d'une rose en pointe aussi d'or*.

Inventaire des titres, pages 301-305.

(3) La Vassorerie, La Vassourie.

Noully est échevin de Saint-Riquier. — 1271. Le couvent racheta à Hue de Neuilly et à Marguerite sa femme un cens qu'il leur devait. On racheta une autre redevance en 1291.

En 1347, Alelme de Neuilly est inscrit sur les registres de la confrérie de Saint Nicolas.

L'Hôtel-Dieu doit une grande partie de ses biens à cette généreuse famille et le castel de Neuilly est devenu le chef-lieu de son domaine. Il en sera parlé dans la monographie de l'Hôtel-Dieu.

1409. Guillaume de Neuilly donna le dénombrement de la Vassorie entre autres fiefs (1).

1503. Antoine Briet vendit ce fief à Jean Le Ver, seigneur de Cahours ou Caux.

Famille Le Ver. — Cette famille des plus nobles et des plus anciennes d'Abbeville, connue dans les Annales du pays depuis le xii° siècle, ne s'est éteinte que depuis 1840 dans la personne de M. le marquis Le Ver, seigneur de Goussonville en Normandie, archéologue aussi laborieux que savant dans l'histoire du pays. Elle a possédé à plusieurs reprises le fief de la Vassorie en même temps que la seigneurie de Caux.

1507. Jean Lever signe les coutumes de Saint-Riquier. — 1519. Nicolas Lever, garde-scel du Ponthieu et fils de Jean, fut seigneur de la Vassorie et d'autres fiefs au terroir de Drugy. Il épousa D^{lle} N. Doresmieux. Leur fille, D^{lle} Antoinette Le Ver, épousa Jean Des Groiseliers.

Flour Le Ver fils de François et d'Antoinette Des Groiseliers, capitaine de Saint-Riquier, seigneur de Caux et de la Vassorie et autres lieux, pair d'Halloy, épousa en 1605 Charlotte de Gaillarbois : entre autres enfants on voit André, Henri, Jeanne Le Ver, coparticipants aux compositions qui vont suivre.

André Le Ver, chevalier, fils aîné du précédent, était seigneur de Caux, capitaine de Saint-Riquier. Henri, le troisième des fils de Flour, chevalier, seigneur de la Vassorie, fit des emprunts à son frère André jusqu'à la somme de 11,000 liv., de 1645 à 1647 : il épousa, en 1649, Anne-Marie Le Normand de Tronville, dont il eut un fils Charles-Alexandre Le Ver, allié à Judith de Montmorency et mort sans postérité.

En 1662, il y eut un partage entre Henri Lever et Charles-André Truffier, écuyer, tuteur de ses enfants mineurs, héritiers de Dame Jeanne Le Ver, son épouse.

Quelques années après (1670), grand procès au sujet de la Vassorie entre André, Henri Le Ver, les sieurs et dame de la Villette et autres descendants de la famille Le Ver. Une transaction accorda 10,000 livr. à chacun des prétendants, qui cédèrent leurs droits au sieur de Caux. Plus tard la propriété échut à Charles-Alexandre Le Ver, et

---

(1) Armes : *de gueules à trois aigles d'or*.

fut saisie, puis vendue aux enchères et retraite par le couvent qui paya 15,300 liv. à Jean-Henri Gaillard, adjudicataire, et une gratification aux anciens possesseurs, afin d'obtenir leur désistement avec la promesse de ne jamais troubler les religieux dans leur possession (1682).

Jean le Ver et Jean-Hubert Le Ver, fils et petit-fils d'André furent aussi successivement capitaines de Saint-Riquier. On ne voit pas qu'ils aient eu des successeurs (1).

Indiquons ici quelques lieux dits de Drugy : le Grand Vivier du Château féodal, la Sablonnière de Drugy, le *Pont-Hulin,* le Gribout de Drugy, le plan de la Cressonnière, les Martellois, les Coquibus, les Haiettes, les Caufourneaux, Vermantel (2).

FIEF ANCIEN.

FIEF DE LA CRESSONNIÈRE. — Ce fief a donné son nom à l'Abbé Ursé de la Cressonnière et à son neveu Simon de la Cressonnière.

NEUFMOULIN OU OSTREMENCOURT.

Ce village, connu d'abord sous le nom d'Ostremencourt et plus tard sous celui de Neufmoulin (3), payait le relief au quint denier. La seigneurie est-elle désignée au IX° siècle sous le nom qui nous représentera Offinicourt ou Cahours (*Cathortvm*)? Nous ne saurions le dire.

Dans Neufmoulin ou le Moulin-neuf nous retrouvons le moulin du Prier ou de Priel des chartes, rebâti peut être plus près de l'ancien hameau d'Ostremencourt « *In domo d'Otremencourt,* dit Jean de la Chapelle, *quæ est nunc le Neufmoulin.* Un peu plus haut, notre chroniqueur parlait du moulin *de Tremencourt,* » « *quod nunc dicitur du Priel vel magnum Molendinum* » (4) par opposition au petit Moulin près de Mirandeuil. Le nom d'Ostremencourt a sans doute disparu sous une forme plus populaire.

Nous avons à parler de la dîme, de la seigneurie, des fiefs.

I. DIME. — Elle se percevait au XVIII° siècle à raison de VII gerbes sur cent. De chaque lot de neuf gerbes l'abbé de Saint-Riquier percevait IV garbes, le chapitre de Saint-Wulfran II, et le curé III. Cette dîme était commune entre Neufmoulin, Cahours ou Caux, chef-lieu de la paroisse.

---

(1) Armes : *d'argent à trois sangliers de sable, deux et un, accompagnés de neuf trèfles de même, trois en chef, trois en fasce et trois en pointe.*

(2) *Inventaire des Titres,* p. 924-937. — M de Belleval, *Nobiliaire.*

(3) *Novum Molendinum, Otremencourt, Neufmoulin, Moulin de Tremencourt.*

(4) *Chron. Abbrev. cap.* XLVII. — D. Cotron, Anno 1257.

Un accord de 1765 était différent. Sur les enclos le curé recevait II gerbes, le reste appartenait à l'abbé ; dans les champs l'abbé n'en avait concédé qu'une au curé : le reste lui appartenait.

Un procès, en 1292, avait reçu la solution suivante : « soit sceu que le curé de « Cahours n'a nul droit de dixme sur ce qui est tenu du couvent en sa paroisse et que « labourent et recueillent les religieux eux-mêmes, comme appert par condamnation « donnée à Amiens contre le dit curé pour les dîmes du Pré à Raques. »

Caux et Pré. (1) — Nous plaçons ici quelques mots sur ces deux villages.

En 866, une charte de Charles le Chauve confirme les possessions de Saint-Riquier au nombre desquelles on place Drugy avec l'Eglise de Cahours (*Cathortum*) et toutes ses dépendances. Ainsi, dès le IX° siècle, la dîme s'étend sur Caux comme sur Neufmoulin.

La dîme de Caux rapportait au monastère quatre gerbes sur neuf. Le curé en prenait trois et le chapitre de Saint-Wulfran deux. En 1699, le curé, Jean Wattebled refusait au monastère sa part de dîme sur un domaine de sa paroisse qui lui avait été légué, sous prétexte que les dîmes appartenaient primitivement aux curés. Les moines n'admirent pas cet argument et une sentence judiciaire, s'appuyant sur une possession immémoriale, condamna le curé à payer la dîme sur le champ comme sur les autres terres du terroir.

Pré. — L'Abbaye possédait des droits seigneuriaux sur ce hameau dépendant de Caux.

On voit en 1240 et 1250 un Simon de Pré échevin de Saint-Riquier.

Hugues de Cahours était homme-lige de la Ferté en 1125.

II. Seigneurie. — Au dernier siècle la seigneurie consistait : 1° en censives ; 2° en plein champart sur XLIII j^x de terre, dans lesquelles les moines levaient VIII gerbes du cent ; 3° en droit de justice, haute, moyenne et basse ; 4° en droit de pêche. Les droits de justice, contestés en 1257 par la commune de Saint-Riquier, furent confirmés par sentence du bailly de l'Abbaye.

III. Fiefs. — 1° les fiefs du moulin des Raques et du moulin d'Ostremencourt ; 2° le fief d'Ostremencourt ; 3° le fief de Montigny ; 4° le fief de Polagache ; 5° le fief d'Offinicourt.

1° Fief du Moulin des Raques. — Ce moulin dont il est parlé en 1166 était probablement situé dans la banlieue d'Abbeville. Primitivement il servait à moudre le blé. Depuis on en fit un moulin à l'huile ; il avait disparu en 1414, détruit sans doute par les guerres de cette époque ; mais les moines avaient conservé leurs droits sur le terrain. Il est possible que le village de Pré fût situé près de ce moulin.

(1) *Cathorthum. Cahours, Caos Cahours-les-Prez. — Prez-les-Caux. — Cartulaires.* — M. Garnier, *Dict. Topog.*

Famille d'Ostremencourt. — Le premier fieffé connu est Adam d'Ostremencourt, en faveur de qui fut donné un cyrographe dont voici l'analyse : « Cyrographe de l'Abbé
« Wuifroy qui contient que le mayeur et la commune d'Abbeville le prièrent très ins-
« tamment et maintefois que au fils d'un nommé Adson et Emma et iceluy nommé Elie,
« auquel était échu le molin d'Ostremencourt, la maison et le pré y appendant (moulin
« que le couvent avait acheté l'année précédente), ledit Abbé wausist acheter pour le
« temps et espace de dix ans futurs et à venir et lui bailler 10 liv. de l'argent de cette
« église pour secourir à ses nécessités, et fit jurer et promettre par ses frères que du-
« rant ce temps ils ne nous donneraient empêchement audit molin ne en la ville dudit
« Ostremencourt par eux, ne par autrui, en molage ou molture, mais leroient celui qui
« par nous serait mis paisible à l'hôtel, terre et molin... Et promirent yceux mayeur
« et échevins que si aucun d'yceux frères allaient au contraire qu'ils nous renderoient
« tout le dommage. »

Les frères d'Elie étaient Helgot, Williaume et Gautier de Court, désignés ailleurs comme bourgeois de Saint-Riquier (1).

Famille le Mangnier. — 1185. « Bail et Fief du molin d'Ostremencourt à Lambert
« Le Mangnier pour lui et ses hoirs, rendant chaque semaine de l'an et même celle de
« Noël, un setier de bled à notre hôtel, du meilleur, venant de molture. En outre pour
« les chens dudit molin, chacun an dix setiers dudit blé et s'il advenoit qu'on peust
« tant profiter dudit molin, nous avions en ce cas tout ce qu'il gagneroit, et le devoit
« tenir à fief et relief de merchy et remettre le dit molin à bon point et y sont xxxii
« personnes à ce évoquées (2). »

1235-1242. Hue le Mangnier, échevin de Saint-Riquier.

Le moulin des Raques ayant été de nouveau inféodé fut racheté en 1366. Puis en 1444, le terrain sur lequel il avait été bâti fut cédé à cens perpétuel à Roger Lenfant, charpentier. Guillaume Lenfant le possédait en 1495.

2° Le Fief du Moulin d'Ostremencourt ou du Priel (3). — Nous avons recueilli les faits suivants sur ce moulin.

1239. Berte d'Ouville, veuve de Richard de Fourmies, épouse en secondes nôces de Pascal d'Ouville, vendit par nécessité une rente de trois muids de blé sur le moulin du Priel. Le moulin fut cédé ensuite à la famille Boitelle.

Famille Boitelle. — Noble famille de Saint-Riquier qui a possédé des fiefs en plusieurs lieux.

1192. D^{lle} Marie Boitelle vend un fief à l'Etoile.

1219-1238. Riquier et Bernard Boitelle, vivants à Saint-Riquier. — 1232. Hue

---

(1) *Cartulaire*, page 74.
(2) *Ibid.*
(3) Le cartulaire confond ces deux moulins. Nous pensons qu'il est nécessaire de les distinguer.

Boitelle, chevalier, homme-lige de Saint-Riquier, témoin dans une convention de l'abbaye avec Regnier d'Yaucourt. — 1270. Michel Boitelle, fieffé du moulin d'Ostremencourt ou du Prier, devait au couvent l'hommage d'un fief noble — 1273. Marie Boitelle, fille de Wautier Boitelle et femme de Gilon Mauroy, a donné à ferme perpétuelle pendant sa vie, pour subvenir à leur pauvreté prouvée, sa moitié sur ce moulin et ses dépendances pour xviii setiers de blé. Elle commua ensuite tous ses droits sur ce moulin et demanda iii muids de blé à tenir en plein hommage : « et si devions garantir à nos dépens contre Bernard de Vircheneuil et fils Renier Accard. » Cette convention est faite en présence de la mère de Marie Boitelle et de plusieurs amis. Le moulin rentra ainsi dans le domaine de l'abbaye, sauf les redevances ci-dessus indiquées (1).

1348. Wautier Boitelle possède le fief de Seronville.

Fief d'Ostremencourt (2). — De ce fief relevaient xxx journaux de terre à Ostremencourt et xx à Millencourt, avec censives et droits afférents.

Famille d'Ostremencourt. — Famille noble de Saint-Riquier du xiie au xve siècle.

1155. Le premier fieffé connu de l'abbaye est un bourgeois de Saint-Riquier nommé Wermand d'Ostremencourt ; il est contemporain d'Adson d'Ostremencourt, possesseur du moulin des Raques, dont on vient de lire la notice.

1166-1184. Gauthier de Court, témoin dans une charte, bourgeois de Saint-Riquier.

1223. Pierre de Court (Abréviation d'Ostremencourt), bourgeois de Saint-Riquier.

1374. Pierre d'Ostremencourt fait hommage pour deux fiefs. Il est marié à Colaye Lenfant. — 1390. Relief et hommage de Williaume d'Ostremencourt, fils du précédent, décédé sans postérité. Le fief d'Ostremencourt passe alors dans la famille de Lenfant. — Vers le même temps, Jehan de Court fait un legs à la confrérie de Saint-Nicolas pour son obit.

Famille Lenfant. — Noble famille vivant à Saint-Riquier aux xive et xve siècles.

1311. Williaume Lenfant est bailli du monastère à Mayoc. — Vers le même temps, Fremin Lenfant, chevalier, est père de Jeanne et de Colaye Lenfant, dont il est parlé plus haut. Celle-ci vendit au seigneur de Grambus ce qu'elle possédait à Saint-Riquier.

1475. Pierre Lenfant, écuyer, vivant à Saint-Riquier. Il est père de Jean Lenfant, que nos archives disent substitué aux droits de la famille De Vaux et qui nomme des procureurs pour soutenir sa cause. — Messire Jean Lenfant était prêtre.

Après la famille de Lenfant nous voyons le fief entre les mains de Jacques de Lessau, du chef sans doute de D^{lle} Catherine Candel sa femme. Il arriva par leur fille

---

(1) *Ibid*, page 74.   (2) *Ostremencurtis, Oustremencourt, Autremencourt.*

Adrienne de Lessau à Jacques Groult, sieur de la Folie, que celle-ci avait épousé (1529).

Après Jacques Groult le fief est possédé par Jean Lebel et D^lle Barbe Sanson qui l'ont acheté au sieur de la Folie (1543), puis par Nicolas Le Fèvre, marchand à Abbeville, auquel Barbe Sanson s'est alliée en secondes nôces (1546). Mais Jacques Groult, fils du précédent, rentra en possession de ce fief (1555). Après lui on trouve dans un pouillé, Marguerite Groult, puis Antoine, fils de Jacques, qui le donna à son petit-fils Charles Groult, écuyer, seigneur d'Ostremencourt, échevin d'Abbeville. Celui-ci fut en 1656, dit M. de Belleval, condamné pour usurpation de noblesse, mais il faut croire que ce jugement fut annulé, car ses successeurs ont continué de porter le titre d'écuyers. Charles Groult mourut en 1690, sans enfant de Charlotte de Canteleu. Le fief dut revenir à Jacques Groult, son frère aîné, et fut vendu en 1700 avec celui de Coulombeauville à Charles Manessier, seigneur d'Esmimont. La veuve de Charles Manessier, Marie-Ursule de la Hodde, donna le relief de la moitié de ce fief après la mort de son mari et sans doute après elle Josse Manessier leur fils, comme il l'avait donné pour Coulombeauville (1).

1656. Un Robert Groult est désigné comme homme vivant d'une communauté à Saint-Riquier.

Fief de Montigny. — Ce domaine, connu dès le xie siècle sous le nom de *Montiniacum*, a formé le fief ou le double et triple fief de Montigny, car les archives nous parlent quelquefois de deux et de trois fiefs à Montigny. Nous pensons que Montigny était un village aujourd'hui détruit. Ce village sis entre Neufmoulin et Millencourt aurait-il laissé quelques vestiges de son chef-lieu dans la ferme du *Crinquet*, autre forme en patois rustique du mot *Montiniacum* ? Cette ferme a existé jusqu'aux premières années de ce siècle. Elle formait un lot de terres de xviii journaux, achetés par le petit couvent, et loués à des particuliers, comme les archives en font foi. En 1789 cette ferme rapportait 180 liv.

Le fief de Montigny comprenait au xviiie siècle liv journaux de terre sis au terroir de Millencourt et des censives recueillies par les seigneurs.

Famille de Montigny. — 1332. Dame Marie de Montigny vend des terres à l'abbaye de Saint-Riquier.

1521. Nicole de Montigny, prêtre à Saint-Riquier.

Famille Bournel. — Cette famille illustre entre toutes les familles du xive au xvie siècles posséda des fiefs du monastère de Saint-Riquier en plusieurs lieux.

---

(1) *Archives de Saint-Riquier.* — *Inventaire des Titres, page* 483.
M. de Belleval. *Nobiliaire pour la famille Groult.*

M. de Belleval donne aussi un fief d'Oustremencourt comme mouvant de l'Abbaye de Sery (*Fiefs et Seigneuries*). Erreur sans doute de nom d'Abbaye.

CHAPITRE I. — SEIGNEURIE DE DRUGY ET NEUFMOULIN.

Vers la fin du xiv° siècle, Hue Bournel, par suite d'alliances avec la famille d'Yaucourt, était seigneur de Montigny. Ce qui nous permet de supposer que cette famille a possédé ce fief, quoiqu'il n'en reste pas de traces dans nos archives.

Hue Bournel, chevalier, seigneur de Thiembronne et du P'ouy, chambellan du roi, capitaine de la ville et du château de Rue (1391-93), épousa Alips de Beauchamp et eut, entre autres enfants, Mahaut femme de Guillaume de Nouilly ou Neuilly.

1409. Guillaume de Nouilly donna, en 1409, le dénombrement du fief de Montigny en son nom et comme mari et bail de dame Bournel, appelée en 1437 D^{lle} d'Yaucourt. Remarquons que le frère de Mahaut, Guillaume Bournel, eut aussi des terres à Neuilly.

En 1434, dame Marie Bournel avait plusieurs ténements à Saint-Riquier en la rue Notre-Dame. Elle est probablement la même que cette Mahaut ou Mathilde Bournel, D^{lle} d'Yaucourt, dont nous venons de signaler l'existence.

1365. Tristan de Bournel avait fait hommage pour un fief à Aumâtré. On cite encore Adam ou Adrien Bournel à Saint-Riquier (1394).

En 1461, Guichard Bournel, frère de Mahaut, était capitaine du Crotoy (1).

FAMILLE DE BRIMEU. — Nous retrouverons les De Brimeu à Huppi au xIII° siècle. Ce sont de vaillants guerriers, la gloire de nos annales nationales. Au xvi° siècle le fief de Montigny est entré dans la famille de ces très hauts et très puissants seigneurs, ainsi que le disent nos annales.

1507. Adrien de Brimeu, seigneur de Humbercourt, comte de Meghem, est aussi seigneur de la terre de Montigny ; il fut tué dans les guerres d'Italie avec le comte de Bourbon et autres seigneurs.

Son frère Eustache de Brimeu, comte de Meghem, seigneur de Humbercourt et Yaucourt, lui succéda. — 1547. Relief et hommage de son fils Georges, chevalier, haut et puissant seigneur de Querry et autres lieux.

1574. Dame Marie de Brimeu, comtesse de Meghem, épouse de messire Lancelot de Berleymont, succéda à son père. Son relief fut donné en 1574, par son mari et bail. et en 1579 par elle-même ; elle épousa en secondes nôces Charles de Croy, prince de Chimay, seigneur de Hallewin et autres lieux et fut mère d'Eustache de Croy (2).

FAMILLE DE CROY. — Illustrée par ses alliances royales.

1505. Michel de Croy, religieux à Saint-Riquier.

1606. Eustache de Croy, comte de Rœux et de Meghem, seigneur de Beaurain,

---

(1) Armes de Bournel : *d'argent, à l'écu de gueules à l'orle de 8 perroquets de sinople, becqués et membrés de gueules.*

(2) Armes : *d'argent à trois aiglettes de gueules membrées et becquées d'azur.*

comte de Long et Longpré, seigneur des fiefs de Montigny et d'Yaucourt, céda ces deux fiefs à Messire Charles de Rambures (1).

FAMILLE DE RAMBURES. — Cette illustre famille de Picardie, dont le château féodal montre encore ses tours et ses redoutés machicoulis, a possédé à différentes époques des fiefs mouvants de l'abbaye et de la Ferté. En 1648, elle en comptait sept : deux à Yaucourt, deux à Montigny ; trois de la trésorerie. Possesseurs de la seigneurie de Drucat depuis 1413 par une alliance avec Jeanne de Drucat, les de Rambures faisaient hommage à ce titre au châtelain de la Ferté.

Charles de Rambures, dit le Brave Rambures, chevalier, seigneur de Rambures, de Dompierre, de Lambercourt, d'Hornoy et autres lieux, Vice-Amiral en Picardie, grand maître des eaux et forêts, gouverneur des villes de Doullens, du Crotoy, etc., reçut en 1606 la saisine des fiefs d'Yaucourt et de Montigny. Il épousa en premières nôces Marie de Mont-Luc, fille du grand maréchal de France et en secondes nôces Renée de Boulainvillers, comtesse de Courtenay. Il mourut en 1630, le 13 janvier.

1633. Relief des fiefs d'Yaucourt et de Montigny au profit de Jean de Rambures, fils putné de Charles de Rambures et seigneur des mêmes lieux, héritier par bénéfice d'inventaire de ces fiefs. — Jean de Rambures fut l'un des plus illustres capitaines de son temps : il fut mortellement blessé dans les tranchées de la ville de la Chapelle en 1637, et il mourut aimé et regretté des siens, et redouté de ses ennemis. Il fut ramené en grande pompe à Amiens. On lui fit un magnifique office à la cathédrale et il fut enterré aux Minimes d'Abbeville.

1637. Charles II, de Rambures, frère de Jean et fils de Renée de Boulainvillers, lui succéda dans les seigneuries d'Yaucourt et de Montigny; il était, comme son père et son frère, maréchal des camps et armées du roi et colonel d'un régiment d'infanterie qui portait son nom. En 1644, le monastère lui donna aussi la saisine d'un moulin à Aumâtre acquis sur Yves de Mailly. En 1648, il ajouta aux premiers fiefs ceux de la Trésorerie appartenant au monastère.

1672. Relief des mêmes fiefs au profit de Charles III, de Rambures, fils aîné et héritier du précédent, seigneur des mêmes lieux et comte de Courtenay, du chef de sa mère, maréchal de camps, gouverneur de Bohain, conseiller d'Etat. Il eut quatre enfants, entre autres Marie-Renée de Rambures, épouse de Just Joseph-François d'Ancezune, duc de Caderousse, trop fameuse par ses prodigalités. Elle força son mari à demander une séparation de biens et vendit des fiefs mouvants de l'abbaye de Saint-Riquier. (2)

LIV journaux de terre achetés par les Ursulines d'Abbeville furent immobilisées dans cette communauté. Les censives furent cédées à Charles Manessier, seigneur d'Esmi-

---

(1) Armes de Croy : *d'argent à trois fasces de gueules.*

(2) Armes de Rambures : *d'or à trois fasces de gueules.*

mont, qui les vendit à Jean Lever, seigneur de Caux, pour 1250 liv. Ce fief des censives resta dans la famille Lever (1).

Fief de Polagache ou du Tilleul. — XXI journaux de terre, avec censives et droits afférents constituaient le fief.

Famille Polagache. — Elle a donné son premier nom à ce fief. On voit, en 1229, que Mathieu de Polagache en est homme-lige. Mais à la fin du siècle, bien que la famille ne fût pas éteinte, le couvent le racheta sur André de Ponches avec plusieurs autres.

1380. Jehan Polagache a son manoir à Saint-Riquier, du côté de Coulombeauville.

1400. François Polagache est échevin de Saint-Riquier. — Firmin Polagache, échevin. — 1406. Dénombrement du fief par Agnès Polagache V° de Werry Guinard.

1554. Le fief était alors possédé par Louis Le Roy, seigneur de Dargnies, grainetier du Ponthieu pour le roi. Après son décès, ce fief ne fut pas relevé et retourna à la table de l'Abbaye ; mais l'année suivante Jean d'Appaté, sieur de Meule en Gascogne, mari et bail de Claude Le Roy, héritière de Louis et de Marie de Nouvillers, ses père et mère, réclama la saisine du fief et en fit hommage (1555).

Famille Malicorne. — Bonne et noble famille d'Abbeville. Antoine Malicorne seigneur de Chofflet, échevin d'Abbeville, se rendit acquéreur de ce fief en 1563.

Relief en 1589 au profit de Jacques de Malicorne, fils du précédent. Ce dernier laissa hypothéquer son fief par Antoine de Sarton, ancien mayeur d'Etaples, pour une rente non payée. La saisie s'en suivit (1606).

Le fief fut depuis possédé par D^{lle} Boussart, puis par M. de Belloy, président en l'élection d'Abbeville (2).

Famille de Ray du Tilleul. — 1718. Charles-François de Ray du Tilleul, écuyer, allié à Marie Elizabeth Aliamet, possédait ce fief. Il le laissa à son fils aîné Jean de Ray du Tilleul (3) d'où ce nouveau nom au fief de Polagache.

Fief du Grand Moulin. — Ce moulin situé sur le terroir de Millencourt était chargé, conjointement avec le petit Moulin, d'une rente de XLVIII setiers de blé envers l'Hôtel-Dieu de Saint-Riquier. Une grange bâtie près de ce moulin au XVIII° siècle existe encore aujourd'hui.

Ce moulin porta aussi le nom de moulin du Prier ou du Priel. Il en a été parlé à la page 176.

---

(1) *Inventaire des Titres*, 428-432.
(2) Armes de Malicorne : *d'azur à la bande d'or, accompagnée de deux licornes passantes de même.*
(3) Armes : *d'azur au chevron d'or, accompagné en chef de deux molettes de même, et en pointe, de fer de moulin d'argent.*
Inventaire des Titres, p. 611.

Fief d'Offinicourt. — Ce domaine est probablement désigné, en 831, sous le nom de *Haidulficurtis* (1). On peut proposer cette étymologie après quelques géographes. Ce domaine, situé aux environs de Neufmoulin sur le versant de la colline septentrionale, n'a plus, depuis longtemps, de trace d'habitations. ccc j^r de terre en relevaient primitivement. En 1703, d'après D. Grenier, on ne retirait que 38 à 58 liv. de censives sur cxxviii j^r de terres labourables ; le reste, terres de rebut, n'était pas même cultivable.

Famille d'Offinicourt. — 1260. André d'Offinicourt est dit homme-lige de l'Abbé de Saint-Riquier. Ce fief est racheté en 1289 sur André de Ponches, seigneur d'Offinicourt, des Aloyaux et de Polagache. N'est-ce pas le même feudataire sous des noms différents ?

1370. Jean d'Offinicourt fait hommage de ce fief ; il était curé de Neuville en 1376.

1512. Jean d'Offinicourt, archer des ordonnances du roi. — 1539. Fremin d'Offinicourt, prêtre à Saint-Riquier

1410. Jean Duwes, dit Percheval, est seigneur d'Offinicourt.

Vers 1530 nous retrouvons Jacques des Groiseliers, écuyer, en possession de ce fief ; il le donna en 1536 à son fils Jean, écuyer, étudiant en l'Université de Paris.

La famille Cornaille a succédé à celle des Groiseliers. Charles Cornaille donna le fief à sa fille qui fit hommage en 1587 : elle épousa N. Le Fèvre et son fils Charles Le Fèvre, notaire à Paris, donna son relief en 1646. — D^{lle} Marie Le Fèvre et sa sœur, D^{lle} Antoine Le Fèvre V^e d'Antoine Bathereau, sieur de la Chapelle, vendirent ce fief à François Pignez, marchand à Abbeville. Charles Gaillard, après en avoir fait le retrait lignager, le retrocéda en 1708 au dit François Pignez.

M. de Belleval désigne dans ses fiefs du Ponthieu ce domaine sous le nom d'Offencourt et ne lui assigne que xxxviii j^r de terre. Un peu plus loin il s'occupe du fief d'Offinicourt, dont il désigne les premiers possesseurs en 1287, 1376, 1406, sous les noms que nous avons donnés nous-même. A partir de 1562, il énumère la suite des possesseurs, ce sont les Tillette d'Acheux. Ne nous est-il pas permis de conclure que ces deux fiefs d'Offencourt et d'Offinicourt ne sont qu'un même domaine, dont la majeure partie aura été éclipsée en faveur de la famille Tillette et de lui assigner la place qu'elle mérite dans notre histoire ?

A la septième génération de cette famille, nous trouvons Antoine Tillette, seigneur du Maisnil, allié à Catherine Gallepoix, dame d'Offinicourt. Il est le père de Nicolas auteur de la branche des seigneurs d'Offinicourt et de Longvillers. Nicolas Tillette est

---

(1) *Adulficurtis, Aldulficurtis, Auffinicourt, Offenicourt, Offencourt.* — *Archives.* — M. Garnier, (*Dict. Topog*). — M. de Belleval. *Fiefs.*

M. Prarond ne serait pas éloigné de croire qu'au ixe siècle ce fief aurait été une seigneurie considérable à Millencourt (*Histoire de Saint-Riquier* pag. 157).

seigneur de Gredainville, d'Offinicourt et de Port. Son fils aîné Claude Tillette I lui succède dans les mêmes seigneuries : Puis Claude II et Claude III ; puis Nicolas seigneur d'Offinicourt et Longvillers seulement, père de Marie-Catherine-Elisabeth, dame d'Offinicourt et autres lieux, alliée, en 1772, à Gabrielle-Pierre-André-Christophe Vincent d'Hantecourt.

Nous rétractons d'avance nos assertions, s'il y a erreur (1).

CHAPITRE II.

SEIGNEURIE D'AUMATRE (2).

Les archives du xviii° siècle avaient rayé le nom de cette seigneurie, bien qu'elle comptât parmi les treize grands fiefs de la première et lucrative redevance du quint denier. Le domaine ayant été vendu dans le temps des guerres de religion, il ne restait plus que de minimes épaves d'un beau bénéfice (3). Il est souvent parlé de cette seigneurie dans les aveux. Les titres anciens de l'abbaye portent que la seigneurie, que la haute, basse et moyenne justice dans les villes de Feuquières, Huppy, Omattre « est nôtre, sans part d'autrui. »

En 1231, une charte de Guillaume de Saint-Mauvis, commandeur de Saint-Jean de Jérusalem, fait connaître « que leur maison de Saint-Mauvis avait une terre contiguë à la ville d'Omastre, qui devait terrage au monastère de Saint-Riquier, à celui de Saint-Valery et à celui de Saint-Pierre d'Abbeville, laquelle tous trois échangèrent auxdits religieux et ceux-ci assignèrent une autre pièce au Bus-Moyen contenant autant de terre et où l'on avait pareil droit (4). »

La seigneurie de Saint-Riquier sur Aumâtre, d'après ce que nous lisons dans M. de Belleval, n'aurait pas été entière. Nos archives marquent en effet qu'elle a été divisée ou éclipsée pour différentes causes. Elles ont distingué, d'après les mouvances, le fief de la seigneurie d'Omattre, le fief de la Prévôté, le fief du Moulin, le fief des censives,

---

(1) Armes de Tillette d'Acheux : *d'azur au chevron d'or, au chef d'or chargé d'un lion léopardé de sable, armé et lampassé de gueules*
Inventaire des Titres, pag. 472.
M. de Belleval. *Nobiliaire et Fiefs*.

(2) Commune du canton d'Oisemont.
Ancienne orthographe : *Omattre*. Autres formes : *Ulmastrum, Homastres.*

(3) *Inventaire des Titres*, page 477.

(4) *Cartulaire, folio* 184.

le fief du petit Saint-Riquier, un fief restreint. Nous n'avons rencontré sur cette seigneurie que les indications suivantes :

I. Fief de la seigneurie d'Omattre.— Parmi les seigneurs d'Omattre, nos archives ont signalé les reliefs et hommages de Tristan de Bournel, écuyer (1365), d'Adam de Bournel (1396), de Jean Taquet, dit Hideux, seigneur de Boitel et de Gouve (1407), qui a même obtenu du duc de Bourgogne une modération de certains droits féodaux, de Jean de Thibovillers, sieur de Noyelles, et de dame Jeanne de Buleux, son épouse, dame de Montan, de Fleurs et d'Omattre en partie : une saisine de la seigneurie d'Omattre au profit d'Adrien de Vaux, écuyer, fils d'Antoine, seigneur de Vaux et d'Omattre en partie : une autre saisine, au profit du même, de la prévôté d'Omattre, dont une autre partie était tenue par Hector du Baille, écuyer (1541) : une saisine au profit de Nicolas de Fontaine, seigneur de Neuville et autres lieux, acquéreur d'Adrien de Vaux d'un noble fief sis à Omattre, consistant en xlv j^r de terre, y compris le manoir et ténement de v j^r (1556).

En 1598, les députés du clergé du diocèse d'Amiens ont aliéné, au nom de l'abbaye, pour payer les droits de subvention exigés dans les guerres de religion, des cens-ives et droits seigneuriaux, au profit de Florimond de Mailly, écuyer, seigneur de Bréauté, à la condition de les tenir en fief de la dite Abbaye. La seigneurie elle-même fut vendue en 1613 à Ives de Mailly, fils du précédent. Ce dernier est devenu en réalité seigneur d'Omattre et en a porté le titre.

II. Le Fief des Censives.— Nous trouvons en 1644 une saisine des enfants de René de Bois-Joly, écuyer, sieur de Valmont, et de dame Madeleine de la Poterie, acquéreurs des censives et droits seigneuriaux d'Omattre.

III. Le fief du moulin d'Omattre. — 1593. Saisine au profit de Florimond de Mailly, acquéreur de Robert Macquet, avocat à Amiens, d'un moulin, maison et grange de la contenance de ii j^r. Ce moulin fut vendu en 1631 à Messire Charles de Rambures.

IV. Petit fief de Saint-Riquier. — 1598. Relief et hommage au profit de Claude Roussel, écuyer, seigneur de Wailly, fils de Charles, du noble fief, dit le petit fief de Saint-Riquier, consistant en maison, pourpris de iii j^r et xxvi j^r de terres labourables.

V. Fief restreint a Omattre. — 1464. Aveu de Robert Le Vasseur, marchand et bourgeois d'Abbeville, pour plusieurs maisons, jardins, terres aux champs, situés à Omattre et chargés envers l'Abbaye de redevances en argent, chapons, poules, froment, avoines. Toutes ces redevances furent converties en un fief ferme de 4 liv. de cens et 4 sols de relief, le quint denier en vente, l'obligation de plaid, une fois par an, après ajournement. Par cette convention ce fief fut affranchi des servitudes de colombier, four, forages, etc. et obtint la jouissance de la juridiction foncière des fiefs nobles.

1573. Relief et hommage de ce fief par Jean le Sage, fils de Mathieu. —1588. Relief de Nicolas le Sage, bourgeois d'Abbeville, frère de Jean. Ce fief, d'après M. de Belleval, passa ensuite dans les familles Manessier et du Maisniel. Charles-François du Maisniel en était possesseur en 1789 (1).

Dans un grand procès sur le quint denier (1631), les habitants d'Omattre furent sommés à comparaître avec tous les tenanciers des fiefs de la première fondation, bien que l'abbaye n'eût plus la seigneurie de ce village.

CHAPITRE III.

SEIGNEURIE DE BUIGNY-L'ABBÉ (2).

Le nom de ce domaine prouve une seigneurie vraiment inféodée à l'Abbaye de Saint-Riquier. Aussi loin qu'on peut remonter dans l'histoire du pays, Buigny est inscrit dans les dénombrements, il a donc sa place parmi les treize fiefs dont le relief produit le quint denier. L'énumération des droits sur Buigny nous amène à parler : 1° de la Dîme ; 2° de la Seigneurie ; 3° du Domaine ; 4° des Fiefs.

I. Dîmes. — VII gerbes du cent. Sur ix gerbes l'Abbé de Saint-Riquier en recevait iv, le Curé ii, l'Abbesse de Berteaucourt ii, le Prieur de Biencourt i. Les terres de l'Abbaye ne devaient que viii gerbes sur ccc.

Le prieuré de Biencourt, fondé par les seigneurs de la Ferté, a joui de dîmes, du droit de patronage sur plusieurs villages soumis à Saint-Riquier, en particulier sur Bellencourt et Buigny. Ainsi il est parlé, dès 1090, de ce patronage qui fut confirmé par Saint-Geoffroy, évêque d'Amiens en 1114, et par son successeur en 1134 (3).

---

(1) D. Cotron. *Archives de Saint-Riquier.* — *Inventaire des Titres,* page 477. — M. de Belleval. *Nobiliaire.* — De Rosny, *Recherches, etc.*

(2) Commune du canton d'Ailly-le-Haut-Clocher. *Buniacum. — Buygnicum. — Bognotum. — Bugny. — Buigny l'Abbé.* — (Hariulfe). — D. Cotron — M. Garnier (*Dict. Topog.*).

(3) On voit dans l'acte de fondation du prieuré de Biencourt près La Broye, que le prieur devait jouir de la moitié des dîmes. D'autres transactions ont modifié ces premières conditions.

Voir *Les Bénéfices de l'Eglise d'Amiens.* Tom. ii, pag. 147.

II. Seigneurie. — Les Abbés avaient toute justice sur Buigny, droit de chasse, champart à raison de VIII gerbes du cent, censives et autres droits seigneuriaux. Le droit de vicomté usurpé sur l'Abbaye par les seigneurs de la Ferté, lui fut rendu, en 1167, par Gautier Le Seigneur, sauf le droit de faucillage (1).

III. Domaine. — Il contenait 483 j^x de terres labourables avec manoir amasé à usage de ferme et occupé de temps immémorial par la famille Douzenel (2).

IV. Fiefs. — Le monastère possédait à Buigny les fiefs de Bellegente, de L'Epine, des Marettes ou Hemimont, de Valmaret ou Vilmaret.

Fief Bellegente. — Ce fief comprenait LVI j^x de terre sur les terroirs de Buigny et de Friaucourt. On en comptait LXXXIV à des époques plus reculées : il a été démembré.

La famille Matiffas de Saint-Riquier a possédé ce fief pendant longtemps. On a des dénombrements de Jean Matiffas, dit Grignart, de Jean Matiffas, dit Courageux (1362), de Mathieu Matiffas, de Hue Matiffas (1408).

Famille Marcotte. — Originaire de Saint-Riquier ou d'Abbeville, elle a occupé diverses charges à Saint-Riquier pendant trois siècles : elle a eu des alliances avec la noblesse.

En 1337, Williaume Marcotte, fieffé de la prévôté de Saint-Riquier, est convoqué pour la guerre.

1504. Pierre Marcotte possède le fief Bellegente. — 1532. Relief et hommage de Riquier Marcotte, frère et héritier de François pour le même fief. — 1572. Pierre Marcotte, bourgeois de Saint-Riquier, garde scel, allié à D^{lle} Marguerite Le Caille, possède le fief de Bellegente. Il est bailli de Gredainville en 1612. — Son fils Hector fut aïeul de Françoise Marcotte, qui épousa Nicolas Roussel. Ce dernier possédait un jardin devant le cimetière, nommé le Vieil Fossé.

1615. Jean-Charles-Claude Marcotte, fils de Nicolas, marié à D^{lle} Charlotte Sanson, traite avec le monastère pour des terres vendues à l'époque des guerres de religion. — 1630. Marc Marcotte épouse D^{lle} Marie Lessopier. — 1630. Pierre Marcotte, échevin et notaire, possesseur du fief Bellegente. — 1630. Guillemette Marcotte possède le ténement de l'Ecu de France. — 1659. Pierre Marcotte, religieux à Saint-Riquier, et François Marcotte, prêtre. — 1659. Relief et hommage de Nicolas Marcotte, greffier à Saint-Riquier, fils de Nicolas Marcotte, notaire et procureur, et petit-fils de Pierre, pour quatre parts du fief de Bellegente, la cinquième appartenant aux enfants de Claude Roussel, du chef de leur mère Marie Marcotte. Cette partie fut vendue à Nicolas Buteux (1675). Une des filles de Nicolas, mariée à Jean Manier de Saint-Valery, reçut

---

(1) Voir notre Histoire. Tome I, pag. 446.
(2) On voit dans les chroniques de D. Cotron, qu'en 1515 cette terre avait été affermée pour 62 muids de bled.

à son tour une part du fief Bellegente (1684). Une autre fille de Nicolas Marcotte s'est alliée à Nicolas Siffait d'Abbeville.

1712. Dénombrement du fief Bellegente par Nicolas Marcotte, greffier de l'Hôtel-de-Ville de Saint-Riquier. — 1741. Autre dénombrement par D^{lle} Marie-Joseph Marcotte, fille et héritière de Nicolas Marcotte, sieur de Bellegente, épouse de N. Lessopier, pour xxv j^x de terre de ce fief (1).

FIEF DE L'EPINE. — Fief restreint de XLV j^x de terre, sis au terroir de Vaux et de Friaucourt, mais dépendant de la seigneurie de Buigny : il ne devait que 10 s. de rente annuelle au monastère.

FAMILLE DOUZENEL. — Famille de hauts censiers de l'abbaye dont plusieurs membres furent anoblis pour services militaires.

1551. Thibaut Douzenel, laboureur à Buigny, acquéreur de terres sur Jean des Groiseliers. Un autre Thibaut Douzenel, d'Abbeville, a épousé Antoinette de Cacheleu, qui fut veuve en 1577.

Thibaut Douzenel, prêtre, fils peut être du précédent, possédait le fief de l'Epine qu'il laissa en mourant à son neveu Jean Douzenel.

1638. Relief au profit de Jean Douzenel, fils de Jean, sieur de l'Epine, gendarme de la compagnie de Monsieur, frère du roi. Il avait épousé Charlotte Pasquier.

1708. Dénombrement par Jean Douzenel, sieur de l'Epine, écuyer, vétéran des gardes du roi, officier de Louveterie, allié à Marie-Françoise Danzel, morte à Abbeville en 1731. — 1752. Relief au profit de Jean-Baptiste Douzenel, sieur de l'Epine, fils majeur, héritier et légataire de Jean Douzenel, écuyer, sieur de l'Epine. On remarque dans les archives que le dit sieur de l'Epine possédait le fief ou une partie du moins du fief de Coulombeauville et de grands herbages à Saint-Riquier.

1797. Marie-Charlotte Douzenel de l'Epine, épousa Charles-Antoine-Henri Danzel d'Aumont, seigneur de Froyelles et d'Achy.

Nous voyons encore dans nos archives d'autres membres de cette famille.

1697. Charles Douzenel, sieur de Bellencourt, et Marie de Roussen, sa femme, ont acquis le fief de Thiboutot ou plutôt une partie de ce fief. Ils demeurent à Buigny.

1728. Mauguille Douzenel, chapelain de Notre-Dame de Treux (canton de Bray).

1741. Charles-Antoine Douzenel, sieur de Bellencourt, curé de Regnauville, achète une partie du fief Vilmaret. Son héritier fut Jean-Marie Douzenel.

1763. François Douzenel, sieur de la Chapelle, se fit condamner, après procès pour un litige avec le monastère au sujet de ses terres de Buigny.

Le sieur Douzenel avait été receveur général de la mense abbatiale de Saint-Riquier et poursuivait encore après 1789 un procès avec la commune pour une contribution.

(1) *Archives de Saint-Riquier.* — *Inventaire des Titres*, pag. 200-208.

La belle ferme de Buigny appartient encore aujourd'hui à la famille Douzenel (1).

Fief de la Couture des Marais. — Ce fief appelé aussi fief des Marettes ou d'Hemimont, situé sur le terroir de Buigny, était restreint et devait 18 s. 6 deniers au monastère chaque année.

Famille Le Coutelier. — Un seul nom dans nos annales. Avant 1365, Jean le Coutelier dit Wafflard, seigneur de la Couture des Marais.

Famille Hamon. — Ancienne famille noble de Saint-Riquier éteinte au xv° siècle. Vers 1207, Gautier Hamon dans les chartes de l'Hôtel-Dieu. — 1223. Hamon Le Merchier, plusieurs fois échevin, mayeur en 1250. — 1266. Hugues Le Merchier et son frère Renier, dit le seigneur (*Dominus*), vendent des cens à l'aumônier du monastère (2).

1365. Hommage de Gense Hamon pour le fief de la Couture des Marais et d'autres fiefs à Belleval et Friaucourt.

1407. Gense Hamon son fils ou petit-fils fait hommage pour le fief des Marettes.

1550. Ce fief est apporté par Isabeau Boussart au sieur de Willencourt, qui le vend à Pierre Hervy.

Famille Hervy. — 1580. Pierre Hervy, honorable homme, seigneur de Fleschicourt-lès-Nampont, donne ce fief à Antoine Hervy son fils (1630) : François et Jean Hervy succèdent à leur père et vendent leur fief à Charles Manessier d'Esmimont (1688). Les sieurs Hervy habitaient Abbeville.

1696. Dame Catherine-Félix, épouse de Charles Manessier vend à son tour le fief de la Couture des Marais à Joseph Vaillant, seigneur de Romainville, qui le transmet à ses héritiers avec d'autres fiefs de Saint-Riquier (3).

Fief de Valmaret. — Ce fief noble qui contenait lii journaux de terre en 1648 est réduit à xxvi dans le pouillé de 1785.

1374. Dénombrement par Jean Matifas.

1534 à 1563. Trois Jean Lesveillé ont donné le relief de ce fief. (*Voir Tome* ii, *page* 165). Antoinette Lesveillé, fille de Jean Lesveillé et veuve de Nicolas Marcotte, laboureur à Buigny, vendit le fief à Jean Papin, marchand à Abbeville (1567). Nicolas Papin, fils de Jean, l'hérita en 1600. Au xviii° siècle il appartenait à Jean Vaillant, écuyer, seigneur de Villers, qui en vendit une partie à Charles-Antoine Douzenel, sieur de Bellencourt (4).

Les abbés de Saint-Riquier ont possédé à Buigny plusieurs autres fiefs rachetés depuis.

---

(1) *Inventaire des Titres*, page 365-366.
(2) Armes de le Merchier : *d'argent au chevron de gueules, accompagné de trois besans d'or.*
(3) *Archives de Saint-Riquier.* — *Invent.*, page 397.
(4) *Inventaire des Titres*, pag. 623-629.

Mairie de Buigny. — Famille Le Mancel ou Le Manciaux. — De l'ancienne noblesse de Saint-Riquier. — 1207. Hamon Le Mansel dans les chartes de l'Hôtel-Dieu. — 1220. Pierre Le Mansel, moine à Saint-Riquier. — 1256. Regnier Le Mansel et D^{lle} Mahaut sa femme engagent leur mairie de Buigny pour 30 liv. parisis. — 1265. Ils vendent à Jacques de Hangard, bourgeois de Saint-Riquier, des terres tenues de l'abbaye. Leur fils Jacques Le Mansel vend aussi des terres à l'abbaye : il avait un fief à Huppy.

1253-1311. — Adam Le Mansel avait son habitation près la banlieue. Il fut pris et jugé par le prévôt pour un délit ; l'abbé réclama son homme-lige et en appela. Les droits des religieux furent reconnus aux assises de la prévôté.

1300. Pierre Le Mansel vend des terres à l'Abbaye. — 1330. Jean Le Mansel, échevin. — 1360. Jacques Le Mansel à Saint-Riquier. — La famille Le Mansel établie à Abbeville fut anoblie en 1441 dans la personne de Jean Le Mansel, seigneur de Nouvillers.

1450. Jacques Le Mansel possédait des terres à Bussu. Sa fille D^{lle} Jeanne Le Mansel, fut mariée à Louis de Créquy, sieur de Raimboval, qui donna son relief pour 18 journaux de terre à Bussu. Leur fils ou petit-fils Charles de Créquy, seigneur de Rouvrel au comté de Saint-Paul, donna son relief en 1569. En 1618 François de Créquy vendit son fief à Adrien Le Moictier (1).

Fief du Chambellage ou Camberlage. — On connaît l'office du Chambellan et ses droits. Ce fief possédé par Obert Fanel, puis par Jean Heudain, appartenait en 1359 à Drieu Du Mont.

Famille Du Mont. — Elle justifia de sa noblesse en 1458 (2).

1288. Riquier Du Mont à Saint-Riquier.

1359. Drieu ou Adrien Du Mont, écuyer, et D^{lle} Denyse Laurence, sa femme, vendent à l'abbaye le fief du Chambellage.

Jean du Mont, seigneur de la Broye et de Mons-Hédicourt, fils du précédent.

1530. Antoine du Mont a sa maison à Saint-Riquier (3).

Fief Haudrechies. — Ce fief a tiré son nom de la famille feudataire. Il consistait en terres.

En 1388, Jean Matiffas en donna le relief : il passa ensuite à la famille Haudrechies.

Famille Haudrechies. — D'origine Abbevilloise, qui a probablement possédé un autre fief du même nom à Maisnières en Vimeu.

---

(1) Armes de Le Mansel : *de sinople à trois molettes d'éperon d'argent.*
Archives de Saint-Riquier. — M. de Belleval, *Nobiliaire.* — *Cartul. fol.* 81.

(2) *Archives de Saint-Riquier.*
(3) Armes : *de gueules à la licorne d'argent.*
Archives de Saint-Riquier. — *Cartul. fol.* 81.

Jean de Haudrechies fut père de Jacques de Haudrechies, prévôt de l'Abbaye de Saint-Riquier et compétiteur d'Eustache Le Quieux pour la succession de Pierre Le Prêtre.

En 1459, sur les instances de Jacques d'Haudrechies, prévôt du monastère, Jacotin d'Haudrechies, fils de Jean d'Haudrechies d'Abbeville, vendit au couvent le fief d'Haudrechies, sis à Buigny, totalement exempt de dîme, de past, de don ou autre servitude. Ce fief d'une contenance de xxxii journaux de terre fut payé 210 liv. Jean et Bernard, frères de Jacotin et Périne, leur sœur, épouse de Jean Briet, dit Ganain, donnèrent leur consentement à cette vente. On remarque en outre que le couvent, acquéreur pour son compte particulier, paya les droits féodaux à l'Abbé et lui donna homme vivant. C'est une circonstance qui nous montre que les deux manses étaient séparées et avaient leurs intérêts particuliers. On en a donné d'autres exemples.

Il faut supposer en outre que ce fief n'appartenait pas au monastère; car l'année suivante on paie 14 liv. à Jean Froment, receveur de Philippe, duc de Bourgogne, pour le fief d'Haudrechies, 9 liv. pour champart, 60 s , pour droits de relief et de chambellage; on se reconnaissait aussi soumis aux plaids, à une messe par semaine et à quelques anniversaires (1).

Hommages en 1247 et 1259 de Hugues de Gaissart pour un fief à Buigny. — Hommage en 1366, de Hurlade d'Ouville pour un fief à Buigny. On ne dit pas le nom de ces fiefs.

BELLENCOURT ET MONFLIÈRES. — Buigny-l'Abbé n'était qu'une annexe de Bellencourt en 1730, d'où il suit que le droit de dîme dont nous avons parlé à Buigny s'étendait aussi sur le chef-lieu de la paroisse, mais dans des proportions différentes (2).

1740-1748. Il y eut une grave contestation sur les dîmes de Bellencourt entre l'abbaye de Saint-Riquier et les chanoines de Saint-Wulfran d'Abbeville. Des arbitres firent mesurer les terres du dîmage de Bellencourt, Monflières, Vauchelles-lès-Quesnoy et assignèrent à chacune des parties ce qui leur était dû, après avoir dressé un plan des territoires et fixé les limites.

Le trésorier de l'abbaye de Saint-Riquier jouissait aussi de quelques droits sur Buigny, Bellencourt et Monflières ; il avait une dîme sur les enclos de ces villages et levait v gerbes sur ix (3).

---

(1) D. Cotron. *Anno* 1459.
Armes d'Haudrechies : *d'argent à la bande d'azur chargée de trois coquilles d'or et accompagnée de trois étoiles de gueules.*

(2) *Inventaire des Titres* pour Buigny, *pages* 1729-1750.

(3) On fait remonter la chapelle de Monflières jusqu'à 1100.— M. Darsy. *Bénéfices de l'Église d'Amiens. Tome* ii, *page* 36.

CHAPITRE IV.

SEIGNEURIE DE BUSSU-YAUCOURT-VAUX.

Trois villages composaient cette seigneurie, Bussu chef-lieu, Yaucourt et Vaux, comme fiefs en dépendant.

Le village de Bussu (1) est nommé, dès 704, dans un diplôme du roi Childebert. Domaine de l'ancienne fondation, l'un des treize grands fiefs, Bussu formait une des belles seigneuries de l'abbaye. Il est cité dans plusieurs chartes et des plus anciennes. D'autres seigneurs y ont possédé dans la suite des siècles des fiefs indépendants : le monastère de Saint-Riquier eut toujours la prépondérance.

Après les invasions normandes les revenus de Bussu furent concédés à Gerbert, Abbé-Clerc, quand il fut obligé de se démettre. Il s'y retira pour finir ses jours (2).

Le monastère possédait à Bussu des dîmes, la seigneurie, un domaine, des fiefs.

I. Dîmes. — Les dîmes de Bussu sont reprises dans la bulle d'Alexandre III (1172). On prenait VII gerbes du cent. L'abbé de Saint-Riquier sur IX gerbes avait droit à IV dans les cantons du Grand-Compte. Les codécimateurs étaient l'Evêque d'Amiens, pour une gerbe, le personnat du lieu pour deux, le curé pour deux. Sur les terres du Petit-Compte, l'abbé de Saint-Riquier avait une gerbe sur VIII, l'Evêque d'Amiens une, le personnat deux, le curé deux, le Val de Saint-Pierre, deux. A Vaux-Yaucourt, l'Abbé de Saint-Riquier recevait les deux tiers de la dîme, l'Evêque d'Amiens l'autre tiers. D'après la coutume de l'abbaye les dîmes et champart sur terres vilaines devaient être rendus à la grange des religieux (3).

1565. Après litige et accord, François Brailly, curé de Bussu, ne recevait qu'une gerbe. Un nouvel accord, en 1602, concéda au curé deux gerbes, les grosses et menues dîmes recueillies jusque là par l'abbaye dans les jardins, à l'exception toutefois du domaine de l'abbaye et de ses terres qui étaient franches de dîmes.

II. Seigneurie. — Le monastère avait toute justice, droit de chasse sur tout le ter-

---

(1) Commune de Bussu, canton d'Ailly-le-Haut-Clocher.
Buxudis villa. Buxus. Buxeium. Busseium. Bussiacum. Buissu. Bussus. Bussu-Bussuel. (Cart. — M. Garnier).

(2) Hariulfe. *Chron. Cent. Cap.* XXI.

(3) M. Darsy, *Bénéfices de l'Eglise d'Amiens*, Tome II, pag. 259.

ritoire, droits seigneuriaux sur toutes les terres et manoirs, droit de champart et de demi-champart, à raison de viii ou iv gerbes pour cent, censives, droits honorifiques sur la chapelle d Esmimont, baux à cens et rentes sur quelques terres.

III. DOMAINE. — Une ferme avec dépendances, bâtie sur ix journaux de terre, avec une propriété de ccclxxxxix journaux de terres labourables. Les cartulaires indiquent qu'une partie de ce domaine fut rachetée en 1245, avec la mairie. La cour spirituelle d'Amiens a ratifié cette acquisition ; il y eut encore d'autres acquisitions à cette époque. 1° Thibaut Le Roy et Eve sa femme vendirent vii journaux de terre et leur maison, du consentement de Hugues leur fils (1244). 2° On voit dans des lettres du doyen de Saint-Riquier, confirmées par l'official d'Amiens, que Jean Creuet clerc donna en aumône au couvent, pour en jouir après lui, xiv journaux de terre, à la condition que la dîme, les terrages, le don, les corvées dont cette terre était chargée, lui seraient remises pendant sa vie (1292). L'année suivante, il vendit d'autres terres joignant à celles d'Æline de Bussu et de Robert du Bouguel. Autre vente encore en 1310, en présence de plusieurs hommes-liges et d'autres témoins. Le nom de Jean Creuet reparaît ailleurs pour de semblables contrats.

Le petit couvent possédait aussi à Bussu xxii journaux de terre, dites de l'Aumône, vendues pour subvention dans les guerres, puis retraites par les religieux.

Le pouillé de 1730 parle d'une chapelle à Bussu chez le sieur Carette, fermier de l'abbaye, dans laquelle on disait deux messes par semaine (1). C'est sans doute l'ancien oratoire des religieux conservé dans la ferme abbatiale, avec charge de services religieux (2).

IV. FIEFS. — 1° Chapelle d'Esmimont : 2° Fief Thoras ou Cacheleu : 3° Fief d'Yaucourt : 4° Fief de Vaux ; 5° Fief du Bois de Loche. — Fiefs anciens : 1° La mairie de Bussu, 2° Fief Belflos ; 3° Fief du Camp Anguier. Il sera question de ces fiefs dans la notice des villages (3).

CHAPELLE D'ESMIMONT (4). — Il est parlé des dîmes d'Esmimont dans la bulle d'Alexandre III (1172). Si le nom de cette chapelle ne vient pas d'*Hamangi mons* (5),

---

(1) M. Darsy. *Ibid.*

(2) Ajoutons la particularité suivante. Du 30 janvier 1789. Bail à Honoré Le Brun, cultivateur à Bussu, d'une maison, bâtiments, jardin, pâtures, composant la ferme de Bussu, ensemble ccccvi journaux de terres labourables, avec un droit de dîme et de champart en dépendant ; à la redevance annuelle de 7,000 liv. de principal, de 600 gerbes, d'un 100 de fourrures et de chaume, nécessaires pour les fétissures des bâtiments : outre le prix principal le sieur Le Brun devait payer un pot de vin de 8100 liv. sur lequel il avait versé 4100 liv. Le 1er messidor an II, après la vente de ces biens, il fit ses revendications. — *Registres aux délibérations du département.* 4me bureau.

(3) D. Cotron. *Inventaire des Titres*, page 853, etc.

(4) *Emmimonts, Hesmimonts, Aimimont, Emimont*.

(1) A la page 7 de ce volume, nous avons parlé déjà du canton d'*Hamangi mons*. Si l'on ne peut le placer au haut de la porte d'Hémon, il faut y reconnaître le fief où était situé la chapelle d'Esmimont.

terre relevant de Saint-Riquier, il faut le chercher dans la situation de la chapelle perdue entre plusieurs collines. Cette chapelle dédiée à Notre-Dame serait-elle l'église d'un village détruit dans les guerres ou une fondation de pieux serviteurs de Marie ? Elle fut dans les temps anciens et elle est encore un lieu de pèlerinage pour les villages voisins. Elle était autrefois gardée par un ermite.

Des titres, des cueilloirs anciens attestent les droits persévérants des religieux sur les dîmes d'Esmimont et sur la seigneurie du lieu. Au xvii° siècle (1626), François Manessier s'intitula seigneur d'Esmimont et de la Motte. Il laissa son héritage et son titre à Charles Manessier, dont le fils portait aussi le titre de seigneur d'Yaucourt. C'est vers cette époque qu'eut lieu un grand procès entre l'abbaye et les seigneurs de Cacheleu, seigneurs de Bussu ou du fief Cacheleu, au sujet des droits honorifiques de la chapelle d'Esmimont. Ces derniers, en leur qualité présumée de seigneurs Haut-Justiciers de Bussu, avaient fait peindre leur litre sur les murs de la chapelle et leurs armes dans les fenêtres. Le monastère de Saint-Riquier ne put souffrir cette usurpation. On somma dame Jeanne de Bommy, veuve de Louis de Cacheleu, de faire effacer ces insignes distinctifs de haute justice. L'affaire fut portée jusqu'au Parlement et par sentence du 23 décembre 1688, la dame de Bommy fut condamnée à ôter sa litre et ses armes, tant au dedans qu'au dehors de la chapelle de N. D. d'Esmimont, *située dans l'étendue de la seigneurie de Bussu appartenant aux abbé et religieux de Saint-Riquier*, avec permission à l'abbaye de tout anéantir après quinzaine, si la sentence n'avait pas été exécutée. Toutefois rien n'était encore fait en 1692, et il intervint une nouvelle sentence avec aggravation de peine ; car, outre la destruction des insignes, on interdit à la dame de Bommy de prendre la qualité de dame de Bussu en partie. On ordonna que cette qualité serait rayée partout où elle se trouvait. Le curé et les marguilliers qui avaient été aussi assignés, à l'occasion d'une portion de terre aliénée, afin de réclamer les droits de l'abbaye sur la mouvance, furent condamnés, en 1704, à payer les droits seigneuriaux du quint denier, 29 années d'arrérages et de censives sur ces immeubles et à fournir la caution d'homme vivant (1).

MAIRIE DE BUSSU. — « La suzeraineté de Bussu, dit M. de Belleval confirmant sur ce point les chroniques du monastère, appartenait à l'abbaye de Saint-Riquier. » Les seigneurs qui suivent, pour les premiers siècles du moins, n'étaient par ce fait que les maires de Bussu ou seigneurs en partie, et hommes-liges ou fieffés de l'abbaye.

FAMILLE DE BUSSU. — La famille qui a porté ce nom a dû posséder la mairie de Bussu, et c'est de là qu'elle aura tiré sa qualification : elle a laissé dans la noblesse du moyen-âge quelques noms que nous avons recueillis sur divers titres.

1140. Robert de Bussu, témoin dans les chartes du temps, bienfaiteur du Val des

(1) *Inventaire des Titres*, pag 883-886 — M. Prarond, *Histoire de Saint-Riquier*, page 497 — M. Josse. Un article sur Esmimont dans le *Dimanche* (31 mai 1885).

Lépreux. — Gui de Bussu. dont Robert est vavasseur, approuve une de ses libéralités. — Gérard de Bussu. — Rodolphe de Bussu, échevin de Saint-Riquier. — 1158. Riquier de Bussu dans les chartes du Val.

1210. Robert de Bussu, chevalier, fils du précédent sans doute, témoin dans les mêmes chartes avec ses frères Boson, Gérard, Nicolas. — 1289. Emmeline de Bussu, mariée à Jean d'Yvrencheux.

1369. Pierre de Bussu de Saint-Riquier peut être le sire de Bussu, chevalier servant dans la compagnie dont Walerand de Rayneval fait la montre à Saint-Riquier. — Renaut, sire de Bussu.

1400. Jacques de Bussu, chevalier. — 1410. Jeanne de Bussu, fille de Jacques, alliée à Enguerran de Quieret, dit *Boort*, chevalier, seigneur de Fransu. — 1482. Louis de Bussu allié à Marguerite Bournel. — 1519. Marguerite de Bussu, conjointe à Jean de Bournonville, fils de Louis, seigneur de Maison Roland et de Claire de Beauvoir, sœur de Ferry de Beauvoir, évêque d'Amiens.

1502. Artus de Bussu, sieur d'Aveluy, marié à D^{lle} Madeleine de Domqueur, dame de Tartigny. Leur fille Marie de Bussu mariée à René de Laval, puis à Charles de Létignes. — 1557. François de Bussu, seigneur de Buires, Huilleron, Trèves, Armancourt et Pragy, eut pour héritier Claude de Bery, sieur d'Essertaux, et fils d'Anne de Bussu.

Nous omettons d'autres noms de Bussu, doutant s'ils appartiennent à cette famille ou à celle de Bussu près Péronne (1).

Famille Le Personne. — 1245. « Lettre moult belle sous le sceau de la cour spiri-
« tuelle d'Amiens en las de verte soye, d'après laquelle Thomas, fils de Gautier Le Per-
« sonne et Marie sa femme vendent au monastère 45 s. de cens et 8 capons qu'ils avoient
« à Bussu avec toute la mairie dudit Bussu et ses appartenances, excepté toutefois la
« terre arable et inhanable et son manage, avec les autres cens au dit lieu qu'il retenoit
« pour lui, et sy obligèrent, sous peine de 20 liv., nous faire ratifier par leur héritier,
« lui venu en âge (2). » Gautier Le Personne était bourgeois de Saint-Riquier.

1322. Adrien Le Personne achète à Jehan de Behen et à demoiselle Jacqueline de Mons son épouse un cens établi sur le manoir d'Adrien de Maisons, rue des Macheries. Il lègue au monastère 60 s. par. pour un obit. En 1370, Pierre Le Personne et en 1414 François Le Personne sont mentionnés dans les archives pour leurs terres à Saint-Riquier (3).

Fief de Loche, Thoiras (4) ou Cacheleu. — Ce fief situé à Bussu avait au xviiie siècle une maison seigneuriale avec xiv journaux d'enclos et xxxii journaux de terres labourables. Les trois noms indiquent probablement une division du fief.

(1) *Archives de Saint-Riquier.* — M. de Belleval. Nobiliaire. — M. de Rosny. *Recherches, etc.*
(2) *Cartulaire, fol.* 82.
(3) *Archives de Saint-Riquier.*
(4) Ou Thoras.

Famille de Loche ou Le Loche. — Elle a donné son premier nom au fief. On trouve en 1140 Ubaldin Le Loche, seigneur de Le Loche ; en 1510, Adrien Le Loche, bourgeois de Saint-Riquier, échevin et argentier.

Famille de Cacheleu. — Famille du Ponthieu très ancienne, qui existe encore aujourd'hui. Les sieurs de Cacheleu prenaient le titre de seigneurs de Loches (1). Le premier des De Cacheleu qui paraît dans les annales se nommait Jean de Cacheleu, écuyer, seigneur de Loches. Après lui nous voyons Walquin de Cacheleu, domicilié à Bussu. Il a signé les coutumes du Ponthieu, en 1507, avec la noblesse : il avait épousé Jacquette de la Garde et mourut en 1522.

1522. Walquin eut pour successeurs de père en fils, sous le nom de seigneurs de Loches et plus tard de Popincourt : 1° Pierre de Cacheleu, allié à Jeanne de Morvillers ; il possédait à Saint-Riquier l'Hôtel de Hangard ; 2° Claude I de Cacheleu qui épousa en 1550 Antoinette du Maisniel ; Claude II de Cacheleu, allié en premières nôces à Marie de Sericourt (1586), puis à Antoinette Le Sage (1597). Claude II de Cacheleu, capitaine de cent hommes, fut nommé capitaine de Saint-Riquier pour la Ligue le 7 avril 1589. Il fut aussi déclaré noble et de noble lignée par sentence des états de Doullens du 1" juin 1609. Il racheta en partie son fief de Cacheleu, vendu pour subvention au roi, à la condition de le tenir de l'abbaye en plein fief et hommage. Claude de Cacheleu se distingua plus tard au siège d'Amiens.

Une fille de Pierre, Gabrielle de Cacheleu, alliée à Ferry Manto, écuyer, vendit à Bussu, en 1531, un jardin que les moines réunirent à leur domaine.

En 1546, François de Cacheleu, un des fils de Pierre, échangea des terres à Bussu avec Pierre de Crépinel, écuyer, sieur de Quintault.

Claude II de Cacheleu eut douze enfants de ses épouses, entre autres Jacques qui suit, François et Pierre qui furent religieux à Saint-Riquier, et Louis dont il sera parlé plus loin.

1635. Jacques de Cacheleu s'intitulait seigneur de Loches, Popincourt et Bussu en partie. Il fut exempt des gardes du duc d'Orléans. Sa veuve Françoise de Maillefeu donna son relief en 1646. Il eut aussi une nombreuse postérité, alliée à plusieurs familles nobles du Ponthieu.

Nicolas de Cacheleu, fils aîné de Jacques, chevalier, fut seigneur de Bouillancourt-sous-Miannay et de Bussu. Il avait épousé Charlotte de Chéry. Claude son fils puîné, auteur d'une quatrième branche, avait le titre de seigneur de Popincourt, de Thoiras et autres lieux. Une saisie féodale ayant été opérée sur les biens de Jacques de Cacheleu, Nicolas son fils vendit les fiefs de Cacheleu et Thoiras à Philippe du Gardin, écuyer, seigneur de Longpré, lieutenant de vénerie de Monsieur, frère du roi (1682).

(1) Hugues Lychos qui vendit des terres en 1238, à Richilde Persche, ne serait-il pas un des premiers représentants de cette famille?

Ce qui n'empêcha point Claude de Cacheleu, oncle de Nicolas de s'appeler seigneur de Thoiras, et son fils Claude, comte de Thoiras. Ce fief aurait-il été retrait par ces seigneurs ? On peut le supposer ; mais nos archives ne le disent pas.

Il faut admettre un partage entre les fils de Jacques de Cacheleu, puisque trois d'entre eux ont porté les titres de seigneurs de Bussu, Thoiras et Loches. C'est sous ce dernier titre qu'est désigné Louis, fils de Jacques, qui s'appelait seigneur de Bussuel, Loches, Monflières et Vaux.

Bussuel. Hameau annexé à Bussu, il formait un fief à part, dépendant de la Ferté. Louis de Cacheleu avait épousé en premières nôces Françoise Noël et en secondes nôces Jeanne de Bommy. Nous avons parlé plus haut de leurs procès avec le monastère pour les droits honorifiques de la chapelle d'Esmimont.

Charles-François de Cacheleu, fils de Louis, chevalier, fut seigneur de Bussuel et de Loches, vicomte de Mesnil-Domqueur, capitaine au régiment de Conflans (cavalerie). Il s'allia à Marie-Catherine-Françoise de Créquy, dame de Baromesnil.

1712. — Procès entre Charles Becquin, receveur de la manse abbatiale, et entre Charles-François de Cacheleu ci-dessus nommé, Charles de Cacheleu fils de Nicolas et ses frères et sœurs, au sujet des droits seigneuriaux ; mais le receveur de la manse abbatiale fut déclaré non recevable. L'année suivante Charles-François et sa mère Jeanne de Bommy vendirent leur fief à Joseph Vaillant, écuyer, seigneur d'Yaucourt. Celui-ci se rendit aussi acquéreur du fief Thoiras ; mais Jérôme de Cacheleu, seigneur de Bouillancourt, s'empressa de le retraire. Toutefois ses ressources n'étant pas suffisantes pour couvrir cette dépense, Joseph Vaillant resta possesseur de ce fief, qu'il ajouta à ceux qu'il possédait déjà et qu'il transmit à ses héritiers.

Fief du Bois de Loches. — On ne voit de trace de ce fief qu'en 1366, à l'occasion d'un relief de Thomas Le Maître. Ce qu'un pouillé du xvii° siècle a désigné sous ce nom, c'est le fief Cacheleu, dont nous venons de suivre la succession féodale.

On parle encore au xvii° siècle d'un fief noble entre Bussu et Maison-Roland, près du bois de Loches, consistant en plusieurs pièces de terres et un pré. Ce fief dépendait d'Ivrench et était possédé à cette époque par N. Postel (1).

Fief d'Yaucourt. — Les moines de Saint-Riquier jouissaient à Yaucourt des mêmes droits qu'à Bussu, ce village faisant partie de la seigneurie. Il est question d'Yaucourt dans le privilège de 1172.

On a voulu reconnaître Yaucourt dans le dénombrement de 831 sous le nom d'*Ingoaldicurtis*(2) et sous celui d'*Inwalcurtis* du livre des miracles de Saint-Riquier. Nous

---

(1) Armes de Cacheleu : *d'azur à trois pattes de loup d'or.*
Archives de Saint-Riquier. — *Répertoire*, fol. 615.
M. de Belleval. *Nobiliaire.* — M. de Rosny. *Recherches*, etc.

(2) Hariulfe. *Chron. Cent. Lib.* iii, *Caput.* iii,
Autres formes : *Hardulficurtis, Aignacourt, Yeucourt-Bussu, Yocourt*, etc. M. Garnier (*Dict. Topog.*).

souscrivons à ces assertions d'autant plus volontiers que nous pensons que cette *villa* a toujours été soumise au monastère. Il est vrai que les seigneurs de la Ferté sont aussi appelés seigneurs d'Yaucourt, mais il y a évidemment, aux yeux de plusieurs érudits, confusion de nom entre Yaucourt et Eaucourt près Pont-Remy. Il est possible toutefois que ces riches seigneurs aient possédé une partie du terroir, comme en beaucoup d'autres lieux où ils se sont fait payer si cher leur droit d'avouerie.

On parle aussi du fief Longuet, tenu de la Ferté et sis à Yaucourt. Ne serait-ce pas le fief de *Longoratum* ou de *Longum superius* de la chronique d'Hariulfe qu'on a placé à Long par la conformité du nom (1).

1624. Le petit couvent racheta xxv j^r de terre vendus à Yaucourt, pour subventions dans les guerres religieuses. Afin de ne rien payer on laissa au possesseur la jouissance pendant 20 ans, moyennant une redevance annuelle de 11 liv.

1630. Les frères Charles et Claude Marcotte s'engagèrent à payer 14 liv. 10 s. de redevance annuelle, pour vi j^r de terre, vendus aussi pour subvention, à la condition d'en garder la possession censuelle.

Il existait au xiiie siècle, à Yaucourt, un fief nommé Belflos ou Beauflos dont il est plusieurs fois question dans les reliefs du monastère. Mais il a été racheté, en 1245, par l'abbé Hervé et confondu dans les domaines ou inféodé sous un autre nom.

Les hommes-liges de ce fief étaient les seigneurs d'Yaucourt, quelquefois désignés sous le nom de seigneurs de Belflos.

Au xiiie siècle, la seigneurie d'Yaucourt était tenue en deux fiefs nobles, avec un château comprenant iii j^r de terre labourables, deux petits bois d'une contenance totale de xvi j^r et une redevance de censives estimée 100 liv.

Famille d'Yaucourt. — Famille de bonne noblesse du Ponthieu, dont le nom a été porté avec honneur pendant plusieurs siècles. Nous donnons ici ce que nous avons recueilli de souvenirs sur cette famille.

1205. Mathieu d'Yaucourt, chevalier du Ponthieu, prit part à la quatrième croisade : il s'associa aux 21 chevaliers et écuyers qui louèrent aux Vénitiens un navire pour les ramener de Constantinople en France, moyennant 1,600 liv. tournois (2).

1210. Hugues d'Yaucourt, dit de Beauflos, chevalier, succède à son père : il eut cinq enfants, Régnier, Bertrand, Thibaut, Thomas et Marie alliée, en 1239, à Jean de Vaux, à qui elle apporta une dot de 400 liv. et xxx j^r de terre.

Régnier d'Yaucourt occupe quelque place dans nos annales.— 1230. De concert avec sa femme, il emprunta 70 liv. à Adam Lippe, bourgeois de Saint-Riquier, « parce qu'il n'y avait pas usure dans le contrat. » Les deux époux engagèrent aussi lxxx j^r de terre devant maître Simon de Beauquesne, chanoine et official d'Amiens. En cette même année Régnier engagea encore aux religieux, ses seigneurs, son fief de Beauflos, pour

(1) Hariulfe. *Lib.* iii, *Cap.* ix. (2) M de Belleval. *Nobiliaire*.

la somme de 240 liv. p., afin de pouvoir aider ses frères dans le voyage d'outre-mer pour la guerre sainte. Thomas, seigneur de Brucamps, Bertrand et Thibaut, ses frères, ratifièrent le contrat d'impignoration (1237). L'acte est scellé du sceau que l'abbé Gautier lui avait donné et qui portait trois aigles aux ailes déployées.

Deux ans après Régnier d'Yaucourt, dans des lettres données sous son sceau, s'obligea de sa propre volonté, envers l'abbé et le couvent de Saint-Riquier, à ne distraire par vente aucune partie de la seigneurie d'Yaucourt, mais à vendre le fief entier, excepté le fief de Huc Le Carpentier, son vavasseur.

Cette même année (1239) les Ponchiaux d'Arliel ou d'Alliel et le seigneur d'Yaucourt s'engagèrent à payer 3 s. de cens à l'Abbaye pour le fait suivant. Bernard Broutin d'Ergnies tenait une terre achetée au seigneur d'Yaucourt, sans le consentement des religieux. « Pour ce, dit le cartulaire, Bernard fut atrait devant juge Apostolique et « après plusieurs jours excommunié ». Bernard s'exécuta alors et s'engagea à payer 3 s. de cens « et sy faute il y avait du payement, nous avons recours à la terre, et sy « nous requérons yceux mayeur et échevins d'Ernies (*Ergnies*) pour deffaut de paye- « ment et nous doivent arrêter ledit Bernard pour la proposition faite à leur requête, « et cette convention est faite par lettres du mayeur et échevins d'Ernies, données « sous le sceau de la commune, qui est en chire verte et un homme à cheval armé qui « tient une épée » (1).

1242. Rénier d'Yaucourt engagea xvi j^x de terre au camp Anguier, à Buigny, pour 62 liv. parisis. Il avait déjà engagé en 1239, pour 160 liv., xx j^x de ce même fief. L'année suivante autre contrat de même nature pour 100 sous de rente annuelle, à condition de recevoir xii muids de blé, chaque setier à 15 deniers près du meilleur. Il vendit en outre pour 100 sous parisis une rente de 8 s. 6 d. qu'il percevait sur xiv j^x de terre. La chronique remarque que par toutes ces ventes Régnier cherchait à subvenir à des nécessités pressantes, jurées et prouvées.

1245. Le fief de Belflos fut vendu par le même Regnier, du consentement de ses deux fils Hugues et Bertrand, moyennant 580 liv. 8 s. p. Enfin en 1256, la nuit de l'Ascension, Regnier d'Yaucourt engagea de nouveau sa mairie de Buigny (2).

1260. Hugues d'Yaucourt, chevalier, seigneur dudit lieu, fut père d'Enguerran.

1300. Enguerran d'Yaucourt, chevalier, épousa Nicole de Lessopier. Ce fut lui qui fonda la chapelle Saint-Nicolas d'Yaucourt, en faveur de Jeanne Le Pullois (3).

1323. Jean d'Yaucourt, écuyer, fils du précédent et neveu de Jeanne Le Pullois, « fonda son obit pour 3 s. sur une maison sise à Friaucourt, près du Quesne. « Sa fille Jeanne d'Yaucourt fut mariée à Jean de Dargnies, écuyer, et lui porta la seigneurie et le manoir d'Yaucourt, dont celui-ci servit l'aveu le 3 décembre 1363. De ce mariage

---

(1) *Cartulaire*. Fol. 183-186.
(2) *Cartulaire* Ibid.
(3) Voir *Tome* ii de notre Histoire, page 19.

est issue Jeanne de Dargnies ; elle épousa Jean Bournel qui devint ainsi seigneur d'Yaucourt.

Nous avons suivi les divers reliefs des fiefs d'Yaucourt avec ceux de Montigny (*page* 179).

En 1685, les fiefs d'Yaucourt furent vendus à Charles Manessier, écuyer, seigneur d'Esmimont. En 1696, dame Marie-Catherine Félix, sa veuve, vendit la terre d'Yaucourt à Joseph Vaillant, qui joignit ce fief à ceux du Hamel, de Thiboutot, de Cacheleu et autres qu'il tenait de l'abbaye de Saint-Riquier. Cette famille les posséda jusqu'à l'abolition des domaines féodaux.

La famille d'Yaucourt survécut à la perte du fief. Elle nous offre aux siècles suivants, dans d'autres branches, des noms honorés de hautes dignités et d'illustres alliances.

1343. Guillaume d'Yaucourt possédait un fief à Yaucourt. — 1350. Mathieu d'Yaucourt.

1400. Jean d'Yaucourt, marié à Françoise de Mailly. — 1431. Bonne d'Yaucourt, abbesse d'Epagne près Abbeville. — 1460. N. d'Yaucourt, possédait le fief de Belleval indivis avec Pierre du Maisniel. Elle fonda un obit au monastère de Saint-Riquier. — 1465. Jean d'Yaucourt, cousin de Louis de Luxembourg, fut sollicité par celui-ci pour entrer dans le parti du duc de Bourgogne. Il était au siège d'Oudenarde en 1452. On le dit seigneur d'Yaucourt (c'est une erreur), de Hallencourt, de Liomer ; il avait épousé Antoinette de Mailly.

Vers 1500, Jean d'Yaucourt, chevalier, fils du précédent, seigneur des mêmes lieux, épousa Marie d'Abbeville de la branche d'Ivregny. Jeanne ou Marie, sa fille fut conjointe à Antoine de Mailly, seigneur d'Auchy. — Vers 1520. Madeleine d'Yaucourt s'allia à Philippe d'Aumale, seigneur de Thérigny, premier écuyer du prince de Condé, sous François I*.

Une autre Marie d'Yaucourt épousa Thomas de Riencourt, et sa fille Françoise, Robert de Mailly.

Vers la même époque Jeanne d'Yaucourt fut conjointe à Jean d'Esquincourt, écuyer, seigneur de Brocourt.

Antoinette d'Yaucourt fut mariée à Guillaume Allegrin, seigneur de Valence-en-Brie vers 1585 (1).

M. de Rosny a recueilli sur la seigneurie d'Yaucourt les notes suivantes que nous citons sous les réserves indiquées plus haut.

« 1378. Jean de Châtillon, seigneur de la Ferté, reçoit noblement du roi la seigneurie
« d'Yaucourt, comprenant château, moulin, etc.

« De cette seigneurie étoient tenus la mairie d'Yaucourt par Mathieu Au Costé et le
« fief noble de la Prévôté par André le Prévôt.

---

(1) Armes : *d'or à trois aigles de sable, 2 et 1, becqués et membrés de gueules.*

« 1445. Jean d'Offignies, sieur d'Yaucourt.

« Fief à Gueschard du nom d'Yaucourt (1). »

FIEF DE VAUX-LES-SAINT-MAUGUILLE. — Ce domaine dont il est parlé souvent dans les chartriers, appartenait primitivement aux seigneurs de Vaux (*De Vallibus*) et formait un petit village au centre des vallons qu'on rencontre entre Saint-Riquier, Yaucourt et Bussu. On ignore à quelle époque et dans quelle calamité ce village a disparu. Les lieux dits : *Vallée de Saint-Pierre à Vaux* ; *Carrière de Saint-Pierre à Vaux*, prouvent que saint Pierre était le patron de son église.

Hariulfe établit en 831 les droits du monastère sur le village de Vaux (*Valles*). Il serait superflu d'aller chercher avec d'Harbaville ce domaine dans l'Artois, au village de Vaux, canton d'Auxi-le-Château. Les titres du monastère s'expliquent trop clairement sur l'emplacement de cette localité.

Les dîmes de Vaux sont mentionnées dans le privilège de 1172. L'évêque d'Amiens en prenait un tiers et le monastère les deux autres tiers. Les droits seigneuriaux étaient ceux de Bussu, chef-lieu de la seigneurie.

Le fief de Vaux comprenait un domaine de LX journaux de terre et des censives.

FAMILLE DE VAUX. — Cette famille appartient sans contredit à Saint-Riquier. On a les noms de plusieurs hommes-liges du monastère dans nos archives. M. de Belleval a confondu deux familles de Vaux, celle de Saint-Riquier, dont il ne soupçonne point l'existence, et celle de Vaux, près Marquenneville, canton d'Hallencourt. Nous donnons ici des noms que nous croyons appartenir à notre fief de Vaux.

Hugues de Vaux. Il existe de lui une charte dans le cartulaire du Ponthieu de l'an 1132. — Gautier de Vaux, moine de Saint-Riquier (1155 à 1181). — Anscher de Vaux, chevalier, témoin d'une charte de Renaud et de Bernard de Saint-Valery en faveur de Bertaucourt (1167).

1238-1242. Thomas de Vaux, échevin. — 1239. Jean de Vaux, échevin, époux de Marie d'Yaucourt. — 1249. Ève de Vaux, sœur d'Eremburge Castaigne, femme de Henri de Vincheneuil. — 1252. Adam de Vaux et Helvide son épouse vendent un fief à Vaux. — 1256. Jean de Vaux, abbé de Selincourt, appartient-il à cette famille ? — 1260. Wautier de Vaux épousa Marie de Montreuil et vendit la mairie de Vaux au couvent. Mais la famille de Montreuil s'y opposa, comme nous le noterons plus loin. — 1261. Le couvent acheta la moitié du fief de Vaux que lui vendit par pauvreté Adam Caignart pour 30 liv. p. En 1267, Regnier de Vaux vendit au couvent le reste du fief, « moyennant huit-vingt livres, » en présence de plusieurs hommes-liges.

(1) *Archives de Saint-Riquier.* — *Inventaire des Titres*, 638.

M. de Belleval. *Nobiliaire et Fiefs.* Dans ses *Fiefs et Seigneuries*, il confond les fiefs de la Ferté avec ceux du monastère.

M. de Rosny. *Recherches*, etc.

En 1592, un camp existait à Yaucourt, comme on le voit par une lettre du duc de Mayenne datée de ce camp, à destination de Dijon.

1357. Pierre de Vaux, écuyer, tient du bailliage de Crécy un fief à Coulonvillers ; il est dit seigneur de Coulonvillers. — 1367. Isabelle de Vaux, probablement fille de Pierre, mariée à Guillaume de Benezy, chevalier, vendit son fief de Coulonvillers à Jean de Hanchies. Ce Pierre de Vaux est-il celui qui est marié à Périne de La Broye et dont nos archives rapportent ce qui suit : — 1379. Pierre de Vaux, écuyer, seigneur de Vaux et D^{lle} Périne de La Broye son épouse, donnent à cens à Jehan Le Borgne un ténement nommé *Les Désères ?* Le cens était de 15 s. p. par an, plus 15 s. p. de relief, d'issue et d'entrée. Le bail à cens perpétuel était passé selon les us et coutumes de Saint-Riquier, devant les mayeurs et les échevins (1). — 1386. La maison de Pierre Carpentier n'ayant pas été relevée, le monastère en recueillit les fruits. Pierre de Vaux et sa femme, par transaction sous le sceau des parties, ont reconnu tenir de l'Abbaye cette maison sise rue de l'Hôpital, pour un cens de 6 deniers, autant de relief, d'issue et d'entrée. Ils ont été condamnés par le prévôt de Saint-Riquier et le bailli d'Amiens à payer deux années d'arrérages pour leur fermier.

Guyot de Lannoy et Ramage de Boffles ont été plus tard substitués aux droits de Pierre de Vaux, puis l'Hôtel-Dieu en est devenu propriétaire.

Pierre de Vaux habitait, à Saint-Riquier, une maison située rue de Neuville (2).

D'après M. de Belleval qui donne une généalogie suivie de la famille de Vaux, notre Pierre de Vaux, époux de Périne de la Broye, serait père de Guillaume de Vaux marié à Jeanne Quesnel, fille aînée de Jean Quesnel, écuyer, sieur de Frieucourt, demeurant à Vaux-lès-Frieucourt en 1415. De cette union serait issu Mathieu de Vaux, écuyer, seigneur du même lieu, allié à Marie de Frieucourt. Ces noms sont bien ceux du fief appartenant à Saint-Riquier. En 1414, on parle encore des terres de M. de Vaux et de Mme de Vaux.

Le fief de Vaux racheté en 1261 fut cédé à l'Hôtel-Dieu de Saint-Riquier, comme on le voit par un dénombrement de 1730.

Mairie de Vaux. — Il existait un fief de ce nom. Les archives le prouvent par des actes de 1260 et par une opposition de Pierre de Montreuil.

Famille de Montreuil. — A-t-elle quelque lien de parenté avec les seigneurs de Montreuil, dont les archives nous disent les relations avec le monastère ? Nous posons la question, sans éléments de solution. Notons seulement qu'en 1142 Guillaume II de Montreuil tient de Saint-Riquier le fief d'un moulin, près Valloires. Après un silence d'un siècle, nous voyons Pierre de Montreuil, bourgeois de Saint-Riquier (1260). Sa fille Marie épousa Wautier de Vaux, homme-lige du monastère. Celui-ci avait vendu au couvent la mairie de Vaux avec ses terres, ses dépendances et ses censives pour 200 liv. parisis. Pierre de Montreuil s'y opposa, en déclarant qu'il ne pouvait vendre ce

(1) *Cartulaire de l'Hôtel-Dieu*, page 66.   (2) *Archives de Saint-Riquier*.

fief ; il fit plus : il autorisa Adde, fille de Marie et son héritière, à retraire ce domaine par proximité et parenté. On transigea alors. Il fut restitué 60 liv. p. et le couvent fut tenu à donner homme-vivant. Pierre de Montreuil de son côté, pour garantir la possession de sa petite fille, engagea sa maison, sise dans la rue aux Pareurs et v journaux de terre à la Neuville (1266).

1326-1347. Jean de Montreuil, vivant à Saint-Riquier, vend des cens à Jean d'Estrées et des terres à Mathieu d'Estrées. — 1374. Pierre de Montreuil fait hommage pour le fief de Picolet à Yvrench. Il est échevin en 1384. Ses fils Pierre et Paul sont prêtres à Saint-Riquier. Son épouse D[lle] Jeanne Le Parmentier fonde un obit pour elle, pour son mari, pour ses fils, pour Guillaume Le Parmentier son frère et pour tous ses parents (1424).

1413. Hommage et relief de Pierre de Montreuil, prêtre, pour le fief de Pommereuil; en 1417, il acheta le fief de Bayardes à la confrérie de Saint-Nicolas. Après sa mort, sa mère le rendit à la confrérie. Son héritier fut Guillaume de Francières.

1507. Colard de Montreuil présent à la lecture des coutumes.

CARRIÈRE DE SAINT-PIERRE A VAUX. — Il reste quelques actes de suzeraineté des moines sur cette carrière.

1456. La carrière de Saint-Pierre fut donnée à cens aux enchères « à la chandelle », avec la condition que la terre serait nette et déblayée, « tellement que nous puissions « prendre et sacquier pierre pour notre usage en icelle facilement, en payant et aupa- « ravant tout autre. » Noël Menuel ou Menuet (les deux noms sont inscrits au cartulaire), à qui la carrière fut adjugée, devait payer annuellement 8 s. de cens, et ses héritiers 8 s. de relief, 8 s. d'issue et 8 s. d'entrée.

1460. En présence de Colard Matiffas et de Raoul de La Chapelle, hommes-liges du monastère, Thomas Noquier et Maroye sa femme, veuve de Thomas Menuel, renoncèrent à leurs droits et rendirent leur bail, moyennant cent sous à eux payés.

On peut se rappeler que c'est l'époque des grands travaux de Pierre Le Prêtre et d'Eustache Le Quieux. On comprend l'importance qu'on attachait alors au bon état de la carrière et à la facilité pour les moines d'en extraire des pierres.

1480. Eustache Le Quieux a retrait les terres situées sur la carrière de Saint-Pierre. Comme elles étaient tenues par Colinet de Maisons, fils de Riquier, pour une somme de cent sous, celui-ci dut renoncer à tout profit sur cette terre et être libéré de toute redevance.

Pourquoi cette désappropriation du fieffé ? C'est qu'Eustache Le Quieux avait trouvé le moyen « de perchier les dites carrières et de tirer la pierre. »

Cette terre était assise sur les meilleurs bans de la roche ; on fit un puits pour la remonter et les chariots ou ouvriers ne faisaient plus de dommage aux labours (1).

1) *Cartulaire*, fol. 78, 80. — *Inventaire des Titres*, page 672.

1755. Accord des religieux avec Philippe de Quevauvillers, propriétaire du sol, pour extraire des pierres de la carrière de Saint-Pierre à Vaux, sur le terroir de Saint-Mauguille.

Nous avons vu, pendant nos études ecclésiastiques, le puits dont il est ici question. Nous sommes descendu dans cette carrière et nous avons parfaitement suivi le chemin par lequel les voitures avaient auparavant accès à cette carrière.

CHAPITRE V.

SEIGNEURIE D'ESTRÉES-LES-CRÉCY (1).

On ne voit pas sous quel nom cette seigneurie figure dans le dénombrement de 831 : elle n'en est pas moins très ancienne, puisqu'elle participe aux privilèges des treize grands fiefs soumis au quint denier. La seigneurie s'étendait aussi sur Crécy et sur Fontaine-sur-Maye.

SEIGNEURIE. — Maison seigneuriale avec cour, jardin, bois, terres labourables, censives et redevances. En outre toute justice sur les terres qui lui étaient soumises à Estrées, Crécy, Fontaine ; censives, droit de chasse, relief au quint denier, droits seigneuriaux. Le champart était recarsé à cause du peu de valeur des terres et se percevait par un abonnement annuel. Cette seigneurie comprenait trois fiefs : 1° Estrées, 2° Séronville, 3° la Viéville.

FIEF D'ESTRÉES. — Ce fief était le principal des trois, quoique restreint dans les derniers temps. La maison seigneuriale, dont il est parlé plus haut, possédait CLJ^r de terre ; XCIV j^r de bois en trois parties, le bois d'Aussi, le bois Bardou, le bois Rouanay, 50 livres de rentage et autres censives. Total : 1500 à 1600 liv. de revenu, au XVII° siècle (2).

FAMILLE D'ESTRÉES. — Cette famille, qui habitait Saint-Riquier au XIV° siècle, tire probablement son nom de ce fief qu'elle a, dès le XII° siècle, cédé à la famille d'Amiens. Nos archives ont recueilli quelques noms de cette famille. — 1326. Jehan d'Estrées tient noblement de l'abbaye le fief de la Couture (*page* 125) : il a épousé D^{lle} Marie de

---

(1) Commune du canton de Crécy. — *Strata. Estrées-Cauchie.* — Estrées-lès-Crécy.

(2, M. Prarond. *Histoire de Saint-Riquier*, p 170.

Villers. Son testament nous fait connaître le nom d'Isabelle ou Belon d'Estrées, sa cousine. Il fut mayeur en 1359. Le manoir de Jean d'Estrées était assis au bout de Saint-Riquier, près de l'Hôpital. — 1326. Mahieu d'Estrées, échevin. — 1331. Fremin d'Estrées, échevin.

— 1375. Hue d'Estrées, échevin. — 1384. Sire Jean d'Estrées, prêtre.

1426. Jehan d'Estrées, fils de Mahieu d'Estrées.

1522. Jeanne d'Estrées épousa Antoine de Belloy, seigneur de Belloy-St-Léonard, Vieulaines, Ivrench.

FAMILLE D'AMIENS. — Elle remonte aux comtes d'Amiens ; ses seigneuries sont nombreuses et importantes : elles enserrent en plusieurs endroits celles de Saint-Riquier. Plusieurs seigneurs ont payé relief au monastère.

1134. Guy, châtelain ou comte d'Amiens, seigneur de Flixecourt, Vignacourt, Canaples, Talmas, Rainneville, La Broye, Estrées, L'Etoile, Buire, Outrebois, Bachimont, etc. — 1146. Alerme, fils de Guy, seigneur des mêmes lieux. — 1184. Dreux d'Amiens.

1211. Renaud d'Amiens. Il jure fidélité à Philippe-Auguste à Saint-Riquier, où il rédige sa charte d'hommage. N'y a-t-il pas tout à la fois un hommage au roi pour ses fiefs qui dépendent de la couronne et un hommage pour ceux qui dépendent de Saint-Riquier, comme Estrées, L'Étoile ? — 1240. Jean d'Amiens, seigneur des mêmes lieux. — 1244. Bernard d'Amiens, chevalier, seigneur d'Estrées. Ses héritiers Théobald d'Amiens et Marie, dame d'Estrées, fondent une chapelle de Saint-Nicolas à Estrées et donnent au mois de juillet 1251 une rente en argent et en blé, plus une masure audit Estrées, avec pouvoir d'y bâtir une maison pour l'œuvre de cette chapelle (1).

1318. Jean d'Amiens, homme lige de Saint-Riquier. — 1318. Pierre d'Amiens, seigneur de Regnauville.

Signalons encore Nicaise d'Amiens, curé de Saint-Riquier (1370). — Nicole d'Amiens, moine à Saint-Riquier (2).

1348. Jean de Tillencoupé, écuyer, réside à Estrées, où il possède des terres.

FAMILLE DE MIANNAY. — 1520. Jean de Miannay, écuyer. — 1527. Relief au profit de Françoise de Miannay, fille mineure de Jean (3) ; elle épousa Jean de Hellencourt (3).

FAMILLE DE BUISSY-SELONNE. — Cette famille est différente de celle de Buissy, seigneur d'Ivrench (4). La seigneurie d'Estrées entra dans la famille par dame Isabelle de Saint-Delys, épouse de Messire Marc de Buissy, seigneur de Berville.

---

(1) M. Darsy. *Bénéfices de l'Eglise d'Amiens*. Tom. II, pag. 237.

(2) Armes d'Amiens : *Echiqueté d'argent et d'azur, à la croix ailée de gueules cantonnant sur le tout.*

(3) Armes de Miannay : *d'azur à trois mulettes d'argent.*

(4) M. de Belleval écrit de Bucy-Selonne.

1610. Relief au profit d'Elie de Buissy, chevalier, seigneur de Selonne, Estrées et autres lieux, fils des précédents ; mais on fit opposition à la saisine au nom des enfants mineurs de Robert de Saint-Delys, par exploit de main assise. En 1623, Charles Scourion, seigneur de la Houssoye fait une saisie réelle du fief. Toutefois le fief resta dans la famille de Buissy et passa dans les mains de Charles de Buissy, héritier des précédents, qui épousa dame Françoise Baynast. En 1671, les héritiers des Scourion, François et Antoine d'Hollande firent une nouvelle saisie sur la veuve de Charles de Buissy. — 1683. Relief au profit de Messire Charles de Buissy, chevalier, seigneur de Selonne, Estrées, et autres lieux, fils du précédent.

1700. Françoise de Buissy, fille de François et petite-fille de Charles, épousa Messire Philippe-François d'Héricourt, chevalier, seigneur de Caulers et autres lieux. Il intervint une séparation de biens, et en 1715 Françoise de Buissy vendit une partie du fief (1).

Famille de Héricourt. — 1710. François Lamoral de Héricourt, chevalier, était seigneur d'Estrées et mourut sans postérité. Il laissa son fief à sa sœur Marie-Madeleine de Lamoral de Héricourt.— 1756. Relief au profit de haut et puissant seigneur Messire Louis-Antoine, marquis de Héricourt, chevalier, seigneur de Maimont, Caulers, Seronville, Estrées, Cohen et autres lieux, chevalier de l'Ordre royal et militaire de Saint-Louis, capitaine des grenadiers au régiment du roi, mari et bail de Dame Marie-Madeleine de Héricourt (2).

Famille Bail de Lignières. — 1770. Le fief appartenait alors à Jean-Baptiste Bail de Lignières, écuyer, président des Trésoriers de France au bureau d'Amiens. — 1789. Elisabeth Bail de Lignières, épouse de François-Edouard-Joachim l'Hoste, marquis de Villemant, hérita le fief d'Estrées (3).

Fief de Séronville (4). — Ce fief contenait un enclos de xi j° de riez, des censives. — 1348. Ce fief était possédé par Wautier Boitelle. On indique aussi vers cette époque le sieur d'Embry ; il est question ailleurs de cette dernière famille.

Famille Le Messager. — Cette famille a habité Saint-Riquier. — 1270. Jean et Alerme Le Messager avaient un fief à l'Étoile.

1300. Simon Le Messager occupait une maison, rue de la Poissonnerie à Saint-Riquier. — 1375. Hommage de Jean Le Messager, chevalier, pour le fief de Séronville. — 1379. Hommage, aveu et dénombrement du fief de Seronville, par Jean Le Messager, dit Tristan (5).

(1) Armes de Buissy-Selonne : *d'or à dix billettes de gueules, ainsi posées* : 4, 3, 2, 1.
(2) Armes : *d'argent à la croix ancrée de gueules, chargée de 5 coquilles d'argent.*
(3) Armes de Bail de Lignières : *d'azur à trois barbeaux d'argent mis en fasce.*
Inventaire des titres, 270, 275 : 1856 à 1876.
(4) Seronville. Sérouville. M. Garnier (*Dict. Top.*)
(5) Armes : *de gueules avec croix de sable et écusson d'argent.*

Famille de Canteleu. — Cette famille était originaire du comté de Saint-Pol en Artois. Vers 1530, Jean de Canteleu, écuyer, seigneur d'Orbendas, époux de Marie-Madeleine de Saint-Delys, mayeur d'Abbeville en 1567, possédait sans doute, par son épouse, les fiefs de Séronville et de la Viéville. — 1540. Relief au nom d'Adrien de Canteleu, écuyer, conseiller au bailliage d'Amiens, donataire de son père. — 1550. Relief au profit de François de Canteleu, écuyer, fils d'Adrien. — 1552. Relief au profit de Charles de Canteleu, écuyer, seigneur de Séronville et de Branlicourt, frère du précédent. François de Canteleu laissa hypothéquer son fief en 1571. Le fief passa alors entre les mains d'André Brœuillet, bourgeois d'Abbeville (1).

Famille Brœuillet. — Famille Abbevilloise. — 1572. Relief et hommage de Claude Brœuillet, sieur de Séronville et de la Viéville. Charles Brœuillet eut deux filles, Hippolyte et Marie. La première fut mariée à Guillaume Sanson, bourgeois d'Abbeville, qui saisit les deux fiefs et y établit une commission. La seconde était sous la tutelle de Claude Bail, qui s'unit à Guillaume Sanson pour soutenir les droits de sa pupille. Marie Brœuillet épousa François Gaillard, qui acheta les deux fiefs en 1605 (2).

En 1604, on trouve pourtant un hommage de Claude de Biouville pour les fiefs de Sérouville et Viéville. Celui ci s'intitulait seigneur de Séronville.

Famille Gaillard — 1605. François Gaillard, receveur de tailles en l'élection du Ponthieu. — 1607. Saisine au profit de François Gaillard, fils du précédent, seigneur de Séronville. — 1650. Relief au profit de Jean Gaillard, sieur de la Viéville, oncle et tuteur des enfants mineurs de François qui n'ont pas succédé à leur père, puisqu'en 1680 on voit un relief au profit de François Gaillard, fils aîné de Jean.

1704. Relief et hommage de Charles Gaillard, fils du précédent, chevalier, seigneur de Séronville, Gapennes, Offinicourt, marié à Anne Sanson. On voit ensuite par ordre de succession François Gaillard, puis Philippe et sa sœur Marie Gaillard (3).

Le fief revint après eux, par héritage, à dame Marie de Calonne, veuve de Charles d'Arnaud, écuyer, dont le fils Charles d'Arnaud, sieur de Frettemeule, de Cayeux et autres lieux, fournit un dénombrement en 1742.

On voit dans les archives qu'en 1780 ce fief appartenait à Louise-Charlotte d'Aigneville, femme de Louis Bernard, comte de Mannay, chevalier de Saint-Louis, capitaine de grenadiers au régiment de la marine (4).

Fief de la Viéville (5). — Fief de xxxix j^r de terres labourables souvent annexé à Séronville.

---

(1) Armes : *d'argent à la fasce de gueules, chargée d'une gerbe d'or.*

(2) Armes de Brœuillet : *d'argent à trois flammes de gueules*, 2 et 1.

(3) Armes de Gaillard : *d'azur au chevron d'or, accompagné de trois croix pattées de même.*

Nos archives ne s'accordent pas sur la succession des Gaillard avec la série indiquée dans M. de Belleval. *Nobiliaire et fiefs.*

(4) *Inventaire des titres*, pag. 579-584

(5) *Viefolliers, Viéville* (M. Garnier).

1317. Pierre d'Amiens, fit hommage pour le fief de la Viéville. — 1361. Jean Du Castel est dit sieur de la Viéville. — 1374. Dénombrement par Renaud d'Amiens. — 1387. Dénombrement par Pierre d'Amiens, écuyer, cousin de Renaud, acquéreur de Hue d'Amiens, prêtre et héritier de Renaud.

Les familles de Canteleu et de Brœuillet ont possédé le fief de la Viéville avec celui de Séronville.

Famille Gaillard. — 16.. Relief au profit de Jean Gaillard, sieur de la Viéville, fils de François, sieur de Séronville — 1680. Relief au profit de D^{lle} Marguerite Gaillard, fille et héritière de Jean Gaillard. Le fief revint ensuite à D^{lle} Anne Gaillard, sa sœur, épouse de François Rault. Leur fille Jeanne-Françoise Rault fut conjointe à Jean-Baptiste Levasseur, chevalier, seigneur de Nouilly. Dame Marie-Anne-Jeanne Levasseur, fille des précédents, épousa Jean-Philippe-Nicolas de Belloy, chevalier, seigneur de Contre et autres lieux, et lui apporta un quart et demi du fief de la Viéville, le reste étant échu à D^{lle} Marie-Marguerite Rimbert de la Boissière, femme de Bernard de Monneville, fille de Marguerite Gaillard et petite-fille de Jean Gaillard (1741). Le fief revint en 1742 à Charles d'Arnaud, seigneur de Séronville (1).

CRÉCY-EN-PONTHIEU (2)

Cette résidence royale, si connue par sa forêt séculaire, payait aussi son tribut à la riche abbaye de Saint-Riquier. Le nom de Crécy figure dans les anciens dénombrements. Une partie de son territoire dépendait en effet de la seigneurie d'Estrées. On a recueilli sur cette portion de la seigneurie les faits suivants.

1210. Hugues de Chevincourt donna en précaire ou bail à vie à Robert le Bailli et à Aeldis, sa femme, LX j^x de terre, au territoire de Crécy, au lieu dit *de Diaz*, avec réserve de terrage et retour au monastère après leur mort. Guillaume de Ponthieu a ratifié cette charte.

D'après une autre charte de 1236, une partie de ce domaine a été aumôné à l'hôpital de Crécy : c'est pourquoi on trouve en cette année un accord avec le maître et les frères de cet établissement pour xxx j^x de terre qu'on assujettit au relief, au terrage et à la dîme. Toute acquisition nouvelle faite avec l'assentiment et la permission des Abbés était soumise aux mêmes redevances. Les religieux maîtres du fonds étaient obligés de garantir la possession.

1573. Les commissaires députés par le roi pour administrer les revenus de l'abbaye pendant la vacance du siège firent un bail de LVII j^x terre au territoire de Diaz à Crécy, pour 6 deniers tournois.

(1) *Inventaire des titres.* pag. 685. — M de Belleval. *Fiefs et seigneuries.*
(2) Crécy, chef-lieu de canton. — *Crisciacum,* *Cressecum, Carisiacum, Cressiacum, Cressy, Querey.* Archives. — M. Garnier. (*Dict. Topog.*).

De 1663 à 1731, les religieux de Saint-Maur mirent toute leur sollicitude à rentrer dans les droits seigneuriaux à Estrées et à Crécy, à faire payer les reliefs et les censives. La mouvance des terres de l'Hôpital de Crécy n'est pas oubliée dans ces recherches.

Dans un aveu de 1724 pour xxx j^x de terre, on rappelle l'obligation du plein-champart, du quint denier en vente ou mutation, et on conclut un abonnement perpétuel de six livres tournois payables à la fête de Saint-Remi et de neuf livres de relief annuel, pour dispense d'homme vivant. La redevance annuelle était aussi fixée à 15 liv.

Deux familles nobles, originaires de Crécy, ont possédé des domaines de Saint-Riquier et ont eu des descendants dans cette ville.

Famille Du Castel. — 1195. Guillaume Du Castel, bourgeois de Saint-Riquier, donne aux chevaliers de Saint-Jean-de-Jérusalem quelques domaines à Maisons et à Ivregny. Son manoir à Saint-Riquier existait encore vers 1300.

1236. Robert du Castel. — 1236. Thomas du Castel donne un relief pour les terres de Diaz. — 1361. Jean du Castel, sieur de la Viéville, obtient des chevaliers de Saint-Jean-de-Jérusalem pour un denier de cens annuel quatre verges de terre. — 1494. Thomas du Castel.

Famille de Crécy. — Eteinte au xive siècle. — 1224. Hugues de Crécy, échevin de Saint-Riquier. — 1224. Guillaume de Crécy, bourgeois de Saint-Riquier, témoin dans une charte à Villencourt. — 1227. Robillard de Crécy, bourgeois de Saint-Riquier, se fait pleige pour Robert-le-Jeune. — 1239. Enguerran de Crécy, abbé de Saint-Valery, appartient très probablement à cette famille (1).

Fontaine-sur-Maye. — L'abbaye de Saint-Riquier y possédait des mouvances de la seigneurie d'Estrées et une partie de marais dont nous ignorons l'importance. Des terres de l'abbaye y ont été vendues en 1590.

(1) *Cartulaire*, pag. 95.
Archives de Saint-Riquier. — M. de Belleval. *Nobiliaire*.

CHAPITRE VI.

SEIGNEURIE DE GAPENNES (1).

Seigneurie. — Cette seigneurie, qui a de tout temps gravité autour de Saint-Riquier, est comptée au nombre des treize fiefs de l'ancienne fondation, soumis au relief du quint denier. Elle figure au dénombrement de 831 et dans plusieurs chartes de l'époque carlovingienne (2).

Le privilège du pape Alexandre III consacre le droit des dîmes de l'abbaye sur ce domaine.

Nous avons à parler de la dîme, des droits seigneuriaux, des domaines, des fiefs.

I. La dime. — Elle appartenait au couvent, au curé, au prieur de Biencourt, au chapitre de Saint-Nicolas d'Amiens, dans les proportions suivantes : sur six gerbes, trois revenaient au couvent, une au curé, une au prieur et la dernière au chapitre de Saint-Nicolas. La dîme des novales et les menues dîmes étaient partagées entre le curé et le chapitre de Saint-Nicolas.

1661. Les dîmes furent réduites par suite d'accident de grêle. Le curé auquel on les avait louées réclama avec le curé d'Agenvillers. On fit droit à leur requête.

II. Droits seigneuriaux. — D. Grenier et après lui M. Prarond affirment que la seigneurie de Gapennes était tenue de la Ferté. Nous verrons, au livre de la Ferté, les droits de la châtellenie sur Gapennes, mais le couvent n'avait pas cédé tous ses droits seigneuriaux à son avoué. Il lui restait la haute, moyenne et basse justice, des droits de champart, des censives.

« Les mouvances de l'abbaye, dit D. Grenier, sont faciles à reconnaître. Tout ce qui
« relève d'elle n'est point planté sur froc, au lieu que le reste appartenant au fief
« du Four et de la Prévôté est bien planté. »

1584. Saisine de terres prises à cens par Laurent Simon, écuyer, sieur de Molâtre, commissaire député par le roi au gouvernement de l'abbaye de Saint-Riquier.

1677. Des habitants de Gapennes se refusèrent de payer le quint denier. Ils furent

---

(1) Commune du canton de Nouvion. — *Gaspannes.—Gaspenna.—Gaspennæ.—Gaspanes.—Gappennes.*

(Hariulfe, *Chron*). — M. Garnier. (*Dict. Topog.*).

(2) Hariulfe. *Chron*; cent. Lib. III Caput III.

condamnés et le seigneur, qui avait pris leur parti, fut également débouté de sa requête.

III. Domaine. — Les députés du clergé en 1570 ont vendu, pour subvention du clergé dans les guerres de religion, xxxviii journaux de terre au mont de Villers et d'autres possessions sur le même terroir.

Le petit couvent a successivement retrait près de cent journaux de terre qu'il posséda jusqu'en 1789.

IV. Fiefs. — Quatre fiefs dépendaient de la seigneurie de Gapennes, à savoir le fief de la Prévôté, le fief du Four de Gapennes, le fief de Moriamesnil et le fief du Bel Hôtel, sis à Saint-Riquier.

Fief de la Prévôté de Gapennes. — Ce fief consistait en cens, droit de past et don, comme on le voit dans les dénombrements de 1398 et de 1460. Ce fief fut presque toujours possédé par le seigneur de Gapennes. Les noms des féudataires sont à peu près les mêmes. On ne connaît guère en dehors de ces seigneurs que Pierre Le Prévôt qui fit hommage en 1379.

Fief du Four de Gapennes. — Ce fief assurait au possesseur tous les droits du Four Bannier. Nous n'avons pas retrouvé d'autres noms que ceux des seigneurs de Gapennes.

Famille de Gapennes. — Cette famille connue dès le xi* siècle disparaît au commencement du xvi*.

1100. Hugues de Gapennes, témoin dans une charte de Gautier Le Seigneur à l'abbaye de Berteaucourt. — 1143. Gui de Gapennes signe une charte de l'abbé Gelduin et une autre de l'abbé de Dommartin en 1153. — Il est père de Thomas qui suit, d'Ingelran de Gapennes, prêtre à Saint-Riquier, de Jean de Gapennes, bourgeois de Saint-Riquier, de Renaut et d'Adde.

1228. Thomas de Gapennes, chevalier, l'aîné de ses frères, homme-lige de l'Abbé de Saint-Riquier, reconnaît n'avoir aucun droit de justice sur les hommes de Saint-Riquier qui habitent son village, ni sur la voie devant leurs *hostisies* ou frocs. Mais il peut les obliger à cuire leur pain à son four, pour lequel il doit hommage, ainsi que pour le *Thelonieum* ou droit de tonlieu qu'il perçoit sur ses tenanciers ; il doit en outre l'assistance aux plaids et 30 s. de relief. Les poursuites contre les délinquants auront lieu à la requête et par les officiers de l'abbé et les amendes appartiennent de droit au seigneur (1). — 1231. Renaut de Gapennes, fils de Gui, et Agnès sa femme, ont vendu xxii journaux de terre à Gapennes.

1230. Guillaume de Gapennes, écuyer. — 1263. Foulques de Gapennes possédait un

(1) D. Cotron. Anno.1228.

ténement à Valines, qu'il céda par échange à l'abbaye de Sery. Sa femme se nommait Marguerite.

1321. Henri de Gapennes, homme-lige de Saint-Riquier. — 1337. Adam de Gapennes, présent parmi les fieffés convoqués à Saint-Riquier.—1345. Jean de Gapennes, écuyer, dit Esmère, fait hommage à Saint-Riquier pour le four de Gapennes : il fut père d'Aléaume, qui donna le jour à Guillaume de Gapennes, écuyer, époux de Marole de la Motte.

Aléaume II, fils de Guillaume. Une sentence arbitrale termina ses contestations et celles de son père, avec l'abbé de Saint-Riquier, au sujet des amendes, des herbages, des cens, des droits de justice et de seigneurie (1402). On peut voir dans le Nobiliaire de M. de Belleval, les principaux faits de sa vie. Il fut tué à la bataille d'Azincourt en 1415. Il eut pour enfants Firmin, Catherine, mariée à messire Antoine de Wissoc, Jean, bâtard de Gapennes.

1409. Firmin de Gapennes, écuyer, s'allia à D^{lle} Pâques L'Orfèvre d'Amiens.— Jean de Gapennes, capitaine de Dourdan, fut livré aux Anglais par des traîtres de la garnison. Pour se racheter, il fut obligé de vendre ou de céder sa seigneurie à sa sœur Catherine de Gapennes : il eut pour fils Antoine de Gapennes, chevalier, seigneur de Thannay et d'Angres, conseiller et chambellan du roi, qui servit plusieurs aveux à Simon de Domqueur et fut père de Charles de Gapennes.

1507. Charles de Gapennes, chevalier, tenait noblement des fiefs de Marguerite de Châtillon, dame de la Ferté. On le dit seigneur de Noyelles, Brailly, Saint-Mauguille, Haravesnes (1).

FAMILLE DE WISSOC. — 1440. Antoine de Wissoc, chevalier, substitué à Jean de Gapennes dans la seigneurie de ce village, était aussi seigneur de Thannay et de la Hollande ; il possédait en outre trois fiefs à Noyelles, dépendant de l'abbaye de Saint-Riquier. Il accompagna le duc de Bourgogne à la prise de Luxembourg.

1504. Relief et hommage de Philippe de Wissoc, fils du précédent. Philippe de Wissoc fut père de Charles I de Wissoc, qui épousa Madeleine de Lameth. Celle-ci fit hommage en 1526 comme mère tutrice de Charles II de Wissoc, pour les fiefs de Gapennes, de Saint-Mauguille et autres lieux. — 1530. Relief et hommage de Charles II de Wissoc. Celui-ci traita avec Thibaut de Bayencourt pour une portion de terre près du bois de Saint-Riquier. Il avait trois sœurs, Jeanne, Jacqueline, et Françoise qui fut mariée à Louis Des Ursins (2).

FAMILLE DES URSINS. — La maison Des Ursins a donné à l'Eglise des Papes, des cardinaux et d'insignes prélats ; à l'Italie des princes et de puissants seigneurs. En France

---

(1) Armes : *d'argent à l'écusson d'azur, accompagné de 6 billettes de même.* — *Archives de Saint-Riquier.* — M. de Belleval. *Nobiliaire.*

(2) Armes : *de gueules à la fasce d'argent, à trois losanges d'or, deux en chef, un en pointe.*

cette famille fut célèbre pendant plus de trois siècles par ses illustres alliances et ses hautes dignités.

1535. Relief et hommage de la Prévôté de Gapennes, de terres sises à Gapennes, Saint-Mauguille et autres lieux, par Louis Des Ursins, seigneur d'Armentières et autres lieux et son épouse Françoise de Wissoc. Ce relief ne fut pas agréé. — 1557. Relief et hommage de Giles I Des Ursins, fils du précédent. — 1575. Relief et hommage de Giles II Des Ursins qui succédait à son père et qui épousa Marguerite Des Ursins. Leur fille Charlotte Des Ursins épousa Eustache de Conflans. Douée d'un beau talent et d'une grande piété, Charlotte composa une très belle paraphrase sur l'épître de Saint-Paul aux Hébreux : ce qui lui mérita les éloges de plusieurs savants (1).

FAMILLE DE CONFLANS. — Vers 1600, hommage et relief d'Eustache de Conflans, vicomte d'Ouchy. — 1620. Hommage et relief de Henri de Conflans, fils du précédent, gouverneur des villes de Saint-Quentin et de Saint-Riquier. Henri laissa saisir sa maison et ses fiefs à Gapennes. Il les vendit ensuite à Jean de Wault (2).

FAMILLE DE WAULT. — Cette famille serait-elle originaire de Saint-Riquier ? On lit dans les archives le nom de Jean Le Wault dès le XIIIe siècle : il habitait Saint-Riquier, et sa maison fut vendue à l'Abbaye. On retrouve en 1431 Pierre Le Wault, domicilié à Saint-Riquier. — 1454. Mahieu Le Wault de Saint-Riquier donne par testament une bourse à la confrérie de Saint-Nicolas et des provendiers au monastère. — 1461. Jean-Clément Le Wault, dit Sauvegarde, est l'époux de Marie d'Estrées. Leurs enfants connus sont Antoine et Nicolas Le Wault.

1633. Saisine au profit de messire Jean Le Wault, chevalier, seigneur de Monchaux et autres lieux, acquéreur à faculté de réméré perpétuel de Messire Henri de Conflans de ses fiefs et seigneuries de Gapennes. Ce réméré fut dans la suite abandonné. Jean de Wault avait épousé Anne Gamet. — 1636. Relief et hommage au profit de Jean-Maximilien-Clément de Wault, fils du précédent, chevalier, seigneur de Monchaux, pour la moitié des deux fiefs nobles de Gapennes. — 1676. Transaction sur arrêt d'appointé, au sujet du relief au quint denier, des fiefs de la Prévôté et du Four de Gapennes, entre l'Abbaye et Messire Clément de Wault, chevalier, fils mineur de Messire Charles-Clément de Wault, chevalier, seigneur de Sanneterre et héritier par bénéfice d'inventaire de Messire François-Clément de Wault, chevalier, seigneur de Sanneterre, aïeul dudit mineur, pour le relief du quint denier des fiefs précités (3). — 1682. Messire Jacques Le Roux de Boule, chevalier, seigneur d'Assisse, fit saisir les fiefs de Gapennes appartenant à dame Gendron, veuve de Messire François-Clément de Wault, chevalier, seigneur de Plainville. Les deux fiefs furent vendus à Jacques

---

(1) Armes des Ursins : *bandé d'argent et de gueules de six pièces, au chef d'argent chargé d'une rose de gueules soutenue d'or.*

(2) Armes : *d'azur au lion d'or, l'écu semé de billettes de même.*

(3) Armes : *d'or à trois bandes de gueules.*

Gaillard, écuyer, puis retraits et donnés au sieur Pierre Becquet ; mais, en 1685, ils ont été rétrocédés audit Jacques Gaillard.

Famille Gaillard. — Dans son aveu de 1694, Jacques Gaillard prenait le titre de seigneur de Gapennes et élevait de grandes prétentions sur la seigneurie. De là un grand procès avec les moines de Saint-Riquier.

Une sentence rendue aux Requêtes du Palais réforma cet aveu et le corrigea ainsi : 1° Il n'est pas permis à Jacques Gaillard de prendre le titre de seigneur de Gapennes, mais seulement le titre des fiefs qualifiés qu'il possède audit village ; 2° Il n'a aucun droit aux reliefs du quint denier ; 3° Les religieux ne lui doivent pas de censive pour sa Prévôté de Gapennes ; 4° Il n'a droit qu'à une gerbe de don sur chaque journal de terre, au lieu de trois qu'il réclamait ; 5° Il doit 100 s. de relief selon la coutume et non pas seulement 50 s., comme il le proposait; 6° Pour le Four bannier de Gapennes, s'il s'élève quelque contestation entre le seigneur et les habitants, on devra se pourvoir devant le bailli de l'Abbaye et l'amende sera due à l'Abbaye ; 7° Le sieur Gaillard de Séronville ne peut exiger ni tonlieu, ni afforage, ni aucun droit semblable ; 8° Le relief n'est pas dû au xiii° denier, comme le voulait ledit sieur Gaillard, mais au quint denier sur les rotures, quand il échoit mutation par succession, donation, échange, legs, vente et nantissement ; 9° Le sieur Gaillard sera tenu de faire droit aux demandes qui lui sont adressées relativement au champart.

Charles Gaillard, fils et successeur de Jacques, de 1707 à 1712, chercha de nouveau à secouer le joug de la loi féodale, mais de nouveaux arrêts de justice confirmèrent cette sentence magistrale.

Jacques Gaillard avait épousé Catherine Le Fèvre dont il eut cinq enfants.

1704. Relief et hommage de Charles Gaillard, écuyer, qui épousa Marie-Anne Sanson. — 1738. Relief, hommage et dénombrement de son fils Louis Gaillard, lieutenant des maréchaux de France au bailliage de Clermont. — 1770. Ces deux fiefs appartenaient alors à Marc-Antoine de Carpentin, chevalier de Saint-Louis, seigneur de Cumont, Coulonvillers, Hanchy et autres lieux. Jean de Carpentin, héritier des domaines de son parent, les laissa à Jules de Carpentin, en qui s'éteignit dans ce siècle cette branche des Carpentin.

Fief de Moriamesnil (1). — Ce fief d'abord noble, puis restreint, contenait xl j^x de terre, sis aux terroirs de Gapennes, Quesnoy et Domvast. Le fief du bois Annette en dépendait. La maison seigneuriale de Moriamesnil a disparu depuis longtemps, mais la chapelle subsiste toujours avec sa légende de triste souvenir pour le pays, souvenir toutefois peu fondé, comme nous l'avons dit au *Tom*. ii, *page* 43.

Famille de Moriamesnil. — 1138. Mathieu de Moriamesnil, chanoine à Saint-Wulfran. — 1143. Inguerran et Gautier, feudataires de Saint-Riquier, donnent leur

(1) *Moriamini*, nom populaire, hasardé comme celui des *Trois cents Corps*. Voir notre *Tome* ii, *page* 43.

seigneurie aux chanoines réguliers de Dommartin. L'abbé Gelduin confirme la donation, mais retient le terrage (*Tome* i, *page* 433). — 1199-1210. Hugues de Moriamesnil, bourgeois et échevin de Saint-Riquier.

1224. Marie, fille de Hugues, reprise dans les actes publics. — 1224-1226. Robert de Moriamesnil a son hôtel à Saint-Riquier : il quitte ses droits sur une maison sise en la Basse-Cour.

xiiie siècle. Hue et Evrard de Moriamesnil, domiciliés à Abbeville.

FAMILLE LE FÈVRE. — 1545. Hommage de Marie Le Fèvre, cousine et héritière de Thomas Le Fèvre, prêtre à Abbeville.

FAMILLE DE BERNAY. — 1614. Relief au profit de Charles de Bernay, écuyer, sieur de Favencourt, conseiller du Roi et lieutenant criminel de robe courte en la sénéchaussée de Ponthieu, donataire de son père Michel de Bernay qui avait acheté ce fief en 1606 à Jean Lescuyer. — 1660. Relief et hommage de Charles de Bernay, fils de Pierre et petit-fils de Michel, héritier aussi de la charge de lieutenant criminel.

Le fief fut démembré à cette époque et vendu en partie à plusieurs particuliers. En 1685 la confrérie du Saint-Rosaire érigée dans l'église de Gapennes obtint la saisine de terres dépendant de ce fief, vendues par Antoine Warot, laboureur à Gapennes. — 1688. Relief et hommage de Claude de Bernay, écuyer, mousquetaire du Roi, fils et héritier de Charles II. Claude de Bernay eut pour successeur son fils Jean-Baptiste-Louis de Bernay, chevalier, premier enseigne au régiment des gardes françaises (1).

Au xviiie siècle ce fief entra dans la famille de Buissy par Jeanne Belle, épouse de Jacques de Buissy. Claude-Joseph de Buissy et son fils Pierre-Joseph, s'intitulaient seigneur de Moriamesnil (2).

FIEF DU BOIS ANNETTE. — Ce fief est tellement hypothéqué au précédent, dit le *Cartulaire*, qu'on ne peut les séparer.— 1509. « Nous avons baillé à Fremin Le Fèvre, un petit bosquet contenant iv j^r x verges, moyennant la somme de 49 s. 3 den. par., aux termes de Saint-Remi et de Pâques, réservés les droits seigneuriaux et les cens, le relief et le quint denier des ventes (3). »

FIEF DU BEL HOTEL. — Une maison à Saint-Riquier, occupée par le seigneur de Gapennes, formait le corps de ce fief. Le seigneur de Gapennes tenait cette maison pour 8 den. par. de cens ; il recevait de son côté 5 liv. par. de cens, dont il donnait 53 s. à la ville de Saint-Riquier. Il reste aux archives deux actes sur ce fief.

1530. Bail à cens ou surcens par la dame de Gapennes au nom de Charles de Gapennes, son fils, écuyer, de la moitié de la maison du Bel-Hôtel et dépendances, à

---

(1) Armes de Bernay · *d'or au lion de sable armé et lampassé d'azur*.
(2) *Inventaire des Titres, page* 435.
(3) *Cartulaire, fol.* 155-156.
(4) *Inventaire des Titres pour Gapennes et ses fiefs, pages* 509-519-1059 à 1078.

l'encontre de l'autre moitié appartenant à Pierre Le Fèvre. — 1594. Hommage d'Antoine de Wissoc pour le fief du Bel-Hôtel (1).

Une famille du Bois, dont il sera question dans nos fiefs, portait le nom de Dubois de Bel-Hôtel. Est-ce à cause de ce fief ? Nous ne saurions l'affirmer, bien que cela nous paraisse probable.

Ferme de Quesnoy-lès-Gapennes. — Cette grande et belle ferme de DCLXXXIV j⁎ de terre, appartenant aux chanoines réguliers de Dommartin, fut dans les temps anciens une propriété du monastère de Saint-Riquier. Elle a été donnée en fief, et plus tard les possesseurs de ce fief en firent présent aux moines de Saint-Josse-au-Bois.

On lit dans l'histoire de Dommartin que Gelduin, abbé de Saint-Riquier, concéda aux religieux de Saint-Josse-au-Bois le fief qu'Alaïs leur a donné à Moreau-Mesnil (1147). Cette assertion est confirmée par le Répertoire des Titres de Saint-Riquier, où il est marqué que l'Abbé Gelduin fit la cession de toute la terre de Moreaumesnil que Enguerrand et Watier Vavasseur et Aélis la femme de ce dernier, avaient « acheté à héritage (1143). » La cession réservait la redevance du terrage. Cet acte avait pour témoins entre autres Hue Le Seigneur, que le *Cartulaire* dit « moisne » et seigneur de la Ferté, le seigneur de Drucat et le seigneur de Gapennes. Malgré quelques plaintes formées par les moines cette donation fut confirmée en 1147. Nous avons toute raison de croire que cette donation nous est représentée par la ferme du Quesnoy.

Un pacte d'arbitrage fut fait en 1343, après un différend entre les deux monastères sur le terrage et sur quelques coutumes locales. Il est question dans cet acte d'un domaine de 684 j⁎ de terre et en outre d'autres possessions aux environs, divisées en quatre pièces dont la réunion forme un domaine de 492 j⁎.

Voici l'analyse des quinze articles réglés par les parties :

1° Les moines de Saint-Riquier réclamaient justice haute, basse et moyenne sur ces terres. Dans l'accord on convient que l'exercice de la justice sera partagé entre les deux monastères, ainsi que les émoluments. Les exploits seront donnés par celui des deux qui s'apercevra le premier des torts causés par des tiers. Dans les cas criminels, l'officier du monastère qui prendra le malfaiteur en fera l'exécution. Mais l'amende sera partagée également entre les deux Eglises, avec défense toutefois de faire « fourques ne pilori sur icelles terres, ne faire exécution criminelle ». Que si un seigneur du pays ou quelque autre fait des entreprises contraires à la justice, les frais de défense se partageront par moitié et les exploits seront dénoncés dans les trois jours à l'autre monastère. Il est entendu que, dans une convention gracieuse avec les délinquants, il ne sera point permis de faire remise de l'amende sur la moitié de l'autre partie.

2° « Nous de Saint-Riquier ne pourrons prendre ne faire prendre ceux de Dommar-
« tin, ou leurs gens censiers, en cueillant herbes, lodes, ou soyant ou paissant ablais

---

(1) *Inventaire des Titres*, page 1079.

« ou faisant dommage sur la pièce de 440 j^x. Mais sur les autres terres, si celui qui
« prend aucun terrage se plaindait, Nous, en ce cas ferions prendre iceux de Dom-
« martin, leurs gens, familiers et bestiaux, pour le dommage seulement, mais en ce
« cas nous ne arions aucune amende, mais la justice seulement et le dommage rendu
« préalablement. »

« Se en temps de messon ceux de Dommartin, leurs gens ou familiers étoient pris
« emportant ablais des terres qui doivent terrage, iceux de Dommartin payeroient le
« dit terrage et l'amende à Nous de Saint-Riquier et tout le intérêt. »

3° « La dîme sera partagée également, sous la réserve des droits accoutumés du curé de Noyelles. »

4° On s'engage à ne point prendre les voitures des parties avant le soleil levé ni après le soleil couché. Les éteules seront communes, s'il y a lieu, et partagées. On ne pourra faire prendre les bêtes des deux communautés « pour nouveaulx coppes (*coupes*)
« sur icelles pièces. »

5° « Ceux de Dommartin, leur gens, bêtes, harnais, chariots, passeront parmi les
« xxi^x j^x de terres, soit ablais ou non, quand ils voudront, en rendant à celui à qui
« sera dommage, quand y sera, seulement son dommage, s'il le requiert par exprès,
« et toutefois qu'il leur plaira. »

6° On s'interdit de prescrire contre ce contrat ou accord, quelques fautes ou quelques entreprises qu'on puisse s'opposer mutuellement.

L'hôtel du Quesnoy devait à celui de Noyelles trois corvées de herse à un cheval et un valet : la première en mars, la seconde en été, la troisième aux semailles de blé. Le varlet avait droit à quatre deniers par jour et s'il n'était payé à midi, il lui était libre d'abandonner son travail et d'aller où il voudrait.

Les moines de Dommartin oublièrent ou refusèrent ces corvées pendant plusieurs années. On leur réclama quatre années d'arrérages. Ils furent cités devant le prévôt de Saint-Riquier et condamnés. Ils en appelèrent au bailli d'Amiens. Le jugement du prévôt fut confirmé et rendu exécutoire par Pierre de Talmas, lieutenant du bailly (1390).

Il parait que le joug de la suzeraineté était trop lourd pour les moines de Dommartin, comme on peut le conclure d'un jugement rendu en 1396. Ils furent cette fois condamnés à payer quatre muids de blé, mesure Habengue, et quatre muids d'avoine à la mesure de Saint-Riquier. Cette dette *fut rendue exigible en argent*. En 1458, les arrérages de la redevance s'accumulaient ; les moines de Dommartin se laissèrent traîner au Parlement de Paris avant de s'exécuter. On les condamna à payer 70 livres, dont la moitié au comptant et l'autre à terme. Le censier Jean Bué l'aîné fut aussi condamné à payer quatre muids de blé et un muid d'avoine, tout à la grande mesure.

En 1710, le monastère de Dommartin rendait encore à celui de Saint-Riquier quarante-deux septiers de blé et autant d'avoine (1).

CHAPITRE VII.

SEIGNEURIE D'HAUTVILLERS (2).

Comme nous l'avons vu au livre I de notre histoire, Saint-Riquier fut gratifié de cette seigneurie par le roi Dagobert. Les rois Francs possédaient aux environs de Centute un *Ager Publicus* dont la forêt de Crécy formait le plus beau fleuron. Le nom de *Cantatre* donné à un bois de ce territoire concorde parfaitement avec le récit de notre chronique et nous aide à reconnaître le *Campania* du viie siècle. La donation de Dagobert comprenait les trois anciennes *Villa* d'Hautvillers, de Réalmont et de Valines : *Altvillaris, Valeriæ, Rebellis-Mons* (3).

Plusieurs auteurs ont confondu *Valerias* avec *Villeliis* ou *Valloires*. Le monastère possédait aussi des domaines à Valloires ; mais la forme des noms ne permet pas de les confondre. Trompés par quelque ressemblance de noms plus connus, d'autres écrivains ont placé ce domaine à *Campagne* en Artois et à *Romont*. La possession des fiefs de Valines et de Réalmont ou Réaumont pendant toute l'existence de l'Abbaye, fiefs que nos archives placent sur le territoire d'Hautvillers ou dans les environs, nous paraît trancher la question en faveur d'Hautvillers.

Le domaine, offert par l'illustre visiteur de Saint-Riquier, appartenait tout entier au monastère en 831, sans engagement de terres en bénéfices, sans redevance à d'autres seigneurs. C'est pourquoi il avait été rangé dans les treize bénéfices de primitive origine. Des aliénations successives ont bien réduit l'importance du domaine seigneurial qui avait ses ramifications sur La Motte, Ouville, Le Titre, Flibeaucourt, Nouvion et Sailly.

---

(1) Quesnoy. *Cartulaire. fol.* 155, 156.—*Inventaire des Titres, pages* 1848.

(2) Hautvillers, commune du canton de Nouvion avec Ouville et la Motte-Buleux pour dépendances. *Haltus Villaris.* — *Altvillaris. Auvillers. Ouvillers.*

Ovillers. Hautvillers. — Hautvillers-la-Halle. Chroniques. — M. Garnier (*Dict. Topog.*).

(3) Hariulfe. *Chron. Cent. Lib.* i. *Cap.* xvii. *Lib.* iii. *Cap.* iii.

Nous avons donné (*Tome* I, *page* 325) dans le nom de Vermond d'Hauvillers le plus ancien feudataire connu de ce domaine.

Nous avons à signaler au dernier siècle : 1° Une seigneurie ; 2° Une dîme ; 3° Un petit domaine ; 4° Des fiefs.

I. SEIGNEURIE. — La haute, moyenne et basse justice, le droit de chasse, des censives, le champart, le past et don, le relief au quint denier. Ces droits seigneuriaux furent constamment reconnus dans les conflits dont il sera parlé plus loin.

II. DIMES. — Sur 7 gerbes du cent, la moitié appartenait à l'Abbaye, un tiers au curé, et le sixième au chapitre de Saint-Wulfran. Par un accord de 1565 il avait été stipulé que « sur quatre bottes du cent de bled ou waras » l'Abbaye en rendrait une au curé et les trois autres resteraient à l'Abbaye, sous les autres charges et conditions du traité.

III. DOMAINE. — XII j^x de terres labourables.

Plaçons ici quelques faits particuliers à cette seigneurie.

1220. Richard d'Ovillers, fieffé du monastère, donne aux frères du Val-aux-Lépreux d'Abbeville V j^x de terre qui devaient à l'abbaye le terrage, la dîme, le don de 6 gerbes et le relief d'hoir-en-hoir.

1230. LXXX j^x de terre et trois mains à Ouvillers devaient le relief au monastère de Saint-Riquier. Gautier, maître plenier de la léproserie d'Abbeville, reconnaît les tenir selon l'usage du monastère. A Jacques de Senarpont succède, comme homme vivant et mourant, Thibaut Bruchy, qui paie le relief.

1267. Un accord avec le maître et les frères de la léproserie d'Abbeville sur quelques revenus des *hostisies* d'Ouvillers portait que ceux-ci rendraient annuellement à l'Abbaye 31 s. 6 den. par., XVIII chapons, deux setiers et une mine d'avoine, le don et la dîme.

Le *Cartulaire* fait l'observation qui suit sur une lettre de la commune d'Abbéville :
« Iceux mayeur et échevins mettent une clause qui duit fort pour eux et les autres
« ladreries, qui est que iceux mayeur et échevins confirment la lettre, iceux se mon-
« trent supérieurs : *Bene volumus, concedimus, laudamus, approbamus.* Bonne note
« pour ceux de Saint-Riquier. »

1312. Dénombrement des fiefs Jean Judas à Ouvillers. Il y a service de plaids et de ronchin. Jean Judas n'ayant point de scel en a emprunté un. Ces fiefs furent mis dans les mains de l'Eglise pour forfaiture de Jean Judas.

1321. Les religieux dressèrent une complainte pour leur justice à Hautvillers, à l'occasion d'un sanglier de la forêt de Crécy, tué sur leur seigneurie. « Enguerran de
« Cauvait était mescru et soubchoné d'avoir tué un porc sanglier de la forêt de Crécy et
« pour cette cause avoir exploité sur notre juridiction à Ovillers. Jean de Sempy,
« gouverneur et sénéchal du Ponthieu, sur la réclamation de dampt Bernard de Feu-
« quières, lors gouvernant Mayoc, bailla une lettre déclarant que cette chose ne porte-

« roit point préjudice en saisine ne en possession, ne le comte de Ponthieu en sa per-
« sonne aidier à notre préjudice ».

1348. Dame Catherine d'Artois, comtesse d'Aumale, dame de Noyelles et Bailleul, voulut exercer des droits de justice sur Ouvillers. L'abbaye réclama et fut maintenue dans sa prérogative seigneuriale.

1353-1360. Nouvelles tentatives d'empiètement des hommes du comté de Ponthieu ; nouvelles reconnaissances des droits du monastère.

1360-1367. On accorda aux maître, frères et sœurs de la léproserie d'Abbeville de faire maison et courtil sur LXIX j^r de terre à Ouville, tenus jusque là à un cens, à un don et à la dîme. Pour cette concession ceux qui l'habitaient s'engagèrent à payer à mercy le droit d'entrée et de sortie et un cens annuel de deux deniers parisis. On leur imposa en outre une redevance de six setiers, moitié blé et moitié avoine, à la fête de Noël pour le cens et le terrage, sans rien diminuer des droits de dîme et de justice. Le relief fut fixé à 13 livres, et les amendes, quand il y en avait, étaient perçues au profit du monastère. Cette convention, au dire de Jean de la Chapelle, s'exécutait encore plus de 100 ans après 1360. On devait aussi fournir le répondant connu sous le nom de personne caduque ou homme vivant (1).

IV. FIEFS. — 1° Fiefs de Valines et Réaumont ; 2° Fief Ouville ; 3° de La Motte ; 4° de Hermel.

FIEFS VALINES ET RÉAUMONT (2). — Ces deux fiefs nobles furent restreints dans les derniers temps et en partie aliénés, mais sans préjudice des droits seigneuriaux. Sur un fief de LI j^r de terre, XIII étaient mouvants de l'Abbaye et le reste de la seigneurie du Titre.

Parmi les fiefs restreints détachés du chef-lieu, on connaissait un fief Valines de XXVIII j^r, aux terroirs du Titre et de Lamotte, un second de LXVIII j^r, sur le terroir du Titre. D. Grenier, en 1703, nomme plusieurs fiefs de cinq j^r, un de deux j^r.

FAMILLE DE RÉALMONT. — Cette famille a possédé au moins le fief Réaumont jusqu'au XIVe siècle. Quelques noms sont cités dans les chartes jusqu'à cette époque sous le nom de Rénéaumourt, Réalmont, Royaumont. — 1212. Oylard de Réalmont, mayeur de Saint-Riquier.

1300. Jean et Gonfroy de Rénéaumont tiennent des terres d'Enguerrand d'Avesnes. Jean, père de Pierre, sergent de la baillie de Waben, fut condamné à 200 liv. d'amende pour mauvaise administration (1314).

Pierre de Rénéaumont, fieffé de la Prévôté de Saint-Riquier convoqué pour la guerre en 1337.

---

(1) *Cartulaire. Fol.* 92-95. — D. Cotton aux années indiquées. — *Inventaire des Titres*, 1956, *etc.*

(2) *Valeria* — Valines. — *Rebellis Mons.* — Réalmont. — Réaumont. — Rénéaumont. — Royaumont. — *Chroniques de Saint-Riquier.*

1379. Enguerran de Rénéaumont, a son fief au Titre. — Mahaut de Réalmont, femme de Mailly de Bouberch.

1426. Edouard de Rénéaumont, sergent du roi en la châtellenie de Crécy.

1440. Jeanne de Rénéaumont, fille de Jean de Rénéaumont et de Béatrix d'Incourt, dame de Bezencourt et de Réaumont, épousa Colard de Hesdin et porta les fiefs de Valines et de Réaumont, dans cette famille à laquelle nous renvoyons pour la suite des hommages (1). (*Voir plus haut, page* 90.)

FAMILLE LE ROY. — Antoinette de Hesdin alliée à Nicolas Le Roy, écuyer, seigneur de Moyenneville et de *La Motte*, lui apporta, par contrat du 5 novembre 1546, les fiefs de Valines, de Réaumont, de Thiboutot, du moulin du Titre, dont chacun devait 20 s. p. de cens, et xxii j^x de terre, sis au terroir de Millencourt-les-Beauflos. » Antoinette les avait hérités de son frère Thibaut de Hesdin. L'hommage est de 1557. Nicolas Le Roy eut quatre fils : Jacques, François, Antoine, Adrien, dont trois héritèrent successivement des fiefs de Valines et Réaumont.

1575. Relief de Jacques Le Roy, mort sans alliance.

1586. Relief de François Le Roy, écuyer, seigneur de Moyenneville, La Motte, Bezencourt, Valines et Réaumont : il acheta la seigneurie de Valanglart et fit bâtir le château de Moyenneville encore existant aujourd'hui ; il laissa un fils René le Roy. Ce ne fut pas lui qui hérita des fiefs de Valines et de Réaumont, mais Adrien le dernier des fils de Nicolas.

1612. Relief au profit d'Adrien Le Roy, écuyer, seigneur de Bardes, Limeu, Royaumont, Le Titre et Valines, frère substitué, dit le Répertoire, à feu Jacques, fils d'Antoinette de Hesdin, mais sans en indiquer la cause. Les titres continuent d'être portés dans la lignée d'Adrien, et les seigneurs de Moyenneville ne se les attribuent plus. François a-t-il vendu à son frère cette portion de son domaine ? Il serait permis de le supposer.

Adrien Le Roy épousa Charlotte de Runes et en eut trois enfants.

1628. Relief de François Le Roy, fils d'Adrien, seigneur de Bardes et autres lieux pour les deux fiefs de Valines et de Réaumont. Celui-ci vendit une partie de fief à Jacques Bernard, sieur de l'Equipée et à Mathieu Tillette, sieur de Hédineux (1648). Geneviève Tillette, fille de Mathieu, donne son relief en 1564. Nous conjecturons que c'est dans ce contre temps que ce fief fut restreint et concédé à plusieurs particuliers. Mais la famille Le Roy ne se dessaisit pas complètement ; car il existe en 1680 un relief de Nicolas Le Roy, sieur de Bardes, Réaumont et Valines, fils d'Adrien Le Roy et d'Isabelle de Fontaines. Nicolas Le Roy s'était allié à Antoinette de Cacheleu et fut père du suivant.

1698. Relief de Nicolas Le Roy, écuyer, seigneur de Bardes et autres lieux. Il fut

---

(1) *Archives de Saint-Riquier.* — M. de Rosny, *Recherches.*

maintenu dans sa noblesse par jugement de Bignon, intendant de Picardie en 1708, avec ses trois enfants qu'il eut de Marguerite-Thérèse Tillette de la Motte.

1738. Relief de Nicolas-François Le Roy, chevalier, seigneur de Bardes, Royaumont et autres lieux, allié à Marie-Jeanne Prévôt, dont François-Isidore son héritier.

1771. Relief de François-Isidore Le Roy, comte de Bardes, seigneur de Bardes, Hurt, Limeux, Réaumont et Bois-Colart, capitaine au régiment de Picardie, allié à Marie-Françoise-Guillaine Le Bel de la Fresnoye (1).

Cette branche est encore représentée à Paris et en Périgord.

Les fiefs restreints de Valines valaient annuellement, outre le service des plaids, 4 liv. parisis de cens (2).

Fief d'Ouville. — Ce fief appelé en 1703 *Ouvilliers* n'existait plus en 1789. C'est sans doute celui de Jean Judas dont il a été question plus haut.

1363. Hommage de Pierre Manellier. Ce fief comprenait alors XXVI j^x de terre à Ouville et quelques cens.

1703. D. Grenier nomme pour possesseur François d'Amerval, écuyer, seigneur de Maison-Ponthieu au lieu de Jean d'Amerval.

Fief de la Motte. — Ce fief était situé, dit-on, sur le terroir d'Ouville. Nous n'avons retrouvé que l'hommage de Hugues de La Motte en 1374.

1407. Un prêtre de ce nom Jean de La Motte habitait Saint-Riquier.

Fief Hermel. — Ce fief noble, situé à la Motte-Buleux, n'existait plus en 1789. Il était rentré dans le domaine des religieux ; il appartenait au XVIIe siècle à N. Savary, puis en 1630 à Jean de Gouy, écuyer. D. Grenier ignore son possesseur en 1703 (3).

Le Titre (4). — Mentionné sous le nom de *Triste* dans l'énumération de Jean de la Chapelle, le Titre était soumis à une redevance envers l'abbaye pour ses bois. Le comte de Ponthieu racheta cette redevance en 1216. On lit dans le *Cartulaire* que l'abbé de Saint-Riquier a concédé à Guillaume, comte de Ponthieu et de Montreuil, un bois au Titre nommé le bois de Kalaule, près le bois Rahault, pour 40 s. p. de rente annuelle et un muid d'avoine à percevoir sur la vicomté d'Abbeville « en telle manière que celui qui tenra la vicomté chacun an nous sera tenu par cette somme (5). » On note au XVIIIe siècle qu'il faut dire une rente et non une aumône

Le même abbé concédait aussi au comte de Ponthieu une terre et un marais près le Gard de Rue.

---

(1) Armes de Le Roy : *tiercé en fasce, au 1er d'or au lion léopardé de gueules, au 2e de sinople et au 3e d'hermine.*

(2) *Inventaire des Titres,* pages 555-556 — M. de Belleval, *Nobiliaire.*

(3) *Chroniques de Saint-Riquier. Passim.*

(4) Le Titre, commune du canton de Nouvion.

(5) *Cartulaire, fol.* 92.

Nous avons dit plus haut que les fiefs de Valines et de Réaumont étaient en grande partie situés sur le terroir du Titre.

NOUVION, SAILLY, FLIBEAUCOURT. — Ces villages sont aussi inscrits par Jean de la Chapelle parmi les domaines de l'abbaye et devaient faire partie de la seigneurie d'Hautvillers.

La noble famille de Nouvion a joui du droit de la bourgeoisie de Saint-Riquier et fut investie de la garde de la fête de Saint-Riquier. (*Voir plus haut, page* 107).

Les religieux avaient des droits sur les courtils de Flibeaucourt. Ils en donnèrent le quint denier à ferme et à cens avec les propriétés voisines. La famille de ce nom est mentionnée dans nos annales.

Les droits seigneuriaux sur ces localités, périmés par suite d'aliénations et d'échanges, n'avaient plus de place sur les terriers des derniers temps. C'est pourquoi nous n'en retrouvons pas de vestige.

CHAPITRE VIII.

SEIGNEURIE ET PRÉVOTÉ DE HUPPY (1).

Ce nom ne figure pas dans le dénombrement de 831 ; mais il nous semble qu'il est représenté par le domaine de *Tullinum* (Tilly), nom d'un fief dépendant de cette seigneurie (2). Jusqu'ici, par une ressemblance de consonnance, on avait cru retrouver cette localité dans le village de Tully, commune du canton d'Ault. Une étude superficielle pouvait seule identifier ces deux domaines. Le pouillé de Saint-Valery donnerait un démenti, en réclamant Tully pour une des possessions de ce monastère. Tout rentre dans l'ordre, si l'on place cette seigneurie à Tilly qui pouvait, pour des raisons aujourd'hui inconnues, primer alors le village de Huppy. C'est ainsi que nous expliquons la place d'honneur que cette seigneurie occupe dans les treize fiefs de la première fondation et dans les archives.

Nous avons à traiter de la seigneurie d'Huppy et de ses fiefs.

---

(1) Huppy, commune du canton d'Hallencourt. *Huppy, Hupy, Huppy-Poultières.* Chron. — M Garnier. (*Dict Topog.*)

(2) Hariulfe. Chron. Lib III. Cap. III.

I. SEIGNEURIE. — Les titres anciens déclarent que toute seigneurie haute, basse et moyenne à Huppy appartient aux seuls religieux : il faut toutefois reconnaître avec quelques auteurs deux seigneuries à Huppy : celle de Huppy-à-Lattre (1) et celle de Huppy-au-Bois. Il est inutile de chercher l'origine de ces deux seigneuries. Acceptons le fait d'autant plus volontiers, que les possesseurs de ces deux domaines ont eu dans les temps anciens des reliefs et des hommages à notre monastère. Ne parlons ici que de la partie non éclipsée de leurs domaines.

Les abbés de Saint-Riquier avaient toute justice sur les domaines, qu'ils possédaient encore au XVIII° siècle, droit de chasse, censives, champart, don fixé en dernier lieu à XXXIV gerbes, rentes, issues et entrées. De tous leurs fiefs il ne restait en 1789 que celui de Marigny, avec des droits seigneuriaux sur une partie du village.

Dans une note sans date, mais qu'on peut rapporter au plus tard à l'époque de la rédaction du *Cartulaire*, on lit à peu près ce qui suit : « rentes, terrages, dons, dus à « l'Eglise de Saint-Riquier au terroir de Huppy pour trois solles avec seigneurie, haute, « basse et moyenne justice, vente, issues et entrées, quand le cas y échiet, sur les fiefs « de Tilly, Camberonne et dépendances, et sur les fiefs tenus d'Acheux (2). » Un rôle du XIV° siècle porte qu'à cette époque les religieux possédaient aussi XXXIII journaux de terre et avaient plein terrage sur CL journaux.

II. FIEFS DU MONASTÈRE A HUPPY. — 1° fief de la Prévôté ; 2° fief de Marigny ; 3° fief Tilly ; 4° fief Vulce ou Onicourt ; 5° fief Belleval ; 6° fief d'Acheux ; 7° fief de Camberonne. Beaucoup de ces fiefs étaient perdus au XVIII° siècle (3).

Mais avant d'examiner les seigneurs de chacun de ces fiefs, disons quelques mots des familles qui ont pris le titre de seigneurs de Huppy et faisaient hommage à Saint-Riquier.

FAMILLE DE HUPPY. — « Cette famille, dit M. de Belleval, qui devait son nom au village de Huppy, n'en a pourtant jamais possédé la seigneurie. » Nous admettons, d'après ce que nous lisons dans les cartulaires de Saint-Riquier, que le domaine ne relevait pas de cette famille ; mais elle a dû posséder primitivement la prévôté ou tenir la seigneurie en fief ; la preuve, c'est que plusieurs personnages de ce nom ont vécu à Saint-Riquier, dès le XII° siècle. Nous n'avons pas à refaire la généalogie donnée par M. de Belleval, ni à examiner si cette famille descend de celle dont nos annales ont conservé le souvenir. Nous ne citerons que les noms qui précèdent l'époque à laquelle remonte notre éminent généalogiste du Ponthieu.

1100. Pierre de Huppy donne la dîme de Donquerelle à l'abbaye de Berteaucourt. Sa fille Emonde, dame de Huppy, épouse Enguerrand de Beaurain, chevalier (1100).

---

(1) M. de Belleval. — *Fiefs et seigneuries du Ponthieu.*

(2) *Cartulaire de Saint-Riquier*, fol. 153.

(3) *Inventaire des titres*, pag. 1825, etc.

Hugues et Raoul de Huppy sont témoins dans une charte de fondation du monastère de Saint-André-au-Bois et du monastère d'Epagne (1157-1192). Raoul de Huppy donne un moulin à l'abbaye de Saint-Josse en 1144 : Raoul est père de Guy, seigneur de Doudelainville, de Guillaume qui est avec lui témoin dans une charte de donation à Saint-Josse en 1185, de Renaud, témoin dans une charte de Jean, comte de Ponthieu en faveur de la léproserie d'Abbeville en 1160, d'Eremburge et de Ade, vivant en 1167.

Guifroy ou Gaudefroy et Gautier de Huppy, chevaliers, sont témoins dans une charte de Feuquières. Vers 1200, Gaudefroy signe une charte de Riquier, abbé de Saint-Riquier.

(1199). Anthelme de Huppy, bourgeois de Saint-Riquier.

(1302). Pierre de Huppy, confrère de Saint-Nicolas à Saint-Riquier. — 1306. Hue de Huppy, échevin de Saint-Riquier.

(1355). Jacques de Huppy à Saint-Riquier (1).

FAMILLE DE BEAURAIN. — Très-illustre et très-puissante famille du XI° au XIII° siècle, « qui a reçu, dit M. de Belleval, son nom du village de Beaurain, près de
« Beaurainville. Elle a conquis doublement droit de cité en Ponthieu par la résidence
« deux fois séculaire d'une de ses branches à Huppy en Vimeu et en Ponthieu, d'une
« autre branche qui délaissa son nom patronymique pour adopter celui de Chollet, sous
« lequel elle se fit connaître à Abbeville.

Nous avons dit plus haut qu'Emonde, dame de Huppy avait épousé Enguerran de Beaurain en 1100 (2). — Enguerran de Beaurain, seigneur de Huppy, a dû se réfugier à Saint-Riquier, en 1131, sous la sauvegarde de son seigneur suzerain à Huppy, et occuper un rang honorable, avec les seigneurs de sa famille, dans la lutte si vaillamment soutenue contre le féroce Hugues-Camp d'Avène. On comprend mieux par ces rapports entre l'Abbé de Saint-Riquier et son feudataire d'Huppy, uni aux partisans de Charles Le Bon, comte de Flandre, pourquoi l'implacable ber d'Auxi a juré la destruction de la ville de Saint-Riquier. La chronique de Saint-Riquier appelle les seigneurs de cette famille, *Domini potentes et nobiles, cognomine les Caletois, domini temporales de Beaurain*. Les archives de Marmoutiers enchérissent encore sur cette expression en les désignant sous le nom de *Potentissimi milites* (3).

Hugues de Beaurain, chevalier, succéda à son père, décédé sans postérité ; il laissa son héritage à son frère Raoul, chevalier (4). Son fils du même nom eût pour succes-

---

(1) *Archives de Saint-Riquier.*

(2) Enguerrand de Beaurain était, dit M. de Belleval, fils de Hugues de Beaurain, dit Cholet, et frère de Eustache, de Robert, de Waldric, de Barthélemi, dit Cholet, famille bien digne des éloges des chroniqueurs du temps.

(3) D. Cotron. *Anno* 1191. Voir notre histoire. Tome I, page 415.

(4) M. Darsy fait observer que Raoul de Beaurain donna aux religieux de Balances ou Valloires le quart de la seigneurie d'Argoules : il ajoute que Raoul avait pris part avec les Caletois ses pa-

CHAPITRE VIII. — SEIGNEURIE ET PRÉVÔTÉ DE HUPPY.

seur Guillaume, l'un des chevaliers bannerets qui assistèrent à la bataille de Bouvines.

Guillaume reconnaît dans une charte avoir commis une grave faute contre Saint-Riquier « en entreprenant sur les ténements de Saint-Riquier à Huppy injustement » (*Tome I, page* 549).

Raoul de Beaurain avait donné aux moines de Valloires le quart qu'il possédait dans les terres, les bois et les marais de la seigneurie d'Argoules. Guillaume ratifia cette libéralité.

Aléaume de Beaurain, seigneur de Huppy, son fils et successeur, voulut aussi ratifier cette libéralité; il y ajouta même les bois que son aïeul avait réservés, ainsi qu'une redevance annuelle. Quand le roi de France exigea des pleiges pour Simon de Dommartin, Aléaume s'offrit un des premiers. Il vécut longtemps, mais poursuivi par ses créanciers pour ses dettes, il aliéna une grande quantité de fiefs et de rentes. Il eut deux enfants, Guillaume qui mourut jeune et Élisabeth, dame de Huppy (1243-1278). Elle épousa Jean de Brimeu, chevalier (1).

FAMILLE DE BRIMEU. — Nous en avons déjà parlé aux seigneuries de Montigny et d'Yaucourt. Jean de Brimeu possédait un fief situé à Belleval et à Caisnoy. Ce fief acheté à Adam de Belleval et à sa fille devait hommage et service au monastère pour la mouture et le four seigneurial et en outre 28 deniers d'amende, quand il y avait lieu. Jean de Brimeu et son fils Eustache avaient essayé d'user de leurs droits, sans trop s'inquiéter de ceux du monastère ; mais il fallut composer et transiger pour vivre en bonne harmonie, il y eut donc un accord en 1266 sur plusieurs points litigieux.

1° Le seigneur réclamait la vicomté d'Huppy même sur les hommes de l'abbaye ; il fut reconnu que ce droit de vicomté ne s'exercerait plus sur les hommes de l'abbaye, mais qu'il appartiendrait aux religieux.

2° Les sujets du monastère furent obligés de cuire leur pain au four banal du seigneur, à la condition de donner un pain sur trente.

3° Quand ils feroient moudre leur blé au moulin du seigneur, on ne devait exiger le prix de mouture que selon la coutume du Vimeu.

4° Si les hommes du monastère voulaient faire « moudre et fourner ailleurs, après le temps accoutumé au pays, pour cette cause le seigneur ne pouvait rien prendre sur

---

rents à la guerre contre Hue Camp d'Avesnes, et par conséquent à la ruine de Saint-Riquier, que sa donation fut sans doute une expiation. (*Bénéfices d'Amiens, Tom.* II, *pag.* 218).

Nous ne pensons point que Raoul de Beaurain ou de Huppy, comme on le désigne dans une autre charte, ait contribué à la ruine de Saint-Riquier et ait expié une faute par ses donations. Il a rempli son devoir de fidèle vassal envers son suzerain en le défendant avec sa famille contre un injuste agresseur. Son offrande est pure de toute effusion sacrilège de sang.

Nous sommes heureux de pouvoir jeter un peu de lumière sur un point d'histoire qui n'a pas, ce nous semble, été traité suffisamment jusqu'ici.

Cartulaire. *Ibid., fol.* 152.

(1) Armes de Beaurain : *de .... au créquier de ....*

eux ni les faire arrêter. » S'il y avait faute de leur part, le seigneur devait les renvoyer aux moines, qui leur imposeraient eux-mêmes l'amende à leur profit, mais à la charge de rendre 28 deniers, qu'ils joindraient au fief tenu du seigneur.

5° On supprime le champart du seigneur sur les terres de l'Abbé et celui de l'Abbé sur les terres du seigneur.

Les terrages sur les fiefs d'Acheu seront partagés par moitié entre les moines et le seigneur.

Cet accord est intitulé : *Bonne lettre pour la seigneurie, vicomté, four, molin et terrages de Huppy* (1).

La seigneurie de Huppy-au-Bois, passa de la maison de Brimeu dans celle de Guillaume Tyrel de Poix par son mariage avec Isabeau de Brimeu (1360).

PRÉVOTÉ DE HUPPY. — Cet office ne nous est révélé que par le titre de prévôt donné à Simon de Fresnoy dans les archives.

FAMILLE DE FRESNOY. — Nous connaissons cette famille par les noms recueillis dans nos annales.

Simon de Fresnoy, prévôt de Huppy, eut pour épouse Sara et pour sœurs Heudiarde et Marie de Fresnoy. En 1224, des lettres scellées du sceau de J. de Fruscamps, bailli du roi en Ponthieu, déclarent qu'en la présence du bailli, « Simon de Fresnoy vint, non
« contraint d'aucun, mais de sa propre volonté, sans séduction, et confessa, plusieurs
« à ce évoquiez, que ja piécha il avoit résigné ès-mains de Gelfrond, Abbé de Saint-
« Riquier, sa prévôté de Huppy et toutes ses appartenances, purement et du consente-
« ment de Heudiarde, sa sœur et héritière, et icelle prévôté il a résigné, quitté et re-
« nonchié en délaissant tout le droit qu'il y avait eu, et de rechef il veut mettre ès-mains
« de Hugues lors abbé et subséquent icelle prévôté de Huppy ; à notre prouflt le nous
« quitta et résigna de la seconde fois et à la requête dudit Simon, ledit bailli nous en
« bailla ces présentes lettres faites sous son sceau. » En 1231, Simon de Fresnoy renouvela encore sa renonciation devant le doyen d'Oisemont.

1231. Simon de Fresnoy abandonne aussi ses droits sur xxxvii j^s de terre à Huppy, qu'il tenoit aux conditions suivantes : « A ses dépens il devoit labourer, cultiver, et bailler
« la semenche convenable à ses propres coûts, et la terre venant à dépouiller nous de-
« vions chaque fois avoir moitié du proufit et émolument, et le dit Simon avoir l'autre
« moitié. Mais pour la semenche il recevoit trois mines de blé et d'avoine des hostes de
« Huppy qu'on prenoit d'eux en échange de leurs corvées. Icelui Simon sachant qu'il
« nous avoit déchu et mal payé de sa moitié au péril de son âme et moult fait de
« faultes vers cette église, ce qu'il estimoit à vingt livres, pour s'en décharger, du con-
« sentement de Marie, sa sœur et héritière, à laquelle de par nous fut baillée aucune

(1) *Cartulaire. Ibid.*, fol. 152.

« quantité de deniers avec iceux vingt livres, dont nous le déchargeames et dont il se
« confessoit tenir à nous, il nous quitta tout le droit qu'il avoit à la dite terre à moitié,
« sans rien excepter, la remit en nos mains sans réclamer aucun droit et reçut x j^r de
« terre qu'il ajouta à son fief pour les tenir comme les autres du dit fief, et se fit la
« dessaisine ès-mains de Dampt Pierre, moisne et chantre ,et pour ce envoyé par
« Monsieur l'Abbé et s'y renonchia Sara sa femme à tout domaine.» Cette convention
fut confirmée l'année suivante par Simon de Beauquesne, chanoine official d'Amiens.»

1240. Bernard de Fresnoy et Béatrix sa femme vendent au couvent vi j^x de terre pour 18 liv. parisis. Béatrix obtint pour son douaire la moitié du moulin de Tallesac à Abbeville.

1354. Alard de Fresnoy, homme-lige de Saint-Riquier, vendit par pauvreté jurée à Jean Boutery, chevalier, seigneur de Huppy-à-Lattre, moyennant une certaine somme, un fief consistant en cens à lui dus. Ces cens rapportaient annuellement 28 s. 6 den. et iv gelines. Ce fief et les cens étaient tenus de l'abbaye par hommage de bouche et de main et une paire d'éperons de fer chacun an ou 8 deniers pour la valeur, en outre par service de plaids trois fois l'an, lui ajourné pour comparoir en cette église et 30 s. parisis de relief et non autre redevance. Giles de Machemont ratifia la vente et reçut l'hommage (1).

FAMILLE DE BOUTERY. — Noble famille du Vimeu, connue dès le xiie siècle, qui possèdait la seigneurie de Mareuil et de Huppy-à-Lattre.

C'est Jean Boutery II, seigneur de Huppy qui traita avec Alard de Fresnoy. Son fils Jean III épousa Marie de Crésecques et laissa des enfants en bas-âge. Marie de Crésecques fit hommage pour son fils mineur, Jean IV, et donna aussi le dénombrement du fief Tilly. Jean de Boutery IV, chevalier, seigneur de Huppy, de Grebeaumesnil, vicomte de Maisnières et de Gambet laissa ses biens à Charles Boutery, qui fut chambellan du duc de Bourgogne et fut tué à Azincourt : il mourut sans alliance. Jeanne de Boutery sa sœur hérita de ses fiefs et se maria en premières nôces à Henri de Tilly et en secondes nôces à Jean de Caumont. Nous n'avons plus trace d'hommage après Marie de Cresecques (2).

FIEF DE MARIGNY (3). — Ce fief qui paraît dans les pouillés sous le nom de *Margny*, *Marigny*, *Maregny*, *Marquis*, *Magny*, doit, ce semble, son nom à Jean de Margny, écuyer, marié à Dame Catherine Raoult Pertin qui vendit son fief au sieur Jean de Honcourt en 1490. Ce fief consistait en domaines (4).

---

(1) *Ibid., fol.* 150-152.

(2) Armes de Boutery : *d'argent ou d'azur à trois bouteilles de gueules*

Cartul. Ibid., fol. 152. — M. de Belleval, *Nobiliaire*. — M. de Rosny, *Recherches, etc.*

(3) Maregny. « Du xiie siècle, dit M. de Belleval (*fiefs et seigneuries*) dont on ne connaît même plus l'emplacement. »

(4) On voit un Pierre de Marigny, avocat général au Parlement de Paris (1421). Il était pensionnaire d'Abbeville. Etait-il d'Abbeville, se demande M. Prarond ? Nous croyons utile de signaler ce rapprochement.

FAMILLE DE HAUCOURT. — 1530. Jean de Haucourt, chevalier, seigneur de Huppy et autres lieux, capitaine des ville et château d'Abbeville, fit l'acquisition du fief de Margny. On le dit aussi seigneur du fief d'Acheu à Huppy, du chef de son père et peut-être de la prévôté, du chef de sa mère, Jeanne de Boutery. Le fief de Margny passa ensuite à son neveu Louis de Tœuffles avec ses autres fiefs. Il avait épousé Claude de Liettres et mourut vers 1545 (1).

FAMILLE DE TŒUFFLES. — Famille chevaleresque, dit M. de Belleval, qui disparut du Vimeu au xvi° siècle. — 1558. Relief et hommage de noble seigneur Louis de Tœuffles, écuyer, seigneur de Huppy, Caumont, Grébaumesnil. Il hérita de son père Guillaume de Tœuffles d'après M. de Belleval, de Jean de Haucourt d'après nos cartulaires, le fief de Margny. Uni à Suzanne de Saint-Omer, fille de Jean, sieur de Houdrecoustre qui fit le roi Jean prisonnier à la bataille de Poitiers, il n'eut qu'une fille, Françoise de Tœuffles qui épousa Adrien de la Rivière, seigneur de Chepy et lui apporta le fief de Margny avec ses autres domaines (2).

FAMILLE DE LA RIVIÈRE. — 1571. Adrien de la Rivière, chevalier, baron de Chepy, seigneur de Villers-Campsart, Huppy, Saint-Maxent, Grébaumesnil, Margny, Grand Moulin dans le Boulonnais et autres lieux ; il eut de son premier mariage Anne de la Rivière, qui fut conjointe avec Robert de Grouches (3).

FAMILLE DE GROUCHES. — Elle était originaire de Grouches près Doullens.

I. Robert de Grouches, devenu par son mariage, seigneur d'un grand nombre de fiefs en Vimeu fixa sa résidence à Huppy, dont le château pouvait être considéré comme un des plus remarquables de la contrée ; il fut chambellan du roi, capitaine de 50 hommes d'armes, bailli de Valois, gouverneur de Pont-Remy. Il mourut en 1624.

II. Jean de Grouches, son fils, chevalier, seigneur de Grouches, baron de Chepy, seigneur de Gribauval, Huppy, Caumont, Poultières, Limeu, Onicourt, Margny et autres lieux, gentilhomme ordinaire de la chambre du roi, capitaine de 50 hommes d'armes, s'allia à Renée du Bec de Vardes, puis en 1628 à Marie de Fontaines de Ramburelles. Il eut deux enfants, Augustin et Marie Gabrielle de Grouches.

III. Augustin de Grouches, chevalier, marquis de Gribauval, baron de Chepy, seigneur de Huppy, Margny et autres lieux, fut gentilhomme ordinaire de la Vénerie du roi, capitaine de Chevau-Légers au régiment de Mazarin. La seigneurie de Huppy fut érigée pour lui en marquisat sous le nom de Gribauval (1681). Il épousa d'abord Catherine de Roncherolles, puis Anne Charreton de la Terrière. Il mourut en 1689, laissant huit enfants dont l'un Augustin-Emmanuel est connu sous le nom de l'Abbé de Chepy.

(1) Armes. d'argent azuré, fretté de gueules. — M. de Belleval Nobiliaire.
(2) Armes : d'argent à deux lions affrontés de sable, armés et lampassés de gueules, chargés sur l'épaule d'une fleur de lys de gueules et soutenant un cœur de gueules.
(3) Armes : d'argent, au lion de sable, à la bordure de gueules.

IV. Augustin-Charles-Emmanuel, l'aîné de la famille, recueillit la succession de son père et mourut sans alliance, laissant seulement un fils illégitime (1713). Son héritage passa à son frère puîné.

IV bis. Nicolas-Antoine de Grouches, chevalier, marquis de Chepy et non plus de Gribauval, par suite de changement de nom du marquisat, fut maréchal de Camp et Grand-Croix de Saint-Louis ; il eut cinq enfants de son union avec Marie Anne Geneviève Becquin d'Angerville. Signalons un grand procès avec les religieux de Saint-Riquier pour des droits seigneuriaux à Huppy (1748). Les redevances des fiefs s'étant peu à peu émiettées avec le temps, les religieux, dans une transaction, durent reconnaître qu'ils ne possédaient plus que le fief Margny et les mouvances et champarts compris dans cette transaction. Les inventaires disent que les autres fiefs avaient été perdus par défaut d'aveu. Le marquis de Chepy mourut en 1751.

V et VI. Jacques-Etienne de Grouches, le second des fils de Nicolas-Antoine, hérita des fiefs de son père ; il ne fit que passer. Son fils Antoine-Jean-Etienne, issu de son mariage avec Marie-Avoye Oursin lui succéda l'année même où il avait pris possession de ses nombreux fiefs : il portait le titre de marquis de Chepy, et fut Chevau-Léger de la garde du roi : il mourut en 1789.

VII. Pierre de Grouches de Marigny, — c'est le nom qu'on lit dans M. de Belleval, — fils du précédent et après son père marquis de Chepy, mourut à Huppy en 1852 sans postérité (1).

Fief de Tilly. — Il est à peine question de ce fief dans les archives du xviii° siècle : il était perdu, on ne s'en occupait plus. On lit seulement dans le cartulaire qu'en 1432 Henri de Tilly chevalier et dame Jeanne de Boutery sa femme ont vendu, pour 41 écus d'or, xxi j* de terre éclipsés du fief de l'Eglise de Huppy. L'Abbé et le couvent ont ratifié la vente, en se réservant un cens de xii deniers parisis, le relief de 30 s. et le quint denier en cas de vente. Henri de Tilly, vicomte de Maisnières, vendit son fief à Corbie en 1621. Il était aussi seigneur de Caumont, fief situé à Huppy : il vendit encore des terres sises à Huppy au sieur Levasseur, bourgeois d'Abbeville, du consentement de l'Abbé de Saint-Riquier (2).

Fief d'Onicourt (3). — Ce fief, appelé aussi Vulce et Laleu, était situé à Onicourt. En 1543, il était possédé par Jean de Belleval, seigneur de Belleval. Il passa dans la suite dans la maison des Houdencq.

(1) Armes : *d'or à trois fasces de gueules.*
Inventaire des titres, page 401. M. de Belleval. *Nobiliaire.* M. de Rosny. *Recherches,* etc.
(2) Armes : *d'azur à la croix d'argent, frettée de gueules.*

D. Cotron. *Anno* 1432.
(3) Dépendance actuelle de Grébaut.
Dominica curtis dans les miracles de Saint-Angilbert. *Acta Sanctor.* Tom. v. — *Ouincourt. Omecourt.* — (M. Prarond. — M. Garnier).

FAMILLE DE HOUDENCQ. — 1568. Relief au nom de D^lle Elisabeth de Houdencq, héritière de noble homme Antoine de Houdencq, seigneur de Bézonville.

1570. Relief au profit de David de Houdencq, curé de Saint-Riquier, sieur de Bézonville, oncle d'Antoine.

1575. Relief au profit de D^lle Renée Lefèvre, veuve de Jacques de Baisnat, nièce et héritière de David de Houdencq (1).

D. Grenier signale, en 1703, le fief d'Onicourt parmi ceux qui sont mouvants de Saint-Riquier : il le dit possédé par Jean de Coppequesne, écuyer, seigneur de Feuquières. On note au contraire dans les archives qu'il était perdu dès 1673.

FIEF DE BELLEVAL. — Le fief de Belleval formait un beau domaine près d'Huppy. Du même nom que le fief de Belleval à Yrench, il lui était totalement étranger. Il a été possédé et illustré par une des plus nobles familles du Ponthieu « maintenue dans sa noblesse, dit M. le Marquis de Belleval, par dix-sept arrêts et remontant par les seigneurs de Maisnières jusqu'aux comtes de Ponthieu. » Nos archives réclament la suzeraineté du fief de Belleval. S'il a été mouvant de la seigneurie-pairie de Mareuil, ainsi que l'affirme le généalogiste contemporain de cette grande maison, ce ne peut être que dans les derniers siècles, mais à l'origine il relevait de Saint-Riquier.

Nous empruntons à M. de Belleval et à nos annales ce que nous allons dire de ce fief. On lit dans le cartulaire que le « moisne » de Belleval tient en hommage de l'église son manoir et xxiii j^x de terre dont le revenu est de 12 liv. (2).

1132. Williaume de Belleval, homme-lige de Saint-Riquier. — 1266. Adam de Belleval, chevalier, homme-lige de Saint-Riquier à Huppy. Il était fils, dit M. de Belleval, de Jeanne de Belleval et d'Aléaume de Maisnières. Il aurait, dans cette hypothèse, pris le nom de Belleval, du chef de sa mère.

1308. Aléaume de Belleval, chevalier, allié à Jeanne de Maisnières. — Jean de Belleval fils du précédent, écuyer, avait épousé Marie de Fricamps.

1343. Relief et hommage de Jean de Belleval. On lit ce qui suit dans le cartulaire de Saint-Riquier (1383) : « Condamnation d'assises en Ponthieu, scellé du sceau de la « Sénéchaussée de Ponthieu et de huit hommes et pairs de Ponthieu, et était sénéchal « pour le roi Percheval d'Amerval, sieur de Blanc-Fossé, et contient que un nommé « Jean de Belleval avait été soupçonné avoir tué en Abbeville Jean Wangnier, et « pour ce bani à son de cloche par maire et échevins du dit Abbeville, et depuis appelé « aux droits du Roy par un sergent royal, et bani en pleine assise du royaume de Fran- « che et ses biens confisqués et ses héritages. (3) » Le fief de Belleval confisqué pour ce fait de forfaiture revint à la table de l'Abbé de Saint-Riquier qui l'aurait vendu, d'après M. de Belleval, à Jean d'Acheu, vers 1400.

(1) Armes : de.... à trois besants de....   (3) Cartulaire. Fol. 154.
(2) Cartulaire. Fol. 154.

Beaudoin de Belleval, fils de Jean et de Claude de Lisques, périt à la bataille d'Azincourt (1415). Il laissait de son mariage avec Marie Carue, entre autres enfants, Jean de Belleval qui racheta le fief de Belleval, le 28 novembre 1416, à Jean d'Acheu, moyennant 800 florins. « La seigneurie de Belleval consistait alors en manoir fortifié, en
« maisons, cens, rentes et manages. Le manoir, reconstruit au commencement du
« xvi° siècle sur les substructions du premier château, était flanqué de quatre tou-
« relles rondes et d'une tour octogone ; il fut démantelé et rasé, en 1640, par ordre de
« Mazarin, lors de la condamnation à mort et exécution en effigie de François de Belle-
« val, marquis de Longuemort. On ignore aujourd'hui l'emplacement qu'il occu-
« pait (1). »

On peut voir dans le nobiliaire de M. Marie-René de Belleval, marquis de Belleval, la suite des seigneurs de Belleval. Nos archives en ont perdu la trace après la réintégration de la famille dans le fief paternel.

Ajoutons encore plusieurs noms de possesseurs d'autres fiefs de notre monastère appartenant à cette famille.

Jean de Belleval, écuyer, fut capitaine de Drugy, au commencement du xvi° siècle ; il mourut en 1539. Son fils Pierre de Belleval fut seigneur de Saint-Jean-lès-Rue.

1714. Léonor-Chrétien-René de Belleval, chevalier, s'intitulait seigneur de Categny-lès-Rue. — 1753. Louis-René son fils était également seigneur de Categny (2).

FIEF DE CAMBERONNE. — Il est parlé de ce fief au xv° siècle. Les religieux de Saint-Riquier y recueillaient le terrage pour la seconde sole : pour la première sole ils jouissaient de droits spécifiés dans les terriers. Des fiefs tenus de celui-ci devaient aussi ou la totalité ou une partie du terrage pour la troisième sole. Ce fief était tenu de Mareuil. Nous ne voyons pas qu'il puisse être confondu avec la seigneurie de Cambron. Les redevances de ce fief appartenaient à celui de Tilly (3).

FIEF D'ACHEU. — Il en a été parlé pour un past (*Tome I, page* 466). Ce fief appelé aussi Assieu étoit situé à Huppy (4). On lit dans le Nobiliaire de M. de Belleval : Jean d'Oisencourt, écuyer, demeurant à Acheux en Vimeu, vendit une rente de 6 liv. 12 s. sur le fief d'Acheu à Huppy, le 8 février 1463, à Pierre de Haucourt, écuyer. Il vendit le fief lui-même, à la charge de le tenir de Jean de Soissons, chevalier, seigneur de Moreuil (1476). Il ne restait, dit le cartulaire, sur ce fief, que des redevances pour la « tierche sole (5). »

---

(1) M. de Belleval. *Fiefs et seigneuries de Belleval.* M. de Belleval. *Nobiliaire.* Il dit ailleurs que François de Belleval fut condamné à mort pour avoir tué en duel un des gentilshommes du cardinal Mazarin.

(2) Armes anciennes : *d'or à la bande d'azur, accompagnée de deux cotices de même.*

Archives de Saint-Riquier. M. de Belleval. *Nobiliaire.*

(3) *Cartulaire. Fol.* 158.

(4) C'est à tort que nous avons supposé ce fief à Feuquières.

(5) M. de Belleval. *Nobiliaire*, au mot d'Oisencourt.

CHAPITRE IX.

SEIGNEURIE DE MAISON-ROLAND.

La terre et seigneurie de Maison-Roland (1) appartenait aux treize fiefs primitifs de l'abbaye, d'où s'en suivait le quint denier pour toute mutation. On n'indique pas son origine.

La seigneurie de Maison-Roland, inféodée, puis éclipsée en grande partie, était en la puissance de la famille Manessier depuis le xv° siècle. On y voit auparavant des seigneurs d'Embry, feudataires du monastère pour Maison-Roland et d'autres lieux. Cette famille sera signalée plus loin à l'occasion de ses fiefs à Agenvillers.

Il restait au monastère au dernier siècle : 1° une dîme, 2° des droits seigneuriaux, 3° un domaine, 4° des fiefs.

I. Dime. — Elle était perçue à vii gerbes du cent, dont deux attribuées à l'abbaye, trois au curé, deux au personnat de Maison-Roland. — 1565. Le curé de cette paroisse, Antoine Rocoul, suscita un procès en cour spirituelle d'Amiens. Par transaction amiable, l'Abbé lui abandonna une demi-gerbe du cent, à la condition que le curé renoncerait à toutes portions canoniques et tout bénéfice de droit, à toute demande nouvelle de dîme. Le curé déclarait aussi en son nom et au nom de ses successeurs que l'abbé rentrerait dans tous ses droits, si on cherchait à annuller les clauses de cette transaction. Il faut croire que la menace ne fit pas impression sur les successeurs de M° Rocoul ; car au xviii° siècle le monastère jouissait de ses droits primitifs.

II. Droits seigneuriaux. — Toute justice, droit de chasse, censives, champart avec deux seigneurs copartageants, à savoir les chapelains de Notre-Dame d'Amiens pour deux gerbes, et la famille Toule pour une gerbe, diverses rentes au petit couvent; la vicomté concédée par le seigneur de la Ferté en 1184 et complétée en 1239, par une renonciation du maire de Maison-Roland, qui céda même le droit de tonlieu. On signale en 1621 et 1631 des redevances payées par des bourgeois d'Abbeville pour des terres vendues par les commissaires du clergé dans les guerres de religion. Ce sont sans doute les rentes du petit couvent dont il est question plus haut (2).

---

(1) Commune du canton d'Ailly-le-Haut-Clocher. — *Domus Rollandi.* — *Villa de Domibus Rollandi.* — Maison de Roland ou en Rolland. — *Chroniques.*

— M. Garnier. *(Diction. Topog.)*

(2) *Inventaire des Titres,* pages 1764 à 1779.

III. Domaine de la prévôté d'Escamonville. — Il consistait en L à LIII j^x de terres labourables, achetées en 1626 pour remplacer le bénéfice de la prévôté d'Equémauville en Normandie, qui fut vendue au curé de la paroisse par suite d'un long procès sur les dîmes du lieu et de transaction entre les deux parties (1). Ce lot de terre revint à la congrégation de Saint-Maur dans le partage ; il était soumis à quelques redevances féodales (2).

IV. Fiefs. — 1° Fief de la Mairie de Maison-Roland ; 2° Fiefs des Chapelains de Notre-Dame d'Amiens.

Fief de la Mairie de Maison-Roland. — Il rapportait des censives et d'autres droits féodaux. D. Grenier, en 1703, marque 4 liv. 12 s. de censives, 2 chapons, avec le tiers des droits seigneuriaux de la terre. C'est peu, et moins important à connaître que la famille qui a possédé cette mairie et qui appartient à l'ancienne noblesse de Saint-Riquier.

Famille de Maisons. — Elle habita longtemps Saint-Riquier, comme on le voit par les archives.

1158. Thomas de Maisons et Renier, son frère, nommés dans les chartes du Val-des-Lépreux. — 1186. Nanterre de Maisons et Hasselin son frère. — 1199. Adam de Maisons, prêtre à Saint-Riquier. — Richard de Maisons signe une charte de Gautier de Hallencourt.

1209. Ursé de Maisons et sa femme engagent entre les mains de l'Abbé leur mairie qu'ils tiennent en fief. Ils reçoivent 10 liv. et consentent à ne jouir de leur fief que lorsqu'ils auront remboursé cette dette. On lit encore, en 1259, que Ursé de Maisons et Marie sa femme vendent aux Caritiers XVII j^x de terre pour 110 liv. et qu'en outre ils cèdent à l'abbé leur part du droit de vicomté, le tonlieu et leur mairie. Ces deux contrats appartiennent-ils aux mêmes personnes ? Nous n'avons pu l'éclaircir.

1224-1234. — Enguerrand de Maisons, échevin de Saint-Riquier et fieffé de l'abbaye de Dommartin. — 1249. W. de Maisons nommé dans le testament d'Eremburge Castaigne. — 1260. Jean, fils d'Ursé, et père d'un autre Ursé ou Oursin.

1313. Adrien de Maisons. — Le fils de ce dernier achète la maison de Simon de Picquigny. Il est convoqué en 1337 avec Mahieu de Maisons pour la guerre. — 1337. Robert de Maisons vivant à Saint-Riquier. — 1343. Marie de Maisons conjointe à Guillaume d'Embreville. Vers le même temps Béatrix de Maisons était alliée à Mathieu de Grebaumesnil, homme-lige de Forêt-Montier. — 1379. Jean de Maisons, échevin à Saint-Riquier. — 1388. Adrien de Maisons, aussi échevin à Saint-Riquier.

1417. Colard de Maisons, auditeur royal à Saint-Riquier. — 1435. Enguerrand de Maisons, mayeur de Saint-Riquier, prévôt de Saint-Nicolas en 1432. — 1435.

(1) Voir notre tome II, page 224. (2) *Inventaire des Titres*, page 1781.

Jean et Jeannot de Maisons, cités avec leur sœur N. de Maisons, mariée à Jean de Beauvoir, pour avoir donné à cens à Jean de Boutignies une maison en ruine, sise à Saint-Riquier. Jean de Maisons, écuyer, était présent à l'installation de Pierre le Prêtre en 1457. Prévôt de Saint-Riquier, il avait rendu en 1447 une sentence contre les religieux de Valloires. On cite du même prévôt, un jugement en faveur de l'abbaye de Saint-Riquier en 1459. — 1443-1447. Nicole de Maisons, homme-lige de Saint-Riquier et confrère de Saint-Nicolas, possédait des terres à Fransu. Il s'intitule dans ses actes seigneur de Maison-Roland. — 1458. Sire Guillaume de Maisons, possédait une grande maison à Saint-Riquier. — 1475. Sire Jean de Maisons, prêtre à Saint-Riquier. — Riquier de Maisons, confrère de Saint-Nicolas, était mayeur de Saint-Riquier en 1475. Il est souvent cité comme auditeur royal et fut enfin nommé prévôt de Saint-Riquier. — Jacotin de Maisons, bourgeois de Saint-Riquier, échevin et greffier de la prévôté.

Jean de Maisons fut allié à Anne Cornu, qui épousa en secondes nôces Jean Lenglacé. Leur fille Jeanne fut conjointe à Oudard Briet, d'où Jeanne Briet D^{lle} de Maisons, qui se maria en 1554 à Jean Boulon, très riche conseiller du roi, et argentier d'Abbeville. Cette maison s'éteignit au XVIe siècle, après avoir brillé à Saint-Riquier pendant près de cinq siècles (1).

La mairie de Maison-Roland, de nouveau inféodée au XVIe siècle, a appartenu à François Chanal qui la vendit à Jacques Groult (1574). — Antoine Groult, fils de Jacques, fut obligé de donner hypothèque sur ce fief à l'Abbé Henri de la Châtre pour une dette de sa recette. Après lui François Groult, son fils, la vendit à Pierre Becquin, qui la laissa à Charles Becquin du Fresnel, curé du Saint-Sépulcre.

Le fief revint à Geneviève Becquin d'Angerville, épouse de Nicolas de Grouches. Celui-ci donna un dénombrement de fiefs tenus de l'abbaye, dans lequel il est marqué que le couvent doit au seigneur de Huppy à cause du fief de Fayel-Bellenglise démembré du fief Fayel, sis à Genville, tenu de la Châtellenie de la Ferté-les-Saint-Riquier, une redevance annuelle et perpétuelle de IV muids d'avoine ou XLVIII setiers, mesure de Saint-Riquier (2).

FIEF DES CHAPELAINS DE NOTRE-DAME D'AMIENS. — Ce fief était restreint et consistait en droits de dîmes et de champart sur CXXIII j^x de terre et rapportait 50 livr. Ce domaine fut vendu en 1519 à l'Université des Chapelains de la cathédrale d'Amiens par Jean de Bournonville et Marguerite de Bussu sa femme. L'Abbé crut devoir le retraire. Il en paya 938 liv. aux chapelains pour principal. Mais quelques années après, en 1528, il le donna en fief aux dits chapelains, sous réserve de droit de dîme et de cham-

---

(1) Armes : *d'argent en sautoir de gueules chargé de quatre tourteaux d'argent et de quatre lions de sable armés et lampassés de gueules*, alias, *de sable à la croix ancrée de gueules*.
(2) *Inventaire des Titres*, page 303.

part pour une redevance annuelle de 50 liv. tournois et 28 s. de cens dus aux Caritiers. Il était stipulé dans le contrat que cette double redevance serait payée sans aucune garantie contre les accidents de guerre, de grêle ou de stérilité. On imposa aux chapelains le relief des fiefs nobles, à chaque mutation d'homme vivant (1).

Il paraît que l'Abbaye de Saint-Riquier ne possédait qu'une partie du domaine des chapelains de Notre-Dame, d'après ce qu'on lit dans un dénombrement de 1524 : « Cette seigneurie consistait en terres, bois, fiefs, terrages, champart, coterie, etc., dont le chef-lieu se composait de maison, granges, étables, jardin et ténement séant près de l'église dudit lieu, le tout relevant tant de la seigneurie de la Ferté que de l'abbaye de Saint-Riquier (2). »

La déclaration de 1730 porte 198 journaux de terre et un bois défriché mis à labour, le tout affermé 36 muids de blé, évalués à 1360 liv. 16 s.

Le seigneur de la Ferté avait imposé un obit solennel à l'anniversaire du trépas du baron de Roncherolles, seigneur dudit lieu, pour raison de l'amortissement de la terre et seigneurie de Maison-Roland concédé en 1522 (3). On se tait sur la redevance de l'abbaye.

CHAPITRE X.

SEIGNEURIE DE NOYELLES-EN-CHAUSSÉE (4).

Cette seigneurie est désignée dans les chroniques sous le nom de Noyères-l'Abbé. On l'appelle aussi Noyères-en-Cauchie dans un *Cartulaire* du xiv° siècle, parce que ce village est traversé par la chaussée Brunehaut. La chronique d'Hariulfe ne parle de cette seigneurie qu'au temps du B. Angelran et de saint Gervin. Elle la désigne par le nom de *Nogueriæ*, à l'occasion des revendications de l'abbé Angelran sur un injuste possesseur, nommé Hubert de Noyères. Ce chevalier peu courtois et violent, qui ne paraissait nullement disposé à respecter les droits déjà anciens du monastère, fut

(1) *Inventaire des Titres*, page 409.
(2) M. Darsy. *Bénéfices de l'Eglise d'Amiens.* Tom. II, pag. 287.
(3) *Ibid.*, page 45.
(4) Commune du canton de Crécy.
Synonymie.— *Nogueriæ.*— *Noquenaria.*— *Noeria.*— Noyères *in Calceia.* — Noyers. — Noyelles-en-Cauchie ou en Chaussée.

La forme *Nigella, Niviella, Nialla,* indiquée par quelques auteurs, n'appartient pas à Noyelles, mais au village perdu de *Nielle* près Pont-Remy. (Hariulfe, D. Cotron. — *Cartulaires.* — M. Garnier.)

cependant obligé de rendre ce domaine usurpé et périt misérablement (*Tome* I, *page* 322).

Qui le croirait ? Le roi Henri I, après avoir contraint Hubert à mettre fin à ses violences, garda ce domaine pendant cinq ans et s'en appropria les revenus. Mais les instances et les menaces du saint abbé le firent rentrer en lui-même et après avoir reconnu sa faute il restitua le village de Noyelles à son légitime seigneur (*Tome* I, *page* 323).

Quelques années après, saint Gervin eut à lutter contre un des plus puissants seigneurs de la contrée, Gautier Tyrel, possesseur de grands domaines sur l'Authie. La famille des Tyrel est une des plus anciennes et des plus célèbres de Picardie. On sait qu'elle a donné à la ville de Poix toute la renommée dont elle a joui pendant plusieurs siècles ; mais alors elle n'était pas moins puissante sur les rives de l'Authie. Le premier des Tyrel de Poix devait son nom à un sobriquet donné par les habitants de la contrée et par Gervin lui-même (1). Nous en ignorons la signification.

Gautier revendiquait le domaine de Noyelles à titre d'héritage de famille. Colorant son ambition ou son avarice, dit Hariulfe, de ce prétexte, il s'empara de ce village et le retint sous sa domination pendant quelque temps, malgré l'excommunication dont l'abbé et ses moines l'avaient frappé. Soit qu'il ignorât les suites terribles de l'excommunication, soit que sa passion lui endurcît le cœur, il résistait aux conseils, aux prières, aux exhortations de ses amis. Il consentit enfin à demander pardon aux moines et à entrer en composition pour ne pas avoir l'humiliation d'un échec aux yeux du public. Il fut convenu qu'il rendrait la moitié de la seigneurie aux moines, qu'il conserverait l'autre moitié pendant sa vie et celle de sa femme, et qu'après la mort des deux époux tout le domaine rentrerait sous la domination du monastère. Un chirographe écrit par l'abbé Gervin et déposé dans les archives du monastère perpétua le souvenir de cette restitution.

On lit dans cette charte les conditions de l'accord passé entre Gautier Tyrel et les moines. Il y est question d'une chapelle que Gautier ou d'autres membres de sa famille auraient fondée à Noyelles. Gautier Tyrel en fait don au monastère, avec cette condition que la chapelle, qui jusque-là avait servi pour lui et sa famille, sans aucune dépendance synodale, jouirait dans la suite des siècles de la même franchise. Gautier Tyrel et sa femme Herminie se prosternèrent à terre pour recevoir l'absolution de leur excommunication. Ensuite Gautier, ainsi que les témoins, approuvèrent l'anathème prononcé contre ceux de leurs proches, qui seraient assez téméraires pour se rendre maîtres de ce domaine ou pousser à une nouvelle usurpation, sous quelque prétexte que ce fût. Cette nouvelle excommunication fut prononcée par l'abbé Gervin, au nom et « de l'autorité de Dieu, le père Tout-Puissant, de la Bienheureuse Marie, toujours

---

(1) Miles quidam Walterus, quem vano cognomine TYRELLUM plerique appellamus (Hariulfe).

Vierge, de saint Pierre, prince des Apôtres; et conjointement avec les prêtres de ce monastère, les diacres et tous les moines, elle décrétait la réprobation, l'anathème perpétuel contre tous ceux qui s'opposeraient à la réintégration du domaine au monastère, au don où à la franchise de la chapelle. Parmi les noms des témoins, relevons ceux de Hugues, prêtre de Notre-Dame, d'Oylard, probablement le prévôt de Noyères, de Hue Bosquel, d'Eudes, personnage plus haut placé dans la hiérarchie sociale que les précédents.

La charte porte la date du 7 des Ides d'octobre 1053, et la xxie année du règne de Henri Ier, roi de France. On doit signaler ici une erreur de chronologie. Henri I monta sur le trône après la mort de son père en 1031. Ce serait dans la xxiie année de son règne. Attribuons cette faute aux copistes, plutôt que de mettre en doute la sincérité de l'auteur et de croire à la supposition d'une charte (1).

C'est cette chapelle qui a probablement servi d'église ; ce qui explique les droits particuliers du monastère sur l'église de Noyelles dans les temps anciens.

On annexa à Noyelles un autre domaine nommé Portes. Hugues I, comte de Ponthieu, peu de temps avant sa mort, donna à Saint-Riquier, pour le salut de son âme, la *villa* de Portes, qu'il possédait dans toute son étendue. Il la consacra toute entière avec ses revenus au service des autels du saint patron et à l'entretien des moines, sans qu'un seul de ses successeurs pût revendiquer aucun droit ni aucune coutume, qu'elle fut de grande ou de petite redevance. L'abbé Gervin fit rédiger une charte, sur laquelle on apposa le sceau du monastère et celui de ses féaux avec le sceau d'Enguerran, comte de Ponthieu, fils de Hugues. Les noms de ces hommes-liges du monastère rappellent ceux de seigneurs puissants dans le Ponthieu. Nous croyons y reconnaître Godefroy de Pont-Remy, Oylard de Noyères, Bernard et Gautier de Saint-Valery, seigneurs de Bernaville et de Domart ; Gérard de.... et Enguerran de....

La charte fut déposée sur l'autel de Saint-Riquier, le jour même des funérailles de Hugues, le douze des calendes de décembre, par Enguerran lui-même, le nouveau comte de Ponthieu, en présence des grands de sa cour et de Foulques, évêque d'Amiens. A la prière des moines et sur la demande du comte de Ponthieu, l'évêque d'Amiens défendit sous peine d'excommunication de jamais réclamer une seule des coutumes supprimées ou de s'en attribuer quelqu'une par violence, par supplication ou à titre d'avouerie (2).

Ce récit ferait presque supposer que la sépulture du comte Hugues eut lieu dans l'église de Saint-Riquier. Cependant aucun monument ne l'atteste.

Le village de Portes est inconnu depuis longtemps. Est-ce une section de Noyelles ?

---

(1) Hariulfe. *Chron. Cent. Lib. IV. Cap* xxi. Voir sur Gautier Tyrel et ses successeurs, l'histoire de Poix, par M. l'Abbé Delgove. (*Mémoires de la Société des Antiquaires de Picardie, tome* xxv, page 297).

(2) Hariulfe. *Ibid.*

Nous le conjecturons. Le souvenir de ce fief a traversé les siècles sous le nom de prévôté de Portes.

Les archives rangent le village de Noyelles parmi les treize grands fiefs de l'ancienne fondation dont le relief s'est toujours payé au quint denier. Il était du lot de Monsieur l'Abbé.

La seigneurie de Noyelles possédait 1° des dîmes, 2° des droits seigneuriaux, 3° le beau domaine de la ferme de Noyelles, 4° des droits de suzeraineté sur plusieurs fiefs nobles et sur des domaines possédés par le monastère de Valloires.

1° Dimes. — Les grosses dîmes, disent les archives, étaient perçues à viii gerbes du cent. Sur xxvii gerbes l'abbé en levait xvi et le curé xi. On rendait dix setiers et huit boisseaux de blé aux chanoines de Saint-Vulfran.

Un accord de 1565 avec le sieur Amaury, curé de Noyelles, réservait au couvent la dîme de ces domaines et réglait quelques différends avec ce curé. On lui concédait le tiers des dîmes sur le terroir et la totalité sur le village, sauf sur la maison de la cense, les prés et jardins y attenant. On déchargeait l'église du lieu de deux setiers de blé qu'elle devait à l'Abbaye, pour la propriété de la terre sur laquelle elle était assise (1). On n'obligeait le curé qu'à payer cinq sous de reconnaissance à Noël de chaque année et le relief avec homme vivant, etc. On accordait aussi au curé une mesure d'un journal et demi à nouveau cens, avec du bois pour les constructions nécessaires.

M. Darsy donne pour co-décimateurs avec les moines sur les terres de cette seigneurie, les chapelains de Saint-Vulfran, le prieur de Saint-Pierre d'Abbeville, l'abbé de Valloires et le curé. D'après notre savant confrère, la dîme de Noyelles-la-Chaussée faisait partie des biens donnés au chapitre de Saint-Vulfran par sa charte de fondation de 1121.

Nous lisons encore dans *les Bénéfices du diocèse d'Amiens* que, le 10 juillet 1466, un accord fut fait entre l'abbaye de Saint Riquier et le chapitre de Saint-Vulfran d'Abbeville, relativement aux dîmes du terroir de Portes, Troussencourt et Danicourt. Il y est dit que sur 220 j^x de terre du domaine de Saint-Jean-de-Jérusalem, aux droits de l'hôtel de Bellinval, en quatre pièces, du fief et de la prévôté de Portes, l'Abbaye prenait fourrage, don et past, mais aucune dîme. Les droits de dîme du chapitre lui sont reconnus (2).

Ce passage de l'Inventaire des titres de Saint-Vulfran supplée à une lacune de nos archives sur l'étendue de l'ancien domaine de Portes et nous prouve que les co-décimateurs de Saint-Riquier à Noyelles, avaient leurs redevances dans d'autres parties du terroir.

II. Seigneurie. — M. de Belleval reconnaît que la seigneurie principale de Noyelles

---

(1) La propriété de l'Eglise donnée aux moines par Gautier Tyrel est ici affirmée de nouveau, ainsi que dans notre Histoire (*Tom.* ii, *page* 75).

(2) *Bénéfices de l'Eglise d'Amiens*, Tom. ii, page 372.

appartenait à notre abbaye : mais il ajoute que le chapitre de Saint-Vulfran avait aussi une petite seigneurie, dîme et patronat, qu'il y avait en outre dans ce village la seigneurie de Noyelles-Elcourt tenue du roi, dont les possesseurs se qualifiaient du titre de seigneurs de Noyelles-en-Chaussée (1).

1208. Dans un concordat avec l'abbé de Saint-Riquier sur le Crotoy, Guillaume de Ponthieu abandonna en aumône son avouerie héréditable sur Noyelles-en-Chaussée, pour laquelle il recevait six setiers et une mine d'avoine de divers censitaires nommés dans la charte. Les abbés de Saint-Valery et de Saint-Saulve ont donné un vidimus des lettres de ce concordat au Gard en 1209 (*Tom.* i, *pag.* 463, 478).

Les archives attribuent à l'Abbaye la haute, moyenne et basse justice, le droit de chasse, le champart sur tout le terroir, à raison de viii gerbes du cent, les censives et droit de garenne.

Nous avons parlé en 1248 de l'accord de l'Abbé avec Jean d'Amiens sur la garenne de la Broye, dépendant de la seigneurie de Noyelles et de celle de la Broye. (*Tom.* i, *pag.* 514) et d'autres pacifications (*Tom.* i, *page* 549-550).

En 1357, Jean de Varennes, seigneur de Vignacourt, La Broye et beaucoup d'autres lieux, fixa par lettres spéciales les bornes de la belle et grande garenne, indivise entre lui et le couvent de Saint-Riquier. « La garenne commençait à la maladrerie de Wiwrench, en allant selon la cauchia Brunehaut jusqu'au chemin qui mène de La Broye à Abbeville par devant Beuzencourt, et de La Broye au bout de Gueschard, delà au moulin de Nœüilly-le-Doyen et dudit moulin au chemin qu'on dit de la Warenne et dudit chemin à la dite maladrerie de Wiwrench. » Cette garenne fut reconnue indivise entre les deux seigneuries. Des deux côtés on peut « chassier, tendre et prendre toute espèce de bêtes, constituer prisonniers ceux qui vont sans permission et prendre la moitié des proufits (2) ». Cet accord fut renouvelé en 1450 par Raoul d'Ailly, vidame de Picquigny, seigneur de La Broye.

En 1300, il y eut aussi une transaction avec les religieux du temps sur cette même garenne.

1405. Les droits seigneuriaux de l'Abbé de Saint-Riquier sur Noyères et sur l'église furent confirmés par deux événements bien différents, mais probablement connexes (3). Nous les avons racontés dans l'Histoire (*Tom.* ii, *pag.* 74, 75).

Divers procès sur le quint denier au xviii* siècle avec les habitants de Noyelles ont prouvé la perpétuelle revendication des droits seigneuriaux (*Tom.* ii, *page* 312).

III. DOMAINE. — CLX j^r de terre à la sole, soit CCCCLXXX j^x de terres labourables avec un petit bois formaient, au xviii* siècle, un des plus grands domaines du monastère.

---

(1) *Fiefs et seigneuries.*
(2) *Cartulaire, folio* 174.
(3) Notons ici que les coutumes de Noyelles pour les fêtes se retrouvent dans les coutumes de la Commanderie de Fieffes, pour Fieffes, Candas, Villers-Lhôpital, Nœux, Yvrench, Maison-Ponthieu. *Mémoires de la Société des Antiquaires de Picardie,* Tom. xvi, pag. 160.

1253. Guy de Busenville, collecteur des revenus du Temple pour la province de France, échangea une terre à Noyelles, au lieu dit le *Biaucamp*, contre un bois situé entre Brailly et Bellinval, que le couvent cédait aux sieurs de Jérusalem.

1271. xviii j^r de terre furent vendus au monastère moyennant 40 liv. par Laurent Hémart et Adam son frère.

En 1697, on fit à Martin Maillet le bail de la ferme, des dîmes et du champart.

Pendant les guerres de religion on aliéna quelques lots de terre à Noyelles ; le petit couvent put en retraire xxv j^x. L'abbé qui percevait la dîme sur ces terres en fit la remise aux moines de Saint-Maur.

IV. Fiefs. — 1° Fief de la mairie de Noyelles ; 2° Fief Brasigny ; 3° Fief Pollehoye ; 4° Fief de Saint-Riquier ; 5° Fief de la Prévôté de Noyères et de Portes ; 6° Fief de Bellinval ; 7° Terres de Roches ou de l'abbaye de Valloires (1).

Fief de la Mairie de Noyères. — Mouvances sur plusieurs terres, aux mutations desquelles les cens et droits seigneuriaux se partageaient, dans les derniers temps, entre l'Abbé de Saint-Riquier et M. Picquet de Bonnainvillers, seigneur de Noyelles-en-Chaussée.

Faisons d'abord connaître la famille de Noyères éteinte depuis longtemps. Nous supposons qu'elle doit son nom à la possession de ce fief ou d'une prévôté. Nous avons déjà nommé Hubert de Noyères, ce félon de si triste mémoire (*Tom.* i, *pag.* 323).

Vers le milieu du xii° siècle on voit Adam de Noyères, dont le fils Alelme de Noyères, prévôt de Noyères, donna aux moines de Valloires, du consentement de sa femme Aelis, xvi arpents de bois au terroir des Roches (1193), puis la quatrième partie du terroir des Roches (1194). Robert de Noyères et Hugues son frère ont ratifié, en 1196 l'aumône d'un autre quart de la terre des Roches dont leur père, Oylard de Noyères, avait gratifié les mêmes moines (2).

1224. Godefroy de Noyères, chevalier, échevin de Saint-Riquier. — **1233.** Robert de Noyères, moine et prévôt du Monastère. Il était obligé de fournir la somme nécessaire pour l'obit d'Adrien Le Personne, sans doute sur le revenu de son office. — **1234.** Guillaume de Noyères, échevin de Saint-Riquier. — **1238.** Un autre Robert de Noyères est homme-lige du monastère pour ses terres. — **1294.** Martin de Noyères, échevin de Saint-Riquier.

1337. Jean de Noyères à Saint-Riquier. — **1338.** Gérard de Noyères à Saint-Riquier. — **1366.** Relief et hommage de Jacques de Noyères, époux et bail de Denise de Gourguechon, pour le fief de ce nom. — **1374.** Fremin de Noyères fait hommage pour le fief de la mairie de Noyères.

1423. Enguerrand de Noyères, auditeur du roi, à Saint-Riquier.

(1) *Inventaire des Titres*, page 1801.   (2) *Bénéfices de l'Église d'Amiens*, Tom. ii, pag. 221.

FAMILLE DE MARCHEVILLE. — Cette famille originaire de Marcheville, canton de Crécy, nous est connue par les archives des monastères de Saint-Riquier et de Dommartin.

1378. Marie ou Maroie de Marcheville fait hommage pour le fief de la mairie de Noyères. Il existait aussi un hommage de Jean de Marcheville en 1364 pour un fief à Noyères, probablement le même, bien que le nom ne soit pas désigné. — En 1380, Bernard de Marcheville possédait également des terres soumises au monastère de Saint-Riquier. Le fief de Bellinval fut en outre possédé par cette famille.

Signalons encore Gui de Marchevillle, chevalier, repris dans les chartes de l'Hôtel-Dieu, en 1207.

Après Marie de Marcheville le fief de la mairie de Noyères fut tenu par Antoine de Wissoc, seigneur de Gapennes, qui le vendit, en 1441, à Messire Robinet de Lisques, chevalier, et à dame Marie de La Haye, dame de Ponthoile. Bientôt après il fut cédé à Nicaise de Boufflers (1447).

FAMILLE DE BOUFFLERS. — Cette famille, l'une des plus illustres de Picardie, qui a possédé la terre de Boufflers depuis le XI° siècle jusqu'en 1789, portait primitivement les noms de Boufflers, Morlay et Campigneules. Elle est quelquefois désignée sous ce dernier nom dans nos archives. — Nicaise de Boufflers était fils d'Aléaume II. l'illustre prisonnier des Anglais à la bataille d'Azincourt (*voir Tom.* II, *pag.* 82). Nicaise, sieur de Beaussart, de Cornehotte, de la mairie de Noyelles et autres lieux, capitaine de Saint-Riquier en 1421, est cité parmi les plus braves chevaliers de l'époque. On le désigne comme l'un des pairs du Ponthieu ; il suivait le parti de Philippe-le-Bon, duc de Bourgogne. Par son testament il demanda à être inhumé dans le cimetière de Saint-Mauguille. Il fit un bail de la mairie de Noyères à Flour de Monflières. Il est parlé dans ce bail d'un manoir amasé et non amasé, tenu de l'abbaye de Saint-Riquier. Nicaise de Boufflers épousa la fille du seigneur de Bailleul-en-Artois, dont il eut six enfants, entre autres Pierre de Boufflers qu'on a quelquefois confondu avec son oncle Pierre de Boufflers, frère de Nicaise.

Pierre de Boufflers, chevalier, seigneur de Beaussart et autres lieux, premier écuyer du duc de Bourgogne, donna son dénombrement de la mairie de Noyères en 1493. David Lequieux fit saisir le fief et prit hypothèque, en 1499, pour la sûreté d'une rente de 100 l. créée à son profit par Arthus de Boufflers, fils de Pierre et frère de Péronne de Boufflers.

En 1537, le fief était possédé par Péronne de Boufflers, femme de Nicolas Du Bus, qui l'hérita de demoiselle Péronne de Boufflers, sa tante (1).

(1) Armes : *d'argent à trois molettes de gueules, accompagnées de neuf croisettes recroisettées, au pied fiché de même.*

Archives de Saint-Riquier. — M. de Belleval. *Nobiliaire.*

FAMILLE DU BUS. — Ancienne famille originaire du Bus-Martainneville. — 1537. Relief de Nicolas Du Bus, seigneur de Wailly, du Bus et autres lieux. Son fils, Jean Du Bus, lui succéda. — Il avait épousé Isabeau de Ciux et laissa une fille mineure qui donna son relief en 1570. Elle s'allia, en 1575, à un noble seigneur, François de Créquy, vicomte et châtelain de Langle, qui donna son relief en cette année. La mairie de Noyelles fut vendue par eux, en 1589, à Antoine de Lagache, écuyer, sieur de Bois-Joly (1).

FAMILLE LAGACHE. — Antoine de Lagache, écuyer, inquiété pour sa noblesse et soumis à la taille, fut depuis déchargé et maintenu. Allié à Marie Brischaret, il eut pour fils François qui se donna le titre de seigneur de Noyelles-en-Chaussée. Ce dernier laissa son fief à sa fille Antoinette qui épousa, en 1649, Hiérosme Picquet, écuyer, seigneur de Bonnanvillers, lieutenant au régiment de Picardie (2).

FAMILLE DE BONNAINVILLERS. — Cette famille, par suite de cette alliance, se fixa à Noyelles-en-Chaussée. — 1668. A Hiérosme succéda son fils Claude Picquet, seigneur de Belloy, puis en 1670 Joseph-Léonor Picquet de Bonnainvillers, chevalier, seigneur de Bonnainvillers et autres lieux, capitaine au régiment de Picardie. Par transaction avec l'Abbé d'Aligre, une partie du fief de la mairie fut tenue en fief restreint, à savoir : xii j^x de l'enclos de la maison seigneuriale, moyennant 100 s. et 6 den. par., 12 chapons, 3 poules et un tiers, 2 setiers d'avoine et le tiers d'un pain de cens annuel, à la Saint-Remi, le quint denier et requint en cas de vente. Le relief de 60 s. par. et de 20 s. de chambellage et les autres droits féodaux étaient maintenus, conformément au cueilloir de 1542. En 1744 une rente de 4,000 liv. fut constituée par les religieux en faveur de Joseph-Louis Picquet de Bonnainvillers, rente remboursable en 1757. — 1750. Relief au profit de Charles-Louis Picquet de Bonnainvillers, ancien capitaine au régiment de Piémont, chevalier de l'ordre militaire de Saint-Louis, fils de Joseph-Louis, et héritier de son frère Charles-François Picquet de Bonnainvillers, chevalier, seigneur des dits lieux, ancien capitaine de grenadiers au même régiment. — Marie-Aimée Picquet de Bonnainvillers, femme d'Arnaud-Edouard de Fléchin, marquis de Wamain, hérita de son père le fief de la mairie de Noyelles (3).

FIEF DE BRASIGNY OU MANESSIER. — Le fief de Brasigny comprenait LXXVIII j^x de terres labourables, XC au XVIIe siècle. On trouve un dénombrement de ce fief en 1399 par Jacques Cleuet, un autre en 1568 par Jean Savary, chanoine de Saint-

---

(1) Armes de Du Bus : *d'azur au chevron d'argent, chargé de trois trèfles de sable et accompagné de trois molettes d'éperon d'or.*

(2) Armes de Lagache : *d'argent au pin de sinople surmonté d'une pie ou agache* (en picard) *de sable.* M. de Belleval. *Nobiliaire.*

(3) Armes de Bonnainvillers : *d'azur à la bande d'or, chargée de trois merlettes de sable surmontées d'un croissant de gueules.*
Archives de Saint-Riquier. — *Inventaire des titres,* pag. 383. — M. de Belleval. *Fiefs et Seigneuries*

Wulfran. — En 1620, Marie Savary, femme d'Antoine de Joigny le vendit à Françoise Le Moictier, femme de Charles Manessier.

Famille Le Manessier. — Cette famille, bien connue dans le Ponthieu dont elle est originaire, est souvent nommée dans les annales du monastère, parce qu'elle a possédé à diverses époques des fiefs mouvants de l'abbaye. On la fait remonter au XII° siècle.

Il est question au XIII° siècle d'un fief Manessier à Noyères. Il a donné son nom à cette famille ou l'a reçu d'elle. — En 1223 N. Manessier (*de Manessero*) est mentionné dans les archives de l'Hôtel-Dieu. Il était échevin de Saint-Riquier. — 1238. Hue Manessier contribua à la fondation de la chapelle de Troussencourt, en vendant à Noyères des terres tenues de l'abbaye de Saint-Riquier.

Françoise Le Moictier, épouse de Charles Manessier, qui était fils de Charles Manessier, mayeur d'Abbeville en 1592, seigneur d'Auxi, Vadicourt, Epagnette, apporta à son mari le fief de Brasigny. — 1648. Relief de Charles Manessier, fils du précédent, donataire de sa mère Françoise Le Moictier. Il épousa Louise Bail.

Louis Manessier, fils de Charles II, seigneur de Brasigny, fut maintenu dans sa noblesse en 1699.

1748. Charles-Louis Manessier, seigneur de Brasigny et d'Heuzecourt. Il fut père d'un autre Charles-Louis, comme lui seigneur des mêmes lieux et de Grimont, Saint-Acheul et Montigny.

1761. Relief de Marie-Anne-Louise-Charlotte Manessier et de Louis-Jean-Baptiste Gaillard, son époux ; ils vendent le fief de Brasigny moyennant 33,000 liv. à Jean-Pierre Lefévre de Vadicourt, écuyer (1).

Fief Pollehoye. — Ce fief ne rapportait que 12 liv. de cens.

Famille de Pollehoye. — Cette famille a été confondue avec celle de Polhoy qui possédait un fief de ce nom à Ponthoile. Voici les noms qui nous semblent appartenir aux feudataires de Saint-Riquier. — 1300. Eustache de Polleboye, Abbé de Saint-Riquier. — 1375. Firmin de Pollehoye, échevin de Saint-Riquier. — 1376. Williaume de Pollehoye donne le relief de son fief et reconnaît qu'il le tient en plein hommage. Dans son dénombrement il signale des prés, des terres, un manoir contenant II j¹ d'enclos. — En 1457, Marguerite de Pollehoye et en 1467 Guillaume de May son mari furent inhumés dans l'église de Noyelles. Mais alors le fief de Pollehoye avait été retrait par Nicolas Bourdon, après avoir été possédé depuis 1407 par Aléaume d'Agenvillers, puis par Robert de Lisques qui le vendit à Antoine de Wissoc. On obligea ce dernier à le rendre au monastère (2).

---

(1) Armes de Manessier : *d'argent à trois hures de sanglier arrachées de sable.*
Inventaire des Titres, pages 237 à 240.

(2) Armes de Pollehoye : *d'or à un lion de sable.*

Fiefs de Saint-Riquier. — L'inventaire des titres signale trois fiefs de ce nom, l'un à Noyelles, le second à Gueschard et le troisième, sis sur les terroirs de Noyelles et de Gueschard. Ces fiefs étaient restreints et démembrés au xviii° siècle. Ce qui a fait négliger de tenir exactement la liste des hommes-liges. Voici les noms des possesseurs de ces fiefs de Saint-Riquier que nous avons rencontrés çà et là.

1271. Jean d'Arrêt est seigneur d'un fief de Saint-Riquier.

1375. Gautier de Gaissart fait un hommage pour ses fiefs à Noyères, probablement ceux de Saint-Riquier.

1402. Dame Catherine de Bourbon, comtesse d'Harcourt et d'Aumale, est dite dame de Saint-Riquier, c'est-à-dire d'un fief de Saint-Riquier.

1410. Beaudoin d'Ailly, par son alliance avec Jeanne de Rayneval, dame de La Broye, entre en possession d'un fief à Noyères, dont il fait hommage : on indique ensuite les reliefs de Raoul d'Ailly en 1450, de Jean d'Ailly en 1457, de Charles d'Ailly en 1498. Nous supposons que ces reliefs regardent le fief de Saint-Riquier, quoiqu'il ne soit pas nommé.

1560. Jean d'Osterel, chevalier, seigneur d'Och, fait hommage d'un fief à Noyères.

Au xvii° siècle le fief de Saint-Riquier à Noyelles appartenait à la famille Le Carbonnier. — Jean Le Carbonnier le vendit à Jean Broquevieille.

Fiefs du grand et du petit Bellinval (1). — Un même fief sans doute dans l'origine : une partie entra dans le domaine des chevaliers de Saint-Jean de Jérusalem qui avaient une maison à Bellinval. C'est le grand Bellinval. On en perd la trace dans les répertoires. La famille de Marcheville a dû le posséder. Une mouvance du xvi° siècle indique qu'en 1570 Antoine Grevin est possesseur de ce fief. Il est donné à l'abbaye de Livry, avec les terres d'Yvrench par frère Martin Grevin (*Voir tome* ii, *page* 169). On a conservé les noms de plusieurs hommes vivants : ce sont ceux d'Adrien Bellinger, de Jean Le Day en 1670, de Jean Le Day, fils du précédent, en 1703.

Le chef-lieu du grand Bellinval fut brûlé par les Espagnols en août 1635.

Le Petit-Bellinval était un fief noble de xxxiii journaux de terre, reste d'un fief de lx j^x, au xvii° siècle, situé sur le terroir de ce hameau dépendant de Brailly.

Famille de Bellinval. — Nos archives ont gardé la mention des noms suivants. — 1270. Thomas de Bellinval, bourgeois de Saint-Riquier, qui a vendu des fiefs au monastère. — 1275. Jean de Bellinval, homme lige de Saint-Riquier, a son ténement dans cette ville.

1326. Pierre de Bellinval, échevin. — Guillaume de Bellinval a aussi son manoir à Saint-Riquier.

---

(1) *Bellain Vallis.*

1337. Un champart sur le terroir de Bellinval était dû aux moines de Saint-Riquier par les chevaliers de Saint-Jean de Jérusalem, pour un jardin sis à Bellinval, près la maison des chevaliers et appelé le *Courtil de Saint-Riquier*. Le grand prieur de France s'engagea à payer xv boisseaux de blé à la mesure de Saint-Riquier et xi boisseaux d'avoine.

Trois ans après, on pacifia de nouveaux différends avec les mêmes chevaliers pour leur baillie de Beauvoir et leur maison de Bellinval les-Noyères.

1344. Guillaume de Mailly, grand-prieur de France fut obligé de se soumettre à payer les redevances, que l'abbé de Saint-Riquier réclamait sur les terres de la Commanderie à Bellinval, à Forêt-l'Abbaye et *au Camp de Padoie*.

On reconnaît aussi, dans la composition, que le droit de chasse appartient aux moines de Saint-Riquier, et que des cens réclamés par l'abbé lui sont dus.

En 1352, des redevances sur leur commanderie, contestées par les chevaliers de Saint-Jean, sont payées à l'abbaye de Saint-Riquier.

Les chevaliers de Saint Jean se montraient récalcitrants aux demandes des religieux de Saint-Riquier. Ainsi, en 1404, le champart imposé en 1337 n'était plus acquitté. Nouvelles plaintes des religieux, à la suite desquelles le roi manda au prévôt de Saint-Riquier de contraindre les chevaliers de Saint-Jean de Jérusalem à donner à la Toussaint de chaque année les mesures de blé et d'avoine dont leurs terres étaient chargées. Le champart devait être rendu à la maison des moines à Noyères. Une rente de deux sous parisis sur la maison de Bellinval, au terme de la Saint-Remi, devait également être payée, faible redevance si l'on veut, mais garantie de suzeraineté. Pour la compensation du retard dans l'acquit des redevances, il intervint une sentence de condamnation par Jean Rohaut, dit Brunet, prévôt de Saint-Riquier, qui imposait, outre les charges ordinaires, un muid de grain, moitié blé, moitié avoine (1).

Famille Lescuyer. — Vers 1500, Pierre Lescuyer et Philippe Lescuyer étaient possesseurs chacun d'une moitié du fief Bellinval. — 1533. Relief d'Antoine, fils de Pierre et d'Adrien, fils de Philippe. — 1576. Jacques Lescuyer, leur héritier, vendit le fief à Jean Gaillard (2).

Famille Gaillard. — Jean Gaillard, seigneur d'Ochancourt et vicomte de Menchecourt, fut père d'Alexandre Gaillard. Geneviève et Marguerite, filles d'Alexandre, héritèrent à leur tour du fief de Bellinval. Marguerite épousa Jean Lesperon, écuyer, seigneur de Belloy qui donna saisine du fief en 1643.

Famille Lesperon. — Famille anoblie par Henri IV en 1594. — Jean Lesperon laissa le fief à son fils Jean, qui le donna à Jean-Octavien, chanoine de Saint-Wulfran. La

---

(1) *Cartulaire*, fol. 144.   (2) Armes de Lescuyer: *d'argent à trois merlettes de sable*.

sœur d'Octavien, Marie Lesperon, femme d'André Le Roy, seigneur de Rivery, hérita de ce fief et le transmit à sa sœur Antoinette, demoiselle de Bellinval.

Après Antoinette le fief revint à son neveu Jacques Lesperon, seigneur de Belloy, conseiller du roi et premier présidial en l'élection du Ponthieu. Un autre Jacques Lesperon lui a succédé (1).

Fief de la Prévôté de Noyères ou de Portes. — Il est noté dans les archives au xiv° siècle que la prévôté de Noyères était dite de Portes. Ce fief a été racheté au xv° siècle par Nicolas Bourdon, prévôt de l'Abbaye. Il en est question dès le xii° siècle.

Famille de Caumont. — Famille puissante au xii° et xiii° siècle. La seigneurie de Caumont (Pas-de-Calais), possédait un château remarquable; elle était sujette à Saint-Riquier pour des fiefs près de l'Authie. — 1157-1174. Henri de Caumont, bourgeois de Saint-Riquier, Guy et Ursion, souvent témoins dans les chartes. — 1165. Gui de Caumont, chevalier, fait un accord avec l'abbé Guifroy pour le fief de Portes à Noyères. — 1199. Hugues de Caumont, témoin dans une charte de Villencourt (2).

On ne retrouve la succession des possesseurs du fief qu'au xiv° siècle. Voici quelques dénombrements assez curieux.

Famille d'Abbeville. — Cette famille si connue par son origine, ses alliances, ses hommes illustres, n'a que quelques points de contact avec notre histoire. — 1140. Renier d'Abbeville est cité comme témoin dans des chartes de l'Hôtel-Dieu. — 1150. Robert d'Abbeville est moine à Saint-Riquier.

1202. Simon d'Abbeville est clerc à Saint-Riquier.

1366. Marguerite d'Abbeville, épouse d'Alerme ou Etienne de Molliens, donne un dénombrement de la prévôté de Noyères, scellé du sceau de Molliens. Son fief, y est-il dit, situé au terroir de Portes, consiste en un manoir et xxx j^x de terre en deux pièces, en un demi-terrage sur xiii j^x de terre, appartenant à Jean Du Cauroy et tenus de la prévôté pour 12 deniers de cens. V j^x de terre au Temple, près la Cauchie Brunehaut, lui doivent plein terrage. Pierre de Vaux lui doit 6 s. et « un cappon; *item* un hoste en « la ville de Noyères lui doit 3 s. et 2 cappons. » Marguerite d'Abbeville a encore le don et le past au terroir de Portes et le tiers denier des dîmes, des ventes, du relief. Cette même année ce fief est cédé à Raoul de Conteville (3).

Famille de Conteville. — Elle tirait son nom du village de Conteville. — 1236. Williaume de Conteville, échevin de Saint-Riquier. — 1366. Raoul de Conteville

---

(1) Armes : *d'azur à trois molettes d'éperon d'argent.*
Inventaire des Titres, pages 229-233.

(2) Armes: *de gueules semées de croix recroisetées,* *au pied fiché d'or, à trois molettes d'éperon de même.*

(3) Armes d'Abbeville : *d'argent à trois écussons de gueules, au lambel d'azur en chef.*

spécifie dans son dénombrement des gerbes de don : à savoir xxxvi gerbes de blé, au blé, xxxvi gerbes d'avoine, aux tramois (*aux mars*).

1372. Jean de Conteville, homme-lige du monastère, prend le titre de prévôt de Portes et fait plein hommage de bouche et de main, avec condition de service à ronchin. Il accompagne son hommage d'un dénombrement de plusieurs pièces de terre et de ses droits.

Dans ce second dénombrement Jean de Conteville accuse la charge d'un don sur xxi j^x de terre, plus 2 den. de past, 3 den. de vente et relief, « au blé, blé, aux tramois, avoine, 3 garbes de creissons. » On lui doit en outre, comme aux autres prévôts et mayeurs, le pain, le vin, la haste de porc, et les ventes, reliefs, issues et entrées. — 1375. Autre dénombrement de Jean de Conteville, prévôt de Portes.

1412. Williaume de Conteville, habitait Valenciennes. Il eut deux fils de sa servante, dite la Manguière, l'un nommé Lionnel, l'autre nommé Perrotin. Nous retrouvons ce Guillaume au moulin de Villencourt (1).

1376. Dénombrement de Williaume de Pollehoye, pour la prévôté de Noyères. « On lui doit xii lots de vin à la petite mesure, six pains tels que du couvent, deux « cappons et deux hastes de porc, soit marle, soit femelle, chacune de pied et demi « de long et deux pieds de lé, trois hannequins de cervoise ou 7 poitevines pour la « valeur de chaque hannequin et six pains de maignie ; et est pour semourre les corvées : xvi masures tenues des religieux doivent chacun an un pain et une géline. »

Ce dénombrement constate enfin que Williaume de Pollehoye reçoit le tiers denier sur ces ténements ainsi que sur dc j^x de terre.

Plusieurs terres des Roches appartenant à l'abbaye de Valloires doivent en outre au prévôt, chaque année, xxx gerbes de blé et autant d'avoine. Il va les choisir et on les conduit à sa grange aux dépens des Roches. Sur 60 s. de redevance il en a le tiers. D'autres terres lui doivent xii gerbes « de tel ablay qu'il y a sur le cru ; » trois gerbes de don lui appartiennent « de chacun cheval labourant, et se ils le font labourer pour autrui, chacun treffonnier lui doit trois gerbes ou warras. Pour ceux qui labourent les dc j^x qui lui doivent le dit don, ils doivent chacun deux deniers de past, et s'il y échet amende de 60 s., il en a le tiers denier ». Williaume de Pollehoye peut avoir des sergents, prendre les malfaiteurs, mais à la condition de les mener à la prison des religieux à Noyères : il lui revient le tiers des amendes. D'autre part, il est tenu d'ajourner tous les sujets cottiers, sans rétribution, et de faire des sommations pour les corvées, quand il en est requis. Ce fief est tenu noblement, avec hommage de bouche et de main, avec obligation de service à ronchin et d'assistance aux plaids.

1407. Alerme d'Agenvillers fait hommage pour trois fiefs dont celui de la prévôté de Portes. Le dénombrement de cette prévôté est presque conçu dans les mêmes termes

---

(1) Armes : *de gueules à 8 fers à cheval en orle, à l'écusson d'argent, a la face de gueules.*

que le précédent. On y observe que la justice appartient aux religieux sur le fief de ce seigneur, comme sur toute la ville de Noyères. — 1413. Pierre de Boufflers fait hommage des mêmes fiefs. — 1448. Antoine de Wissoc, devenu homme-lige de l'abbaye pour ces mêmes fiefs, en fait hommage, puis ils passent à Robinet de Licques à qui Nicolas Bourdon, prévôt de l'abbaye, les rachète (*Tom.* II, *pag.* 108 *et* 109 (1).

TERRES DE VALLOIRES.

C'est le domaine donné à l'abbaye de Valloires en 1147 (*Tome* I, *pages* 433-435). Il portait le nom de *Troussencourt, Trochencourt*, ou peut-être mieux *Rochencourt* ou courtil des Roches. Ce domaine avait sa chapelle, nommée chapelle de Troussencourt et vulgairement *Trois Cents Corps* (*voir Tome* II, *page* 43).

Notons en passant que la terre des Roches, dont les Cisterciens de Balances avaient été dotés, ne provenait pas toute entière de l'abbaye de Saint-Riquier. Ibert de Doullens avait ajouté à la première donation la terre et les bois qu'il possédait aux Roches (1156). Ives de Maisons et Arnoul, son frère, avaient aumôné aussi XX arpents de terre (1174). Alelme, prévôt de Noyelles, du consentement de sa femme Aelis, avait encore donné XVI arpents de bois et le quart du territoire des Roches (1193-1194) (2).

La grange des Roches était une des belles et grandes métairies cisterciennes du pays. Détruite dans les guerres ou démolie par les moines, elle n'a laissé aucune trace sur le sol.

Les moines de Saint-Riquier, premiers seigneurs de ce domaine ou du moins de la plus belle partie du sol, ont réclamé leur champart sur le territoire de Troussencourt jusqu'aux derniers jours de la féodalité. Valloires avait des cens ou surcens, « rentes sèches, disent les archives, parce qu'elles n'engendrent aucun droit seigneurial. La directe appartenait réellement au monastère ».

Il a été plusieurs fois question de ce domaine dans les livres précédents (3). Nous consignerons ici quelques faits qui n'ont point figuré dans l'histoire générale.

1237. Un compromis d'arbitrage entre les abbayes de Saint-Riquier et de Valloires, au sujet de Troussencourt, accepte ce qui sera réglé par le doyen et le pénitencier du chapitre d'Amiens, sous peine de cent livres d'amende.

Le dernier traité qui obligeait les moines de Valloires à payer 27 s. p. de rente et 500 anguilles y fut confirmé. En 1322, une nouvelle sentence du bailli d'Amiens maintint les prérogatives de l'abbaye de Saint-Riquier.

1328-1335. Beauduin, abbé de Saint-Riquier, permit aux moines de Valloires de faire des fosses pour extraire des pierres ou des grés. Ces fosses s'appelaient des *ton*-

---

(1) *Cartulaire, fol.* 176-179. (3) Voir la table générale.
(2) *Bénéfices de l'Église d'Amiens, tome* II, *page* 231.

nelles. C'est l'origine de toutes les tonnelles qu'on rencontre dans ce canton. On y cherchait des grés, comme dans les autres ravins qui s'étendent depuis Valloires jusqu'à Crécy. Cette concession de grâce spéciale a été soigneusement relatée dans les archives, afin qu'elle ne pût tourner à préjudice, ni au temps de l'Abbé Beauduin, ni dans l'avenir : elle a été opposée à tous les actes d'indépendance. L'Abbé de Valloires fut toujours obligé de reconnaître que la justice appartenait aux moines de Saint-Riquier. Toute tentative pour secouer ce joug de suzeraineté vint constamment se briser contre l'inflexible preuve de possession immémoriale (1).

CHAPITRE XI.

SEIGNEURIE D'ONEUX ET DE NEUVILLE.

La seigneurie d'Oneux (2), quoique non citée par Hariulfe sous ce nom en 831, appartient cependant à l'Abbaye dès son origine. On la range dans la catégorie des fiefs de la première fondation, avec son relief au quint denier. Hariulfe donne aux bois d'Oneux, en 1116, le nom de *Olnodiolum* (3).

Ne serait-il pas permis de voir une forme viciée du nom d'Oneux dans le mot *Anisceias*, village situé, disait-on dans la chronique, à la porte même du monastère ? Ce nom s'appliquerait peut être mieux à Hanchy. Mais ce hameau est plus éloigné. Sous Charles le Chauve et non sous Charles le Simple, comme le dit un autre auteur, à la demande de l'abbé Carloman, *Anisceias* fut confirmée au monastère (4).

Placé au XVIIe siècle dans le lot de M. l'Abbé, Oneux lui offrait, avec un domaine seigneurial, des dîmes, des fiefs, des terres cottières.

I. DIMES. — La dîme d'Oneux appartenait à l'Abbaye de Saint-Riquier, à l'Evêque d'Amiens, à l'Abbaye de Forêt-Montier, au prieur de Biencourt et au curé.

---

(1) *Cartulaire, fol.* 158-162.
Il y avait en 1377 sur le terroir de Noyelles une roche debout, qu'on appelait la Roche Cornue. On peut en trouver la position, si on ne l'a pas renversée ou détruite, ou si le sable ne l'a pas couverte après sa chute. (*Note manuscrite de M. Boully,*

ancien curé de Noyelles)
(2) *Onnodium, Olnodium, Olnodiolium, Onodium, Honneu, Onneux, Oneux-Neuville.* — (*Chron. d'Hariulfe*). — M. Garnier. (*Diction. Topog.*)
(3) *Hariulfe. Chron. Lib.* IV, *Cap.* II.
(4) *Ibid. Lib.* III, *Cap.* XIX.

1387. Une sentence du bailliage d'Amiens avait maintenu l'Evêque d'Amiens et l'abbé de Saint-Riquier contre le seigneur de Neuville qui revendiquait des dîmes sur le terroir d'Oneux et de Vaux (1).

Le patronage de la cure d'Oneux passa des mains de l'Evêque dans celles du seigneur de Neuville, à la charge d'un cens sur la terre de Neuville (2).

En 1689, les églises d'Oneux et de Neuville, étaient dans un mauvais état et particulièrement celle d'Oneux qui menaçait ruine (3).

II. SEIGNEURIE. — L'abbaye possédait un domaine seigneurial de CCLXXXXIX j^r de terres labourables, un bois que Gilles de Machemont fit environner de murs dont nous avons vu les ruines, le champart, des censives, des droits seigneuriaux sur tout le village et sur le terroir. En 1773, une revendication de droit de justice, à l'occasion d'un assassinat, prouve que les religieux avaient conservé jusqu'en 1789 leurs droits seigneuriaux sur le terroir (4). Le domaine longtemps cultivé par les moines fut donné à bail aux XVIIe et XVIIIe siècles.

Diverses acquisitions sur la famille d'Oneux et la famille Le Mansiaux ont fait rentrer les religieux dans quelques parties de leur domaine, qu'ils avaient aliénées pour un temps.

Le seigneur de Festel avait joui du droit de don et de past sur les terres et terrages d'Oneux, quand sa maison était située au dit lieu. En 1270, Robert du Festel, écuyer, et Marie sa femme, consentirent à échanger ce droit contre XVI j^x de terre, bois et larris situés au Festel (5).

III. FIEFS. — Le monastère possédait à Oneux, 1° le fief de la mairie d'Oneux, 2° le fief de la mairie de Pommereuil, 3° le fief Valobin, 4° le fief restreint des Allumières.

MAIRIE D'ONEUX. — FAMILLE D'ONEUX. — Noble famille qui subsista jusqu'au XIVe siècle.

1233. Eustache d'Oneux, chevalier, maire d'Oneux. Monsieur de Belleval a été induit en erreur, quand il a écrit que les seigneurs d'Oneux ont vendu leur seigneurie d'Oneux au monastère. La famille d'Oneux n'a jamais possédé cette seigneurie. Elle n'était en possession que du fief de la Mairie qu'elle a engagée d'abord, puis vendue. Des lettres de Simon de Beauquesne, official d'Amiens, mirent fin à un procès entre Eustache d'Oneux et les moines de Saint-Riquier. Le maire d'Oneux réclamait la garde des bois d'Oneux comme attribution de sa mairie, le tiers des amendes, les branches des futaies et des taillis, toutes les fois qu'on les coupait au-dessus du *Tuet* ou sommité des arbres. Simon de Beauquesne ayant envoyé sur les lieux

---

(1) M. Darsy, *Bénéfices de l'église d'Amiens*, Tome II, page 269.
(2) *Ibid*, tome I, page 144.
(3) *Ibid*. Tome II, page 268.
(4) *Inventaire des Titres*, page 1197.
(5) *Cartulaire*, fol. 139.

mattre Odon, chanoine de Saint-Nicolas d'Amiens, son lieutenant, « celui-ci régla que le maire d'Oneux se désisterait de sa demande, à la condition de ne plus payer un droit de terrage sur LX j^x de terre. L'official ratifia cette pacification par ses lettres de 1233, du consentement d'Agnès, femme d'Eustache et d'Aléaume son fils.

1239 à 1255. Adam d'Oneux, échevin à Saint-Riquier.

1250. Aléaume ou Alerme d'Oneux, fils d'Eustache, écuyer, et Jeanne sa femme, vendent à l'Abbé Gautier la *Coulture du Festel* contenant XXIV j^x de terre, pour 60 s. parisis. C'était un fief de l'abbaye. En 1249, Aléaume avait déjà vendu XXIII j^x de terre près *les Allumières* et la terre d'Hamelitus de Candas, moyennant 70 liv. tournois, deux muids de blé et trois muids d'avoine. Enguerrand et Williaume d'Oneux, ses frères, consentirent cette vente. En 1260, Aléaume et sa femme engageaient leur mairie, selon la bulle d'Innocent III, pour 12 liv. parisis. Ils l'engagèrent de nouveau en 1269, pour 15 liv. 10 s. parisis et un muid de blé. — En 1271, impignoration de XI j^x de terre près du Flos d'Oneux, propres à tirer du sable et de l'argile « et y poons, observe le *Cartulaire*, saquier et tirer argile et savelon. »

Aléaume II, fils du précédent, et sa femme Marie, du consentement de leur fils Hue, en viennent, en 1274, à vendre leur mairie d'Oneux avec plusieurs terres et redevances, pour subvenir aux nécessités de la vie, moyennant 80 liv. parisis. Etaient témoins au contrat, Alerme de Fontaines, Henri de Nouvion et plusieurs autres seigneurs du parti du roi. Ces terres étaient situées « à la Walle ou à l'angle du bois, au « petit Festel. » Toutefois Aléaume s'était réservé son manoir, un viager de XXV j^x de terre et des cens tenus en fief du couvent (1).

1294. Jean d'Oneux, mayeur de Saint-Riquier.

1312. Guillotin d'Oneux, vivant à Saint-Riquier. — 1350. Jean d'Oneux, frère hospitalier à l'Hôtel-Dieu. — 1410. Jacques d'Oneux, échevin.

FIEF DE LA MAIRIE DE POMMEREUIL OU AVESNES. — Ce fief consistait en LXXXII j^x de terre sur le terroir d'Yvrench et de Neuville.

La mairie de Pommereuil fait supposer l'existence d'un hameau ou d'un village de ce nom au moyen-âge.

FAMILLE DE POMMEREUIL. — Famille noble du XIIIe et du XIVe siècle, révélée par nos annales. — 1223. Arnoul de Pommereuil, mayeur de Saint-Riquier. — 1249. Alerme de Pommereuil, mayeur. — 1249. Marie de Pommereuil, sœur d'Eremburge Castaigne, reprise en son testament. C'est sans doute la femme de Bertrémieu Lucas de Saint-Riquier. — 1288. Robert de Pommereuil, nommé dans un plaid. On trouve un prévôt de ce nom au prieuré de Saint-Pierre d'Abbeville en 1299.

1457. Hugues de Pommereuil, religieux et chantre au monastère de Saint-Riquier.

(1) *Cartulaire*, fol. 139-140. — M. de Belleval. — *Fiefs et Seigneuries*. — *Nobiliaire*.

FAMILLE LE CLERC. — Famille de Saint-Riquier dont plusieurs noms ont été conservés dans nos archives. Elle a tiré son nom du mot *Clericus*.

1199. Reginald le Clerc, bourgeois de Saint-Riquier.

1207. Robert le Clerc, bienfaiteur de l'Hôtel-Dieu. — 1238-1242. Williaume Le Clerc, échevin de Saint-Riquier.

1363 et 1390. Nicolas et Jacques Le Clerc font hommage pour un fief à Noyères. C'est en 1364 que nous voyons le fief de Pommereuil dans cette famille. Jeanne d'Asquette, veuve de Hue Le Clerc, dit Rebours, a donné le dénombrement de ce fief et Jacques de Bersaques qu'elle a épousé en secondes nôces l'a renouvelé la même année.

FAMILLE DE MONTREUIL. — Nous n'avons trouvé que le relief et l'hommage de Pierre de Montreuil, prêtre, en 1413. Cette famille est déjà connue de nos lecteurs. (*Voir page* 201).

FAMILLE DE CALONNE. — Cette famille, qui doit son nom à une seigneurie de l'Artois, s'est établie dans le Vimeu au XIV° siècle et possède encore aujourd'hui la terre et châtellenie d'Avesnes, au canton d'Oisemont. Plusieurs noms de cette grande famille reparaîtront plus loin dans d'autres fiefs.

I. Le premier possesseur du fief de Pommereuil dans la famille de Calonne serait, d'après M. de Rosny, Paoul ou Paul de Calonne en 1440, probablement par acquisition sur Pierre de Montreuil ou ses héritiers. Paul de Calonne était échevin d'Abbeville de 1447 à 1450 : allié à Marie Le Roy d'Argnies, il eut plusieurs enfants, entre lesquels nous devons distinguer :

II. Pierre de Calonne, écuyer, maire de Pommereuil, seigneur de Mesnil-Eudin et Condé. Il épousa Françoise Du Bois, et probablement après, Marguerite de Nouvillers, dame des Osteux : on lui donne deux enfants Jean et Guillaume : mais nous recueillons dans nos archives des noms ignorés des généalogistes, à savoir Eustache de Calonne, bailli du temporel de l'église, qui rédigea les coutumes en 1507, puis Marc de Calonne, licencié ès-lois et avocat, aussi bailli de l'église en 1512.

III. Jean I de Calonne, écuyer, licencié ès-lois, maire de Pommereuil, seigneur d'Avesnes qu'il acheta en 1532, avait pour hôtel à Saint-Riquier, en 1497, le Noir-Mouton. Ce Jean de Pommereuil ou son fils intenta un procès au monastère pour le quint denier. Il épousa Marie Manessier, au dire de nos chroniques, Marie de Machy, selon d'autres généalogies : il eut six enfants, dont Jean de Calonne qui suit :

IV. Jean II de Calonne, écuyer, seigneur d'Avesnes et de la Folie, maire hérédital de Pommereuil, échevin d'Abbeville en 1552, argentier en 1558-1560, était homme d'armes sous M. d'Humières en 1570; il s'allia la même année à Philippe de Louvel, fille du seigneur de Glisy et de D°ˡˡᵉ Philippe de Conty, qui lui donna six enfants dont Jean qui suit :

CHAPITRE XI. — SEIGNEURIE D'ONEUX ET DE NEUVILLE.

V. Jean III de Calonne, écuyer, seigneur d'Avesnes, maire de Pommereuil, seigneur de Condé-Folie en partie, homme d'armes des ordonnances du roi sous le sieur d'Amerval en 1580, épousa Françoise Cornu, fille du sieur de Beaucamps, et eut pour enfants, Henri, Pierre, Edouard et Jean. Pierre, Henri et Jean ne firent que passer dans la mairie de Pommereuil. Leur succession fut recueillie par le fils de Pierre.

VI. 1598. Relief et hommage au profit de Pierre de Calonne, écuyer, encore mineur, seigneur d'Avesnes et autres lieux, maire de Pommereuil. Il épousa Françoise Du Bois, dont il eut huit enfants, quatre garçons et quatre filles.

VII. Jacques de Calonne, son fils puîné, lui succéda dans la mairie de Pommereuil ; il fut tué le 11 août 1674 et le fief revint à Oudard son frère aîné.

VII bis. Oudard de Calonne, chevalier, seigneur d'Avesnes, Mesnil-Eudin, Saint-Jean-lès-Brocourt, maire de Pommereuil, enseigne au régiment de Rambures, épousa Madeleine Le Fournier de Wargemont dont il eut 5 enfants. Son fils aîné lui succéda.

VIII. François de Calonne, chevalier, seigneur châtelain d'Avesnes, de Fresneville, Chaussoy, Condé-Folie, Saint-Jean-lès-Brocourt, maire de Pommereuil, fut allié à Marie Louise d'Aumale en 1693. Deux ans après son mariage, François de Calonne vendit son fief de Pommereuil à Nicolas Hecquet pour 1600 liv. (1).

FAMILLE HECQUET. — Cette famille peut citer des noms célèbres dans la médecine, dans les arts et dans la magistrature. Nous pensons que le feudataire de Pommereuil appartenait à cette famille.

Nicolas Hecquet, écuyer, sieur d'Hellencourt, avait épousé D^{lle} Anne Gaffé : il mourut en 1708. Après son décès les religieux firent une saisie féodale et établirent une commission pour gérer le fief de Pommereuil. En 1722, fut donné un dénombrement au nom de la Ve de Nicolas Hecquet, de Jean-François Hecquet, écuyer, garde du roi, de Firmin Hecquet prêtre, de Charles et Augustin Hecquet, de D^{lle} Charlotte Hecquet, épouse de Jean Landrieu. — 1731. Saisine de Pommereuil au profit d'Augustin Hecquet, intendant du duc de Mortemart, donataire entre-vifs de Jean-François Hecquet, sieur de Pommereuil, chargé de la part de Nicolas Hecquet, sieur de Belenglise, héritier de Me François Hecquet, prêtre, leur frère. — D^{lle} Anne Charlotte Hecquet vendit sa part à D^{lle} Françoise Senault d'Abbeville, et par là le fief fut démembré et ne laisse plus de trace dans les archives (2).

FIEF VALOBIN (3). — XL j^r de terre au Festel.

FAMILLE CORNU. — D'excellente noblesse, reconnue en 1519. — 1374. Dénombrement du Fief Valobin par Jean Cornu ou Cornes.

---

(1) Armes : *d'argent au lion léopardé de gueules, mis en chef.*
Archives. — M. de Belleval. — *Nobiliaire* — M. du Rosny. — *Recherches*, etc.

(2) *Inventaire* des Titres, pag 499.

(3) *Vallis Aubini.* (Saint Aubin était patron de Neuville). *Val Aubin — Le Val.*

FAMILLE DE RIBEAUCOURT. — Famille bourgeoise originaire d'Abbeville, dont plusieurs branches ont été anoblies, et en particulier celle d'Amiens.

I. En 1560 Pierre de Ribeaucourt, marchand à Abbeville, possédait ce fief qu'il céda par donation entre-vifs à son fils Louis, en 1598.

II et III. 1621. Louis de Ribeaucourt, fils de Louis, procureur au Châtelet à Paris, se rendit adjudicataire de ce fief sur la succession de son père.

IV. 1626. Relief et hommage de Pierre de Ribeaucourt, neveu de Louis, vivant à Amiens.

V. 1675. Relief et hommage de Philippe de Ribeaucourt, fils de Pierre, pour quatre parts de ce fief. Philippe était prêtre à Amiens. Jacques son frère eut la cinquième part.

VI. 1687. Relief et hommage de D[lle] Marie de Ribeaucourt, épouse de François Le Bon, marchand à Amiens et en secondes nôces de Pierre Le Fèvre, échevin d'Abbeville. En 1695 ces deux époux ont vendu le fief au monastère pour 200 liv. de rente viagère et en outre pour deux obits à perpétuité et deux messes de *Requiem*, chaque semaine, à tel jour de leur décès (1).

FIEF RESTREINT DES ALLUMIÈRES. — Ce fief sur terres cottières ne produisait que 4 liv. 5 s. de cens, mais on avait le quint denier en mutation.

HAMEAU DE NEUVILLE-LÈS-SAINT-RIQUIER (2).

Le hameau de Neuville, dépendance de la paroisse et commune d'Oneux, fut probablement fondé par les moines. Il est à remarquer que ce même nom de village existe aux portes des anciens monastères de la contrée, comme Neuville près Forêt-Montier, près Saint-Valery, près Corbie, etc.

On parle des portes de Neuville en divers endroits des chartes. C'est sans doute que les seigneurs de la Ferté avaient à Neuville leur bureau de perception pour leur droit de travers sur la route d'Abbeville à Doullens.

Dans l'énumération des domaines en 831, Neuville occupe le premier rang parmi les possessions libres à peu près de toute domination étrangère. Dans les chartes du IXe siècle, par lesquelles les Empereurs assurent toute indépendance aux domaines concédés aux moines pour la nourriture et le vêtement, par suite du partage des manses, il est toujours question de Neuville (3); mais plus tard cette terre a été inféodée et le monastère eut à lutter contre des seigneurs, qui s'affranchissaient volontiers du joug qu'imposait la loi féodale.

(1) Armes : *d'or à la croix de sable, chargée de cinq coquilles d'argent*.
Inventaire des Titres, pag. 1155.
(2) *Nova villa, Noville, Nuefville, Noeufville, Neuville* d'Oneux, Neuville-lès-Saint-Riquier, sous Saint-Riquier. — *Chroniques*. — M. Garnier. (*Dict. topog.*).
(3) Hariulfe. *Chron. Lib.* III, *Cap.* III. v. IX.

CHAPITRE XI. — SEIGNEURIE D'ONEUX ET DE NEUVILLE.

Neuville eut cependant une paroisse pendant plusieurs siècles. En 1597, elle fut unie à celle d'Oneux probablement par suite de l'affiliation des seigneurs aux hérésies dominantes à cette époque. Le 24 septembre 1684 la désunion fut prononcée. Mais on ne voit pas dans les pouillés qu'on ait donné suite à cet acte de l'autorité écclésiastique (1). Un mémoire de 1724 s'efforça de prouver que les paroisses n'avaient jamais été désunies.

Au XVIII° siècle, il restait au monastère : 1° une partie des grosses dîmes ; 2° quelques droits seigneuriaux ; 3° un domaine.

I. Dîmes. — Les dîmes de Neuville ont été inféodées pendant longtemps à la seigneurie. Ce n'est que fort tard qu'elles ont été rendues à l'église. La dîme se levait à 7 gerbes du cent. Le monastère en percevait un tiers et le seigneur les deux autres tiers.

Nous verrons plus loin qu'une portion en revint à l'Evêque d'Amiens, par suite d'accord avec le seigneur. La part du seigneur fut attribuée dans la suite au curé.

II. Droits seigneuriaux. — Ils étaient réduits à un droit de champart et une censive de peu de valeur.

III. Domaine. — C'était le fief des Grandes et Petites Bonances, d'une contenance de 80 j^x de terre. Ce fief vendu pour la subvention dans les guerres de religion, en 1570, avait été retrait par le petit couvent, qui le faisait exploiter par des fermiers. Les Grandes et Petites Bonances furent successivement possédées par les familles d'Aoust et Le Fournier. On les racheta en 1663.

Nous allons donner la succession des seigneurs de Neuville, dont les relations avec le monastère offrent quelque intérêt à notre histoire. Ensuite leur obstination à retenir des dîmes inféodées et leur attitude dans les guerres de religion méritent d'être citées ici.

I. Les comtes de Ponthieu. — Les chroniques ne nomment qu'un seul seigneur de ce nom, Gui de Ponthieu, qui fit don de ce domaine au monastère sur la tombe de Saint-Gervin (2).

Famille de Neuville. — Elle est connue dès le XII° siècle : elle s'éteignit au XV° siècle. — I. 1145. — Henri de Neuville, bourgeois de Saint-Riquier. — 1186. Adam de Neuville, échevin de Saint-Riquier. — Ingelran de Neuville, chevalier, souscrit une charte pour Feuquières.

II. 1210. Guillaume de Neuville souscrit une charte de Gauthier de Montreuil.

III. Ses fils Thibaut ou Théobald de Neuville et Guy ou Wion de Neuville, chevaliers, engagèrent en 1241, entre les mains de l'abbé de Saint-Riquier, XIV j^x de terre dans la vallée de la Haye pour 60 liv. Thibaut emprunta aussi 40 liv. à Bernard, archidiacre de Ponthieu et à Jean Le Monnier, clerc Pour garantie de ce prêt il s'engagea à payer à

---

(1) M Darsy. *Bénéfices de l'Eglise d'Amiens*. Tome II, page 233.

(2) Hariulfe. *Chron. Lib.* IV, *Cap.* XXXVI.

l Evêque d'Amiens une redevance de 6 muids de grains sur les dîmes de Neuville. Après la mort de Thibaut arrivée en 1243, Gui ratifia cette transaction (1244) qui devint perpétuelle, comme on le voit par les dîmes que l'Evêque d'Amiens recueillait encore à Neuville au XVIII° siècle (1).

Guy de Neuville succéda à son frère Thibaut. Il fut en 1265 juge délégué pour une rixe à Saint-Riquier. Guy eut trois fils, Thomas, Thibaut, prêtre, et Guy.

IV. En 1275, Thomas de Neuville, chevalier, seigneur de Neuville, vendit pour 800 liv. à l'Evêque d'Amiens les dîmes qu'il tenait à Bayardes, à Saint-Pierre à Vaux, à Bussu, et l'année suivante celles qu'il tenait de Gueschard pour 248 liv. Son fils Guy ratifia la vente de cette dîme.—(1286) Thomas de Neuville suscita un procès aux moines pour des terres à Bleucourt, au Chêne de Maison-Roland : il fut obligé de reconnaître, après la preuve des faits, qu'il n'avait aucun droit sur ces terres et de promettre que ni lui ni ses hoirs n'en réclameraient plus rien. Par suite de nouvelles transactions sans doute, Thomas tenait en 1302 de l'Evêque d'Amiens une rente de 20 muids de blé aux territoires de Neuville et Coulonvillers, avec la dîme des laines d'agneaux à Neuville, Oneux, Hanchies, Festel, Coulonvillers, Senarmont, Bussu et Yaucourt. Sa femme se nommait Liesse, dite Bonnement. De cette union sont issus trois fils, Thomas, Jean et Guy.

V. Thomas II de Neuville, écuyer, avoue tenir du roi, en 1373, les fiefs de Longvillers : il passe aussi avec l'Evêque d'Amiens, le 6 novembre 1387, une transaction. Fut--il seigneur de Neuville ? M. de Belleval l'affirme. Nos archives omettent son nom et donnent, pour successeur à Thomas, Jean de Neuville son fils, dit Boutry.

VI. 1383. Jean de Neuville, écuyer, seigneur de Neuville, emporta des dîmes à Hanchies-au-Pré, dit Lhoste. L'évêque d'Amiens et les moines réclamèrent leurs droits et l'obligèrent à restitution : il cherchait aussi à s'attribuer, à cause de son patronage de Neuville, d'autres dîmes ; on le condamna encore à rétablir tout dans le premier état. Il en appela au roi, mais une sentence en 1407 confirma le premier jugement. Il eut pour successeur son fils Bertrand, dit Désiré (2).

VII. Bertrand, écuyer, seigneur de Neuville et d'Agenvillers, fit hommage pour son manoir à Gueschard le 15 octobre 1408. Il servit sous le batard de Coucy, à Ardres (3).

En 1455, Adde de Francières (voir page 139), femme de Jacques de Beauvoir, chevalier, possédait la seigneurie de Neuville ; puis on voit Aubert Le Fèvre, écuyer, en possession de la seigneurie de Neuville. Il épousa Antoinette de Damiette (1475), à qui il laissa son domaine seigneurial.

(1) M. Darsy, Bénéfices de l'Eglise d'Amiens Tome I, page 4. Tome II, page 264.
(2) Cartulaire fol 111.

(3) Armes de . ... une étoile de six rais de ... M. de Belleval. Nobiliaire. — M. de Rosny. Recherches, etc.

CHAPITRE XI. — SEIGNEURIE D'ONEUX ET DE NEUVILLE.

FAMILLE DE DAMIETTE (voir page 123).—1480. Jean de Damiette, frère d'Antoinette, écuyer, fut seigneur de Neuville, d'Agenvillers, de Francières, de Mesnil-Domqueur.

1507. Jacques de Damiette, le second des fils de Jean, lui succéda dans ses seigneuries et les laissa à Madeleine de Damiette, femme de Jacques d'Aoust, bailli d'Abbeville.

FAMILLE D'AOUST. — D'une très ancienne noblesse, originaire du village d'Aoust, près Eu.

I. En 1540 Jacques d'Aoust, écuyer, seigneur de Neuville, Francières, Agenvillers, Roquemont et autres lieux, mayeur d'Abbeville en 1542 et 1564, se maria deux fois : d'abord avec Jeanne de Buleux ; puis avec Anne Bournel de Namps. Il eut sept enfants.

II. 1570. Louis d'Aoust, l'aîné de la famille, écuyer, seigneur des mêmes lieux, acheta les Grandes et Petites Bonances, domaine monastique vendu pour subvention dans les guerres religieuses et les tint en fief de l'abbaye : il épousa Marie Quiéret, dont il eut trois enfants : Louis, seigneur de Neuville, Charles, seigneur de Francières et Pierre, seigneur de Roquemont. Ce dernier, vrai monstre de cruauté, tua son frère utérin de cinquante deux coups de poignard et fut exécuté en effigie.

III. Louis d'Aoust, écuyer, seigneur de Neuville, fut le dernier seigneur de Neuville de ce nom. Après lui la terre de Neuville passa dans la famille de Le Fournier (1).

FAMILLE LE FOURNIER. — Cette famille descendait-elle dès Le Fournier de Wargemont ? On l'a dit. Mais, comme il n'y a aucune similitude dans les armoiries, il est permis d'en douter.

I. Le premier seigneur de cette famille, Maurant Le Fournier, gouverneur de Dieppe, fut un capitaine huguenot, célèbre de 1570 à 1590; il mourut sans enfants de Marie Vitaut de Rue et eut pour successeur son frère Hugues Le Fournier. M. de Rosny n'est pas d'accord ici avec M. de Belleval ; il dit que la seigneurie de Neuville fut acquise en 1548 par Hubert Le Fournier, père de Hugues.

II. Hugues Le Fournier, seigneur et baron de Neuville, seigneur de Valines, Montigny, Saint-Acheul et autres lieux, fut capitaine d'Abbeville. Ses enfants furent Isaac, héritier de ses fiefs, Judith et Madeleine qui prirent leurs alliances dans la famille des Montmorency du Ponthieu.

III. Isaac Le Fournier, chevalier, baron de Neuville, seigneur d'Oneux, Coulonvillers, Agenvillers et autres lieux, épousa Madeleine de Montmorency de Bours dont il eut deux fils, Charles et René.

De 1661 à 1707, il y eut des procédures du monastère contre les seigneurs de Neuville pour des censives qu'ils avaient usurpées. Des sentences de 1662 et de 1672 condamnèrent Isaac et son fils Charles à payer 683 liv. pour leurs censives et autres droits

---

(1) Armes d'Aoust : *de sable, à trois gerbes d'or liées de même.* — M. de Belleval. *Nobiliaire.*

qu'ils avaient déniés. Ce procès ne fut terminé qu'en 1707, après une nouvelle sentence contre Jean Le Fournier.

En 1665, le fief des Grandes et Petites Bonances fut retrait par les religieux, moyennant une somme de 3427 liv, 12 s.

Isaac Le Fournier était un des chefs les plus actifs du parti protestant; on faisait le prêche dans son château de Neuville. Il avait conservé dans ce château une tombe. On le condamna à la déposer dans l'église du village, jusqu'à ce que la chapelle fondée par ses prédécesseurs fût rebâtie. Le prévôt de Saint-Riquier fut chargé de surveiller l'exécution de cet arrêt, avec un membre de la prévôté qui lui fut adjoint à cet effet. On accusait aussi le seigneur de Neuville d'avoir pris une portion du cimetière des catholiques ; on devait en outre examiner si la maison, où l'on faisait le prêche, était à la distance prescrite de l'église paroissiale (1).

IV. Charles Le Fournier, baron de Neuville, vicomte de Saint-Acheul, seigneur de Heuzecourt, Oneux, Coulonvillers, Agenvillers, La Motte-Buleux, Montigny-les-Jongleurs, épousa Suzanne de Boubers-Bernâtre et mourut sans postérité en 1672.

IV bis. René Le Fournier son frère, hérita de ses fiefs et de ses titres, il eut deux fils, Isaac et Jean qui lui succéda en 1680.

V. Jean Le Fournier, marquis de Neuville, allié à Elisabeth Hervay, fut condamné, en 1698, comme plagiaire de noblesse, mais à tort ; il justifia de ses titres. Il demeurait à Olizy et fut obligé de se réfugier en Angleterre en 1711 pour cause de religion. Il eut trois fils; son aîné lui succéda. Jean Le Fournier avait hérité de son cousin Benjamin-Alexandre-César de Montmorency avec sa sœur et co-héritière Angélique Le Fournier, qui se maria à Charles de Fontaines.

VI et VII. Louis-Alexandre Le Fournier, baron d'Equancourt, fut père d'un autre Louis Le Fournier. Louis-Alexandre Le Fournier s'intitulait seigneur d'Olizy, de Neuville, d'Equancourt, de Gueschard, de Coulonvillers, de Tilloy, de Mazenay. Il possédait l'hôtel de Bours-Montmorency à Abbeville (2).

En 1789 la seigneurie de Neuville était entrée dans la famille du Mesnil et possédée par Antoine-Joseph Du Mesnil.

La propriété du château et d'une partie de ses dépendances fut rachetée par M. l'abbé Padé, en 1830, et léguée plus tard au petit séminaire de Saint-Riquier.

Dans la propriété du château de Neuville on montre encore la place du cimetière et de l'église.

---

(1) *Mémoires du Clergé*. Tome I, page 1762. — Arrêt du 26 janvier 1665.

(2) Armes : *d'azur au gerfaut d'argent sur un héron volant d'or*.

Inventaire des Titres pag 1137-1160. — M. de Belleval. *Nobiliaire*. — M. de Rosny. *Recherches*, etc.

CHAPITRE XII.

SEIGNEURIE DE VILLENCOURT, VILLEROY ET VITZ-SUR-AUTHIE (1).

Cette seigneurie est probablement désignée, au IX° siècle, sous le nom de *Altisigno* ou *Altiwico* ailleurs : (*Vitz-le-Haut*) (2). Jean de la Chapelle comprend ces trois villages ci-dessus désignés dans son dénombrement des propriétés du monastère. La bulle d'Alexandre III, en 1172, fait mention des dîmes de Villencourt et du moulin de Griocourt, fief de cette seigneurie.

Villencourt appartenait en partie au comte de Ponthieu et c'est sans doute de lui que ce village avait reçu son nom de *Willelmi Curtis*. Guillaume, comte de Ponthieu, donna son domaine au couvent de religieuses qu'il fonda à Villencourt (1199). Les moines de Saint-Riquier contribuèrent, pour leur part, à cette fondation, conjointement avec d'autres seigneurs (*Tom.* I, *pag.* 476-477).

Primitivement, d'après Hariulfe, la seigneurie des moines de Saint-Riquier sur ces lieux était pleine et entière, sans mélange de fiefs. Au XII° siècle, on y possédait encore un beau domaine régi par un prévôt et un vicomte ; ce qui fit croire qu'il y avait un prieuré en ce lieu, comme on le voit par la prétention des commissaires du Pape pour y lever des décimes en 1276 et en 1283. L'abbé de Saint-Riquier n'hésita point à repousser ces tentatives et on fit droit à sa requête (*Tom.* I, *pag.* 550-551).

Aux derniers jours du régime féodal, cette seigneurie avait beaucoup perdu de son importance. Il ne restait guère que le fief de la prévôté avec quelques dépendances, des droits et des dîmes. Toutefois les reliefs se payaient toujours au quint denier : c'est pour cela qu'on comptait cette seigneurie parmi celles de première fondation.

Nous avons à examiner ce que nos archives nous ont conservé, 1° sur les dîmes, 2° la seigneurie, 3° le domaine du monastère, 4° les fiefs.

I. Dîme. — La dîme se percevait sur les terroirs de Villencourt et Villeroy à VI gerbes du cent et sur celui de Vitz à 7. Sur les deux premiers villages, le couvent en recevait un sixième, les clercs réguliers de Dommartin, un sixième perçu par les

---

(1) Villencourt, commune du canton d'Auxi-le-Château, ancienne dépendance d'Auxi.—*Wuillelmi-Curtis. Vilencort. Willencourt.*
Villeroy, commune du canton de Crécy. — *Altiwicus, Villare, Viculus, Villeroy, Villereni, Villa regis* ou *Regia*, Villeroy-sur-Authie

Witz, commune du canton de Crécy. — *Vicus ad Alteiam, Viacum, Vy-sur-Authie, Vis,* Vitz-sur-Authie. — *Chron. de Saint-Riquier.* — M. Garnier. (*Dict. Topog*).

(2) *Chron. Cent. Lib* III *Cap.* III.

moines de Saint-Riquier jusqu'en 1684, le curé un tiers, et le prieur de Ligny le dernier tiers. Même proportion pour la dîme de Vitz.

Le fief de Méricourt, dépendance d'Auxi-le-Château, payait un tiers de sa dîme à notre couvent et les deux autres tiers à l'Hôtel-Dieu d'Auxi (1). Cette dîme se percevait à vii gerbes du cent. Elle est dite considérable dans les actes du xiii° siècle.

Dans les derniers temps, cette dîme était évaluée à 200 liv. Une sentence judiciaire obligea les religieux de Saint-Riquier à contribuer à la réparation du chœur de l'église d'Auxi-le-Château et à la portion congrue des deux vicaires (1722) (2).

II. SEIGNEURIE. — Elle était spéciale sur quelques cantons, indivise avec les seigneurs de Villencourt et de Villeroy sur d'autres. Mais partout les moines avaient, conjointement avec les seigneurs, la haute, moyenne et basse justice. 2° Des censives étaient perçues sur plusieurs manoirs et sur des terres labourables, spéciales ou partagées, selon les cantons. 3° Ajoutons un droit de champart sur LXXXVIII j^x de terre indivis avec le seigneur de Villencourt, sur CCXXV indivis avec le seigneur de Villeroy, et en outre sur IX j^x de terre appartenant à l'Abbaye seule, ainsi qu'un droit de pêche dans la rivière d'Authie.

Nous allons analyser quelques faits de seigneurie sur ce domaine.

1218. L'Abbé de Saint-Riquier céda un immeuble aux religieuses de Villencourt, moyennant 6 s. de cens et à la condition de ne jamais détourner la rivière : ce qui aurait causé un grand préjudice aux moulins des religieux.

1224. On fit l'acquisition d'une masure, à Nicolas de Villeroy, devant le moulin de Villencourt, comme on le voit par un acte donné sous son sceau et du consentement de sa femme Mahaut de Maintenay, et de son fils Guillaume. Nicolas de Villeroy en offrait la moitié en aumône perpétuelle.

Par un contrat d'impignoration, le même Nicolas de Villeroy engagea pour trois ans la moitié de son moulin de Villencourt, des prés, des terrages ou champarts, des cens, des reliefs, « et lui en bailliémes 70 liv. parisis, dit le *Cartulaire*, mais il ne les pooit dégager que de Pâques à Pâques ».

D'autres lettres nous indiquent que les moines permirent audit Nicolas de Villeroy « de extirper, arracher, escharter son bois dessus Villeroy tenu du monastère en plein « hommage, en dedans deux ans à venir, et mettre icelui bois en terre ahanable, « moyennant que de toute cette terre là où est le bois, quand elle sera extirpée et « mise à anhenner, nous arons la dîme et la moitié du terrage ou vilenie ». Etaient présents à cet accord, Williaume de Crécy, Ernoul de Pommereuil, Warin le Prévot, Thiébaut Bruchier de Villencourt.

A la suite de toutes ces transactions, Nicolas de Villeroy, partage avec ses co-seigneurs les revenus et les hommes de Villencourt, il fait le dénombrement des hommes

---

(1) *Bénéfices de l'Eglise d'Amiens. Tom.* II, *pag.* 247. (2) *Inventaire des Titres, page* 1268.

qui seront au monastère et de ceux qui lui appartiendront. La moitié du moulin entre dans le lot des religieux, avec les eaux de la rivière et les plants d'aulnoye.

En 1279, Jean de Villeroy, écuyer, homme-lige de l'Abbaye, déclare qu'il a pour agréables toutes les acquisitions en terre et autres faites par la dite Abbaye en son fief de Villencourt, et n'en retient que la censive à lui due ordinairement, mais il reconnaît que cette censive ne peut lui retourner qu'après qu'il serait dégagé des sommes que son père devait à l'abbaye. Il faut croire que Nicolas avait laissé cette dette à son fils Guillaume.

1228. Nous revenons à Nicolas de Villeroy. Il se montra très généreux envers les habitants de Villencourt : il donna à sa femme, Mahaut de Maintenay, son douaire sur les cens du Hamel, en compensation de ce qui lui avait été assigné sur son bois défriché.

1232. Il y eut procès entre le monastère et Dreux de Moy et Adde, sa femme, pour la seigneurie des eaux de Villencourt. Maître Philippe Le Chantre, juge délégué par le Saint-Siège, examina les raisons apportées par les parties. Ces raisons firent comprendre à Dreux de Moy et à sa femme qu'ils s'étaient trompés : c'est pourquoi ils vinrent déclarer qu'ils n'avaient aucun droit sur les eaux de Villencourt ni sur leurs dépendances, que la réclamation des religieux était bien fondée et que tout leur appartenait, sans avoir à partager avec d'autres seigneurs.

1288. Le seigneur d'Auxi, ayant méconnu la justice du monastère à Villeroy, fut condamné au bailliage d'Amiens (*Tom.* I, *pag.* 555). Nouvelle condamnation en 1333 contre le seigneur d'Auxi pour délit à Villencourt. Le seigneur d'Auxi avait appelé à Amiens de la sentence du prévôt. Le bailly, Galerand de Vaux, confirma la première sentence.

1309. A la suite d'une contestation entre le couvent et Guillaume de Villeroy, doyen du chapitre d'Arras, on fit un partage des prés, des eaux, des terres et autres domaines communs à Villencourt. Il fut aussi reconnu que les religieux pouvaient tenir des plaids en leur hôtel et que le seigneur de Villeroy y serait convoqué par le prévôt. Pour avoir sa part d'amende il devait y assister ; et son absence n'empêchait point la procédure (1).

1342. Gardiens de la chaussée entre Vitz et Villencourt, les gens du comté d'Artois avaient pris des gazons sur la propriété des religieux pour « refaire, raparelier et remettre en état une cauchie entre Villeroy et Vy, venant au moulin de Griocourt, » qui appartenait aux religieux. Il y eut plainte, puis arbitrage et jugement par Adam de Brailly, prévôt du monastère et par maître Jean de Salins. Il paraît que la sentence ne fut pas agréée par le comte, car il en appela au Parlement. L'arrêt de la cour re-

(1) *Cartulaire, fol.* 168-170. — *Inventaire des Titres,* page 1205, etc.

connut le préjudice porté à la propriété monastique et condamna les hommes du comte d'Artois.

1665. Un acte de notoriété dressé par le lieutenant du bailliage d'Amiens, à la requête des habitants de Villencourt, porte que le village de Villencourt dépend de la prévôté de Saint-Riquier et qu'il a été compris au rôle du ban et de l'arrière-ban du bailliage d'Amiens.

1778. Les habitants de la Neuville, paroisse d'Auxi, font une requête aux Etats d'Artois pour obtenir l'aliénation de leurs biens communaux pendant neuf ans (1).

III. Domaine. — A la fin du xviii° siècle il ne restait plus aux moines, outre les fiefs, qu'un pré de trois quartiers. Qu'on accuse après cela les moines d'accaparer les biens, lorsqu'ils ne savaient que laisser déchoir les domaines anciens !

En 1272, xxviii j° de terre furent vendus par Hue le Vasseur de Vitz, pour subvenir à son entretien et soulager sa pauvreté. Jean de Villeroy avait abandonné à l'abbaye tous ses droits de seigneur sur cette terre et ne s'était réservé que la moitié du terrage. Hue Le Vasseur reçut 76 liv. par. pour prix de cette terre.

IV. Fiefs. — Nous avons à traiter : 1° du fief d'un moulin sur l'Authie ; 2° de la seigneurie de Villencourt ; 3° du fief noble de la Vicomté ; 4° du fief noble de la Prévôté ; 5° de la seigneurie de Villeroy ; 6° de la seigneurie de Vitz ; 7° du fief de l'Eglise et du presbytère de Monstrelet ; 8° des fiefs anciens d'Aoust et d'Alsy.

Moulin sur l'Authie. — Rapportons ici ce que les chroniques nous disent du moulin de Griocourt ou Gricourt (2), appelé depuis moulin de Villencourt.

1219. Hugues Camp d'Avesne donne des lettres sous son sceau dans lesquelles il déclare qu'il a les deux tiers du moulin de Gricourt contre Thomas de Gricourt, qui avait le tiers du tiers, pour appointer ledit moulin tenu de Hugues Camp d'Avesne par 5 s. de cens à Noël, 5 s. d'aide et 20 s. de relief. Par ces mêmes lettres, Hugues donna à l'abbaye de Saint Riquier les deux tiers du moulin, se réservant l'autre tiers pour lui et Thomas de Gricourt.

Nous ne comprenons pas, d'après cet exposé, comment, en 1172, le Pape Alexandre III reconnut les droits du monastère sur le moulin de Griocourt. Y aurait-il eu usurpation de ce domaine depuis ? C'est la seule explication de ce retour à l'abbaye.

La même année le dit Hugues abandonnait aux moines de Cercamps tous ses droits sur le moulin de Gricourt et sur une maison à Doullens.

1290. Jean de Lannoy, dit Rifflard, fit hommage à l'abbé de Saint-Riquier et à Pierre de Magnières pour le moulin de Willencourt dont il avait un tiers en propriété, pour la maison et les hommes du fief.

(1) *Inventaire des Titres*, page 1230.

(2) Griocourt, Gricourt, Grieuchecor ? — *Inventaire des Titres*, page 1257.

CHAPITRE XII. — SEIGNEURIE DE VILLENCOURT, VILLEROY ET VITZ-SUR AUTHIE. 263

1300. André du Moulin donne un dénombrement à l'abbé de Saint-Riquier et à Guillaume de Villeroy pour le fief du moulin de Villencourt, dont il paie annuellement à l'un et l'autre seigneur cent blancks de bourdeilles, à la Saint-Remi, et en outre 30 s. de relief. « Et si le dit André a les boitiaux du jour, et quand on a fête, boitiaux et « demi de blé avant part, et quand il faut ouvrer, le dit de Villeroy et nous, chacun pour « moitié, le mettrons sur place, et si le dit Andrieu lors devait faire ouvrer. Et quand il « faut meules et férules, il en paie le tiers. » Le dénombrement est sous le sceau de M° Mahieu Le Magnier, prêtre.

1311. Des lettres de Jean de Foucaucourt, abbé de Saint-Riquier, contiennent une transaction avec Firmin, abbé de Cercamps (1), pour des démêlés au sujet de ce moulin de Gricourt. Afin d'éviter de nouvelles chicanes, il est convenu que le moulin appartiendra héréditablement à l'abbaye de Saint-Riquier, à la condition de rendre aux moines de Cercamps six setiers de blé, à la mesure de Villeroy « de tel blé que le moulin wagnera. » En outre on remet aux moines de Cercamps la redevance annuelle d'un demi-marc d'argent. Ces lettres, scellées du sceau des deux abbayes, furent faites le vendredi après la fête de Saint-Firmin.

Des quittances de 1715 indiquent que cet accord existait encore alors entre les deux abbayes.

1339. L'abbé de Saint-Riquier fit réparer l'écluse Wasquignon près Willencourt, pour parer aux dommages qui seraient causés par sa rupture.

1388. Accord avec D^{lle} Isabelle de Mangnières ou du Moulin, veuve de Jean de Tillencoupé pour le moulin de Griocourt. « Elle avait été délayante pour la réédification.» De là, procès. A sa requête le roi accorda une pacification sans amende, mais à la condition qu'elle porterait sa part des frais de construction. Cette réparation l'obligea, parce qu'elle ne put trouver « grande quantité de quennes pour refectionner le moulin, » à renoncer à son fief au profit des religieux de Saint-Riquier. Une autre copropriétaire du moulin, Jacquette La Bretonne releva ce fief et fut aussi mise en défaut. Le moulin tomba en ruine à la suite de ces retards. De là grande assemblée des seigneurs voisins auxquels il touchait, pour rasseoir le seuil du moulin (1398). Tous les anciens qui avaient vu le moulin précédent « furent évoquées par lettres de Jean de Bouberch, bailly de l'abbaye. Les gens du roi furent chargés de le réédifier et l'on commit Etienne de Brumon « qui en paya 117 liv. 13 s. parisis pour la fachon et carpentage à Henri Lenfant, carpentier ». On y avait employé 60 grands chênes (1408). « Incontinent qu'il fut à molage et à gaingnage, laditte Jacquette par Williaume de « Conteville, écuyer, dont elle était la chambrière et dont elle avait deux enfants, les « menaça eux (les moines) et leurs magniers et les troubla tellement qu'ils rachetèrent « le fief après procès et condamnation de ladite Jacquette Bretonne et en payèrent 50

(1) Le nom de cet Abbé, cité dans la chronique de D. Cotron, est inconnu à plusieurs auteurs qui ont écrit sur l'abbaye de Cercamps.

« écus d'or à 18 s. la pièce, dont elle emporta pour son tiers xv écus (1412). Thomas d'Arech pour lors gouverneur de l'Eglise se soumit à payer cette somme (1).

Le fait suivant mérite d'être rapporté ici. — 1477. Pierre de Rambures, vicaire du cardinal Angelo Catto, archevêque et vicomte de Vienne, administrateur de l'église de Saint-Riquier (*Tome* II, *page* 147), fit un bail du moulin de Griocourt et de ses dépendances au profit de Pierre de Bommy et de Jean Beauvarlet, pour chacun la moitié et par indivis, à la condition pour les preneurs de réédifier un moulin à moudre le blé, de payer aux religieux de Saint-Riquier 6 liv. de 15 gros de monnaie de Flandre et 6 setiers de blé aux religieux de Cercamps. Après la mort de Pierre de Bommy, sa veuve, D^{lle} Le Sénéchal, renouvela ce bail moyennant 8 liv. de 40 gros monnaie de Flandre chaque livre et aultres conditions indiquées plus haut (1485) (2).

SEIGNEURIE DE VILLENCOUT. — Cette seigneurie relevait, dit M. de Belleval, de l'abbaye de Saint-Riquier. Donc tous les seigneurs faisaient autrefois hommage au monastère.

La seigneurie était possédée, dès 1282, par la famille de Blottefière dont nous parlerons tout-à-l'heure, sous l'article de la prévôté de Villencourt. Mais d'autres familles ont aussi joui de droits sur Villencourt et se sont déclarées seigneurs de ce village.

FAMILLE DE VILLENCOURT. — Ses hommages sont perdus. Voici quelques noms recueillis çà et là.

1167. Sewin de Villencourt, témoin dans une charte du comte de Ponthieu en faveur de Selincourt.

1226. Henri de Villencourt et Agnès, sa femme, font une donation aux religieuses de ce nom. — Hugues de Villencourt, dit Moreau, ajouta, en 1227, IV j^x de terre à cette donation.

1337. Pierre de Villencourt, fieffé du Ponthieu à Saint-Riquier.

1439. Pierre de Villencourt a vendu à Yvonnet de Tornes des terres tenues de l'Abbaye.

1544. Marie de Villencourt, religieuse à l'Hôtel-Dieu de Saint-Riquier. — 1586. Jean de Villencourt achète à Yvrench des terres tenues de l'Abbaye.

1609. François, Bertrand et Jean de Villencourt, à Abbeville.

FIEF DE LA VICOMTÉ DE VILLENCOURT. — Ce fief ne comprenait plus dans les derniers temps que le siège de la Vicomté, c'est-à-dire un manoir de VII quartiers de terre, au revenu duquel venaient s'ajouter quelques censives et des droits seigneuriaux. Les noms des vicomtes sont perdus ou confondus avec ceux des prévôts.

FIEF DE LA PRÉVOTÉ. — XXXII j^x de terre labourable avec un chef-lieu amasé.

---

(1) *Cartulaire*. Fol. 170 172.   (2) *Inventaire des Titres*, page 1264.

FAMILLE DE TILLENCOUPÉ. — 1375. Jean de Tillencoupé, écuyer, mari et bail de dame Isabelle de Magnières, fournit un dénombrement des fiefs de la Prévôté et de la Vicomté. Jean de Tillencoupé tient aussi des fiefs à Cressy et une pairie à La Broye. Jean le Prévôt fait hommage à ce seigneur et à l'Abbé pour ses arrière-fiefs à Willencourt et en particulier pour la prévôté. — Nous relèverons aussi en 1380 le nom de Guillaume de Tillencoupé.

FAMILLE DE BERRY — Avant 1550, Eustache d'Incourt, écuyer, vend le fief de la Prévôté à Jean de Berry, acquéreur tant en son nom qu'en celui de Charlotte de Renty, son épouse. Jean de Berry épousa en secondes nôces Jeanne Brunel. De ce mariage est issue Jeanne de Berry qui se maria à Guillaume de Salparwich. En 1621, Jeanne de Berry vendit son fief à Jean de Blottefière, seigneur de Villencourt, Dompierre et autres lieux, gouverneur de Montdidier (1).

FAMILLE DE BLOTTEFIÈRE. — Cette famille, qui tenait son nom d'un fief du Ponthieu, a occupé un rang distingué dans la noblesse du pays et n'est pas éteinte. Elle a possédé des fiefs de l'Abbaye en plusieurs lieux.

Voici la suite des seigneurs de Willencourt, d'après M. de Belleval : 1° Arthur de Blottefière, (1282) ; 2° Enguerran (1326) ; 3° Jean Ier ; 4° Colart Ier (1400) ; 5° Jean II ; 6° Colart II (1432) ; 7° Jean III (1507) ; 8° Pierre (1515) ; 9° Charles (1548) ; 10° Jean IV, qui fit hommage de la seigneurie de Villencourt en 1570 et qui acheta le fief de la Prévôté.

Des membres de cette famille ont habité Saint-Riquier. — 1530. Pierre de Blottefière était prêtre à Saint-Riquier. — 1563. Jean de Blottefière, seigneur d'Yonval, avait un ténement à Saint-Riquier.

Vers 1515, Jean de Blottefière, écuyer, s'allia à N. Le Vicomte. Son fils Pierre épousa Barbe de Bersacles, qui lui apporta la seigneurie de Gorenflos ; un autre de ses fils épousa Gillette Le Prévot.

Jean IV de Blottefière, chevalier, seigneur de Blottefière, Willencourt, Brucamps, Buverchy, gouverneur de Doullens et Montdidier, député de la noblesse aux Etats-Généraux de la Picardie (1558-1560), s'était uni à Jeanne de Warluzel, dame de Voyennes et Dompierre. L'une de ses filles, Claude de Blottefière, fut abbesse de Willencourt, ainsi que sa petite-fille Angélique de Blottefière.

1625. Relief et hommage de Gabriel de Blottefière, fils de Jean, marquis de Blottefière, seigneur des mêmes lieux : il fut aussi gouverneur de Montdidier et s'allia à Charlotte Le Chevalier dont il eut six enfants. — 1669. Relief et hommage de Nicolas de Blottefière, héritier et successeur de son père, Gabriel de Blottefière, seigneur des

---

(1) Armes de Berry : *d'argent à la feuille de scie posée en fasce, les dents en haut, accompagnée de trois têtes de lévrier accotés d'or.*

mêmes lieux, conjoint à Henriette Le Petit de Gournay, fille d'honneur d'Anne d'Autriche.

Nicolas de Blottefière ne put suffire aux dépenses de ses dignités et de ses honneurs. Il recueillait les reliefs de la seigneurie de Willencourt et ne partageait plus avec les religieux ses co-seigneurs. En 1665 il s'était engagé vis-à-vis d'eux à payer 1,000 liv. en cinq ans. Mais les religieux n'étaient pas les seuls créanciers. Les dettes s'augmentant chaque année, la justice fit une saisie, et les biens furent décrétés de vente par arrêt rendu aux Requêtes du Palais à Paris. Les directeurs et les créanciers des successions de M. de Blottefière, marquis de Villencourt, et de sa femme, ne furent autorisés à vendre qu'à la condition de payer les droits seigneuriaux à l'abbaye de Saint-Riquier, et en plus les arrérages qui restaient dus.

Nicolas de Blottefière ne transmit point à ses fils les fiefs de Willencourt, bien qu'ils en aient donné le relief en 1682 (1).

En 1715, Gui Vassal, conseiller du roi au grenier au sel à Abbeville, se rendit acquéreur au nom de Jean-François Vassal, son frère, et de D^{lle} Marie Talva, leur mère, de la prévôté et de la vicomté de Willencourt avec leurs manoirs, terres et autres biens consistant en moulins, terres, près, manoirs tenus en roture de l'Abbaye de Saint-Riquier.

Les questions soulevées par la liquidation de cette noble succession livrée à toutes les exploitations de la chicane, obligèrent les parties à bien préciser leurs droits réciproques ; on reconnut ainsi ceux du monastère. D'après les coutumes locales suivies de temps immémorial, le village de Willencourt, situé sur les deux rives de l'Authie, partie en Picardie et partie en Artois, enclave de France, ressortissait totalement du bailliage d'Amiens et de la prévôté de Saint-Riquier. Les religieux avaient toute justice sur la rivière et le terroir, même sur l'enclave d'Artois, qui ne renfermait que des jardins et des manoirs. La rivière leur appartenait et ils pouvaient y établir des moulins à leur volonté. Les champarts, les censives furent reconnues, comme nous l'avons noté plus haut.

Il est vrai qu'en 1753 MM. de Blottefière voulurent contester les droits du monastère sur les marais ; mais leur opposition fut mise à néant et la propriété fut confirmée en 1755.

Gui Vassal maria sa fille à Guislain David, marchand à Auxi-le-Château. Les filles de Guislain David possédaient ce fief en 1789 (2).

SEIGNEURIE DE VILLEROY. — FAMILLE DE VILLEROY. Noble et ancienne famille du Ponthieu, co-propriétaire de Villeroy et même de Villencourt avec l'Abbé de Saint-Riquier.. — 1129. I. Henri de Villeroy, témoin au testament de Robert de la Ferté.

---

(1) Armes de Blottefière : *d'or à trois chevrons de sable*.

M. de Belleval. — *Nobiliaire*.
(2) *Inventaire des Titres*, page 1215-1218

CHAPITRE XII — SEIGNEURIE DE VILLENCOURT, VILLEROY ET VITZ-SUR-AUTHIE.

— 1199. II. Nicolas de Villeroy, l'un des fondateurs du couvent de Villencourt : il lui fait encore une donation en 1226.

Nous avons cité plus haut ses transactions avec le monastère de Saint-Riquier en 1224 et 1228. Il avait épousé Mahaut de Maintenay dont il eut Guillaume de Villeroy. Nicolas donna à ses hommes de Villeroy une charte de commune, à l'instar de celle d'Abbeville (1208).

III. Guillaume de Villeroy, chevalier, fit une aumône aux religieuses de Villencourt en 1259. Il avait déjà doté la commune, en 1237, de 110 liv. par. sur le fief qu'il tenait du comte de Ponthieu. Il eut deux enfants, Jean et Luce.

IV. Jean de Villeroy, chevalier, homme-lige de l'Abbaye, pair du comté de Ponthieu, ratifia l'acquisition de plusieurs domaines par ladite Abbaye (1279). On peut voir d'autres actes dans le *Nobiliaire* de M. de Belleval. De D^{lle} Engelhars, sa femme, il eut trois fils, Guillaume, Anseau et Pierre.

On connaît encore à la même époque Rabue ou Rabine de Villeroy, qui avait un domaine dans ce village.

V. Guillaume de Villeroy, seigneur de Villeroy, doyen du chapitre d'Arras, fit en 1309 le partage des eaux de Villencourt avec l'Abbé de Saint-Riquier. Il laissa ses biens à son frère Anseau, qui fit en 1314 l'aveu de sa pairie du comté de Ponthieu, située sur l'Authie. — Pierre de Villeroy fut procureur de la ville d'Abbeville. On a encore des actes scellés de son sceau, en raison de cette charge.

1575. Mathieu de Villeroy possédait des terres à Bersaques (1).

La seigneurie de Villeroy fut absorbée sans doute par la pairie et passa dans les domaines des seigneurs de Beauval, puis de Montmorency et de leurs héritiers, sous la suzeraineté des comtes de Ponthieu.

SEIGNEURIE DE VITZ. — La seigneurie de Vitz échappa aux religieux à une époque inconnue. Cependant la famille de ce nom était tributaire de Saint-Riquier au XIe et au XIIe siècle.

FAMILLE DE VITZ OU DE WY. — 1145. Nicolas et Robert de Vitz, bourgeois de Saint-Riquier. — 1164. Arnoul et Galeran, son fils, du consentement d'Alelme, seigneur dominant, donnent à l'abbaye de Saint-Acheul un moulin à eau à l'Agrapin. — 1195. Henri de Wy, témoin dans une charte du comte de Ponthieu.

Vers 1263, Guillaume de Wy, dit Vivien, fait une aumône à l'abbaye de Villencourt.

1303. Henri de Wy, chevalier, dans une charte de Hugues de Fontaines, dont il est l'oncle. — 1372. D^{lle} Jeanne de Wy, dame de Wy, possédait un fief à Witz (1).

---

(1) Armes de Villeroy : *écusson au sautoir ingrélé de* . — M. de Belleval. *Nobiliaire*.

(2) Armes de Witz : *d'azur à la fasce d'or, à trois étoiles, deux en chef, une en pointe.*

Inventaire des Titres pour le chapitre de Villencourt, pages 1211-1267.

La seigneurie de Vitz appartenait à la famille de Boubers au XIII° et au XIV° siècle.

Fief de l'Église et du Presbytère de Monstrelet (1). — Au village de Monstrelet où se voyait l'ermitage de Saint-Mauguille (*Tom.* i, *pag.* 78), existait autrefois une paroisse sous le patronage de Saint-Riquier. On montrait encore l'Eglise et le presbytère en 1689, mais il n'y avait plus d'habitants : ceux qui s'étaient transportés à Boufflers, hameau distant d'une demi-lieue (2). La protection des seigneurs de Boufflers leur faisait espérer en ce lieu une vie moins agitée : car on sait combien peu alors on jouissait de sécurité sur les confins de l'Artois et de la Picardie.

L'Église de Boufflers, dédiée sous le vocable de Saint-Mauguille, continua le culte séculaire rendu au saint ermite, dont les vertus avaient embaumé la vallée de l'Authie.

L'église et le presbytère, après la ruine du village, furent donnés en fief par l'Abbaye qui recevait 30 s. de redevance. Le cens en était payé au seigneur. Le petit domaine de Saint-Mauguille contenait xi j^r et trois quartiers de terre. Il fut vendu avec l'Eglise et le presbytère au curé de Boufflers, en 1791, pour 100 liv.

La dîme de Monstrelet était partagée entre le curé, l'archidiacre du Ponthieu et l'abbaye de Saint-Riquier (3).

Fiefs d'Aoust. — D. Grenier cite un autre fief à Monstrelet, produisant encore, en 1703, 20 liv. de censives à l'abbaye. Ne serait-ce pas le fief connu anciennement sous le nom d'Aoust (*Augusta*) et compris par Jean de la Chapelle dans son catalogue des domaines ?

Ce fief est nommé dans un dénombrement du 12 mai 1375, et dans un autre de 1387. Quelques auteurs ont cherché ce fief dans le Vimeu à Aoust-Marais ; mais du moment qu'un fief de ce nom existait sur les bords de l'Authie, il est tout naturel de l'attribuer au monastère de Saint-Riquier. Ajoutons que *Villa Augusta* a bien des rapports avec Villeroy, et que l'ancienne forme du mot a pu se conserver dans celui d'Aoust.

Fief d'Alsy. — M. de Belleval dans ses recherches sur les fiefs du Ponthieu signale un fief d'Alsy, situé auprès de Vitz-sur-Authie et aujourd'hui inconnu. Nos annales nous ont conservé plusieurs noms des hommes-liges de ce fief.

1145. Lambert d'Alsy, bourgeois de Saint-Riquier, témoin dans les chartes du monastère et du Val.

1167. Anselme d'Alsy, chevalier, dans les chartes du monastère. — 1199. Robert d'Alsy dans les chartes de l'Hôtel-Dieu.

1210. Bernard d'Alsy dans les chartes du Val.

Nous avons laissé passer plusieurs autres noms de cette famille, que nous pensions appartenir à la famille d'Auxi.

---

(1) *Monstroledus, Monasteriolum, Monsterlet, Monstrelet-Saint-Mauguille — Chroniques.* — Hariulfe. — M. Garnier. (*Dict Topog*)

(2) M. Darsy. *Bénéfices de l'Église d'Amiens*, l'om. ii, *pag.* 156.

(3) *Ibid.*

CHAPITRE XII. — SEIGNEURIE DE VILLENCOURT, VILLEROY ET VITZ-SUR-AUTHIE.

Les noms suivants seraient-ils ceux des descendants de cette famille ?
1495. Jehan d'Auxi, domicilié à Saint-Riquier.
1539. Tassin d'Aussi, propriétaire ou locataire du ténement de Jean Heudain.
1552. Eustache d'Auxi, mayeur de Saint-Riquier.

M. Darsy cite encore une donation au prieuré de Saint-Sulpice de Doullens (1263), par Hugues, fils de Hugues d'Alsi, de l'assentiment de Guillaume de Ponthieu (1).

(1) *Archives de Saint-Riquier* — M. Darsy. *Ibid* page 150.

LIVRE XVIII.

FIEFS DIVERS, DOMAINES, DIMES, REVENUS, ETC.

CHAPITRE I.

SEIGNEURIE DE MILLENCOURT.

La terre et seigneurie de Millencourt (1), fief mouvant de l'Abbaye, avait été inféodée à un seigneur particulier aux charges ordinaires des autres fiefs. M. de Belleval reconnaît qu'elle relevait de l'abbaye de Saint-Riquier; mais nous n'avons guère dans les archives de trace d'hommages que pour les fiefs. Nous ne pouvons citer pour la seigneurie que les sires du Candas, mentionnés dans divers actes.

La cure était à la collation du prieuré de Biencourt, fondé par les seigneurs de la Ferté. Elle valait 550 liv. d'après la déclaration de 1730, 2,000 liv. d'après D. Grenier, en 1703. L'église était nouvellement bâtie en 1689 : l'ancienne existait encore. Il restait à l'Abbé de Saint-Riquier au dernier siècle : 1° la dîme, 2° quelques droits seigneuriaux, 3° l'hommage de plusieurs fiefs, 4° des domaines.

I. DIME. — La dîme sur Millencourt est mentionnée au privilège de 1172 : elle se percevait au xviii° siècle sur tout le territoire, à raison de vii gerbes du cent et se divisait ainsi: sur xxvii gerbes, l'Abbé de Saint-Riquier en levait xii, le curé xi, le Prieur de Biencourt iv.

II. DROITS SEIGNEURIAUX. — Des censives, le relief au quint-denier, le champart sur quelques parties du territoire. Le champart était notamment recueilli à raison de viii gerbes du cent sur un canton nommé *Les Terres du Brusle*.

---

(1) Commune du canton de Nouvion. — *Milliumcurt, Milencort*. — M. Garnier. (*Dict. Topog.*)

III. Fiefs. — Nous trouvons cinq fiefs sur la seigneurie de Millencourt : 1° le fief de Millencourt ou Flamermont, 2° le fief du Moulinet ou du Moustier, 3° le fief de Saint-Souplis ou de Hesdin, 4° et 5° les deux fiefs de la Haute et Basse Salle. Il reste en outre quelques actes sur le fief de Houdancourt, sur celui de la Couture du Quesne (1).

Fief de Millencourt. — Ce fief possédait des droits de justice, des bois, des censives de grains et de chapons. Il fut restreint et démembré dans les derniers temps.

Famille de Millencourt. — Quelques noms sont parvenus jusqu'à nous.

1140. Arnoult de Millencourt, témoin dans une charte de Renaud de Saint-Valery pour la Léproserie du Val. — 1150-1167. Hugues de Millencourt, moine de Saint-Riquier, souvent nommé dans les chartes du monastère. — Dans une charte de l'Abbé Pierre en 1150, on lit avec son nom celui de Hœmeric de Millencourt : — en 1164, celui de Sewin de Millencourt dans une charte de Jean, comte de Ponthieu.

1236. Jacques, Raoul, Gaudefroy de Millencourt, dans les chartes de Saint-Riquier.

1362. Maillard de Millencourt (*Ibid.*). — 1387. Mathieu de Millencourt, chevalier, allié à Marie d'Agenvillers, possédait un fief noble à Gueschard.

Famille de Flamermont. — De la famille de Millencourt le fief passa dans celle de Flamermont et fut désigné dès lors indifféremment sous l'un ou l'autre de ces deux noms. Nous n'avons rencontré que le nom d'un seul personnage, Arnoult de Flamermont, échevin de Saint-Riquier (1387). Il est dit qu'il possédait des terres à Millencourt.

Plus tard, Gilles ou Gillette de Pont-Remy, femme de Hue de Famechon, chevalier, tenait le fief ou la terre de Millencourt. Son mari servit son aveu à l'Abbaye en 1400 (2).

Famille de Malicorne. — Trois feudataires de ce nom, Colard I, Colard II, Hugues de Malicorne, sont intitulés seigneurs de Millencourt. Hugues n'eut point d'enfants. La famille Malicorne occupa les plus hautes fonctions à Abbeville, sa ville natale.

Après Gillette de Pont-Remi on lit dans nos *Archives* que Jacques de Bouberch vendit le fief de Flamermont à Jacques de Bristel (1490). En 1500, celui-ci le rétrocéda à Philippe de Bouberch. Ce fief passa ensuite dans la maison d'Aigneville, qui possédait déjà, d'après M. de Belleval, la seigneurie de Millencourt (3).

(1) *Inventaire des Titres*, 1017 à 1024.
(2) *Chroniques de Saint Riquier.*
(3) Armes : *d'azur à la bande d'or, accompagnée de deux licornes passantes de même.* — M. de Belleval. — *Nobiliaire.*

M. de Belleval, dans ses *Fiefs et seigneuries*, donne une suite de seigneurs du fief de Millencourt différente de celle de nos Archives. Nous nous en rapportons à ces dernières.

CHAPITRE I. — SEIGNEURIE DE MILLENCOURT.

FAMILLE D'AIGNEVILLE. — La généalogie de cette famille originaire du village d'Aigneville remonte jusqu'au XIII° siècle.

I. Firmin d'Aigneville, chevalier, seigneur d'Etrejust et de Millencourt. Il épousa Alix Du Bus et fut père de Jean et de Robert d'Aigneville.

II. Jean I d'Aigneville, écuyer, seigneur du Bus, de Rogeant, de Dreuil et de Millencourt en 1408, épousa Jeanne de Belloy. De cette union sont issus Claude, Charles et Guillaume.

III. Guillaume d'Aigneville, écuyer, seigneur de Millencourt, eut d'Isabelle Quiéret trois fils et une fille, savoir : Emond qui suit, Pierre, seigneur de Dreuil, Rogeant et Feuquières en partie, Raoul et Jeanne. Guillaume avait épousé en premières nôces Marie Machue, qui avait des biens à Flamermont.

IV. Emond d'Aigneville, écuyer, seigneur de Millencourt, s'allia à Maïotte de Caumont et fut père de Jean. Il comparut à la rédaction des coutumes en 1507.

V. Jean II d'Aigneville, écuyer, seigneur de Millencourt, fut conjoint à Antoinette Le Ver dont il eut cinq garçons, Thibaut, Claude, Quentin, Enguerran, Antoine.

VI. Thibaut d'Aigneville, désigné dans nos annales sous le nom de fils aîné de Jean, bien que M. de Belleval ne le nomme que le troisième, donna le relief du fief de Millencourt en 1531, et mourut sans postérité.

VI *bis*. 1549. Relief au profit de Claude d'Aigneville, écuyer, frère et héritier de Thibaut. Mais en 1550, nous trouvons une saisine au profit de Quentin d'Aigneville, donataire entre vifs de dame Antoinette Le Ver, sa mère, veuve de Jean d'Aigneville, qui lui céda tous ses droits sur les fiefs de Millencourt. Quentin habita quelque temps Flamermont, puis renonça en faveur de son frère Claude à tous les biens dont sa mère l'avait gratifié, par suite d'échange avec lui (1554).

Claude d'Aigneville épousa Antoinette de Béthencourt : de ce mariage est issu Antoine, son successeur.

VII. Antoine d'Aigneville, écuyer, seigneur de Millencourt, eut de son mariage avec Jeanne du Maisnil, trois enfants, André qui suit, Louis et Aimé.

VIII. André I d'Aigneville, écuyer, seigneur de Millencourt, fut marié à Antoinette Descorches, qui lui donna deux enfants, André II et Antoinette.

IX. André II d'Aigneville, écuyer, qui s'intitulait seigneur de Millencourt et de Flamermont, épousa Marie de Marmande. Il mourut en 1688 et fut inhumé dans l'Eglise de Millencourt. Il eut un fils, Charles d'Aigneville et quatre filles, dont deux religieuses.

X. Charles d'Aigneville, écuyer, seigneur de Millencourt et Flamermont, lieutenant du roi à Cambrai et chevalier de Saint-Louis, fut maintenu dans sa noblesse en 1702 ; il mourut en 1726, après avoir été marié à Antoinette de Saint-Souplis, puis à

Marie-Sophie de Dreux-Nancré, et fut inhumé dans l'église de Millencourt où était la sépulture de sa famille. Ses enfants donnèrent le dénombrement de son fief de Flamermont. Nos annales nomment Charles-Eloy, enseigne aux gardes wallonnes en Espagne. Albert-Simon, François-Martin, François-Léonor, Dame Marie-Joseph, épouse de M. de La Rocque, capitaine de grenadiers au régiment du roi, chevalier de Saint-Louis, Dame Charlotte-Eugénie, tous enfants et héritiers de messire Charles d'Aigneville.

Albert-Simon d'Aigneville fut évêque d'Amycles, *in partibus infidelium*, suffragant de Cambrai ; il vivait encore en 1789.

Charlotte-Eugénie épousa Joseph-Gabriel de Monaldy et se retira auprès de son frère dans sa vieillesse. Elle paya le 10 mai 1799 « la peine due à ses crimes, » selon l'expression du féroce Le Bon. Elle était surtout coupable de prodiguer ses soins aux pauvres.

XI. 1741. Charles-Eloy d'Aigneville, chevalier, seigneur de Millencourt et Flamermont, s'allia à Marie-Anne-Antoinette De Villavicentio et n'eut qu'une fille, Marie-Joseph-Thérèse d'Aigneville. On l'accuse d'avoir démembré sa propriété par des ventes à divers particuliers. Il mourut le 10 décembre 1755 et fut inhumé dans le chœur de l'église de Millencourt.

XII. Marie-Joseph-Thérèse d'Aigneville, épousa le baron de Carondelet (1756) ; elle portait le nom de dame de Millencourt et décéda à Abbeville, vers 1812. Elle fut inhumée dans le cimetière de Millencourt (1).

Fief du Molinet ou du Moustier. — Ce fief contenait xxx j^x de terre qui rapportaient au couvent trois écus et sept chapons.

1353. Payen de Mailly, seigneur de Beausignol, fait hommage pour le fief du Molinet.

1582. Le fief appartenait alors à Pierre Tillette, seigneur de Mautort. Antoine de Saint-Souplis, sieur de Watteblérie, le fit saisir pour acquit d'une hypothèque sur une rente.

Deux ans après ce fief était acheté par Antoine de Moyenne, bourgeois d'Abbeville, qui s'en fit donner saisine et qui le revendit bientôt après à Antoine Manessier, marchand à Abbeville (1586).

Famille Manessier. — Jacques Manessier, fils d'Antoine, hérita ce fief de son frère Jean Manessier. Nicolas Manessier, fils de Jacques Manessier et donataire de son père, en reçut la saisine en 1613. Il eut pour successeur son fils Nicolas, qui laissa le fief à son fils mineur, Jacques Manessier. Celui-ci fut père d'un autre Jacques Manessier et aïeul de Josse Manessier. Après la mort de Josse, le fief fut recueilli par François-Josse Manessier, son fils aîné (2).

---

(1) Armes : *d'argent à l'orle d'azur.*
Inventaire des Titres, pag. 412. — M. de Belleval.
Nobiliaire. — M. de Rosny. *Recherches, etc.* — M.

Prarond. *Notice sur Millencourt.*
(2) *Inventaire des Titres,* pag. 450.

Fief Saint-Souplis ou Hesdin. — Ce fief n'avait point de domaine, mais seulement des censives et des droits seigneuriaux sur le terroir de Millencourt. Il porta le nom de deux nobles familles, qui l'ont tour à tour possédé. Nos annales ont négligé la succession du fief dans la famille de Hesdin.

Famille de Saint-Souplis ou Saint-Sulpice. — De bonne et ancienne noblesse, dit M. de Belleval.

Le grand *Nobiliaire* lui donne pour devise : *Conscientia recta nihil timet*.

Jean de Saint-Souplis, par son alliance avec Adrienne de Hesdin vers 1475, devint seigneur de ce fief. Il était fils d'Antoine, écuyer, seigneur de Watteblérie, bailly de Crécy, élu en Ponthieu, et de Marie de Bersacles. Il comparut à la rédaction des coutumes en 1507.

Jean de Saint-Souplis fut procureur de la Sénéchaussée de Ponthieu. Il eut trois enfants, Antoine qui suit, Madeleine, alliée à Louis de Belloy, et Catherine, alliée à Simon de Carpentin.

1533. Relief d'Antoine De Saint-Souplis, écuyer, seigneur de Watteblérie, Croquoison, Tours en partie, mayeur d'Abbeville en 1565. Antoine eut deux fils Jacques et Louis de Saint-Souplis.

Le puîné de ces fils, Louis de Saint-Souplis, chevalier, seigneur de Sorel, Wanel, Beaulieu et Gorenflos, lieutenant du grand maître des Eaux et Forêts en Picardie, épousa Gabrielle du Hamel de Canchy, et fut père de Louis, d'Antoine et de Louise de Saint-Souplis.

1648. Relief et hommage d'Antoine de Saint-Souplis, chevalier, seigneur des mêmes lieux et de plusieurs autres. Il épousa Marie de Warluzel dont il eut beaucoup d'enfants, entre autres : Antoine et Gabrielle qui suivra. Antoine de Saint-Souplis, chevalier, seigneur de Saint-Souplis, mourut sans alliance. Son neveu, Charles, hérita de ce fief.

Charles de Saint-Souplis, chevalier, seigneur de Sorel, Wanel, Dreuil, Digeon, vicomte de Béhencourt, mourut aussi sans alliance.

Gabrielle de Saint-Souplis, tante de Charles, avait épousé en secondes nôces Jean-Maximilien, comte de Belleforière. L'un de ses descendants Louis-François-Gabriel Le Fournier, marquis de Wargemont, seigneur de Ribeaucourt et autres lieux, releva ce fief et en fit hommage en 1752 (1).

Fiefs de la Haute-Salle et de la Basse-Salle. — Le premier de ces fiefs contenait LXXXV j^r de terre labourable avec un chef-lieu de VI j^r et quelques droits seigneuriaux. Il fut longtemps possédé par la famille Matiffas. (*Voir plus haut, pag.* 104).

---

(1) Armes de Saint-Souplis : *d'or à trois fasces de gueules, surmontées en chef d'une coquille d'argent.*

Inventaire des Titres, pag. 587. — M. de Belleval. *Nobiliaire.* — M. de Rosny. *Recherches, etc.*

FIEFS DIVERS, DOMAINES, DÎMES, REVENUS, ETC.

Le fief de la Basse-Salle consistait en III jx de prairie, XII jx de bois et LV jx de terre. Nos archives ne citent guère de seigneurs particuliers de ce fief, qui fut presque toujours annexé au premier (1).

Les fiefs de la Haute et Basse-Salle furent vendus par Charlotte Matiffas, femme de Barthélemy d'Hocquélus à Pierre Becquin, sieur du Chaussoy (1681). Sa petite-fille D¹¹⁰ Geneviève Becquin, épousa Nicolas-Antoine de Grouches qui en donna le dénombrement en 1750 (*Voir plus haut, page* 223). Antoine-Jean-Etienne de Grouches vendit ses deux fiefs pour 38,000¹ à son fermier, Augustin Broquevielle (1772). Les descendants de ce dernier sont encore propriétaires de ce domaine.

FIEF D'HOUDENCOURT. — Il existait au XIIIᵉ siècle sur le terroir de Millencourt un fief de ce nom; quelques géographes l'ont confondu à tort avec le village de Houdencourt, canton de Domart, dans l'énumération des domaines. Il serait aujourd'hui difficile d'en assigner l'endroit. « Il faut, disaient en 1489, les rédacteurs du *Cartulaire*, « proposer que le dit fief est situé autour de cette ville de Saint-Riquier, à Neuf-moulin « par exemple, car on met *in aquis et nemoribus*, et le village de Houdencourt est près « de la forêt de Goyaval et en haut pays. *Item*, nous n'avons plus rien audit Houden- « court et pareillement ceux du Candas (dont il sera parlé tout à l'heure), étaient sei- « gneurs de Millencourt et de Vienne (Vismes?) dessus le Neufmoulin. »

Le fief d'Offinicourt ne serait-il pas par hasard, sous la plume de copistes ignorants, transformé en fief d'Houdencourt? On lit dans M. de Belleval Offencourt pour Offinicourt. Cette orthographe se rapproche d'Houdencourt.

FAMILLE DE CANDAS. — Originaire du village de Candas, cette famille a étendu ses ramifications sur tout le Ponthieu et a possédé des fiefs de Saint-Riquier : elle a droit à une mention.

I. 1210. Guy de Candas était seigneur de Candas et de Millencourt. « Cyrographe « de Guy De Candas, chevalier, seigneur de Millencourt, sous son sceau armorié du « sceau de ses armes et sous le grand sceau de la doyenné de Saint-Riquier, où il est « dit ce qui suit : sachant icelui (Guy de Candas) que détention et occupation de « chose étrange, c'est préjudice à l'âme et sachant qu'il avait longtemps possédé le « dit fief malgré nous et sans droit, il reconnaît qu'à nous en appartient la moitié à « yaues, bois et terre et que partage s'en ferait, et pour sûreté il vint à notre chapitre « et fit cette reconnaissance où il donna la moitié. — *Item*, cette reconnaissance fut

(1) M. Prarond (*Histoire de Saint-Riquier*, page 164) a copié ce qui suit dans Dom Grenier (1703) : « Deux fiefs nobles séant à Millencourt et terroir de Neuf-moulin, nommés la *Haute et Basse-Salle* consistait en XL jx de bonnes terres à la solle et XXX jx médiocres, faisant ensemble L jx à la solle, une maison et 15 ou 20 liv. de censives, affermé 120 setiers de bled, 300 liv. d'argent : champart sur XVII jx de terre. L'on m'a dit qu'il n'y a que 8 ou 10 liv. de censives ».

« faite : présent Williaume, comte de Ponthieu, et présents Regnier de Drucat, che-
« valier, et autres, entre lesquels Hugues, prieur, et Hugues de Bonnel. »

Guillaume, comte de Ponthieu, confirma la moitié du fief de Houdencourt à l'Abbaye par une charte spéciale.

Guy de Candas eut de son union avec Mahaut un grand nombre d'enfants. Citons, d'après M. de Belleval, Enguerran, Anseau, Thibaut, Itier, Robert et Guy.

II. Enguerran de Candas, chevalier, était homme-lige de Saint-Riquier et seigneur de Millencourt. Il est cité dans les chartes de l'Hôtel-Dieu comme l'un de ses bienfaiteurs, pour avoir gratifié la communauté de ses biens. Il donna trois sous de rente à l'abbaye de Saint-Riquier pour des terres tenues de son fief de Houdencourt par les enfants de Robert Le Duc (1223) Dame. Aelis sa veuve engagea en 1227 son fief d'Houdencourt pour 20 liv. parisis et promit sur sa foi qu'elle laisserait les moines en possession de ce domaine jusqu'à pleine restitution.

III. Guy, Enguerran et Jean de Candas étaient fils de cet Enguerran. Guy l'ainé, chevalier, reconnaît en 1227 les droits des religieux sur le fief de Houdencourt « près le Scardon. » Il avait son hôtel à Doullens.

Jean de Candas son frère, dit *Canis*, engagea en 1253 à l'abbaye de Saint-Riquier XLVI j^x de terre au Val de la Croix pour 120 liv. Ces terres étaient tenues d'Enguerran son frère, feudataire du fief d'Houdencourt. Emmeline sa femme donna son consentement à cette impignoration. Ces terres tenaient à celles de Wautier de l'Arbroye et d'Adam le Mansel.

1248. Riquier de Candas, chevalier, possédait à Boisbergue un fief de XXIII j^x de terre, tenu de l'Abbaye. Il l'engagea pour 40 liv. parisis, à condition d'être quitte de tout service. Marie sa femme reçut pour son douaire une pièce de terre de XV j^x séant au chemin de Rue. Riquier de Candas fut aussi témoin dans un contrat de Renier d'Yaucourt.

1292. Bernard de Candas, moine de Saint-Riquier est prévôt de Mayoc (1).

Fief de la Cousture du Quesne. — On trouve dans les Archives un fief de ce nom à Millencourt. Guérard Fretel de Vismes, chevalier, mari de Guillemette de Hangard fit hommage en 1388 pour ce fief. N'est-ce pas pour le même fief que Guillaume de Sommers aurait fait hommage en 1374, aussi bien que Jean de Sommers, son fils, après lui? La chronique se contente de nommer ces seigneurs sans indiquer leur fief.

La famille Fretel de Vismes, que nous citerons parmi les insignes bienfaiteurs de l'Hôtel-Dieu, n'a-t-elle pas tiré son nom d'un fief de Vismes, situé à Millencourt, plutôt que du village de Vismes, comme on le dit communément ? Nous recommandons cette question aux généalogistes.

---

(2) Armes de Candas : *de.... fretté de.... au chef de...., chargé de cinq couronnes de...*

Archives de Saint-Riquier. — *Cartulaire, fol. 83.*
— M. de Belleval. — *Nobiliaire.*

IV. LE DOMAINE DE BERSAQUES (1). Il était situé en partie sur le terroir de Millencourt et en partie sur celui de Saint-Riquier. On connaît l'emplacement du village de ce nom. On montre dans la plaine aux environs de Millencourt la chaussée de la grande rue de Bersaques et près de là le petit bois de Bersaques. Dans ces dernières années on a découvert fortuitement une cave du village légendaire de Bersaques. Les étoffes qu'on y travaillait ou qu'on y avait cachées, le rouet d'une vieille fileuse de chanvre confirment les souvenirs historiques qui attribuent la destruction de ce village à une invasion d'ennemis. Cette cave, fermée depuis des siècles, n'est point le seul vestige d'habitation humaine; le sol recouvre sans doute bien d'autres ruines. Des massifs de tuf au pied d'un grand rideau escarpé témoignent de l'existence de grands et solides édifices, dont les traditions populaires ne donnent point l'explication. On peut sans témérité conjecturer que ce sont des fondations de l'église ou du château féodal.

Une charte de l'année 868, donnée par Charles le Chauve, introduit pour la première fois le nom de Bersaques dans l'histoire de Saint-Riquier. La charte énumère toutes les appartenances et dépendances du domaine de Bersaques : d'abord son église; puis les terres, les bois, les prés et pâturages, les moulins, les eaux et cours d'eaux : tout y est spécifié. Le domaine reçut par cette charte une destination sacrée. Les revenus devaient servir à entretenir trois lampes devant le chef de Saint-Riquier et les reliques des autres saints, dont sa basilique avait été dotée avec tant de libéralité. On devait aussi sur ces mêmes revenus procurer aux religieux une réfection plus abondante, en raison d'une plus grande fatigue, le jour de la fête des saintes reliques, au deux décembre (2).

Le domaine de Bersaques a été donné en fief par les religieux. Les seigneurs de cette terre ont tenu un rang distingué dans la noblesse du Ponthieu. On a pu lire leur histoire page 76. Ils ont rendu ce nom célèbre, non seulement dans les annales du pays, mais même dans les Flandres, où ils ont brillé d'un grand éclat par leurs exploits, par les vertus et les dignités de ceux qui ont émigré dans cette région.

Le domaine fut racheté au XIII° siècle par le monastère. Depuis il n'a cessé d'être exploité par les moines ou leurs fermiers. C'est pour les chariots et les charrois des moines, qu'on a bâti ce fameux pont d'airain, qu'on a longtemps supposé disparu sous une épaisse couche de vase laissée par suite d'alluvions d'eaux sauvages. (Voir *Tome* I, *page* 15).

Les archives mentionnent, en 1534, un bail de la maison et de la cense de Bersaques, des jardins, prés, pâturages, terres labourables, circonstances et dépendances. Il ne restait alors que la ferme environnée sans doute encore de quelques habitations. Nous avons raconté le désastre de 1635, l'incendie de la ferme, la mort du fermier (*Tome* II,

---

(1) *Bersaciæ, Bersacles, Bessacles.* — Quelques auteurs ont placé ce domaine à Millencourt, canton d'Albert. C'est une grave erreur.

(2) Hariulfe. *Chron. Lib.* III, *cap.* XVIII. Notre Histoire. *Tome I, page* 254.

page 235-236). Un bail de 1690 nous apprend qu'il n'y avait plus alors d'habitation en ce lieu. Ce bail contient la location d'une partie du domaine, du petit bois de la Garenne. L'autre partie fut louée l'année suivante. Le total formait près de cent j^r. La suite de ces baux n'offrirait aucun intérêt à nos lecteurs. Nous renvoyons à l'*Inventaire des Titres* les lecteurs qui auraient la curiosité de connaître plus parfaitement l'histoire de ce domaine (1).

V. Mirandeuil ou Petit Moulin (2). — Le nom de Mirandeuil fut donné à une petite source sur le Scardon à peu près tarie aujourd'hui : elle était connue dans les annales du xie siècle sous le nom de *Mirum-Dotium* (*Tome* i, *page* 325). Est-ce à cause de la bonté de ses eaux qui ont joui d'une certaine renommée? Sa position est indiquée dans la chronique. Lés eaux de Mirandeuil jaillissent d'une source au dessous de Montigny, village représenté par le fief de Montigny. Près de cette source existait de temps immémorial le moulin de Mirandeuil voisin « d'un maresquel » cité dans les chartes de 1134, 1184, 1229, 1269, 1309. C'est le Petit Moulin des derniers temps, un peu plus haut sur la rivière du Scardon que le Moulin-Neuf, ou le grand moulin. Détruit au dernier siècle, il a été rebâti il y a quelque quarante ans. Dès les temps les plus anciens le Moulin appartenait aux seigneurs de la Ferté, par une concession des abbés de Saint-Riquier. Il fut vendu aux moines en 1269 par Mathieu de Roye, pour subvenir à son voyage de la croisade (*Tome* i, *page* 545). Une légende, si toutefois on peut appeler de ce nom un jeu de mots assez peu spirituel, a transformé le nom de Mirandeuil en celui de Mises en deuil, ce qui a donné lieu de broder le récit suivant.

Après la bataille de Crécy, dit-on, des dames apprirent, près des belles sources de la promenade des Arbrets, la mort de leurs maris tués à la bataille de Crécy. Le lieu leur permettait de donner une libre explosion à leur douleur. On a de là appelé ce lieu : *Mises en deuil*. Nous laisserons aux poètes l'honneur de féconder cette idée pittoresque.

Le maresquel voisin de Mirandeuil a été acheté par les moines en 1263 à Hue le Mangnier.

Le Petit Moulin était chargé, conjointement avec le Grand Moulin, de 45 setiers de blé envers l'Hôtel-Dieu de Saint-Riquier.

Près de ce domaine, un marché de terre de xix j^r, vendu en 1569 par les commissaires du clergé, fut retrait en 1624.

(1) *Inventaire des titres*, page 1026-1033.   (2) *Ibid.*, page 1038.

CHAPITRE II.

SEIGNEURIE D'AGENVILLERS.

Le village d'Agenvillers est désigné dans les anciens titres sous le nom d'*Angelorum Villa* (1). La colline sur laquelle il était bâti, s'appelait au ix° siècle *Mons Angelorum*. Il y a dans ces noms le souvenir d'une grâce spéciale, peut-être d'une intervention des Esprits célestes, dont la tradition ne nous a pas transmis la mémoire. Cette colline longeait le vallon d'où le Scardon tirait l'un de ses affluents. Il est question dans de vieux titres des *terres de Villers*, des *haies de Villers*. « Une terre de Jehan de Hangard, dit le *Cartulaire*, située à Villers, et à présent à M. de Beauvoir, contenoit v j^r xl verges, qui étoient *courtiaux* en ces temps. » Tout ceci nous indique la place de l'ancien Agenvillers, détruit dans les guerres, puis réédifié plus haut. Pour preuve de cette assertion, nous ferons remarquer que l'église actuelle de cette paroisse est assise sur le terroir d'Hellencourt, hameau dépendant de Domvast. Il est probable que l'église du Mont-des-Anges du ix° siècle, connue dans la suite sous le nom de chapelle de Nubémont, à cause d'un miracle opéré par Saint-Riquier en ce lieu (*Tome* i, *page* 286), servait à cette époque au culte religieux d'Agenvillers. Le chemin du nouveau village à son antique église n'a pas encore disparu, et l'ancienne image de la Vierge de Nubémont fut transportée dans l'église d'Agenvillers, où elle est aujourd'hui honorée.

Il nous semble probable que la seigneurie de Gapennes s'étendait sur Agenvillers : c'est pour cette raison que le relief s'y payait aussi au quint denier. Le monastère possédait à Agenvillers des dîmes, « quelques droits de champart, de vilenie et des droits fonciers », des fiefs nobles perdus ou retraits avant 1789.

Dîmes. — Le monastère, au dernier siècle, partageait les dîmes d'Agenvillers avec le curé : sur neuf gerbes, il en prenait v et le curé iv. Mais en 1565, il n'en était pas ainsi, d'après un traité passé avec Jacques Sagnier, régent au collège de Bourgogne, curé de Genvillers et Hellencourt. Les droits de l'abbaye sur la dîme et la cure étaient plus étendus. De vi gerbes de dîme aux champs, aux novales et aux enclos, l'Abbaye en prenait v, dont elle rendait une et demie au curé : elle rendait aussi la moitié de la dîme

---

(1) Agenvillers, commune du canton de Nouvion. Autres formes : Genvillers. — Agenviller-Hallencourt. — Aisenvillers ou Aisenville, mais non *Arcovillare*. Cette dernière désignation donnée par quelques auteurs est erronée. — *Chroniques*. — M. Garnier (*Dict. Topogr.*).

des laines. Aux vieux enclos, de vi gerbes le curé en recevait iv et le prieur de Biencourt une. Au fief de Hellencourt, le curé n'avait qu'une gerbe sur trois et l'Abbaye deux. La menue dîme appartenait au curé, sauf sur celles des laines partagées par moitié et sur celles des agneaux laissés au monastère. Ce dernier s'était aussi réservé la moitié des offrandes dans l'église d'Agenvillers, aux jours de Noël, de la Purification, de Pâques, de la Toussaint. Mais, à l'occasion de ces fêtes, le curé avait droit à un agneau, à un pain, à une offrande et à une chandelle. Cet accord qui donnait au curé des avantages refusés à ses prédécesseurs, l'obligeait à renoncer à tout autre droit de dîme, de portion canonique, de bénéfice, sous peine de résiliation de l'accord au préjudice du curé.

1661. Le curé d'Agenvillers, M* Antoine Aclocque, avait pris à ferme la dîme de sa paroisse; mais une grêle ayant fait de grands dommages aux ablais croissants sur les terres soumises à la dîme, il réclama une réduction. On lui proposa une diminution du quart du produit des dîmes ou un arbitrage. L'on ne put s'entendre, et l'année suivante il fut sur le point de se voir privé de son bail, s'il n'acceptait de nouvelles conditions.

1674. Le chœur de l'église d'Agenvillers demandait des réparations urgentes. Le curé, M* Aclocque, s'engagea à le réparer, moyennant une contribution de 100 liv. fournie par les gros décimateurs. Mais on bâtit une église dont le chœur n'était pas encore pavé en 1689 (1)

1711-1715. Une transaction de 1706 sur les dîmes ne fut pas acceptée par le sieur de Grilly, successeur de M* Aclocque. Un procès intenté à ce sujet ne fut terminé que par le Parlement, qui confirma les décisions des premiers juges et condamna les prétentions exagérées du sieur de Grilly, qui en appelait d'un arbitrage, comme de la bulle *Unigenitus*.

1728. Etienne Coulon, sieur de Hanchy, ayant contesté des cens au monastère d'Agenvillers, on invoqua la justice des tribunaux, qui reconnurent les droits du monastère (2).

Nous avons à traiter des fiefs : 1° de Villers ; 2° d'Embri ; 3° de Nuellemont ; 4° et 5° des fiefs du Grand et du Petit Hellencourt ; 6° du fief de Domvast.

Fief de Villers. — Nous avons relevé plus haut quelques particularités sur Villers ou le vieux Agenvillers. Parlons d'abord des feudataires de ce nom, qui possédaient le village et le mont de ce nom, près Bersaques.

Famille de Villers. — 1167. Hugues de Villers, chevalier, nommé dans les archives de Saint-Riquier.

---

(1) Dans l'ancienne église s'était installé un ermite, sans permission. Un procès lui était intenté devant l'officialité. — M. Darsy. *Bénéfices de l'Eglise d'Amiens*. Tom. ii, pag. 255. — M. Josse, *un article sur Nuémont* dans le *Dimanche* du 1 mars 1885. L'ermitage a existé jusqu'en 1789.

(2) *Inventaire des Titres*, pages 1097.

1258. Robert de Villers, bourgeois de Saint-Riquier. — Jean de Villers, son frère et son héritier, habitait à Saint-Riquier, rue Hémon-Porte (*Hemundi-Porta*), près de la maison de Mathilde Langlaise. — 1284. Jean de Villers, moine de Saint-Riquier, exilé pour meurtre (*Tome* I, *page* 554).

1312. Robert de Villers. — 1347-60. D^{lle} Marie de Villers, mariée à Jean d'Estrées.

1424. Arnoult de Villers, marié à Bernardine La Sellière, fait hommage du fief de la Couture. — 1431. Sire Nicole de Villers, prêtre. — 1470. Gontier de Villers habitait l'hôtel de l'Angle, vendu ensuite à Jean Cavelan (1).

Rappelons ici un cyrographe d'Arnoul, évêque d'Amiens (1241) sur un procès intenté à Jean de Hangard, pour une grange et xv j^x de terres, à la *mare Huon*, au terroir de Villers. « Ledit prochiès fut apaisé moyennant que ledit Hangard jouit sa
« vie d'icelle grange, et après, nous devait retourner : avec ce nous bailla xx liv. pour
« acheter rente à Boisbergue, pour fonder l'anniversaire et obit d'Eudes sa femme et
« s'y nous demeurèrent les xv j^x de terre (2). »

De 1263 à 1275. Le monastère fit diverses acquisitions de terre à Villers sur Guérard de Saint-Riquier.

Dans un dénombrement de 1703 on voit encore des fiefs sis à Villers : celui des Hayes de Villers, consistant en XVI j^x de terre ; celui de la Motte du Mont ou Moulin de Villers, contenant XXXVIII j^x de terres labourables. Le premier avait été possédé par Antoine Mallerye et le second par Claude Becquin, au XVIIe siècle.

FIEF D'EMBRI. — Ce fief, qui a subsisté jusqu'au XVIe siècle, contenait LXXX j^x de terre et appartenait à une noble famille de Saint-Riquier, éteinte depuis longtemps, mais connue par les chartes.

FAMILLE D'EMBRI OU AMBRY. — 1199. Walter d'Embri, chevalier.

1266. — Jean d'Embri, chevalier. — 1272. Pierre d'Embri, seigneur d'Embri et de Maison-Roland, vend le fief et la mairie de Villers. « Pierre d'Embry, fils de
« Jean et Marguerite, sa femme, par lettres données sous son sceau, déclarent que, par
« pauvreté jurée et prouvée, ils vendent moyennant 340 liv. par. tout leur fief de Vil-
« lers et la mairie et toutes leurs appartenances en terres labourables, terrages, cha-
« pons, cens, blé, avoine, hommes-liges et tenants, dons, past, foins, hôtes et toutes
« autres choses qu'ils tiennent noblement des moines en fief par hommage lige (3). »
La vente est ratifiée par le doyen de Saint-Riquier et l'Officiel d'Amiens. — Théobald d'Embri est fils de Pierre ; il vend aussi son fief à Villers ; il est témoin avec son père dans un contrat de Renier d'Yaucourt. — 1275. Guillaume d'Embri vend XVIII j^x de terre à Villers, pour 16 liv. et un demi-muid de blé.

(1) *Archives de Saint-Riquier*.   (3) *Cartulaire*, fol. 77.
(2) *Cartulaire*, fol. 34.

1312. Colard d'Embri, à Drucat. — 1348. Le sieur d'Embri, possède le fief de Séronville. — 1365. Jean d'Embri possède le fief de Fillièvre. — 1390. Pierre d'Embri, bailli d'Abbeville.

1450. Jean d'Embri, procureur de Péronne, habite Rue, puis Doudelainville. — 1493. Mahieu d'Embri habite l'hôtel Saint-Antoine, rue Habengue. — 1475. Messire Jacques d'Embri, prêtre.

1521. Jacques d'Embri, sergent royal, à Saint-Riquier (1).

FAMILLE D'AGENVILLERS. — Cette famille existait encore au XV° siècle. Nous en avons retrouvé quelques noms dans les archives et les chartes.

1261. Jean d'Agenvillers donne des terres à l'Hôtel-Dieu. Il possédait des censives à Saint-Riquier. On lui connait plusieurs fils, Wautier, Guillaume, Robert et Jean ; ce dernier homme lige du monastère (1321). — Henri d'Aisenville vivant avant 1275.

1366. Jean d'Agenvillers, dit Ganain, seigneur de Gaissart, allié à Denise Gourguechon. — 1387. Marie d'Agenvillers a épousé Mathieu de Millencourt. — 1392. Jean d'Agenvillers dit Ramage, écuyer, époux d'Aelis de la Motte.

1407. Alerme d'Agenvillers, chevalier, possédait plusieurs fiefs de l'abbaye à Noyères (2).

FIEF DE NUELLEMONT (3) OU DU CARBONNIER. — Ce fief se composait de terres tenues noblement et de XXVIII j^x de terres cottières. Il avait emprunté son premier nom à la chapelle qui en était comme le chef-lieu : il fut désigné plus tard sous celui du Carbonnier, parce qu'il a appartenu à la famille de ce nom.

On a ici la preuve de notre affirmation sur la primitive église paroissiale de ce village. L'hermitage de Nuellemont a existé jusqu'à la révolution et fut vendu en 1791 pour 150 liv.

FAMILLE DE NUELLEMONT. — Quelques noms ont été conservés dans nos archives.

1199. Gautier de Nuellemont, bourgeois de Saint-Riquier.

1275. Un autre Gautier de Nuellemont. — Renier de Nuellemont, échevin.

1337. Robert de Nuellemont, moine.

1410. Philippe de Nuellemont, prêtre et confrère de Saint-Nicolas (4).

FAMILLE LE CARBONNIER. — Probablement originaire de Saint-Riquier, elle s'est plus tard fixée à Abbeville.

1139. Bernard le Carbonnier, échevin à Saint-Riquier.

1238. Sawallone Le Carbonnier, échevin à Saint-Riquier. — 1277. Jacqueron Le

(1) *Archives de Saint-Riquier.*
(2) *Ibid.* M. de Belleval. *Nobiliaire.*
(3) Synonymie. *Mons nebulosus.* — *Nubili mons.*— *Niger Mons.* — Mont des Anges. — Nuémont. — Numont. — Nulemont. — Nuellemont. — Notre-Dame de Nuemont. *Chroniques.* — M. Garnier. *(Dict. Topog.)*
(4) *Archives de Saint-Riquier.*

Carbonnier, deux fois mayeur à Abbeville. — 1294. François Le Carbonnier, propriétaire d'une maison à Saint-Riquier et possesseur de cens.

1339-43. Bernard Le Carbonnier, échevin à Saint-Riquier. — 1358-1362. Jehan Le Carbonnier, auditeur à Saint-Riquier et échevin, homme lige de Saint-Riquier. — 1366. Dénombrement du fief de Nuellemont par Henri Le Carbonnier, qu'on voit, en 1415, receveur des domaines à Amiens. — 1375. Marie Le Carbonnier alliée à Jacques de Flexicourt, seigneur de l'Heure. — 1378. Robert le Carbonnier. — 1380. Fremin Le Carbonnier a son manoir au Hamel, une maison rue Montgorguet et des prés, le long du Scardon.

1410. Henri Le Carbonnier a sa maison, rue Notre-Dame : il la légua à Jean Le Carbonnier de Rue. — 1472. Hugues Le Carbonnier à Abbeville. — Vers 1450, N. Le Carbonnier, femme de Colart Heudain (1).

1398. Pierre de Bersaques possède le fief de Nuellemont.

1414. Riquier Scourion vend sur son domaine de Nuellemont à Thomas d'Arrêt, aumônier du monastère, xxii j^r de terre pour 22 florins d'or.

Famille Doresmieux. — Elle habitait Abbeville. — Vers 1500, André Doresmieux écuyer est possesseur du fief de Nuellemont ; il le donne, en 1528, par acte entre-vifs, à Guillaume Doresmieux, le second de ses fils. — André Doresmieux, fils de Philippe, bailli de Waben et de Mehaut de Heudain, allié à Françoise De La Broye a dû hériter ce fief. — 1564. Guillaume Doresmieux le laissa à sa fille Hélène Doresmieux, épouse de Pierre de Belleval, écuyer, seigneur de Saint-Jean des Marais à Rue. Du consentement de son mari, Hélène Doresmieux donna son fief à Louis Bernard, seigneur de l'Equipée, près Hautvillers, leur cousin et filleul (1579) (2).

Famille Bernard. — Cette famille a rempli d'honorables fonctions à Abbeville. Vers 1600, Louis Bernard, écuyer, décédé sans alliance, légua son fief à son frère Antoine Bernard, qui fut ecclésiastique et mourut diacre. Ce dernier eut pour légataires deux neveux, nommés l'un et l'autre Pierre. L'un est dit seigneur de Nuellemont, et l'autre seigneur de Moismont. Ce dernier était fils de Jacques Bernard et de Marie de Rely.

Le sieur de Nuellemont laissa la moitié du fief à Joachim Bernard, écuyer, sieur d'Asserville (1669). — Françoise de Sacquespée qu'on dit quelque part dame de Nuellemont (1680), était sans doute épouse de Joachim Bernard ou de son père.

Après Joachim Bernard, on nomme dans les Archives Antoine Bernard qui vendit son fief au sieur Claude Leblond, seigneur de Favières (1697). Depuis cette moitié de fief restreinte et démembrée passa dans la famille de Tillette, seigneur de Woirel.

L'autre moitié du fief appartint après Pierre Bernard, seigneur de Moismont, à son

---

(1) Armes : *d'argent à 4 chevrons de sable.* On en indique d'autres ailleurs.

(2) Armes, page 172.

fils Jacques Bernard, écuyer, puis à Marie Angélique Bernard, fille de ce dernier, épouse de François du Val, seigneur de Bonnerue (1739) (1). D^{lle} Marie-Angélique du Val, leur fille, fit don de sa part de fief à Messire Antoine-François-Augustin de Belloy, chevalier, seigneur de Rogeant, son cousin (1757).

Fiefs du Grand et du Petit Hellencourt. — Hellencourt, petit hameau annexé à Domvast, dans les derniers temps, appartenait à la paroisse d'Agenvillers. Sa seigneurie relevait de l'abbaye et formait le fief du Grand Hellencourt, composé de deux arrières-fiefs en mouvances et du fief du Petit Hellencourt, consistant en terres, censives et droits y afférents. L'état des mouvances (xviie siècle) parle de 180 j^x de terre et 70 liv. de censives.

La dîme d'Hellencourt appartenait à l'abbaye pour la moitié, au curé pour deux sixièmes et au prieur de Biencourt pour un sixième.

Hellencourt eut ses coutumes locales, qu'on voit figurer entre les coutumes du Ponthieu en 1507.

Famille de Hellencourt. — Cette famille, qu'on a confondue quelquefois avec celle de Hallencourt, en est tout à fait distincte et nous est connue par nos archives.

1239-1264, Jean de Hellencourt, échevin de Saint-Riquier, seigneur suzerain de Bersaques eu partie. — 1260. Michel de Hellencourt vend des terres à l'Hôtel-Dieu de Saint-Riquier.

1306. Nicolas de Hellencourt. On parle de son four banal. — 1337. Mgr Adam de Hellencourt possède des terres aux environs de Bersaques. — 1369. Jehan de Hellencourt, sergent-royal en Ponthieu. — 1387. Aveu de Nicolas de Hellencourt. En 1400, il donne le dénombrement de son fief.

1468. Relief et hommage de Jehan de Hellencourt pour le fief de Hellencourt. On parle en 1495 de son hôtel à Saint-Riquier.

Vers 1470, Louis de Hellencourt, homme-lige de Saint-Riquier.

1542. Jehan de Hellencourt, écuyer, marié à Françoise de Miannay, seigneur d'Estrées.

1630. Louis de Hellencourt possède un ténement à Saint-Riquier.

Antoine-Marie Lefebvre de Hellencourt, fils de Josse, né le 25 mai 1759 (2).

Famille de Melun. — L'illustre famille de Melun, par son alliance avec Jeanne d'Abbeville, a possédé plusieurs terres en Picardie, et pour ce qui nous intéresse ici les fiefs de Hellencourt et de Domvast. Jeanne d'Abbeville avait hérité de tous les fiefs d'Emond de Boubers-Abbeville et les porta en 1421 à Jean I de Melun, baron d'Antoing et d'Epinoy, vicomte de Gand, connétable de Flandre, son mari.

(1) Armes : *de gueules au sautoir d'argent, accompagné en chef d'une molette d'éperon de même.*

Inventaire des Titres, pages 455 459.
(2) *Archives de Saint-Riquier.*

1486. Jean II de Melun, fils du précédent, hérita de ses seigneuries. Il avait épousé Jeanne de Hornes. Un décret du roi Charles VI lui permit de partager ses seigneuries à ses enfants ; il se réserva pour lui la terre de Hellencourt et fonda un obit à l'Hôtel-Dieu de Saint-Riquier.

1526. Relief et hommage de Jean III de Melun, chevalier, comte de Gand, baron de Rosny, seigneur de Caumont, pour le fief du Grand Hellencourt. — **1549.** Relief du Grand Hellencourt au profit de haut et puissant seigneur Maximilien de Melun, vicomte de Gand et autres lieux. Maximilien était allié à Anne d'Amiens, qui le 21 juillet 1572, reçut la saisine de la seigneurie de Hellencourt. — **1574.** Relief du même fief, au profit de Messire Robert de Melun, chevalier, seigneur de Richebourg et autres lieux. — **1585.** Relief au profit de Messire Pierre de Melun, chevalier, prince d'Epinoy, seigneur de Boubers et autres lieux, frère et héritier de Robert de Melun. Son fief fut saisi par Maximilien Le Roy, seigneur de Saint-Lau pour sûreté de la rente constituée en faveur de son frère Jacques Le Roy, seigneur de Valines. L'hypothèque fut anéantie par le remboursement de la rente (1599-1612).

Relief au profit de Messire Guillaume de Melun, seigneur des mêmes lieux. — **1637.** Relief au profit de Messire Ambroise de Melun, chevalier, etc., fils et héritier du précédent. — **1663.** Relief au profit de Messire Charles de Melun, vicomte de Gand, seigneur de la terre et pairie de Domvast, Hellencourt et autres lieux, suivant le partage fait avec Messire Guillaume de Melun, prince d'Epinoy et autres lieux, son frère.— Charles Alexandre de Melun, fils du précédent ne laissa que des filles. L'une de ces filles, très-haute et très puissante dame Marie-Louise-Elisabeth de Melun, épousa en premières nôces Jean-Alexandre Théodore de Melun, et en secondes nôces Gilbert d'Alliore, marquis de Longhaie, grand Sénéchal d'Auvergne, qui donna relief en 1743. Dénombrement en 1758 du fief d'Hellencourt par D^{lles} Marie-Gabriel-Charlotte-Louise et Louise Elisabeth de Melun, filles de Théodore de Melun (1).

FIEF DU PETIT HELLENCOURT. — Ce fief formait le domaine d'une ferme près Domvast.

Nos archives mentionnent sur ce domaine : 1° un relief de Marie de Bouberch, mineure, Jean de Lessau étant alors son bailli (1507) ; 2° une saisine, en 1710, au profit de Philippe Vaillant, écuyer, seigneur de Favières, conseiller au présidial d'Abbeville, acquéreur de messire Guillaume de Belloy, écuyer.

FIEF DE DOMVAST. — Le nom de Domvast figure dans la longue énumération des fiefs de Saint-Riquier par Jean de la Chapelle. A la fin du régime féodal, le monastère n'y possédait plus qu'un petit fief de ix journaux de terre, démembré de celui de Moriamesnil. Ce fief rapportait 3 liv. 16 s. de cens et deux chapons. Nos archives ne nous

---

(1) Armes : *d'azur à 7 besants d'or, au chef de même.*   *Inventaire des Titres, pages* 857-868.

ont conservé de la famille de Domvast que le nom de Bernard, résidant à Saint-Riquier.

Famille De Buissy. — 1600. Saisine au profit de Claude de Buissy, bourgeois d'Abbeville, seigneur de Mesnil-Yvrench, acquéreur d'Antoine Manessier, ancien mayeur d'Abbeville. — 1608, D{elle} Jeanne Belle, veuve de Claude de Buissy et sa légataire, donne le relief de ce fief. Après sa mort cette possession rentra dans le domaine des de Buissy.

1705. Relief d'Honoré de Buissy, lieutenant particulier de la sénéchaussée du Ponthieu, acquéreur de Dlle Catherine de Buissy, épouse de François Gaignerel, tante d'Honoré. — Jean-François-Henri de Buissy céda à Honoré de Buissy, seigneur de Moriamesnil, la motié du fief après partage, pour réunir le tout à Moriamesnil (1).

CHAPITRE III.

SEIGNEURIE DE GUESCHARD.

Le grand village de Gueschard (2), ou Gaissart dans les anciens pouillés et cartulaires, a appartenu au monastère de Saint-Riquier de temps immémorial. Ses seigneurs étaient hommes-liges du monastère et habitaient la ville de Saint-Riquier au moyen-âge.

Nos annales du dernier siècle indiquent parmi les possessions de Saint-Riquier : 1° des dîmes ; 2° des droits seigneuriaux ; 3° des fiefs.

I. Dîmes. — Grosses dîmes sur les manoirs et terroirs de Gueschard. Les dîmes perçues à VII gerbes du cent se partageaient entre l'abbé de Saint-Riquier, l'évêque d'Amiens, le chapitre de la cathédrale et le curé. Sur XVIII gerbes l'abbé en prenait six, mais avec l'obligation, par suite d'un accord, d'en remettre une au curé : l'évêque en prenait deux et demie, le chapitre cinq, et le curé quatre et demie. Les terres de l'église paroissiale de Saint-Furcy ne devaient rien au monastère. Sur les fiefs de Sarton et de Saint-Riquier, l'abbé prenait trois gerbes sur neuf, à la condition d'en re-

(1) *Inventaire des Titres*, page 447.
(2) Commune du canton de Crécy.

Synonymie. — *Gaissart.* — *Gaissard.* — *Guéchard* — *Chroniques.* — M. Garnier. (*Dict. Topog.*).

mettre une au curé sur six. Le reste appartenait à la chapelle de Gozicourt. Nous ignorons, comme M. Darsy, où était située cette chapelle.

En 1565, il y eut avec messire Charles de Velennes, curé de Gueschard une transaction un peu différente du dernier accord. L'Inventaire des Titres indique les modifications qui ont amené le réglement du xviii° siècle.

II. Droits Seigneuriaux. — Ces droits seigneuriaux, périmés ou cédés par les nécessités du temps, n'existaient plus, au xviii° siècle, que sur un canton nommé autrefois le fief Sarton. Mais dans les siècles précédents ils étaient beaucoup plus étendus. Le fief Sarton retrait, en 1526, par les moines, produisait des cens, des rentes, etc. Le relief portait une année de cens et autres droits selon la coutume. Ce fief qui avait appartenu primitivement à la famille de Gueschard fut ensuite possédé par la famille de Sarton, qui lui communiqua son nom : il sera parlé plus loin des seigneurs de cette famille (1).

Fiefs. — 1° Le fief de Gueschard, Bours et Francières ; 2° le fief de Gourguechon ; 3° le fief de Saint-Riquier ; 4° ancien fief de Sarton ; ancien fief de Franclieu.

Fief de Gueschart-Bours-Francières. — Ce fief s'étendait sur les terroirs de Gueschard, Hellencourt, Agenvillers et environs. Il consistait en terres et censives. Il avait pour chef-lieu un château seigneurial, avec cour, jardin, pourpris, ténement de xx j^x et une propriété de cc j^x de terre (2).

1274. Dreux d'Amiens, seigneur de Vignacourt, de la Broye et autres lieux, renonça aux droits qu'il possédait sur plusieurs fiefs et arrières fiefs, situés sur le terroir de Gueschard (*Tome* i, *page* 550).

Le fief de Gueschard dans les derniers temps était formé de la réunion des trois fiefs indiqués plus haut. Il fut possédé par les familles de Gueschard et de Bours, qui y ont attaché leur nom. Il ne reste aucun souvenir des seigneurs de Francières, à moins qu'ils ne soient confondus avec les Francières de Saint-Riquier.

Famille de Gueschard. — Famille noble et très ancienne, originaire de Saint-Riquier et célèbre dans son histoire, puisqu'elle lui a donné trois abbés. Nous citons par ordre de date les noms recueillis dans les archives, avant la généalogie établie par M. de Belleval.

1150-1167. Henri de Gaissart, chevalier et bourgeois de Saint-Riquier, bienfaiteur du Val-lès-Saint-Riquier, souvent nommé dans les chartes de l'époque. — Pierre de Gaissart, homme-lige de Saint-Riquier. — 1174. Hugues de Gaissart, témoin dans les chartes locales.

---

(1) *Inventaire des Titres, page* 194).
(2) D'après M. de Belleval (*fiefs et seigneuries, page* 167), ce fief contenait 600 journaux de terre, un petit bois et un moulin à eau à Villeroy. Avant 1789, on avait sans doute fait des partages et des ventes.

1236. Gautier de Gaissart, abbé de Saint-Riquier. — 1240. Bernard de Gaissart. — 1245. Gautier de Gaissart, abbé de Saint-Riquier, probablement un neveu du précédent. — 1259. Hugues de Gaissart, homme-lige du monastère à Buigny. — 1260. Aléaume de Gaissart, homme-lige de la Broye. — 1266. Mallart de Gaissart, homme-lige de Saint-Riquier. — 1275. Jean de Gaissart, seigneur du lieu, homme-lige de Saint-Riquier : il avait épousé Eve de Lannoy (1). On le dit aussi seigneur de Hellencourt. — 1275. Messire Hue de Gaissart dans une assise du bailliage d'Amiens, à laquelle assistèrent aussi Gérard de Gaissart et ses frères. — 1278. Jean de Gaissart, prêtre et chapelain de Saint-Benoît, du consentement de sa sœur Isabelle, donna en aumône aux caritiers du monastère tous les cens qu'il possédait dans la ville de Saint-Riquier ; il légua pour son obit xix s., iv chapons et un muid de blé. Isabelle de Gaissart ratifia une vente de Jean de Gaissart, son frère, et traita avec Wiltus, seigneur de Rabuissons à Amiens.

1300. — Honoré de Gaissart donne le dénombrement de sa seigneurie.

1310. Beauduin de Gaissart, abbé de Saint-Riquier. — 1318. Jean de Gaissart, docteur en Ecriture sainte, chanoine de Notre-Dame d'Amiens, se fit remarquer au concile de Soissons par sa science. — 1323. Hugues de Gaissart, maitre de l'Hôtel-Dieu de Saint-Riquier. — Fremin de Gaissart tenait un fief à Williameville. — 1337-1366. Jean de Gaissart, seigneur de Gaissart et d'Agenvillers, fut convoqué à Saint-Riquier comme fieffé de la prévôté. — 1350-1384. Simon de Gaissart, seigneur de Brailly et d'un fief à Neuilly-l'Hôpital. — 1375. Renaud de Gaissart possède un fief à Neuilly-l'Hôpital. — 1377. Gauthier de Gaissart fait son hommage. Deux ans après, nouvel hommage pour deux fiefs à Noyelles : il prend part à une expédition de chevaliers en Espagne (1386). Guillemette, sa fille, fut alliée à Jean de Saint-Blimond. — 1384. Béatrix de Gaissart, ayant le bail de sa cousine Jeanne de Ponthoile, fit hommage pour le fief de Ponthoile. Elle épousa Jean Le Vasseur.

1475. Hue de Gaissart. — 1480. Beauduin de Gaissart, seigneur du lieu prit pour femme Jeanne de Gourguechon qui lui apporta le fief de ce nom. La famille en a joui dans la suite. Beauduin de Gaissart commence une généalogie suivie dans le nobiliaire de M. de Belleval.

C'est vers cette époque et sous le fils de Beauduin que la seigneurie de Gaissart échappa à cette famille, pour passer dans celle de Montmorency. Nous la reprendrons au fief Gourguechon. Signalons seulement, en terminant cette première partie des notes sur cette grande famille, qu'elle eut pendant des siècles son hôtel à Saint-Riquier, connu sous le nom de l'hôtel de Monsieur de Gaissart.

---

(1) Le fief de Lannoy, dont il est question plusieurs fois dans cette histoire, avait pour chef-lieu un château entre Auxi et Gueschard et un domaine de 1370 journaux de terre. Le hameau de Lannoy existe encore auprès d'Auxi-le-Château.

FAMILLE DE BOURS. — Plusieurs fiefs de ce nom sont indiqués par M. de Belleval (1), l'un à Crécy-en-Ponthieu, un autre à Conchil-le-Temple. Mais notre savant historien ne cite pas celui de Gueschard. Quelle est l'origine de ce fief de Bours tenu du monastère ? Faudrait-il y reconnaître une épave de l'ancien prieuré de Bours ou de la seigneurie du x° siècle, qui aurait servi à racheter un domaine, dont le nom nouveau aurait rappelé un souvenir cher au cœur des moines ? Nous n'émettons, dans le silence de nos chroniques, qu'une conjecture non contredite par la note suivante d'un archiviste des derniers temps du monastère. « Le noble fief de Gueschard et la seigneurie appelée Bours, Gueschard et Francières anciennement tenus en trois fiefs, réunis en un seul par l'abbé Anscher et les religieux, était tenu en plein service et hommage de la dite abbaye. »

Il nous semble que, malgré cette réunion, la famille de Bours établie à Gueschard en même temps que celle de Gaissart, a dû posséder quelque partie du fief de son nom. Jusqu'à ce qu'on découvre d'autres éclaircissements, voici les noms des nobles feudataires de Bours qui nous sont signalés par les titres du temps et que nous croyons mêlés à l'administration de ces fiefs.

1266. Thomas de Bours, homme lige de Saint-Riquier. — 1295. Jean de Bours meurt doyen du chapitre d'Amiens.

1314. Guillaume de Bours, chevalier, sergent-royal. — Hugues de Bours, sergent-royal. — 1320. Jean de Bours connu par un procès à Abbeville sur les droits de justice.

1382. Hue de Bours, écuyer, sieur de la Guerrite-lès-Gaissart, vendit à l'un des chanoines d'Amiens un fief de dîmage, tenu noblement des religieux de Saint-Riquier (2). — 1388. Relief et hommage de Thomas de Bours, chevalier, seigneur de Bours pour son fief.

Cette même année Catherine de Bullecourt, veuve de Guillaume de Bours et épouse en secondes nôces de Jean de Cresgny, chevalier, seigneur de Contes et du Riquier, renonçait à son douaire sur un fief vendu par son premier mari.

1405. Guillaume de Bours, dit Wiscart, chevalier, seigneur de Bours et autres lieux, fut conjoint à Catherine de Poucques. Sa fille unique, Marguerite de Bours, épousa Philippe de Montmorency, qui devint, par suite de cette alliance et sans doute d'une vente de Huon de Gaissart, seigneur de Bours, Gueschard et Francières.

Guillaume de Bours est célèbre dans les guerres et les luttes féodales de cette époque. L'historien Monstrelet en fait un bel éloge (3).

M. de Belleval indique que, le 24 avril 1784, Antoine-Elisabeth-Renée de Saint-Blimond, comtesse de Bours, fut inhumée dans l'église de Gueschard.

La famille de Bours avait son hôtel à Saint-Riquier.

(1) *Fiefs et seigneuries.*   II, pag. 153.
(2) M. Darsy. *Bénéfices de l'Eglise d'Amiens, Tome*   (3) Armes : *de gueules à une bande de vair.*

FAMILLE DE MONTMORENCY. — L'illustre famille des premiers barons chrétiens eut un de ses rejetons qui vint s'établir en Ponthieu vers cette époque.

I. 1428. Philippe de Montmorency, chevalier, fils puîné de Jacques, issu, au XIIIe degré de Bouchard I de Montmorency, était seigneur de Croisilles, Courrière, Neufville, Bours, Gueschard, Wancourt, Acquet, gouverneur de Douai, conseiller et chambellan du duc de Bourgogne. Il eut deux fils.

II. Le puîné des fils de Philippe, Hugues de Montmorency, seigneur des mêmes lieux, s'unit d'abord à Jeanne de Riencourt, puis à Jossine de Saint-Omer. Il fut père de Nicolas qui suit, de Jean, chambellan et conseiller de Charles-Quint, de François, grand aumônier du même Empereur, et de Marie alliée à un gentilhomme écossais.

III. Nicolas de Montmorency, chevalier, seigneur de Bours et Gueschard, épousa Anne Rouault de Gamaches, dont Gabriel, Christophe et Jacqueline.

IV. Gabriel de Montmorency, seigneur de Bours, Gueschard et Villeroy, s'est allié à Michelle de Bayencourt qui lui donna quatre enfants : Jean, Claude, Antoinette et Anne.

V. Claude, fils puîné du précédent et mineur, d'après les archives, donna son relief en 1546. Il fut page de Henri III et mourut sans alliance. Son relief porte, outre les fiefs de Bours et Gueschard, xxx journaux de terre, reçus à cotterie par 5 s. de cens et 5 s. de relief, suivant des lettres de 1544 qui furent renouvelées en 1602.

VI. Jean I de Montmorency, frère aîné de Claude, d'après M. de Belleval, chevalier, seigneur de Bours, Gueschard et Villeroy, lui succéda : il avait épousé Bernarde Gaillard de Lontjumeau, dont il eut quatorze enfants, huit garçons et six filles. Benjamin, seigneur d'Equancourt, et Pierre, seigneur d'Acquet et Villeroy, furent les auteurs de deux autres branches de cette famille en Ponthieu.

Il semble, en considérant les noms de plusieurs de ses enfants, que Jean de Montmorency aurait professé les erreurs de la réforme. Le testament de Jean de Montmorency son grand-oncle, le fait supposer. Il donne une rente à condition qu'il vivrait en la religion catholique, apostolique et romaine. Quelques alliances confirment cette supposition ; mais ce ne serait qu'une erreur passagère pour Josias, puisque les filles de Josias se firent religieuses à Jouarre.

VII. Ozias ou Josias de Montmorency, le puîné des fils de Jean, au défaut de Daniel, tué au siège de Chartres en 1591, fut investi du triple fief de Gueschard, mais Pierre voulut, par une mise de fait sur cette seigneurie, garantir le quint auquel il prétendait avoir droit avec ses frères et sœurs. Josias s'unit : 1° à Marie de Grouches ; 2° à Louise Hotman ; il mourut en 1616, laissant après lui quatre enfants, Jean, François, Louise et Marie.

VIII. Jean II de Montmorency, enseigne dans la compagnie de son père, donna son relief en 1617. Il périt misérablement à l'âge de 18 à 20 ans, noyé dans la rivière de la Somme (1622). Ses fiefs furent hérités par son oncle Benjamin.

VIIIbis. 1622. Benjamin de Montmorency, chevalier, seigneur d'Equancourt, s'allia : 1° à Claude d'Averhout ; 2° à Marie Le Prévost, de Pendé. Il eut six enfants dont trois morts jeunes. Les autres sont Daniel qui suit, Madeleine, femme d'Isaac Le Fournier, seigneur de Neuville, et Marie, épouse de Charles Du Bois, seigneur de La Fresnaye.

IX. 1640. Daniel de Montmorency, chevalier, prenait les titres de marquis d'Equancourt, de seigneur de Bours, Gueschard, Villeroy, Tilloy, Réthonvillers, Olizy, Crécy, Caumont. Il fut lieutenant des armées du roi. En 1666, marié à Marthe Le Fournier, de Neuville, il eut deux fils, Benjamin-Alexandre-César, et Jean, baron de Neuville, seigneur d'Achy. On remarque qu'il fut maintenu dans sa noblesse par l'Intendant général de Picardie. Le crime d'hérésie aurait donc fait déchoir sa famille des prérogatives de la noblesse.

X. Benjamin-Alexandre-César de Montmorency, héritier des fiefs et des titres de son père, donna, en 1684, le relief des fiefs réunis de Gueschard, Bours et Francières. Il mourut en 1702, sans enfants de Jeanne-Madeleine de Laval sa femme (1).

1702. Double relief et double hommage du triple fief de la seigneurie de Gueschard : 1° Par Jean Le Fournier, chevalier, seigneur de Neuville et autres lieux, héritier par sa mère ou par testament de messire Benjamin-Alexandre-César de Montmorency ; 2° Par dame Jeanne-Madeleine De Laval, veuve du précédent, pour le quint des dites terres, fiefs et seigneuries de Bours, Gueschard et Francières.

Elisabeth de Laval, fille de Jeanne-Madeleine, épousa Antoine d'Abzac, chevalier, baron de Madaillant, seigneur de Graze, qui s'intitula aussi seigneur de Gueschard, pour un fief de XLVIII j^x de terre, produit par le quint de Jeanne-Madeleine de Laval. Antoine d'Abzac, brigadier des armées du roi et son lieutenant en la ville de Cambray, vendit ce fief à Gabriel de Poilly, négociant à Abbeville (1763).

FAMILLE DU BOIS DE BEL-HÔTEL. — Ce titre de Bel-Hôtel serait-il dû au fief du Bel-Hôtel, sis à Saint-Riquier, appartenant dans les siècles précédents aux seigneurs de Gapennes ?

1741. Relief au nom et profit de messire Guillaume-Nicolas Du Bois, seigneur de Bel-Hôtel et autres lieux, comte de Bours, cousin et héritier de Benjamin-César de Montmorency, du chef de sa seconde femme, Marthe de Montmorency. Guillaume Nicolas Du Bois avait fait l'acquisition du fief Gourguechon sur la famille de Gueschard en 1723. Il mourut à Abbeville et fut inhumé dans l'église Saint-Gilles à Abbeville.

---

(1) Armes : *d'or à la croix de gueules, accompagnée de seize alérions d'or.*

M. de Belleval. — *Nobiliaire.* — Duchesne. *Famille de Montmorency,* pages 491-506.

Guillaume-Nicolas-François Du Bois, frère et unique héritier du précédent, se vit disputer cette succession par son fils César-Alexandre Du Bois de Bel-Hôtel. Une sentence du Parlement de Rouen adjugea le fief en 1750 au père. Le relief fut donné en 1753. Nous n'avons point l'explication de cette singulière contestation devant le Parlement de Rouen. Guillaume-Nicolas-François Du Bois épousa Anne-Elizabeth-Rénée de Saint-Blimond, qui trépassa en 1784 et fut inhumée dans l'église de Gueschard. Son mari la suivit de près et fut inhumé comme son frère dans l'église Saint-Gilles (1785).

Leur fille N. Du Bois de Bel-Hôtel donna son relief en 1785 ; elle s'était unie à Ferdinand Denis, comte de Crécy, qui fut député de la noblesse du Ponthieu aux Etats-Généraux en 1789 (1).

Fief de Gourguechon. — Ce fief comprenait ix j^x de manoir, xxx j^x de bois, xxxiv j^x de terre avec des mouvances que D. Grenier estime, en 1703, à trois cents livres de censives.

Famille de Gourguechon. — Cette famille Abbevilloise, qui était éteinte au xvie siècle, a probablement donné son nom au fief.

1155. Arnoul de Gourguechon, témoin dans une charte.

1258. Gérard de Gourguechon, homme-lige de Domart. — 1274. Jean de Gourguechon, homme-lige de Saint-Riquier.

1328. Jean de Gourguechon, homme-lige de Saint-Riquier, est procureur du comte de Ponthieu, dont il scelle une charte en 1310. — Beauduin de Gourguechon, fils de Jean, qui vécut jusqu'en 1375, tenait un fief à Maintenay.

1400. Obit d'Isabelle de Gourguechon, veuve de Jean Le Mercier. — 1409. Colard de Gourguechon, chanoine de Saint-Vulfran. — 1410-1440. Jean de Gourguechon, écuyer. Son obit à Saint-Sépulcre en 1440. — 1415. Renaul de Gourguechon. — 1480. Jeanne de Gourguechon, épouse de Beauduin de Gaissart, lui apporta son fief.

1526. On lit encore le nom de Hugues de Gourguechon et de Aelissa sa femme, parmi les bienfaiteurs du monastère de Willencourt (2).

En 1372, un dénombrement du fief Gourguechon est donné par Colart de Domart, écuyer, allié à dame Marie de Domqueur. Il avoue tenir de l'abbaye de Saint-Riquier, en fief et noblement, son manage de Gourguechon à Gueschard. Puisque la famille Gourguechon possédait encore le fief au siècle suivant, il faut supposer que Colard de Domart n'aurait possédé qu'une partie de la seigneurie en arrière-fief.

Famille de Gaissart. — I. Beauduin de Gaissart, seigneur de Gaissart et de Gourguechon, du chef de sa femme, eut quatre enfants : Huon, Arnoult, mort sans alliance, Pierre, seigneur de Gourguechon, et Marie, femme de Hue de Rely.

(1) *Inventaire des Titres*, pages 421-250.
(2) Armes · *d'argent à trois épées de gueules mises en bande.*

M. de Belleval. — *Nobiliaire.* — M. de Rosny. — *Recherches, etc.*

II. Huon de Gaissart, écuyer, seigneur de Gourguechon et de Franclieu, vendit sa seigneurie de Gueschard à Philippe de Montmorency.

On peut lire sa généalogie dans M. de Belleval qui le dit seigneur de Gueschard, contrairement à nos archives.

IIbis. Pierre de Gaissart, écuyer, seigneur de Namur, d'après M. de Belleval, et mort sans postérité, nous est indiqué dans nos archives comme seigneur de Gourguechon et mari d'Antoinette Morel, qui lui succéda et donna, par entre vifs, la terre et seigneurie de Gourguechon à leur fils, François de Gaissart, en 1545.

III. François de Gaissart, écuyer, laissa plusieurs enfants, dont l'aîné :

IV. Jean de Gaissart, écuyer, reçut la saisine du fief en 1575. Nos archives mentionnent deux hypothèques sur ce fief : l'une en 1598 par Jean de Dompierre, sieur de Buigny, au profit de sa femme, dame Marie Danzel, sœur utérine du sieur Jean Laignel ; l'autre en 1607, au profit du bureau des pauvres d'Abbeville, pour sûreté d'une rente de 50 liv., créée en faveur de cet établissement.

V. 1614. Saisine au profit d'Henri de Gaissart, écuyer, donataire de Jean de Gourguechon, son père. Henri épousa Marie de Dompierre. De ce mariage est issu Jean II, seigneur de Gourguechon.

VI Jean II de Gaissart s'allia à Isabeau de Beauval. Sa fille, Isabelle-Françoise de Gaissart, donna son relief en 1665.

L'état des mouvances au XVIIIe siècle, d'après M. de Belleval, dit que ce fief contenait LXVI j^x de terre, un petit bois, 300 liv. de censives, le tout estimé alors 800 liv.

Le fief d'Isabelle de Gaissart fut saisi en 1670 et passa ensuite dans la famille de Montmorency. Un des fils de Jean de Gaissart ou de Henri épousa Eléonore Carpentin. Deux demoiselles de Gaissart, dont on ne dit pas les noms, épousèrent : l'une, Artus de Carpentin et l'autre, N. de Carpentin, qui mourut à Arguel, à l'âge de 100 ans.

En 1672, Charles de Gueschard était curé d'Arguel (1).

Nos archives perdent la trace de cette branche de la famille de Gueschard, qu'on peut lire dans le *Nobiliaire* de M. de Belleval, mais elles nous disent que le fief Gourguechon fut acquis, par les très-hauts et puissants seigneurs, Alexandre-Joseph de Montmorency, chevalier, comte de Montmorency-Bours, colonel de cavalerie, allié à la comtesse de Pocéi, veuve du grand maréchal de Pologne, et Charles de Montmorency, chevalier, colonel d'infanterie, capitaine des gardes de son altesse le comte de Charolais, tous deux fils de Daniel de Montmorency, seigneur d'Acquet et de la Court-au-Bois. Les deux frères ont vendu ce fief en 1725. Voici les noms des acquéreurs : Pierre Buteux, lieutenant; Antoine Brocquevieille, greffier de Gueschard et Villeroy; honorable homme, Jean Poultier, marchand et échevin à Abbeville; messire Guillaume-

---

(1) Armes de Gueschard : *d'argent, à trois chevrons de gueules*.

M. de Belleval — *Nobiliaire* — *Fiefs et seigneuries*.

Nicolas, chevalier, comte de Bours, seigneur du Bel-Hôtel, Gueschard, Villeroy et autres lieux. Charles et Daniel de Montmorency sont morts sans postérité, l'aîné en 1759 et le puîné en 1757.

1741. Jean Poultier donne un dénombrement de sa part du fief.

1753. Relief au profit de messire Guillaume-Nicolas Du Bois, chevalier, comte de Bours, etc. (1).

Un dernier souvenir de la famille de Gueschard, est encore un nom glorieux dans les annales monastiques, celui d'Adrien de Gueschard, abbé régulier de Grandcamp, au diocèse de Chartres, homme d'une grande naissance, dit l'auteur de *Gallia Christiana*, docteur en théologie de la Faculté de Paris, qui rétablit le monastère ruiné par les guerres impies de religion. Tous les religieux avaient été mis à mort par les calvinistes, un seul excepté qui renia sa foi pour sauver sa vie et se montra même plus furieux que les hérétiques. André de Gueschard releva ce monastère, quelques années après ce grand désastre, et y ramena la vie avec la discipline. Il fut le dernier des abbés réguliers.

Fief Sarton. — Famille de Sarton. — Famille Abbevilloise, dont quelques noms sont parvenus jusqu'à nous.

1336. Jean de Sarton, sergent royal à Saint-Riquier. — 1362. Jean de Sarton, fils d'Antoine, sergent royal à Saint-Riquier, puis auditeur du roi en 1385, a possédé le fief de Sarton. Il l'a vendu à Hue de Sarton, auditeur du roi à Abbeville et bailli de Saint-Vulfran. — 1370. Henri de Sarton, témoin dans un acte officiel.

1525. Jean de Sarton, neveu de Hugues de Sarton, vendit le fief à N. de Montreuil. L'abbé fit le retrait, en remboursant le prix de vente. — 1530. Sire Augustin de Sarton, prêtre à Saint-Riquier. — 1550. Thomas de Sarton, nommé pour des cens à Saint-Riquier. — 1570. Robert de Sarton possédait des terres à Feuquières (2).

Le nom de Wallon de Sarton est béni dans les annales de la cathédrale, pour avoir rapporté de Constantinople un très précieux trésor, le chef de Saint Jean-Baptiste. Nous conjecturons qu'il fut un des ancêtres des Sarton d'Abbeville.

Parmi les possesseurs de fiefs à Gaissart, encore mentionnés dans nos annales, signalons : 1° la famille Hardi, connue à Saint-Riquier au xiv° siècle et pourvue d'honorables fonctions ; 2° Jean de Rely, dit Gastinel, en 1400 ; 3° Jean de Ligny en 1400 ; 4° Pierre Lengagneur d'Abbeville ; 5° Jean le Nourrequier.

(1) *Inventaire des Titres, pages 325-340.* (2) *Archives de Saint-Riquier.*

CHAPITRE IV.

SEIGNEURIE D'YVRENCH ET D'YVRENCHEUX (1).

On signale dès 831, parmi les possessions du monastère, la *Villa de Guibrentium* ou *Wivrentium*. On parle des dîmes d'Ivrench et de Grambus dans la bulle d'Alexandre III. Les deux villages d'Ivrench et d'Ivrencheux étaient désignés sous le même nom dans les premiers titres. La distinction des deux villages ne s'établit que peu à peu. Faisons l'histoire des différents revenus du monastère sur ce grand domaine et parlons : 1° de la dîme ; 2° de la seigneurie ; 3° des biens du petit couvent; 4° des fiefs.

I. Dîme. — La dîme ne se percevait pas seulement sur les terroirs d'Ivrench et d'Ivrencheux, mais aussi sur ceux de Hanchy et de Festel.

Les proportions n'étaient pas les mêmes sur tous les cantons. Ainsi le terroir d'Ivrench rendait vii gerbes du cent. Sur ix gerbes l'abbaye en prenait iv, le curé iii, les chanoines de Saint-Nicolas d'Amiens ii. Le terroir de Belleval avait pour codécimateurs l'abbaye de Livry, à raison de ii gerbes et un tiers, le seigneur d'Ivrench, à raison de ii gerbes et un tiers, puis le prieur de Biencourt et l'abbaye de Saint-Riquier qui levaient chacun une gerbe et un sixième.

Sur un autre canton situé près des haies d'Ivrench, de ix gerbes l'évêque d'Amiens en prenait iii, le curé d'Oneux ii et l'abbaye de Saint-Riquier iv. Le canton du Festel devait une gerbe à l'abbaye, les novales d'Hanchy, une aussi à l'abbaye, le reste aux curés d'Ivrench et de Coulonvillers.

Il intervint plusieurs accords sur les dîmes d'Ivrench avec les Templiers. Notons ici celui de 1352.

Les religieux de Saint-Jean reconnurent aux moines de Saint-Riquier un droit de dîme sur leurs terres d'Aimont. Cette dîme se percevait jusqu'aux haies et même jusqu'à la porte de leur hôtel d'Aimont. Cette dîme se levait sur 300 journaux de terre.

---

(1) Yvrench, commune du canton de Crécy. Guibrentium. — *Wibrentium.* — *Wivrench.* — *Wivrans.* — *Yvrenc.* — *Yvren.*
Yvrencheux, commune du canton de Crécy. Wiwrencheux. — *Wiwronchel.* — *Yvrenchœul.* — *Invrenchœul.*
Hariulfe. — *Chroniques.* — M. Garnier. (*Dict. topog.*)

Pour le passé et d'après l'estimation du domaine, on exigea une restitution de trois muids de blé.

1705. Un procès eut lieu entre le seigneur d'Ivrencheux et les codécimateurs du lieu au sujet de la chapelle d'Ivrencheux. Le seigneur prétendait faire participer ces derniers à la réparation de la chapelle et perdit son procès. Il fut prouvé, comme on le voit par un mémoire en faveur des religieux de Saint-Riquier, du chapitre de Saint-Nicolas d'Amiens et du curé d'Ivrench, qu'Ivrencheux n'avait pas d'Eglise paroissiale, mais seulement une chapelle castrale, ouverte aux habitants par la bienveillance des seigneurs.

En effet, ce bâtiment sans chœur, sans nef dans son origine, compris dans la clôture du château, n'avait point été construit à usage d'Eglise paroissiale, mais seulement d'oratoire domestique, d'où l'on devait conclure avec raison que le seigneur seul était obligé à toutes les réparations. En 1781 une nouvelle sentence exempta les décimateurs des réparations de cette chapelle castrale.

Il n'en était pas de même du chœur d'Ivrench, renversé en 1728. Les codécimateurs furent obligés de le relever, comme on le voit dans des procédures de 1729 et de 1735.

II. SEIGNEURIE. — On comprend sous ce nom la haute, moyenne et basse-justice: des droits seigneuriaux et honorifiques; des recommandations aux prières de l'Eglise; des droits de champart désignés dans les redevances des fiefs; des censives, des redevances sur les moulins, etc.

La seigneurie d'Ivrench avait dans les Templiers et plus tard dans les chevaliers de Saint-Jean de Jérusalem, des voisins fiers de leurs services envers l'Eglise, de leurs prérogatives et de leurs exploits chevaleresques. Ces religieux militaires, si nous en croyons nos annales, abusaient parfois de leur haute influence. Les différents entre leur serviteurs et ceux de l'abbaye renaissaient souvent. Les causes nous paraîtraient sans doute de peu d'importance. Mais on n'en jugeait pas ainsi alors. Quand le droit de suzeraineté se trouvait en péril, on le portait devant le prévôt de Saint-Riquier. Ce magistrat s'efforçait d'amener les parties à des compositions amiables, comme nous l'avons vu au chapitre de Noyelles ; mais les chevaliers ne se pressaient guère de les exécuter.

Nous avons cité au Tome II de notre histoire (*page* 23) une composition de 1340. En voici d'autres.

En 1352, les chevaliers de Saint-Jean s'étaient permis de faire paître leurs troupeaux dans la garenne de Noyelles. Les tribunaux furent appelés à examiner les droits de chaque partie. Les moines gagnèrent leurs procès, mais ils furent de facile composition. Moyennant une redevance de six deniers parisis par an et une amende de 13 liv.p. pour arrérages, ils laissèrent les chevaliers de Saint-Jean en possession de leur usage. Il fut stipulé toutefois qu'on pourrait prendre les bêtes, si la redevance n'était pas payée.

Les censiers étaient obligés d'acquitter la redevance au défaut des seigneurs. Par cette clause on consacrait les droits exclusifs des moines.

Signalons, au sujet des croisades, un autre conflit antérieur de plus de 60 ans. En 1288, pour favoriser les croisades, le pape Honorius IV, en convoquant les princes de l'Europe à une nouvelle guerre sainte, avait exempté les croisés de toute redevance féodale jusqu'à leur retour ou jusqu'à la nouvelle de leur mort. Les chevaliers de Saint-Jean de Jérusalem se crurent libérés de leurs obligations par cette bulle et refusaient d'acquitter les redevances. On consulta le cardinal de Sainte-Cécile, légat du pape en France. Le cardinal fit comprendre aux chevaliers qu'ils donnaient à la bulle d'Honorius une fausse interprétation et que le Souverain Pontife n'avait entendu accorder ce privilège aux croisés qu'à partir du jour de leur appel ou de leur départ pour la croisade (1).

1233-1293. Nous avons un nouvel exemple de ventes de terres féodales dans le domaine d'Yvrench. En énumérant des ventes de terre au monastère par Giles et Edme de Campigneules, les chroniques ont soin de mentionner que c'est par nécessité et pour cause de pauvreté affirmée par serment (2).

III. — TERRES DU PETIT COUVENT. — XXVI journaux de terres près le bois Mallet entre Cramont et Domqueur. Ces terres données à cens en 1453, puis aliénées pour subvention dans les guerres religieuses, ont été retraites et formaient une partie de la dotation du petit couvent (1624).

---

(1) *Cartulaire. Fol.* 141-143.

Quelques lecteurs me sauront gré de transcrire ici une note recueillie dans les archives des chevaliers de Saint Jean de Jérusalem.

Le domaine seigneurial de la commanderie de Beauvoir se composait, au XIVᵉ siècle, d'un bel hôtel, résidence du commandant, avec chapelle et ferme y tenant, le tout construit sur XXV jˣ de terre, situés dans l'angle formé par la rencontre des chemins d'Abbeville à Crécy et de Saint-Riquier à Buigny. Les terres du domaine comptaient, d'après le livre vert, DCCCXVIII jˣ dont une partie s'étendait sur les territoires de Drucat, Buigny-St-Maclou. Menchecourt et la Bouvaque...

L'un des premiers actes des Hospitaliers, après leur installation dans la maison du Temple de Beauvoir, fut d'affranchir de tout servage les hommes de cette seigneurie et ceux qui demeuraient à Cramont, Brailly, Fontaine-sur-Maye, Boufflers, Dompierre, Nouvion, Sailly, Nolettes, etc., à la condition seulement de payer leurs cens et autres droits coutumiers, tels que ceux de lots et ventes à chaque mutation de leurs maisons et terres, comme il est expliqué dans les lettres de Guillaume de Mailly, grand prieur de France du 8 novembre 1347....

Aussi soucieux des intérêts de leurs vassaux que des leurs, les Hospitaliers faisaient reconnaître, en 1339, par les maire et échevins de Saint-Riquier, les droits qu'avaient leurs hommes de la Commanderie de Beauvoir, de vendre ou d'acheter dans cette ville toutes espèces de denrées et de marchandises, sans payer tonlieu.

Comme les hommes de Beauvoir, ceux de la Commanderie de Fieffes étaient exempts de payer le droit de chaussée pour leurs chevaux et leurs voitures, lorsqu'elles allaient dans les villes d'Abbeville et de Saint-Riquier...

Bellinval était une maison du Temple dans la paroisse de Brailly, sur le chemin menant de ce village à Boufflers...

Notes de M. l'abbé Bernault, de Blois, extraites des Commanderies du grand prieuré de France, d'après des documents inédits conservés aux archives nationales par E. Munnier (1872). Pages 625 à 639.

(2) *Cart. Fol.* 75.

FIEFS. — Les archives énumèrent les fiefs : 1° d'Yvrench ; 2° de Belleval ; 3° de Bellifontaine ; 4° les fiefs d'Yvrencheux, de Grambus, de Waripelle ou Picotelle réunis ; 5° de Festel ; 6° de Tillencourt ; 7° de Bayardes. Ces deux derniers étaient perdus au XVIII° siècle.

SEIGNEURIE D'YVRENCH. — La terre ou fief et seigneurie d'Yvrench appartenait par indivis pour ses mouvances à deux hauts seigneurs ; à savoir au roi, à cause de son comté de Ponthieu et à l'abbaye de Saint-Riquier. Elle comprenait outre les terres une maison seigneuriale, avec jardins, pourpris, moulins, censives, droits de champart, haute-justice, droits honorifiques, recommandations nominales aux prières publiques, afforage, cambage, mort et vif herbage et autres droits reconnus par la coutume d'Amiens.

Une note sur le relief de Charles de Belloy au XVI° siècle mentionne une maison seigneuriale, un moulin à vent, XXII journaux de terre, IX journaux de pré, un champart et 160 liv. de censives (1).

FAMILLE D'YVRENCH. — Quelques noms ont surnagé dans les archives et les chartes anciennes.

1158-1166. Henri d'Yvrench, bourgeois de Saint-Riquier. — 1174. Raoul d'Yvrench. — 1177. Ingelran d'Yvrench, chevalier.

FAMILLE DE BELLOY. — Famille Picarde, très ancienne qui s'est éteinte en 1871, dans la personne d'Auguste de Belloy, marquis de Belloy, poète et littérateur distingué. Elle a succédé à la famille d'Yvrench.

I. Gautier de Belloy, paraît en 1224 : il a vendu aux frères de l'Hôpital VIII journaux de terre à Ivrench (2).

II. Garin de Belloy, chevalier, fils de Gautier.

III. Eustache de Belloy, chevalier, fils de Garin.

IV. 1376. Enguerrand de Belloy, dit Lionnel, fils d'Eustache, chevalier, seigneur de Belloy, Vieulaines et Yvrench. Il épousa Marie de Créquy et ensuite Jeanne de Belloy-Saint-Léonard. Dans un aveu il déclare tenir son fief du roi et de l'abbaye de Saint-Riquier. — Pierre de Belloy, un de ses fils, fut tué à Azincourt.

V. 1400. Robert de Belloy, fils du précédent, écuyer, seigneur des mêmes lieux, demeurant au Pont-Remi, achète des terres à Guillaume de Grambus. Il épousa Jeanne de Selincourt.

Nommons ici le bâtard de Belloy, gouverneur de Saint-Riquier. Il avait épousé Jeanne de Selincourt et fut père de Jean de Belloy, et de Jeanne, femme de Jean d'Aigneville.

---

(1) *Inventaire des Titres*, pages 1115-1119.

(2) M. Cocheris. *Mémoires de la Société des Antiquaires de Picardie*. Tome XVI, page 141.

VI. 1425. Jean I de Belloy, écuyer, allié à Hélène Le Blond.

1460. Jean II de Belloy, écuyer, fils du précédent, conjoint à Béatrix de Fosseux.

VII. 1480. Antoine de Belloy, seigneur des mêmes lieux, épousa Marie de Bacouel, puis Jeanne d'Estrées. Il fut capitaine du château de Vincennes et de la Bastille.

VIII. 1524. Pierre de Belloy, écuyer, seigneur des mêmes lieux, fut marié à Pauline de La Rivière, puis à Françoise de Calonne, dame de Landrethun. Celle-ci fit hommage au roi et à l'abbaye de Saint-Riquier en 1548 pour Louis de Belloy, son fils mineur, dont elle était la tutrice (1).

IX. Louis de Belloy épousa Margnerite du Bosc.

X. 1583. Relief de Charles de Belloy, écuyer, fils mineur de Louis de Belloy, seigneur d'Yvrench, Landrethun et autres lieux : il épousa Jeanne de Hallewin. Les biens de ce mineur furent dilapidés et la ruine s'en suivit. De 1603 à 1607 il constitua des rentes sur sa propriété à Jean Vaillant, marchand à Abbeville, à Jean de Dompierre, seigneur de Buigny, à Claude Le Blond, ou à sa fille Anne Le Blond, femme de Richard du Fay ; d'où il s'ensuivit que ses propriétés furent hypothéquées.

M. de Belleval affirme que sa terre fut vendue à Jean de May, sieur de Seigneurville. S'il en fut ainsi, elle aurait été rachetée, puisque Claude de Belloy l'a possédée.

XI. Claude de Belloy, fils de Charles, mourut sans enfants (2).

La seigneurie d'Yvrench revint à Hercule-Louis de Rouville, chevalier, marquis du dit lieu, gouverneur d'Ardres, fils de Jeanne du Bosc, héritier bénéficiaire de son oncle Claude de Belloy. Hercule-Louis de Rouville donna son relief en 1664.

1667. Pierre Reguin, sieur d'Yart, bourgeois de Paris, fit saisir la seigneurie d'Yvrench sur Hercule-Louis de Rouville et son épouse. Après la mort de ce dernier, la seigneurie fut vendue par ses créanciers à Oudart Du Hamel.

Famille Du Hamel. — 1684. Oudart Du Hamel, écuyer, seigneur de Canchy, eut pour héritier en 1713 son neveu, François Du Hamel. Celui-ci vendit cette terre à François Coulon, sieur de Hanchy, moyennant 49,556 liv. Mais, par retrait lignager, Pierre de Buissy, chevalier, seigneur du Mesnil, président au présidial d'Abbeville, devint possesseur de la seigneurie d'Yvrench, qu'il transmit à ses enfants (3).

Famille de Buissy. — Cette famille, originaire d'Artois, vint s'établir en Ponthieu au xv° siècle : elle y exerca des fonctions importantes. Dès 1551, les De Buissy prennent

---

(1) D. Cotron. *Anno* 1548.
Nos archives ne s'accordent pas ici avec M. de Belleval. Sa généalogie de la famille de Belloy indique que le fief d'Yvrench fut possédé par Antoine de Belloy, puis par Jean son fils qui le vendit à Louis de Belloy son neveu en 1532. Nous laissons à d'autres l'explication de cette contradiction.

(2) Armes de Belloy *d'argent à trois fasces de gueules*.
M. de Belleval. *Nobiliaire.— Inventaire des Titres*, page

(3) Armes des Du Hamel : *d'azur à la bande d'or, chargée de trois roses de gueules*.

le titre de seigneur de Mesnil-Yvrench, à la suite de l'acquisition d'un fief à Belleval. Ce fief acheté par Philippe de Buissy, en 1551, fut partagé entre Jacques de Buissy et Marie de Buissy, qui épousa successivement Eustache Danzel et Antoine Waignart. Marie de Buissy avait été dotée de cette moitié de fief par son contrat de mariage avec Antoine Waignart ; mais elle la laissa par testament à son neveu Claude de Buissy. Celui-ci hérita l'autre part de son père Jacques de Buissy. M. de Belleval nous donne la généalogie des héritiers de Philippe de Buissy : 1° Jacques; 2° Claude ; 3° Pierre. Le dénombrement de ce dernier est de 1709. C'est lui qui acquit la seigneurie d'Yvrench par retrait lignager en 1715.

Pierre de Buissy, chevalier, seigneur de Mesnil-Yvrench, épousa, en 1688, Marie-Marguerite Le Blond, dame d'Acquet, Mons et Béalcourt : il eut 8 enfants dont plusieurs religieux et religieuses.

1727. Dénombrement de son fils, François-Joseph de Buissy, chevalier, vicomte du Mesnil, pair d'Yvrench, seigneur d'Acquet et autres lieux, président au Présidial d'Abbeville, maire d'Abbeville. Il épousa Marie-Marguerite Le Bel d'Huchenneville, et mourut en 1782. L'on voit encore son tombeau dans l'église d'Yvrench. Il eut six enfants dont le suivant, Paul-François de Buissy. Son dénombrement donné en 1775, forme un cahier de 83 feuilles *in-folio* (1). Il épousa Charlotte-Geneviève de Buissy, sa cousine, et vécut jusqu'en 1804.

Paul-François-Joseph de Buissy, son petit-fils, mourut en 1847 ; il avait épousé Marie-Charlotte Griffon d'Offoy. La seigneurie d'Yvrench passa après lui à sa fille Victorine-Thérèse de Buissy, qui s'allia à Gustave Laurent d'Ouville, dont les héritiers possèdent encore ce domaine (2).

FIEF DE BELLEVAL. — Le fief de Belleval a été démembré à plusieurs époques ; ce qui a beaucoup compliqué l'histoire de ses transmissions. La partie principale a conservé le nom de grand Belleval ou Longuemort. Ce fief comprenait des terres, des droits seigneuriaux, des censives, un champart, des dîmes sur un domaine de 400 j^r de terre et enfin des arrières-fiefs. Nous donnerons l'analyse de toutes les parties du fief aussi clairement que possible.

FAMILLE DE BELLEVAL. — Elle est distincte de la famille de Belleval d'Huppy ; elle a possédé ce fief pendant plusieurs siècles. Voici quelques noms parvenus jusqu'à nous.

1131 à 1185. Wautier de Belleval. — 1140. Gui de Belleval, témoin dans une charte de la Léproserie du Val. — 1185. Herbert de Belleval, échevin de Saint-Riquier.

---

(1) Ce dénombrement est aux archives départementales de la Somme. (*Titres de S. Riquier.*)
(2) Armes de Buissy . *d'azur au chef d'or.*

Inventaire des Titres, page 645. — M. de Belleval. *Nobiliaire.*

1270. Thomas de Belleval vend des cens à Pierre Le Farcy. — 1275. Pierre de Belleval, homme-lige de Saint-Riquier.

1365. Hue de Belleval, sieur de Belleval, vend à Gense Hamon : 1° Un fief sis au territoire de Belleval et contenant xxii j^x de terre ; 2° Le tiers des dîmes du dit terroir.

Famille Du Maisniel. — Cette famille, que M. de Belleval dit originaire d'Abbeville et dont le premier représentant était toutefois bourgeois de Saint-Riquier, occupe une place honorable dans nos archives et a pendant longtemps possédé le fief de Belleval. Elle fut anoblie en 1447.

1350-1379. Jehan du Maisniel, échevin de Saint-Riquier, avait son domicile à Saint-Riquier. Sa femme se nommait Anguieris et l'un de ses fils Williaume. Les autres, dit M. de Belleval, sont Nicolas, Jeannin, reçu bourgeois d'Abbeville, et Wautier, allié à Jeanne de La Barre. — 1343. Etienne Du Maisniel est religieux à Saint-Riquier. — 1359. Robue ou Robert Du Maisniel habite la ruelle du Brusle « au pont du rang de l'hôpital » disent les archives locales.

Nos annales ne sont pas d'accord avec M. de Belleval sur la généalogie de cette famille. Nous les suivons ici, sans pouvoir contrôler la différence.

1407. Dénombrement d'un fief de L j^x de terre à Belleval par Jean Du Maisniel, prêtre à Saint-Riquier.—1435. Jacques du Maisniel, seigneur de Longuemort, de Belleval et autres lieux, a un ténement à Saint-Riquier. — 1460. Pierre du Maisniel, seigneur de Longuemort et autres lieux possède le fief de Belleval, indivis avec une D^{lle} Bournel, femme de Guillaume de Neuilly. Il meurt sans postérité. — 1489. Jacques Du Maisniel, fils sans doute de celui dont il est parlé plus haut, a hérité un ténement et un fief à Saint-Riquier, du chef de N. de Bray, sa femme. Leur fille fut religieuse à l'Hôtel-Dieu de Saint-Riquier avec une dot en biens-fonds, vers 1520.

Pierre du Maisniel, fils de Jacques, allié à Marie d'Aoust, fut le père de Jean, qui donna son relief et fit hommage en 1548. Jean de Dompierre saisit ce fief, comme on le verra plus loin. — Vers 1580, saisine au profit de Pierre Du Maisniel, fils de Jean, écuyer, donataire du fief de Belleval par son contrat de mariage avec Charlotte De Mons. Il n'en garda point la possession.

1630. Relief et hommage d'Adrien du Maisniel, fils du précédent. Il épousa Jeanne de Louvel, puis Bonne de Bernets. De ces deux mariages naquirent douze enfants.

1647. Relief et hommage de Henri-Réné Du Maisniel, fils aîné d'Adrien, marié à Jeanne L'Yver, puis à Geneviève Ogier de Cavoye, qui vendit une partie du fief de Belleval à Nicolas Lherminier d'Abbeville. Celui-ci avait déjà possédé une partie de ce fief en 1630.

François Du Maisniel, fils putné d'Adrien, et ses enfants ont porté le titre de seigneurs du Maisniel, mais nos archives ne nous indiquent pas qu'après 1630 cette branche ait conservé quelque part du fief de Belleval (1).

Par suite de divers démembrements de ce fief nous lisons dans nos archives : 1° que Robert de Marcheville fit hommage du fief de Belleval en 1375 ; 2° que Guillaume de Nouilly donna au monastère, en 1409, un dénombrement des droits de son fief de Belleval ; 3° que Jean Le Prévot, conseiller en cour laie de Saint-Riquier, au nom du sieur Colard Rohault, écuyer, seigneur de Charantonel, de Vaux et Vauchelles, pannetier du roi, demeurant à Paris, vendit en 1468, au profit de Jean Grevin, marchand demeurant à Domart, deux fiefs nobles, celui de Belleval et celui de Patronville ; 4° qu'un membre de la famille Grévin, religieux au monastère de Livry, donna sa part de fief à sa communauté, qui en conserva la propriété jusqu'à la Révolution et servit constamment son relief avec institution d'homme vivant et mourant. (*Tom.* II *de notre histoire, page* 169) ; 5° qu'en 1543, Nicolas Caoursin, marchand mercier à Saint-Riquier, donna un relief pour Belleval, et que la même année D^{lle} Michelle Le Mattre, sa veuve, prêta serment de fidélité pour ce même fief, au nom de Nicolas Caoursin son fils ; 6° qu'en 1556, une hypothèque avec saisine frappa le fief noble de Belleval de Jean du Maisniel au profit de Jean de Dompierre ; qu'une partie par suite de transaction fut cédée au créancier de Jean Du Maisniel et que cette partie fut partagée ensuite entre Nicolas de Dompierre, fils de Jean, qui en emporta quatre parts, et D^{lle} Jeanne Clabault, veuve de Jean de Dompierre en secondes nôces, qui resta en possession du reste : qu'ensuite cette part fut partagée entre Jean Laignel, issu du premier mariage de Jeanne Clabaut, et de Jean de Dompierre, autre fils du créancier de Jean du Maisniel, mais qu'elle retourna, après deux générations, à un autre Nicolas de Dompierre qui en fit l'acquisition sur Jean Laignel ; 7° qu'en 1630, Marie de Dompierre, fille de Nicolas, mariée à Alexandre Lherminier, marchand à Abbeville, lui apporta ce fief dont il donna le relief en 1648, et qu'enfin Alexandre Lherminier réunit plus tard celui de Henri-Réné du Maisniel aux autres parties qu'il possédait (1651).

FAMILLE DE LHERMINIER. — Il en a été parlé à l'occasion du fief de Thiboutot (*page* 37). Alexandre Lherminier eut pour successeurs : 1° Jean Lherminier ; 2° Nicolas, son frère ; 3° en 1682, Pierre Lherminier, avocat au Parlement de Paris. Pierre Lherminier laissa deux fils, Pierre et Nicolas. Ce dernier succéda à son aîné en 1743. Nicolas Lherminier, sieur de Belleval, était conseiller magistrat au siège présidial d'Abbeville. Sa fille Marie-Anne-Elisabeth épousa François Vaillant, chevalier (1789).

FAMILLE DU BOURGUIER. — Philippe Du Bourguier avait aussi une part de ce fief

---

(1) Armes des Du Maisniel : *d'argent à deux fasces de gueules, chargées chacune des trois besants d'or*.
M. de Belleval. = *Nobiliaire*.
La branche des Du Maisniel d'Epaumesnil possédait un domaine à Oneux, comme il est constaté par divers procès avec les religieux de Saint-Riquier Cette famille existe encore aujourd'hui.

en 1660. Il eut pour héritier Claude Du Bourguier, son fils, et après lui Nicolas Du Bourguier, chanoine de Saint-Wulfran. Celui-ci laissa son fief en 1746 à D^lle Elisabeth Bail, épouse de messire Louis Le Maire, brigadier des armées du roi (1).

FIEF DE BELLIFONTAINE. — FAMILLE DE CANNESSON. — Le fief de Bellifontaine, sis au terroir de Belleval et Yvrench, consistait en xxii j^x de terre faisant autrefois partie du fief Belleval et cédé aux sieurs de Cannesson, seigneurs de Bellifontaine. On cite dans nos archives une quittance de dame Marie de Bommy, veuve de noble homme Nicolas de Cannesson, et mère tutrice de Jacques de Cannesson, écuyer, sieur de Bellifontaine.

Mais plus tard la famille de Cannesson nous est signalée comme possédant un autre fief qui consistait en un droit de dîme sur les cccc j^x de terre du terroir de Belleval.

Antoine de Cannesson, chevalier, seigneur de Bellifontaine et autres lieux, fils de François et petit-fils de Jacques, vendit, en 1664, ce fief à Nicolas Maurice, bourgeois d'Abbeville. Nicolas Maurice le vendit ensuite à Claude de Buissy. Il est question du dénombrement de ce fief par François de Buissy, son fils, en 1752. Claude ne le possédait plus seul ; car Dame Catherine de Buissy, veuve d'honorable homme François Gaignard, conseiller du roi et assesseur criminel en la sénéchaussée du Ponthieu, donnait, en 1686, le dénombrement de sa part (2).

LE FIEF D'YVRENCHEUX, GRAMBUS, WARIPELLE OU PICOTELLE. — Ces trois fiefs composaient dans les derniers temps la seigneurie d'Yvrencheux. Le premier et le plus important comprenait un domaine de cccv j^x de terre avec jardin, enclos, terres labourables, bois, censives, etc. Le second contenait un domaine de xviii j^x de terre et tirait son nom du bois de Grambus (3) près d'Yvrench. Le bois de Grambus fut le siège d'une habitation seigneuriale, comme on peut le conclure des ruines et des fossés circulaires dont il est rempli. « Grambus, dit M. Darsy, possédait autrefois un château-fort (4) ». C'était la demeure des seigneurs de Grambus, dont le nom jeta quelque éclat sur cette contrée du Ponthieu. Le troisième fief de la seigneurie d'Yvrench était de moindre importance, ne comptant que ii j^x de terre avec le moulin d'Yvrench.

Nous allons établir la suite des seigneurs, telle que nous la trouvons dans nos annales et nos chartes locales et dans le *Nobiliaire* de M. de Belleval.

FAMILLE D'YVRENCHEUX. — Nous n'avons que trois noms. — 1258. Gui de Wiwrencheul, chevalier. — 1262. Hugues de Wiwrencheul dont le fief dépendait de Saint-Riquier. — 1298. Jean de Wiwrencheul, époux d'Emmeline de Bussu.

---

(1) Armes du Bourgnier . *d'azur au chevron d'argent, accompagné au chef de deux croissants d'argent, et en pointe d'une rose d'argent.*

(2) Armes de Cannesson : *d'azur à trois couronnes d'or.*

M. de Belleval. *Nobiliaire.* — *Inventaire des Titres*, pages 209-223.

(3) Grandis Buscus. — Grambusium.

(4) M. Darsy. *Bénéfices de l'église d'Amiens* Tome II, page 273.

CHAPITRE IV. — SEIGNEURIE D'YVRENCH ET D'YVRENCHEUX.   305

FAMILLE DE GRAMBUS. — Famille originaire de Saint-Riquier. On montrait encore l'hôtel de Grambus au xv° siècle. Elle s'éteignit au xvii° siècle. « Le fief de Grambus, dit M. de Belleval, était situé à Crécy (1). » Il faut admettre qu'un fief de Grambus ait existé à Crécy, mais celui qui s'est identifié avec le nom de la noble famille mentionnée dans nos archives, faisait certainement partie de la seigneurie d'Yvrencheux.

1239. I. Jean I de Grambus, chevalier, est qualifié du titre de seigneur de Grambus et d'Yvrench, sans doute pour Yvrencheux.

1262. II. Guillaume I" de Grambus, fils du précédent, chevalier, seigneur de Grambus et d'Yvrencheux, vend au monastère xv j^r de terre de son fief pour pauvreté jurée.

1298. III. Jean II de Grambus, fils du précédent, et père d'un second Guillaume de Grambus. On connaît aussi à cette époque Mathieu de Grambus, homme-lige de Drucat.

1340. IV. Guillaume II de Grambus fait un échange de terres à Yvrencheux avec le commandeur de Fieffes en 1365. L'Abbé de Saint-Riquier ratifia cet accord, le 9 mars 1365. Guillaume eut pour fils Jean, Guillaume et Robert.

1374. V. Jean III de Grambus, chevalier, servit un dénombrement à l'Abbé de Saint-Riquier, pour ses deux nobles fiefs de Grambus et d'Yvrencheux. Il servit aussi un aveu au roi pour un fief à Crécy (1377). C'est de cette famille, sans doute, que le fief Grambus de Crécy a pris son nom.

Ce fief de Crécy, possédé pendant plusieurs générations par ces nobles seigneurs, passa dans les mains des Bournonville, des Briet, des Boinet, etc. Jean de Grambus, dit Grignart, homme-lige de Drucat, a servi dans la compagnie de Louis de Boubers, à Thérouanne (1387). Il avait un courtil et un hôtel à Saint-Riquier.

C'est vers cette époque que Nicole de Grambus, docteur en Sorbonne, écrivit la vie du cardinal Le Moine (2).

1397. VI. Guillaume III de Grambus, fils du précédent, a vendu à Jean de Belloy xxiv j^r de terre appelés le *Camp du Quesnoy*, tenant à la terre de Huart de Grambus, à la charge d'une redevance envers l'abbaye de Saint-Riquier (1397). Il vendit encore à Pierre de Lessau, bailli d'Airaines, pour 84 liv., 6 liv. de rente sur le fief qu'il tenait de la même abbaye. Cette vente fut consentie par l'abbé de Saint-Riquier (1408) (3).

VII. Robert de Grambus, fils de Guillaume, chevalier, eut pour successeur son fils.

VIII. Guillaume IV de Grambus, écuyer, avait son manoir à Saint-Riquier, rue du moustier (1458). Jean de Grambus, vivant à Crécy en 1480, est-il le fils de Guillaume?

---

(1) *Fiefs et seigneuries.*
(2) Maistre Nicole de Grambus, dit le P. Ignace, natif d'Abbeville, boursier du collége Le Moisne et docteur en théologie de Paris, a écrit brièvement la vie du cardinal Le Moisne (*Mayeurs d'Abbeville*, page 255).
(3) *Cartul. Fol.* 75. — M. de Belleval. *Nobiliaire.*

Nous n'oserions l'affirmer avec M. de Belleval : nous croirions plus volontiers que c'est un frère. On parle de l'hôtel de Grambus en 1495. L'obituaire du chapitre de la cathédrale donne, en 1530, le nom de Nicolas de Grambus.

IX. Jean IV de Grambus, fils de Guillaume, écuyer, épousa Adrienne de Monvoisin, dont il eut Jean et Jacques.

X. Jean V de Grambus, écuyer, seigneur d'Ivrencheux et de Grambus, épousa Jacqueline de Hesdin, dont sont issus Guillaume, Robert, Thibaut et Madeleine.

XI. Guillaume V, écuyer, capitaine au régiment de Picardie, laissa hypothéquer ses terres par Marguerite de Calonne, veuve de Daniel Briet, pour sûreté d'une rente qui lui était due (1529). On signale une seconde saisine et hypothèque au profit d'Adrien de Saint-Remy, seigneur de Guigny, pour sûreté d'une rente constituée au profit de Charles d'Amiens qui l'avait cédée au seigneur de Guigny (1523), puis une troisième à Jacques Toulet d'Abbeville (1529).

XI bis. Robert II de Grambus a dû succéder à Guillaume son frère.

XII. Jean VI de Grambus, fils de Robert, donna son relief en 1538, il eut un frère du nom de Robert.

Jacques de Grambus, seigneur de Bonnières, maître d'hôtel du vidame d'Amiens, demeurant à Picquigny en 1544, avait épousé Antoinette de Damiette et mourut sans enfants. Il était fils de Jean IV.

XI ter.—Thibaut de Grambus, oncle et héritier de Jean VI, donne son relief en '1540.

Ce même Thibaut, neveu et légataire de Jacques de Grambus dont on vient de parler, donna son relief en 1549, pour cet héritage, Thibaut vendit XVIII j^x de terre à Jean des Groiseiliers, écuyer, seigneur de Domesmont, qui les céda à Philippe de Buissy d'Yvrench (1551). La famille de Buissy est restée en possession de ce domaine, comme on le voit par des dénombrements de 1709 et 1752. Thibaut de Grambus, par cette vente, ne put encore suffire à ses dépenses ; car on constate en 1556 une hypothèque avec saisine à Honoré Le Blond, pour sûreté d'une rente créée au nom de ce dernier. En 1566, nouvelle rente constituée sur hypothèque au profit de Jean de Dompierre, contrôleur du magasin au sel. Thibault de Grambus avait épousé Marguerite Cornu ; il habitait Amiens en 1567. Il laissa quatre enfants : Charles qui suit : Pierre, chevalier de Saint-Jean de Jérusalem, Anne alliée en 1584 à Jacques de la Caurrie, et Jeanne, femme de N. Blondel Du Fresne.

XIII. (1575). Charles de Grambus, écuyer, seigneur d'Yvrencheux et de Grambus, épousa Françoise de Saint-Simon. De ce mariage sont nés quatre enfants : Valeran, décédé sans alliance, Louis, Marie, Nicole (1).

---

(1) M. de Belleval donne ici le nom d'une seconde fille du nom de Marie qui aurait épousé Jacques de Ribeaucourt, écuyer, seigneur du Quesnoy, de Morival et de Famechon, mais il omet le nom de Louis.

Un seigneur de Grambus assistait au siège d'Amiens en 1597. Ce doit être Charles ou Valeran.

Après la mort de Charles, Françoise de Saint-Simon convola en secondes nôces avec Jean de Sucre, écuyer, seigneur de Bellain, et lui apporta une part de la seigneurie d'Yvrencheux.

Marie de Grambus, alliée d'abord à François Mourette, écuyer, sieur de Cumont et de Maison-Ponthieu, contracta un second mariage avec Antoine de Saint-Quentin, écuyer, capitaine au régiment de Picardie : elle donna un relief en 1598. La même année les héritiers de Jacques de Grambus prirent hypothèque pour une rente constituée au profit de ce dernier.

Nicole, Dame de Grambus et d'Yvrencheux eut pour époux Ferry de Warluzel, écuyer, seigneur d'Etinehem. En 1607, une saisie sur ses biens l'avait obligée à vendre sa part de fief à sa sœur Marie, femme d'Antoine de Saint-Quentin ; mais cette part lui fut restituée en 1626, en vertu de son contrat de mariage. Marie de Grambus eut une fille nommée Marie de Saint-Quentin (1).

Après la mort des filles de Charles de Grambus, nous trouvons deux reliefs de cette seigneurie : l'un au nom de Robert Lamiré, chevalier, seigneur de Bachimont et autres lieux, neveu de Dame Nicole de Grambus, héritier de Claude de Warluzel, petit fils de Ferry (1662) ; l'autre de Jean de Sucre, écuyer, seigneur de Bellain, petit-fils de Jean de Sucre et de Françoise de Saint-Simon. Ce dernier vendit ce qu'il avait hérité de la seigneurie d'Yvrencheux à Dame Jeanne Blondel, veuve de Claude d'Aumale, écuyer, et à André d'Aumale, son fils. Leur saisine est de 1688.

Ajoutons, d'après M. de Rosny, que Louis de Grambus, fils de Charles, eut une fille, nommée Marie de Grambus, qui porta une partie de la terre d'Yvrench à Louis Blondel, sieur de Fresne, près Authie, et qui fut mère de Pierre Blondel, allié à Anne Buquet. La fille de Pierre Blondel épousa Claude d'Aumale et joignit à sa part d'héritage ce qui avait été acheté de Jean de Sucre.

FAMILLE D'AUMALE. — Cette famille est très ancienne. On la fait remonter jusqu'aux comtes de Ponthieu. — 1688. André d'Aumale, chevalier, seigneur d'Yvrencheux et de Buny, était capitaine au régiment de Vaucelles-Infanterie. Conjoint à Marguerite Hémart en 1692, il fut maintenu dans la noblesse en 1699 et décéda en 1711, père de six enfants, dont quatre moururent fort jeunes.

L'aîné de ses fils, Jean-Baptiste-André, chevalier, seigneur des mêmes lieux et d'Hiverquin en Flandre, capitaine au même régiment d'infanterie, eut pour successeur, de père en fils, dans la seigneurie d'Ivrencheux : 1° Charles-Louis-André d'Aumale ; 2° André-Charles-Marie-Joseph d'Aumale, mort en 1837 ; 3° André-Charles-Joseph d'Aumale mort en 1860 ; 4° André-Marie-Henri d'Aumale, comte d'Aumale, capitaine d'artillerie, chevalier de la Légion d'honneur, aujourd'hui seigneur d'Yvrencheux (2).

(1) Armes de Grambus : *d'argent à la fasce de gueules, surmontée d'une vivre de même.*
(2) Armes d'Aumale : *d'argent à la bande de gueules chargée de trois besants d'or.*
Inventaire des Titres, page 659, etc.
M. de Belleval. Nobiliaire.

Le fief de Waripelle. — Ce fief, avec ses droits de mouture, fut vendu en 1691 à Joseph Picquet, chevalier, seigneur de Bonnainvillers et autres lieux. On en suit la trace jusqu'à la révolution.

Fief du Festel. — Ce fief restreint qui porte le nom d'un petit village voisin d'Yvrench, avait, en 1785, un chef-lieu de ix j^r de terre et xiv j^r de bois. Avant cette époque on comptait xxxvi j^r de bois et ce fief jouissait en outre de quelques rentes. Une partie du domaine du Festel appartenait à la Ferté.

Famille du Festel. — Elle est citée dans nos archives aux xiiie et xive siècles. — 1270. Raoul Du Festel et Marie ou Maroie, sa femme, échangent des terres avec le monastère. Marie avait son obit annuel au monastère. — 1270. Robert Du Festel, écuyer, avait des droits de don et de past sur des terres à Oneux. Il habitait ce village. (*Voir plus haut, page* 250.) — 1275. Hugues Du Festel, écuyer.

1374. Jean Du Festel fit hommage de son fief qui touchait à un autre fief de la Ferté. — 1378. Colard Du Festel, écuyer.

Au xve siècle, Jean Du Festel, épousa Madeleine de Grambus, fille de Jean V de Grambus.

En 1400, le fief était tenu par Denis Le Carbonnier, écuyer, qui le vendit à Jean Briet, écuyer, dit Domquerrel (1408). Celui-ci eut pour successeur Hue Briet, écuyer, mort sans postérité.

En 1457, Nicolas Le Blond, écuyer, possédait ce fief, qu'il vendit à Artus de Franqueville, écuyer, en 1480 (*Voir cette famille, page* 87).

Jeanne L'Yver, fille de Marie de Franqueville, épousa Nicolas Truffier, écuyer, et lui apporta le fief du Festel (1522).

Famille Truffier. — Elle fit preuve de noblesse en 1432. — Hommage de Jean Truffier, en 1542, et de Jeanne Truffier, sa sœur, femme de Galois de Carpentin. Nos archives mentionnent un partage entre le frère et la sœur et nous donnent les reliefs séparés de leurs héritiers.

Jean Truffier, écuyer, eut deux fils : Paul, décédé sans enfants, et Jacques, qui hérita sa part du fief de Festel et porta le nom de seigneur du Festel. — Jacques Truffier, écuyer, allié à Marie Leclerc de Bussy, laissa deux fils, Louis et Jean, morts sans alliance.

Louis Truffier, écuyer, seigneur du Festel et autres lieux, épousa Louise de Gourlay en 1606. Le putné de ses fils Charles-André, chevalier, seigneur du Festel et autres lieux, épousa Jeanne Lever (1649), et n'eut qu'un fils, tué à la guerre. Le fief du Festel fut hérité par François Truffier, son neveu, écuyer. François Truffier fut maintenu dans la noblesse, en 1699, il mourut sans alliance. Il avait vendu, avec sa sœur Marie-

Claire Truffier, en 1691, son fief du Festel à Jacques Carpentin, qui en possédait déjà la moitié (1).

Famille de Carpentin. — Elle devait son nom à un arrière-fief d'Yvrench. Cette famille s'éteignit de notre temps. Le dernier des Carpentin fut Jules de Carpentin, conseiller général et député de la Somme, chevalier de la Légion d'honneur, décédé en 1840, sans alliance. Ses biens passèrent aux descendants des Louvencourt.

Galois de Carpentin, écuyer, capitaine de Saint-Riquier en 1561, eut pour successeur Jean de Carpentin, écuyer, seigneur de Cumont, Hanchy, Le Festel, Le Ménage et autres lieux. Il épousa Marguerite Tillette de Mautort, qui lui donna sept enfants. L'aîné, Jacques de Carpentin, lui succéda dans ses fiefs et après lui son fils, du même nom, racheta la contre-partie du fief du Festel, en 1691. Il avait épousé dame Antoinette de Créquy.

Relief, en 1739, au profit de Marc-Antoine de Carpentin, fils de Jacques, chevalier, seigneur de Coulonvillers, Festel, Cumont, Le Ménage et autres lieux. De Marie-Catherine de Domqueur, son épouse, il eut 10 enfants.

Marc-Antoine de Carpentin, chevalier, fils et successeur du précédent, mourut sans alliance. Le fief revint, en 1770, à sa sœur, Marie-Madeleine de Carpentin, alliée à Maximilien-François-Xavier de Saisseval (2).

Fief de Tillencourt. — Ce fief au territoire d'Yvrench, appartint longtemps au monastère de Saint-Riquier ; puis au seigneur de la Ferté, dans les derniers siècles. Voici les reliefs de nos archives. — 1536. Jean de Beauriel fit hommage de ce fief à l'Abbaye. — En 1626, il était tenu par Ferry de Warluzel, époux de Nicole de Grambus, et en 1662 par Robert de Lamiré, seigneur de Bachimont, leur héritier.

Fief de Bayardes. — Ce fief mentionné dans le dénombrement de 831, comme *villa* du monastère, fut partagé, en 1166, entre l'Abbaye et la Ferté (*Tom.* I, *page* 446). Il était situé entre Cramont et Yvrench.

Famille de Bayardes. — Quelques noms relevés dans les vieilles archives l'ont tirée de l'oubli.

1232. Guy de Bayardes, témoin dans un contrat de Régnier d'Yaucourt. — 1244. Jean de Bayardes tenait un fief de Guillaume de Bouberch. 1273, le même ou son fils a vendu au monastère par nécessité des terres à Cramont. — 1292. Simon de Bayardes, homme-lige du monastère. — 1292. Guy de Bayardes.

---

(1) Armes de Truffier : *de gueules, à trois molettes d'éperon d'or.*
M. de Belleval. — *Nobiliaire.*
(2) Armes de Carpentin : *d'argent à trois fleurs de lys, au pied nourri de gueules.*
Inventaire des Titres, page 277. — M. de Belleval. *Nobiliaire.* — *Fiefs et seigneuries.*

1309. Marie de Bayardes avait une maison à Abbeville.
La suite de la notice de ce fief se lira au livre de la Ferté (1).

CHAPITRE V.

SEIGNEURIE DE BOISBERGUES ET OUTREBOIS (2).

L'origine de cette seigneurie nous est inconnue : elle s'identifie avec celle d'Outrebois, dont il est parlé dès le XI° siècle. Une charte sur *Ultrabaiz* ou Outrebois, donnée par Gui, comte de Ponthieu, rendait à l'abbé Gervin le quart de la *villa d'Ultrabaiz* et abandonnait des droits d'avouerie en échange d'une somme de 20 liv. de deniers et de 50 bœufs. Le comte promettait, dans cette charte, pleine satisfaction pour les torts de Robert, son gérant dans ses fonctions d'avoué, et pour tout autre dommage. C'est en présence du roi Philippe Ier, de ses principaux officiers, des seigneurs du Ponthieu, qu'on rédigea cette charte (3).

Il n'est plus question de la seigneurie d'Outrebois dans la suite. Le quart dont il est parlé est sans doute la seigneurie de Boisbergues.

Le monastère possédait dans cette seigneurie, 1° des dîmes, 2° des droits seigneuriaux, 3° une ferme, 4° les fiefs de la mairie de Boisbergues et du Quesnel, 5° quelques redevances sur Luchuel et Beaurepaire.

I. Dîmes. — La bulle du pape Alexandre III (1172) fait mention des dîmes de Boisbergues. Les grosses et menues dîmes, tant sur le terroir que sur les manoirs, appartenaient à l'Abbaye de Saint-Riquier. Les pouillés confirment ici les dires des religieux. On rendait 300 liv. de portion congrue au curé. L'Abbé de Saint-Riquier était patron de l'église ou présentateur à la cure.

II. Droits seigneuriaux. — Toute justice ; champart à VIII gerbes du cent ; censives en grains et chapons avec les droits de lots et ventes ; relief sur tous les immeubles

---

(1) *Archives de Saint-Riquier.* — M. de Rosny, *Recherches, etc.*

(2) Boisbergues, commune du canton de Bernaville. — *Buscus Binbergis.* — *Buscus Remburgis.* —

Basbergæ.
Outrebois. *Ultrabaiz. Ultra Silvam villa.*
Chroniques. M. Garnier (*Dict. Topog.*).
(3) Hariulfe. *Chron. Lib.* IV. *Cap.* XXI.

en cas de mutation ; droit de chasse et de mort et vif herbage ; les rotures chargées de 6 deniers en vente, de 12 s. pour donations entre-vifs. Quand la vente se faisait franc-denier de vente et vachotte, le monastère avait le droit de vente et vachotte, c'est-à-dire le sixième denier de la vente et la sixième partie de ce sixième.

1311-1313. Par un jugement en première instance à la prévôté de Doullens, il fut reconnu que les habitants de Boisbergues étaient tenus de plaider devant le bailli du monastère de Saint-Riquier. Il y eut appel de cette sentence au bailli d'Amiens, qui condamna, en seconde instance, les hommes de Boisbergues à venir aux plaids de la cour de Saint-Riquier et leur défendit d'établir des plaids en leur ville. Les habitants de Boisbergues appelèrent de nouveau du jugement du bailli d'Amiens pour défaut de forme, prétendant que l'information aurait dû être faite par le procureur du roi, parce que le roi seul avait la haute justice : pour preuve ils avançaient que les fourches patibulaires dressées par les religieux avaient été détruites. Il est vrai qu'on les avait relevées ; mais les religieux contestant le droit d'en appeler, le roi manda au bailli d'Amiens de faire une nouvelle enquête et de renvoyer la cause devant le Parlement (1313).

Une amiable pacification entre les parties, ratifiée par le roi, mit fin au débat en 1318. En voici la teneur qu'on lira comme une page de coutume locale :

« C'est ly accord fait entre l'Abbé et couvent de Saint-Riquier-en-Ponthieu d'une « part, et leurs hommes et habitans de Boisbergues d'autre part. »

1° Les habitants de Boisbergues paieront 6 s. par. de relief pour terres ahanables ou labourables, 12 s. pour courtils et terres non ahanables.

2° Si une femme a relevé avant son mariage, son mari pour relief de bail paiera pour chaque journal de terre aux champs, 12 den. et pour chaque journal de terre amasé et non amasé à courtillet, **2** s.

3° Si un héritage échoit à la femme durant le mariage, elle relève comme les autres. Si le mari meurt après la saisine d'un achat d'héritage en commun, la femme ne relève que la moitié de son mari, si elle veut.

4° Pour les acquêts on paiera « au regard des droits de vente le sixième denier. »

5° Les habitants et nos sujets viendront plaider à Saint-Riquier pour discords et débats entre héritiers. Les amendes seront celles de notre église et non celles de 3 den., comme les habitants de Boisbergues le proposaient.

6° Mais les actions personnelles sans fonds, sans crime, comme promesses, marchés, dettes, meubles, se terminent à Boisbergues en présence de nos hommes. L'amende sera de trois sous.

7° De tous les cas de crime dont mort pourra s'en suivre et de tout ce qui en dépend, tout sera jugé, en la cour de notre Eglise, ou à Saint-Riquier, par le jugement de nos francs-hommes, ou à Boisbergues, s'il nous plaît, excepté le cas de haute justice dont nous étions en litige et procès au Parlement contre le procureur du roi et en telle manière « que le dit plaid, perdant au Parlement, ne nous peut ou pourra porter préjudice ; et l'amende de 7 s. 6 den. sera convertie en 3 s. par. »

8° Chaque année le messier pourra être élu par les habitants, mais il fera serment solennel devant nous ou nos officiers, et seront élus quatre habitants prud'hommes, bien renommés qui nous feront serment solennel de garder nos droits. Le dit messier fera son rapport de toutes les prises qu'il aura faites durant l'année à ces quatre prud'hommes. Le profit de ces prises reviendra auxdits habitants pour payer le loyer du messier et faire le profit de la dite ville, selon la coutume ; s'il arrive quelque refus de payer, de la part de ceux qui seroient pris, le messier aura recours à nous ou à nos officiers, qui seront tenus de faire exécuter la prise, ainsi que tout autre différend.

Cet accord ne pourra point être changé, de telle sorte que « tout procès, question au « Parlement ou assises et prévôté, demeure sopite et pacifié. »

III. FERME. — Domaine amasé de bâtiments avec le chef-lieu de la seigneurie, qui contenait cxxvii j^r de terre. Dans les derniers temps on donna cette ferme à cens. Le Larry de Cocramont, d'une contenance de xx j^r, et celui des Hallots, d'une contenance de iii j^r, ne rapportaient qu'un boisseau d'avoine par journal, mesure de Doullens ; mais ces terres payaient les autres charges imposées par la coutume (1).

FIEF DE LA MAIRIE DE BOISBERGUES. — Ce fief comprenait cxxxv j^r de terre et des mouvances sur des rotures.

FAMILLE DE BOISBERGUES. — Nous n'avons trouvé que le nom de Hubert de Boisbergues, qui avait fait des avanies à la grange des Cisterciens du Gard à Longuevillette, et qui fut vivement réprimandé pour ses usurpations, par Hugues de Chevincourt (1230-1231). La charte de Hugues de Chevincourt existe encore (2).

Vers 1360, relief et hommage de Jean Bradel pour un fief à Boisbergues.

1401. Dénombrement par Jean Douches, mari de Jeanne Bully.

FAMILLE DU SOUICH. — Vers 1500, relief et hommage de la mairie de Boisbergues, par Nicolas Du Souich, seigneur de Tilloy-lès-Artois, d'Orgival, maître des requêtes de l'hôtel de Louis XII et son potestat en la ville de Gênes où il décéda en 1504. — 1529. Relief et hommage de Thomas Du Souich, fils et héritier de Nicolas. — 1558. Dénombrement par Adrien Du Souich, fils du précédent. Ses fils Jean et Louis, chevaliers de Malte.

Entre la famille Du Souich et celle de Carbonneau, nous trouvons Ferry de la Houssoye, seigneur de la mairie de Boisbergues. Une de ses sœurs épousa Jean le Nourrequier (3).

(1) *Invehtaire des Titres*, pag. 1275-1289. La famille du Fresne, à laquelle appartenait Ducange, a possédé héréditablement des immeubles à Boisbergues.
(2) *Cartulaire du Gard*.
(3) M. de Belleval. *Nobiliaire*, page 526.

CHAPITRE V. — SEIGNEURIE DE BOISBERGUES ET OUTREBOIS.

Famille Carbonneau. — Vers 1580, D^{lle} Marie Le Nourrequier, mariée à N. de Carbonneau, lui apporta le fief de la mairie de Boisbergues, qu'elle avait hérité de Ferry de la Houssoye, écuyer, sieur de La Motte. — 1598. Relief et hommage de Jean de Carbonneau, écuyer, sieur de Franleu. Celui-ci vendit son fief à Nicolas Rohaut, sieur de Condé.

Famille Rohaut de Condé. — 1606. Saisine à Nicolas Rohaut. Sa fille, dame Françoise Rohaut, épousa Jacques de Dompierre, et porta le fief dans cette famille (1).

Famille de Dompierre. — 1644. Relief de Nicolas de Dompierre, fils du précédent, sieur de Belleval, mayeur d'Abbeville en 1684. Il y eut un grand procès, entre les moines et le seigneur de la mairie de Boisbergues, sur des arrérages de censives. La sentence, rendue aux requêtes du Palais, condamna Nicolas de Dompierre à payer les arrérages des censives échues pour lors sur les immeubles ; mais les prieur et religieux durent payer au seigneur de la mairie de Boisbergues le tiers des amendes perçues en la seigneurie de Boisbergues, trois gerbes sur chaque journal chargé d'ablais crûs dans la dite terre de Boisbergues ; « plus au jour de la fête de Saint-« Riquier deux pièces de porcq, du ventre d'une truie, avec quatre pains blancs et « quatre lots de vin ; pareil nombre de pain et vin au jour de Noël ; ensemble quatre « chapons, sept boisseaux de blé froment et 12 deniers parisis ; et, au jour de carême « prenant, une pièce de porcq, deux pains blancs, deux hennequins de cervoise, et au « jour de Pâques deux lots de vin et quatre pains par chaque année. » Ce procès fut très onéreux pour la nouvelle congrégation de Saint-Maur. L'Abbé d'Aligre l'indemnisa des pertes qu'elle éprouvait. — 1677. Jacques de Dompierre, seigneur de Frette-cuisse, fils aîné de Nicolas, pour lors seigneur de la mairie de Boisbergues, transigea avec les religieux et fit un nouveau concordat sur leurs droits réciproques.

1709. Dénombrement par François-Jacques de Dompierre, fils et héritier de Jacques. — 1741. Dénombrement par D^{lle} Charlotte-Geneviève de Dompierre, fille majeure de François-Jacques ; usant légitimement de ses droits, elle vendit ce fief à Pierre Le Fèvre, seigneur de Wadicourt (1741) (2).

Fief du Quesnel. — Ce fief se composait de quatre pièces de terre, ensemble XLVIII j^r. C'est aujourd'hui une ferme sur le terroir d'Outrebois.

Famille Mory. — 1365. Dénombrement du fief, par Jean de Mory et Jeanne de Mory.

Famille d'Estrées. — Vers 1500, Pierre de Fouencamps était seigneur dudit lieu, du Souich et du Quesnel. Il mourut, en 1528, et eut pour héritier son neveu, Guy

---

(2) Armes de Rohaut : *d'azur au chevron d'or, accompagné de trois croissants de même.*

(1) *Inventaire des Titres,* pag. 530.

d'Estrées, qui donna son relief et son hommage la même année. Le successeur de Guy, Antoine d'Estrées, laissa saisir son fief en 1569. Le Quesnel fut acheté aux requêtes du Palais à Paris, par Hiérosme d'Ainval.

FAMILLE D'AINVAL. — Elle était originaire d'Ainval en Vimeu. — 1573. Saisine au profit d'Hiérosme d'Ainval, fils de Claude, seigneur du Cauroy et du Quesnel, mayeur d'Amiens en 1556.

1614. Relief de Jean d'Ainval, fils mineur d'Ozias. Jean mourut sans postérité. Le fief échut à Judith d'Ainval, femme de David de Brossart, seigneur de Grosménil (1).

FAMILLE DE BROSSARD. — Après David, nous recueillons le nom de Louis de Brossard, sieur de Groménil et du Quesnel, qui fut condamné par sentence judiciaire à communiquer les titres du Quesnel.

1732. Aveu et dénombrement par Jean de Brossard, écuyer, seigneur des mêmes lieux, chevalier de l'ordre militaire de Saint-Louis. Jean de Brossard, vendit son fief du Quesnel à dame Génevière-Maurice, veuve de Pierre Le Fèvre, seigneur de la Poterie (2). — 1741. Dénombrement de son fils, Pierre Le Fèvre, écuyer, seigneur de Wadicourt et de la Poterie. Il épousa Marie-Marguerite Le Sergent, et fut père de Jean-Pierre Le Fèvre (3).

LUCHUEL ET BEAUREPAIRE (4). — Nous conjecturons que ces lieux dépendaient de la seigneurie de Boisbergues, bien que nos archives n'en indiquent point l'origine. Les redevances étaient de minime importance à la fin du xviii° siècle.

L'Abbaye possédait, en 1703, un fief noble avec un manoir de III j^r de terre. Il ne restait en 1789, qu'une censive sur un demi journal de terre.

On trouve le relief de Barthélémi Sotin en 1406. Au xvii° siècle, ce fief appartenait à Jean Wasse, marchand à Doullens, puis à Pierre Buquet, en 1624.

BEAUREPAIRE rapportait aux moines de Saint-Riquier une gerbe et demi de dîme sur six et une partie de champart sur ccc j^r de terre (5).

---

(1) Armes d'Ainval : *d'argent, emmanché de gueules à la bande d'azur, cotoyé de deux cotices du même, brochant sur le tout.*

(2) Armes de Brossard : *de sable au chevron d'or, accompagné de deux besants d'or en chef et d'une molette d'éperon de même.*

(3) Armes de Le Fèvre · *d'azur à la fasce d'argent, accompagnée de trois étoiles de même.*

Inventaire des Titres, pag. 525.

(4) Luchuel est une dépendance de la commune de Grouches. — *Lucheuil. Luceolum.*

Beaurepaire aujourd'hui ferme de la dépendance de Doullens. — *Belloreditus.* Belrepaire. — Beaurevoir. — Le Beau repaire. — M. Garnier (*Dict. Topogr.*).

(5) *Inventaires des Titres,* pag. 1312-1317.

CHAPITRE VI.

SEIGNEURIE DE L'ÉTOILE ET BOUCHON (1).

Le nom de l'Etoile (*Stella*) ne parait dans nos *Cartulaires* qu'après le xii° siècle. C'est sous ce nom que les archives désignent un groupe de domaines anciens, sur les rives de la Somme et dans les lieux circonvoisins. Nous supposerons que l'Etoile a primé le nom ancien de cette seigneurie appelée dans les Chartes du ix° siècle (*Petronucio*; *Bonitio*, aujourd'hui Bouchon (2), dont l'église était consacrée à Saint-Pierre. Le monastère de Saint-Riquier possédait à l'Etoile, 1° Des Dîmes, 2° une seigneurie, 3° des Fiefs.

I. Dîme. — Elle se percevait à raison de vii gerbes du cent sur le village et terroir de l'Étoile, excepté sur un canton où l'hôpital de Picquigny avait toute la dîme. Le monastère prenait vi gerbes sur ix, le chapitre d'Amiens ii, le curé i. Le monastère rendait sur sa dîme 15 liv. de portion congrue au curé.

Le Bout de Ville (3), secours ou annexe de l'Etoile, nommé aussi Petit-Flixecourt-en Ponthieu, payait pour la même dîme 450 liv. sur laquelle on rendait 12 setiers d'avoine au seigneur.

1658. Les codécimateurs de l'Étoile et de Bout-de-Ville sont appelés à réparer les chœurs des églises de l'Étoile et de Bout-de-Ville. Il paraît que des différends surgirent à cette occasion, comme il est constaté par des sentences de 1662, 1758 et 1769. Par suite de ces différends, on fit un nouveau règlement sur la portion congrue des vicaires de la paroisse de l'Étoile.

II. Seigneurie. — Voici le dénombrement de la seigneurie de l'Étoile en 1720 : « Fonds et propriété des terres et seigneurie de l'Étoile, Fontaine-Thauraude et autres « points, ensemble la terre et seigneurie de Condé-Folie-Bas, dépendant de la seigneu-

---

(1) L'Etoile, commune du canton de Picquigny.
Stella, — *Sidus*, — *Siderum*, — *Sidera*. — L'Etoile.
Chroniques. — M. Garnier (*Dict. Topogr.*).
Les dénominations de *Sitrudis Sigetrudis* sont appliquées à tort à l'Etoile : elles désignent *Sorus*, commune du Pas-de-Calais.

Bouchon, commune du canton de Picquigny.
Petronutium, — *Bonitio*, — *Buccio*, — *Buchon*.
Chroniques. — M. Garnier (*Dict. Topog.*).
(2) Hariulfe. *Lib.* iii. *Cap.* vii, ix.
(3) Boudeville ou Boudeleville.

« rie de l'Etoile, circonstances et dépendances. La dite seigneurie de l'Étoile et fiefs y
« joints consistent en un château seigneurial, bâtiments, cour, basse-cour, pigeon-
« nier, jardins et plants fruitiers ; en terres labourables et près le long de la rivière de
« Somme; deux moulins à l'eau, l'un au blé, l'autre à l'huile, maisons et bâtiments de
« meunier, barque, pêche dans la rivière de Somme ; champart, chasse, censives, tant
« en blé, avoine, que poules, droits de lots et ventes ; mort et vif herbage ; droits ho-
« norifiques : haute, moyenne et basse justice et tous autres droits appartenant aux
« dits fiefs et seigneurie (1).

La seigneurie était une réunion de quatre fiefs : les trois premiers étaient désignés sous le nom : 1° de Condé, 2° de Folie-Bas, 3° de Fontaine-Thauraude et formaient le fief connu sous le nom de l'Anneau d'Or, parce qu'au moment de l'hommage l'Abbé donnait à son feudataire un anneau d'or. Que cet anneau eût une grande ou modique valeur, celui-ci devait s'en contenter, pourvu qu'il fût d'or. Le quatrième fief sis également à l'Étoile était aussi tenu noblement. Le chapitre de la cathédrale en était possesseur au XV° siècle. Ce quatrième fief se nommait fief du Chapitre (2).

FIEF DE L'ANNEAU D'OR. — FAMILLE D'AMIENS. — Nous en avons déjà parlé au fief d'Estrées *(page 204)*. Nos archives mentionnent spécialement le fief de Jean d'Amiens en 1248 (*Voir Tom.* I, *pag.* 514); il décéda sans postérité, et cette même année le fief fut relevé par Dreux d'Amiens, son frère, disent nos annales. Dreux d'Amiens reconnaît avoir eu de grands torts envers le monastère. Voir (*Tome* I, *page* 549) ses satisfactions pour ces torts et la condonation de plusieurs hommages à Gueschard, en 1274.

Le même Dreux d'Amiens donnait, en 1270, un dénombrement dans lequel il certifiait que la terre de Pierre de Moriencourt « qui siet au camp Vynemare et les terres « Henri Mellet, séant audit camp et les terres Monsieur Henri de Mouflers, séant à « Rosienflos et à la terre Jean Le Messager et Aléaume, son frère », sont des fiefs de l'Etoile, qu'il certifie tenir de l'Eglise et du couvent.

Après toutes ses satisfactions en 1274, Dreux d'Amiens céda le fief de l'Etoile à son frère Bernard, en échange du fief d'Orreville. L'Abbé en saisit Bernard et le reçut « *en homme.* » La charte se termine ainsi : « Che fu fait en l'an de l'Incarnation de « notre Seigneur Jesus-Christ, mil deux chens et sessante et quatorze, el mois de jen-« vier, lendemain du premier jour de l'an (3) (*Nouveau style,* 2 *janvier* 1275).

---

(1) Autre dénombrement de 1703. « La terre et seigneurie de L'Estoile en fief noble, consistant avec les fiefs suivants, en mille livres de censives de toute espèce, y compris Folie-Condé : un petit château, enclos, plants, loué 200 liv., cy-devant 300 liv.; moulin à eau, 1,200 liv.; bacque et pesche, 400 liv.; LXXV jx de pré à 12 liv. le journal, 900 liv., IX à X jx de bois à 9 ans, 700 ; XX à XXII jx d'aire ; XL jx de bonne terre, CCC à CCCC jx de petite terre à sainfoin ou .... Total 4,800 . au détail, en recette 3,400 liv. cy devant, ensuite 8,600 liv. On en offre 8,690 liv. on veut vendre 130,000 liv., à présent au sieur Langlois de Septenville qui l'a acheté 500,000 liv. dont 400,000 en billets et 100,000 en argent. »

(2) *Inventaire des Titres, page* 1317. — *Cartul. fol.* 175.

(3) M. Darsy. *Bénéfices de l'Eglise d'Amiens, Tome* II, *page* 247.

CHAPITRE VI. — SEIGNEURIE DE L'ÉTOILE ET BOUCHON.

Le fief de l'Etoile passa ensuite dans la famille de Varennes avec les autres fiefs de la famille d'Amiens, par le mariage de Jeanne d'Amiens avec Jean, seigneur de Varennes ; celui-ci le transmit à la famille de Rayneval par l'union de sa fille avec Waleran de Rayneval.

FAMILLE DE RAYNEVAL. — Famille ancienne et illustre. —1389. Dénombrement par Waleran de Rayneval, chevalier, bailli d'Amiens, comte de Fauquembergue, seigneur de Fouilloy, Vignacourt, Flixecourt, Labroye, l'Étoile et autres lieux, bail de dame Jeanne de Varennes. De leur mariage sont issus Jean de Rayneval et Aubert tués à la bataille d'Azincourt et Jeanne de Rayneval qui épousa Baudouin d'Ailly (1).

FAMILLE D'AILLY. — On cite plusieurs familles de ce nom. Nous adoptons celle d'Ailly-le-Haut-Clocher avec M. de Belleval. — 1131. Robert d'Ailly fut un des complices de Camp d'Avesne dans ses excès à Saint-Riquier (*Tome* I, *page* 415, 422). — 1199. Jean d'Ailly, prêtre à Saint-Riquier et Robert en 1212.

1210. Hugues d'Ailly et son fils sont témoins dans les chartes du val des Lépreux. — 1294. Jean d'Ailly, échevin de Saint-Riquier.

1306. Gérard d'Ailly, échevin de Saint-Riquier.

Vers 1460, Jacques d'Ailly, dit Hutin, seigneur du fief des Trotins, appartenant à l'Abbaye de Saint-Riquier.

Baudouin d'Ailly, dit Beaugeois, époux de Jeanne de Rayneval, était seigneur de Picquigny, vidame d'Amiens, chambellan du Roi. Il fut tué à Azincourt, en 1415.

Après lui, suivent de père en fils, Raoul, Jean, Charles, Antoine, Charles (2). Nos annales ne nous nomment point tous ses seigneurs, qui se succèdent jusque vers 1550. Nous retrouvons en 1541 les reliefs des Gourlay, pour le fief de Fontaine-Thauraude ; et, en 1549, celui des Le Blond, pour le fief de l'Etoile ou de l'Anneau d'or.

FAMILLE GOURLAY OU GOURLÉ. — Cette famille est-elle d'origine anglaise ou picarde ? Qu'on interroge M. de Belleval sur sa généalogie. Pour nous, nous la prenons en 1541.

Relief de noble seigneur Quentin de Gourlay, écuyer, seigneur d'Azincourt, capitaine de la ville et du château d'Abbeville, fils et héritier de noble dame Françoise d'Azincourt, veuve de Messire François de Gourlay, chevalier, seigneur de Condé, pour le fief de Fontaine-Thauraude. Quentin de Gourlay avait épousé Jacqueline de Montmorency, fille de Nicolas de Montmorency, seigneur de Bours et Gueschard. — 1543. Relief de Louis de Gourlay, fils mineur et héritier de noble seigneur Quentin de Gourlay, du fief de Fontaines-Thauraude. — 1603. Ce fief échut à Dame Elisabeth de Gourlay, épouse de Joachim de Gomer, écuyer, seigneur de Quevauvillers et autres lieux. Joachim de

---

(1) Armes de Rayneval : *d'or à la croix de sable, chargée de cinq coquilles d'argent.*

(2) Armes d'Ailly : *de gueules à deux branches d'alizier d'argent, passées en double sautoir, au chef échiqueté d'argent et d'azur de trois traits.*

M de Belleval. *Nobiliaire.*

Gomer et son fils François, le vendirent à Dame Antoinette de Forceville, veuve d'Antoine Leblond, seigneur de l'Étoile (1), moyennant 7000 liv.

FAMILLE LE BLOND. — Elle est aujourd'hui représentée par MM. Du Plouy.

1475-1495. Jehan Le Blond était bourgeois, échevin et argentier de Saint-Riquier.

1549. Relief de la terre et seigneurie de l'Etoile au profit d'Antoine Le Blond, écuyer, fils aîné et héritier d'Antoine Le Blond, écuyer, seigneur de l'Etoile, qui signa la ligue en 1576.

1624. Relief d'Antoine Le Blond III, fils du précédent et d'Antoinette de Forceville, dont il est parlé plus haut. On lui donne le titre de baron de l'Etoile, de mayeur d'Arras. Il fut capitaine au régiment de Sculemberg et mourut en 1644.

1646. Relief au profit d'Antoine Le Blond IV, étudiant, fils aîné du précédent, et de ses frères et sœurs. Il fut aussi mayeur d'Arras.

En 1653, D^{lle} Antoinette Le Blond héritière d'Anne et de Claude Le Blond, ses sœurs, fit donation d'entre-vifs de ce qu'elle possédait à son frère Antoine, chevalier, seigneur de l'Étoile, à la condition de jouissance d'usufruit. Tout le fief tomba ensuite entre les mains de Dame Marie Le Blond, héritière d'Antoine Le Blond, épouse de Messire Charles Briet (2).

FAMILLE BRIET.— 1694. Messire Charles Briet, chevalier, fils des précédents, mayeur de la ville d'Arras, reçut la saisine des fiefs de la seigneurie de l'Etoile et des fiefs en dépendant. Sa fille et héritière, Dame Marie-Marguerite Briet, fut conjointe à haut et puissant seigneur Messire Jean-Alexandre comte de Gouffier, chevalier, seigneur de Bouillancourt-sous-Montdidier et autres lieux, mestre de camp au régiment des dragons. En 1720, après la mort de son mari, Marie-Marguerite Briet vendit son fief à Pierre Langlois, écuyer, seigneur de Septenville, Courcelles et autres lieux, et à Dame Marie-Madeleine d'Incourt, son épouse. Pierre Langlois en paya 200,000 liv.

FAMILLE LANGLOIS DE SEPTENVILLE. — 1736. Relief au nom de Pierre Langlois, chevalier, seigneur de Courcelles et autres lieux, fils aîné et héritier féodal du précédent. L'héritage de Pierre Langlois fut partagé entre ses enfants, Pierre, Honoré et Marie Langlois (3). Cette dernière, épouse de Messire Jean-Baptiste-Claude de Calonne, seigneur de Coquerel et autres lieux, chevalier de l'ordre militaire de Saint-Louis, eut pour son lot la terre et la seigneurie de l'Étoile avec les fiefs en dépendant.

En 1757 le fief de l'Etoile fut saisi féodalement sur Claude de Calonne pour fraude dans une vente (4).

---

(1) Armes de Gourlay: *d'argent à la croix ancrée de sable.*

(2) Armes : *d'azur au chevron d'argent, accompagné de trois roses de gueules.*

(3) Armes de Langlois de Septenville : *d'argent à trois tierces d'azur, au chef de gueules chargé d'un lion léopardé d'or.*

(4) *Inventaire des Titres, page* 666.

Fief du Chapitre. — Le quatrième fief de la seigneurie de l'Étoile était tenu noblement, comme les précédents ; on ne dit pas la contenance.

1400. Dénombrement par Regnault de Trie, chevalier, seigneur de Fontenay et Rudeval, époux de Marie d'Hangest. — 1407. Relief et hommage de Jean Gorin pour le fief de l'Etoile.

1561. Relief au nom de MM. du Chapitre de la Cathédrale Notre-Dame d'Amiens.

D'après l'état des mouvances du xvi° siècle, le fief des chanoines aurait été cédé à la famille Le Blond.

Fief Godard ou Alix a Mouflers (1). — Ce fief contenait xlviii j^r, dont xii j^r avaient été éclipsés. Est-ce le fief de M. Henri de Mouflers dont il a été parlé à la page 316. — 1407. Dénombrement de ce fief par Jean Gorin de Flixecourt.

Famille Godard. — Cette famille, d'après M. de Belleval, serait originaire de Vauchelles-lès-Domart : elle existait à Saint-Riquier au xv° siècle.— 1401. Colard Godart, prévôt. — 1410. Jean Godart, seigneur de Vauchelles, était échevin de Saint-Riquier, garde-scel, puis prévôt en 1413, il avait épousé Alix Lourdel, fille de Colard, sieur de Brucamps. — 1417. Colard Godart, procureur à Saint-Riquier. — N. Godard, sergent royal à Saint-Riquier. — 1545. Ancelin Godard, fils de Jean, donne son relief pour le fief Godard.

1606. Relief et hommage de Jacques Godard. Ce fief fut ensuite vendu et passa en partie dans la famille Alix (2).

Famille Alix. — 1617. Saisine au profit de Marin Alix, dont le fils Charles fut receveur des traites à Picquigny en 1634. — 1669. Claude Alix, sieur de Bisgaret, donna sa partie du fief à sa fille Marie Alix (3).

---

(1) Mouflers est représenté une fois, en 845 dans la chronique d'Hariulfe *(Lib. iii, Cap. ix)* sous la forme d'*Asflarias*, par l'omission de la lettre initiale *M*.

(2) Armes de Godard : *d'azur, au cor de chasse d'or, accompagné de trois étoiles aussi d'or.*

(3) *Inventaire des Titres*, page 810.

CHAPITRE VII.

COULONVILLERS ET SENARMONT (1).

Ces deux villages sont compris dans l'énumération de Jean de la Chapelle. On parle des dîmes de Coulonvillers dans la bulle de 1172. Senarmont n'existe plus aujourd'hui. Il est probable que l'église actuelle de Coulonvillers est l'ancienne chapelle du domaine de Senarmont. La chapelle des saints Gervais et Protais, au cimetière de Coulonvillers, doit être regardée comme l'église primitive de ce village, situé dans les siècles précédents, d'après des traditions locales, autour de ce lieu vénéré par les habitants. On dit, en effet, que Coulonvillers brûlé par les Flamands, à la suite du siège de Saint-Riquier en 1524, se rétablit autour du château de Senarmont.

Les revenus du monastère sur ces deux localités se tiraient, 1° de la dîme, 2° des droits seigneuriaux, 3° du fief de Senarmont.

I. Dîme. — La grosse dîme de Coulonvillers se percevait à raison de VII gerbes du cent ; IV gerbes sur IX appartenaient à l'abbé, II au curé, III au seigneur de Neuville. Sur le terroir de Senarmont, le seigneur de Neuville percevait deux tiers de la dîme et le monastère l'autre tiers, à la charge de remettre au curé de Neuville VII couples de grains, à la mesure d'Abbeville. Un procès entre l'évêque d'Amiens et le seigneur de Senarmont dura depuis 1593 jusqu'en 1613 (2).

II. Droits seigneuriaux. — Le monastère recueillait une censive sur divers immeubles à Coulonvillers et un champart sur II j^r de terre (3).

Famille de Coulonvillers. — 1177. Gauthier de Coulonvillers fut témoin dans une charte du monastère, au sujet de la chapelle de Thosan en Flandre. — 1300. Colard de Coulonvillers à Saint-Riquier. — 1326. Watier de Coulonvillers à Saint-Riquier. — 1376. Adam de Coulonvillers, abbé de Dommartin. — 1377. Colard de Coulonvillers

---

(1) Coulonvillers, commune du canton d'Ailly-le-haut-Clocher.
Columvilla. — Columvilers. — Coulonviller.
Chroniques. — M. Garnier (*Dict. Topog.*).
Le *Columbæ-Villarium* des *Olim*, en 1260, représente le fief de Coulombeauville plutôt que Coulonvillers.

Senarmont, ferme voisine de Coulonvillers.
Senardmont. Seignormont. Senardi-Mons. Serenus Mons. — *Chroniques.* — M. Garnier. (*Dict. Topog.*).
(2) M. Darsy. *Bénéfices de l'Église d'Amiens.* Tome II, page 260.
(3) *Inventaire des Titres*, pages 1141.

à Saint-Riquier. — 1382. Jean de Coulonvillers habite aussi à Saint-Riquier, rue de Friaucourt.

Un fief à Coulonvillers rapportait 5 liv. en 1696.

FIEF DE SENARMONT. — Ce fief comprenait un domaine de ccxxxiv j^x de terre et un bois de xviii j^x. Il fut racheté en 1321 et converti en ferme. Cette ferme était démolie au temps de D. Grenier. Il ne restait que le petit bois qu'on voit encore aujourd'hui ; mais on reconnaît la place des jardins de la ferme dans les pâtures voisines du bois et la place des bâtiments dans les ruines amoncelées auprès de l'église.

Le champart de ce domaine appartenait à l'Abbé de Saint-Riquier et le relief suivait la coutume du bailliage d'Amiens.

FAMILLE DE SENARMONT. — Elle serait très ancienne, si on veut reconnaître le possesseur de ce fief dans le chevalier Senard, qui existait du temps de l'abbé Ingélard.

Vers 1126, Robert de Senarmont fait une donation à l'abbaye de Bertaucourt. — 1145 Hugues de Senarmont dans la charte de fondation de la Léproserie du Val. — 1158. Bernard de Senarmont dans les chartes du Val. — 1158 et 1187. Ibertus ou Hubert de Senarmont, chevalier, dans les chartes du Val, de la Ferté et de Senarmont avec son frère Rorgon. — 1180. Enguerrand de Senarmont et son fils dans une charte de l'archevêque de Reims.

1318. — Nicole de Senarmont, épouse d'Eustache de Fossemant, vendit son fief à Selle de Beauvoir. Celui-ci le rendit en 1321 à l'abbaye et en reçut la valeur.

La charte de 1321 fut rédigée en présence des hommes-liges mentionnés dans l'acte : à savoir Huon de Gapennes, Gilles Le Grand, Jean de Vincheneuil, Pierre de Hesdin, Guérard Le Maire de Drugy, Jean d'Ausonners, Mahieu Matifas, Pierre Briet.

1337. Simon de Senarmont, fieffé de la prévôté de Saint-Riquier, convoqué à la guerre (1).

---

(1) *Archives de Saint-Riquier.* — *Inventaire des Titres, page* 1196.
Il existait aussi à Bernaville un fief de Senarmont, tenu par la famille de Belleval au xviie et au xviiie siècle. (M. de Belleval. *Nobiliaire.*)

CHAPITRE VIII.

FIEFS DES TROTINS A FONTAINE-SUR SOMME.

L'église de cette paroisse était sous le vocable de Saint-Riquier, aussi bien que celles de Liercourt et de Sorel. On ne voit pas cependant que le monastère ait possédé un domaine en ce village, à moins que celui de *Nialla*, dont il sera question au chapitre des villages perdus pour le monastère, ait été un chef-lieu de seigneurie dans cette *villa*.

Au xv° siècle, l'Abbaye de Saint-Riquier y posséda trois fiefs, connus dans les archives sous le nom de *Fiefs des Trotins :* ainsi s'appelaient les derniers possesseurs de ces fiefs. L'un d'eux fut légué à l'abbaye et les deux autres achetés. Deux de ces fiefs étaient nobles, et spécialement celui de la prévôté de Fontaine, et le troisième restreint. Tous trois étaient mouvants de la seigneurie de Fontaine, en plein hommage, avec les services accoutumés, avec obligation de donner homme vivant et mourant, de payer à l'église 3 sols 6 deniers, 60 sols de relief, 20 sols de chambellage pour les fiefs nobles et 15 sols pour le fief restreint.

Ces fiefs consistaient en v j^r de terre, avec aire et jardin, droits seigneuriaux, censives en argent, poules, chapons, froment, avoine, à percevoir sur plusieurs maisons, prés, aires, terres labourables.

FAMILLE DES TROTINS. — Guillaume Des Trotins possédait ces fiefs au xiv° siècle ; une rente fut créée par ce seigneur et non payée ; ce qui les fit décréter. — Jean des Trotins hérita ces fiefs de son père et Hutin d'Arly ou d'Ailly les hérita de ce dernier.

FAMILLE D'AILLY. — Jacques d'Ailly, dit Hutin, donna un de ses fiefs aux religieux de Saint-Riquier. Après sa mort, Mathieu son fils, dit Sarrasin, en prit possession sans payer la rente, dont ils étaient chargés. On établit une tutelle, quand le Sarrasin passa de vie à trépas. Philippe Bertault, dont les droits étaient lésés, mit ces fiefs en vente; mais le couvent de Saint Riquier y fit opposition. Par suite de cette opposition, un accord intervint entre les parties : il fut réglé que le couvent les laisserait à Philippe Bertault pendant sa vie, celle de sa femme et de sa mère Huguette de Hesdin et qu'après eux, ces fiefs seraient acquis à l'abbaye, sans autre charge que celle des hommages. C'est en 1488 que l'abbaye releva ces fiefs et entra en jouissance, donnant pour homme vivant M° Hue Briet, procureur à Abbeville.

En 1540 le revenu est estimé à 16 liv. tournois, charges déduites. — En 1596 on ne note que 5 liv. de revenu.

1769. Pierre du Maisniel de la Triquerie donne un aveu des fiefs des Trotins à l'abbaye (1).

CHAPITRE IX.

SEIGNEURIE DE FEUQUIÈRES ET FEUQUEROLLES (2).

Nous pensons que le domaine de Feuquières est désigné, en 831, sous le nom de *Curticella* (3), fief survivant à toutes les vicissitudes de la propriété sous le nom de *Courville*, toujours dépendant du monastère. Celui de Feuquières se lit dans une charte de 856 (4).

Du temps de Saint-Gervin, Gautier, chevalier, fils de Hugues, grand échanson du roi Philippe, avait cherché à s'approprier ce beau domaine. Le saint Abbé réclama contre cette usurpation. Gautier abusait de l'autorité de son père dont les fonctions semblaient lui permettre de tout entreprendre sous la minorité du jeune roi. Au lieu de lutter à force ouverte, Gervin prit le parti de négocier; il offrit donc une somme d'argent, pour racheter le domaine de l'Eglise. Ses instances firent impression sur Gautier. Non seulement il consentit à délaisser ce domaine à l'Abbé, mais il le pria même de faire une charte qui affirmât les droits de l'Abbé et servît de titre contre toute entreprise semblable à l'avenir. Nous avons dans la chronique la charte de Gervin (5). L'Abbé de Centule y expose les dires de Gautier, pour réclamer ce beau domaine, la justification de ses droits, le désistement de son compétiteur auquel il a promis cent sous de deniers. Gervin déclare ensuite que ce domaine de Saint-Riquier appartiendra à tout jamais aux moines pour leur entretien. Cette dernière observation justifie de plus en plus nos affirmations sur la séparation des menses. La charte de Gervin fut munie non seulement de son sceau, mais de celui de quatre de ses frères, et de cinq des hommes de l'Eglise, parmi lesquels il faut spécifier le nom du chevalier Anscher, le seigneur probablement de la Ferté (1063).

(1) *Inventaire des Titres, page* 1580.
(2) Commune du canton de Moyenneville. Synonymie. *Filcariæ.* — *Fulchariæ.* — Fulcheri. — Feukières. — Feuquière-en-Vimeu. — Feuquerolle. — *Chroniques.* — M. Garnier (*Dict. topog.*).
(3) Hariulfe. *Chronic. Cent. Liber.* III. *Cap.* III.
(4) *Ibid. Cap.* IX.
(5) *Ibid. Lib.* IV. *Cap.* XXII.

Au XVIII° siècle, le monastère possédait à Feuquières, 1° des dîmes, 2° un domaine, 3° une seigneurie, 4° des fiefs.

I. Dîmes. — La dîme était perçue sur le territoire de Feuquières, à raison de VIII gerbes du cent, et se partageait ainsi entre les co-décimateurs : 1° sur les terres qui relevaient de l'abbaye, on formait des groupes de XII gerbes, dont trois appartenaient à l'Abbé de Saint-Riquier qui s'était obligé à en rendre une au curé pour sa portion congrue, une quatrième au curé, cinq au commandeur d'Oisemont, une et un tiers au prieur de Canchy, près Pont-Remy, et une et deux tiers au seigneur de Cany, à Feuquières ; 2° sur les terres mouvant d'autres seigneurs l'Abbé de Saint-Riquier, sur XII gerbes, en prenait IX, à la condition d'en rendre encore une au curé. Les trois autres se partageaient entre le curé du lieu, le prieur de Canchy et le seigneur de Cany. Un accord de 1565 avec le curé, Pierre Hurtel, après procès, avait posé des conditions différentes : on peut les consulter dans l'*Inventaire des Titres* (page 1901 *et suivantes*); il est parlé à ce sujet du terroir des *Osteleux*, village aujourd'hui inconnu.

Les gros décimateurs étant surtout obligés d'entretenir les chœurs des Eglises, rendons hommage en passant au zèle de ceux de Feuquières pour la splendeur de la maison de Dieu. Le chœur de Feuquières est un des plus riches du Vimeu, soit pour l'ampleur de l'édifice, soit pour sa décoration.

II. Domaine. — L'Abbaye possédait, au XIII° siècle, XXX j^x de terres labourables à Feuquières, dites terres de Saint-Benoît.

III. Seigneurie. — Les titres anciens affirment que toute seigneurie, à Feuquières, appartenait aux religieux. Cependant M. de Belleval, dans ses recherches sur les seigneuries et fiefs du Ponthieu, remarque qu'il y avait deux seigneuries, la principale appartenant à l'abbaye, la seconde comprenant un château avec XCII j^x de terre et quelques censives. Il faut supposer que des feudataires du monastère se sont rendus indépendants (1).

L'Abbé de Saint-Riquier avait toute justice dans sa seigneurie. Les droits seigneuriaux étaient perçus au quint denier et au requint sur les immeubles tenus en roture, quand ils étaient vendus ou cédés par une donation entre vifs. Pour le relief les dits immeubles payaient 8 s. p. par journal.

Un article des coutumes de Saint-Riquier, rédigé en 1507, fait mention de cette dérogation aux coutumes générales du monastère en faveur de Feuquières et de Feuquerolles.

Le monastère jouissait en outre des droits de vicomté, de mairie et de chasse sur

---

(1) Les familles de Maisnières, de Pascal et de Lavernot, entre autres, ont probablement possédé cette seconde seigneurie, ainsi que les familles d'Ardres et de Saisseval dans les siècles suivants.

tout le terroir. Il percevait des censives sur les maisons et les terres ; il avait le four banal, des moulins, des afforages, etc., le champart fixé à viii gerbes sur les rotures, à iv sur les fiefs. Ce champart a été concédé à un fermier, comme l'indiquent les contrats.

La commune de Feuquières, établie du consentement de l'Abbé et du seigneur de Maisnières en 1257, dit-on, avait gratifié les bourgeois de certains privilèges, mais n'avait pas aboli tous les droits seigneuriaux.

Nous acceptons ce fait sur le témoignage des historiens de province ; mais nous n'avons pas la charte d'érection. Nous ne connaissons que les traités de pacification ou concordats qui datent de cette époque. On pourrait se demander d'abord à quel titre Guillaume de Maisnières participe à l'érection de la commune de Feuquières, dont la seigneurie, d'après nos annales, appartient à notre monastère. Nous croyons trouver la réponse à cette question dans l'ouvrage de M. de Belleval sur les fiefs et seigneuries du Ponthieu. Quoiqu'il se taise sur le nom des seigneurs à cette époque, nous pouvons admettre que cette seigneurie appartenait alors à Guillaume de Maisnières. Les paroles de Guillaume recueillies dans une charte de 1253 ne permettent pas d'élever le moindre doute à ce sujet, puisqu'il énonce en termes formels son droit de propriété : *de dominio meo*, auxquels il ajoute ceux-ci : *de communia mea*. Mais ne faudrait-il pas conclure de cette dernière expression qu'il était seul fondateur de la commune de Feuquières ? Ce que nous lisons dans la charte de pacification de 1253 ne nous le permet pas. « ·A ces paroles : « Sur ce que les hommes de Feuquières étant par exprès de la commune et « mairie d'icelle ville et territoire de la vicomté et qu'il appeloit *de dominio meo* et *de* « *communia mea* de Feuquières, » les moines faisoient une opposition formelle par ces autres, « et qui par nous lui étoit nié » Il ne reste donc qu'à supposer des empiètements du seigneur de Maisnières, l'essai d'une prépondérance qui lésait les droits de l'abbaye, et qu'il s'appropriait par suite de la haute surveillance que lui donnait sa charte de fondation. Il résulte aussi de l'appel aux usages et coutumes des prédécesseurs de Guillaume, dont il sera question plus loin, *secundum usus et consuetudines prædecessorum*, que la commune devait exister bien avant 1253, et que les difficultés soulevées par le coseigneur de l'abbaye ont provoqué la charte dont nous allons rapporter les dispositions. Cette charte, nos archives la proposent sous le nom d'*acte additionnel* à une charte première ou à des conventions arrêtées entre les parties sur l'usage de cette commune. C'est un acte rédigé sous l'inspiration de *bons conseils de paix*. Les religieux se prêtaient volontiers à de semblables accords, toutes les fois qu'on leur proposait des conditions raisonnables. Voici l'analyse de cette charte.

I. Tous les hommes de Feuquières et tous les sujets de l'Abbaye, établis sur son territoire, seront désormais compris dans la commune, à la condition toutefois qu'ils y soient domiciliés ; mais on excepte expressément Rault de Feuquières, vicomte de l'Abbaye et son homme lige, avec tous ses hoirs « Et nous, dit le seigneur de Maisnières, et nos héritiers après moi, n'arons aucune justice sur le dit Raul ni sur ses héritiers, ne sur les choses ne porrons exercer. » Il n'en sera pas de même des amendes auxquelles le dit vicomte des religieux pourrait être condamné ; le seigneur de Maisnières en aura la moitié.

II. Toutes les amendes sur les sujets de la vicomté seront communes entre les deux parties.

III. Quand il en sera nécessaire, Guillaume pourra mener tous les hommes de la commune à la guerre ou à la chevauchée, selon les usages et les coutumes de ses prédécesseurs. Que s'il arrive que quelques hommes se rachètent de ce service, le monastère bénéficiera de la moitié du prix de ce contrat.

IV. Partage par moitié de tous les profits, services, ou autres biens qui pourraient échoir aux coseigneurs de Feuquières.

V. Les religieux s'obligent, par suite d'une convention réciproque, à construire un moulin à vent, à leurs dépens. Quand ce moulin sera établi, le seigneur de Maisnières participera à tous les profits, mais aussi à tous les dommages et réparations et à la reconstruction, quand il y aura lieu.

VI. Le fonds du territoire des religieux en la ville de Feuquières et pays contigus, les cens, reliefs, ventes, *oltregia* (1), *fours, issues, entrées, les plaids* et d'icelles *aliis ratione fundi cadentibus*, toute la justice du fonds, restant en dehors de la commune et des profits à recevoir par moi, dit Guillaume de Maisnières, et mes héritiers, tout appartiendra à perpétuité, librement, pacifiquement, aux religieux et à leur église, sans condition ni réclamation du seigneur de Feuquières et de ses héritiers.

VII. Les serviteurs, fermiers au dit moulin, et autres employés soit de l'Abbaye, soit de Guillaume de Maisnières, seront tenus de se faire réciproquement serment de gérer avec justice, de garder les droits du coseigneur, dans tout ce qui a rapport à l'entretien du moulin et à l'administration de ses revenus.

VIII. Dans les limites du territoire de Feuquières, il y aura une maison commune, en laquelle les profits communs seront placés, où l'on traitera des intérêts de la vicomté, où les forfaiteurs, malfaiteurs, larrons et prisonniers, seront conduits et gardés par les sergents des deux seigneuries (2).

Cet acte de pacification fut rédigé par le mayeur et les échevins de Gamaches en 1253. Le *Cartulaire* nous en a conservé un *vidimus* authentique de 1391.

Un autre acte de la même année 1253 renferme la clause suivante : « S'il advenait que le roi, le comte ou la comtesse de Ponthieu, fissent opposition à ce contrat, Guillaume de Maisnières rendrait 108 liv. par. reçues des religieux et chacun recouvrerait ses droits et possessions, comme avant la pacification ; mais le moulin resterait commun aux deux parties. »

(1) Les *Octroys* ou donations, d'après le Glossaire de Ducange.   (2) *Cart. fol.* 148.

Quatre ans plus tard, Guillaume de Maisnières et les religieux ont imposé à la commune de Feuquières un code pénal dont on nous a conservé la teneur. Ce n'est point la charte de commune, ainsi que le notait le compilateur du *Cartulaire* en 1490, en ces termes : *Première institution de la commune et mairie de Feuquières*. Ce titre a trompé ceux qui ont placé l'érection de la commune de Feuquières en 1257.

Le *Cartulaire* a également copié le *vidimus* des mayeur et échevins de Gamaches avec ce préliminaire : « Gautier, abbé de Saint-Riquier, et Guillaume de Maisnières, « chevalier, ont donné sous leurs sceaux une commune aux hommes de Feuquières et « Feuquerolles, en la manière qui s'en suit. »

I. « Si en icelles villes et territoires il advenoit cas de sang manifeste, l'amende sera de 60 s., de laquelle nous arons 40 s., et les dits mayeur et échevins 20 s. »

II. « *Item*. Si en aucuns lieux il advenait à aucun de tirer un autre par les cheveux ou frapper d'une machue, dire oucun laid dit et vitupe, donner une baffe ou du puing parmi la bouche, de chacune d'icelles choses et meffais, sera payé 20 s. pour amende, desquels nous arons 10 s. p. et iceux mayeur et échevins, 10 s. p. »

III. « *Item*. S'il advenoit que, pour aucun cas commis par aucun habitant, sa maison fût jugié être abatue et mise à terre, et que le délinquant et malfaiteur la venist racheter, faire le porra par payant 60 s. d'amende et ne sera point abatue et mise par terre, de laquelle nous arons la moitié et les dits mayeur et échevins l'autre moitié. »

IV. « *Item*. Si en aucune maison des dits lieux on faisoit assault violent par forche et par main armée, l'amende est et sera de 10 liv. p. dont nous arons la moitié et iceux mayeur et échevins l'autre, à moins que oudit assault et enforchement ne survienne haute justice, ouquel cas l'amende seroit notre pour ce que à nous appartient haute justice et non à autre, avec tout le droit de seigneurie, profit et émolument que de ce pourroit soudre et venir par quelque manière que ce soit. »

V. « *Item*. Si aucun juré de cette commune est cité ou adjourné pour comparoir par devant maire et échevins, et il ne venoit, se laissant mettre en deffaut, sans avoir légitime excuse, il paiera 5 s. d'amende dont nous arons la moitié et iceux l'autre. »

VI. « *Item*. A toutes icelles choses faire justicier, amender, exercer, sera présent notre sergent, pour ce en notre nom évoquié en personne par iceux mayeur et échevins et sera comme notre lieutenant, excepté que ès jugements d'iceux mayeur et échevins, notre sergeant ne sera pas présent en personne, si par eux n'est appelé et évoquié. »

VII. « *Item*. Les dits mayeur et échevins sont tenus nous faire serment, chacun an, de tout ce observer et garder entièrement. »

VIII. « *Item*. Nous sommes tenus de les laisser et souffrir jouir de la dite communauté et même, sauf à nous réservé le droit et seigneurie du fond qui est nôtre en tout, et sauf audit Guillaume le droit de mener la dite mairie et le met en ces termes : *Salvo* *michi Guillelmo de Maneriis et heredibus meis jure ducendi communiam, sicut in litteris nostris plenius continetur (*1*).*

Ce *vidimus* fut donné sous le sceau des maire et échevins de Gamaches, sous la date du 21 avril 1392. On ne voit pas dans ce code la formule d'une rédaction de charte de commune.

Nous avons signalé dans l'histoire quelques faits particuliers à Feuquières, comme le past des seigneurs d'Acheux (2) supprimé (1186), les entreprises du roi d'Angleterre et des habitants d'Abbeville (1287), le conflit avec l'autorité diocésaine pour un clerc condamné au pain de misère et à l'eau (1389), les désastres de 1473 (3).

En voici quelques autres moins importants pour l'histoire, mais utiles pour prouver les droits du monastère dans la suite des siècles.

1208. Un arrêt du Parlement reconnut à l'abbé de Saint-Riquier le droit de justice contesté par le comte de Ponthieu,

1224. Par lettres de J., doyen de Saint-Maixent, données sous son sceau, Andrieu de Catheux ou Categny, clerc, du consentement de son épouse, donna à l'église de Saint-Riquier, en pure aumône et en présence du dit doyen, « tout ce qu'il édifieroit
« sur sa maison de Saint-Riquier et sur ce qui étoit adjoint à ladite masure, avec ce
« qu'il pourroit acquester au terroir dudit Feuquières, par cette condition qu'il en
« joyroit pendant sa vie, sans le pooer engagier ne laisser par testament ne autre
« aliénation ou disposition à faire. »

1231. « Un arbitrage devant Riquier, abbé de Saint-Valery, et Gaudefroy de
« Maisnières, chevalier, apaisa plusieurs débats et questions entre nous et Rault de
« Feuquières, lequel se intituloit notre vicomte et pour cette cause disoit que notre
« receveur devoit recevoir nos rentes en sa maison et non ailleurs, et par spécial le
« devions gouverner lui et toute sa famille entièrement à nos dépens, durant cette
« recette et jusques à son partement. Avec ce adjoindoit que le four et tout ce qui
« appartient à vicomté lui appartenoit, en nous payant deux sous six deniers l'an, ce
« que nous lui niâmes et fut le deni mis en la main du roi. »

« Par iceux arbitres fut ordéné que nous ferons recevoir nos cens à notre hôtel
« audit Feuquières ou en autre lieu, où il nous plairoit, sans que le dit Rault y puisse
« mettre contredit, mais nous lui devions trouver à lui et à son serviteur, et non à
« plus, à boire et à manger compétament, durant le temps de la dite recette, et nous
« devoit faire venir les deffauts et amendes de ceux qui seroient demouré de payer à
« jour et nous montrer yceux deffauts. »

« Et touchant la vicomté il fut ordéné que le dit Rault avoit ce que il avait accoutu-
« mé de avoir, lui et ses hoirs, exception *muldro* et *latrone* et *rato* et *scato* et *lege*
« *duelli* (4), lesquels nous appartiennent et non à lui : et sy nous furent adjugés les
« plaids touchans nos hommes et sujets. »

(1) *Cart. fol.* 145. — D. Cotron. *Anno* 1257.
(2) Revoir Huppy pour ce past, *page* 281.
(3) Tome I, page 552. Tome II, *pages* 63, 135.

(4) Le meurtre, le vol, le rapt, l'incendie et le duel (Ducange).

CHAPITRE IX. — SEIGNEURIE DE FEUQUIÈRES ET FEUQUEROLLES.

« Les hommes de Feuquières et Feuquerolles, pour relever leurs terres, quand le cas
« écherra, seront tenus de venir en cette église, et ledit Raul les doit inciter et si il
« est présent, il baillera les saisines, et sy aura tierche partie du droit. »

« Pour le droit de vicomté et pour le four il nous doit payer chacun an à Noël 10 sols
« de monnoye courante. »

« Avec ce ledit Raul nous disoit que lui appartenoit tous les train venant de notre
« grange et tous les feurres, hottons, les pailles, les graines venant du van, sans rien
« excepter, lesquelles choses demeurent sopites, et nous en tient quitte le dit Raul,
« moyennant que nous lui delivrerons chacun an, 18 setiers de blé, ne du pire ne du
« meilleur, et 18 setiers d'avoine, à la mesure courante, chacun an à la Toussaint, à
« notre grange. Mais nous lui quittames ix gerbes de blé et ix gerbes d'avoine qu'il
« nous donnoit de don et fut tout adjoint avec son fief, lequel doit service de ronchin
« et de cheval et lui en baillames charte sous nos sceaux (1). »

1253. Une nouvelle transaction avec le même Rault de Feuquières confirme la cession des pailles, etc., recueillies à la grange.

Dans ce second contrat Rault renonce à ses droits de vicomté et d'afforage, reçoit en échange trois muids de grains à la mesure d'Abbeville ; il est déchargé d'une redevance envers l'abbaye de 10 sols parisis, mais il s'oblige de construire un four à Feuquerolles, lequel avec celui de Feuquières sera commun entre les parties aussi bien que les prérogatives qui en dépendent. Ce traité fut vidimé en 1391 dans les mêmes conditions. La même année, un concordat avec Guillaume de Maisnières préludait aux dispositions sur lesquelles furent basés les articles du code pénal, donné en 1257 aux habitants (2).

1306. L'abbé de Bec-Helluin en Normandie avait ou croyait avoir des droits de seigneurie sur une maison de Feuquières ; de là un procès. Des arbitres furent choisis par l'abbé de Saint-Riquier et Philippe de Goupilières, prieur de Canchy, procureur de l'Abbé du Bec-Helluin. La sentence arbitrale déclara que l'abbé du Bec-Helluin avait toute justice sur cette maison ; mais la décision ne fut pas acceptée par l'Abbé de Saint-Riquier, et la question fut portée, en 1328, au tribunal du bailli d'Amiens. La sentence du bailli adjugea la haute justice sur la maison dont il s'agissait et sur sept masures en dépendant à l'abbaye de Saint-Riquier et la justice vicomtière et au-dessous, à l'abbaye du Bec-Helluin.

1311. Guillaume de Maisnières avait succédé à Rault de Feuquières dans ses droits sur cette seigneurie ; il avait la vicomté, le moulin et le four de Feuquières.

1332. Il y eut litige entre l'Abbé de Saint-Riquier et le seigneur de Cayeux, au sujet d'un procès au Parlement pour les fiefs que ce dernier tenait de l'abbaye. Ce procès concernait les droits de justice, pendant que la question serait pendante devant le roi. Jean Wasse et Jean le Comte, demeurant à Feuquières, pris pour arbitres, décla-

---

(1) *Cartulaire, fol.* 147-48. (2) *Cartul. Ibid.*

rèrent qu'on devait en user ainsi qu'en eût usé celle des parties auquel elle sera adjugée.

1358. Trois lettres du roi Jean prouvent que la haute justice de Feuquières appartenait toujours aux abbés de Saint-Riquier. La première est une lettre de rémission à deux habitants de Chepy qui avaient eu querelle avec Colart le Boucher, « en notre ju- « risdiction et avoient rué son bâton en la beue et s'y l'avoient injurié sans le frapper « et pour éviter noise s'en retournoient à Chepy. Mais le dit Boucher les vint guetier et « assailler, les cuidant tuer, mais il fut frappé à la tête, dont yceux furent faits pri- « sonniers par le bailly de la comtesse d'Aubmalle de Noyelles, Dame de Bailleul, et au « bout de quinze jours il mourut, et de peur de rigueur de prison, ils rompirent prison, « lesquelles choses le roi leur pardonna. Aussi fit la comtesse, comme il appert par la « deuxième lettre.

La troisième est donnée de *Carolus Primogenitus Franciæ*, *Dux Normandiæ*, Dauphin Viennois et lieutenant du roi qui leur pardonne « et rescript que l'abbé de chéens leur « fait grâce et leur pardonne le débat et délit fait sur sa terre, considérant que c'était « à leur corps défendant. *Repelli debet*... Il est à présumer qu'il touchoit à cette église « pour confiscation ou pour les appeaulx de la haute justice, laquelle nous appartient « audit Feuquières et au terroir dudit lieu (1).

1542 à 1708. Saisines, reliefs, hypothèques, qui prouvent les droits permanents de l'abbaye sur les terres et domaines de Feuquières.

1664-1667. Contrat de vente par Aloph de Copquenne, écuyer, sieur de Bezonville, au profit de Charles d'Ardres, écuyer, sieur de Feuquerolles et de Claude d'Ardres, aussi écuyer, et saisine de cette vente sur les immeubles suivants : 1° une maison en fief sise à Feuquières, avec VI j^x de terre ; 2° deux enclos contenant chacun II j^x ; 3° XXXIV j^x de terre labourables, tant en fief qu'en roture ; 4° le fief de Parlarleville, consistant en basse et moyenne justice, censives tant en argent qu'en volailles, relevant du roi, et les rotures de qui elles sont mouvantes : un autre fief consistant en toute justice et censives, tant en argent qu'en volailles. Prix de la vente 20,000 liv. Ces contrats confirment ce que nous avons affirmé plus haut des droits seigneuriaux de l'abbaye de Saint-Riquier sur toute la terre de Feuquières (2).

IV. FIEFS. — Quatre fiefs : 1° Feuquières ou Cany-Dreuil ; 2° Courville ; 3° Hocquelieu ; 4° fief à Feuquières.

FIEF FEUQUIÈRES OU CANY-DREUIL. — Ce fief était sans doute autrefois le chef-lieu de la seigneurie, il comprenait un domaine de XXIX j^x de terre, un manoir de III j^x et des rotures. Le quint des dîmes et rentes appartenait au dénombrant. Le monastère devait aussi au possesseur du fief les couples de 18 setiers de blé et d'avoine.

(1) *Cartulaire. Fol.* 147. (2) *Inventaire des Titres.* 1861-1908.

C'était la dette contractée par les accords de 1231. Le fief fut démembré comme on le verra plus loin.

FAMILLE DE FEUQUIÈRES. — Cette famille qui existait au XIII° siècle n'a laissé dans nos archives que trois noms, celui de Rault de Feuquières dont il a été parlé plus haut, celui de Regnault qui reçoit des amendes de la commune de Feuquières en 1312, celui de Bernard de Feuquières, moine de Saint-Riquier et prévôt de Mayoc (1340).

On pourrait y ajouter les noms suivants recueillis ailleurs : (1227) Richard de Feuquières, frère d'Emmeline, femme de Raoul Le Roy, qui ratifie une donation de sa sœur à Embreville. Nous citerons parmi les légataires de Gérard d'Abbeville, archidiacre du Ponthieu, M° Hugues et M° André de Feuquières qui reçoivent 10 liv. tournois. M° Hugues de Feuquières ne serait-il pas le doyen du chapitre de ce nom en 1287 ? Nous croyons pouvoir l'affirmer, à l'inspection de ses armes qui sont celles de Feuquières en Vimeu. — 1286. Pierre de Feuquières devait un hommage au monastère de Saint-Valery. — 1340. Jacques de Feuquières à Abbeville (1).

FAMILLE WASSE. — 1365. Mathieu Wasse donne le dénombrement du fief. Il était sans doute fils de Jean Wasse, dont il est parlé en 1332.

FAMILLE LE VICOMTE. — Jean le Vicomte, d'après M. de Belleval, serait un descendant de la famille Le Vicomte de Saint-Riquier. Renault Le Vicomte, son père, chevalier, capitaine de Saint-Valery, tenait en fief, du comte de Ponthieu, ce qu'il avait à Feuquières et à Feuquerolles. Jean Le Vicomte, écuyer, figurait parmi les neuf écuyers dont Renault faisait montre à Saint-Valery, le 12 juin 1379. Quand il donne à l'abbaye le dénombrement d'un fief de Feuquières tenu par un seul service à cheval (1407), il ajoute ce qui suit : « Item ay et prins en la grange de mesdits seigneurs ou de leur cen-
« sier héréditablement chascun an XVIII septiers de blé et XVIII septiers d'avoine à la
« mesure d'Abbeville, chacun an, payés dedans le terme de la Toussaint et ne doy
« avoir ne du pire ne de meilleur, mais du moyen. »

Sa fille Isabelle Le Vicomte fut femme de Jean Quiéret, écuyer, seigneur de Dreuil, dont elle était veuve en 1422 (2). C'est de cette alliance que le fief prit le nom de Dreuil. Jean de Quiéret eut deux enfants, Adam, dit Gauvain, mort sans postérité, et Isabelle, mariée en premières nôces à Raoul Malicorne, écuyer, et en secondes nôces à Guillaume d'Aigneville, écuyer.

On lit dans le *Cartulaire* que « Gillet d'Onneu, demeurant en la ville de Feuquières sur le fief qui fut à Monsieur de Dreuil, du consentement de Guillaume d'Aigneville et de Raoul Malicorne, ayant le droit du dit seigneur de Dreuil, fut condamné envers cette église à la somme de XXV sols pour les droits de forage, qu'il n'avait pas payés sur du vin et

---

(1) Armes de Feuquières : *de gueules à trois maillets couronnés d'or*.

(2) Armes de Le Vicomte : *d'argent à dix fusées de sable mises en bande*.
M. de Belleval. *Nobiliaire*.

des breuvages de grains vendus à broc et en détail, et en outre xxv sols pour le salaire du procureur de l'abbaye qui l'avait mis en cause, et en outre à payer tous les droits appartenant au greffier. Gillet d'Onneu acquiesça à cette sentence et reconnut le droit de l'abbaye sur ces forages dans les fiefs du seigneur de Dreuil à Feuquières. » Le couvent fut représenté à ce procès par Hue Le Prêtre, son bailli, par Colart de Bersacles et Louis de Hellencourt, ses hommes liges ; Jean de Fontaines remplissait les fonctions de clerc ou greffier. Cet acte n'a pas de date.

FAMILLE D'AIGNEVILLE. — Pierre d'Aigneville, écuyer, seigneur de Dreuil, Rogeant et Feuquières en partie, hérita Feuquières d'Adam Quiéret ; il eut pour fils Guillaume d'Aigneville, écuyer, vivant en 1469, qui n'eut qu'un fils, Antoine d'Aigneville, écuyer, seigneur de Dreuil et de Maigneville. De Jeanne De La Garde, sa femme, est issue Jeanne d'Aigneville, Dame de Dreuil et Maigneville, alliée à Guy de Chantelou, seigneur de la Bosse et Montault, qui hérita du fief de Dreuil en 1532. Guy de Chantelou ne laissa qu'une fille, mariée à Louis de Vaudray.

FAMILLE DE VAUDRAY. — 1555. Relief au profit de haut et puissant seigneur, messire Louis de Vaudray, seigneur de Mouy, et de noble Dame Jeanne de Chantelou, son épousé, héritière de sa mère Jeanne d'Aigneville, de toutes terres cottières et roturières, notamment du moulin des Raques, sis à Neufmoulin et autres immeubles et d'un fief noble sis à Feuquières.

1570. Relief au profit d'Artus de Vaudray, fils mineur et héritier de Dame Jeanne de Chantelou, première femme de Louis de Vaudray.

1583. Relief de Jean de Vaudray, seigneur de Mouy, frère et héritier d'Artus de Vaudray.

En 1584 Charles D'Ardres, écuyer, fils d'Antoine d'Ardres, seigneur de Quesnoy, mayeur d'Amiens, et de Dame de Calonne, Dame de Feuquerolles, prit hypothèque sur le fief de Dreuil pour sûreté d'une rente de 50 liv., créée à son profit par Claude de Carpentin, seigneur d'Hanchies, et Dame Jeanne d'Aigneville, Dame de Dreuil et veuve de Guy de Chantelou. Jean de Vaudray eut pour héritier à sa mort, Isaac de Vaudray, sieur de Mouy, chevalier.

Isaac de Vaudray n'avait pu dégager son fief de Dreuil-Feuquières : après lui il passa entre les mains d'Adrien Gavel, sieur de Saint-Alier, par sentence de la Sénéchaussée du Ponthieu. Celui-ci donna son relief en 1600. Mais les procès se succédèrent pendant plusieurs années.

Charles d'Ardres fit à MM. les commissaires et députés de Sa Majesté, une déclaration de sa terre et seigneurie de Feuquerolles et de ses fiefs à Feuquerolles (1601). Quelques années après, Jeanne Le Roux, fille d'Olivier Le Roux, ordonnait un exploit de main-assise et de mise de fait sur le fief de Dreuil (1615). Après bien des procédures,

(1) Armes de Vaudray : *de gueules emmanchées d'argent, de deux pièces.*

le fief fut vendu par le prévôt de Paris à Messire Pierre le Marinier, chevalier, seigneur baron et patron de Cany (1632).

Famille d'Ardres. — 1650. Messires Charles et François d'Ardres, chevaliers, fils du précédent, seigneurs de Feuquerolles, rachetèrent à Pierre le Marinier, le fief de Dreuil et en reçurent la saisine ainsi que celle de tous les droits seigneuriaux qu'il comporte.

Charles d'Ardres avait épousé Marguerite Le Quieux. Les saisies recommencèrent. Charles d'Ardres dut en subir deux : l'une en 1656, par François Le Quieux, sieur de Moyenneville, père de Marguerite ; l'autre en 1676, par Georges Carpentin, bourgeois d'Abbeville. Charles d'Ardres laissa son fief à sa fille, Marie Madeleine d'Ardres qui épousa Claude de Saisseval, chevalier, seigneur de Moreaucourt (1).

Famille de Saisseval. — Claude de Saisseval, seigneur de Feuquières, Feuquerolles et autres lieux, ne sut pas gouverner son domaine. En 1697, l'abbaye fit à son tour une saisie féodale et censuelle du fief Dreuil-Cany-Feuquières et établit des commissaires pour l'administrer. Il y eut un long procès en 1714, après lequel intervint une transaction sur les mouvances de Feuquières, transaction dans laquelle comparut le seigneur de Gamaches pour ses fiefs à Feuquières.

1720. Claude-François de Saisseval, chevalier, donataire de son père de ses seigneuries, délivra un dénombrement, où il est dit que le fief est tenu noblement pour 60 sols parisis de relief, 20 sols de chambellage, le quint denier et le requint en cas de vente ou acte équipollent, et par un service à cheval ; il y eut une nouvelle transaction en 1734, entre l'abbaye et Claude de Saisseval (2).

1741. Demoiselle Geneviève-Marguerite de Saisseval, fille et héritière de Claude, donna une partie de son fief à dame Jeanne-Madeleine de Corbillon, épouse de Pierre Beaurain de Zizonnière, officier du duc d'Orléans. L'autre partie fut vendue par Claude-Jean-Baptiste de Saisseval à Pierre Le Sergent d'Hymerville (1757). Charles Le Prêtre, curé de Fontaine-sur-Somme, posséda une partie de ce fief, par suite du démembrement (3).

Fief Courville. — Ce fief, comme nous l'avons dit plus haut, figure dans les dénombrements du ixe siècle, sous le nom de *Curticella*. C'est à tort que plusieurs géographes du pays ont placé ce fief ailleurs, comme à Courcelles en Vimeu, à Courcelles près Mézerolles. Nous laissons ces hypothèses, et nous traduisons *Curticella* par Courville, qui n'offre qu'une légère nuance entre les terminaisons latine et française. Ce fief comprenait xxviii j^r de terre. Il a été démembré.

---

(1) Armes d'Ardres : *d'argent à l'aigle de sable.*
(2) Armes de Saisseval : *d'azur à deux bars adossés d'argent.*
(3) *Inventaire des Titres*, page 281.

M. de Belleval semble avoir confondu quelques feudataires de ce fief avec ceux de Dreuil, près Airaines.

FAMILLE DE BUISSY. — 1619. Saisine au profit de Jacques de Buissy, seigneur du Mesnil, qui tenait ce fief de dame Catherine Gallet, sa mère ; elle était donataire de son père Josse Gallet, notaire à Abbeville, et de demoiselle Isabeau de Calonne, sa mère.

1668. Saisine au profit de Pierre de Buissy, écuyer, fils du précédent.

1668. Dénombrement par Jacques de Buissy, seigneur du Mesnil, mayeur d'Abbeville.

1700. Une partie de ce fief fut vendue à Claude-Charles de Lelang, sieur de Richemont, trésorier des troupes à Abbeville (1).

FIEF HOCQUELUS OU HOCQUELIEU. — 1652. Jean de Hocquelus, fils de Jean, a vendu à l'abbaye de Saint-Riquier un fief tenu noblement du roi, à cause de son comté de Ponthieu. Ce fief consistait en x liv. p. de rente, à prendre à la Saint-Remi, sur la ville, communauté et habitants de Feuquières-en-Vimeu ; 2° en deux lots d'afforage sur chaque pièce de breuvage vendue à broche, excepté sur ce qui était tenu de Cayeux ; 3° dans le quart des amendes jugées audit Feuquières, sauf encore les dits fiefs de Cayeux, avec la moitié du moulin à vent de Feuquières et la moitié de la Motte ; 4° dans toutes les appartenances et dépendances, justice, seigneurie, profits, revenus, émoluments dudit fief, tenus en foi et hommage de bouche et de main pour 60 s. p. de relief et autant d'aide, quand le cas y échet, par les plaids à la cour royale d'Abbeville et le service de l'assise d'Abbeville, dûment averti. La vente était consentie moyennant 60 écus d'or de 24 s. pièce, qui ont été payés comptant. Par cette acquisition, le vendeur se trouvait quitte envers l'Abbaye, de tous reliefs et arrérages de cens, qu'il lui devait jusqu'au jour du contrat pour d'autres immeubles, qu'il tenait en cotterie de la dite abbaye (2).

FIEF A FEUQUIÈRES. — Ce fief, sans nom spécial, est sans doute celui dont Jean Lamiré donne le relief en 1564. C'est le fief de 18 couples de grains qu'on prenait sur les greniers de l'Abbaye, et dont il a été fait mention plus haut. Jean Lamiré l'aîné, seigneur de Nouvion et autres lieux, élu en Ponthieu, demeurant à Abbeville, avait hérité ce fief noble de son frère, Jean Lamiré, avec IV j^r de terre tenus en cotterie. Le seigneur de Nouvion vendit ce fief, en 1586, à Nicolas de Calonne, bourgeois d'Abbeville. La fille de ce dernier, Anne de Calonne, en donna le relief, en 1592.

Gilles de Lamiré, père de Jean, avait acheté, en 1550, à Isaac de Vaudray, le village d'Osteleux et ces dix-huit couples de grains.

(1) *Ibid.*, page 268.   (2) *Ibid.*, *Fief Cany Dreuil.*

CHAPITRE X.

SEIGNEURIE DE MAYOC ET CROTOY AVEC LEURS DÉPENDANCES (1).

La seigneurie de Mayoc et Crotoy remonte au moins au temps de Saint Angilbert et de Charlemagne : elle est nommée au dénombrement de 831, comme une propriété exempte de tout bénéfice et de toute servitude étrangère (2) : elle resta indépendante jusqu'à la construction du château de Crotoy, par Guillaume, comte de Ponthieu, au XII° siècle. Par suite d'un concordat entre les comtes et les abbés, la ville du Crotoy devint une propriété commune et les émoluments féodaux furent également partagés par les deux suzerains (*page* 461). La seigneurie indivise entre eux dans la ville et banlieue est, disait-on vers 1789, de fondation et d'amortissement royal. Cette remarque d'un archiviste un peu superficiel ne s'explique que par la transmission des droits du Ponthieu au roi de France.

Les origines du Crotoy ont été expliquées dans l'histoire du XII° siècle (3). Disons ici un mot de l'antiquité de Mayoc. Une résidence du duc Haymon, contemporain de Saint Riquier, portait ce nom. D'anciens historiens la placent sur l'Authie, aux environs du village d'Hémont et de Maiserolles. MM. Louandre et Prarond ne partagent pas ce sentiment. Ils pensent que la biographie de Saint-Furcy désigne Mayoc près du Crotoy. Nous nous rangeons d'autant plus volontiers à cette opinion qu'aucune localité sur l'Authie ne porte ce nom. Ne semble-t-il pas d'ailleurs tout naturel qu'un si haut personnage ait eu une résidence aux environs de Port, dont le nom seul indique un grand mouvement de navigation dans la baie de Somme en ces temps reculés ?

Notre histoire n'a, du reste, rien à voir dans cette controverse. La seigneurie du monastère, à quelque époque qu'elle remonte, n'a jamais été contestée. Elle avait pour chef-lieu une résidence nommée l'hôtel de Mayoc. C'était l'habitation du religieux pré-

---

(1) Le Crotoy, commune du canton de Rue. Mayoc est une ferme sur le terroir de cette commune.
Synonyme. *Creta. — Castrum del Cotroy. — Croteum — Crotoyum. — Crotegum.*
Mayoch. — Mayocque. — Mayoc-lès-Crotoy.

Chroniques. = M. Garnier (*Dict. topog.*).
Autrefois la commune de Crotoy était formée des villages de Mayoc, de Saint-Firmin, de Béthencourt et de leurs dépendances.
(2) Hariulfe. *Lib.* I.I, *Caput.* III.
(3) Tome I, page 461.

posé à l'administration et de ses serviteurs ou officiers. Il y avait des granges et des bâtiments de ferme, le tout d'une contenance de 4 j^x enclos de murs. Cet hôtel fut ruiné et dévasté par les guerres, puis converti en ferme. En 1545, après l'incendie du château, on l'a donné à cens avec XLV j^x de terre : c'est cet hôtel que les habitants du pays ont longtemps appelé le couvent de Mayoc. De là, l'origine des dires populaires sur le couvent du Crotoy (1).

Les Abbés avaient seigneurie foncière avec vicomté et toute justice dans l'étendue de la seigneurie, cens, rentes, ventes et reliefs, terrages, moulins, eaux, près, aires, selon la coutume locale. Le droit de terrage était recarsé en grains et en argent. Le relief, les lots et ventes se percevaient selon la coutume locale du lieu, excepté sur quelques pièces de terre.

Le droit de pêche dans la rivière appartenait aux Abbés, depuis le moulin au Tin jusqu'au guet du Martel, au-dessous de Mayoc, et dans tous les canaux de la seigneurie.

Les prés contre les dunes appartenaient à l'Abbaye avec les pâturages. Le congé des moines était nécessaire pour que les particuliers pussent y conduire leurs troupeaux. Les dunes elles-mêmes étaient grevées de la servitude de pâturage au profit du monastère et de ses vassaux.

La chronique ajoute encore un droit de mort et vif herbage. Elle regrette aussi la perte de plusieurs autres beaux droits prescrits, faute de vigilance ou de titres suffisants, comme la banalité des fours, la propriété des moulins à eau et à vent.

La garenne du Crotoy releva des religieux jusqu'à leur suppression.

De temps immémorial, des salines étaient exploitées au Crotoy, et les religieux avaient une grange au sel, qui fut brûlée dans les guerres. Le roi de France s'étant emparé de toutes les salines du royaume, leur droit de faire le sel fut perdu.

Il est dit dans les archives que la seigneurie de Mayoc possédait huits fiefs avec hommages. A la fin du XVIIIe siècle, on n'en connaissait plus que deux, par la réunion peut-être de ces fiefs au domaine, ou par la fusion de plusieurs en un seul. Ces fiefs sont ceux du Tarteron et de Saint-Jean-lès-Rue.

Le chanoine théologal avait le droit de présentation pour l'Eglise du Crotoy. Une note de M. Darsy nous apprend que le personnat de l'église de Mayoc fut confirmé au chapitre d'Amiens par l'évêque Thibaut, en 1197 (2). Ainsi Mayoc primait le Crotoy, qui ne faisait du reste que naître à la vie politique.

---

(1) Le baron Taylor a noté ce qui suit sur Mayoc dans la *France pittoresque*, à l'article du Crotoy. « Il subsiste quelques débris d'un édifice religieux qui était voisin du Crotoy. La façade d'une ancienne ferme s'appelle *Maison de l'Abbaye*. Construite en briques et galets, on y voit encore une porte à plein cintre, armée à l'extérieur d'un rang de briques qui la couronne. Trois fenêtres carrées, garnies de barreaux de fer, font croire que cette façade est du XVIIe siècle. »

A quelques pas de là, le tombeau de Léger sur un monticule, selon la tradition du pays.

(2) M. Darsy. *Bénéfices de l'église d'Amiens*. Tome II, page 217.

La chapelle castrale était sous le patronage du comte du Ponthieu, et celle de l'hôpital Saint-Nicolas, sous celui de l'évêque d'Amiens (1).

La Seigneurie du Crotoy avait été affectée aux moines dans les partages avec les Abbés. Les papiers féodaux nous ont transmis les faits suivants que nous allons ranger sous diverses catégories.

1° LE MONASTÈRE ET LES COMTES DE PONTHIEU. — Vers 1167, Hariulfe donne une charte de Guy, comte de Ponthieu, d'après laquelle l'abbé Gervin rachète, par un don de cent sous et une redevance annuelle de 40 s., la coutume de lui fournir quarante têtes d'espèce porcine à Mayoch. Comme on levait ce tribut sur les colons ou vilains du lieu, il est stipulé dans la charte que les officiers du comté n'auront plus le droit d'entrer dans la ville de Mayoch, mais que la redevance sera payée par le moine administrateur du domaine (2).

Le comte de Ponthieu bâtit, de 1150 à 1160, le château du Crotoy sur les domaines de Mayoc. Il y eut à la suite de cette prise de possession un concordat entre le comte et les moines (1177) sur le partage des revenus du Crotoy (*Tome* I, *page* 461). Ce concordat fut renouvelé en 1208 par Guillaume II.

1217. L'Abbé de Saint-Riquier a concédé à Guillaume, comte de Ponthieu et de Montreuil, un bois de la seigneurie du Crotoy, situé au Titre et nommé le bois de Kalaule, près le bois de Ruhault, pour 40 s. de rente annuelle et un muid d'avoine à percevoir sur la vicomté d'Abbeville. Cette somme était mise à la charge du vicomte d'Abbeville. Le même abbé concédait également au comte de Ponthieu une terre et un marais près le Gard de Rue, pour un muid d'avoine à prendre sur les novales du Brusle d'Abbeville, sans toutefois aliéner le droit de relief, ce gage permanent de la suzeraineté d'un domaine. Cette rente sur le comté de Ponthieu ne fut jamais prescrite. En effet, en 1678, le bureau des finances de Picardie ordonne au receveur du comté de Ponthieu de payer les redevances dues pour la cession de 1217. La duchesse de Guise, comtesse de Ponthieu, demanda en 1682, par assignation, qu'on justifiât des titres. L'abbaye fut maintenue dans sa possession séculière.

1703. Des arrêts de justice établissent que la seigneurie du Crotoy est toujours indivise entre le roi et l'abbaye de Saint-Riquier, que le droit de moutonnage n'a rien perdu de sa valeur sur les territoires de Crotoy-Mayoc, ni dans la banlieue, ni dans ceux de Saint-Firmin de Béthencourt.

Le droit de moutonnage dont il est ici parlé est le même que celui de vif et mort herbage des coutumes. Quand le tenancier possédait plus de dix bêtes, il choisissait la première, la seconde appartenait au comte, la troisième au tenancier, la quatrième à l'abbaye. Au-dessous de dix bêtes, il n'était dû qu'un denier à partager entre les deux co-seigneurs.

---

(1) L'hôpital Saint-Nicolas avait été fondé en 1361, par Jean Wadicoq, mayeur de la ville et Marguerite Demuin, sa femme.
(2) *Chronic. Lib.* IV. *Caput* XXII.

« Aux XIII° et XIV° siècles, le Crotoy, dit Charles Louandre, n'était pas seulement une forteresse de premier ordre (1) ; c'était le centre d'un commerce très actif et une étape, c'est-à-dire un entrepôt pour les vins du Midi, les laines d'Espagne et les plantes tinctoriales de guède et pastel, qui alimentaient les villes drapantes du Nord. Sous les rois d'Angleterre, Edouard II et Edouard III, dont il relevait féodalement, les péagers y touchaient chaque année, pour les droits d'arrivage et de transit, une somme équivalente à trois millions de notre monnaie, et c'est à peine si le péager moderne qui leur succède, sous le nom de receveur des domaines, arrive à verser aujourd'hui 700 à 800 fr. dans les caisses de l'Etat (2).

Le monastère, partageant les revenus de la seigneurie avec le comte de Ponthieu, participait à ces bénéfices, au moins sous la domination française. Un accord de 1248, avec Mathieu de Montmorency, époux de Marie de Ponthieu, mère de la reine d'Espagne, « sur l'avis de bonnes gens », mit fin à des querelles souvent renouvelées entre les agents des deux seigneurs. 1° On concédait au comte de Ponthieu et à ses hoirs la garenne du Crotoy et de Mayoc, « Nul ne pouvoit y chasser qu'eux et de par eux, ne « prendre petrix, ne oiseaux de rivière. » Les bêtes du couvent pouvaient pâturer les terres labourables et les éteules « sans faire dommage d'ablais ne de waignage dans les « dunes. Mais si les bêtes étaient prinses dans les dunes, le comte de Ponthieu avait droit « à l'amende ». Il était défendu aux gens de l'Abbé « de soyer l'herbe ou lesque ès-dunes, si ce n'est avec la permission du comte ; » mais, pour éviter toute surprise, on stipulait que les dunes seraient cherquemanées ou bornées. 3° Les amendes de sept sous et six deniers et au-dessous sur les *hostes* du Crotoy devaient être partagées entre le couvent et le comte par moitié. Les vicomtes et la haute justice n'y avaient aucun droit. 4° On reconnaissait que le corratage du Crotoy appartenait au maire et aux échevins, mais s'il arrivait quelque imposition ou quelque droit nouveau prescrit par la coutume, la moitié devait en revenir aux co-seigneurs. 5° On maintenait les coutumes établies pour les saisines et les dessaisines, mais l'officier chargé de les donner devait faire serment de respecter les droits de l'abbaye et du comte. En outre les sergents des deux seigneurs devaient être appelés et être présents à la rédaction des actes. 6° Il était convenu que les émoluments et profits provenant des amendes sur les poids et balances du Crotoy et de la banlieue seraient également partagés entre le couvent et le comte. Les hommes de Mayoc ne

---

(1) Charles Louandre. *Revue des deux Mondes*. juillet 1873, page 55. (*France du Nord*).

(2) « Le Crotoy, dit un voyageur du XVII° siècle, est un château de quatre grosses tours avec une fausse braye, qui n'est bon qu'à servir de sentinelle, pour empêcher que des barques de voleurs ne viennent mettre pied à terre pour piller le pays. Le roy y entretient pour ce sujet 20 hommes. La ville est pire que celle de Saint-Valery, n'y ayant point d'habitants et nuls fossés à l'entour des murailles. Le vent de la mer y pousse tant de sable qu'ils sont aussi haut que les murailles et que du côté vers la mer les sables passent par-dessus les terres et les jardins. On distingue la tour du Moulin, du Châlet, la tour de la Basserie et la tour Gobelin. En 1674, le château était démoli et les matériaux estimés 600 liv.

pouvaient aller habiter au Crotoy sans la permission de l'Abbé. 7° L'Abbé et le couvent avaient le droit de pêcher dans les canaux, sans sac. Le comte était tenu de donner pour la maison de l'échevinage un échange suffisant ou un cens recevable. On ne pouvait extraire des tourbes dans les marais des religieux et du comte. 8° Les hommes du pays avaient le droit d'user de ces marais, mais à la condition de payer chacun un droit de varrage. 9° Les deux parties se réservaient le droit d'établir des moulins à vent sur leurs fiefs réciproques. 10° Les mayeur et échevins pouvaient faire cherquemanner les ténements et fiefs de Saint-Riquier dans la banlieue, à la condition toutefois d'y appeler les sergents qui seraient témoins des opérations. 11° Nul ne pouvait prendre des galets sans le congé du comte, mais le couvent et le comte s'engageaient à ne rien réclamer sur les honnonières et les loges. 12° « Si « on fait étaux à chair au Crotoy ou fours, on y doit appeler le sergent de l'église, pour « prendre sa part et le gaignage doit être commun à nous et audit comte. » Ils y peuvent mettre un receveur commun qui fera serment de garder les droits de chaque partie. « Avec ce userons de haule avec ledit comte comme on a usé anchiennement. »

Voici une autre convention de la même année sur les moulins du Crotoy. Le couvent a donné à Pierre de Mayoc le moulin à vent nouvellement construit et le moulin à eau. « Pierre le Molignier, fils de Thomas, le tiendra en fief de deux espérons de fer par « an et relief, de hommage en hommage, de 10 s. Chacun doit avoir la moitié des prou« fits et si le devons entretenir à moitié, et si le dit Pierre n'était poissant de fournir sa « moitié, nous le devons prêter et jouir de tout, jusqu'à ce que nous fussions remplis. Et « avait ledit Pierre douze setiers avant part. Se aucun de Mayoc portait ou faisait por« ter son bled ê estrange molin, autre que à yceux nos molins, nous et ledit Pierre « porrons prendre le sac et la farine et en faire notre volonté comme confisquée, se par « trois jours n'avait demouré ledit bled au lieu d'iceux molins. Et se par guerre ou cas « fortuit, ils étoient cassés, rompus, destruits ou l'un d'eux, nous les ferions refaire à « communs frais, en leur lieu ou lieu compétent et convenable, et si ne faisons, en l'an « après, le moulin dudit Pierre, lui porroit refaire ledit molin et tenir totalement en « hommage par un muid d'orge par an. » Cet accord fut de nouveau vidimé en 1479.

1310. Des marais sous le château du Gard étaient indivis entre l'abbaye et le comte de Ponthieu. Une lettre de Jean de Lannoy, chevalier, sénéchal du Ponthieu, régla l'extraction des tourbes dans les marais de Saint-Riquier, sous le Gard, et dans la rivière de Hère. On y voit l'expression du consentement mutuel de l'Abbé et du Sénéchal, gouverneur du Ponthieu, au nom du roi d'Angleterre. Les profits et émoluments devaient être partagés par moitié ainsi que les frais d'extraction.

1334. Arnoul de Montreuil, receveur du comte de Ponthieu, avait tenté de s'approprier tout le revenu du four banal du Crotoy. Plainte fut porté au prévôt de Saint-Riquier, qui rendit une sentence basée sur les anciennes coutumes. Il parait que ce jugement ne fut pas accepté par les officiers du roi d'Angleterre, car ils firent citer les Abbé et religieux de Saint-Riquier à la sénéchaussée d'Abbeville. Nous n'avons pas le dernier mot de ce procès.

1355. Nous doutons fort que les droits de religieux sur leur part des revenus du commerce du Crotoy leur ait été exactement attribuée sous la domination anglaise. Une enquête demandée par Jacques de Bourbon, comte de Ponthieu, après 1345, nous fait soupçonner une interruption notable. (*Tome* II, *page* 48).

1379. Sire Jean Le Roy, bourgeois du Crotoy, prend à cens dans cette ville 400 maisons de la censive du roi et de Saint-Riquier.

LE MONASTÈRE ET LA COMMUNE OU LES HABITANTS DU CROTOY. — La ville du Crotoy sollicita et reçut en 1209 une charte de commune qui fut renouvelée et confirmée en 1346, 1369, 1495. La commune était formée des villages du Crotoy, de Mayoc, et de Saint-Firmin de Béthencourt.

Dans l'accord entre le couvent et le comte de Ponthieu, en 1248, il était spécifié entre autres droits du monastère sur la commune que le mayeur élu devait recevoir l'approbation de l'Abbé.

1325, D. Bernard de Feuquières, administrateur du domaine de Crotoy, avait fait prendre des « blanches bêtes » sur des terres soumises à la juridiction de son monastère. Le prévôt de Saint-Riquier condamna les délinquants. Son jugement fut confirmé au bailliage d'Amiens et mis à exécution. Le procureur du Crotoy en appela du jugement du prévôt ; mais l'appel fut rejeté.

1338. Les mayeurs et échevins du Crotoy portèrent plainte contre Bernard de Feuquières parce qu'il avait renclôturé des pâturages par des murs. Ils firent même plus : « iceux firent démolir les murs. » Mais les murs démolis furent réédifiés par jugement d'assises aux dépens des mayeurs et des échevins. De nouveaux différents de peu d'importance furent mis à néant en 1340. On avait été plus exigeant l'année précédente envers des habitants qui refusèrent d'acquitter leurs redevances. (*Voir tome* II, *page* 27.)

1360-1361. Nous avons raconté dans l'histoire les démêlés qui surgirent entre les religieux et les autorités municipales au sujet des fortifications (*Tome* II, *page* 48, 53.)

1389. On lit ce qui suit dans le Cartulaire à l'occasion d'une plainte portée par les religieux devant les officiers du bailliage de Rue. « Les religieux qui ont grand temporel, d'après la lettre de Henri Le Taunier, grand bailli de Rue, grandes seigneuries et prérogatives, admorties sous le roi en chiefs et en membres, qui ont en la ville de Mayoc droits de four, fournages, seuls et pour le tout, de telle sorte que nul ne peut faire fours de nouveau sans leur congiet, que jà ne soient abattus, démolis et mis à néant, ont évoquié Jeanne Carue, qui a bâti un four et requis qu'on fasse visite et que si étoit trouvé abbatable et excédent les termes, il seroit abattu, sans que les mayeurs et échevins du Crotoy ne se pussent ensaisiner contre les religieux. Jeanne Carue, à jour assigné, répondit que oncques n'avait cuit pain ne fait cuire, ne avoit intention de cuire ou fournier seulement que flans et tartes (1).

1393. Un arrêt d'accord traite aussi des limites et des catiches des prés. Le tout fut maintenu dans le même état.

La présence des anglais au Crotoy causa de grands désastres au domaine monastique et à ses revenus et obligea les religieux à louer le domaine de Mayoc. (*Voir Tome* II, *page* 10).

LE MONASTÈRE ET SES VOISINS. — FAITS DIVERS. — 1276-1283. Le domaine du Crotoy n'étant pas prieuré fut exempté des décimes imposés par le Souverain Pontife. (*Tome* I, *page* 550).

1329. L'Abbé de Saint-Riquier intenta un procès à Ansel de Cayeux pour un droit de moutonnage, parce qu'il avait été levé un mouton « en l'hôtel de Jean du Perrier, ce dont il disait être en bonne saisine. » Ansel de Cayeux fut cité devant le prévôt de Saint-Riquier et condamné. Le jugement fut confirmé aux assises d'Amiens par le bailli Regnault de Bencheville.

1346. André, abbé de Saint-Valery, qui avait un domaine à Favières, se croyant lésé dans son droit de pêche sur la rivière de Mayoc, avait porté plainte devant la justice. Après enquête et examen des droits des deux couvents, il intervint un accord dont voici les bases : 1° La pêche dans la rivière, qui part du moulin Austin et passe au moulin de Mayoc, appartiendra aux religieux de Saint-Riquier en tout et par tout le cours de la rivière : « ils peuvent haudraguier, netoyer, rejeter tout d'un lès comme de l'autre sur
« les rives d'ycelle rivière, toutes les fois qu'il leur plaira, et oter tout empêchement
« estant sur ycelle, comme ponts, planches, puchons et autres manières : 2° *Item*. Sur
« les fiefs et arrière-fiefs, ténements de ceux de Saint-Valery, nul ne pourra planter
« arbres sur le bord d'ycelle, plus près l'un de l'autre, comme trois pieds de distance
« de l'un à l'autre, ne empêchier notre widage ou nettoyage d'icelle rivière, et si aucuns
« de Favières avoient planté ou fait planter sur cette rivière plus drus que de trois
« pieds, nous les sommerions, sy nous platt, de les desplanter : 3° *Item*. Si les yaues
« venaient si grandes qu'elles peuvent surmonter les rives d'icelle rivière, sans
« fraude et qu'on vit clairement péril et dommage aux dits de Favières, yceux de
« Saint-Valery porront venir à Mayoc vers nos gens et officiers et requérir que nous
« fassions voye à ycelles yaues surmontant les rives, pour éviter le dommage et
« qu'elles puissent avaler par le dit lieu de l'écluse ou autre part, en la mer, et si nous
« et nos gens ne le volons faire, yceux de Saint-Valery ou leurs gens le porront faire
« et rompre ledit lieu de l'écluse, tant que les dites yaues seront avalées en la mer. Et
« si ont fait rompture, yceux de Saint-Valery seront tenus incontinent et sans délai
« de refus de faire rapalier la dite rompture et le remettre en son premier et bon état

---

(1) Jeanne Carue appartenait à une très bonne et très ancienne famille noble, dit M. de Belleval

« et de ce à leurs propres coûts, frais et dépens, et sont tenus de nous rendre coûts et
« forts dommages que nous et nos gens avons pu souffrir par la rompture de la dite
« écluse. » Cette convention fut vidimée et sanctionnée sous le scel royal. Un autre
accord de 1471 sur les eaux du Crotoy avec la commune de Rue et le prieuré de
Saint-Pierre d'Abbeville, est raconté tout au long dans le *Cartulaire* (*folio* 86-87). Nous
y renvoyons.

1394. Signalons un bail qui cédait les terres labourables et autres terres, rentes, reliefs, issues, entrées, amendes, corvées, herbages, foires, moulins, gambages, afforages et droits quelconques appartenant à l'abbaye, tant à Mayoc, Crotoy, Rue, Becquerel qu'aux autres endroits de la seigneurie, moyennant 160 liv. parisis et en outre quatorze mines de sel pour la consommation de la communauté. Cet acte fut passé devant Colard de Noyelles et Pierre Carpentier, auditeurs du Roi, à Saint-Riquier, le 29 juillet.

1404. Une commission du Parlement fut accordée aux Abbé et religieux de Saint-Riquier, seigneurs de Mayoc, aux fins d'assigner Riquier Boussart, en paiement de seize années d'arrérages, d'une rente de quatre setiers, une mine, un sanerech et le tiers d'un sanerech d'avoine dus aux religieux sur les moulins du roi à Rue (1). Riquier Boussart, pour se libérer de cette dette, fit don aux religieux de 27 s. de rente annuelle sur divers ténements qu'il possédait dans la ville de Saint-Riquier (1408).

1505. Un moulin au blé assis sur la rivière qui venait des fossés de Rue, fut loué avec le droit de pêche. Le bail fut renouvelé en 1512. Puis on le donna à cens avec ix j^x de terre pour 44 liv. avec réserve de la seigneurie, de la justice, des amendes. Le relief fut fixé à cinq liv. tournois et le quint denier en vente. (1516). Noël Alain, censitaire du moulin, le céda avec surcens à Arnoult de Ray, après l'avoir réédifié. Mais ce nouveau contrat portait que ce qui pourrait préjudicier aux intérêts de l'abbaye serait abattu et démoli aux frais du censitaire et du meunier, son substitué (1527).

Les conditions du traité de 1471 n'étaient plus exécutées. En 1540, par remontrance, sommation et dénonciation, on rappela aux mayeur et échevins de Rue que le moulin de l'abbaye à Mayoc ne pouvait plus servir aux religieux, parce que l'eau de la rivière fluant vers Mayoc avait pris un autre cours. Les mayeur et échevins, pour avoir négligé d'entretenir le seuil ordinaire ancien des fossés voisins des murailles et de faire couler les eaux au-dessous du niveau établi à l'époque du traité, furent sommés de rétablir tout dans les anciennes conditions, de telle sorte que le moulin pût être alimenté comme par le passé. Ils furent forcés de s'exécuter et de faire droit aux plaintes.

L'année suivant (1541) l'abbaye avait à se défendre contre une usurpation de Jean de Vaux, seigneur d'Hocquincourt. Ce noble voisin, de son autorité privée, sans se préoccuper des droits seigneuriaux de l'abbaye sur Mayoc et Crotoy, avait fait édifier, dans

(1) La famille Boussart sortie de la bourgeoisie d'Abbeville parvint insensiblement à la noblesse, dit M. de Belleval dans son *Nobiliaire*. M. de Rosny ajoute qu'il était l'homme le plus riche d'Abbeville. On ne s'en douterait guère après ce procès, à moins qu'il ne fût également le plus avare.

la banlieue du Crotoy, une gaiolle et un moulin en bois pour moudre le blé. On lui fit donc signifier que l'abbaye de Saint-Riquier possédait la seigneurie de ce lieu par indivis et de moitié avec le roi, alors maître du comté de Ponthieu, et qu'il eût à reconnaître la juridiction des seigneurs du sol. Jean de Vaux était d'autant moins excusable que l'emplacement de son moulin était terrain cottier et roturier. On ne marque pas quelle fut l'issue de cette procédure. Il faut se rappeler combien les guerres de cette époque furent désastreuses. Le cours ordinaire de la justice pouvait s'en ressentir.

1550. L'hôtel des religieux à Mayoc avait été brûlé et ruiné par les guerres : on fait un bail à cens des dépendances à Nicolas Delaporte, mayeur du Crotoy. Ce bail porte que le preneur reçoit une place non amasée de maisons, mais seulement de granges, étables, bergeries et autres édifices contenant III j^x de terre environ, avec d'autres immeubles repris au bail à cens et le droit de terrage ou de champart sur les terres désignées.

Le preneur s'engageait à payer 46 liv. 10 s. tournois de cens chaque année, 5 liv. tournois pour droits d'entrée, d'issue, de mutation, le quint denier en vente. On le soumettait aussi à offrir deux oies sauvages à l'Abbé chaque année.

1577. Aveux nombreux, entre autres, ceux de l'église de Saint-Firmin de Béthencourt, des mayeurs et échevins de Rue, au nom des chapelles des aumônes et des églises de Rue.

En 1599, la grange au sel était brulée et la ville de Mayoc, autrefois chef-lieu de la réunion des hameaux voisins, n'est plus appelée que la banlieue du Crotoy. C'est ainsi que les domaines seigneuriaux du monastère passèrent par toutes les conditions de la vie humaine et s'acheminèrent vers le terme fatal auquel aboutit tout ce qui est terrestre.

1668. Bail à Jacques Poitevin d'une maison au moulin du Crotoy, près le Val, moyennant deux oiseaux de rivière.

1717. Une transaction entre les religieux et le sieur Tillette de Mautort sur le champart confirmait une dernière fois les droits seigneuriaux de l'abbaye.

1720. Des actes conservatoires prouvent également les anciens droits des religieux sur les pâturages comme sur la dime (1).

Fief du Tarteron. — Le fief du Tarteron, assis sur le terroir de Mayoc, consistait en maisons, granges, écuries, pigeonnier, et autres bâtiments, le tout édifié sur un terrain de deux j^x et demi de terre. Les immeubles qui forment le fief devaient des censives et un champart. En vente et mutation, on payait 5 s. 4 d. suivant la coutume locale.

(1) *Cartulaire fol.* 84 92. — *Inventaire des Titres, pages* 1380 à 1433.

FAMILLE LECOMTE. — « Cette famille, dit M. de Belleval, possédait la noblesse dès 1543 ; elle habitait Rue. Le fief de Tarteron, celui de Saint-Jean-lès-Rue, celui de la Cuisine à Rue, faisaient partie de ses domaines.

I. Martin Lecomte, écuyer, seigneur de Tarteron, lieutenant du roi à Rue, capitaine de Saint-Valery en 1574, prévôt de Beauvoir-lès-Rue, était fils de Pierre Lecomte et de Marie Lourdel. Les religieux vendirent en 1586 pour subvention au roi 35 liv. 10 s. de censives sur ce fief à Martin Lecomte, à condition qu'il les tiendrait en fief de l'abbaye. Martin Lecomte épousa en premières nôces Isabeau Le Roy d'Argnies, et en secondes nôces Guillemette Le Roy, qui fut mère de Jacques et Charles Lecomte.

II. Jacques Le Comte, écuyer, succéda à son père en 1600.

III. Charles Le Comte, écuyer, seigneur de Saint-Jean, de Beauvoir, d'Arry et de Darnétal, est porté dans nos archives comme successeur de Jacques. Il eut de sa femme Hippolyte d'Amerval, un fils nommé Geoffroy Le Comte, écuyer, seigneur de St-Jean, de Beauvoir, etc.

IV. Un autre Charles Le Comte succéda à son aïeul à Tarteron. On le dit écuyer, seigneur de Saint-Jean, Beauvoir, capitaine au régiment de Sculemberg, résidant à Rue en 1663. De Louise Descamps, son épouse, il n'eut qu'une fille, Anne-Madeleine Le Comte, mariée à Claude d'Urre, écuyer, seigneur de Clanleu (1).

V. Claude d'Urre, seigneur de Tarteron, vendit son fief à Messire Alexandre Du Fay, chevalier de l'Ordre de Saint-Louis, et à Charlotte Dinger, sa femme. Ceux-ci le revendirent au sieur Tillette de Mautort. Mais Charles d'Arnaud, écuyer, sieur de Séronville, demanda le retrait lignager en faveur de sa femme qui était une Dinger. Claude d'Urre, en outre de la cession de ce fief, abandonna tous les droits que ses enfants et sa femme pouvaient revendiquer sur ce fief et sur d'autres revenus appartenant à la seigneurie du Tarteron.

VI. En 1768, le fief de Tarteron appartenait à Nicolas du Wanel (2).

FIEF DE SAINT-JEAN-LES-RUE OU DES MARAIS. — Ce fief était situé à Rue et contenait 100 j^x de terre ; une partie seulement appartenait à l'abbaye de Saint-Riquier.

1545. Saisine au profit de Catherine de Hesdin, donataire entre-vifs de Catherine OEuillet, veuve du sieur de la Berquerie, écuyer, d'un jardin, pourpris et ténement, nommé Saint-Jean-de-Rue, avec 100 j^x de terre y appendant tenus en partie de l'abbaye de Saint-Riquier par six muids et demi de sel formant un cens foncier, payable à la Saint-Jean-Baptiste.

1557. Relief au profit de François de Saint-Blimond, écuyer, héritier de dame Ca-

(1) Armes de Le Comte : *d'azur à trois bandes vairées d'argent.*

(2) *Inventaire des titres, page* 590-597.

therine de Hesdin. Ce fief passa ensuite à la famille Lecomte, comme on l'a vu plus haut.

1745. Aveu par Blaise Du Val, ancien mayeur d'Abbeville, de XLII j^x de terre dépendant de la ferme de Saint-Jean-des-Marais, vendus en 1741 par Messire Antoine de Guislain, chevalier, seigneur de Lespinoy. Le contrat est repris en 14 articles dans les cartulaires de la seigneurie de Mayoc. La censive annuelle montant à 28 liv. avait été aliénée par l'abbaye à Martin Le Comte, propriétaire de la ferme, par acte du 13 décembre 1586.

Le terroir de Saint-Jean, banlieue de Rue, était tenu de l'abbaye par 9 s. de cens sur chaque journal de terre (1).

FIEF DE CATEGNY. — Ce fief était situé entre Rue et Mayoc. Il était possédé par une famille de ce nom ; mais il fut retrait au XIVe siècle. En 1341, Jean de Categny et Pérette, sa femme, fille de Jean de Pardieu, demeurant au Crotoy, reconnaissent, devant l'official d'Amiens, qu'ils ont cédé et quitté leur fief et qu'ils ne retiennent que les censives et le champart dont ils jouiront en fief.

En 1357, Jean de Pardieu, possesseur de cette partie du fief, sur lequel sa femme avait un douaire, renonça à ses droits, mais non sans en éprouver de la contrariété. Ainsi le monastère rentra dans la pleine et entière jouissance de ce domaine.

Citons avant de terminer le chapitre de Mayoc et Crotoy plusieurs noms qui paraissent s'y rattacher.

FAMILLE DU CROTOY. — 1167. Guillaume du Crotoy dans les chartes de Saint-Riquier.

1311. Jean du Crotoy, templier, fut arrêté et mis en prison. On voit son interrogatoire dans le procès des Templiers. Ajoutons à ce nom celui de Bertrand du Crotoy, aussi templier, et impliqué dans le même procès, il avait été reçu par F. Jean de Sernoy, mais sans aucune pratique illicite : il est dit *serviens* (2).

1379. Jean du Crotoy a son manage au Hamel-lès-Saint-Riquier.

1430. Geffroy du Crotoy, chanoine de la cathédrale de Rouen, avocat à la cour de Rouen, figure au procès de Jeanne d'Arc.

1507. Guillaume du Crotoy était homme lige du monastère de Saint-Valery.

FAMILLE DE MAYOC. — 1166-1185. Simon de Mayoc, chevalier, est témoin dans plusieurs chartes du monastère. — 1301. Raoul de Mayoc, homme de catel de l'évêque d'Amiens. — 1302. Simon de Mayoc fait hommage à l'évêque d'Amiens.

Au XIVe siècle Colard de Biencourt est dit seigneur de Mayoc, sans doute pour un des fiefs de Mayoc.

---

(1) *Inventaire des titres*, page 673.

(2) Michelet. *Procès des Templiers*. Tome 1 page 359 et 7.

LE GARD-LÈS-RUE (1). — Le nom de Gard signifie une station fortifiée. « C'était, dit M. de Belleval, un château-fort situé dans la banlieue de Rue-en-Ponthieu, qui avait été bâti par les comtes de Ponthieu et qui fut un de leurs séjours préférés ». La comtesse Jeanne, reine de Castille y séjourna en 1257, ainsi qu'Edouard, roi d'Angleterre, en 1278 et 1279. M. de Belleval donne les noms des châtelains de Rue de 1397 à 1720 (2).

Ce qui a attiré notre attention sur le Gard-lès-Rue, ce sont ses redevances à Saint-Riquier.

Nous avons vu, en 1217, que l'Abbé de Saint-Riquier avait concédé au comte de Ponthieu une terre et un marais près le Gard-de-Rue, sans toutefois aliéner son droit de seigneurie (3). On parle encore en 1310 des marais de Saint-Riquier près le Gard, indivis avec le comte de Ponthieu, de Roger de Saint-Riquier, possesseur d'un domaine autour du Gard-lès-Rue et fieffé de l'abbaye, en 1316 de fiefs près le Gard, tenus de Saint-Riquier par Robert Montvions et son fils et d'autres tenus par Bernard Le Prêtre.

Ajoutons ici des redevances et revenus du Gard à l'abbaye de Saint-Riquier, consistant en poulles, anguilles, pêcheries, oiseaux du parc du Gard, glands, pâtures, lapins du parc du Gard, travers du Gard, pigeons et cygnes du Gard, tourbes (4). Qui sait si les droits du monastère sur le Gard n'étaient pas antérieurs à ceux des comtes de Ponthieu. Nous croyons avoir des raisons suffisantes pour l'affirmer.

BECQUEREL, BIHEN, FERME DE ROUATTE (5). — 1386. Riquier Pinchard est tenu pour son manage de Becquerel de nettoyer la rivière de Mayoc. Ses biens sont hypothéqués pour cette redevance.

Dans un bail de 1394, on voit que la seigneurie du Crotoy s'étendait sur quelques uns des villages voisins de Mayoc (6). Il n'y a plus rien de spécifié dans les archives.

1416. Jean Haudoyer est condamné à payer 50 s. parisis pour sa ferme de Rouatte, aujourd'hui inconnue sur les cartes.

Jean de la Chapelle comprend aussi Lannoy, dépendance de Rue, dans son énumération des domaines de Saint-Riquier.

REGNIÈRE-ECLUSE ET VERCOURT (7). — La seigneurie du Crotoy s'étendait aussi sur ces villages. Dans une charte de 845 on parle de *Verculf cum seticis in Rageni-Sclusa terrisque ad eam pertinentibus* (8).

Regnière-Ecluse fut illustré par le séjour de saint Wulphy et son ermitage.

Le monastère de Saint-Riquier possédait primitivement à Regnière-Ecluse deux tiers de dîme sur CLXXX j^r de terre, à l'encontre du curé qui jouissait du reste. Cette

---

(1) Gard-lès-Rues. Guet-lès-Rues.
(2) *Fiefs et seigneuries.*
(3) Voir page 221.
(4) M. de Rosny. *Recherches, etc. Préface, pag.* 14.
(5) Hameaux ou fermes des communes de Rue et de Saint-Firmin.
(6) *Archives de Saint-Riquier.*
(7) Canton de Rue.
(8) Hariulfe *Chron. Lib.* III, *Cap.* II, VIII.

dîme fut inféodée pendant quelque temps. En 1724 on n'en trouve plus que LXXI j¹; ils rapportaient 48 liv. en 1789 (1).

BUIRE EN HALLOY. — Ce hameau situé près de Montigny, canton de Rue, devait encore à l'abbaye, en 1789, sept livres tournois à prendre sur les fermes du lieu.

D'Harbaville se trompe quand il affirme que Buire-le-Sec (canton de Campagne, Pas-de-Calais) faisait partie des immenses propriétés de Saint-Riquier. Le domaine *d'Asco* mentionné par Hariulfe, où le monastère possédait trois setiers de terre, ne nous représenterait-il pas Halloy ?

En 1300, Pierre Lengagneur, seigneur de Cahours, possédait cette terre. En 1570, elle appartenait à Nicolas de Belloy qui laissa des enfants mineurs (2).

1706. Guillaume de Belloy, prêtre, prieur de Saint-Michel de Courville, curateur des enfants mineurs, conjointement avec François de Hesmont, domicilié à Buire-en-Halloy, reconnaît l'obligation de payer la rente de 7 liv. tournois à la Saint-Remy.

BERNAY EN PONTHIEU, SAINT-VIGILE, ACCINICOURT. — De ces domaines spécifiés dans une charte de 845 et sis aux environs de Rue (3), il ne reste de nos jours que le nom de Bernay, mais sans trace de possession par le monastère. Les autres hameaux ont perdu leur nom primitif ou sont fondus dans des agglomérations d'habitants plus modernes. La Chronique ne saurait nous guider dans ce labyrinthe des hameaux du Marquenterre.

CHAPITRE XI.

PRÉVÔTÉ ET SEIGNEURIE DE CHEVINCOURT (4).

La terre de Chevincourt située entre Noyon et Compiègne, pouvait être considérée comme l'une des plus belles possessions de l'Abbaye. Quoiqu'elle ne payât point le relief

---

(1) M. Darsy, dans les *Bénéfices de l'Eglise d'Amiens (Tome II, page 232)*, note que les deux tiers de la dîme de Regnière appartenaient au chapitre d'Amiens et l'autre tiers au curé, « excepté sur les terres du fief *Waucogne*, où dîmaient seuls l'abbé de Saint-Riquier et le prieur de Ray. » Ce fief Waucogne serait-il le *Verculf* de la chronique d'Hariulfe, que nous avons cru représenter Vercourt, village voisin de Regnière-Écluse ?

(2) *Archives de Saint-Riquier.*

(3) Hariulfe. *Chron. Lib.* III, *Cap.* VII.

(4) Commune du canton de Ribecourt. Arrondissement de Compiègne (Oise).— *Civinocurtis. Civinicortis.* Chevincort. — *Chroniques.*

au quint denier, ce qui tenait sans doute aux coutumes locales, elle mérite d'être rangée parmi les fiefs de l'ancienne fondation. Elle a été donnée par Charlemagne, dit le rédacteur des archives, et on la voit en effet figurer au dénombrement de 831 parmi les possessions du monastère (1).

Il résulte des indications recueillies dans diverses chartes que la seigneurie de Chevincourt s'étendait sur Breuil, Ecouvillon, Ausoniers, Elincourt, Vaugelicourt, Vitry, Verve, Genestre, Marest, Rupp ou Rue-des-Bois, Rivecourt ou Ribecourt, Machemont, Mélinot, plus tard Mélicoq, Cambronne, Longueil, Anziel, Monmarque, Montigny près Saint-Amand, Lucheny ou Lassigny, Thorotte, le Tronquoy (2).

« Près de Chevincourt, dit D. Grenier, sur la rivière du Mas se trouve la *Motte d'Oisemont, Esi Mons.* Esus, c'est une grande divinité des Gaulois qui répond au dieu Mars. »

« D'après les Chartes de l'Abbaye, dit encore D. Grenier, une ancienne chaussée pas-
« sait près de ce village. Il est parlé de la croix de la Chaussée de Mélicocq dans un
« traité du mois de juillet 1315.

Vitry (*Via Strata*) emprunte son nom à cette chaussée. Ainsi s'explique le grand mouvement des troupes autour de Chevincourt.

L'Abbé de Saint-Riquier, après le partage des manses, possédait à Chevincourt, — et c'était le plus bel apanage de son lot : — 1° Une maison seigneuriale avec un grand domaine renfermant des près, des terres labourables, des vignes, des bois (213 arpents de bois en deux pièces) ; 2° la seigneurie sur le pays avec justice, haute, moyenne et basse, avec tous les droits seigneuriaux reconnus par la coutume locale, le droit de chasse sur le terroir, le droit de pêche dans la rivière ; 3° la dîme entière, à la charge de payer la portion congrue au curé ; 4° un moulin sur la rivière du Matz (ce moulin a été démoli quand la rivière est devenue navigable) ; 5° la mairie de Chevincourt ; 6° une carrière ; 7° la Cense.

Le domaine de Chevincourt, quoiqu'il portât le nom de prévôté et qu'il possédât une chapelle, ne pouvait être considéré comme bénéfice ecclésiastique. C'était, disent les archives, une ferme et pure temporalité. Le cardinal de Boulogne qui s'était emparé de Chevincourt sous le titre de bénéfice, fut obligé de le rendre. (*Voir Tome* II, *page* 38).

Les vignes formaient une partie importante du revenu. L'Abbé en possédait une belle et jouissait sur les autres de la dîme et de quelques autres avantages. Pierre le Prêtre remarque que les vignes de Chevincourt fournissaient du vin au monastère pour toute l'année.

L'Abbé avait encore le droit de cherque sur les bois, c'est-à-dire qu'il pouvait défendre, quinze jours avant Noël et quinze après, de couper les bois, sous peine d'amende.

---

(1) Hariulfe. *Chronique Cent. Lib.* III. *Cap.* III.   (2) Localités anciennes ou actuelles voisines de Chevincourt.

CHAPITRE XI. — CHEVINCOURT, SEIGNEURIE ET PRÉVÔTÉ.

D'après le cueilloir de 1710, on recevait pour cens, rentes, vin, vinage, maisons, terres et bois, 80 liv. en espèces, 80 cordes de bois, 4800 échalas ; pour dîme, 406 liv.; pour le moulin, 710 liv., pour la Cense, 480 liv.

Les titres de Chevincourt gardés dans les archives des Abbés commendataires ont été dispersés ; il ne nous reste guère que les analyses du *Cartulaire* et de l'Inventaire des titres (1).

Nous empruntons pour complément de notre aperçu général sur Chevincourt quelques notes aux *Recherches historiques de M. Léon Mazière sur Chevincourt*. On y verra que ce village a une haute antiquité, ce qui est confirmé par nos chartes et les voies de communication de ce pays.

« La commune de Chevincourt, du canton de Ribecourt (Oise), est située sur la rive droite de l'Oise et sur la rive gauche du Matz; entre Marest-sur-Matz, Melicocq et Machemont, du canton de Ribecourt ; Canectancourt et Elincourt-Sainte-Marguerite, du canton de Lassigny. La paroisse de Chevincourt comprenait Chevincourt, la Cense et Samson. Le patronage de la cure appartenait à l'Abbaye de Saint-Riquier. »

« C'est à tort qu'on a donné à Chevincourt le nom de prieuré ; ce n'était qu'une prévôté ».

« Au temps où des religieux résidaient dans cette prévôté pour l'administrer, le chœur de l'église consacré à Saint-Riquier était aux religieux. La nef, sous l'invocation de Saint Pierre, servait de paroisse. Le curé, après le départ des religieux, prit le titre de prieur ».

« La maison domaniale des moines se trouvait placée entre l'église et le presbytère ».

« L'église a été reconstruite presque entièrement en 1605. Le chœur est orné de colonnes portant des pilastres et des statues à niches. Une seule chapelle, à droite, a des voûtes avec pendentifs qui paraissent dater du XVI° siècle. »

« Il y a sur le territoire de Chevincourt une chapelle consacrée à Sainte-Anne : elle était anciennement, dit-on, l'objet d'un pèlerinage considérable. Aujourd'hui on y célèbre encore le service divin, le 28 juillet de chaque année. » (2)

« Au lieu dit le *Cimetière de la Cense* ou le *Champ Notre-Dame*, on découvrit, il y a dix à douze ans, un certain nombre de tombeaux en pierres brutes, simplement rapprochées ; ils ne contenaient que des ossements. Autour de la ferme de la Cense, on rencontre aussi des cercueils en pierre. »

Au lieu dit le Fay ou le Fau (*Fagetum de la Chronique*), dans un espace de terrain considérable, chaque coup de pioche mettait à découvert des restes de fondations, des amas de cendre ou de charbon, des pierres taillées et des tuiles à rebord, qui ont subi l'action d'un feu violent ; des morceaux de poterie grossière, fine, ornementée, des petits

---

(1) *Cartulaire, fol.* 123-139. *Inventaire des Titres, page* 2029 à 2090.

(2) La fête de Saint Samson se célèbre le 28 juillet. C'est sans doute un des patrons de cette paroisse.

bronzes de Gallienus (253-268) et de Claudius le Gothique (268-270) y ont été trouvés. M. Peigné-Delacourt y a recueilli deux douilles de fer très oxidées, qui ont dû servir de garnitures de lances. Trente-cinq médailles de bronze, déterrées le 18 mars 1838, dans le village de Chevincourt, en fouillant sur la place nommée la Plaine, enfouies sans ordre, à deux pieds de profondeur, comprennent un grand bronze d'Antonin le Pieux (138-161), deux Néron (54-68), moyen bronze et trente-deux Posthume (258-267) de tout module » (1).

La population de Chevincourt est de 700 habitants.

Nos Chroniques ne parlent pas de Samson.

Sur le territoire de Chevincourt, on voit le mont de Noyon. M. Peigné-Delacourt a cru y reconnaître le *Noviodunum Suessionum* de César : ce qui donnerait encore une plus grande importance à Chevincourt. Ce fut une question scientifique qui suscita, vers 1860, de grands débats parmi les Antiquaires. Nous renvoyons aux *Recherches de M. Peigné-Delacourt sur le Noviodunum Suessionum, et aux Mémoires des Antiquaires de Picardie, Tome* xiv.

« Le mont de Noyon, dit M. Peigné-Delacourt, promontoire perdu dans des anfractuosités circonscrites par de profonds vallons, était compris entre la *Cense, Ecouvillon,* et le lieu dit *Le Fau.* Son esplanade présentait une étendue de 350 mètres environ ».

L'histoire de Chevincourt offre quelques épisodes assez curieux sur la vie intime des populations et sur leurs transactions et les coutumes du lieu. Les revenus ont plus d'une fois manqué au monastère. Les troupes passant et repassant sans cesse en ces lieux opprimaient les serfs de l'Abbaye. Des privilèges royaux pouvaient seuls réprimer la cupidité et arrêter des violences dont les mœurs de l'époque n'offrent que trop d'exemples.

Le récit des miracles de Saint-Riquier nous a montré l'intervention du ciel lui-même sur les vrais serviteurs de Dieu, dans les nombreux conflits du xie siècle entre les moines et les seigneurs du Coudun, leurs avoués. (*Tome* i, 246, 327, 387).

La Charte de 831 nomme Chevincourt avec Breuil parmi les possessions que l'Empereur Louis-le-Débonnaire veut sauvegarder de tout empiétement. En 844, les privilèges de Chevincourt et de Breuil sont encore confirmés. En 845 et en 855, on ajoute *Arcovillare*, probablement Écouvillon (2).

En 879, les troupes sillonnaient la France en tout sens. Chevincourt était ruiné par le séjour des soldats. Guelfe, Abbé de Saint-Riquier, adressa des plaintes au roi Louis-le-Bègue, son parent Celui-ci lui accorda une charte d'exemption qui mit fin à cet abus. La propriété du monastère fut libérée de toute servitude à l'égard des troupes qui passaient dans ces contrées: il fut réglé que personne ne pourrait loger à Chevincourt sans permission des moines, seigneurs de ce domaine, et que la transgression de cet ordre

---

(1) *Recherches sur le canton de Ribecourt,* — *Chevincourt, page* 6.

(2) Hariulfe. *Chron. Cent. Lib.* iii. *Cap.* vii-ix.

royal serait punie d'une amende de xxx livres d'argent. La charte interdit ainsi le *Mansionaticum* ou droit de gîte, si onéreux pour cette contrée, au ix° siècle (1).

1130. L'exploitation du domaine de Chevincourt réclamait constamment la présence de plusieurs moines. Un frère nommé Guy, sous sa responsabilité personnelle et à la condition de ne passer aucun acte administratif, était chargé de diriger la culture des terres, de surveiller les serfs et les colons. Il se laissa intimider par son puissant voisin, Raoul de Coudun l'avoué de Saint-Riquier. et lui inféoda pour ses services la *Coulture* ou ferme d'Elincourt, à la charge d'une minime redevance de 4 s., à la fête de Saint-Riquier. Ce n'était du reste qu'une pension viagère. L'Abbé Anscher annula ce contrat, en protestant dans une nouvelle charte contre tout ce qui avait été conclu, à son insu, et sans la permission des religieux. Il en renouvela toutefois les principales dispositions, pour ne point léser les intérêts de Raoul de Coudun (2).

Nous allons indiquer ici les faits que nous croyons pouvoir intéresser les lecteurs de nos annales.

1180. Il nous reste à cette date une composition amiable entre notre abbaye et le prieur de Saint-Amand de Thorotte. (*Voir tome* I, *page* 460).

Les intérêts de Chevincourt eurent une large part dans les sollicitudes de Hugues de Chevincourt. Rien de plus naturel. En 1213, on régla les redevances des héritiers de Messire Raoul Flameng, seigneur de Canny et on les obligea à payer chaque année 20 s. et 12 deniers de cens sur le bois de Chandre, bois accensé à Anselme du Coudun pour lui et ses hoirs. Celui-ci avait toutes les amendes de 4 s. et partageait celles qui excèdaient ce chiffre avec le prévôt. « Pour ce il était obligé, lui et ses hoirs, de comparoir et assister aux jugements dans la cour des religieux à Chevincourt. »

1220. Jean de Grivillers, chevalier, réclamait des droits de haute justice à Chevincourt, des tailles, des corvées. Par suite d'un arbitrage, il se vit refuser les droits de haute justice ; on ne lui accorda que les corvées ordinaires et 17 livres et demie de taille.

Cette même année, Simon, prieur de Libons, et Renault de Betizi, bailli du roi, chargés de régler un différend entre le monastère et Jean de Coudun, sur les limites de la seigneurie de Chevincourt firent apposer des bornes aux bois, aux champs, aux ténements des deux seigneuries. Cet arbitrage fut ratifié en 1227 par Hugues et Jean de Coudun.

Dans ces compositions, Jean de Grivillers et Jean de Coudun promettent aux moines aide et protection comme avoués de Chevincourt, s'ils y sont requis, mais sans exaction, sans qu'ils puissent s'arroger aucun droit de justice. Tout fut confirmé par nouvelles lettres en 1233 et 1234.

---

(1) Hariulfe. *Ibid. Cap.* xiii. Voir *Tome* I, *page* 255. Une charte de Saint-Corneille de Compiègne porte ce qui suit : Le 29 juillet 922. *Carta regis Karoli qui nobis dedit in pago Belvacensi,... villam Aquilicurtem cum capella sancte Margarite...*

Mémoires de la Société des Antiquaires de Picardie. Tome xii, *page* 591.

(2) D. Cotron. Anno 1180.

1223. Robert, Doyen de Coudun, reconnaît par lettres signées de sa main « qu'on « lui a baillé pendant sa vie la possession de la moitié de la vigne du clos Enkreluin, pour « en jouir pacifiquement, avec trois muids et demi de vin du pressoir, sans yaue et sans « asme, chacun an. Lui comme bien connaissant et non ingrat de tel bénéfice nous pro-« cura une autre vigne du nom de Faverons, avec six setiers de terre contigus à six se-« tiers de Godefroy, religieux de cette église, et donna tout en aumône perpétuelle ; et fut « tout borné et se obligea de loyalement garder le dit don, ainsi qu'on le lui a fait. »

Une charte de l'Abbé Hugues en 1228 renferme une page du code rural et forestier de l'époque. (*Voir tome* I, *page* 494).

Vers le même temps les procurations dues aux archidiacres furent revisées à Chevincourt comme dans le diocèse d'Amiens.

Hugues obtint aussi de l'évêque de Beauvais le privilège d'un oratoire pour ses religieux et d'un cimetière particulier (1227-1233). (*Tome* I, *page* 491).

1266. Des lettres munies du sceau de Jean de Coudun, chevalier, et de celui d'Eustache, sa femme, nous donnent une nouvelle preuve de la nature des contrats de vente des fiefs à cette époque. Il est dit dans ces lettres que le seigneur de Coudun a vendu à l'Abbé de Saint-Riquier, par nécessité et pour son utilité personnelle, son manoir de Chevincourt et ses droits sur quatre hôtels audit lieu, ses vignes, ses terres et autres choses tenues de lui, pour quoi on lui rendait une censive annuelle de 12 s. 8 den. par., 12 chapons, un muid de vin, à la mesure de Soissons moins un pot. Il vendait aussi le droit qu'il avait sur les hommes de Chevincourt et leurs chevaux, qu'il pouvait employer pour sa culture, comme les hommes de Coudun. En outre il déclarait qu'il abandonnait ses droits de justice sur un larron pris en la ville de Chevincourt par ordre de l'Abbé et de ses officiers, d'autres terres, des usages, sans « retenir domination, seigneurie, subjection, profits, émoluments quelconques, jurisdiction ne autre chose avec circonstances et dépendances, excepté un hommage de Raoul le Flameng de Canny, pour un fief à Chevincourt. » L'église a payé 260 liv. de bonne monnaie.

Le fief de Jean de Coudun était tenu du roi noblement. Saint-Louis a ratifié la vente par lettres patentes.

1283. Gaucher, châtelain de Noyon et de Thorotte (1), donna aux frères de Grammont dans le Bois de Choisy-au-Bac, auprès du ruisseau des Elloys, une rente de deux muids du meilleur vin, à prendre sur ses tailles de Chevincourt. *In talliis meis de Chevincourt* (2).

1293. Charte de l'Abbé Eudes aux habitants de Chevincourt, de Maretz, de la Rue, de Rupp, d'Elincourt sur les pâturages ou aysances des bois, sur les amendes contre les délinqnants. L'Abbé maintient les anciennes coutumes qui avaient fixé une redevance de

---

(1) La famille de Thorotte a possédé la châtellenie de Noyon.

(2) M. Léon Mazière. *Ibid. page* 15.

20 s. p. à la St-Remi, d'un pain et d'un denier le lendemain de Noël, « et pourront les
« dits hommes avoir de notre quarrue, mais qu'ils en aient congié de nous et peuvent
« mettre en deffois les bateis et les aunois jusqu'à xlv muids (1). Nous avons le quart
« denier de toutes les ventes qui seront faites et le quart de tous les profits, sauf notre
« cour, nos plaids, notre justice et seigneurie dessus dites. »

1301. Composition avec l'Abbé d'Ourscamp pour les pâturages de Chevincourt. Les serviteurs de la maison de la Carnaye eurent le droit de conduire les troupeaux de l'Abbaye d'Ourscamp dans les près de Chevincourt, comme les autres usagers et aux mêmes conditions. Le nombre de têtes de bétail était fixé : on leur concédait 600 brebis ou béliers, 24 vaches et 2 taureaux.

Cette composition fut renouvelée et confirmée en 1303, 1379, 1388.

1303. Raoul le Flameng et son oncle Pierre le Flameng, chanoine de Soissons, s'engagèrent, sous peine de confiscation, à payer un cens annuel de 12 s. p. pour le manoir de Belnoir, près Chevincourt, et pour un petit bois contigu, pour une carrière dont l'usage était réservé à l'Abbaye et à ses sujets et pour plusieurs courtils, dont deux voisins de Sainte-Marguerite. A cette convention étaient présents les moines, Gautier de Gaissart, Gautier de Frieucourt et Roger, chapelain de Belnoir.

1309. Le prieuré de Saint-Amand-lès-Thorotte était voisin de Chevincourt. Nous avons signalé en 1180 un accord entre les deux églises. Un différend fut soulevé en cette année au sujet des pâturages de Chevincourt. Les religieux de Saint-Amand se disaient en possession « d'y mener vaches, bœufs, brebis, pourceaulx, jumens et autres
« bêtes, habitants et couchants en leur hôtel de Saint-Amand, et toutes et quantes
« fois qu'il leur plaisait et qu'ils les voulaient mener, et en possession et saisine de si
« longtemps qu'il suffisait. » De là des procès sans cesse renaissants.

Enfin des arbitres furent acceptés par les deux parties et ils proposèrent la convention suivante : les moines de Saint-Amand pourront conduire à ces pâturages en leur nom seulement, soit pour Saint-Amand, soit pour Montigny, 600 bêtes, soit 250 brebis et 350 moutons. « C'est à savoir que les petit agneaulx et fanos des dits brebis se por-
« ront mener chacun an avec icelles bêtes auxdits pâturages, jusqu'à la fête de Saint-
« Martin d'hiver, et si on les menoit outre le dit jour, iceux agniaulx seroient de compte
« et à compter à iceux 600 ». On permet aussi le pâturage à 24 vaches et 2 taureaux et 8 veaux jusqu'à deux ans complets. On interdit l'entrée de la pâture aux chèvres. La redevance annuelle est de 20 s., d'un pain et d'un denier, comme pour les autres usagers, et pour les moines d'Ourscamp.

1315. Un grand différend entre notre monastère et le prieuré fut jugé solennellement par sentence arbitrale de Jean de Chepoy et de Flourens, dit Souillard, tous deux écuyers, en présence de Jean de Machères, prévôt de Compiègne et de Jean Roussel, garde-scel

---

(1) Mettre en réserve les petits bois et les jeunes aunes jusqu'à 45 mesures.

de la notairie de la prévôté. Dans les sept articles de cet arbitrage relevons les suivants, qui intéressent les coutumes locales.

Article III. — Les gardes de Saint-Amand avaient pris des maraudeurs dans les vignes de Machemont et d'Ausonniers, ce qu'ils ne pouvaient faire qu'à la condition de les mener dans la prison des religieux à Chevincourt. Après enquête, il fut réglé que les gardes de Saint-Amand auraient le droit de mener leurs captifs dans leur prison, mais qu'à la première réquisition du prévôt de Chevincourt, on devait les rendre sans différer.

Article IV. — Les religieux de Saint-Amand réclamaient des tailles et d'autres redevances sur « les hostiches » de Machemont et d'Ausonniers. Ceux de Chevincourt les niaient et prétendaient que rien n'étaient dû ; mais supposé qu'on admit cette obligation, les tailles devaient être recueillies par les religieux de Saint-Riquier et non par ceux de Saint-Amand. Après enquête, les arbitres décidèrent que les hôtes d'Ausonniers et de Machemont devaient des tailles et des hostises, etc., à Saint-Amand ; que si, pour les mesures de Saint-Riquier, ces redevances n'étaient pas payées, les officiers de Saint-Amand pouvaient venir réclamer leurs droits, puis « un pied en dedans et un « pied en dehors, despendre les yeux ou portes d'icelles maisons et les mettre dans la « rue, jusqu'au payement des avoines et sans qu'ils soient rependues. » Pour les tailles d'argent, s'il y avait faute de payer en tout ou en partie, les gens de Saint-Amand pouvaient « prendre proie de nous de Saint-Riquier, et les mener à Saint-Amand sans « que les hostes en puissent avoir récréance jusqu'à ce qu'ils seraient payés. » S'il advenait que les sujets de Saint-Riquier n'eussent point de vaches ou de bêtes pour prise de proie, les officiers de Saint-Riquier étaient requis pour mettre ou faire mettre la maison et ténements en la main de ceux de Saint-Amand jusqu'à complet paiement.

Article V. — Les religieux de Saint-Amand réclamant des tailles sur les vignes de Saint-Riquier comme sur celles des autres habitants, et les religieux déclarant le contraire, il fut ordonné, seulement après enquête, et appointé que les hommes de Saint-Riquier devaient cette taille de vin, c'est pourquoi faute de payement on permettait aux gens de Saint Amand « d'emmener les ouvriers ouvrants en icelles vignes et les mener « à leur prison et il en serait de même d'un second et d'un troisième ouvrier, jusqu'à pleine satisfaction. »

1483. Autre arbitrage entre les mêmes religieux. On fixe des bornes au lieu dit le Porche de Machemont. On y concède au prieur de Saint-Amand le droit de justice et de garenne. L'Abbé de Saint-Riquier abandonne ses droits de seigneurie sur ces domaines. Mais les habitants de Chevincourt sont exempts du tribut de cherque « ès-« lieux accoutumés où ils ont droit d'usage et de pâturage. » Par compensation les religieux de Saint-Riquier useront des mêmes droits sur d'autres terres de Saint-Amand. Ceux-ci sont déchargés d'une redevance de douze mines de grains ; ils ne sont plus soumis qu'à 20 s p. et un pain d'un denier, le lendemain de Noël, pour les pâturages et usages de Montigny.

1318. La mairie de Chevincourt fut achetée par le couvent et réunie au domaine. Elle était possédée par Jean, dit le Borgne de Crameilles, et tenue de l'abbaye. Dampt Eudes Crouset, moine et prévôt, en paya 72 liv.

De 1326 à 1337, la propriété d'une ruelle près l'hôtel de Chevincourt était réclamée par le couvent et par Raoul Le Flameng de Canny (1). Enfin, ce dernier reconnut le droit des religieux et un édit de pacification du roi Philippe VI mit fin à toute contestation.

1327-1328. Les archives de Chevincourt ont conservé plusieurs lettres dans lesquelles on peut voir que les moines étaient continuellement sur la brèche pour défendre des droits que la religion considérait toujours comme imprescriptibles. C'est ainsi qu'ils font condamner :

1° Messire Raoul le Flameng qui avait forfait contre les moines et leur justice, 2° l'Abbé de Saint-Corneille pour cas « de nouvelleté », 3° l'Abbé de Saint-Médard de Soissons « pour un homme homicidé et levé en un chemin sur la terre de Saint-Riquier, 4° Pierre de Ville, hospitalier, commandeur de Bertinguincourt, 5° Messires Jean Franel et de Thorotte pour entreprise sur un chemin, etc.

Autre jugement, aux assises de Montdidier, par Jean de Salency, bailli du Vermandois, après enquête en présence des hommes du roi, dont l'acte portait des sceaux. Il fut prouvé que « les moines ne leurs biens, sur leurs chariots, portés à dos ou à brouettes, « ne devaient point de cauchie à Davenescourt et en perdit le procès messire « Hugues d'Hangest. » Nous avons signalé le même privilège au travers de Picquigny (*Tome* I, *page* 476), d'où l'on peut conclure combien étaient fréquents les rapports de Chevincourt et de Saint-Riquier et combien les seigneurs les plus puissants les favorisaient, en allégant les charges du droit de travers (2).

1349. Le droit de cherque était réclamé aux sujets de Saint-Riquier par Jean de Nesle, seigneur d'Offémont, chevalier, et par Gérard de Thorotte, seigneur de Loysy, aussi chevalier. Il fut réglé : 1° que les acquéreurs du bois de Chevincourt demanderaient permission et exemption de cherque aux seigneurs de Thorotte, et d'Offémont, à la fête de Saint-André, au lieu où l'on percevait ce droit, qu'après présentation on pourrait commencer à couper le bois, quand les receveurs seraient absents ou refuseraient le permis : 2° « Nos hostagiers couchant et levant sur notre seigneurie, en « envoyant une fois l'an, chacun 8 s. p., audit terme de la Saint-Andrieu, audit payage, « pourront abattre leur bois, le mener sans amende ni répréhension et de ce seront « quittes l'an durant, et pareillement, se ils ne trœuvent aucun qui les veuille recevoir, « ils seront quittes comme nous et nos marchands » ; 3° *Item*. Tant à ce qui touche les « fauqueurs près Chevincourt, lesdits seigneurs les prendront une fois l'an et non plus ».

---

(1) Au mois d'août 1240, Henri de Ruelle et de Chevincourt et Hessie, sa femme, donnèrent à l'abbaye d'Ourscamp, après leur mort, une vigne sur le territoire de Chevincourt, nommée Sommiers.

Quel rapport avec la ruelle signalée ici. Est-ce le titre d'un fief ? — M. Léon Mazière. *Ibid. page* 14.

(2) 1343. Voir *Tome* II, *page* 38, l'entreprise du cardinal de Boulogne sur Chevincourt.

On peut voir quelques faits de justice à Chevincourt, en 1390-1391. (*Tome* II, *pages* 63-64).

1399-1400. Punition exemplaire de fraudes à Chevincourt dans les bois et sur les vins. *(Tome* II, *pages* 72-73).

1405. La maison de Vangenlieu jouissait des coutumes et franchises concédées aux habitants de Chevincourt. Ainsi reconnu déjà, en 1348, dans une transaction avec Jean de Villers. Cette maison appartenait à la paroisse de Maretz.

1422. On signale un échange de terre entre les couvents de Saint-Riquier et de Saint-Amand, avec autorisation du Saint-Siège et par instrument apostolique.

1515. On voit par un bail à surcens que le territoire de Chevincourt est, en partie, occupé par des vignes. Des baux, des cens, des coupes de bois, des droits sur le vin ont produit 1954 liv.

1657. Dans le partage entre l'Abbé d'Aligre et les moines, Chevincourt faisait partie du lot abbatial.

1688. L'Abbé d'Aligre a donné à bail le revenu de la terre et seigneurie de Chevincourt, consistant en deniers, grains, chapons, cens, surcens, terres, prés, bois, droits seigneuriaux, rouages, vautrages, dîmes, champart, émoluments, profits de justice, droits de pressoir, et généralement tous les droits, fruits et revenus tant ordinaires qu'extraordinaires de la terre. L'Abbé s'est réservé toutefois les amendes au-dessus de 10 liv. tournois, les droits d'aubaine, épaves, forfaiture, confiscations.

1703. Par suite du procès entre le curé de Chevincourt et l'Abbaye, il intervint une transaction par laquelle le curé abandonnait pour une somme annuelle de 400 liv. pour lui et ses successeurs, tous les droits sur la dîme, n'exceptant que les biens de sa terre. Les moines devaient payer 340 liv. comme fermiers de la manse abbatiale et Monseigneur de Cosnac 60 liv.

1724. Après l'incendie de 1719, on fit des ventes extraordinaires dans les bois de Chevincourt pour la reconstruction du monastère. Il s'en suivit des procès au sujet de la réserve. Les religieux les perdirent ; mais on leur accorda un recours contre Jacques Chandellier, leur arpenteur juré, qui fut condamné à leur payer les frais.

1760 à 1766. Procès entre M. de Sanzay, abbé commendataire et les religieux, au sujet des bois de Chevincourt. Les religieux furent déboutés de leurs prétentions. Une somme tenue en séquestre fut employée aux réparations de la maison et des bâtiments de la ferme qui avaient souffert d'un violent ouragan.

Au dernier siècle, les officiers de la seigneurie se composaient d'un bailli avec son lieutenant, d'un procureur fiscal, d'un greffier, d'un sergent.

VITRY PRÈS CHEVINCOURT. — 1337. Accord entre Beaudouin de Gaissart et les habitants de Vitry, d'après lequel ces derniers devaient payer annuellement 10 s. p. de cens, pour leurs ténements et la même somme, quand ils les vendaient avec la permission de l'abbé, qui pouvait les retenir pour lui.

Les Vallées près Chevincourt. — Une charte de Charles-le-Chauve (868) donne à l'Abbé Guelfe, dans le Beauvoisis, un domaine situé dans la *Villa* du Val (1). *Vallis Villa*. Nous devons chercher ce domaine dans le lieu dit aujourd'hui *les Vallées*. M. Peigné-Delacourt parle des vallées de Montigny qui se prolongent de l'Est à l'Ouest (2). Sur un vallon boisé était assis le prieuré de Saint-Amand. On parle encore de la vallée de Sainte-Colombe. Est-ce l'Abbé Guelfe, Abbé de Saint-Riquier et de Sainte-Colombe, qui avait établi un oratoire en ce lieu ?

Ribecourt. — Dans une charte de 845, on voit que le monastère de Saint-Riquier possédait à Rivescourt, aujourd'hui Ribecourt sans doute, chef-lieu de canton, duquel dépend Chevincourt, deux setices ou setiers de terre et huit arpents de vigne. Ce petit domaine faisait partie de la seigneurie de Chevincourt (3).

Verve. — Dans la charte que nous venons de citer (845), il est aussi fait mention de six setiers de terre à *Gellis* et de dix-huit arpents de vigne (4). Ce village ou hameau ne serait-il pas celui de Verve dont il est question dans les chartes ?

Lieux dits : *L'hôtel du Belnoir* à Chevincourt. — *Rue de Verlincourt*. — *Bois de la Carnaye*. — *Bois de Verlincourt*. — *Bois de la Chandre*. — *Bois Savereux*. — *Champ de Genestre*. — *Le Fay ou La Fau*. (*Fagetum* de la chronique). *Le Courtil Jacob* ou le *Courtil Le Sur* dans le village. — La *Cense* ou la *Chinque* (5).

CHAPITRE XII.

DIMES SUR QUELQUES VILLAGES.

Ailly-le-Haut-Clocher. — La dîme d'Ailly appartenait au monastère de Saint-Riquier, à l'Hôtel-Dieu et au curé. Sur vii gerbes, l'Abbé en avait ii, l'Hôtel-Dieu iv, le curé i. L'Abbé rendait au curé quatre couples de blé et d'avoine pour complément de son revenu annuel.

(1) Hariulfe. *Lib.* iii. *Cap.* xvi.
(2) M. Peigné-Delacourt. *Recherches sur le Noviodunum Suessionum*. — *Mémoires de la Société des Antiquaires de Picardie*. Tome xiv.
(3) Hariulfe. *Ibid. Cap.* vii.
(4) *Ibid.*
(5) Chevincourt. *Cartulaire. Fol.* 126-133.— *Inventaire des Titres, pages* 2029-2095.

Il y avait à Ailly un manoir qui relevait des Caritiers de l'Abbaye pour 2 s. de cens et 5 sols de relief. Ces droits furent périmés à la suite d'un procès non terminé.

Dans le dénombrement de 831 et les suivants, Ailly est nommé parmi les *Villa* dont les moines avaient la propriété et la jouissance entière. Toute la propriété foncière leur avait échappé dans la suite des âges ; il ne restait qu'une dîme de peu d'importance. Nouvel exemple de la transformation opérée dans les propriétés monastiques. Ne faut-il pas reconnaître que, si on leur a beaucoup donné, ils ont également beaucoup perdu ou aliéné par inféodation ou pour d'autres causes aujourd'hui inconnues ?

Un droit des religieux sur les dîmes était contesté, en 1465, par Jean le Prévôt, dit Noblet, demeurant à Alliel ; celui-ci refusait de payer des dîmes de laines. Une sentence judiciaire le contraignit à se soumettre à cette dette obligatoire par tous.

VILLERS-SOUS-AILLY. — Il ne restait au monastère sur ce village, qu'une petite dîme à savoir une gerbe sur vi. Le reste appartenait au prieuré de Saint-Pierre d'Abbeville et au curé. La dîme se cueillait à vii gerbes du cens. En 1503, par décision du Châtelet de Paris, les deux tiers des grosses dîmes avaient été attribuées au monastère et l'autre tiers au curé, décision qui fut confirmée en 1515. Nos archives ne mentionnent pas le transfert d'une grande partie de la dîme au prieuré de Saint-Pierre.

1565. Dans une transaction entre l'Abbaye et M. Nicole Prévot, curé de Villers, on laissa au curé les dîmes des enclos et jardins, à la condition qu'il ferait l'abandon de celle des champs et qu'il paierait chaque année 2 s. p. au trésorier de l'Abbaye. Cet accord fut réformé plus tard.

SURCAMPS ET VAUCHELLES. — Nous croyons reconnaître Surcamps dans le *Sacro Campo* d'une charte de 845. On y mentionne des *sétices* et *des terres*. Surcamps reparait dans les annales de 1424 pour une donation de terres. De vieux titres ont conservé en effet des traces de possessions perdues depuis. Il en est de même de Vauchelles. D. Cotron cite encore, en 1673, un fief de xxii j^r de terre, sis à Vauchelles et perdu depuis.

Jusqu'à sa suppression le monastère conserva de grosses dîmes à Surcamps et à Vauchelles. Dans ces deux villages la dîme rendait vii gerbes du cent, dont deux tiers au monastère et l'autre tiers aux religieuses de Bertaucourt. La dîme des courtils revenait également aux gros décimateurs.

1230. Par une composition amiable entre les deux communautés religieuses pour la dîme des courtils donnés aux *hostes*, et n'excédant point la mesure de 25 verges, tant en maison qu'en courtil et manoir, il fut réglé que toute la dîme appartiendrait aux religieuses de Bertaucourt et au curé ; mais les courtils venant à s'agrandir, l'Eglise de Saint-Riquier, selon la coutume locale, conservait ses deux tiers sur la partie surajoutée.

Il paraît que Robert de Bersacles voulut se former un parc plus étendu à Surcamps ; ce qui amena un conflit, puis un jugement qui prononça 20 livres d'amende et un arbitrage en 1236. Les bases posées en 1230 furent confirmées de tout point. Les deux tiers de la dîme de ce grand courtil furent attribuées au monastère, à la réserve des 25 verges où les religieuses seules pouvaient dîmer (1).

Une transaction de 1565 attribua à M. Pierre de Planque sa portion congrue.

Mesnil-Domqueur. — Dîme à vii gerbes du cent. Des gerbes groupées par neuf l'Abbé de Saint-Riquier en reçut primitivement deux, puis une seulement, par suite d'un accord avec le curé en 1565. Les codécimateurs étaient l'Evêque d'Amiens, la fabrique du lieu, le prieur de Domart, les religieuses de Bertaucourt et celles de Villencourt.

Longvillers. — Au ix° siècle, Longvillers est cité parmi les domaines pléniers du monastère. A la fin du xviii° siècle il ne reste qu'une portion de dîme perçue sur un canton nommé *Neuville*. Les habitants devaient vii gerbes du cent. Sur xxx, il en revenait iv au monastère, ii aux religieuses de Bertaucourt, ii au prieur de Domart, vii aux religieuses de Villencourt, v aux chapelains de Saint-Nicolas d'Amiens, x au curé. En outre, l'abbé de Saint-Riquier rendait à ce dernier sur sa dîme 24 boisseaux de blé et autant d'avoine.

Un vieux cueilloir faisait mention des dîmes de Saint-Lô, patron de l'église paroissiale (2).

Gezaincourt, Bretel, Bagneux. — Dans ces trois villages (3), l'Abbé de Saint-Riquier sur vi gerbes en recevait une, le prieur de Domart iv et l'Abbé du Gard la sixième. L'Abbé remettait 40 liv. au curé pour sa portion congrue. Le droit de Saint-Riquier fut contesté en 1572 ; une sentence du bailli d'Amiens maintint les religieux dans leur ancienne possession (4).

---

(1) Les religieuses de Bertaucourt possédaient à Saint-Riquier quelques ténements, légués sans doute par la piété des habitants. En 1229, l'abbesse se reconnaît redevable au monastère de 14 deniers de cens, à la fête de Noël, et du relief à merci, ce qui lui était dur à payer. C'est pourquoi, après la mort de Pierre de Mansel, religieux, elle supplia l'abbé d'user de miséricorde envers elle. A sa prière, on allégea les charges qu'elle aurait dû acquitter.

(2) Toutes les localités dont il a été question jusqu'ici appartiennent au canton d'Ailly-le-Haut-Clocher.

(3) Ces villages sont du canton de Doullens.

(4) *Inventaire des Titres, pages* 1557 *et suit*.

CHAPITRE XIII.

DOMAINES PERDUS.

I. DOMAINES SUR LA RIVIÈRE DE SOMME.

ABBEVILLE. — Voir page 161.

EPAGNE (1). — On lit, dans une charte de 856, que Charles-le-Chauve rendit à l'Abbé de Saint-Riquier le domaine d'Epagne (2). C'est la seule charte où il soit question de ce domaine. On sait qu'une abbaye de religieuses Cisterciennes fut fondée en 1178 dans cette localité par Aléaume de Fontaines.

EAUCOURT (3). — La même charte nous parle de l'Eglise d'*Ambiæcæ Curiæ Villa* où deux manses sont données au monastère. Ne faudrait-il pas lire *Aquæ Curiæ Villa*, ou Eaucourt qui a appartenu aux seigneurs de la Ferté. Comme un grand nombre de domaines de l'Abbaye ont été possédés plus tard par les châtelains de la Ferté, les premiers avoués, dit-on, du monastère de Saint-Riquier, ne faudrait-il pas chercher, sous ce nom défiguré peut-être par l'ignorance d'un copiste, l'église inconnue d'*Ambiacæ Curiæ villa?* C'est une conjecture que nous hasardons.

NIELLE. — Cet ancien village, voisin du prieuré de Canchy à Pont-Remy, prieuré aujourd'hui supprimé, mais encore habité, nous paraît désigné dans les chartes de 831 et 856 sous les noms de *Nigella* et *Nialla* (4). Il relie cette longue suite de fiefs ou de domaines que l'abbaye de Saint-Riquier possédait sur les bords de la Somme, depuis la mer jusqu'à Amiens. Pour confirmer nos inductions nous avons l'énoncé de la charte de 856 : *Nialla cum Mansionile Filcariis*, c'est-à-dire Nielle avec un manoir à Feuquières (5). Le prieuré de Canchy recueillait les droits de ce village avec ceux de Feuquières, comme on le voit dans des accords à Feuquières entre les moines de Saint-Riquier et ceux du monastère de Bec-Helluin en Normandie, auquel le prieuré de Canchy était soumis (6). Il est question de l'église de *Nialla* dans une charte de l'évêque Richard de Gerberoy en 1206. « Nibelle, dit aussi D. Grenier, hameau ou ferme détruite, près Pont-Remy. » On parle encore des moulins dépendant

---

(1) Commune du canton Sud d'Abbeville. *Spania. Hispania.*
(2) Hariulfe. *Chron. Cent. Lib.* III. *Cap.* IX.
(3) Commune du canton *Sud* d'Abbeville.
(4) Hariulfe, *Chartes du* IX⁰ *siècle.*
(5) Hariulfe, *ibid.*
(6) Voir aussi Feuquières, page 329.
M. de Rosny donne les renseignements suivants

CHAPITRE XIII. — DOMAINES PERDUS.   361

de Nielle : *In feodo Walteri de Nielle*. Le fief de Nielle à Coquerel-sur-Somme, qui a subsisté jusqu'en 1789, ne nous représente-t-il pas le village du IX° siècle, soumis à Saint-Riquier ? D'Harbaville s'est encore trompé, à notre avis, lorsqu'il a placé *Nialla* ou *Nigella* à Noyelles-en-Artois.

VIEULAINES (1). — L'abbé de Saint-Riquier était patron de l'église de 1789, mais sans qu'on puisse avoir aucune présomption de possession ou de dîme.

LONG ET LONGUET.— Un domaine désigné dans Hariulfe, sous le nom de *Langoratum* en 830, *Langradus* en 831, *Longum Superius* en 856 (2), peut nous représenter quelque domaine dans la commune de Long. Il n'est plus question de ces localités après les invasions des Normands, mais une famille Vincheneuil, qui a possédé des revenus à Long et donné son nom à un canton du territoire, n'aurait-elle pas quelque affinité avec une famille du même nom à Saint-Riquier ? Nous donnons ces conjectures sous toute réserve de notre observation sur le fief Longuet à Yaucourt (3). Nous cherchons à mettre les géographes-archéologues sur les traces de nouvelles découvertes.

BOURDON. — De Long à Bourdon, nous avons vu les droits du monastère sur Béthencourt-Rivière, sur Condé et l'Etoile, énumérés ailleurs (*page* 315).

Le village de Bourdon est nommé dans le dénombrement de Jean de la Chapelle. Nous croyons que c'est une erreur et qu'il faudrait lire *Bouchon*, annexe de l'Etoile.

DREUIL-LES-AMIENS. — L'Eglise est sous le vocable de Saint-Riquier, mais l'abbaye n'y avait point de propriétés; un domaine énoncé par Hariulfe en 864, sous le nom d'*Habaci-Curtis* (4) que nous avons cru retrouver à Saint-Riquier dans le lieu dit *Havecourt* (5), serait peut-être aussi bien représenté par Helicourt-Saint-Sauveur et nous expliquerait l'origine du culte de Saint-Riquier à Dreuil.

LA VILLE D'AMIENS. — Dans les derniers temps, d'après une composition avec le comte de Ponthieu sur le Gard de Rue, on touchait à Amiens, sur le domaine, une

---

sur Nielle dans ses Recherches sur les seigneuries du Ponthieu. « Fief avec titre de pairie à Coquerel-en-Ponthieu près Pont-Remy : il faisait partie de la seigneurie de Coquerel, quoique Coquerel semble n'avoir été qu'un fief relevant de Nielle. Dix fiefs en relevaient. »

« Maître Alehun de Nielle, clerc de l'official d'Amiens en 1237. »

« Jean de Nihéle à Cokerel en 1311. »

« Jean, sire de Nielle, chevalier, conseiller du roi, maître des requêtes, gouverneur de Ponthieu. 21 Août 1389. »

« Oudard de Nyelles, écuyer sous Raoul, bâtard de Coucy en 1381. »

« Il est aussi question de la Maladrerie de Nielle près Pont-Remy en 1311; de l'église de Niel dans une charte de Richard de Gerberoy, évêque d'Amiens, en 1206 ; dans une bulle de Grégoire IX en 1227. Il existait aussi à Nielle un fief de Vincheneuil dont quelques seigneurs sont nommés dans les actes de cette époque.

Voir aussi M. Prarond : *Histoire de Saint-Riquier*. Commune de Coquerel.

(1) *Villenæ, Villaines.*
(2) Hariulfe. *Chron. Cent. Lib.* III. *Cap.* VII, IX.
(3) *Voir plus haut, page* 197.
(4) *Lib.* III. *Cap.* IX.
(5) *Voir plus haut, page* 143.

46

rente de 50 s., une autre rente de 3 liv. et en outre 12 setiers d'avoine pour des prières.

Voici quelques souvenirs sur des possessions du monastère de Saint-Riquier à Amiens.

1255. Dans une charte d'amortissement du roi saint Louis en faveur de l'évêque d'Amiens, pour des acquisitions dans cette ville, en dehors de la porte Saint-Michel, dans la rue dite Riquebourg, on voit qu'une de ces maisons avait autrefois appartenu à Riquier, abbé de Saint-Riquier, probablement Riquier III, parce qu'il semble d'après l'acte que l'évêque d'Amiens l'a achetée de celui qui la possédait après lui.

1277. Le couvent possédait, rue Longue-Maisière, une autre maison qu'on nommait Bernardville, léguée par Guillaume de Leuilly, bourgeois d'Amiens. D'autre part Guillaume Rabuissons, bourgeois d'Amiens et Honorée, sa femme, avaient acheté à Isabelle de Gaissart des redevances en argent à prendre sur des ténements sis à Saint-Riquier et environs. Il se fit des échanges entre le monastère et Guillaume de Rabuissons, d'après lesquels la maison lui resta pour sa part et les cens furent repris par l'Abbé de Saint-Riquier. Cet échange fut ratifié en 1277 par l'official d'Amiens (1).

1413. Le receveur du roi à Amiens paya 40 s. p., dus à la fête de tous les Saints, pour l'anniversaire fondé par Guillaume de Ponthieu.

QUELQUES VILLAGES AUX ALENTOURS DE DOMART-EN-PONTHIEU ET DE SAINT-RIQUIER.

DOMART-EN-PONTHIEU (2). — Le dénombrement de 831 nous apprend que tout le domaine de cette *Villa*, aussi puissante qu'un *oppidum*, appartenait à Saint-Riquier sans francs alleux ni bénéfice. Le monastère exploitait donc tout ce domaine par ses mayeurs de ferme ou par ses religieux.

Hugues-Capet s'est emparé de Domart en même temps que d'Abbeville et d'Encre (3),

---

(1) Voici la charte de Saint Louis.
Ludovicus, Dei gratia, Francorum rex. Notum facimus quod cum dilectus noster G. episcopus Ambianensis, ad opus impotentium sacerdotum emerit duas domos contiguas sitas Ambiani, extra portam sancti Michaelis in vico qui vocatur Rikbors, quarum una fuit Richarii quondam Abbatis sancti Richarii in Pontivo, quam possidendam habuit magister Eustachius, clericus vocatus Illuminator, a quo dictus Episcopus emit eam cum suis appendiciis, Nos eamdem venditionem volumus et concedimus ac auctoritate regia confirmamus, salvo jure in omnibus alieno. Quod ut ratum et stabile permaneat in futurum, præsentes litteras sigilli nostri fecimus impressione muniri.
Actum Parisiis anno domini 1255. Mense Martio.
Analecta Juris Pontificii. Juillet-Août 1877.
Rikbors (Riquebourg en picard et Richebourg en français). Ce qui peut signifier le quartier de la ville habité par les personnes vivant dans l'aisance. Nous voyons un quartier de ce nom dans presque toutes les anciennes villes de Picardie.
Extrait des Archives de l'Evêché d'Amiens

(2) *Domnus Medardus. Sanctus Medardus.*

(3) *Tome 1, page* 301. — Hariulfe. *Chron Lib* III, *Cap.* XXVII.

CHAPITRE XIII. — DOMAINES PERDUS.

pour bâtir, sur un monticule facile à fortifier, un bon château, qu'il confia probablement aux seigneurs de Saint-Valery, déjà puissants et valeureux dans les guerres. Dès lors le nom de Domart est effacé des chroniques de Saint-Riquier. Il ne reparait que pour un instant dans le cartulaire (1424), à l'occasion d'une pièce de terre donnée pour un obit, mais qui ne laisse pas d'autre trace ; ce qui fait supposer qu'elle ne fut pas conservée.

ROQUEMONT. — Ce village, connu dans nos chroniques sous le nom de *Roconis Mons*, a-t-il été détruit ? L'histoire a perdu son nom, on ne sait à quelle époque. Il était situé aux environs de Saint-Ouen, si ce n'est point la même localité, désignée aujourd'hui par le nom du patron, ce qui nous semble plus probable. Dans les chartes d'Hariulfe (831-856), on indique *Roconis Mons cum seticis et terris in Asflariis, Sacro-Campo et Petronutio pertinentibus*. Ces dernières localités nous semblant représenter Mouflers, Surcamps et Bouchon, ainsi que nous l'avons supposé ailleurs.

L'éloge ou l'épitaphe du B. Angelran parle de plusieurs églises rachetées par ses libéralités et en particulier de celle de Roquemont (1). M. Prarond parle de Roquemont, fief au terroir de Saint-Ouen, tenu vers la fin du xviii° siècle par la famille de Hecquet de Roquemont. Cette propriété a changé de maître depuis cette époque. Elle est sur les monts qui environnent le village de Saint-Ouen.

1165. Une charte parle des dîmes de Roquemont, Ville et Roselflos appartenant au monastère de Saint-Riquier. On connaît encore le village de *Ville*, mais il n'y reste plus rien. Celui de *Roselflos* est aujourd'hui inconnu (2).

1379. On lit dans un acte d'aveu et de dénombrement qu'Isabelle Was, veuve de Lallemant de Canaples, écuyer, servit au roi, en qualité de Comte de Ponthieu, que celle-ci tient noblement les terres d'Hiermont et de Roquemont depuis la Cauchie de Brunehaut jusqu'au terroir de Ville.

1575 Antoine de Monchy, seigneur de Montcavrel donne le relief de Roquemont comme fils et héritier de Jeanne de Vaux (3).

Le monastère a perdu tous ses droits sur ces lieux.

SAINT-LÉGER. — Jean de la Chapelle le compte au nombre des domaines de Saint-Riquier ; il n'en est pas question dans les archives des derniers temps.

LA HAYE. DÉPENDANCE DE DOMART. — Dans un manuscrit intitulé : *Etat des Fiefs en Picardie* en 1696, on marque que La Haye est un hameau dépendant de Saint-Riquier, d'un revenu annuel de 500 liv. Le revenu avait disparu avant 1784. Cette mention nous montre que les papiers de l'Abbaye, brûlés dans l'incendie de 1719, ont ravi aux antiquaires une mine d'exploration sur l'état des biens de la contrée.

---

(1) Hariulfe *Lib.* IV. *Cap.* XVII.
(2) *Notre Histoire, Tome* I, page 443.

(3) *Archives de Saint-Riquier.*

Le Bois Riquier. — Ce bois, dans le voisinage de La Haye, ne serait-il pas aussi un ancien domaine du monastère ?

DOMAINES PERDUS SUR L'AUTHIE OU AUX ENVIRONS.

Montigny. — L'autel de Montigny fut donné à l'Abbé Gervin par Gui, Evêque d'Amiens, pour un riche amict offert à l'abbé de Centule par la Reine d'Angleterre. Il ne reste plus de traces de ce bienfait (1).

Le monastère avait aussi à Montigny des possessions qu'il céda aux chanoines réguliers de Prémontré.

Argoules. — L'autel donné avec celui de Montigny par Gui, Evêque d'Amiens, et désigné sous le nom d'autel d'*Argubium* serait, selon quelques auteurs, l'autel d'Argoules (2). Nous citons ici ce nom pour mémoire, et nous renvoyons à l'article Forêt-montier pour donner notre interprétation du nom d'*Argubium*.

Valloires et Dépendances. Préaux. Mouflières. — Ces domaines ont été abandonnés à l'Abbé de Valloires au XIIe siècle, comme on l'a vu dans l'histoire.

Avesnes. — Saint-Riquier possédait aussi ce village au IXe siècle, comme nous l'apprend une charte de 844 (3). Le domaine a disparu, mais l'Eglise en avait conservé le souvenir ; car elle était dédiée au glorieux patron du monastère.

Ponches (4). — Dans le dénombrement de 831 et dans celui de Jean de la Chapelle on voit figurer le village de Ponches.

On voit par nos indications que le monastère possédait des domaines considérables dans ces cantons. Tout ce qui n'a pas été envahi par les seigneurs du pays fut cédé aux moines cisterciens de Valloires.

Biencourt. — En remontant l'Authie, en face de La Broye et du Boisle, on rencontre le prieuré de Biencourt, fondé par les seigneurs de la Ferté, avec les dîmes d'un grand nombre de seigneuries soumises au monastère. On peut dire qu'il a été doté des revenus de Saint-Riquier, dont ses avoués ont joui depuis. Biencourt était soumis au monastère de Marmoutiers. On verra la fondation du prieuré dans l'histoire de la Ferté. Plusieurs églises reconnaissaient ce monastère pour patron ou codécimateur de leur village.

Wawans. — Au-dessus d'Auxi-le-Château et des seigneuries de Villencourt, Villeroy, Witz, on rencontre le village de Wawans : on le place aussi parmi les anciens domaines du monastère, peut-être de la dépendance du prieuré de Bours.

---

(1) Hariulfe. *Ibid. Cap.* XVII.
(2) *Ibid.*
(3) Hariulfe. *Ibid. Lib.* III. *Cap.* VII. — Avisnis.
(4) *Ibid. Cap.* IX. — *Ponticulis.*

CONTEVILLE. — La terre de Conteville (1) a été donnée à l'Abbé Angelran par Enguerran, comte de Ponthieu, mais à la condition que l'usufruit resterait au comte et à ses héritiers. Ainsi, en se dépouillant de la souveraineté, Euguerran conservait le domaine utile ; c'était presque inexplicable dans le droit féodal : aussi cette charte qu'on pourrait peut-être contester, laisserait supposer une restitution de domaine usurpé, puis rendu aux seigneurs suzerains.

FIENVILLERS. — Jean de la Chapelle fait mention de ce village. Les archives ont tout-à-fait oublié la nature des droits du monastère sur Fienvillers.

HARDINVAL. — D. Grenier reconnaît Hardinval dans une localité citée, en 856, sous le nom de *Hardi-Villaris*. Nous ne trouvons rien de mieux. C'est probablement une dépendance de la seigneurie d'Outrebois, dont il a été question plus haut.

AUTHIE (2). — Ce village qui a donné son nom à la rivière qui baigne tant de possessions de Saint-Riquier, figure au dénombrement de 831. Dans les chartes du même siècle on caractérise encore mieux la souveraineté de Saint-Riquier, sous cette dénomination : *Alteia quæ jam Abbatis dicitur*. Après le XIIe siècle, les seigneurs de la Ferté sont devenus les seigneurs d'Authie. Voyons encore ici une récompense de l'*Avouerie* du monastère.

DRUCAT (3). — Deux villages ont porté autrefois ce nom, l'un aux environs d'Abbeville, l'autre sur l'Authie, près de Villencourt (4). Auquel des deux s'applique une charte de Charles-le-Chauve en 870 ? Rien ne l'indique ; mais nous inclinons pour le premier, qui aurait, selon une légende qui nous a toutefois paru invraisemblable, possédé le tombeau de l'Abbé Carloman (5). Quoiqu'il en soit, le domaine de Drucat, d'après la charte, appartenait tout entier à l'Abbaye, sans mélange même de bénéfice. Inféodé auparavant à un certain Hungarius, ce village fut rendu par Charles-le-Chauve à son fils Carloman, Abbé de Saint-Riquier. Au XIIe siècle, Drucat possédait ses seigneurs, mais sous la suzeraineté des châtelains de la Ferté. La famille de Drucat paraît souvent dans les chartes qui traitent des intérêts des divers établissements de Saint-Riquier.

DOMQUEUR. — Au IXe siècle et au Xe, le monastère possédait un château-fort à Domqueur et par là même la seigneurie du pays. La tour de Plouy-Domqueur ou Plouy-lès-Saint-Riquier est mentionnée plusieurs fois dans les guerres de la Ligue. La seigneurie était encore mouvante de la Ferté.

MESOUTRE (6). — Cette ferme située aux environs de Ponches rappelle une touchante légende de la vie de Saint-Riquier (7). D'après Hariulfe, l'Eglise de Saint-Riquier n'y

---

(1) *Ibid. Lib.* IV. *Cap.* IV. — *Comitis villa*.
(2) Hariulfe. *Chartes du* IXe *siècle*. —*Altegia* —*Alteia*.
(3) *Ibid Lib.* III. *Cap.* XIX. — *Durcaptum*.
(4) C'est une ferme à Wawans.
M. Darsy. *Bénéfices* de l'Eglise d'Amiens. Tome II, page 87.
(5) *Voir notre Histoire*. Tome I, page 261.
(6) Hariulfe. *Lib.* III. *Cap.* VII. — *Mox Ultra*. — *Mosultra*.
(7) *Voir notre Histoire*. Tome I, page 37.

possédait qu'un manse, qu'elle donna plus tard au nouveau monastère de Balances (1) ou Valloires, pour unir son offrande à celles du Comte de Ponthieu et des autres seigneurs de ce lieu (1147).

Quend (2). — Il est parlé dans une charte de deux setiers de terre situés dans le vieux Quend.

VILLAGES SUR LA CANCHE ET DANS LE PAYS D'ARTOIS.

Frévent. — D'après M. Bouthors, le monastère aurait possédé à Frévent le fief de la Cressonnière en 1507, sous la suzeraineté de Cercamps. Nous donnons acte au lecteur de cette découverte, mais nous pensons qu'il y a erreur ou confusion.

Fillièvres. — Un fief de ce nom indiqué dans quelques dénombrements, au xive siècle et au xviie, dans la chronique de D. Cotron, est ignoré de l'archiviste du xviiie siècle. Nous ne saurions lui assigner d'autre place qu'au village de Fillièvres, canton de Parc. En 1364, Jacques de Ponthieu fit hommage pour le fief de Fillièvres.

Monts-en-Ternois. — D'Harbaville en fait une possession de Saint-Riquier en 823 (au lieu de 831) ; il confond ce village avec un domaine près de Bray, probablement Monts-lès-Bray.

Verton (3). — Une charte de Charles-le-Chauve (856) confirme au monastère le domaine de Conchil, avec un manse à Verton, donnée pour échange par un certain Theutade. C'est la seule mention des chroniques. Conchil ne serait-il pas le fief de Conchy situé près de Montreuil et possédé au xviie siècle par Antoine de Créquy ?

Pernes, Waben, Merlimont ou Merles. — Ces villages sont cités par Jean de la Chapelle et d'Harbaville, mais sans autre souvenir dans les archives.

Sorrus (4). — Donné à Saint-Riquier lui-même, confirmé par les chartes de 844, 845, 856, avec l'intégrité de ses possessions, Sorrus fut sans doute perdu pendant les guerres avec les Normands ; ce qui dut beaucoup contrister les enfants les plus dévoués de Saint-Riquier (5).

Auxi-les-Moines. — On parle d'une redevance à Saint-Riquier sur son territoire. On sait qu'il y avait une abbaye à Auxi-les-Moines (6).

(1) Hariulfe. — *Lib.* iii. *Caput* vii.
(2) *Ibid.* — *Quentvicus*
(3) *Ibid. Cap.* ix. — *Vertunnum.*
(4) *Ibid. Cap.* iii. — *Strrudis.* — *Sigetrudis.*
(5) *Voir notre Histoire, pages* 35, 214.

(6) On lit dans l'*histoire de l'Abbaye de Dommartin* (*pages* 144 et 305), par M. le Baron de Calonne, que l'abbaye de Saint-Riquier touchait une rente de 84 florins sur Saint-Omer. Cette somme provenait probablement d'un legs de l'Abbé Pierre Le Prêtre.

MEREMORT OU MERIMONT. — Aujourd'hui Merghem, disent les Bollandistes (1). On trouve ce double nom dans les chroniques. Ce domaine situé sur la rivière de Lys, entre Aire et Armentières, est repris dans le dénombrement de 831, puis dans une charte de 844. Dans une autre de 844 aussi, on indique la chapelle de *Maris* avec les manses qui lui appartiennent (2).

Du temps de l'Abbé Ingelard, un chevalier du nom de Hubert voulait faire l'acquisition de ce domaine. L'Abbé ne consentit qu'à une précaire pour le chevalier Hubert, pour sa femme et son premier héritier, dont le nom n'est pas même indiqué, peut-être parce qu'il n'était pas encore né, et cela, dit la charte, pour que l'écrit ne soit pas soupçonné de falsification, par suite du changement d'écriture. Hubert donna d'abord cent sous d'or. puis s'engagea à payer 25 s. de deniers au carême de chaque année (3).

Au XI° siècle, le voisin d'un de ces domaines voulut en usurper quelque partie; il fut frappé de cécité, en punition de son sacrilège (4).

Merimont est encore nommé dans la bulle d'Alexandre (1172) sur les privilèges de l'abbaye, ainsi que sa chapelle (5). Les archives nous laissent ignorer depuis ce temps si la propriété a été échangée ou vendue, nous n'avons pas retrouvé la trace de ce domaine.

DOMAINES ALIÉNÉS EN FLANDRE.

Nous avons vu au tome I de notre histoire (*pages* 299 et 319), que le monastère de Saint-Riquier avait des possessions dans le diocèse de Liège. La chronique d'Hariulfe nous donne le nom des localités (6) ; cinq manses dans la ville de Hair, aujourd'hui Heers, village de 800 habitants, dans la province de Limbourg ; un manse à Glandène, aujourd'hui Gelinden, village voisin de Heers ; cinq manses à *Farmula*, aujourd'hui peut-être Wichmael, appelé aussi Fyrame dans les chartes du pays, et voisin des localités indiquées ci-dessus : un manse à *Bourse*, village représenté par un de ces trois noms : Borsu, hameau du Bois à Borsu, Borsu, petit hameau de Verlaine, Boiset, hameau de Vaux à-Boiset, arrondissement de Huy (7).

A quelle époque ferons-nous remonter la donation de ces biens ? Au temps de Saint-Riquier ou de Charlemagne ? Nous l'ignorons. Nos chroniques sont muettes sur leur origine.

(1) Miracles de Saint-Riquier au XI° siècle (26 *April*, en note.
(2) Hariulfe. *Ibid. Cap.* III, VII.
(3) *Ibid. Lib.* III. *Cap.* XXXI.— *Mare Mortuum.*
(4) Boll. *Ibid.*
(5) D. Cotron, Anno 1172.
(6) Hariulfe, *Lib.* III. *Cap.* XXX. *Lib.* IV. *Cap.* III.

(7) Nous devons à l'obligeance de D. Germain Morin, bénédictin de l'abbaye de Maredsous, près Saint-Gérard en Belgique, la désignation probable des noms modernes de ces possessions monastiques. Le R. Père renvoie au *Cartulaire de Saint-Trond*, par Ch. Piot, *Tome* I, *pages* 6, 421 et *aux Fiefs du comté de Looz, page* 45.

Un gage fut donné à l'Abbé Angelran dans une convention avec l'Evêque de Liège. Il est probable que la difficulté des voyages effrayant les abbés ils gardèrent le gage, et l'Evêque de Liège resta possesseur des biens.

Dans les privilèges de 1172 et de 1224, il est question d'une chapelle au diocèse de Liège. Les chroniques n'en parlent plus après cette époque. Il nous semble que ce n'est pas celle de Thosan, dont nous avons raconté la cession (*Tome* i, *pages* 459-460), à moins qu'il y ait eu échange entre les évêques de Tournai et de Liège.

LIVRE XIX.

LES PRIEURÉS DE SAINT-RIQUIER.

Les prieurés soumis au monastère dans la suite des siècles ont subi des fortunes diverses : celui de Forêt-Montier fut converti en abbaye ; celui d'Encre fut enlevé au monastère par Hugues Capet ; celui de Bours en Artois n'a point laissé de traces après le passage des Normands ; celui de Palgrave en Angleterre a été confisqué dans la guerre de cent ans ; il ne restait, au xviiie siècle, que les prieurés de Lœuilly au diocèse d'Amiens et celui de Brédené en Flandre.

Nous allons faire l'histoire des prieurés, d'après ce qui nous est resté de documents sur ces bénéfices monastiques.

CHAPITRE I.

PRIEURÉ DE SAINT-LUCIEN DE LOEUILLY (1).

Il est question de Lœuilly dans la vie de Saint Gervin. Hariulfe fait observer que le Saint Abbé fit l'acquisition d'un prieuré à Lœuilly, où il existait une église en l'honneur de Saint Lucien, martyr, et de Saint Riquier. Jean de la Chapelle, sur la foi de la grande Chronique de Centule, affirme que Saint Gervin a fondé le Prieuré de *Prieur-*

---

(1) Synonymie. *Lulliacum*, Lully, Leuilly.

Ville ou *Viéville* et qu'il y plaça des reliques de Saint Lucien et de ses compagnons martyrs. De ces deux versions on peut tirer cette conclusion, à savoir que le prieuré de Saint Lucien date de l'époque de ce saint Abbé (1).

On lit dans les archives qu'en 1644 le prieuré possédait une chapelle, une maison seigneuriale avec bâtiments de ferme, x j^r d'enclos y compris cour, jardins et pourpris, xxxvi j^r de terres labourables et vi j^r de prés. Le prieur jouissait aussi des deux tiers de la dîme, à l'encontre du curé qui possédait l'autre tiers. Ajoutez à ces revenus du bénéfice des censives en argent, en grains, en chapons, un droit de pêche sur une partie de la rivière. Les immeubles devaient aussi le quint et le requint, en cas de vente.

Le prieur était obligé d'acquitter trois messes par chaque semaine.

L'Abbé de Saint-Riquier était patron de la paroisse de Lœuilly.

Le prieuré, soumis au couvent, ne lui fut jamais réuni; il fut toujours considéré comme bénéfice, à la nomination de l'Abbé, avec institution par le Souverain Pontife dans les derniers temps. Il était conféré à des moines à titre perpétuel, de sorte que, sous la congrégation de Saint-Maur, quand les religieux changeaient de résidence, on nommait dès procureurs d'office. Du reste, le prieur ne résidait plus et le revenu était versé dans la caisse conventuelle.

1176. Le Pape Alexandre III confirma les possessions de Lœuilly au monastère de Saint-Riquier (2). Dans les privilèges de 1172 et 1224 on fait mention du prieuré de Lœuilly, de sa *Coulture* et de ses dépendances.

1233. Pacification avec l'Archidiacre d'Amiens pour le droit de procuration de l'Eglise paroissiale de Lœuilly (3).

1564 et 1575. Il y eut aliénation de xxi j^r de terres à Lœuilly pour subvention au roi dans les guerres de religion. Le couvent en a retrait vi j^r en 1629.

1602. Différend entre le monastère et le chapelain de Saint-Martin de Lœuilly. Ce dernier est maintenu dans l'obligation de payer sa dîme au prieur et au curé du lieu.

1636. Un acte de notoriété fait connaître la quantité de vignes qui appartenaient au prieur, et en outre son droit de dîme sur les vignes du territoire de Lœuilly.

1720. Déclaration au greffe d'Amiens des revenus du prieuré, estimés à 1000 liv., et toutes charges déduites, à 493 liv. La déclaration de 1730 porte 900 liv., et 630 liv., toutes charges déduites.

1734. D. Jean Goulin, nommé prieur de Lœuilly, reçoit ses lettres de provision de Notre Saint Père le Pape. Ces lettres durent être entérinées au parlement, déclarées

---

(1) Hariulfe. *Chron. Lib.* iv. *Cap.* xxv.—Jean de la Chapelle. *Chron. abbrev. Cap.* xxxii.
D. Grenier. par suite d'une faute de copiste, a remplacé le nom de *Lulliacum* par celui de *Bulliacum* : il se demande si ce prieuré n'était pas situé à Bouillancourt-sous-Montdidier.

(2) D. Cotron. — *Anno* 1176.
Notre histoire, *tome* i, page 459.

(3) *Ibid.*, page 490.

au greffe de l'officialité d'Amiens et du Présidial, et visées par l'Evêque. Ce n'est qu'après ces formalités qu'il était permis de prendre possession. Les revenus sont portés à 1020 liv., et réduits à 720 liv., à cause des charges.

Quand D. Goulin changea de résidence en 1746, il fut tenu d'en faire la déclaration à l'Officialité et au Présidial, et de désigner son successeur, qui fut D. Lartisien. Les vacances suivantes furent soumises aux mêmes déclarations. En 1780, D. Goulin résigna son bénéfice à D.Taillier. Le bail de la redevance annuelle en cette année estime les revenus à 1500 liv. Il fallait en déduire 300 liv. pour le curé du lieu, la charge des messes et l'administration du prieuré.

LIEUX DITS. — *Le Coulture de Lœuilly, le Hamel, le Camp Meresse* (1).

SAINT-SAUFLIEU. — La seigneurie du prieuré s'étendait sur quelques possessions du territoire de ce village. Il existait en outre un droit de dîme sur quelques cantons. La dîme se percevait à vi gerbes du cent.

Le village de Lœuilly a produit quelques hommes remarquables, entre autres Jacques Dubois, dit Sylvius, auteur de plusieurs ouvrages, professeur de médecine en 1550 dans une chaire fondée par François Ier. C'est aujourd'hui le Collège de France (2).

CHAPITRE II.

PRIEURÉ DE BRÉDENÉ, EN FLANDRE (3).

La terre ou seigneurie de Brédené ou Brédenay dont il est question pour la première fois au temps de saint Gervin, formait un prieuré dont l'histoire mérite quelque intérêt, parce qu'elle nous initie un peu aux coutumes de la Flandre ; mais il n'était pas alors de nouvelle date. On déclare au contraire qu'il existait *ab antiquo*. Ce prieuré était situé près d'Ostende, au diocèse de Tournay, et plus tard, après une nouvelle circonscription des diocèses de ces régions, au diocèse de Bruges. Il était habité et gouverné par des moines que le monastère y entretenait. On l'appelait Saint-Riquier de Brédené.

(1) *Inventaire des Titres, page* 1631, etc.
(2) M. Darsy. — *Bénéfices de l'Eglise d'Amiens.* Tome II, page 177.
Il existe une notice manuscrite sur Leuilly par M. l'Abbé Letemple, ancien curé de cette paroisse, membre de la Société des Antiquaires de Picardie.
(3) *Brédenay, — Bredenardœa.* — Bredenay est le nom toujours employé dans les archives.

Les archives nous parlent dans leur sommaire : 1° du bénéfice, 2° de la seigneurie et des droits seigneuriaux, 3° des dîmes, 4° des droits sur la cure.

I. BÉNÉFICE. — Tout prieuré jouissait de ce titre ecclésiastique. Celui de Brédené était à la nomination de l'Abbé, qui désignait toujours un religieux de Saint-Riquier. On voit dans les derniers temps que la provision ou l'institution était réservée au Souverain Pontife.

Le prieuré possédait : 1° une maison avec les bâtiments d'exploitation, 2° L mesures de terre, dont XVII en labour, et le reste en prairies, situées dans les paroisses de Brédené et de Sainte-Catherine Ouest ou West, 3° la moitié des dîmes qui se percevaient sur deux petits cantons de Brédené, et dont l'autre moitié appartenait au curé. La manse conventuelle avait d'autres revenus indépendants de ceux attachés au prieuré.

II. SEIGNEURIE. — Elle avait haute, basse et moyenne justice. Les revenus de la seigneurie consistaient en censives et deniers de rente, en froment, chapons, poules, œufs, beurre et fromage, droits et profits ecclésiastiques et même en plein relief à chaque mutation, relief qui est une double rente de rachat pour héritage, selon le cas. Les redevances en nature se payaient sur le taux des marchés de Bruges, ou en un certain nombre d'escalins.

III. DÎMES. — Les dîmes, autres que celles mentionnées plus haut, appartenaient à la manse conventuelle et formaient : 1° le tiers de 17 coins qui se percevaient au village et terroir de Brédené à l'encontre de deux autres tiers recueillis par l'Abbé de Vicogne ; 2° le tiers de la dîme nommée d'Engrishoux, à l'encontre des deux autres tiers possédés par le seigneur de Nazareth ; 3° le tiers de la dîme de Brédené, nommée Scoverlander ; 4° le tiers de la dîme de Maria-Kercke, à l'encontre de l'Abbé de Vicogne, collecteur des deux autres tiers.

IV. DROIT DE PATRONAGE. — Ce droit concerne : 1° la présentation à la cure de Brédené, à la grande et petite chapelle de Brédené, toutes deux fondées dans la même Eglise avec la sacristie. L'une dédiée à Saint-Riquier jouissait d'un revenu de 50 liv. et en outre des honoraires de 26 messes ; l'autre dédiée à Saint-Sauveur était chargée de deux messes par semaine ; 2° la présentation à la cure de Sainte-Catherine-Ouest et à la chapelle et la sacristie de cette église. L'Evêque de Bruges ayant réuni, en 1578, la chapelle à son séminaire de Saint-Donat, il ne restait que la sacristie.

C'était le prieur titulaire qui nommait à l'office de *Coutre* ou Custode de l'église de Brédené. Les droits de visite sur la paroisse appartenaient aussi aux religieux ; on payait 12 liv. au chancelier de l'Evêque pour droit de sceau. Les paroisses de Brédené et de Sainte-Catherine-Ouest furent dans la suite réunies. Ajoutons encore que les curés de Brédené et de Maria-Kercke étaient à portion congrue et ne cessaient de demander des augmentations.

Nous n'avons recueilli qu'un petit nombre de faits sur l'administration temporelle et spirituelle de ce prieuré. Les archives ont été probablement dispersées.

1087. Une charte de Ratbod, évêque de Noyon, donne aux moines de Saint-Riquier le droit de présentation à la cure de Brédené, à la condition de payer annuellement pour le synode 10 s. à l'Evêque ou à son archidiacre (1).

1131. Simon, Evêque de Tournay, donne aux moines un bénéfice de l'Eglise de Brédené (2).

1179. Le privilège du personnat est renouvelé par Evrard, Evêque de Tournay. En 1182. Le Pape Lucien III confirme la dotation de l'Eglise de Brédené par les Evêques de Tournay.

1196. Lettre d'Etienne, évêque de Tournay à Guillaume, archevêque de Reims, sur la désolation de Brédené (3). Conflits sur la nomination du curé, suivis de pacification.

1216. Permutation d'un dîmage plus éloigné pour un autre plus voisin du prieuré : « cet anglet de dixmage, très loin de la prieuré, épars et malaisé à recueillir et près « de l'hôtel de Théodoric, *dominus de Douren et Castellanus d'Iscunde*, se permuta « contre un part qui lui étoit greneul à recueillir, épars loin de son hotel et près du « notre. »

1220. Par acte de Raoul, archidiacre de Flandre, donné dans le cloître de Saint-Riquier d'Oudenbourg, le prieur de Brédené, « détenteur de xviii mencres de terre reçus par contrat d'impignoration et obligié à les rendre », aura droit à une somme de xxxviii marcs et de xxxii sols *pro marca*. Le nommé Basile qui contestait ce contrat et ses hoirs comparurent devant l'Abbé d'Oudenbourg et promirent « ne jamais « y rien demander ne molester ledit prieur et devoient comparoir devant les échevins « du franc-jugez séculiers pour reconnoitre, et leur paya ledit prieur la somme, et ils « promirent faire venir les enfans mendres d'ans, eux venus en âge par devant le juge « pour le reconnoître. »

1231. *Cavagium seu Gabulum* à Brédené (4). De lettres de l'Archidiacre de Tournay et du doyen de chrétienté de Bruges il résulte qu'un clerc nommé Guillaume

---

(1) 1087. La première pièce sur Brédené au Cartulaire porte cette date. C'est un chirographe de Radbod, évêque de Tournay, donné par Gui, son chancelier. « A la requête de D. Gervin, Abbé de Saint-Riquier, et d'Egebert, son moine. L'évêque Ratbod accorde, du consentement de ses clercs, que la paroisse de Brédenay devienne un personnat de l'abbaye de Saint-Riquier, qu'à la mort du curé l'abbé en présente un autre, à qui serait par l'Evêque « commis la cure des âmes d'icelui lieu « et lequel payerait audit évêque ou à son archi-« diacre dix sous en deniers tant seulement, tous « les ans à la fête Saint-Simon et Saint Jude, et dix « s. quand il viendroit célébrer la senne. Et pour-« tant il demeure franc de toute autre exaction, « excepté que au quatrième an il payera à l'ar-« chidiacre ou au doyen les droits synodaux ac-« coutumés. » Furent présents avec l'Evêque ledit archidiacre, Henri doyen, Hermannam prévot, Sigerus, chantre, et cinq autres témoins.—*Cartul.*, fol. 14.

(2) Voir notre Histoire. Tome I, pag. 419.

(3) *Ibid.* 471.

(4) Cens que les hommes de chef ou de corps devaient à leur seigneur chaque année.

et *dictus Papa* réclamait son droit sur l'impôt dudit *Cavagium*, appartenant au prieur seul, et qu'il s'en remit à la parole du prieur de Brédené, qui jura, comme prêtre, que ledit Guillaume n'avait aucun droit à cet impôt et que le revenu entier était dû au prieur.

1270. Grand procès avec l'Abbé de Vicogne au sujet de la dîme de Sainte-Catherine de West et de Brédené. Le Pape nomma pour arbitres, l'Abbé de Saint-Martin de Tournay, de l'ordre de Saint-Benoit, l'Abbé de Fourmes, de l'ordre de Prémontré et Dampt Nicolas de Tourne, religieux d'Oudenbourg. On décida après, par compromis et par arbitrage, que les deux tiers de cette dîme appartiendront à l'abbaye de Vicogne et l'autre tiers au prieur de Brédené.

La dîme était autrefois recueillie par le prieur sans partage, mais il en a été cédé deux parts de 1200 à 1270. Une charte de composition fut donnée par l'Abbé de Vicogne. On y lit que les religieux de Vicogne donnèrent deux marcs d'estrelins au grand poids de Flandre pour arrérage du passé et qu'on leur adjugea 40 liv. On régla aussi le charroi des dîmes qui dut être fait avant la décollation de Saint Jean-Baptiste, aux dépens des parties.

1298. Le doyen de chrétienté d'Oudenbourg vise la fondation et l'amortissement de rente de la chapelle perpétuelle, de nouveau fondée en l'église de Saint-Riquier de Brédené. Jean, évêque de Tournay, sur ce *visa*, confirme tout ce qui a été fait, par lettres patentes de 1298.

1453. La dîme de Brédené était viagèrement et sans redevance, en mains séculières d'un nommé Sohier de Ostende. Pour éviter de semblables viagers, l'Abbé Hugues Cuilleret, après délibération de son couvent, donna cette dîme, pour la redevance de deux viages, à Pierre Chou, propriétaire et chancelier de l'Eglise de Tournay, moyennant une somme annuelle de 29 liv. payable à Bruges. En 1461, Pierre le Prêtre racheta ces viages « par remonstration de conscience et après remonstration et consentement du possesseur pour 56 liv. » Depuis l'abbaye de Saint-Riquier a joui paisiblement de cette dîme et a pu la bailler à sa volonté et à son command. Après plusieurs contestations, la somme nécessaire pour ce rachat fut fournie par D. Jacques Haudrechies et D. Nicolas Letocart.

Des déclarations en 1501, 1555, 1568, et des dénombrements des biens de Brédené prouvent la juridiction constante du monastère sur ce prieuré.

1566. Le curé de Sainte-Catherine de Maria-kerke près Brédené reçut pour honoraire de la cure une portion congrue. En 1618, la portion congrue du curé de Brédené fut fixée à 24 gros de Flandre, représentant 180 liv. de France. En 1776, le curé de Maria-kerke réclama aussi auprès des gros décimateurs une augmentation de portion congrue ; ce qui lui fut accordé par quelques-uns d'entre eux.

1594. Benoit Rimbaut, reconnu comme Abbé commendataire, donna à Jean Martin, prieur de Brédené, la permission d'échanger ce prieuré avec celui de Notre-

Dame-de-la-Perle près Châlons-en-Champagne, dépendant d'Auchy, à la condition que tous les revenus de ce prieuré et le prieuré lui-même seraient soumis à l'abbaye de Saint-Riquier, comme ceux de Brédené. Le projet ne fut pas exécuté.

1664. L'Abbé de Blangy voulut usurper les biens de Saint-Riquier à Brédené. Un procès intenté à ce sujet le débouta de ses injustes prétentions.

1686. Bail des dîmes de Brédené et de Sainte-Catherine à Jean Sappaert, arpenteur-juré, demeurant à Bruges. — Autres baux à Josse Coppens en 1701, 1710, 1717, 1728, etc..

1710. Bulle du Pape Clément XI, qui confie le prieuré de Brédené à D. Labitte. Le roi d'Espagne donne des lettres d'investiture du temporel. Le Conseil d'Etat les approuve. L'official du diocèse d'Ypres fulmine la bulle et permet au prieur élu de prendre possession. D. Labitte donne une procuration à son mandataire pour gérer ses biens. En 1720 D. Labitte fait sa déclaration à l'officialité d'Amiens et au greffe du bailliage. Ayant changé de résidence en décembre 1720, on l'obligea à le notifier au greffe du diocèse d'Amiens.

1727. D. Guillaume-François Castellain reçoit du Pape Benoit XIII ses lettres de provision du prieuré de Brédené. — 1728. Lettres de naturalité accordées par l'Empereur des Romains et roi d'Allemagne audit prieur et lettres d'attaches sur les bulles pour prendre possession.

1734. Les moines de Saint-Riquier consentirent à la vente d'une maison à Ostende sur laquelle ils avaient un quart de propriété. L'accord fut passé devant Thomas François Grys père, délégué de sa majesté impériale catholique pour le département d'Ostende. Cette maison portait le nom de Saint-Sébastien.

1744. Les propriétaires des terres nommées Chorrelande, sises près le port d'Ostende, obtinrent de la reine de Hongrie la permission de faire une écluse et une digue dans la crecque de Sainte-Catherine, à leurs dépens.

1747-1761. Poursuites judiciaires pour maintenir l'abbaye dans ses droits de dîme à Brédené et à Sainte-Catherine.

En 1755, la cure de Brédené fut mise au concours par l'évêque de Bruges.

1764. Une indemnité fut payée par les gros décimateurs aux curés qui ont desservi une partie de la paroisse de Sainte-Catherine, dont les habitants ne pouvaient se rendre à l'église à cause des eaux. On donna 10 liv. au curé de Staine et 8 liv. au curé de Mariakerke.

1772 à 1776. D. Mercier fut institué, par la Cour de Rome, prieur de Brédené, mais la prise de possession fut suspendue jusqu'au concordat intervenu entre la reine de Hongrie et le roi de France, au sujet des bénéfices réguliers possédés par les moines étrangers.

1774. Les réparations de l'église, de la maison pastorale et clèricale de Brédené furent mises en partie au compte des décimateurs.

1780. Le fermier des revenus du prieuré invoqua une tacite reconduction : on lui contesta ce droit; longues procédures à ce sujet. On chercha à lui retirer les papiers et titres. On ne voit pas quelle fut l'issue de cette contestation.

1789. Droits de dîme à Brédené et à Ostende, 1,500 liv., prieuré, 700 liv. (1).

CHAPITRE III.

PRIEURÉ D'ENCRE.

La belle et antique ville d'Encre, aujourd'hui Albert, cette ville si connue par son pèlerinage de Notre-Dame de Brebières, était une des grandes propriétés de Saint-Riquier en 831. En mémoire de ce religieux servage, on la nomme dans les chroniques *Ecrembatis* (2).

Les moines de Centule y avaient créé un prieuré (*Cella*) avec douze *chanoinies*, pour que le saint nom de Dieu y fût glorifié tous les jours et pour y acquitter leur dette de piété envers les habitants de la contrée (3). Un moine y résidait pour la direction spirituelle et l'administration temporelle.

La manse des chanoines était entretenue par les dîmes, les nones et par les revenus d'un moulin.

Les religieux possédaient à Encre le domaine de Saint-Gervais, que les chroniques nomment *Podervais, Prœdium Gervasii*. C'était sans doute le vocable du prieuré, comme il le fut dans les âges suivants. Ce beau domaine contenait CLIII *mansos vestitos*, c'est-à-dire 153 manoirs, fournis de tout le personnel et le matériel nécessaire à l'exploitation. Il faut y ajouter les revenus de cinq *villa* appelées dans les chroniques *Flamiriaca Villa, Catiacus-Villa, Montes, Vadimiacus, Loacas*. Nous croyons pouvoir

---

(1) *Inventaire des Titres, payes* 1671-1710. — D. Cotron, aux années indiquées. — *Cartulaire, fol.* 14-19.

Noms de quelques prieurs et de quelques chapelains :

1490. D Jean Warın, prieur claustral du monastère. — 1558, D. Jean de Lessau. — 1595, D. Jean Martin. — 1624, D. Martin, le jeune. — 1684,
D. Hainault, — 1710, D. Labitte. — 1727, D. Guillaume Castellain. — 1771, D. Mercier.

1705. Antoine Judcy, titulaire de la petite chapelle. — 1709. Lévêque, curé de Boisbergues, titulaire de la même chapelle.

(2) *Ecrem*, lieu ouvert. *Batis* pour *Abbatis*, *Encre de l'Abbé*, c'est-à-dire appartenant à l'Abbé.

(3) Hariulfe. *Chron. Cent. Lib.* III *Cap.* III.

traduire ainsi : Framerville, Cappy, Monts de Bray ou Tourmont, Waillie-Soyecourt, Arleux.

En 870, Charles-le-Chauve ajouta au domaine un moulin avec son manoir, comme on le voit dans une charte pour le monastère (1).

La chronique d'Hariulfe fait l'inventaire de ce qu'il y avait de plus précieux dans le mobilier du prieuré : elle indique dix chasses richement ornées, trois belles croix, deux chasubles, deux dalmatiques, deux chandeliers artistement travaillés, un missel, un lectionnaire, un antiphonier, les principaux livres de l'Ecriture Sainte.

Vers 859, les moines de Saint-Riquier se sont réfugiés pendant quelques mois dans le prieuré d'Encre et ses dépendances, pour se soustraire à la fureur des Normands (2). Peut-être furent-ils encore assez heureux pour se cacher à Encre et à Arleux, lors de la ruine de Centule en 881. Ce n'est là toutefois qu'une conjecture ; car l'histoire garde le silence sur leur sort dans cette grande catastrophe.

Hugues-Capet, en 995, jugeant que la ville d'Encre offrait des ressources pour la défense de son royaume, s'empara de cette possession monastique comme de celles d'Abbeville et de Domart (3). Ce fut le chef-lieu d'une seigneurie importante. Les châtelains d'Encre devinrent avoués de Corbie et transmirent à ce monastère des droits sur les dîmes probablement inféodées à cette époque. On ne sait pas quel domaine Hugues-Capet offrit en compensation de ce beau fleuron de la couronne féodale de saint Riquier.

Les chroniques nous laissent également ignorer si le prieuré fut conservé (4). L'histoire nous rapporte qu'il fut reconstitué, au XII° siècle, sous le nom des saints Gervais et Protais et sous la dépendance de Saint-Martin-des-Champs à Paris. Dès lors la ville d'Encre devint étrangère à notre histoire. Le chef-lieu de la seigneurie monastique fut transféré à Arleux-lès-Bray.

Effride d'Encre, le terrible avoué de Corbie au XI° siècle, fit peser aussi sa redoutable

(1) Hariulfe. *Ibid. Cap.* XIX.
(2) Voir notre histoire. *Tome* I, *page* 244.
(3) Hariulfe *Ibid. Cap.* XXVII. — *Lib.* IV. *Cap.* XXI.
(4) On lit ce qui suit dans l'histoire de Notre Dame de Brebières par le R.P. Letierce, originaire d'Albert. « La Chronique d'Hariulfe, faisant le dénombrement des biens de l'Abbaye de Centule en l'an 831, parle d'une église située à Ancre, desservie par douze chanoines. Charles-le-Chauve accrut ses dépendances ; mais vers la fin du X° siècle, l'Abbé Ingelard vendit la terre d'Ancre à Hugues-Capet ; et ce prince, pour la mettre à l'abri du pillage et des surprises de l'ennemi, y fit construire un fort... Telles furent à l'origine l'église, la ville et la forteresse d'Ancre. Pendant deux siècles au moins, les prêtres de la collégiale exercèrent paisiblement les fonctions du saint ministère dans la ville et dans le pays d'alentour. Leur juridiction s'étendait sur dix ou douze villages et hameaux qui, pour la plupart, relèvent encore aujourd'hui d'Albert. Mais vers l'an 1130, Hugues de Camp d'Avesne, treizième comte de Saint-Pol et seigneur d'Ancre, s'empara des biens de la collégiale et détruisit les pieuses fondations de ses ancêtres. (*Page* 3).

A la page suivante, le R. P. Letierce parle de la maison et de l'oratoire de Sainte Marie-des-Champs et de Brebières, comme existant dès cette époque, d'où nous pouvons conclure que les moines de Saint-Riquier ne sont pas tout-à-fait étrangers à la fondation du grand pèlerinage de Notre-Dame de Brebières.

main sur les domaines de Saint-Riquier aux environs de Bray et se fit réprimander par l'Abbé Gervin II.

ARLEUX-LES-BRAY.

A la seigneurie d'Arleux ressortirent, pour ce qui existait de redevances à Saint-Riquier, les bourg et villages de Bray, la Neuville, Chuignolles, Proyart, Foucaucourt, Herleville, Framerville, Rainecourt, Vauvillers, Waillie-Soyécourt, Etinehem, Méaulte, Mammetz, Suzanne, Cappy, Bresle, etc.

Cette seigneurie, greffée sur celle d'Encre en 995, remonte jusqu'aux premiers siècles de l'Abbaye. S'il faut en croire le P. Malbrancq, Saint-Riquier passant en ce lieu y aurait ressuscité un mort (1).

Arleux, en latin *Hasloas*, nous semble représenté parmi les dépendances d'Encre en 831, sous le nom informe de *Loacas*. En 858, Charles-le-Chauve l'attribue à la manse conventuelle et augmente ainsi le revenu des moines ; on lui donna une destination nouvelle, en y créant un refuge pour les jours d'épreuve si fréquents sous l'oppression des Normands. Ce titre de refuge fait supposer que la résidence des moines a été environnée d'une enceinte fortifiée. C'est dans cette mention de la charte qu'il faut probablement chercher la première origine de la ville de Bray. On peut sans témérité assigner cette époque à la fondation d'une place, qui a été regardée longtemps comme une des clefs de la rivière de Somme (2).

Dans les premiers âges de la monarchie Carlovingienne, Arleux a la physionomie d'un village assis sur les bords de la Somme, avec ses moulins, ses écluses, ses pêcheries, ses champs, ses bois, ses serfs des deux sexes (3). Plus tard nos archives men-

---

(1) Le P. Malbrancq nomme Alloux sur la Somme le lieu où Saint Riquier ressuscita ce mort. Nous renvoyons à la page 3 du Tome 1 de notre histoire pour notre appréciation sur le voyage de saint Riquier à Rome et les miracles racontés par le P. Malbrancq dans ce voyage. Nous avons plus de foi aux donations de Charles-le-Chauve signalées par Hariulfe (*Lib.* III. *Cap.* XV et XIX).

(2) Cette assertion n'infirme en rien la valeur des souvenirs de l'époque Romaine trouvés en ces lieux dans les derniers temps. *Le vieil Amiens* pouvait être une station Romaine comme la capitale de Picardie.

Voir l'Histoire de Bray par M. Josse, membre de la Société des Antiquaires de Picardie, dans les Mémoires de cette société (tome XXV, page 211 et s.)

Nous aurons plus d'une fois l'occasion de citer ce savant travail, si riche de documents sur le bourg de Bray.

Voir aussi, sur le Refuge d'Arleux, notre histoire (Tome 1, page 254). L'inspection des lieux nous oblige à reconnaître que ce refuge ne put être établi qu'à Bray. Si la chronique nomme *Hasloas*, nous pouvons en conclure qu'alors ce lieu était plus connu que celui de Bray, dont le nom, qu'on nous permette de le dire, ne figure guère dans l'histoire qu'aux X° et XI° siècles.

(3) M. Josse parle d'un moustier primitif élevé par les moines d'Arleux dont il ne reste, dit-il, aucun vestige. Le moustier primitif, si tant est qu'il y eut un moustier, fut le Refuge qui cessa d'être au pouvoir des religieux quand les moines furent obligés de se retirer à Arleux, après l'érection de la commune ou l'existence d'un gouvernement militaire.

Limites d'Arleux d'après M. Josse. *Mémoires* page 196.

tionnent encore le moulin d'Arleux, le pont d'Arleux, les marais d'Arleux. Eclipsé par la ville de Bray, éloigné du centre monastique, ce manoir seigneurial de l'Abbé de Saint-Riquier, connu autrefois sous le nom de maison d'Arleux *jouxte-Bray* ou *sous-Bray* s'amoindrit chaque jour ; mais ce nom continue de figurer dans les derniers temps en tête des actes judiciaires, comme chef-lieu des possessions de cette contrée.

La seigneurie d'Arleux consistait en censives, champarts, droits seigneuriaux avec toute justice, en dîmes, en fiefs, en terres labourables, ainsi qu'il sera exposé dans une petite notice sur chaque localité, soumise à quelque redevance envers le monastère (1).

BRAY-SUR-SOMME (2).

Nos annales n'avaient guère à s'occuper de l'histoire de la ville de Bray, qui n'appartenait pas aux moines. Nous ferons seulement remarquer que les auteurs, qui ont fait hommage de la donation du domaine de Bray à Saint-Riquier par le roi Dagobert, ne méritent pas plus de créance que la grande chronique de Centule et le P. Malbrancq, lorsqu'ils racontent que saint Riquier fut gratifié de cette terre par un leude dont il avait ressuscité le fils, précipité dans la rivière de Somme par le prince des ténèbres.

Nous venons d'émettre nos conjectures sur l'origine de Bray. L'histoire nous a-t-elle laissé des documents qui nous permettent d'affirmer que la ville de Bray a été cédée ou vendue à Hugues Capet en même temps que le prieuré d'Encre ? Si ces documents existent quelque part, nous n'avons pas eu la chance de les lire. Toutefois on peut admettre cette conjecture, et elle nous expliquera comment les moines, seigneurs incontestés de cette ville jusqu'au XIe siècle, étaient dépossédés, en 998, par Robert, premier châtelain de Péronne. Le roi aura établi puissamment sa domination sur les bords de la Somme, en confiant la garde des passages à son puissant vassal, le châtelain de Péronne.

Dans l'hypothèse de la cession du refuge ou de la ville de Bray, les moines ont fixé le siège de leur seigneurie du Santerre tout auprès de la ville, et ont empêché cette localité de se fondre dans le nouveau centre, qui attirait par la force des choses les populations dispersées sur les montagnes ou le long de la rivière. C'est ainsi que le lieu désigné dans la Chronique sous le nom de *Monts* ou *Tourmont*, qu'un autre connu plus tard sous celui de *Melles* et plusieurs autres chefs-lieux de fiefs ont cessé d'exister, dès lors que la ville de Bray fut protégée par une forte enceinte murée ou gratifiée des privilèges d'une commune. Les populations isolées, exposées à toutes les calamités de

(1) *Inventaire des Titres*, pages 1481-1502, etc. — *Cartulaire*, fol. 105-120.

(2) Bray-sur-Somme, chef-lieu de canton, de l'arrondissement de Péronne.

la guerre, vinrent s'abriter dans la forteresse féodale, en gardant la facilité d'exploiter les terres de la contrée.

Nous n'insisterons pas plus longtemps sur ces origines toujours enveloppées de profondes obscurités. Mais si l'on nous conteste cette exposition des faits, nous avons du moins des raisons suffisantes pour affirmer que les moines, députés pour administrer le temporel de la seigneurie d'Arleux, ne sont pas étrangers à la fondation de son église. C'est bien leur œuvre ; car elle leur appartenait. Dans les temps les plus anciens les oblations ou les offrandes de l'autel étaient recueillies au nom du monastère (1). L'Abbé a toujours été reconnu pour patron ou présentateur de la cure (2). L'autel de Bray est mentionné dans le privilège de 1172. Le chœur du XVIe siècle, si remarquable par ses belles dimensions, par la régularité et l'heureux accord de ses proportions, de ses belles et gracieuses fenêtres ogivales, ce chœur, majestueux hommage des décimateurs, si digne des deux célèbres abbayes de Centule et de Corbie, nous atteste encore aujourd'hui que les moines n'ont pas voulu abandonner leur mission religieuse et civilisatrice (3).

La chapelle de l'Atre ou du cimetière était en 1230, ainsi que l'affirme D. Cotron, du patronage de l'abbaye de Saint-Riquier. Elle fut plus tard à la collation de l'évêque d'Amiens, par suite sans doute de difficultés sur la juridiction. Le procès que nous allons rapporter en est un exemple. Maître Gérard et maître Gautier Mallard, prêtres de Bray, célébraient la messe, contre la volonté des moines, en deux chapelles dont l'une était érigée à l'Atre du cimetière et l'autre, en l'église paroissiale de Saint-Nicolas, à l'autel de Notre-Dame. L'échevinage voulut soutenir la cause des clercs et envoya son mayeur plaider leur cause devant Geffroy d'Eu, évêque d'Amiens. L'intervention ou la décision du prélat ne concilia point les parties et les deux clercs furent appelés devant des juges ecclésiastiques. Ils reconnurent que le droit de patronage sur ces chapelles appartenait au couvent : ils déclarèrent néanmoins qu'ils étaient disposés à continuer d'y célébrer, sans l'assentiment des moines et avec l'autorité de l'évêque.

(1) « Les seigneurs de Bray devaient annuelle-« ment à la cathédrale d'Amiens et à une autre « église, sans doute celle de Saint-Riquier, un « cierge de 50 liv. Quelle est l'origine de cette re-« devance ? Nous ne le savons. »
M. Josse. — *Mémoires*. — *Ibid. page* 219.
Nos archives n'ont point laissé de trace de cette redevance, si jamais elle a été payée par les châtelains de Bray à Saint-Riquier.

(2) « 1294. La présentation à la cure de Bray n'étant pas faite à temps, Guillaume de Mâcon, évêque d'Amiens, voulut bien relâcher depuis le lendemain de Saint-Jean-Baptiste jusque ès-octave de la Madeleine, en dispensant du temps passé. » Le *Cartulaire* omet de dire pourquoi cette présentation fut suspendue pendant deux ans.

Est-ce qu'en 1501 on contestait le droit de présentation aux moines ? Jacques Fabry ou Le Fèvre fut obligé de le reconnaître par acte passé devant les auditeurs royaux de Saint-Riquier.
M. Josse salue, en Jacques Fabry, le patriarche du clergé de Bray, qui eut, dit-il, le privilège de tenir la houlette pastorale l'espace d'un demi-siècle (*Mémoires, page* 430).
Ce Fabry serait-il celui que nous avons cité parmi les prêtres originaires de Saint-Riquier ? (*Page* 3 *de ce volume*).

(3) Voir la description de l'Église par M. Josse. — *Ibid.* page 415.

Les juges apostoliques délégués prononcèrent alors une sentence définitive, d'autorité apostolique, par laquelle ils défendaient aux deux clercs de célébrer dans ces chapelles contre la volonté des moines, puisqu'il était constant que ceux-ci étaient présentateurs et patrons. Il était en outre enjoint à l'Abbé de Corbie de faire saisir « toutes les « rentes, profits, revenus, émoluments d'ycelles chapelles, de les retenir sous censures « ecclésiastiques, nonobstant autre saisie qu'en eût fait faire l'évêque d'Amiens, parce « que par exprès la question et prochés d'icelles pendoit et étoit devant eux comme « juges commis par le Pape ». Cette sentence fut rendue par l'abbé de Saint-Augustin de Thérouane et par Philippe, chantre de l'église cathédrale.

Est-ce par suite de ces démêlés toujours persévérants que le legs d'un bourgeois de Bray que nous avons cité (*Tome* i, *page* 557), fut retenu par les échevins, du consentement de l'évêque d'Amiens, jusqu'à la sentence prononcée contre eux par le Parlement ?

Le monastère possédait à Bray ,1° des dîmes, 2° la mairie féodale de la ville, 3° des moulins, 4° des domaines, 5° une seigneurie.

I. Dîmes. — Nous n'avons plus que des renseignements incomplets sur les dîmes, éclipsées certainement dans la suite des âges. Au xviii° siècle, elles appartenaient par portions inégales aux abbayes de Corbie et de Saint-Riquier et au curé. Le Chapitre d'Amiens, le prieuré d'Encre, levaient aussi quelques portions de dîme à Bray. Une redevance des moines de Saint-Riquier au Chapitre d'Amiens pour dîmes ne s'explique que par des conventions spéciales.

Dans certains cantons, sur ix gerbes, Corbie en levait vi, Saint-Riquier ii, le curé i. Sur d'autres cantons, où l'on percevait vi gerbes du cent, et en particulier sur le terroir de Melles, l'abbé de Saint-Riquier n'avait point de co-décimateur ; mais il rendait au Chapitre d'Amiens xii setiers de blé et vi setiers d'avoine.

Dans l'enceinte de la ville de Bray, les dîmes de notre monastère s'étendaient sur les courtils et sur les canaux. Les conflits sur ces dîmes contiennent quelques détails assez piquants sur les mœurs et les coutumes de nos pères.

Des difficultés soulevées en 1219 sur les dîmes et terrages, entre le monastère et le curé de Bray, Raoul N..., furent jugées par commissaires apostoliques. Il fut réglé qu'on assignerait au curé ix muids de blé et autant d'avoine au jour de Saint-Remi, « à livrer, en bons grains, à la ville d'Arleux ou de Bray, par les religieux ou leurs fer- « miers et messonniers ; et de ces xviii muids de grains le curé se tint pour content, « en exceptant ce qu'il avait accoutumé de prendre en son église et les aumônes que « on lui pooit faire, et de ce se contentoit pour sa vie durant, et promit tenir ferme et « stable cette composition, sur censure ecclésiastique. »

Le successeur, qui se nommait Wautier, souleva d'autres objections pour augmenter sa part de dîme. Nouvel appel en 1226. Arbitrage par Thibaut, archidiacre d'Amiens et

Mᵉ Garnier, chanoine, élus juges : sentence fortifiée par une amende de 100 livres contre la partie qui se dédirait (1).

La question soulevée concernait les droits de dîme « sur plusieurs courtiaux, sur « les eaues, les aignaulx, porcels, oisons, pouchins, sur les offrandes ès-églises et cha- « pelles dudit Bray dont nous sommes patrons ».

Toute la dîme des courtils énumérés à l'acte d'arbitrage devait revenir au curé. Pour les chandelles au jour de la Purification, deux parts étaient attribuées au couvent, la troisième au curé : deux parts de dîme au couvent et une part au curé dans les jardins où les religieux avaient coutume de la percevoir.

« Pour les offrandes et oblations de l'église de Bray, chaque jour notre procureur ou « fermier sera présent après la messe et prendra les deux parts d'obventions, offrandes « et oblations d'icelles et de toutes les chapelles. »

« Tant qu'il touche les dixmes de laisnes de brebis, d'agneaulx, de ling, de chanvre, « notre procureur ou fermier et le serviteur du curé les lèveront de main commune « ensemble et les partiront, et arons les deux parts et le curé la tierce ».

« De poulles, cochons, oyes et semblables choses, on les cueillera trois fois l'an ; c'est « à savoir, à mi-mai, à la Saint-Christophe et à la Saint-Remi, et seront ensemble notre « procureur ou fermier et le clerc dudit curé, et ycelles recueillies et assemblées les par- « tiront, et desquels nous arons les deux parts et ledit curé la tierce. Et si aucunes « choses surviennent en icelles dixmes et qu'il les faille lever en autres jours qu'en ces « termes établis, le curé nous doit faire serment de fidélité de garder nos droits en « tout et ce fait il recevra ce que varront, et sous icelui serment nous rendra nos deux « parts ».

Voici une troisième sentence arbitrale sous la date du 28 mars 1330. Elle regarde les dîmes de vi jʳ et demi de terre, au lieu dit *Les Auteux* et xvııı jʳ à *La Hochekoterie*, qui appartenaient au chevalier Hochekot. Au premier canton la dîme se partageait par quart entre les abbayes de Corbie et Saint-Riquier, le prieuré d'Encre et le curé. Sur le second canton trois quarts appartenaient au chapitre et l'autre quart au curé. Des dîmes de Meaulte étaient aussi comprises dans cette sentence ; elles se divisaient ainsi : la moitié des trois quarts appartenait au prieur d'Encre, l'autre moitié aux Abbés de Saint-Riquier, de Corbie, et au curé et le quatrième quart était dévolu au Chapitre d'Amiens. Toutefois le prieur d'Encre n'avait de droit que sur les terres qui lui payaient un terrage. Sur les autres terres la portion revenait à ses trois co-partageants. Cette sentence fut rendue par Guillaume de la Planche, doyen du Chapitre d'Amiens et Firmin Le Fruitier, clerc assesseur à l'officialité de Corbie. Elle imposait 60 livres d'amende aux récalcitrants (2).

(1) *Cartulaire. Ibid. Fol.* 106.   (2) *Cartulaire. Ibid.* — M. Josse, *Ibid.* 345.

Arrivons en 1449. Il y eut une transaction entre le monastère et le Chapitre d'Amiens devant Jacques Lenglès, garde-scel de la prévôté d'Amiens. Messieurs du Chapitre étaient représentés par Guillaume de Lespicié, chanoine, et l'Abbé de Saint-Riquier par Adam Adrien Le Tieulleur, grand prieur du monastère et procureur de Saint-Denis de la Châtre de Paris. La question agitée entre les parties avait pour objet deux muids de grain, moitié blé, moitié avoine, payés par le couvent au Chapitre d'Amiens. Le Doyen et le Chapitre prétendaient que cette redevance affectait tout le temporel de l'Abbaye et les moines soutenaient au contraire que la seigneurie seule de Bray était grevée de cette rente : ce qui leur fut accordé, et par appointement chaque partie demeura en ses dépens.

En 1730, l'Abbaye de Saint-Riquier rendait au Chapitre xviii setiers de blé évalués à 40 liv. 10 s. et ix setiers d'avoine à 14 liv. 8 s.

Une convention régla en 1501 quelques nouveaux débats au sujet de la dîme. Le curé dut reconnaître qu'outre le patronage du monastère sur la cure de Bray, la menue dîme appartenait aux religieux. Même décision en 1556.

1691. Les gros décimateurs de Bray furent appelés à réparer le chœur de l'église de Bray ; ce qu'ils ont fait à frais communs, en vertu d'un accord et avec beaucoup de libéralité.

II. Mairie féodale de la ville de Bray. — Un seul acte nous révèle l'existence de cette mairie, c'est sa vente en 1247. Jean Latanche et Marguerite sa femme ont reconnu devant l'official d'Amiens qu'ils ont vendu héréditablement à l'église de Saint-Riquier pour 110 liv. par. toute la mairie qu'ils avaient en la ville de Bray et qu'ils tenaient de l'Eglise. Marguerite avait son douaire sur cette mairie : on lui assigna une autre propriété pour garantie de son droit. Jean Latanche ou Letence, d'après M. Josse, était mayeur de la ville de Bray en 1255.

La famille de Bray, dont M. Josse a recherché l'origine, a possédé la mairie féodale de Bray (1). Lui-même cite Borgo de Bray, seigneur de la mairie en 1200, avant la fondation de la commune. Le titre de maire d'un domaine créait à cette époque un titre de noblesse. On peut donc affirmer que les premiers auteurs de la famille de Bray furent les maires du domaine monastique. Ce fief eut le sort de bien d'autres. Robert de Bray et Dreux de Bray, cités par M. Josse, ont dû appartenir à cette famille qui a perdu ce domaine par vente ou par une alliance du coté des femmes.

III. Seigneurie de Bray. — La seigneurie des moines ne s'étendait pas sur tout le territoire, tel qu'on le représente dans les derniers temps, et était circonscrite dans certains cantons à côté de celle de Corbie et autres seigneuries. Les derniers documents sur la seigneurie d'Arleux nous apprennent que cette seigneurie consistait en

(1) M. Josse, *ibid* page 377.

censives, champart, droits seigneuriaux, avec justice sur tous les immeubles qui en relevaient. La ville de Bray et sa banlieue n'étaient plus soumises à toutes ces charges féodales depuis la fondation de la commune.

En l'année 1665, par suite de procès et de transactions, les cens et rentes foncières de la seigneurie de Bray furent cédés au seigneur de Bray, Albert de Luynes. Le contrat de vente lui transférait la haute, moyenne et basse justice et la seigneurie sur l'Hôtel-Dieu de Bray, le moulin d'Arleux, le marais Thilouet, les eaux des Catiches et rivière de Somme, le droit de pêche dans ces eaux, avec tous les droits, redevances et censives dont ces immeubles se trouvent chargés, le droit de champart dans toute l'étendue du terroir et châtellenie de Bray, tous les droits perçus par les religieux sur les manoirs, masures, prés, terres labourables dans la ville, banlieue et terroir de la châtellenie. Le monastère ne se réservait que le droit de dîme et la propriété de xxxviii j^r de terres labourables en trois pièces, mais sans droit de seigneurie sur ce petit domaine. La cession fut faite moyennant 235 liv. de rente foncière et annuelle. En 1677 cette rente foncière fut remboursée, moyennant 4700 liv. qui, d'après le contrat, ont dû être remployées en fonds de terres utiles au monastère (1).

L'énumération qu'on vient de lire indique des droits seigneuriaux très étendus. Ce n'était toutefois que des épaves des premiers temps de la seigneurie monastique. Les papiers féodaux de cette seigneurie aujourd'hui anéantis ont dû contenir bien des démêlés et des transactions, des ventes ou usurpations. Ce qui a surnagé n'a que peu d'importance.

Nous avons traité dans notre histoire de plusieurs incidents des luttes féodales et municipales, nous allons ajouter quelques autres faits.

La ville de Bray, émancipée de la tutelle religieuse, tomba au pouvoir des châtelains de Péronne. Elle fut ensuite annexée pour des siècles à celle d'Encre. Aux puissants comtes de Saint-Pol ont succédé les seigneurs de Châtillon, de Nesle, d'Humières, d'Ailly, d'Albert de Luynes, etc. Sous toutes ces dominations le monastère a conservé tout droit de seigneurie sur la maison curiale, sur les hôtelleries ou hôtel-Dieu de Bray, sur le domaine d'Arleux. Les empiétements des redoutables seigneurs de la ville n'ont jamais fait taire la voix de la justice, et les moines ont gagné les nombreux procès suscités par l'ambition ou le désir inné de ne point rencontrer de contradiction. Quand ils ont abdiqué leur haut domaine, ils l'ont fait volontairement, à des conditions équitables.

Le contrat de 1665 atteste évidemment qu'outre les pérogatives spirituelles, le monastère possédait des droits antérieurs à celui des seigneurs de Bray. La cession faite par les rois de France n'avait point entièrement dépouillé les moines. Le temps seul a diminué leur puissance dans cette seigneurie, comme en bien d'autres.

(1) M. Josse, *ibid.* 352. — *Inventaire des Titres*, *page* 1499.

Les conflits ont commencé avec la domination des châtelains de Péronne, seigneurs de Cappy et de Bray *(Tome* I, *page* 370). Des difficultés soulevées en 1125 sur la possession des eaux et des étangs entre Bray et Cappy, renouvelées en 1167, se terminent, en 1195, par un accord devant des délégués du Souverain-Pontife (*Tome* I, *page* 392, 470) (1).

De 1330 à 1336, les entreprises de Jean de Châlons furent réprimées (*Tome* II, *page* 24), aussi bien que celles des officiers de M. d'Offémont, en 1391 (*Ibid.*, *page* 64) (2). Dans l'intervalle (1343), les officiers de dame Béatrix de Saint-Pol avaient méconnu les droits de l'Abbaye. « Un homme, ochis en un petit ruchel qui va parmi « Bray entre le pont d'Arleux et le Wicquet », avait été levé par les officiers de la commune et de la dame Béatrix de Saint-Pol, dame de Bray. Plainte fut portée à l'Abbé Pierre des Allouenges qui mit tout à néant, à la condition que cet acte ne porterait pas préjudice pour l'avenir (1343). Mais cette indulgence du pacifique Abbé ne toucha guère ceux qui jalousaient son autorité. Un sergent prit au marais Thilouet plusieurs ouvriers qui faisaient un fossé et ne voulut point les rendre (1346). Les religieux en appelèrent alors à Beaudouin, prévôt de Péronne, qui fit droit à leurs plaintes, en leur faisant remettre les prisonniers par Pierre de Liéramont, sergent royal. Deux ans après, D. Robert de Noyères, préposé à la seigneurie d'Arleux, fut encore attaqué pendant qu'il faisait arracher une haie au même lieu. Sur la réclamation de ce religieux, les officiers de Béatrix de Saint-Pol désavouèrent ceux qui avaient voulu empêcher les hommes de l'Abbaye, et l'on convint de ne point donner suite à cette affaire, après promesse de ne plus porter préjudice aux droits de l'Abbaye (1346-1348) (3).

LA COMMUNE DE BRAY. — Elle fut établie en 1210. Nous avons à rapporter ici des compositions entre les moines et les mayeurs, jurés et communauté de Bray en 1320.

I. Accord pour la pêche dans les fossés de Bray, à la suite de débats et de revendications des deux parties. Par cet accord les religieux de Saint-Riquier conservent le droit de pêche sur la rivière et les fossés de Bray ; mais la pêche sur les fossés qui aboutissent à la rivière derrière la maison curiale est concédée à la ville.

Cette lettre d'accord fut vidimée par Jean d'Allenay, chevalier, bailli de Vermandois.

II. Par une autre composition il est reconnu que la maison d'Arleux, les moulins du couvent, la chaussée d'Arleux, sont hors de la banlieue de la ville et que par conséquent les maires et échevins de Bray ne peuvent « ni y exploiter ni y justicier », mais que toute justice appartient aux religieux. Dans ce même traité on règle les

---

(1) *Cartulaire, fol.* 109. (3) M Josse. *Mémoires, page* 349.— *Cartulaire.* 118.
(2) M. Josse. *Mémoires, etc*, *page* 341.

droits réciproques des deux juridictions sur les moulins et les eaux d'Arleux et de Bray, en voici l'analyse :

1° L'établissement où se pèsent les bleds et les farines seront sous la juridiction de l'échevinage, mais le peseur est tenu de peser sans délai les bleds et les farines qu'on apporte à moudre aux moulins du couvent. Les meuniers par contre sont responsables de leurs retards, de leurs torts et dommages. Ils peuvent avoir une huche dans la maison du pesage pour y déposer les bleds des particuliers et les résidus de la mouture

2° Le maire et les échevins présideront à l'élection du maire des meuniers et recevront son serment. Les meuniers du couvent seront convoqués à cette élection, s'ils sont bourgeois de Bray et y prendront part. Ils pourront aussi, s'ils sont bourgeois domiciliés à Bray, être élus maire du metier et seront obligés d'exercer leur office selon Dieu et leur conscience. S'ils résident à Arleux, ils sont libres de prendre part à l'élection ou de s'abstenir.

3° Les meuniers peuvent clore et ouvrir les ventelles sans contredit, toutes les fois que bon leur semblera. Dans une grande crue d'eau le mayeur des meuniers peut les forcer à ouvrir les ventelles et les garder ouvertes, jusqu'à ce que le péril imminent soit passé.

4° Aux eaux basses, le mayeur du métier ne peut forcer à clore les ventelles qui conduisent l'eau aux moulins du couvent qu'autant que les moulins ne travaillent pas, quelque diminution d'eau qu'éprouvent les autres moulins.

5° Le mayeur des meuniers étant l'homme des religieux, on ne peut passer outre son refus d'ouvrir les ventelles, excepté dans une grande nécessité, quand les moulins sont au repos.

6° Cette convention termine encore un différend sur les marais Tilhouet, sur les alluvions ou travaux qui arrêtent le cours des eaux. Ce marais était donné à cens à la commune pour xii deniers et un chapon. Ce premier contrat est confirmé. Le mayeur pourra le faire planter à son gré, jeter des ponts sur les fossés, établir des barrages à claire voie ; mais les religieux se réservent à eux seuls la pêche sur la rivière et les fossés qu'elle alimente.

Les parties s'interdisent la faculté d'invoquer la prescription par suite de possession, ni de rien faire qui puisse porter préjudice à Jean de Flandre, seigneur de Bray.

Trente et un ans plus tard, en 1351, le monastère fit à la commune de Bray, pour ses moulins, un bail à cens annuel et perpétuel de 16 s. 10 den. p. Le bail indique un moulin à blé, un autre à l'huile et le troisième à drap. L'Abbé et le couvent concèdent au mayeur et aux échevins « ces moulins avec tous les manages et édifices y apparte-
« nant, assis sur la cauchye de l'yaue de Bray, avec l'yaue, les émoluments, revenus,
« prouffits, tout ce qui pourroit échoir et venir tant en chinos, oisiaulx ou cygnes volans,

« qu'en pescherie avec 30 anguilles ou cubits qui étoient dus, à cause de la dite yaue et de
« ladite pescherie sur plusieurs vies de rente perpétuelle, sans rien excepter entre l'yaue
« qui vient de Cappy jusqu'à icelle qui est par devers Bray et jusques à Wicquet au de-
« hors de notre maison des Allues et sus, hors des bornes et cauchie de notre maison
« d'Arleux jouxte Bray, sauf par spécial que iceux maire et jurés de Bray ne porront
« tendre, ne faire tendre, ne mettre harnas dormans à 20 pieds près des entrées des
« moulins et des fossés de notre maison d'Arleux, ne planter, ne copper, ne abattre
« nuls arbres à 20 pieds des castices, entrées, issues, montées des fossés de notre
« maison d'Arleux, à condition de tenir tout de notre Eglise héréditablement et perpé-
« tuellement comme seigneurs d'icelles choses, de nous payer 16 s. 10 den. p. de cens
« annuel et perpétuel à notre maison d'Arleux sur Bray. »

« Toute la justice et seigneurie que nous avions auparavant esdits molins, yaues,
« pescherie, cauchies, nous demeure et demourra à toujours héréditablement, perpé-
« tuellement, avec toutes les amendes qui pourroient échoir. »

Entre autres stipulations de garanties de ce contrat, notons les suivantes : « et pour
« accomplir leurs obligations, iceux maire et jurés de Bray, ont obligés eux, leurs suc-
« cesseurs présents et advenir et tout le temporel et héritages propres ou en commun,
« là où qu'ils soient trouvés à tous communs ou non, pour prendre, saisir, détenir,
« lever, emporter, vendre, dépendre par toutes justiches, à qui ne se voldroit traire et
« par deffaute de leur paiement, aussitôt que les termes seroient échus; et renonchèrent
« tant qu'à ce à tous privilèges de clergie, à tous respis, prolongements, à toutes grâces
« du Pape, du Roi et autres puissances données ou à donner et autres choses générale-
« ment et spécialement tant de droit, de loy, comme de fait, de cas, de coutumes, de
« nouveaux établissements de la ville ou de pays et à toutes fraudes, barres ou cavilla-
« tions et raisons que on pourrait dire ou proposer, alléguier ou omettre avant contre
« ces présentes ou contre une des pareilles contenues en icelles et qui à eux ou à l'un
« d'eux porroit valoir ou aidier, et à nous et à notre église nuire, promettant entretenir
« bien et loyalement de point en point toutes les choses devant dites et chacune d'i-
« celles les accomplir ».

« Très bonne lettre du bail de nos molins des Allues » ajoute le rédacteur de cette
pièce. »

La maison seigneuriale d'Arleux, résidence des moines de Saint-Riquier, était inoccu-
pée par suite de cette cession. Les religieux prirent la détermination de la louer. Voici
les clauses du bail fait au profit de Guérard de Gossuin, bailli de Bray. Ce bail concède
avec le manoir « la jouissance des terres ahanables, rentes, terrages, dixmes grosses
« et menues, étalages, oblations, amendes, exploits, reliefs, issues et entrées, avec tous
« les droits et actions que ladite abbaye pouvait avoir au manoir d'Arleux, en la ville
« de Bray, à Arvillier et Framerville, à Herleville, à Foucaucourt, à Chuignolles, à
« Mametz, à Etinehem, à Méaulte, à Suzanne, à la Neuville, à Proyart et terroirs d'i-

« ceux lieux et aux pays des environs, sauf et réserve de 16 s. 10 deniers que doivent
« chacun an les maire et échevins de Bray, le fief de Chuignolles, que tenait de la
« dite Abbaye la Dame de Baves, avec les hommages et reliefs de fiefs que la même
« Abbaye avait ès lieux dessus dits.

Le même bail fut renouvelé en 1395, au profit de Jean Le Personne.

On trouve aussi dans les archives de 1385, un autre bail de xii j^x de la cense de Saint-Riquier à la voie de Cappy. En la même année ii j^x de vignobles sont loués pour une redevance de deux sous au journal.

Les religieux partis de Bray, rien de plus naturel que de prescrire contre leurs droits : mais si leur administration parut sommeiller un instant, elle ne tarda pas à se réveiller ; c'est ainsi qu'en 1399 elle mit en demeure les hommes-liges et cottiers de reconnaître la juridiction abbatiale et leur obligation de faire juger leurs procès à Arleux ou à Bray. Quatre-vingts hommes cottiers ou féodaux furent assignés au nom du Roi pour terminer un procès pendant à leur tribunal depuis 1392 et condamnés à l'amende pour s'être soustraits à leurs juges ordinaires (1399).

Il résulte encore d'un chirographe de 1411 (*Tome* ii, *pages* 108-109), que les maire et jurés de Bray ont été obligés de reconnaître qu'ils n'avaient aucune juridiction sur Arleux ni sur la seigneurie des religieux de Bray. En 1436, nouvelles complaintes des religieux pour la violation de leurs droits sur les hôtelleries de Bray et sur la maison curiale ; nouvelles décisions qui condamnent les usurpations et rétablissent les religieux dans leurs droits impresceptibles.

Les conditions posées dans la cession des moulins n'étant plus exécutées un siècle après, Hugues Cuillerel, en 1453, après avoir épuisé les juridictions intermédiaires, porta sa plainte devant le prévôt. Jean le Doyen, maire de Bray, n'alléguant que des pitoyables raisons, pour justifier la conduite de l'autorité communale, fut condamné à payer les arrérages de sa dette. Il faut noter ici que les chefs de la commune de Bray avaient été mis en cause en vertu des privilèges donnés aux suppôts de l'Université de Paris ; car Hugues Cuillerel avait des écoliers résidants à l'université de Paris, dont il payait la pension avec les revenus de Bray. Cette sentence avait la puissance de faire lever les biens, de les vendre, de les crier au plus offrant, et même les biens des chefs de la communauté, en commun et en particulier.

Les changements opérés dans l'administration du monastère par la réforme de Saint-Maur, préparèrent la transaction de 1665 dont il a été question plus haut.

Bois de Tourmont, Domaine du Monastère. — Ce bois n'existe plus et n'a point laissé de trace sur les lieux-dits. M. Josse se demande où était ce bois et répond qu'il devait se trouver dans le voisinage de la Vallée; il conjecture qu'on en voit les derniers restes dans le petit bois qui borne le chemin de Bray à Cappy. Mais les xii j^x de la cense de Saint-Riquier à la Voie de Cappy, dont il a été question plus haut, ne seraient-ils pas un essart de ce bois? Les terres de Saint-Riquier « autrefois boisées » dit M. Josse, sises au-dessus des collines de Brunfay, entre les chemins d'Arras et de Carnoy, indiqueraient-elles mieux la situation du bois de Tourmont ou du mont de la Tour ?.. Nous livrons cette conjecture au jugement du lecteur. Ce qui nous paraît mieux établi, c'est que le monastère possédait encore ce domaine au moment de sa suppression ; il fut vendu après 1789.

Bois du Bus Livre. — Ce bois nommé le bois de Lebartinon ou du Bus-Livre, aux environs de Bray, du côté d'Etinehem, d'une contenance de VIII j^x et demi était indivis, en 1219, entre l'Abbaye de Saint-Riquier et Gautier, seigneur d'Hébuterne. Il y eut conflit et appel au Souverain-Pontife, jugement ou accord des parties devant le doyen de Montreuil, l'Abbé et le prieur de Saint-Sauve de cette ville. Le seigneur d'Hébuterne fut chargé de la garde et de la clôture du bois et l'on accorda aux moines le tiers du prix des ventes, quand il y aurait lieu.

Un siècle plus tard les héritiers de Gautier oublièrent cette convention ou ne voulurent point en tenir compte. De ce déni de justice il y eut appel par les moines de Saint-Riquier, le dimanche après les Rois de l'an 1322, parce que Hue de Hébuterne refusant « de bailler et donner la tierche partie des deniers venant de la vendition du Bus-Livre « dont nous étions en saisine et possession et à laquelle prinse et levée de bois ledit « Hue se opposoit, il fut cité par Gilles de Potières, lieutenant du prévôt de Péronne. » Le seigneur de Hébuterne ne comparut pas et il fut condamné par défaut. La sentence mandoit aux sergents de contraindre « ledit Hue par prinse de son corps et de ses biens à nous rendre et restituer ladite tierche partie de la vendition dudit bos ». Afin de conserver le droit de l'abbaye, un sergent mit le bois en la main du roi jusqu'à l'exécution de la sentence.

« Les religieux s'étaient complaints et dolus devant Lippart, prévôt de Péronne en « cas de nouvelleté de Messire Beauduin de Buissy, chevalier et de sa femme, parce « qu'il avait coppé, fait copper et vendre et emporter du bos du Bus-Livre, là où nous « avions la tierche partie, et ce sans évoquier, appeler ne bailler la tierche partie dont « les religieux étoient en saisine et à toutes fins yceux se opposaient, et leur fut jour « assigné pour chacun dire ses raisons, auquel jour Messire Beauduin comparut en « personne et reconnut par devant ledit prévôt et les hommes jugeant pour le roi, avoir « eu tort et qu'aux religieux appartenoit la tierche partie dudit bos et amendes, coi- « gnassamment en sa main ; ce que à tort et à malvaise cause il avoit troublé et em- « pêchié à ce que dessus est dit ».

(1389). Fatigués de toutes ces tracasseries, les religieux érigèrent leur part du bois en fief, avec hommage de bouche et de main, le service aux plaids d'Arleux, « pour jugier toutes fois que mestier sera et à charge de service de ronchin et 30 s. de relief, d'hoir en hoir, et le chambellage. Jean Bauduin, écuyer, garde-scel de la baillie de Vermandois à Péronne, fut investi de ce fief le 5 octobre 1389. On y ajouta cinq quartiers de terre attenant à la maison d'Arleux.

Maisons a Bray. — Nous avons parlé des droits seigneuriaux sur l'Hôtel-Dieu de Bray, sur la maison curiale et les moulins d'Arleux. Un acte de bail de 1292 nous indique que le couvent possédait aussi à Bray une maison, dont Guillaume de Hangest, bailli d'Amiens et sa femme, devinrent locataires pendant leur vie ou pour deux viages. Le bail concédait la maison avec toutes ses dépendances et ses droits, excepté celui de la présentation à la cure.

Il n'est plus question ailleurs de cette maison, qui fut sans doute vendue. Mais ce même hôtel ou un autre fut acheté, en 1442, par l'abbé de Saint-Riquier à Jean de Mailly, chevalier, seigneur d'Ovillers et D^{lle} Jeanne de Waymart pour 240 liv. d'Artois. Cette maison, dit la *Chronique*, était tenue du seigneur d'Oisemont par un cens de 6 deniers et 3 chapons. Avec cette maison Jean de Mailly vendait un jardin tenu de la Maladrerie de Bray par un cens annuel de 2 chapons et 4 deniers. Guérard de Haynault en fut saisi au nom de l'Abbé. « Cet hôtel, dit M. Josse, était placé à l'angle des remparts et de la rue de Corbie. » L'année suivante, l'abbé Hugues Cuillerel en fit la rétrocession au même prix à Guillaume de Flavy, vicomte d'Asy, seigneur de Montauban, Monchy et Lagny. Guillaume de Flavy ne garda cette propriété que trois ans et la rendit au couvent, qui donna alors pour homme vivant Mathieu de Brunfay. En 1450 on renonça à cette maison ; mais l'année suivante, pour le même prix de 240 liv., Pierre Le Prêtre, pour lors procureur de Hugues Cuillerel, racheta à Firmin d'Alliel, seigneur de Villers-sur-Marcgny et Housseville, et à Jeanne Formentin, son épouse, fille et héritière de Jean Formentin et de Dame Jeanne de Mailly, une autre maison située dans la grande rue, au centre de la ville, et soumise à la juridiction échevinale et de plus grevée de deux rentes annuelles (1).

Ces maisons servaient sans doute d'habitation aux receveurs de l'abbaye, quand leurs intérêts les appelaient à Bray. On ne peut leur supposer une autre destination.

Signalons, en terminant, le chemin dit *Voie de Saint-Riquier*, qui part de la *Fosse Arleux*, cotoye le cimetière Mérovingien, puis se convertit en chemin vert, parcourt une partie du terroir d'Etinehem et tombe ensuite sur le terroir de Méaulte d'où il arrive à Encre. C'est sans contredit pour les moines la voie de communication entre Encre et Arleux.

Un ancien rolet nous donne l'idée sommaire des revenus de Bray, vers 1490 sans doute.

Bray. — Moulins de Bray, 6 muids et demi de blé. *Item*. à Noël, 28 s. de cens. — Menues dîmes 4 liv. 7 s. chaque année. — Dîme des agneaux, 12 liv. chaque année. Les deux parts des oblations du moustier. — « Grosses dîmes et terrages baillés à 40 muids de blé et 40 muids d'avoine chacun an et pensez quelles vaillent plus que moins.

(1) *Inventaire des Titres pour Arleux et Bray, pages* 1465-1507. — *Cartulaire, fol.* 110. — M. Josse. *Ibid.*, pages 341-353.

— Plus pecquerie dont on rend chacun an 36 s. — Pour reliefs et ventes de chaque journal de terre, vi den.—Le cens d'Arleux, cent vingt livres par année, avec décharge de charges foncières et autres avantages. — Bail de 6 ans. »

Arvillers. — 10 muids de blé et 2 mines d'avoine.

Framerville. — 6 muids de blé et 10 setiers, moitié blé moitié avoine.

Herleville. — 13 muids de blé et avoine.

Foucaucourt. — xv j^x de terre dont on rend chaque année 40 setiers de blé et 40 setiers d'avoine, à la mesure de Péronne, en outre 54 capons et 12 deniers de cens.

Chuignolles. — 50 liv. parisis.

NEUVILLE-LÈS-BRAY.

D'après des contrats de vente de 1536, l'Abbaye de Saint-Riquier avait des droits seigneuriaux sur un pré appartenant à ce village. C'est la seule fois qu'il soit question de cette localité dans nos archives.

ETINEHEM.

Il existait sur le terroir de ce village un fief nommé Applaincourt, d'une contenance de xviii j^r en une seule pièce. D'après un dénombrement de 1510, le seigneur de ce fief possédait en même temps à Foucaucourt un arrière-fief du monastère, dont il sera parlé plus loin.

FAMILLE DE MEULAN. — Nos archives ont conservé les noms de plusieurs feudataires de cette famille. D'abord Antoine Meulan, écuyer, sieur de Montauban, puis son fils et héritier Louis Meulan (1604), Jacques Meulan, fils de Louis, donnait son relief en 1618, mais il y eut une saisie féodale contre lui. La saisie fut renouvelée en 1628 et 1664 (1).

PROYART.

L'Abbaye possédait à Proyart des droits seigneuriaux sur quelques terres, des censives et un champart sur plusieurs cantons, à raison de vi gerbes du 100. On vendait, en 1606, des terres sur lesquelles l'Abbaye avait réservé ses droits par une hypothèque légale.

La fabrique de Proyart était redevable au monastère de censives pour ses biens. On voit même dans les actes qu'il y eut saisie de ces biens en 1691.

Dans le village même, des maisons étaient également chargées de censives. On en retrouve des états sur les cueilloirs ou dans des actes notariés en 1724, 1727, 1763.

---

(1) *Inventaire des Titres*, page 1487.

En 1722, on se vit forcé d'entreprendre des procédures contre M. Postel de Proyart. Les juges firent défense au seigneur de troubler les religieux dans leur possession (1).

FOUCAUCOURT.

Le monastère fut gouverné au XIVᵉ siècle par un abbé originaire de ce lieu.

Des possessions primitives de l'Abbaye il restait dans les derniers temps un fief mouvant de celui d'Etinehem et d'une contenance de XXII jˣ, consistant en maison, jardin, pré, bois et terres labourables sises en partie sur le territoire de Foucaucourt et en partie sur celui de Chuignolles. En outre, des terres du village devaient des cens et des rentes foncières.

1510. Dénombrement de ce fief par Jean de Croisy à Messire Jean de Happlaincourt, chevalier, seigneur de Béthencourt.

Un jardin nommé le *Jardin Loisel* fut, en 1697, le sujet de procédures contre M. du Halgois, seigneur de Tracy, et en 1769, contre M. le comte d'Hervilly de Canisy (2).

CHUIGNOLLES.

Le monastère possédait à Chuignolles un domaine de XLIX jˣ de terre et un champart sur LX jˣ de terre, à raison de 8 gerbes du 100. Le droit de champart s'étendait même sur des terres appartenant à l'église de Chuignolles. Les terres de l'église furent saisies censuellement en 1693.

La justice appartenait par indivis à l'Abbé de Saint-Riquier et au prieur des Clunistes de Lihons, en certains cantons du territoire de ce lieu.

1276. Des divisions étant survenues au sujet des droits respectifs des deux couvents sur une terre nommée le *Camp Majoral*, qui devait le champart au monastère de Saint-Riquier, il y eut un accord entre le prieur de Lihons et l'Abbé de Saint-Riquier.

Il fut reconnu et convenu que la seigneurie et la justice seraient communes sur ce domaine.

Famille de Chuignolles. — Alexandre de Chuignolles eut un procès avec l'Abbaye en 1331, il fut obligé de confesser devant Jean de Bretencourt, prévôt de Péronne, qu'il n'avait ni justice, ni seigneurie sur une terre tenue de l'abbaye et à restituer 54 gerbes de blé. Il fut prouvé en 1342 que le même Alexandre de Chuignolles devait terrage sur IV jˣ de terre, sis à la *Croix à Broche*, « sans maison, sans mener ni huguier. » Ce terrage rendu à Arleux constituait un cens annuel et perpétuel.

(1) *Ibid.*, page 1503.   (2) *Ibid.*, page 1507.

Agnès de Chuignolles, dame de Reumual, donna un dénombrement en 1355. On y voit des terrages, des cens et autres droits tenus de l'Abbaye.

FAMILLE DE WINGLES. — Cette famille a possédé le fief de Chuignolles et les terres tenues de l'Abbaye.

1393. Agnès de Wingles, dame de Baves, épouse de Jean Le Houssière, et héritière de Bernard de Wingles, n'ayant point relevé le fief, fut condamnée à une amende (*Tome* II, *page* 64.)

1769. Un dernier acte de seigneurie à Chuignolles fut un procès contre le comte d'Hervilly de Canisy pour des censives non payées (1).

HERLEVILLE.

Les archives du monastère indiquent : 1° Des censives et un champart sur xliii j^x de terre. Ces droits seigneuriaux furent recarsés en grains, à la redevance d'un setier de blé ou d'avoine sur chaque journal ensemencé, à la mesure de Bray. Ces terres devaient en outre le relief à chaque mutation ; 2° Un bois mouvant de l'Abbaye ; 3° Un domaine de xiii j^x de terres labourables ; 4° Un fief de iv j^x de terre amasés d'une maison, chef-lieu du domaine. Le fief, d'après un dénombrement de 1560, était tenu par services de plaids, par 20 s. de chambellage, par terrage et quint denier en vente ; 5° iv j^x de terres de l'Eglise devant le champart de temps immémorial. On suit, dans des arrêts de 1670 à 1735, divers démêlés entre le couvent et la fabrique au sujet des droits seigneuriaux sur ce petit lot de terre. Relevons les noms de deux curés d'Herleville : Pierre Danzel en 1590, et Charles Etévé en 1657 (2).

FRAMERVILLE ET RAINECOURT.

Le village de Framerville dépendait en 831 du prieuré d'Encre ; c'est lui, ce nous semble, qui est mentionné dans le dénombrement sous le nom de *Flamiriaca Villa*. Nous avons une preuve suffisante de cette assertion dans la portion de dîme et de champart qui restait sur les terroirs de Framerville et de Rainecourt. On soutint et l'on gagna un grand procès en 1621 pour ces redevances. Cette dîme fut encore contestée par les chapelains de Saint-Quentin de la cathédrale d'Amiens en 1697. Il y eut un procès au parlement et séquestre. Une sentence interlocutoire fixa la part des religieux à 120 liv. ou au cinquième de la portion de dîme contestée. Les chapelains acceptèrent cette décision. Les religieux de Saint-Riquier, du reste, n'étaient point seuls mêlés à ce grand procès. Le curé du lieu et le chapelain de Saint-Etienne de Cappy y étaient aussi intervenus.

(1) *Cartulaire, fol.* 120-122.— *Inventaire des Titres, page* 1517.   (2) *Ibid., pages* 1539-1548.

De 1697 à 1702, nouvelles contestations avec les chapelains de Saint-Quentin qui voulaient se décharger, aux dépens du monastère, de la portion de dîme due au curé de Framerville et au prieur de Cappy. Les religieux furent maintenus dans la possession entière de leur cinquième (1).

VAUVILLERS.

Le monastère avait une dîme sur LXXXIV j^r de terre, à raison de VII gerbes du cent ; il avait pour co-partageant le prieur de Cappy. Il restait au monastère avant 1789 une liasse de baux. Les *lieux dits* du pays mentionnaient la *Sole de Saint-Riquier* (2).

DOMAINES PERDUS DANS CETTE SEIGNEURIE.

CAPPY. — Ce lieu assez célèbre dans les temps anciens à cause de son prieuré, de son château, de ses seigneurs et d'une entrevue de Lambert d'Arras avec le seigneur de Péronne et de Bray, nous représente assez bien le nom de *Catiacus* du dénombrement de 831. Il n'en est plus question depuis dans nos archives, mais les redevances de Cappy ont pu être englobées dans celles d'Arleux. Canny, chef-lieu de la seigneurie a été possédé par la célèbre famille des Flameng de Canny, que les Abbés de Saint-Riquier avaient pour voisins à Bray et à Chevincourt.

BRESLE. — Bresle ou Berelle dans les anciens pouillés, à peu de distance d'Encre, appartenait à Saint-Riquier vers 991 (*Tome* I, *page* 358). Il ne reste aucune autre indication dans nos chroniques ou nos archives.

MEAULTE. — Cette commune aux environs d'Encre payait autrefois une petite portion de dîmes au monastère de Saint-Riquier. « Une sentence arbitrale, dit M. Darsy, rendue en présence d'un notaire apostolique, le 28 mars 1330, constate que le chapitre avait les 3/4, à l'encontre de l'autre quart que possédaient les abbayes de Corbie, de Saint-Riquier et le curé de Bray, sur VI j^x 1/2 de terre, au lieu dit *les Auteux* et sur XVIII j^x à *la Hochetokerie* qui appartenaient alors au chevalier Hochetoc (3).

MAMETZ, SUZANNE, WAILLIE-SOYECOURT ET ENVIRONS. — Ces villages sont indiqués dans un bail de 1385.

Waillie, village détruit aux environs de Soyecourt. Son nom a beaucoup d'affinité avec celui de *Wadiamacus* du dénombrement de 831. Dans le bail dont il est parlé en 1567, on porte en particulier XVIII j^x de terre à Waillie-Soyecourt et environs, mouvants de l'abbaye dont le revenu est de 56 s. tournois de cens (4).

(1) *Inventaire des Titres, page* 1545.
(2) *Inventaire des Titres, page* 1543.
(3) M. Darsy. *Bénéfices de l'Eglise d'Amiens, Tome* I, *page* 156.
(4) *Archives de Saint-Riquier.*

ARVILLERS.

La seigneurie d'Arvillers fut rattachée à celle d'Arleux. Elle appartenait au monastère, dès les temps primitifs. C'est elle sans doute qui est indiquée dans une charte sous le nom d'*Arcovillare* (1). C'est sous ce nom qu'on retrouve Arvillers dans les titres de Corbie.

On recueillait à Arvillers des dîmes, des censives, des champarts, qu'on transportait à la maison centrale d'Arleux, administrée par un moine. Par un accord avec le seigneur du lieu toutes ces redevances furent converties en une rente de 600 liv. que le seigneur continua de payer jusqu'en 1789.

Le monastère avait à Arvillers un fief, chef-lieu du domaine, et xxix j^r de terre. Le *Cartulaire* nous a conservé quelques faits féodaux que nous allons analyser. Le premier remonte à 1219.

C'est un procès devant juges apostoliques, pour différends entre Raul d'Arvillers, chevalier et le monastère. La composition est contenue dans un chirographe de Hugues de Chevincourt.

« Le dit Raul, notre homme-lige, tenra de nous héréditablement pour lui et ses
« hoirs, en terrage, dixme et leurs dépendances, par dix muids de froment et deux
« d'avoine, à payer ès-octaves de la Toussaint, chacun an, le dit froment, à deux deniers
« près du setier en valeur du meilleur, et le dit grain, mesure de Montdidier. Et sub-
« jet (le dit Raul) d'envoyer, le dit terme passé, chacun an, à ses dépens, un messager
« à Bray vers notre procureur d'Arleux, signifier que ledit grain doit être prêt pour
« nous le faire amener. Et si faute y avoit à icelui grain, tant à qu'il fut non appareillé
« ne en telle valeur, et que il arrivoit que nos gents, chariots, charettes, fussent con-
« traints de vacquer, sejourner, pernocter, arrêter en quelque demeure, ou retourner
« non chargées, che doit être du tout aux dépens, coûts et fraix dudit sieur et non
« point de nous. . Si il y avait faille par nous d'y envoyer au jour assigné, nous devons
« payer le garde et louage du grenier, le dit terme de Toussaint passé, et la dite significa-
« tion faite et jour prefit assigné dument, comme il est dessus dit. Et pour plus grande
« assurance de paiement, il adjoindit tout son fief qu'il tient de nous en homme-lige et
» fidélité audit Arvillers, le obliga audit payement et ce fait, assigna mettes et abbouts
« et à deffaute de payement à nous par le dit sieur faite le poons occuper. Mais nous
« accordames au dit Raulet et à ses héritiers par ce dit contrat le tierche partie venant
« de tous nos droits à nous appartenans au dit Arvillers et environs et par ce fait et
« composition nous demourames quittes vers le dit Raul et ses héritiers de un droit
« de past qu'il demandoit avoir de nous comme garde ou custode de nos froments et

(1) Au Tome i de notre Histoire (*page* 246), nous avons traduit *Arcovillare* par *Herleville*. Nous corrigeons ici cette erreur de topographie.

« grains et aultres offices depuis le premier jour que on commence à meschonner jus-
« qu'à ce que on a finé et terminé les moissons ; d'icelui droit fumes absous, délivrés
« et despéchiés, et la question mutte devant iceux juges apostoliques fut dite sopite et
« éteinte, et jura le dit Raul en présence de Gislebert son frère, d'yceux juges, sur les
« saintes reliques, et même obligea ce faire jurer par ses dits hoirs, et nous lui pro-
« mines garandir et lui prêter ayde et confort envers tous ceux qui voudroient contre-
« dire de payer le dit droit de terrage et droit de dixme ès-lieux où raisonnablement
« on le doit cueillir et est accoutumé. »

Dans son chirographe conçu à peu près en mêmes termes et auquel nous avons emprunté quelques expressions, Raul d'Arvillers reconnait que pour sa terre il devoit service de ronchin et 60 s. p. lesquels il devait envoyer à Arleux toutes et quantes fois qu'il sera requis et « sommé par notre procureur et avec ce lui et ses hoirs aller aux « plaids à Arleux, toutes et quantes fois qu'il sera ajourné et admonesté de le faire « avec ses autres compagnons et aux jours à ce ordénés. »

Lettres copiées dans le *Cartulaire* sur un vidimus de Bertremieu Payen, clerc du diocèse d'Amiens, notaire apostolique en l'an 1432, du temps du pape Martin V.

1363. — Par arrêt du Parlement, Guy Des Près et D^lle Jeanne d'Arvillers, son épouse, furent condamnés à payer à l'abbaye de Saint-Riquier dix muids de froment à la mesure de Montdidier, à 2 s. près du meilleur pour chaque setier et deux muids d'avoine. Il leur fut enjoint en outre d'avoir à assister aux plaids avec les autres hommes de fief ou hommes-liges et vavasseurs et à fournir le service de ronchin. Cet arrêt réintégra dans ses droits le seigneur d'Arvillers qui avait laissé confisquer son fief par défaut de payement.

1433. « Après le siège de Compiègne par le duc de Bourgogne, Charles de Flavy, seigneur d'Arvillers, qui s'étoit jeté dans le parti contraire à ce prince, ne put reparoître sur sa terre. On la confisqua et on la donna à Jacotin de Banquetun qui la fit administrer par diverses personnes et par ses receveurs. Les religieux réclamèrent leurs droits seigneuriaux. Dans les informations qu'on fit à cette occasion, il fut constaté que le château était sous la juridiction du monastère de Saint-Riquier, à l'exception de la basse cour, qui étoit tenue de la seigneurie de Borgne d'Argies et d'un autre petit fief tenu du seigneur d'Hangest. Les tenanciers n'avoient point accepté la domination du nouveau maitre; c'est pourquoi les arrérages de la terre ne rentroient que par des voies de rigueur et par la prison infligée aux tenanciers. Charles de Flavy finit par revenir dans ses domaines, mais soit mauvais vouloir, soit surchage de dettes contractées dans la guerre, il négligea de remplir ses obligations envers le monastère. On voit dans le *Cartulaire*, en 1455 et 1458, que les religieux durent faire appel à la justice qui chargea un sergent du roi de « lever les biens du seigneur d'Arvillers, jusqu'à plein nan-
« tissement. Il appert, ajoute le rédacteur du *Cartulaire*, que cheux qui l'avoient fait

« obligier devant auditeurs, étoient subtiles gens et bien entendants, en nous mon-
« trant comment nous y devions procéder »

1677. Un arrêt de justice condamne Messire François Duprat de Barbançon, chevalier, seigneur de Nantouillet, Arvillers et autres lieux, premier chambellan de Monsieur
le Duc d'Orléans, frère unique du roi, à passer titre nouvel et reconnaissance de dix
muids de blé, mesure de Montdidier, à prendre sur la terre d'Arvillers, et en outre
à payer les arrérages dus depuis 1661 qu'il était acquéreur.

A la suite de cet arrêt il intervint une transaction, d'après laquelle le seigneur d'Arvillers s'obligea à payer à l'abbaye une rente annuelle de 600 liv., constituée en principal de 12,000 liv., montant des arrérages de la redevance de dix muids de blé froment
et de deux muids d'avoine, mesure de Montdidier, des reliefs et dépens. Cette rente
étoit remboursable, après trois ans, en un seul paiement représentant une partie de la
seigneurie d'Arvillers, aliénée en faveur du seigneur. Cette rente non payée devoit conserver les mêmes qualités, privilèges et hypothèques sur la seigneurie. Le seigneur de
Barbançon devait aussi payer 600 liv. pour dépens, fruit et loyaux coûts.

1741 à 1761. Long procès sur cette rente avec dame Charlotte de Vendeuil, veuve
en premières nôces d'Eléonor de Louvel et ensuite épouse non commune en biens de
Charles de Collemont, écuyer, seigneur de Framerville. Ce procès n'était pas encore
terminé en 1761; mais la redevance, payée jusqu'en 1789, prouve que l'Abbaye était
maintenue dans ses droits. La Dame de Vendeuil avoit acheté la terre d'Arvillers et ne
vouloit pas reconnoitre la mouvance de la seigneurie (1).

Saint-Riquier-lès-Pierrepont. — Ce hameau situé à peu de distance d'Arvillers ne
devait aucune redevance au monastère, mais il avait une chapelle dédiée à Saint-Riquier (2) dès les temps les plus anciens.

Nous supposons que c'est en ce lieu que s'est passé le fait prodigieux raconté au
Tome I de notre histoire (*page* 328. note). C'est pourquoi nous consignons ici une particularité sur la chapelle de Saint-Riquier de Pierrepont.

1505. Valeran d'Ongnies, baron de Longwy, seigneur de Pierrepont, Le Hamel,
Contoire, Hargicourt, etc., gouverneur du comté d'Eu, époux de Marguerite de Sois-
sons, seigneur de Moreuil, donna un pourpris avec l'église qu'on nomme de Saint-
Riquier et fit bâtir un monastère pour un religieux de l'ordre de Saint-François. Ce
lieu étant contigu et tout près des dits villages de Pierrepont, Le Hamel, Contoire et
Hargicourt, le religieux devait y annoncer la parole de Dieu.

La chapelle de Saint-Riquier existe toujours; on y voit la statue du Saint Abbé et
celle de Saint François d'Assise.

(1) *Cartulaire, fol.* 103-105.— *Inventaire des Titres,* (2) Voir Tome I de notre Histoire, *page* 328.
payé 1528.

CHAPITRE IV.

PRIEURÉ DE BOURS-EN-ARTOIS (1).

Cet ancien prieuré de Saint-Riquier, situé dans le Ternois ou comté de Saint-Pol, ne nous est connu que par le dénombrement de 831. Dix chanoines y célèbraient, comme à Forêt-Montier et à Encre, les louanges divines : ils étaient soumis à l'abbé de Saint-Riquier et lui rendaient compte de leur administration (2).

Le mobilier religieux se composait des objets suivants : un autel d'un beau travail, trois croix dont deux dorées et une argentée, trois reliquaires, un encensoir, deux candélabres parés, deux vases d'airain, quatre calices, deux patènes d'argent, une de vermeil, une coupe d'argent, un offertoire, une couverture en tapisserie, une chasuble, une dalmatique, un missel, un lectionnaire, un antiphonier, un homéliaire, un passional ou histoire de la vie des martyrs, un psautier.

Les revenus que le prieuré devait à la reconnaissance des fidèles pour Saint-Riquier étaient considérables. La *Chronique d'Hariulfe* nous a conservé le nom de quatre villages dépendants du prieuré : *Teones* probablement Ligny-sur-Canche, en supposant une erreur de copiste; *Neudum*, *Num*, dont il sera parlé plus loin; *Albitrium,* Aubin ou Obin, sur lequel le monastère de Saint-Riquier a conservé des droits jusqu'en 1789 ; *Guadannium*, Wavans, signalé par Hariulfe et Jean de la Chapelle parmi les domaines de Saint-Riquier (3); *Duas Ecclesias*, probablement Capelle et une église aujourd'hui inconnue. D'autres revenus dont la Chronique ne signale point l'origine, et qui avaient été offerts à Saint-Riquier pour les chanoines occupés à desservir le prieuré, devaient s'ajouter à ces domaines. Ne provenaient-ils pas des *Villa* que les anciens titres comptent au nombre des possessions de Saint-Riquier, comme Monchy-Saint-Riquier, Pernes, etc..?

Il est probable qu'après le passage des Normands le prieuré de Bours aura disparu, mais que quelques épaves auront échappé à ce cataclysme. Dans une charte de Lothaire, fils de Louis d'Outremer (974), Hugues Capet restitue au monastère les vil-

---

(1) Bours, commune du canton de Pernes, arrondissement de Saint-Pol. Bours est la traduction de *Botritium* admise par les géographes.

Nous nous sommes demandé si *Botritium* ne serait pas mieux représenté par *Bourecq*, du canton de Norrent-Fontaines qui a Saint Riquier pour patron. Mais aucun document n'appuie cette conjecture.

(2) Hariulfe. *Chron. Cent. Lib.* III. *Cap.* III.

(3) Jean de la Chapelle. *Chron. Abbrev. Cap* XIV

lages de Bours et de Rollencourt (1). On ne voit pas toutefois que les détenteurs aient tenu compte des royales dispositions ou de la bienveillante intervention de l'Abbé-avoué de Saint-Riquier. Le monastère n'est point rentré dans ces antiques domaines, à moins qu'on admette que, plus tard, des revenus de ces fiefs lointains on ait racheté un fief à Gueschard qu'on a nommé le fief de Bours, en mémoire du prieuré. Cette supposition aurait besoin de quelque preuve.

Nos archives nous révèlent l'existence de quelques domaines que nous attribuons à ce prieuré, à savoir : Obin, Monchy-le-Breton, Capelle, Num.

OBIN OU AUBIN-SAINT-VAST (2). — Ce village de la dépendance du prieuré de Bours ne fut pas entièrement perdu pour le monastère, puisque les religieux de Saint-Riquier y possédèrent un reste de seigneurie jusqu'en 1789, avec toute justice, une vicomté, une petite dîme, deux fiefs restreints dont les redevances s'émiettèrent peu à peu, sous la mobilité perpétuelle de la propriété territoriale. Les archives signalent une ancienne redevance de l'abbaye de Dommartin qui consistait en trois muids d'hivernage ou de mars; c'est sans doute une charge imposée pour une portion de bien ou un droit de champart qui avait été concédé aux religieux de notre abbaye par Dommartin (3).

Nous allons rappeler quelques faits féodaux des deux fiefs d'Obin, à savoir : du fief de la grande et petite Vicomté d'Obin, et ensuite du fief du Rondel.

FIEF DE LA GRANDE ET PETITE VICOMTÉ D'OBIN. — Ce fief était restreint et réunissait plusieurs droits anciens du monastère sur cette seigneurie, de manière à ne faire, disent les archives, qu'un seul et même corps de fief.

La grande Vicomté devait par an à l'Abbaye 40 s. parisis et à chaque mutation un relief de 10 liv. tournois. La petite vicomté devait 20 s. parisis et un relief de 5 liv. tournois.

FAMILLE D'OBIN. — Cette famille est mêlée à l'histoire du monastère, dès le xiie siècle.

1174. Oylard d'Obin, chevalier, seigneur d'Obin, faisait conduire en sa grange les trois muids d'hivernage payés par le couvent de Dommartin. Pour cela il avait encouru une sentence d'excommunication, « laquelle excommunication, dit le *Cartulaire*, fut éteinte en cette manière ». Oylard fut condamné par Thibaut, évêque d'Amiens, à rendre chaque année ces trois muids de récolte, à la mesure de Saint-Riquier. En même temps l'évêque exigea que la terre fut érigée en fief avec hommage, et il fut convenu que si Oylard manquait à ses obligations, sa terre serait confisquée. Comme cette redevance provenait des biens de la femme d'Oylard, l'abbé de Saint-Riquier prit sa

---

(1) D. Mabillon. *Annal. Bened.* en l'an 874. — *Notre histoire*. Tom. i, page 288.

(2) Obin ou Aubin-Saint-Vast, commune du canton de Hesdin, arrondissement de Montreuil. — *Albitrium. Albin.*

(3) *Cartulaire*, fol. 96-98. — *Inventaire des Titres*, pages 2103-2113.

défense et menaça d'excommunication ceux qui lui feraient tort. Ce traité fut conclu au monastère de Dommartin, en présence de l'abbé de Balances, de l'abbé de Saint-André et de Henri de Caumont.

On cite encore à la même époque (1180) le nom de Jean d'Obin.

1289. Jean-Laurian d'Obin, écuyer, homme-lige du monastère, percevait les dîmes d'Obin et environs (1) à condition de rendre, chaque année, trois muids de grains, moitié blé et moitié avoine. Cette redevance fut convertie par équipollence en une somme annuelle de 10 liv. 5 s. par., à payer en argent chaque année à la Toussaint, comme accroissement du fief que le seigneur tenait de l'Abbaye, avec foi et hommage, mais avec réserve pour l'Abbaye de la justice et de la seigneurie. On y ajouta 14 s. par. afin de conserver le droit de seigneurie sur un fief qui portait le nom de Machu.

1304. Guillaume et Colard de Montauban, hommes du comte d'Artois, avaient commis un meurtre en la ville d'Obin. En punition de quoi leurs biens et possessions furent mis ès-mains des moines, seigneurs et justiciers, parce que les coupables « étoient levants et couchants sous leur jurisdiction. » Le bailli d'Amiens, Denis d'Aubigny, voulut au contraire les faire justicier au profit du roi et commanda au prévôt de Montreuil de saisir ces biens. Sur appel de cette violation de juridiction le roi Philippe, par arrêt du Parlement, fit réintégrer les religieux dans leurs droits.

Les hommes du comté d'Artois avaient aussi empiété sur la seigneurie de Saint-Riquier, en levant et s'appropriant un arbre tombé, au préjudice des religieux. Le même arrêt redressa ce tort.

1315. Wyon d'Obin reconnut par lettre spéciale qu'il tenait de l'Abbaye de Saint-Riquier, la vicomté, la justice, les plaids et tous droits réunis au fief Machu, qu'on lui baillait pour une somme de 40 s. par., payable chaque année à la Chandeleur, « à ses coûts et frais, héréditablement pour lui et ses hoirs. » C'est sous cette condition que Wyon d'Obin fit hommage, se déclarant responsable de tous les dommages et y engageant ses biens et héritages.

1332. La comtesse d'Artois avait méconnu les droits de justice des religieux à Obin. Ceux-ci lui firent un procès pour usurpation de justice, mais la comtesse mourut avant la solution de ce démêlé. Son héritage revint au duc de Bourgogne. Le procureur du nouveau seigneur opposa un moyen d'exception, en accusant l'abbé de Saint-Riquier d'avoir négligé de le faire citer, et pour ce défaut il demandait que l'abbé fût déchu de son droit. On ne voulut point accorder cet avantage au duc : il fut seulement déclaré que la cause serait renvoyée à la cour du duc, mais sans fixer aucun terme à la décision.

En 1385, Jean d'Obin, écuyer, tenait des fiefs de la maison de Boubers. Mais sa succession était passée ou allait passer dans la famille Des Comptes.

Citons encore Jean d'Obin en 1466 et Etienne en 1526.

(1) La dîme d'Aubin appartenait aux monastères de Saint-Sauve, de Saint-Riquier, à Mme de Sailly.

CHAPITRE IV. — PRIEURÉ DE BOURS-EN-ARTOIS. 401

Famille Des Comptes. — 1407. Desquières Des Comptes, écuyer, homme-lige de l'Abbaye pour le fief d'Obin, « étant en grand reste de payement », son fief fut mis en la main des religieux qui commirent Colard le Fruitier son censier, pour l'administrer. Appelé à l'assise d'Amiens, Desquières fut condamné à s'acquitter de sa dette.

Possesseur du fief Jean Machu, il fut encore condamné au Châtelet de Paris à payer pour le fief et la dîme ce qu'il devait en principal et en arrérages.

Famille Du Biez. — Elle ne posséda qu'une partie de ce fief. La famille d'Amiens possédait l'autre partie.

1510. Le dénombrement de Sohiez Du Biez constate qu'il tient noblement et en fief une partie de la seigneurie d'Obin et qu'il est tenu de payer LX s. de relief et 20 s. de chambellage.

1523. Oudard Du Biez a succédé au précédent.

1536. Morand Du Biez, écuyer, se dit seigneur d'Obin et capitaine d'une compagnie d'hommes d'armes : il est allié à Jeanne de Morcamp.

Famille d'Amiens. — 1526. Relief au profit de Michel d'Amiens, dit *de Bachimont*, écuyer, seigneur de Branlicourt et de Vert-Bois, demeurant à Hesdin, fils d'André d'Amiens, pour le grand fief de la vicomté d'Obin et aussi au nom et profit de son frère puîné Robert d'Amiens, légataire de son père pour l'autre fief, nommé le petit fief de Saint-Riquier. C'est probablement la petite Vicomté d'Obin.

1542. Le grand fief de la Vicomté d'Obin fut vendu par Michel d'Amiens aux Chartreuses de Sainte-Marie de Gouay près Béthune, au prix de 533 liv. par. La vente fut ratifiée par l'abbé commendataire, Claude Dodieu, à la condition que les religieuses donneraient homme vivant et payeraient 10 liv. par. de relief, 40 s. de chambellage et 6 sous de cens annuel. Le petit fief de la Vicomté leur fut aussi vendu en 1548.

Les archives font mention de relief, en 1559, 1683, 1739, 1745, 1776.

La dîme d'Obin restait aux religieux. D'après des baux, les religieux ont perçu 130 liv. en 1710 ; 126 liv. en 1753 (1).

Fief du Rondel a Obin. — Ce fief restreint rendait chaque année à l'Abbaye 5 s. à cause du four banal et 14 s. tournois à l'aumônier du monastère.

Famille Rondel. — Elle a donné son nom à ce fief. — 1399. Dénombrement de ce fief par Jean Rondel.

Famille du Biez. — 1510. Dénombrement par Sohiez Dubiez, sieur en partie du fief d'Obin cité plus haut.

(1) *Fiefs de la Vicomté*. — *Inventaire des Titres, page* 466.

FAMILLE DU BOIS. — Trois générations sont citées dans les archives : Jean du Bois, écuyer, seigneur du fief Rondel ; — Toussaint du Bois, fils et héritier de Jean ; — Etienne du Bois qui succéda à son père Toussaint du Bois.

1672. Louis du Bois, frère et héritier d'Etienne, vivant de son bien, demeurant au village de Neuve-Maison, près de la ville d'Ath (Haynault), promet à l'aumônier de Saint-Riquier de passer dénombrement du fief seigneurial, à lui appartenant, sis à Obin, mouvant de la même abbaye pour 14 s. parisis.

FIEF MACHU. — Ce que nos chartriers disent de ce fief nous paraît un peu obscur. Il reçut son nom d'un feudataire ; car on lit, sous la date de 1477, que Jean Machu, fils de Guillaume, fit hommage et donna relief du fief Machu.

Il y eut à Saint-Riquier plusieurs échevins de ce nom. Nous citerons, en 1294, Simon Machu, en 1331, Jacques Machu (1).

NUM. — Le monastère de Saint-Riquier possédait une portion de dîmes au village de Num en Artois, auprès de Fresne, sans doute le *Neudum* d'Hariulfe. Cette dîme rapportait 20 s. payables en deux termes, à savoir à Noël et à Pâques. En 1215, cette dîme ayant été concédée par Regnault de Bingueville, en aumône et par testament, au prieuré de Framecourt, dépendant de l'Abbaye de Ham en Artois, on exigea que l'Abbé nommât homme vivant et mourant pour faire hommage et payer, d'homme en homme successivement, 40 s. par. de relief. La personne caduque devait être présentée dans la quinzaine de la vacance, et à défaut il y avait appel à l'abbaye de Ham. Le premier titulaire fut le frère Regnault, prieur de Framecourt.

1295. L'Abbé de Ham chargea frère Nicolas de Béthune, prieur de Framecourt, de présenter Colard de Gouy, désigné pour faire hommage et payer la dîme..

1418. L'Abbé de Ham consacra les droits du monastère en instituant Beaudouin Palouart, domicilié à la Haute-Cloque, pour son procureur chargé de comparaître, de nommer homme vivant obligé de faire hommage, de payer le relief et de servir les plaids.

Cette dîme n'existait plus en 1789 (2).

MONCHY LE BRETON (3).

Ce domaine portait autrefois le nom de Monchy Saint-Riquier.

Nous avons déjà supposé que cette seigneurie était un héritage du prieuré de Bours. Les archives indiquent une seigneurie et un fief.

I. SEIGNEURIE. — D'abord un hôtel seigneurial, affranchi de tout droit d'afforage et d'exaction, de quelque seigneur que ce fût, et une grange. Toute justice, droits sei-

---

(1) *Inventaire des Titres, page 463.*
(2) *Cartul. Fol. 100.*
(3) Monchy-le-Breton, commune du canton d'Aubigny, arrondissement de Saint-Pol.

gneuriaux, droits de chasse, reliefs perçus au sixième denier de la vente, droits de lods et ventes, censives et champart.

Dans les derniers temps, le champart appartenait à plusieurs seigneurs dans des proportions diverses. Les récoltes recueillies sur le terroir étaient apportées en un manoir nommé le Crépion ou quai, dépendant de l'hôtel seigneurial. C'est là que se faisait la distribution. L'Abbé de Saint-Riquier enlevait partout au moins la moitié de ce champart, et en certains cantons il n'avait pas de co-seigneurs. Il levait le premier ses gerbes, et comme principal seigneur il obligeait les propriétaires d'avertir, avant d'enlever leurs récoltes, les commis de l'Abbaye, sous peine de 60 s. d'amende.

Des terres de l'église de Monchy relevaient aussi de l'abbaye.

Dans ce village il y avait des manoirs mouvants de l'Abbé, d'autres mouvants de plusieurs co-seigneurs, d'autres étrangers au monastère. Les redevances ont été fidèlement payées jusqu'à la Révolution.

1221 et 1224. Les droits du monastère furent contestés à Monchy-le-Breton par la dame de Châtillon-Saint-Pol qui avait un droit d'avouerie sur cette terre (1). Un procès s'en suivit, mais Hugues de Chevincourt triompha de cette entreprise et les droits anciens furent confirmés.

Beauduin Des Monts, chevalier, ne fut pas toutefois arrêté par cet insuccès d'Elisabeth de Saint-Pol. Il usa même de violence envers les habitants de ce village et empêcha « les otrois et reliefs dus au monastère ». l'Abbé se plaignit au roi, « parce que « l'Abbaye, dit le *Cartulaire*, était de fondation royale et sous l'advouerie du roi « comme en régalle ». C'est pourquoi on convoqua « les hommes-liges du roi comme « Betremieux de Vaspasme et cinq ou six hommes nommés dans la charte. Après « qu'ils furent adjurés, ils adjugèrent à l'Eglise de Saint Riquier la possession de toute « la justice sur leurs hommes et les reliefs dudit Monchy ; et par jugement royal « amenda ledit Beauduin Des Monts, chevalier, vers le roi et nous en satisfit ».

1233. Un acte de pacification dressé sous le sceau de la Cour spirituelle déclare qu'Adam, le prévost de Monchy, et Marie sa femme, ont cédé les droits qu'ils prétendaient posséder sur la grange de l'abbaye, comme les étrains, hottons, pailles, etc. On leur a donné, pour tous ces petits profits, xxx liv. par. et xiii j^x de terre.

1330. Deux jugements, dont l'un de Galeran De Vaux, bailly d'Amiens, réprimèrent de nouveau les entreprises du comte de Saint-Pol sur la justice de l'Abbaye à Monchy-le-Breton. Il fut reconnu que les moines de Saint-Riquier avaient là justice « sur « toutes les terres, manoirs et seigneuries tenus d'eux en corps et membres, dit le *Cartulaire*, d'où il appert qu'ils ont le possessoire et pétitoire ou propriété de ladite « seigneurie ».

Les gens du comte de Saint-Pol ne tinrent guère compte de ces sentences ; car ils

---

(1) *Voir notre Histoire. Tome* I, page 493.

prirent, quelques années après, des gages sur l'hôtel de Monchy pour forages non payés (1337). Un jugement d'assises de Robert de Marines, bailli d'Amiens, confirma celui du prévôt de Beauquesne, qui avait déclaré que l'hôtel de Monchy était totalement franc de forage.

1480. Déclaration de terrage à Monchy par Walleran de Bailleul, par Béatrix de Monchy, par Payen de la Vacquerie.

1710. Revenus : Seigneurie, 280 liv. — Manoir, v j^r 1/2, 27 liv.

La famille de Monchy, si célèbre en Picardie, était, dit-on, originaire de Monchy-le-Breton (1).

CAPELLE EN ARTOIS. — Les dîmes de cette paroisse sont rappelées dans les privilèges de 1172 et 1224. Jean de la Chapelle lui assigne son rang dans l'énumération des domaines de l'abbaye. Un pouillé du diocèse d'Amiens, avant 1730, nomme pour décimateurs l'abbé de Saint-Sauve de Montreuil, celui de Saint-Riquier et Madame de Sailly (2). Ce nom avait disparu des archives en 1789.

CHAPITRE V.

PRIEURÉ DE PAGRAVE-EN-ANGLETERRE (3).

Nous avons parlé (*Tome* I, *pages* 356, 493 et *Tome* II, *page* 72) des possessions du monastère de Saint-Riquier et nous avons fait connaître comment elles ont été perdues. Nous avons réservé pour ce chapitre le dénombrement de ces domaines situés au comté de Norfolk et en partie sur celui de Suffolk. L'orthographe des noms est peut-être vicieuse. Nous reproduisons ce que les copistes de nos archives ont lu et écrit.

« L'Eglise de Saint-Riquier-en-Ponthieu, dit la charte de Guillaume de Varennes, a été gratifiée par nos prédécesseurs de dons et d'aumônes : elle possède trois hommes-liges dans notre terre de Norphorch, dans la ville d'Acre près Pagavre, à savoir : Jean, Touque et Philippe, qui sont tenus de lui payer xx sous de sterlings à la fête de

---

(1) *Cartulaire*, fol. 100. — *Inventaire des Titres*, pages 1979-2024.

(2) M. Darsy. *Bénéfices de l'Eglise d'Amiens. Tome* II, page 149.

(3 *Variantes.* — *Pagrane* — *Peyran.*

Pâques. A la prière de l'abbé de Saint Riquier, nous lui confirmons à perpétuité ses droits sur ces hommes et ce revenu et nous voulons qu'il en jouisse en pleine liberté. »

Voici maintenant le dénombrement des domaines transcrit d'une charte donnée par le comte Raoul et son fils. C'est un petit aperçu de la féodalité anglaise.

1° Il y a en la ville d'Esperlais trente-sept *hostes* dont chacun fournit annuellement à la fête de Noël II chevaux chargés de brais (1). De la fête de Saint-Jean-Baptiste jusqu'à la fête de Saint-Michel, ils doivent III jours de travaux à leur seigneur. Dans le reste de l'année, un jour de chaque semaine ils seront obligés de vaquer aux travaux qu'il lui plaira de leur commander. Il y a en ce lieu six charrues, une très bonne forêt, des terres labourables ou des terres en friche, des prés qui nourrissent toute espèce de troupeaux.

2° Dans la ville d'Acre (2) il y a deux manses ou manoirs, trois moulins qui paient XXXII onces de deniers. Tous les hommes de la ville vont aux moissons trois jours de la semaine. Toutes les charrues labourent trois jours pour les blés et les avoines.

3° La ville de Cuperscup (3) paie V onces de deniers (4) et ses charrues trois jours de labour pour les blés et les avoines.

4° Les villes d'Achôtes et d'Apichenca (5) sont soumises aux mêmes coutumes pour l'usage de leurs charrues. Il faut y joindre Merefort (6), dont les huit charrues doivent deux jours au bled et deux jours à l'avoine. En temps de moisson vingt-deux hommes donneront chacun 2 jours au seigneur, ainsi que le veut la coutume.

5° La ville qu'ils appellent en leur langue Assuafam (7) doit la dîme tant des récoltes que d'autres choses.

6° Dans la ville de Guénite (8), on possède un moulin, une forêt et une très bonne pêche (9).

(1) *Grains propres à faire de la cervoise.*
(2) *Atre. — Acra.*
(3) *Calescurp. — Hutuf. — Hultuf.*
(4) Le sou Anglais appelé ici *ora* ou once était formé de 16 deniers.
(5) *Apichemham. — Aimocham. — Apocheham.*
(6) *Neerefort.*
(7) *Asnafam. — Asnason. — Asnanon.*
(8) *Gerund. — Gevine — Buerus, Buenis.*
(9) *Cartulaire. Fol.* 181.

CHAPITRE VI.

PRIEURÉ DE FORÊT-MONTIER.

Forêt-Montier (en latin *Forestis Cella*, *Foreste Monasterium*) d'abord prieuré dépendant du monastère de Saint-Riquier, puis Abbaye Bénédictine, aujourd'hui simple paroisse du diocèse d'Amiens, est un village situé à l'extrémité Nord-Ouest de la forêt de Crécy. Nous renvoyons aux *pages* 50-56 *du tome* I de notre histoire pour les origines de ce prieuré. Nous avons aussi signalé en son lieu une charte de Charlemagne qui restitue ce prieuré au monastère (*Ibid.*, *page* 203). On a conservé, d'un hymne composé à la gloire de Saint-Riquier par Alcuin, la strophe suivante :

Tu struxisti cœnobium, *Et aliud in Centulo,*
Loco prope Argubium, *Ambo perenni merito* (1).

L'emplacement du monastère de Forêt-Montier nous est parfaitement connu. On n'a aucune raison de supposer qu'il y ait eu nécessité de le rééditier loin de son premier siège. Il n'en est pas de même de la localité qu'Alcuin propose comme lieu de repère. Au IXe siècle il était évidemment plus connu et même plus important que le monastère. Les savants n'ont pas épargné leurs recherches et semblent avoir épuisé la matière. Ont-ils donné le véritable emplacement d'*Argubium* ? Nous ne le pensons pas. Nous avons recommencé leurs essais. Au lecteur de juger si nous avons mieux réussi.

Au XVIIe siècle, D. Mabillon plaçait *Argubium* à Argonne sur la Canche : il est copié par les auteurs du *Gallia Christiana*. On leur objecte avec raison que Forêt-Montier est bien loin de cette rivière. On s'est alors rejeté sur le nom d'Argoules, village voisin de Valloires. Lesueur, savant curé de Saint-Sépulcre d'Abbeville au siècle dernier, composa sur ce sujet une longue dissertation, qu'on pourrait, dit M. Prarond, prendre pour un éclaircissement au milieu des hésitations topographiques. Voici ses arguments.

« Je reviens à *Argubium*, que je crois être Argoules, nommé plus de 400 ans Argouves
« dans les vieux titres...Autre raison, c'est qu'Argoules n'est pas fort éloigné de Regnière-
« Ecluse et de Dourier, où l'on prétend que saint Riquier a vécu ; il n'est pas même
« éloigné de Forest-Montiers, eu égard à la disposition du pays dans le siècle où vivait
« saint Riquier ; il est certain que presque rien n'était défriché de ce côté-là, et que

(1) *Acta Sanctorum Ord. Ben. — Tome* II, *in Vita S. Richarii.*

« la forêt de Crécy, où se retira ce saint abbé, s'étendait sans interruption jusqu'à
« l'Authie...; nous ne voyons aucun autre endroit à qui ce nom puisse convenir autour
« de Forest-Montiers, et il ne paraît pas que Forest-Montiers l'ait jamais porté.

« Au xi° siècle, Gui, évêque d'Amiens, donna à Saint Gervin et à l'Abbaye de Saint-
« Riquier les autels d'*Argubium* et de *Montis-Helisii*. Enfin l'Abbaye de Saint-Riquier
« avait autrefois des droits, dîmes et oblations à Argoules et à Montwis, dont
« elle a fait don à l'Abbaye de Valloires, comme il appert par les titres de cette Abbaye
« et une charte de Guillaume Talvas, comte de Ponthieu, en 1204 ou environ (1). »

Cette solution, toute plausible qu'elle paraisse, a-t-elle résolu toute difficulté ? Il est
permis d'en douter. 1° *Argovium* ou *Argovia* se rapproche plus d'Argoules qu'*Argubium*. En outre les deux noms continuent d'exister en même temps dans les chartes.
2° On fait preuve d'excessive complaisance, en admettant que Forêt-Montier est près
d'Argoules, surtout avec les angles saillants et rentrants d'une forêt dont l'aspect est
si accidenté. 3° S'il fallait, quand même, retrouver le nom d'*Argubium* dans une localité aujourd'hui habitée, nous choisirions plutôt Rue où même Arry, en accusant un
copiste maladroit d'avoir, comme cela arrive si souvent, mal orthographié des noms
dont il n'avait pas la connaissance. 4° D. Grenier est plus exigeant dans ses feuilles
écrites à la manière des oracles sybillins. « *Argubium*, dit-il, hameau qui doit être près
« de Forest-Montiers, puisque Alcuin, dans la vie qu'il a composée de Saint Riquier,
« dit que le Saint avait fondé un monastère *prope Argubium et aliud in Centulo*. »

5° Ce hameau ou ce groupe plus considérable de population est nommé ailleurs avec
Romangilis et deux petits bénéfices ou fiefs de sa dépendance, situés *In Colonia sua*...
Romangilis est assez bien représenté par *Romaine*, hameau de la paroisse de Ponthoile (2). *Bonelles* est indiqué à la suite avec des fermes et ses bénéfices de nom
propre (3).

6° Nous sommes fixé par les chartes du ix° siècle ; il serait téméraire de s'écarter du
rayon tracé dans ces documents. *Argubium* est donc dans le voisinage de Forêt-Montier.
La charte dans laquelle Charlemagne restitue à l'Abbé de Saint-Riquier le prieuré
de Forêt-Montier, donné sans doute par Charles-Martel à quelqu'un de ses Fidèles, n'est
pas moins précise. Voici l'analyse de cette charte qui a naturellement sa place ici
« Angilbert, dit Charlemagne, vénérable abbé du monastère de Centule en Ponthieu,
« édifié en l'honneur de notre Seigneur et Sauveur Jésus-Christ, de sa Sainte Mère, la
« Vierge Marie, de Saint Pierre et de Saint Paul, des autres apôtres et de beaucoup
« de saints, dans lequel repose le corps du très illustre confesseur Saint Riquier, a fait
« connaître à sa Sérénité, que le serviteur de Dieu avait choisi, pendant sa vie mortelle,
« une habitation dans la forêt qu'on nomme Crécy, auprès d'un étang qui est voisin

---

(1) Histoire des Cinq Villes, canton de Rue (pages 276-280).

(2) M. Prarond parle de *Romagnole*, hameau de ces mêmes lieux. Nous pensons que c'est *Romaine*, hameau encore cité dans les cartes.

(3) Hariulfe. *Chron. Cent. Lib.* III *Cap.* VII.

« d'une localité nommée *Argubium* aussi en Ponthieu : que la libéralité des rois lui a
« octroyé, aux environs de cet étang, deux à trois bonniers de terre qu'il leur avait de-
« mandés ; que de bons chrétiens ses amis se sont empressés de lui bâtir une petite cel-
« lule (1), où il a combattu les combats du seigneur et où il a rendu son âme à Dieu : avec
« peu de temps après, ses frères de Centule l'ont emporté son corps et l'ont inhumé avec
« un grand respect dans leur monastère. Or Dieu a voulu faire briller les mérites de son
« serviteur, en ces deux lieux, par un grand nombre de miracles, et les religieux des
« deux couvents ont été pendant bien longtemps réunis sous le même Abbé et ont vécu
« du même esprit. C'est pourquoi Angilbert demande à notre Clémence de donner le
« prieuré sanctifié par les combats du Saint à son monastère et de lui en délivrer un acte
« authentique. Le roi Charles ne peut refuser cette faveur aux services et aux mérites
« personnels d'Angilbert. C'est pourquoi il ratifie sa demande et il ordonne que les
« droits du monastère de Centule sur le prieuré de la Forêt soient reconnus à perpétui-
« té, que le susdit Angilbert et les Abbés, qui se succéderont dans le suite des temps,
« en aient la jouissance avec tous les ornements de son Eglise, tout ce qu'il possède
« ou pourra posséder justement (2). »

Cette charte est datée du 14 des calendes de mai 798 et a été donnée au palais d'Aix la Chapelle.

Le lecteur aura remarqué que Forêt-Montier est situé aux environs d'*Argubium*, lieu voisin d'un étang. Il faut donc chercher l'endroit de cet étang ou de ce petit lac, assez connu alors, pour fixer l'histoire sur l'emplacement du prieuré restitué au monastère de Centule. Les cartes anciennes font mention de l'étang du Gard et les historiens nous signalent, à partir du XI° siècle, le château du Gard-les-Rue. Ce château fut un des séjours privilégiés des comtes de Ponthieu. Edouard, roi d'Angleterre y séjournait quand il venait en Ponthieu. Plusieurs chartes ont été données au château du Gard. Il était voisin de l'étang du Gard et de la Garenne du Gard, appelée aussi le bois du Gard, sur lequel l'abbaye de Saint-Riquier avait des droits qu'elle céda au comte de Ponthieu en 1216. M. de Belleval donne les noms des capitaines de ce château-fort (3).

Le Gard, dans les temps anciens, servait des redevances au monastère, ce qui nous a fait conjecturer que ce domaine avait pu lui appartenir (4).

Ne serait-il possible d'établir quelque affinité de nom entre *Argubium* et Le Gard ? Oui, si, comme le remarquent des historiens, on disait autrefois *Guet-lès-Rue* (5). Entre

---

(1) Angilbertus ad notitiam Serenitatis nostræ perduxit, quod ipse Richarius in terra adhuc vivens, in ipsa silva quæ vocatur Forestis prope cisternam quæ est juxta locum nuncupante *Argubium*, in ipso pago Pontivo, sibi ad habitandum ipse elegisset et circa ipsam cisternam bina vel terna Lunaria secundum ejus petitionem a regali dignitate accepta, satis vile tugurium amatores servi Dei ad militandum Omnipotenti Deo ædificare studuerant.

(2) Migne. *Patrologie. Opera B. Caroli Magni.* Tome 1, page 987.

(3) *Le Gard. — Fiefs et Seigneuries.*

(4) Voir plus haut pages 339, 346.

(5) M. Prarond. *Ibid.* page 397.

Guet, Aguais, Agbais, ou Agbuais (1), et d'autres synonimes de ce genre, n'est-il pas facile d'extraire une ressemblance, une origine de parenté, grâce aux erreurs ou aux infidélités des copistes. *Argubium* dérive de manuscrits de même source, c'est-à-dire de copies du monastère de Saint-Riquier : il n'en est question que là. Le titre adopté dans un premier ouvrage se reproduit ordinairement dans les autres.

Ainsi, d'après nos conclusions, *Argubium* aurait été, dans les temps préhistoriques, une station fortifiée et d'observation aux approches de la mer, au milieu des étangs ou submersions de la mer dans le Marquenterre, à l'heure de ses flux et reflux, à quelque distance de Port, et peut-être intermédiaire entre d'autres postes ou forts que nous n'avons pas eu le moyen d'étudier. Il est raisonnable de penser que les ducs ou comtes des Marches du Ponthieu se sont gardés contre des invasions de pirates, dont les Normands ont plus tard renouvelé les incursions, *Argubium* sera probablement devenu le Gard ou Warda sous une autre plume, mais en somme c'est la même idée et la même origine.

Il est à croire que l'étang du Gard était plus étendu dans les temps anciens et se sera quelque peu resserré entre Forêt-Montier et Rue.

Le monastère de Saint-Riquier, qui a hérité les possessions du duc Haymon à Mayoc et environs, est devenu maître d'*Argubium* dont le nom est reproduit plusieurs fois dans les chartes protectrices de ses domaines au ixe siècle. Du reste, tous les environs de château étaient tributaires de notre monastère.

Quand de nouvelles études auront jeté un peu plus de lumière sur les origines de cette partie du Ponthieu, si l'on nous accuse d'erreur, qu'on excuse du moins notre bonne foi et notre désir de dissiper les ténèbres du passé.

Dans le dénombrement des propriétés monastiques du ixe siècle, on voit figurer non-seulement la *Cella* de Forêt-Montier, mais on ajoute des détails sur sa collégiale ; car elle est occupée par un chapitre de clercs, comme Encre et Bours.

Le prieuré possédait trois églises, afin de bien graver dans l'âme des ministres du seigneurs l'image de la Sainte-Trinité. C'était une petite Centule. La première était consacrée à Notre-Dame, la seconde à Saint-Pierre, la troisième à Saint-Riquier.

Le mobilier de ces églises est décrit dans l'inventaire de 831 : il n'a point la magnificence de celui de Saint-Riquier, mais pourtant bien des églises de cette époque auraient pu l'envier. En voici le détail : « cinq autels décorés en or et en argent. — Une « couronne d'argent. — Une grande châsse en or et argent. — Une petite châsse en « or. — Trois croix en or. — Six autres croix dorées. — Une petite croix en vermeil. « cinq pommes chauffe-mains dorées. — Un ciborium en or et en argent. — Six chan- « deliers en vermeil. — Un éventail doré. — Une coupe d'argent. — Deux tablettes « en ivoire, parées d'or.— Trois grands calices en or. — Quatre plus petits en argent. « — Huit offertoires d'argent. — Trois en vermeil. — Un étui pour le livre des Evan-

(9) Ducange *Glossaire*

« giles en argent. — Quinze belles chasubles. — Quatre dalmatiques. — Deux petites
« chasubles en soie. — Trois frocs en étoffe et quatre en laine. — Vingt-sept aubes.
« — Neuf étoles. — Quatre manipules. — Deux bocaux. — Quatre conques. — Six
« sandales avec des chaussons. — Cinquante et un livres ».

Il est à croire que tout ce mobilier est dû aux libéralités de Saint-Angilbert, ainsi que la construction des trois églises. Le possesseur, auquel il ravissait ce beau domaine, ne l'aurait point doté de ces richesses.

Trente chanoines y chantaient les louanges de Dieu. On se demande pourquoi des chanoines plutôt que des religieux. Les lois ecclésiastiques du temps répondent qu'il était permis aux abbés d'établir des prieurés, dans lesquels ils pouvaient placer des moines ou des chanoines. Ces chanoines étaient des clercs, peut-être d'un rang inférieur, des coadjuteurs des moines, appelés pour les aider dans le service religieux d'une église, vivant en communauté, sans toutefois être astreints à toutes les austérités des vrais religieux. On voit dans ce siècle grand nombre de chanoines gouverner des abbayes, sous le titre d'abbés commendataires. Vers la fin du siècle et dans le siècle suivant les clercs dominent même dans les monastères. De là des luttes pénibles que nous avons rapportées dans notre histoire à cette époque.

Quatre terres sont assignées à l'entretien des clercs, savoir : Eghod, ailleurs Euholt, Saint-Vigile, deux petits hameaux et l'église de Saint-Martin. On y ajoutait des revenus sur les autres domaines de Saint-Riquier. Tous les revenus de la villa de *Val-Douce* (1) près Neuilly étaient affectés à l'entretien du luminaire des églises.

La charte de Charles-le-Chauve de 844, mentionne le prieuré de Forêt-Montier parmi les propriétés de Saint-Riquier, avec quelques domaines que l'abbé Louis ajouta pour l'entretien des moines, à savoir : Argubium avec sa colonie de Romaine et deux petits bénéfices : Bonelle avec des bénéfices dont il nomme les vassaux : Bernay et Accinicourt. Le monastère de Saint-Riquier n'est plus obligé d'y entretenir trente chanoines, mais seulement douze. Dans cette même charte, le roi permet de prendre dans les bois de Forêt-Montier tout ce qui est nécessaire pour le grand monastère.

Quelques années plus tard, en 858, une autre charte de Charles le Chauve, confirme au monastère de Saint-Riquier le prieuré de Forêt-Montier, dont un certain Ragembert avait joui pendant quelque temps et qu'on lui avait repris, en donnant temporairement en échange d'autres domaines (2).

Le silence se fait dans les annales de Centule sur le prieuré de Forêt-Montier pendant plus d'un siècle. De formidables calamités ont pesé sur le Ponthieu pendant cette période, et les Normands ont laissé là, comme au grand monastère de Centule, des ruines pour souvenir de leur passage. Le récit d'Hariulfe fait supposer que les clercs dispersés alors n'étaient point rentrés dans leur cloître.

(1) *Dulciana Vallis.*   (2) Hariulfe *Ibid Lib* III *Caput* III. *Caput* VI. IX.

CHAPITRE VI — PRIEURÉ DE FORÊT-MONTIER.

A la fin du x° siècle, Hugues Capet, le puissant avoué du monastère de Saint-Riquier et son restaurateur, disposa du prieuré de Forêt-Montier comme il avait disposé d'Abbeville, de Domart et d'Encre : il le donna en fief à Hugues, comte de Ponthieu, son gendre. Ce fut probablement une portion de la dot de sa fille, la princesse Gisèle, qu'il fit épouser à Hugues de Ponthieu.

Le comte de Ponthieu, s'il ne rendit pas tous les domaines à leur destination primitive, voulut du moins restituer à la religion un lieu sanctifié pendant plusieurs siècles par les prières des serviteurs de Dieu. Du consentement de l'abbé de Centule, ce prieuré fut érigé en abbaye et il fut même statué que l'Abbé serait toujours choisi parmi les moines de Saint-Riquier. Une colonie fut envoyée du grand monastère avec Gui, frère du B. Angelran, qu'on institua Abbé de ce nouveau monastère. Ce fut pour le moment un lien de subordination (1). Il est vrai, ajoute l'auteur du *Gallia Christiana*, que ces moines secouèrent le joug de leur mère ; mais auparavant les Abbés de Saint-Riquier s'efforcèrent de récupérer leur suzeraineté et, en l'an 1162, le Pape Alexandre III donna une bulle qui confirmait leurs droits primitifs. Le Pape Innocent III renouvela, la huitième année de son Pontificat, la bulle d'Alexandre III (1205) (2). C'est le dernier vestige des rapports nécessaires entre les deux abbayes et de la subordination de Forêt-Montier.

Nous laissons aux historiens de Forêt-Montier la suite des destinées de cette abbaye. Disons seulement quelques mots de son premier Abbé, un fils de l'antique Centule et le frère de l'un de ses plus saints abbés. C'est Angelran lui-même qui nous a laissé de touchants souvenirs sur la vie de Gui. Il dit qu'il s'était rendu recommandable par la sainteté de sa vie et la pureté de ses mœurs. Il fut appelé le *Saint Abbé*, à cause de son zèle pour la confession.

Gui fut, comme le Bienheureux Tobie, atteint de cécité, dit son biographe, mais son âme ne fut jamais privée un seul instant des lumières de la divine contemplation. Il reçut avec actions de grâce cette épreuve, envoyée par le plus tendre des pères et il la supporta avec une admirable résignation. Dans l'impuissance où il se trouvait de gouverner, il demanda un successeur et il revint à Centule achever auprès du tombeau de son glorieux patron son douloureux pélerinage.

Du reste, cette cécité ne lui arriva point d'une manière inopinée : elle fut préparée par la faiblesse d'une complexion maladive et des langueurs, dont il fut même soulagé, dans la force de l'âge, par une faveur toute spéciale du ciel. On peut en lire le récit dans les poésies de l'Abbé Angelran. La vieillesse renouvela les atteintes d'une ancienne maladie et c'est alors qu'il fut privé de la vue (3).

Gui gouverna le monastère de Forêt-Montier de 1000 à 1020. Il mourut le 8 des ca-

---

(1) Hariulfe. *Chron. Cent. Lib.* IV. *Cap.* XII.
(2) D. Cotron. *Annis* 1176-1205.

(3) D. Mabillon. *Acta Sanct. O. B. Tome* II. *In Vita S. Richarii.*

lendes de mai et fut inhumé à Centule dans la chapelle de saint Vincent, près le cloître. Son frère lui fit l'épitaphe qu'on lisait sur sa tombe :

> *Mausoleum hic patrem recolendum rite GUIDONEM*
> *Sculptus litterulis monstrat habere lapis :*
> *Extulit egregiæ quem mundo gratia vitæ :*
> *Sublimem mundus hunc faciat precibus* (1).

Quelques auteurs ont écrit que Guy était fils du comte de Ponthieu : c'est une erreur que réfutent les vers dans lesquels Angelran raconte la guérison de son frère. On peut lire dans notre histoire (*Tome* I, *pages* 328-329) dans quelles conditions Foulques, fils du comte de Ponthieu, fut appelé au gouvernement de l'église de Forêt-Montier.

(1) Hariulfe. *Ibid. Lib.* IV. *Cap.* XII.

LIVRE XX.

L'HOTEL-DIEU DE SAINT-RIQUIER.

FONDATION DE L'HOTEL-DIEU (XIIe SIÈCLE).

Hôtel-Dieu ! Toute la charité du Christianisme est exprimée dans ce mot ! c'est Dieu, c'est Jésus-Christ qu'on sert dans les malades ! Les fondateurs des Hôtels-Dieu ont écrit sur la pierre, dans les chartes, ces consolantes paroles du souverain juge : « tout ce que vous ferez au plus petit de mes frères, c'est à moi que vous le ferez. » La maladie, dans le Christianisme, fut comme une nouvelle incarnation de Jésus-Christ dans le pauvre : ceux qui ne pouvaient voler à la défense de son tombeau l'adorèrent sur la couche du malade et de l'agonisant. C'est lui, toujours lui, et sur l'autel, et dans le sacrement de l'Eucharistie, et sur la croix d'asile des grands chemins, et dans les guerres saintes des croisades, et lui encore qu'on servait, quand on consacrait les forces de la vie au service des hôpitaux, disons mieux, dans les Hôtels-Dieu !

Un habile observateur, le cardinal Jacques de Vitry, évêque de Ptolémaïde, salue en ces termes l'apparition des Hôtels-Dieu dans le xiie siècle. « Dans toutes les régions
« de l'Occident, il y a des sociétés saintes d'hommes et de femmes qui renoncent au
« siècle et vivent dans les hôpitaux des pauvres et des lépreux, pour se consacrer avec
« humilité et grande affection au service des pauvres et des malades. Ils suivent la
« règle de Saint-Augustin, ne possédant rien en propriété ; ils dépendent d'un supé-
« rieur et en prenant l'habit religieux ils promettent une obéissance perpétuelle ; les
« hommes y habitent séparément des femmes ; ils ne mangent pas même avec elles :
« tous vivent dans une grande retenue et pureté ; il en est de même des pauvres aux-
« quels on donne l'hospitalité. Cependant les frères et les sœurs assistent assidûment
« aux heures canoniales de la nuit et du jour, autant que le soin de l'hospitalité et le

« service des malades le peuvent permettre. Des chapelains attachés à ces établisse-
« ments instruisent les ignorants et consolent les affligés. Tous les malades peuvent en-
« tendre la messe, célébrée à un oratoire dressé au milieu d'eux ; on leur confère avec
« soin les sacrements de l'Eglise et on donne aux morts une sépulture honnête (1). »

Ailleurs il parle avec admiration « de ces académies de sainteté, maisons de conti-
« nence, refuges des pauvres, asiles de tous les malheureux, ressource de ceux qui
« ont faim, baume des infirmes ». L'héroïsme de ces vierges délicates n'est point dans
la nature humaine : il lui semble que nul genre de pénitence n'est comparable à ce
martyre.

On ne saurait fixer l'origine de l'Hôtel-Dieu de Saint-Riquier. Les premiers actes publics qui nous révèlent son existence datent de 1199, mais la maison des pauvres malades est déjà organisée : elle a son personnel de frères et de sœurs, et sans vouloir lui donner la priorité sur l'Hôtel-Dieu d'Abbeville (2), nous pouvons conjecturer qu'il le suit de près et que notre ville si riche en noblesse, en dévoûment à cette époque, n'aura voulu le céder à aucune autre en zèle pour l'intérêt des pauvres et des malades du Christ. Notre Hôtel-Dieu, comme celui d'Abbeville, est dédié à saint Nicolas et à sainte Marthe, hôtesse de notre Seigneur Jésus-Christ, dit le père Ignace.

Ce n'est pas à dire toutefois que l'antique pèlerinage, où se pressaient les popula-
tions des contrées voisines et les infirmes même de pays lointains, ait été dépourvu d'hôpital. Le monastère de Saint-Riquier, dès le temps de Charlemagne, avait offert de pieux asiles aux infirmes et aux membres souffrants de la société chrétienne. Dans les miracles de Saint-Riquier, il est parlé d'une femme miraculeusement guérie dans l'hô-
pital du Hamel. C'était sans doute l'Hôtel-Dieu du temps pour les femmes exclues des monastères par la règle Bénédictine. On sait combien les moines étaient hospitaliers. Des quartiers étaient assignés dans le vaste enclos des monastères à ce service des hôtes. Ceux que la foi et la dévotion envers saint Riquier attiraient auprès de son tombeau, pour implorer la guérison d'infirmités invétérées, n'étaient point rejetés ni dépourvus de secours. Dès les temps les plus anciens les constitutions monastiques avaient prévu les soins à donner aux malades dans leurs hôtelleries ou leurs hôpitaux. Les servants ou familiers du monastère étaient spécialement chargés de ce ministère. D'après les prescriptions d'un concile, en 742, ces hôpitaux doivent être régis selon la règle de Saint Benoit, comme les monastères eux-mêmes. Pour ne citer qu'un exemple dont nos lecteurs nous sauront gré, Alcuin, peu de temps avant sa mort, bâtit un hôpital ou maison hospitalière avec une chapelle dédiée à la Sainte-Vierge, dans un lieu très gracieux, nommé *Douze Fontaines*, pour y recevoir les pèlerins et les malades : Charlemagne et d'autres seigneurs le dotèrent richement. De notre temps, dit le pieux

---

(1) Jacques de Vitry, cité dans les *Annales Religieuses de Soissons* par M. Lequeux. Tome II, page 255.

(2) L'Hôtel-Dieu d'Abbeville fut fondé, en 1138, par Jean, comte de Ponthieu, et confirmé par Thierry, évêque d'Amiens, en 1176.

Mabillon, on a distrait à tort les hôpitaux des monastères : c'est contraire à leur institution ; les moines et les religieuses sont ainsi exclus d'un devoir de charité auxquels ils sont autant obligés qu'à leur règle.

Quoique les infirmes et les malades aient pu compter sur l'assistance des religieux, le mouvement du siècle et les aspirations du peuple chrétien faisant surgir de nouveaux dévouements, l'Hôtel-Dieu de Saint-Riquier prit sa place parmi les institutions religieuses de la charité publique. On attribue sa fondation à Adam de La Broye, prêtre de Saint-Riquier. C'est du moins le premier Père-maître connu dans l'histoire. Il obtint de l'Abbé Riquier la permission de bâtir une chapelle (1). La charte de concession est remarquable (1201). Nous en reproduisons les dispositions.

1° Mû par les sentiments de la plus tendre charité envers les pauvres, l'Abbé Riquier leur accorde pour plus grande utilité une chapelle dans l'intérieur de leur maison, en quelque lieu qu'elle soit édifiée, à la condition toutefois que les chapelains n'y exerceront aucun acte de juridiction paroissiale.

2° Les oblations faites à cette chapelle diminuant le revenu des autres églises qui appartiennent au monastère, la moitié de ces oblations pendant toute l'année sera rendue aux religieux. Aux trois fêtes de Noël, de Pâques et de la Toussaint, elles leur appartiendront complètement : ils se réservent aussi les cierges aux jours de la Chandeleur et de la fête de saint Nicolas. Les autres jours ils les laissent à la chapelle.

3° Le chapelain ou les chapelains, s'il y en a plusieurs, feront hommage et serment devant le chapitre des religieux et s'engageront à garder fidèlement ces conventions.

4° Il leur sera permis de dire la messe dans leur chapelle, quand ils le voudront, d'administrer les sacrements à leurs malades, et si l'Abbé jette un interdit sur la ville, ils ne seront pas obligés d'interrompre leurs offices.

5° Quand leurs malades décéderont, ils pourront leur donner la sépulture dans l'âtre de Notre-Dame (2), sans aucune contestation. Mais les prêtres, les clercs, les frères et les sœurs qui trépasseront dans l'hôpital, seront par respect de l'ordre déposés, dans le parvis ou l'âtre de Saint-Riquier.

6° On suivra pour la réception des frères et des sœurs les coutumes et les institutions de l'Hôpital d'Amiens.

7° Pour assurer la paix et la tranquillité à cette pieuse institution, « l'Abbé conser-
« vera son droit de patronage, qui l'obligera à soutenir ses intérêts contre tout agres-
« seur et tout adversaire, avec le même zèle que les intérêts de son propre mo-
« nastère. »

D'après les lois générales de l'Eglise, les membres de la nouvelle communauté étaient soumis à l'évêque d'Amiens, recevaient de lui leur direction, l'investiture canonique de leurs acquisitions, lui rendaient compte de leur administration. C'est à lui qu'ils

---

(1) D. Cotron. *Anno.* 1201.   (2) Cimetière paroissial.

demandaient tous les pouvoirs spirituels d'ordre et de juridiction : mais pour la fondation et l'existence d'une chapelle, ils ne pouvaient relever que des Abbés, seigneurs suzerains du lieu, patrons de toutes les églises et chapelles de la ville. La création d'un titre bénéficial, ayant pour conséquence de restreindre leur juridiction, leurs revenus, ils sont libres de poser des conditions : si les demandeurs les consentent volontairement, le contrat devient obligatoire : on peut en exiger la garantie par un serment.

« Conformément à ces lettres, dit la *Chronique*, tous les maîtres de l'Hôtel-Dieu ont pendant des siècles prêté serment ou dans le chapitre ou devant le grand autel, et après l'incendie de l'église, en 1554, devant l'autel de la Sainte-Vierge. » La main sur les saints évangiles, ils déclaraient qu'ils avaient reçu les ordres et affirmaient par serment qu'ils ne violeraient jamais les conditions de cette convention, comme on le voit par le serment de chacun de ces maîtres.

Une observation des maîtres de l'Hôtel-Dieu nous prouvera qu'on prescrivait facilement contre ces obligations, si des titres authentiques ne pouvaient être opposés à des dénégations. « Pour ce qui est du serment de fidélité dont il est fait mention dans le « titre cy-devant, on ne trouve icy aucun acte qui fasse connaître qu'aucun maître l'ait « fait par le passé, et partant si dans la suite les religieux de l'Abbaye se mettaient « dans l'esprit d'agiter cette question, ce serait à eux à prouver comment cela s'est « fait autrefois ; et quand ils le prouveraient, je crois qu'ils ne seroient plus recevables « à l'exiger présentement, y ayant un très longtemps que cela ne s'est point pratiqué, « outre que les maîtres présentement n'estants pas religieux, ny par conséquent atta- « chés à la maison, ne peuvent être tenus à ces sortes de servitude, eux qui ne tien- « nent à la maison que par le lien de la charité » (1).

La chapelle de l'Hôtel-Dieu ayant été construite avec la permission des Abbés, Adam de La Broye, père-maître de la communauté voulut procéder à la dédicace sans requérir une nouvelle licence. Il s'adressa à Richard de Gerberoy, évêque d'Amiens : celui-ci presque agonisant envoya Giles, évêque d'Héréford, pour le suppléer dans ces fonctions sacrées. Nous connaissons par une charte de ce prélat les divers incidents de cette mémorable journée. Aussitôt que les religieux surent qu'on allait procéder à la consécration, ils rédigèrent un appel au souverain Pontife, déclarant qu'ils avaient tout droit paroissial, et que s'ils permettaient cette irrévocable consécration au culte divin, ils en éprouveraient préjudice, à cause des sépultures qu'on ne pourrait plus refuser dans ce lieu sanctifié : ils ajoutaient en outre qu'il y avait entre eux et les administrateurs de l'hôpital des conventions contraires. Cette protestation suspendit toute la cérémonie et elle aurait été impossible, si Adam procureur et maître de la maison, Gautier prêtre et Jean Aguillos diacre, n'avaient juré solennellement devant l'évêque que jamais on ne permettrait de sépulture dans cette église. L'abbé et les religieux requirent une

(1) *Archives de l'Hôtel Dieu*, 1701. fol. 2.

charte scellée du sceau de l'Evêque et de celui de l'Hôtel-Dieu. A cette condition les moines levèrent leur opposition et leur appel, « et ce fait, ajoute la *Chronique*, il dédia l'église et la consacra (1). »

« En vertu du titre cy devant transcrit, dit la *Chronique* de l'Hôtel-Dieu, on a tou-
« jours enterré les maîtres, frères et sœurs dans l'Abbaye jusqu'en 1646 qu'on a com-
« mencé à enterrer dans l'Hôtel-Dieu. Ce fut le 3 décembre qu'on y enterra la sœur
« Jeanne Hurtel et on a toujours continué depuis ce temps-là. Il est vrai que les reli-
« gieux de la ditte Abbaye ont voulu remuer à ce sujet : mais on leur a fait voir si
« clairement que ce n'était pas une sujétion pour l'Hôtel-Dieu, mais bien un privilège
« accordé par leurs prédécesseurs, auquel on voulait bien renoncer, que depuis long-
« temps ils n'ont plus rien dit (2). »

Le pape Innocent III a confirmé l'Hôtel-Dieu de Saint-Riquier en 1204 par une bulle spéciale. Dans une autre bulle il exempte cette institution charitable de payer la dîme des animaux qu'on élève et qu'on nourrit dans les fermes.

« Il est vrai que les religieux et les curés de Saint-Riquier, dit encore la *Chro-*
« *nique* de l'Hôtel-Dieu, ont voulu autrefois aller contre ce privilège, malgré l'excom-
« munication portée dans cette bulle contre les contrevenants, mais ils ont été débou-
« tés par une sentence de l'official d'Amiens rendue en 1577 et confirmée par une
« sentence de Rheims en 1579 ».

« Cette exemption s'est toujours étendue jusque dans la ferme de Neuilly, soit en
« vertu de la dite bulle, tandis que l'Hôtel-Dieu a fait valoir ce bien là par ses mains,
« soit en vertu d'un accord fait en 1224 avec les Abbés et religieux de Forêt-Montier,
« lesquels Abbé et religieux étoient apparemment pour lors curés de Neuilly, puisque
« sans cette qualité ils n'auraient point eu de raisons pour prétendre cette dixme qui
« appartient de droit au curé ».

« Cependant, depuis quelques années, le sieur curé de Canchy, prétendant que
« Neuilly a toujours été dépendant de Canchy, comme en effet il en dépend depuis un
« temps immémorial, a intenté un procès pour avoir la dixme tant dans la maison que
« dans les enclos dudit Neuilly, en quoi il a réussi malgré toutes les raisons que
« l'Hôtel-Dieu a pu apporter dans le temps pour s'en défendre. Par un troisième privi-
« lège du pape Innocent III, on peut chanter le service divin dans l'Hôtel-Dieu pen-
« dant l'interdit général, pourvu que l'on ne sonne point, que ce soit à voix basse et
« que les portes soient fermées (3). »

Gaudefroy (4), évêque d'Amiens, a non seulement confirmé cet établissement, mais il a donné une espèce de règle ou constitution en 1233, à la prière du maître, des frères et des sœurs : c'est du reste une des conditions de la charte de Riquier en 1201.

(1) D. Cotron. *Anno* 1210.
(2) *Archives de l'Hôtel-Dieu, fol. 2.*
(3) *Archives de l'Hôtel-Dieu, Ibid.*
(4) Ou Geffroy d'Eu.

Avant d'entrer dans le détail de cette constitution, rappelons que les communautés hospitalières de ce siècle, comme bien d'autres congrégations religieuses, se sont soumises à la règle de Saint-Augustin, le patriarche des sociétés canoniales, comme saint Benoit le fut des ordres monastiques. Cette règle n'est qu'une simple exposition des devoirs fondamentaux de la vie religieuse et commune : aucune forme de gouvernement n'y est tracé, aucune observance n'y est prescrite, sauf la communauté des biens, la prière, la frugalité, la vigilance des frères sur leurs sens, la correction mutuelle de leurs défauts, l'obéissance au supérieur et par dessus tout la charité.

Nous avons encore le texte de la constitution que Gaudefroy, évêque d'Amiens, donna en 1233 à l'hôpital d'Amiens. D'après l'exposé de la *Chronique* de l'Hôtel-Dieu, elle serait la même que celle de Saint-Riquier : elle eut même la sanction du pape Innocent IV en 1244. A raison de cette double approbation, elle est digne de toute l'attention d'un écrivain religieux. Extraite des antiques institutions des Saints-Pères, elle renferme toutes les prescriptions nécessaires pour former à l'esprit de pénitence et de renoncement et à élever par degrés à la perfection de la vie chrétienne. Voici l'abrégé de cette constitution (1).

I. Pour ne point charger la maison par un trop grand nombre de frères et de sœurs, la règle établit qu'il y aura deux prêtres pour célébrer l'office divin et un clerc apte à recevoir les ordres sacrés : elle fixe à quatre le nombre des frères convers, à huit celui des sœurs. Une forte santé est la première condition d'admission. On comprend qu'il en soit ainsi, en raison de la destination de l'institut et des divers travaux qu'exige le soin des malades. Tous sont reçus gratuitement.

II. Les postulants, après une année de probation, se présentent devant les frères et les sœurs pour solliciter leur admission : ils jurent qu'ils n'ont rien donné ni promis par eux ou par d'autres, qu'ils n'ont rendu aucun service injuste, en vue d'obtenir leur agrégation à la communauté. Reçus par les suffrages unanimes des capitulants ou du moins par la majorité, ils sont revêtus de l'habit religieux. On les éprouve encore pendant une année, avant de leur permettre de prononcer leurs vœux d'obéissance, de chasteté, de renonciation à toute propriété. Les trois vœux sont rigoureux : mais celui de pauvreté est soumis à une surveillance minutieuse : non seulement il faut promettre de ne rien recevoir ni donner sans la permission du père-maître, mais on ne peut plus rien posséder. Quand on trouve quelque membre de la communauté nanti d'argent ou de quelque objet, on lui inflige une pénitence de 40 jours avec le jeûne du vendredi au pain et à l'eau, et si les mêmes choses étaient découvertes seulement après la mort, le coupable n'aurait plus droit à la sépulture ecclésiastique : il serait traité en véritable excommunié.

---

(1) Spicilège de D. Luc d'Achery. Tome II, pages 52-67.
Nous citons le Spicilège un peu modifié par quelques usages particuliers à l'Hôtel-Dieu de Saint-Riquier. On peut consulter le texte.

Voici la formule des vœux :

Je voue et promets à Dieu mon Créateur, à la Benoîte Vierge Marie, à Monsieur Saint Nicolas mon patron, à Monsieur Saint Augustin, père de cette religion, de garder la sainte obédience sous mon maître et supérieur, tel que Dieu et la religion me l'ordonneront.

Je voue et promets de garder chasteté d'âme et de corps toute ma vie.

Je voue et promets de garder la pauvreté et communauté de vie sans aucune propriété, et que je ne recevray, ni auray, ni donneray aucune chose sans la permission de mon maître, pasteur et supérieur.

A Dieu, à la Benoîte Vierge Marie, à saint Nicolas, à saint Augustin et à tous les saints du Paradis, j'offre et dódie mon âme et mon corps pour le service des pauvres membres de Jésus-Christ, au nom du Père et du Fils et du Saint-Esprit (1).

III. Tout est commun entre les divers membres de la communauté : le maître distribue à chacun le vêtement et le vivre, non d'une manière égale et uniforme, mais selon les besoins de chacun; *Prout unicuique opus fuerit*, selon le précepte de l'Apôtre.

IV. L'un des deux prêtres est choisi par la communauté pour remplir l'office de père-maître : tous lui obéissent en Jésus-Christ, et lui-même obéit à l'évêque, comme à Jésus-Christ. Il est du reste confirmé par l'évêque après sa nomination.

Quoique sa supériorité s'étende sur les filles aussi bien que sur les hommes, de concert néanmoins avec les frères, il choisit la religieuse qu'il croit la plus capable, l'établit sur les filles, comme supérieure, pour faire observer la discipline entre elles et les diriger dans le service des pauvres. On choisit également, à la majorité et avec l'approbation du maître, un procureur et trésorier pour gérer les intérêts temporels de la communauté. L'élection peut désigner les sœurs aussi bien que les frères. Si la maison n'a point, pour un temps, de personne apte à ce genre d'administration, il est permis d'appeler un procureur étranger à la communauté.

Les comptes sont rendus six fois par an, en présence du père-maître et du conseil de la communauté.

Les actes importants d'administration, comme les ventes et aliénations, les acquisi-

---

(1) Autre formule plus ancienne :

Je promets à Dieu mon père créateur, à Mʳ Saint Augustin, à Mʳ Saint Nicolas, nos patrons, à tous les saints et saintes du Paradis, vivre toute ma vie en poureté, casteté et obédience, soubz la règle Mʳ saint Augustin, au service de Dieu et des poures. Ainsy le promets et jure de me propre volenté, sans contrainte aucune.

J'offre mon âme, mon corps au service de Dieu et des poures, et promets de prier Dieu pour les trépassés et vivants bienfaiteurs et fondateurs de chéens.

Me mère, mes parents et amis, je vous remerchie de vos bienfaits et vous demande merchy, se je vous ai mal fait ou mal dit ou esté inobédiente. Je vous prie que me le pardonniez et veuilliez prier Dieu pour mi, et je prierai Dieu pour vous.

tions par héritage, donation, achat, ne sont consentis par le père-maître qu'avec l'approbation de la communauté.

V. On s'acquittera de l'obligation de l'office divin aux heures prescrites. Ce devoir incombe aux prêtres, aux clercs, aux laïques, qui savent les heures canoniales : on chantera les heures de la Sainte-Vierge, si on les sait, ou bien seulement les psaumes pénitentiaux, si on ne sait que cette prière. Il n'est jamais permis d'interrompre son office : si on se le permettoit, on confesseroit sa coulpe : du reste le père-maître accorde des dispenses pour l'heure, toutes les fois qu'il y a des causes légitimes.

Les ignorants, pendant le temps de leur probation, s'habitueront à réciter le *Pater*, le *Credo*, le *Miserere*, l'*Ave Maria*.

VI. Chaque prêtre dira trois messes pour les frères et sœurs défunts, les clercs diront un psautier ; ceux qui ne sauront que le *Miserere* le réciteront cinquante fois, et si on ne connaît pas encore cette prière, on y suppléera par cent cinquante *Pater*.

VI. Le silence est prescrit à l'Eglise et au dortoir après complies. Hors de l'Hôpital, il n'est obligatoire que dans les granges ou fermes.

VII. L'heure du coucher est fixée par la règle. Il n'est pas permis de sortir du dortoir commun avant les autres, à moins que l'obéissance n'appelle à quelque occupation indispensable ; on se levera pour les matines sauf dispense, et ceux qui auront manqué confesseront leur coulpe au premier chapitre.

VIII. Il y a chapitre toutes les semaines. Non seulement on y accuse ses propres fautes ; mais on fait la correction fraternelle, par zèle pour la justice et par un sentiment de vraie charité. S'il arrivait qu'on se plaignît des accusations portées au chapitre, on serait gravement puni à la réunion suivante. Les fautes du maître ne seront point relevées en chapître. La peine d'excommunication frappe toute révélation des secrets du chapitre. On appelle ici excommunication une punition qui consiste à prendre son repas à terre, à ne recevoir que du pain, de l'eau et un seul plat, à ne parler qu'à son servant ou à une personne députée par le père-maître pour quelque nécessité du corps et de l'âme. Le père-maître a le droit de lever l'excommunication, quand il le juge convenable.

IX. La règle oblige à châtier son corps une fois la semaine par les rigueurs de la discipline : une permission serait nécessaire pour l'usage plus fréquent de cette pratique de pénitence. La discipline est aussi prescrite pour certaines fautes.

X. On n'indique que quelques punitions, outre celles que l'on a déjà signalées. Elles regardent les actes de colère et de violence : on est soumis au jeûne de sept jours consécutifs, et condamné à manger à terre, pour avoir frappé un frère et une sœur, puis excommunié et délaissé de toute la communauté jusqu'à parfaite réconciliation. Si les coups étaient accompagnés d'effusion de sang, on serait chassé, à moins que le père-maître et le conseil ne consentissent à user d'indulgence et à se contenter d'une autre punition d'une gravité exceptionnelle.

XI. Des permissions sont nécessaires pour les sorties et les repas hors de la communauté : un compagnon est toujours désigné par le supérieur.

XII. Les habitations des frères et des sœurs sont séparées. On ne peut communiquer sans témoin.

XIII. Le dimanche, le mardi, le jeudi, quand l'Eglise le permet, on peut se nourrir de viande. L'abstinence est prescrite pour les autres jours : on dispense de cette règle de pénitence le lundi et le mercredi dans certaines fêtes plus solennelles. On ne permet qu'un seul plat avec un peu de dessert. On fixe la ration de vin, de cervoise ou de toute autre boisson. Il ne serait pas permis d'apporter des mets particuliers au réfectoire et de laisser la nourriture commune. La lecture est prescrite pendant les repas.

Les ouvriers et les serviteurs ne sont pas admis à prendre leurs repas avec les membres de la communauté.

XIV. La laine des habits conserve sa couleur native : on ne permet de teindre que les chappes de chœur et les aumusses de serge dont les prêtres usent à l'église. Les coutumiers de l'Hôtel-Dieu parlent en effet d'habit blanc et de rochet ou surplis, soit pour les frères soit pour les sœurs. L'usage s'en est conservé jusqu'en 1640 (1).

Une ancienne sculpture de cheminée représente les religieuses de l'Hôtel-Dieu avec le surplis.

XV. Les confessions des personnes valides sont reçues à l'église, dans un lieu découvert, depuis le lever du soleil jusqu'à son coucher.

XVI. Les infirmes, avant d'être reçus dans l'hôpital, feront leur confession et recevront la sainte Eucharistie, si on le juge utile : on les conduira ensuite à leur lit, où on les traitera comme les maîtres de la maison, les servant avant les frères, leur donnant ce qu'ils peuvent désirer, s'il est possible de le trouver et d'en supporter la dépense.

(1) Un auteur donne cette explication sur une pratique générale que nos mœurs semblent repousser. « Comme les chapitres des cathédrales étoient « plus spécialement chargés de la direction et de « l'administration, ils voulurent que les règle- « ments qu'ils prescrivirent aux sœurs eussent de « l'analogie avec ceux des chanoines : qu'elles fus- « sent même appelées *religieuses chanoinesses*, « qu'elles portassent une espèce de rochet et au « chœur le grand manteau canonial ; qu'elles fus- « sent tenues à réciter l'office au chœur, avec plus « ou moins de solennité, selon que le permettoit le « service des pauvres ; qu'elles tinssent régulière- « ment des assemblées capitulaires ou chapitres, « etc. ».

M. Lequeux. *Ibid. page* 256.

Saint Norbert, fondateur de nombreuses communautés de femmes, leur donna comme à ses religieux l'habit blanc de laine naturelle et le surplis pour élever leurs âmes à de plus sublimes pensées. Il plaçoit ces religieuses près des monastères dans des appartements séparés. On ne leur parlait que par une fenêtre, en présence de plusieurs témoins.

Trente ans après leur fondation on comptait plus de 10,000 de ces religieuses. C'est évidemment ces nouvelles milices qui servirent de modèles aux innombrables communautés d'hospitalières Augustines de cet âge ou des âges suivants.

Après la guérison, pour éviter toute rechûte, les convalescents resteront encore pendant une semaine dans la maison. Les malades auront continuellement une garde auprès d'eux.

XVII. Le père-maître peut, en vertu de son autorité, dispenser de certaines observances, mais l'évêque se réserve le droit de modifier cette règle, de l'interpréter, d'y ajouter ou d'y retrancher : il prononce l'excommunication sur ceux qui se permettraient de la mépriser ou de l'attaquer.

XVIII. Au-dessus et en tête de toutes ces sages prescriptions, il y a une règle fondamentale sans laquelle la vie religieuse ne serait qu'un fardeau insupportable à la nature humaine : c'est le premier des commandements de Dieu, qui consiste à craindre Dieu, et à l'aimer de tout son cœur et par-dessus tout. Les âmes pénétrées de cette vérité aiment à vivre en communauté et à n'avoir qu'un cœur et une âme en Dieu et en Jésus-Christ leur sauveur.

Cette règle fut observée à Saint-Riquier depuis 1233 et l'est encore aujourd'hui dans ses dispositions essentielles. Les nouvelles constitutions de 1701 n'en détruisent ni l'esprit ni les pratiques. Inclinons-nous devant cette institution, en pensant au nombre de saintes âmes qu'elle a consolées, fortifiées sur la terre et préparées aux nôces éternelles du céleste époux. Nous aurons occasion de montrer que, même dans ces derniers temps, ce n'était point une lettre morte, mais que l'esprit de Dieu qu'elle respire à chaque ligne s'est communiqué par elle à une forte génération de vierges chrétiennes et les a embrasées du plus généreux amour.

Nos philantropes modernes, en accusant les désordres, l'inconduite, les querelles des frères, ont-ils suffisamment rendu justice à la nature de l'œuvre et à ses bienfaits pendant plusieurs siècles ? Il est vrai que la faiblesse humaine a départi à cet ordre séculaire, comme à beaucoup d'autres institutions, son lot de scandales ; mais à côté de ce vieux levain, dont les enfants d'Adam ne seront jamais débarrassés, que de vertus, que de dévoûments et d'actes de charité! (1). Les causes de la suppression des frères ne sont-elles pas multiples et ne doivent-elles pas être plutôt attribuées aux malheurs des temps qu'à de véritables abus ? Nous ne sonderons pas ce problème dont notre histoire n'est point appelée à donner la solution. Nous nous contenterons d'ajouter avec la *Chronique* de l'Hôtel-Dieu « que vers les derniers temps il n'y avait plus de frères ni d'autres prêtres
« que le maître, lequel faisoit les vœux de religion, qu'il continua jusqu'en 1646,
« qu'alors maître Robert Delattre, prêtre séculier, a été choisi par la communauté et
« confirmé ensuite par l'évêque d'Amiens comme maître et supérieur. Pourtant vers
« la fin de sa vie il a fait aussi des vœux, mais ses successeurs ne l'ont point imité et
« sont restés étrangers à la communauté, se contentant seulement de remplir auprès
« des religieuses et des malades leur ministère pastoral ».

(1) De Gerando. *De la Bienfaisance publique.* Tome IV, page 288 et 291.

L'Hôtel-Dieu de Saint-Riquier fut abondamment doté dès le xii° siècle. On voit par quelques chartes de donation que ses principales propriétés datent presque de la fondation. Celles de Saint-Riquier ont été probablement données ou mises en commun par les premiers prêtres. On n'a aucun titre pour reconnaître leur origine, quoique le chartrier ait été tenu avec le plus grand soin et qu'il nous ait conservé une multitude d'actes de minime importance.

Quelques débris de ce chartrier ont survécu aux révolutions ; ce sont les titres de propriété. Le reste a été brûlé ou dilapidé. Un fanatisme impie a surtout fait disparaître dans le feu ou d'une autre manière les bulles des souverains Pontifes, les lettres des évêques, tout ce qui portait une empreinte de religion et d'observance monastique. M. le marquis Le Ver, ancien capitaine de cavalerie au régiment royal de Navarre, a rassemblé les documents abandonnés dans les greniers des receveurs et analysé un certain nombre de pièces avec une patience et une sagacité qu'on ne saurait trop louer. D'après son rapport, composé en 1809, il est facile de juger que le chartrier de l'Hôtel-Dieu était autrefois plus riche en titres qu'il ne l'est aujourd'hui.

« La Révolution de 1789 a porté ses désordres au sein des chartes de cette maison
« de bienfaisance, comme elle l'a fait partout où elle s'est introduite. C'est par hasard
« qu'on a pu sauver le peu dont l'extrait de l'inventaire fait mention. Au total il n'y a
« rien de satisfaisant à proposer au savant, à l'historien, à l'antiquaire » (1).

Tout en admettant la vérité des observations de M. le marquis Le Ver, nous ajouterons cependant que, depuis 1809, la science de l'antiquité a fait d'immenses progrès et qu'elle est aujourd'hui avide de faits particuliers qu'on dédaignait alors. Il n'est pas indifférent aux nombreux archéologues du Ponthieu de voir ressusciter des noms, des familles, des particularités locales qu'on chercherait en vain ailleurs. C'est rendre service à la science que d'apporter à l'édifice quelques pierres armoriées à l'aide desquelles on recomposera peut-être des familles entières. Nous ne nommerons ici que les principaux bienfaiteurs de l'Hôtel-Dieu (2).

1° Le premier en date et en libéralités fut Barthélemi Fretel de Visme, seigneur de Neuilly, dont la résidence était peut-être aussi habituelle à Saint-Riquier que dans sa terre. C'est à lui qu'on doit le plus beau fleuron des domaines de l'Hôtel-Dieu, la ferme de Neuilly, ou le manage de Neuilly, pour parler le langage du temps, et la terre qui en dépend : le bois du Fay donné pour être eschartié et cultivé, le Bus Gautier avec le camp d'Herved : à l'Arbrée, v j^r de terre près la *Coulture* du manoir, la Large Voie jusqu'à la grande rue : le pâturage sur tout le terroir pour tous les animaux

---

(1) M. Le Ver. — *Analyse des Titres, Archives de l'Hôtel-Dieu.*

(2) Quoique nous manquions de renseignements positifs, nous n'hésitons pas à affirmer que le premier bienfaiteur de l'Hôtel-Dieu fut son fondateur Adam de l'Arbroye. Le bois défriché de l'Arbroye aux environs de Neuilly, devenu le fief de l'Arbroye ou l'Arbrée, a sans doute appartenu aux religieuses de l'Hôtel-Dieu. Il y a une page d'histoire dans l'union de ces deux noms.

nourris dans l'Hôpital, soit qu'ils lui appartiennent ou qu'ils soient à d'autres : le tout franc de tout droit de vicomté, de corvée, avec exemption de servitude ou d'exaction quelconque sur les terres que l'Hôpital possède ou qu'il possédera ou qu'il cultivera par loyer.

Barthélemi Fretel réclame de la charité de la maison, pour cette donation, 100 sous de cens annuel, 140 liv. par. avec un palefroy, 100 sous et 2 queutes de 40 sous.

C'est une aumône perpétuelle, octroyée pour l'amour de Dieu et le salut de son âme, de celle de Marie son épouse, pour celles de leurs prédécesseurs. La saisine est placée ès-mains de l'Evêque d'Amiens par le conseil de ses amis, et de ses hommes, en présence d'ecclésiastiques, de chevaliers et de plusieurs autres témoins. Le donateur s'est obligé par serment à remplir son engagement : il a donné suffisante caution de sa foi à Saint Riquier lui-même, sur le sacrement de l'autel, en présence des clercs, des chevaliers, des bourgeois. Marie de Visme, son épouse, a renoncé à tout douaire et a reçu en échange devant l'Evêque une rente de v s. de monnaie de Ponthieu. En outre Barthélemi Fretel s'est engagé à garantir son aumône contre toute vexation et attaque : il y oblige ses héritiers eux-mêmes : il ne veut pas que la nouvelle propriété de l'Hôpital soit soumise aux lois des donations féodales, qu'il y ait retour au seigneur pour défaut de cens, pour forfaiture quelconque de la part des religieux et de leurs servants. Cet acte solennel est passé en présence du doyen d'Abbeville, des religieux de l'Hôpital, de plusieurs prêtres et clercs de grande famille, comme Robert d'Ailly, Anscher de Maisons, Robert de Nouilly, Wautier de Domqueur, Simon d'Abbeville, Pierre de Cornehotte et Wautier de Nouilly, chevaliers ; en présence aussi de plusieurs échevins de Saint-Riquier et d'autres bourgeois de distinction.

Cette donation, faite en 1199, est renouvelée avec quelques petites modifications en 1202, et confirmée par Gérard d'Abbeville et par Guillaume d'Abbeville, seigneurs de Bouberch et de Domvast. Ceux-ci donnent leur aumône, en renonçant à tous leurs droits de suzeraineté et de confiscation féodale, et en s'engageant à garantir contre toute entreprise injuste : ils jurent sur le missel de l'autel de l'Hôpital. Nous présumons que Guillaume d'Abbeville est fils de Gérard et qu'il intervient au moment où il succède à son père.

Cette formule de donation se renouvelle très fréquemment dans le *Cartulaire* de l'Hôtel-Dieu ; c'est pourquoi nous avons tenu à en détailler les diverses conditions pour l'explication des coutumes locales : car on appelle souvent dans ces actes aux coutumes locales de la ville forte ou murée de Saint-Riquier, *Castri Sancti Richarii*.

Une autre aumône très importante de Barthélemy Fretel, c'est celle du bois de Halloy, du consentement de Marie, sa femme, de Robert, son fils aîné, de ses autres enfants et de ses amis. Ce bois d'une contenance de 155 j^x à essarter est libre de toute autre charge que celle du terrage réservé au donateur et à ses héritiers, et même vii j^x de ce fief seront exempts aussi de terrage ; car ils sont destinés aux bâtiments de la ferme et aux pâturages des animaux domestiques. Si la terre reste inculte on n'exigera rien et on ne pourra même contraindre à la cultiver. Avant d'enlever la récolte, on doit appeler le seigneur, pour qu'il recueille son terrage, et s'il ne vient pas à temps, on ne sera pas empêché de conduire à la grange la part de l'Hôpital. Barthélemy Fretel se réserve pour lui et ses héritiers le droit de faire transporter son champart par les voitures de l'Hôpital, mais, si la propriété est vendue, cette obligation est éteinte (12 novembre 1212). Ce contrat reçut la sanction de Guillaume, comte de Ponthieu et de Montreuil ; car le fief était situé dans ses seigneuries.

Après ces donations Barthélemi Fretel se voit obligé d'emprunter. On accorde aux prières très instantes de sa femme un prêt de 19 livres.

Barthélemy Fretel, dans ses accords avec les maîtres de l'Hôtel-Dieu, s'était réservé sur Neuilly une rente de vii liv.; il en fait l'abandon sur son lit de mort, du consentement d'Enguerran et de Hugues ses fils, et ne retient que x s. de cens et autant de relief.

II. En la même année, Enguerran de Visme devenu maître des domaines de la famille confirma cette donation et la fit confirmer par Gérard d'Abbeville, seigneur de Bouberch et de Domvast et par le comte de Ponthieu (1239).

Enguerran de Visme ratifia aussi et fit ratifier par les mêmes seigneurs les autres donations de son père, sans en rien contester. Hugues, son frère, fut appelé à ces contrats et jura solennellement de ne jamais chercher à troubler la possession de ces biens (1239).

Enguerran de Visme fut donc aussi le bienfaiteur de l'Hôtel-Dieu et marcha sur les traces de son père. Il ajouta x j¹ de terre à Halloy pour agrandir le manoir et y créer de plus vastes pâturages. Il reconnait que c'est servir ses propres intérêts que de travailler à la prospérité de la culture des religieux : car sans eux cette terre inculte ne produirait pas même le terrage, au lieu qu'améliorée par leurs sueurs, elle deviendra profitable aux uns et aux autres (1251).

En la même année Gui Wuiset, fils de Wasson Le Fèvre, bourgeois de Saint-Riquier, se rendit coupable d'un crime énorme et notoire que la charte n'ose spécifier (1); elle l'appelle seulement Guidon le félon. Sa terre fut confisquée au nom du roi et remise ès-mains de son bailly ; mais Enguerrand de Visme en était le seigneur : il en disposa en faveur de l'Hôpital en pure aumône de la manière suivante : ce chevalier avait, comme beaucoup d'autres gentilshommes de cette époque, contracté un emprunt et reçu xxx liv. des administrateurs de l'Hôtel-Dieu : il offre cette terre pour gage, s'obligeant à la laisser entre leurs mains jusqu'à plein et entier remboursement et à la leur garantir contre tout *custus* ou dommage. On ne pourra retirer la terre avant la Saint-Remi prochaine ou avant la Toussaint, et s'il y a labour et ablais, on permettra aux frères de

(2 *Forefactum nefandum et manifestissimum*.

moissonner ; pendant toute la jouissance ils ne paieront que xviii den. de cens. L'acte juré, garanti par toutes les possessions du donateur, est passé en présence de Lambert Lambreluche, prévôt du Roi à Saint-Riquier, et des échevins de la commune.

D'après une lettre du doyen de chrétienté d'Abbeville, Enguerran de Visme et sa femme Isabelle, vendent, au profit de l'Hôpital de Saint-Riquier, xxxviii j^x de terre pour 9 années, moyennant une somme de lx liv. p. Une partie est située dans le val *Saint-Martin*, l'autre vers Canchy et la troisième sur le chemin de Neuilly à Domvast. Cette terre était tenue auparavant par un bourgeois d'Abbeville (1259). Par la charte de la reine de Léon et de Castille, on voit que sous le nom de vente on comprend ici un bail dont la redevance est payée en un seul terme. C'est un contrat qui fait tourner les difficultés créées par une bulle sur les impignorations.

Robert de Visme est aussi signalé dans le *Cartulaire* de l'Hôtel-Dieu pour une vente de xv j^x de terre, sis en certain lieu appelé le *Marcais as femmes*, près le bois de Halloy et d'une autre pièce de v j^x, près le manoir de Jehan Leprévost. Il faut ajouter une autre vente de lv j^x de bois à Halloy. Cette vente est consentie pour 12 ans devant le doyen de Saint-Riquier, qui transmet son acte à l'official d'Amiens, pour le vidimer et le sceller du sceau de la cour épiscopale (1273). Vers 1300, la partie du domaine de Neuilly que la famille de Fretel de Visme s'était réservée, passa par alliance dans celle de Cayeux (1).

III. Le troisième bienfaiteur à signaler c'est Guillaume II, le bon et généreux comte de Ponthieu, dont la piété embrasse tous les établissements religieux de sa domination. Après avoir, en 1208, pris l'Hôtel-Dieu sous sa protection spéciale, « pour le salut de son âme et de celles de ses aïeux », il donna en perpétuelle aumône x j^x de bois de sa forêt près du Rondel et xx sous sur sa vicomté de Saint-Riquier (1212). On sait que ces droits lui avoient été concédés par son contrat de mariage avec Alix de France : il en usa envers les pauvres malades, car il veut que la somme, dont il est ici question, soit employée à acheter des allecs ou harengs pour leur nourriture (2).

---

(1) *Cartulaire de l'Hôtel-Dieu.* — Cette famille est-elle originaire de Visme ? ou bien a-t-elle tiré son nom d'un fief de Visme aux environs de Millencourt. Nous serions disposé à admettre cette dernière hypothèse. Voici les filiations que nous trouvons dans les archives de l'Hôtel-Dieu, en renvoyant pour le reste au nobiliaire de M. de Belleval.

Cette famille a laissé un beau souvenir dans les archives de l'Hôtel-Dieu pour ses libéralités.

I. 1199. Barthelemi Fretel de Visme était père d'Inguerran, de Robert, de Guillaume, de Hugues. Sa femme s'appelait Marie. Fretel de Visme, fils de Roger, avait un frère du nom de Robert. Celui-ci fut seigneur de Gézaincourt et bienfaiteur de Bagneux, prieuré de Molesme.

II. Inguerran de Vismes succéda à son père et il épousa Elisabeth (1238). De ce mariage est issu Robert Fretel de Visme. Est-ce lui qui est repris dans les cartulaires du Gard en 1259 ?

On cite encore en 1224 Alulfe de Visme dans les chartes de l'Hôtel-Dieu.

1388. Guérard ou Guillaume Fretel de Visme épousa Guillemette de Hangard.

Armes : *de gueules frettées d'argent.*

(2) *Vidimus en* 1431 *des échevins de Saint-Riquier* pour la lettre de confirmation de Guillaume de Ponthieu sur cette donation.

IV. Les anciennes chartes du Ponthieu et le terrier de l'Hôtel-Dieu nous rappellent le nom de Wisquigny. C'est un fief situé aux environs d'Agenvillers et de Neuilly-l'Hôpital, dont les populations n'ont pas encore oublié le nom. L'habitation seigneuriale a disparu ; mais l'Hôtel-Dieu de Saint-Riquier jouit encore d'une partie du domaine, donné en aumône perpétuelle en 1210 et en 1232. Jean de Wisquigny, le premier des donateurs, légua pour le salut de son âme, sur *l'Hôtel* de saint Nicolas de Saint-Riquier et par le missel, xiv j^r de terre en deux pièces. La dessaisine s'opéra entre les mains de Hugues, doyen de Saint-Riquier. Le siège épiscopal vacant, elle fut ratifiée par Raoul, archidiacre du Ponthieu. Barthélemy Fretel de Visme, seigneur suzerain, approuva et garantit ce legs, et le jour même de cette donation, Jean de Wisquigny se faisait religieux à l'Hôtel-Dieu et se donnait au service des pauvres avec tout ce qu'il possédait, en présence d'un grand nombre de seigneurs et d'amis.

Gauthier de Wisquigny ajouta, en 1232, à la donation de son parent. Il octroya, en perpétuelle aumône, au même hôpital sa terre de Wisquigny avec son bois, du consentement de Gillette son épouse, de Brunette, sa sœur et héritière. Gillette renonça à son douaire, après avoir reçu de son mari, en échange, lx liv. par., et promit par serment de ne jamais inquiéter les donataires. Cette offrande, déposée sur l'autel de la communauté, était environnée de toutes les solennités et précautions féodales. Hugues, doyen de Saint-Riquier, reçut le contrat. Gaudefroy, évêque d'Amiens, l'entérina en sa cour épiscopale et le confirma, en le mettant sous la protection apostolique. Barthélemi Fretel, seigneur suzerain, qu'on voit toujours également dévoué pour l'Hôtel-Dieu de Saint-Riquier, ratifia le contrat. Il retint 25 sous pour son service et celui de ses héritiers et 60 s. de relief. Il retint aussi 60 s. pour le service de Jean de Nouilly, son vicomte, mais seulement sa vie durant. Gérard d'Abbeville, seigneur de Bouberch, intervient après, pour garantir la parole et les actes de ses feudataires. Non content de se dessaisir de tous ses droits, même en cas de forfaiture, il concède à l'Hôtel-Dieu un privilège de pâturage sur toutes ses terres de Neuilly et de Canchy. Enguerran de Visme et Hugues, son frère, comparaissent devant les échevins de Saint-Riquier pour reconnaître et approuver les libéralités de leur père. Enfin Oda de Wisquigny et Jean de Drucat, son fils prêtre, renoncent devant le doyen de Saint-Riquier, à toute échéance de déshérence et s'engagent à ne jamais susciter de procès en cour ecclésiastique ni séculière.

V. Un cinquième donateur dont les archives ont consacré la mémoire, c'est Enguerran de Candas, chevalier, seigneur de Millencourt. Il aumône xxx j^r de terre à Millencourt, nommés la *Coulture du Fayel*, chargés seulement de 2 s. de cens annuel envers l'église abbatiale de Saint-Riquier et francs, du reste, de toute corvée et exaction.

L'Abbé de Saint-Riquier investit l'Hôtel-Dieu de sa nouvelle propriété et donna une charte d'amortissement. Enguerran de Candas, son épouse et son fils Guy s'engagèrent à ne jamais molester l'Hôtel-Dieu, ni en cour ecclésiastique ni en cour laïque. Le donateur reçut 75 liv. par. des charités de l'Hôtel-Dieu. Il faut avouer que ces charités sont presque équivalentes au prix de vente. L'aumône ici ne serait qu'une forme de contrat spéciale aux cessions ecclésiastiques, une dérogation aux transactions féodales, une espèce d'amortissement de la terre.

VI. Gérard d'Aubin et Mathilde sa femme ont consacré tous leurs biens meubles et immeubles à l'œuvre des pauvres malades et se sont, chacun de leur côté, voués à les servir. C'est plus tard qu'il fut défendu de recevoir aux vœux religieux l'homme et la femme. Toutefois ils avaient mis une réserve; ils pouvoient vivre chez eux; mais après leur mort leurs biens étaient acquis à l'Hôtel-Dieu. Quand Mathilde fut décédée, le mayeur et les échevins firent exécuter le contrat et mirent en possession de tous ces biens les frères et la communauté de l'Hôtel-Dieu. Gérard d'Aubin n'y faisait point du reste opposition; il comparut devant l'échevinage pour régulariser les donations et délivrer les saisines.

VII. La famille de Neuilly voulut participer au développement de l'institution charitable dont les bienfaits vont alléger les souffrances autour de Saint-Riquier. En 1242, Nicolas de Neuilly donna en aumône VII j^x de terre, du consentement de Renaud son frère et héritier. Il exigea un cens annuel de 12 deniers.

VIII. Henri de Vincheneuil et Eremburge Castaigne, sa femme, sont d'insignes bienfaiteurs de l'Hôtel-Dieu de Saint-Riquier. Une grande partie de leur héritage, donnée conditionnellement dans le testament d'Eremburge (1), enrichit la manse des pauvres après la mort de leur fils Wautier (2). Des acquisitions à Cromont et à Gorenflos,—les archives de l'Hôtel-Dieu parlent au moins de XX j^x de terre,—deviennent la propriété de l'Hôtel-Dieu qui les réclame en 1270, après la mort des deux bienfaiteurs, sans que personne ait fait opposition. Il est vrai que les héritiers d'Eremburge Castaigne avaient voulu en 1263 s'emparer de ces biens; mais le doyen de Saint-Riquier et l'official d'Amiens, protecteurs-nés de l'établissement, ont dans leurs lettres patentes confirmé le testament, d'où il résulte que Guillaume de Bersacles et Jeanne, son épouse, sœur de Wautier, furent obligés de renoncer à leurs prétentions : ils promirent par serment de ne jamais rien réclamer et de ne point molester les frères de l'Hôtel-Dieu dans leur possession. Mathieu de Roye lui-même, seigneur du lieu, confirma toutes ces donations en 1264.

IX. Elizabeth, dame d'Argoules, donne XIII j^x de terre, sis à Verron ou Vron, à Gérard Prestel de Verron et à ses héritiers à la charge seulement de payer le terrage. Ces terres devinrent dans la suite la propriété de l'Hôtel-Dieu (1245).

X. André de Ponches donne aussi en perpétuelle aumône III j^x de terre à Vron pour le salut de son âme et de celle de ses prédécesseurs. Il ne réclame que 6 den. de cens

---

(1) *Cartulaire de l'Hôtel-Dieu.* (2) Voir ce Testament, page 116; n.

annuel à payer à Noël. Il manifeste le désir que l'Hôtel-Dieu y établisse un manoir au profit des pauvres, mais il ne lui en impose point l'obligation. Il y ajoute le droit de pâturage sur les terres et sur le bois de la Waskie du Hamel, comme il l'a concédé aux autres habitants de Vron. L'acte de donation est déposé sur l'autel de l'église, et l'épouse d'André de Ponches, à qui son mari assigne un autre douaire, fait serment de ne jamais rien réclamer. L'acte passé devant le doyen de Saint-Riquier est confirmé par maître A. de Le Hicort, chanoine et official d'Amiens (1253).

XI. xx j^r de terre à Ailly appartenant à Jean Huclos et donnés par contrat de mariage à sa fille, deviennent aussi la propriété de l'Hôtel-Dieu (1261).

XII. Robert de Villers, du consentement d'Emmeline, son épouse, et de Jean, son frère et son héritier, donne en pure aumône xiv j^r de terre à Wisquigny, tenant à la terre de Guy Wuiset, adjugée à l'Hôpital par confiscation et indivise avec elle. Robert ne reconnaît d'autre charge qu'un cens de 18 den., à payer à Enguerran de Visme et le droit d'Inguerran de Wisquigny, vavasseur de ce chevalier. Ameline, son épouse, résigne tous ses droits et se tient pour suffisamment nantie par le nouveau douaire assigné en dédommagement : l'acte est passé devant le doyen et confirmé par l'official (1258).

XIII. Renaud Lemaire, bourgeois de Waben, donne également en perpétuelle aumône xiv j^r de terre aussi indivis avec les précédents. Enguerran de Visme, seigneur du lieu, confirme toutes ces donations en 1259.

Nous ne croyons pas devoir nous arrêter sur plusieurs autres donations moins importantes et pourtant non moins dignes de notre vénération, parce qu'elles sont inspirées par le même sentiment de foi. Qui sait même si elles n'ont pas pesé davantage dans la balance du juge suprême et du plus compatissant des pères? On peut les lire dans le *Cartulaire* de l'Hôtel-Dieu ainsi que les précédentes (1).

XIV° SIÈCLE.

Nous signalerons les faits ou actes d'administration de ce siècle et des suivants dans leur ordre chronologique. Il nous serait impossible de les lier ensemble ou de les subordonner les uns aux autres. Les archives sont trop incomplètes.

Un chirographe de Philippe de Morler (peut-être Morviller) et de Mehaut, sa femme, contient la vente du moulin de Halloy à l'Hôtel-Dieu. Le texte mérite d'être cité :

« Sachent tous que Phelippe de Morler et Mehaus, sa femme, ont reconnu que ils ont vendu hérétaullement au maistre, as frères et as sœurs de l'Hôpital de Saint-Riquier en Ponthieu, pour xxvi liv. xiv s. et iv den. par. de bone monnoie dont il se sont tenu bien poié, toute la propriété que ledit Phelippes et Mehaus, sa femme, avoient et povoient avoir el meulin de Halloy et es aptenanches et ont renonché à

---

(1) *Cartulaire de l'Hôtel-Dieu,*

tout le droit que ils avoient ou pooient avoir e dit meulin et es aptenanches, en quelconque manière que che fust, par la somme d'argent dessus dite, dont ils se sont tenu à eux poié, si comme dessus est dit : laquel partie dudit meulin vendue, li dis Phelippes et Mahaus, sa femme, sont tenus et ont promis à warandir bien et loiaument as devant dis maistre, frères et seurs et à leurs successeurs contre tous et à tout che warandir tenir et remplir bien loiaument et as cous et as dommage rendre dont chil que chust chirog. apportera seroit creus par son serement sans autre preuve : ont ledit Philippes et Mahaus, sa femme, obligié eux, leurs hoirs et tous leurs biens muebles, cateus et héritages présens et à venir ou que il seront treuués à campagne et à ville et tout leur temporel, pour estre justichié par queleconque justiche où il plairoit attraire à cheluy qui chest chirographe aportera pour saisir, trouer, pendre, vendre et prendre et emprisonner en prison fremée, et de tout che ont il franchement répondu de leur corps. A che furent apelés Bernard Harnas comme maire de Saint-Rikier, Gilles Acars et Robert Maumarkies comme esquevins, Girard d'Alli, Jehans de Labroie, Jehans de Prouville et Hues de Hupi clers, comme tesmoings, en l'an de grâce mil ccc et sis, el mois de décembre. (1) »

Le concile de Vienne s'occupa des hôpitaux et fit des règlements sur leur gouvernement intérieur ; il créa des administrations laïques. On portait des plaintes sur la négligence de certains recteurs qui laissaient ruiner les bâtiments, usurper les domaines, sur la cupidité d'autres qui détournaient à leur profit les revenus destinés aux pauvres à qui ils refusaient l'hospitalité. Pour introduire une réforme salutaire, on chargea les fondateurs et à leur défaut les évêques de surveiller les malversations ; on interdit aux clercs séculiers d'accepter des hôpitaux en bénéfice, à moins qu'ils n'y fussent autorisés par le titre de fondation. On adjoignit aux recteurs et aux maîtres des personnes sages, intelligentes, de vrais tuteurs des pauvres, qu'on obligea par serment à s'occuper de leurs intérêts, à rendre des comptes annuels aux évêques (2). On ne saurait dire si ce règlement du concile pénétra immédiatement dans les hôpitaux de nos provinces. Les titres que nous avons sous les yeux ne nous offrent aucun document propre à nous éclairer sur ce sujet.

D'après une note recueillie par Dom Grenier, l'Hôtel-Dieu serait tombé, en 1329, dans un relâchement assez grave pour encourir l'excommunication. Cette phrase laconique ne saurait nous guider dans nos conjectures, si nous nous permettions d'en hasarder quelqu'une.

1344. Le voisinage des seigneurs de Neuilly exposait les frères et les religieuses de l'hôpital à des avanies de la part de leurs officiers. Un de leurs valets coupant une cepée sur un lieu de leur justice, devant la porte et le mur de leur ferme, les gens de Mathieu de Cayeux, pour lors seigneur de Neuilly, non contents de lui chercher querelle, l'ap-

(1) Cartulaire de l'Hôtel-Dieu   (2) Hist. de l'Eglise gallicane en l'an 1311.

préhendèrent au corps et le menèrent en prison : mais ce zèle immodéré ne fut pas approuvé par leur seigneur ; car Mathieu de Cayeux leur ordonna de relâcher le prisonnier en déclarant qu'il ne voulait porter aucun préjudice aux religieux de l'hôpital.

Une lettre de Charles V, roi de France, de l'an 1364, nous révèle des troubles sérieux dans l'Hôtel-Dieu. Deux prétendants se disputaient la supériorité, Oudard du Fresne et Jehan le Sellier. L'arrêt du roi dépouillé de toute pièce à l'appui ne nous découvre qu'une phase de la question. Nous allons l'analyser le mieux qu'il nous sera possible. Oudard de Fresne ou de Fresnoy, canoniquement élu maître de l'Hôtel-Dieu et en légitime exercice de ses fonctions, fut tout à coup accusé devant l'évêque d'Amiens de diverses fautes. On disait que son administration était si mauvaise et si scandaleuse que les bienfaiteurs arrêtaient le cours de leurs aumônes en faveur des pauvres et que par son fait l'hôpital était réduit à la dernière extrémité. On reprochait à Oudard de vivre seul dans sa chambre, de ne s'épargner ni les mets recherchés ni les vins délicats, pendant qu'il ne donnait aux frères et aux sœurs, comme aux pauvres, que « du pain et de l'eau bouillie. » On l'accusait de ne plus recevoir de frères pour le service divin, quoiqu'il en eût besoin, et de s'adjoindre pour l'administration trois sœurs, qui n'avaient d'autre titre à cette distinction que leur parenté ou leur affinité avec Oudard. Ces sœurs se nommaient Jehanne la Boulenguière, Agnès la Tortemière et Jehanne Jumel. Vraies ou fausses, ces imputations furent accueillies par l'évêque d'Amiens et Oudart fut destitué de ses fonctions par sentence canonique. Jehan le Sellier, le promoteur probable de ces dissensions, fut institué en sa place : il n'était que prêtre séculier, sans aucune affiliation à l'Ordre.

Quand Oudard de Fresne eut compris qu'on cherchait à lui faire un mauvais parti, il se mit sous la sauvegarde du roi avec tous les biens de l'Hôtel-Dieu et tout le personnel. Néanmoins Jehan le Sellier n'ayant de son évêque aucune provision canonique, mais seulement une institution verbale, s'empara violemment de l'Hôtel-Dieu où il entra avec quelques affidés, vers la fête de saint Martin (1363), en chassa Oudard et les sœurs, après avoir revêtu l'habit de l'ordre ; ce que sa défense appelle une profession légale ou du moins suffisante pour être promu à ce bénéfice. Il brisa les serrures du coffre-fort où étaient renfermés l'argent et les objets précieux, y prit tout ce qu'il y trouva, même les calices et fit tout servir à son propre usage. Les sœurs instituées par Oudard pour régir la communauté furent menées à Abbeville et jetées dans les prisons du roi d'Angleterre, « notre cher frère, dit l'arrêt du roi, et elles n'en sortirent qu'après trois jours de réclusion.» Les prêtres, les clercs, les procureurs et officiers de l'hôpital, partagèrent tous le sort des supérieurs. Les biens des pauvres de Jésus-Christ destinés à de pieux usages furent sacrilègement détournés « ce fut un vrai pillage, dit encore l'arrêt du roi, au mépris de notre Sauveur ». Oudard en appela et à l'Archevêque de Rheims, son métropolitain, et au Parlement, et fit valoir pour sa défense et justification toutes les raisons de fait et de droit. Il représenta que son institution canonique était approuvée par l'évêque d'Amiens, suivant les traditions de l'Hôtel-Dieu, les us et coutumes de temps immémorial. Il montra qu'il était en légitime possession d'une autorité incontestable sur l'Hôpital, sur les frères et les sœurs et qu'à lui appartenait sans conteste l'administration générale des biens. Il reprochait à Jean le Sellier l'illégalité de sa profession et son incapacité radicale, pour n'avoir pas prononcé les trois vœux de la religion. En même temps qu'il produisait des attestations d'une sage et fidèle administration, d'une conduite régulière, Oudard réclamait contre la calomnie et les injustes manœuvres de personnes jalouses et ennemies. Il retournait contre son compétiteur toutes les charges qui pesaient sur lui et il le représentait comme un homme immoral et scandaleux : il protestait ensuite : 1° contre la sentence de l'évêque par laquelle il avait été destitué sans cause légitime : 2° contre la nomination de son compétiteur qui ne pouvait se soutenir en droit, car elle était contraire aux constitutions, aux bulles de confirmation d'après lesquelles le maître de l'Hôtel-Dieu devait être élu à la pluralité des voix des frères et des sœurs, ou du moins par la partie la plus saine de la communauté ; 3° aux reproches d'avoir choisi des auxiliaires dans sa famille, il opposait qu'on devait aussi accuser notre Seigneur Jésus-Christ, pour avoir choisi des apôtres parmi ses parents. « Après tout, ajoutait-il, les sœurs qu'on repousse de ces emplois sont de vraies religieuses et sont reconnues aptes au gouvernement du monastère. » 4° Oudard récriminait ensuite contre la sentence de l'officialité, qui l'avait condamné sans l'entendre et sans l'appeler ; c'est pourquoi il demandait qu'on le rétablît dans son état premier et qu'on examinât après, si on le voulait, la question du pétitoire ; il était prêt à faire toutes les preuves qu'on pourrait exiger de lui, en même temps qu'il réclamait d'être désintéressé des dommages et des dépens, et proposait une amende de 10,000 liv. pour la punition de cet attentat sacrilège.

Les raisons exposées par Jean le Sellier n'étaient guère convaincantes. La plus forte c'est la dénonciation portée contre Oudard, et approuvée par l'évêque d'Amiens. Les autres ne soulevaient pas un examen sérieux.

Maître Oudard gagna un premier procès au Parlement. L'arrêt le rétablit dans ses fonctions et prérogatives, mais il réservait la question de droit et les dépens. Les parties étant autorisées à présenter de nouveau leurs raisons sur le pétitoire, la cour promettait de prononcer sur la question elle-même après examen. Le droit des sœurs découlant de celui du supérieur de la communauté, elles furent également réintégrées dans leurs charges.

Est-il intervenu un autre arrêt ? Nous ne le voyons pas dans les archives ; mais si les parties se présentèrent de nouveau devant le Parlement, il faut reconnaître que Oudard triompha une seconde fois ; car on voit son nom plus tard dans les actes publics ; ce qui nous prouve qu'il conserva le titre que le roi lui avait restitué dans son arrêt du 8 février 1364 (1).

(1) *Cartulaire, en l'an* 1364.

1368. Jeanne La Boulenguière mourut quatre ans après : quand on transporta le corps au monastère pour l'enterrer dans le parvis, selon la coutume, on trouva la porte fermée. On fut obligé de reporter le corps à l'Hôtel-Dieu ; de là grande rumeur. Tout s'apaisa et rentra dans l'ordre, quand l'Abbé eut certifié que la porte était accidentellement fermée et non pour vexer la communauté de l'Hôpital.

1368. Un concile porta le décret suivant en 1368 : « il est défendu aux seigneurs séculiers ou autres, de quelque condition ou dignité qu'ils soient, de charger les biens des hôpitaux destinés à l'usage des malades de taille ou autres exactions à l'occasion des tournois ou cavalcades. S'ils ne veulent pas se désister, nous les déclarons excommuniés *ipso facto*. »

1369. 155 j^r de terre donnés à l'Hôtel-Dieu par Barthélemy Fretel de Visme, sous réserve de terrage, étaient à cette époque sous la domination féodale de Fremin Le Ver, bourgeois d'Abbeville, seigneur de Caux et pays voisins, personnage important dans sa ville, dont il fut plusieurs fois mayeur. Fremin Le Ver réclamait sur ces terres non seulement le terrage, mais encore toute la justice vicomtière, moyenne et basse, de tout temps possédée par les religieux de l'Hôtel-Dieu, avec droit d'y faire toutes manières de prises et exploits de personnes, bêtes et autres choses qui y seraient, et de faire imposer une amende aux délinquants et malfaiteurs par leurs officiers et sergents. Malgré ce privilège de temps immémorial, Fremin Le Ver, dans la moisson précédente, fit prendre par main de justice, certaine quantité de bêtes à laine qu'il trouva « ès dites terres paissant ès chaumes ou éteules nouvelles de cette terre » et emmena les dites bêtes et en fit à sa volonté. Depuis il s'efforça de faire de jour en jour plusieurs autres prises et exploits, ce qui était un grand dommage et préjudice aux religieux. Au temps même où le comté était en la main du roi d'Angleterre, il y eut déjà appel contre Le Ver au sénéchal de Ponthieu ; mais rien ne l'arrêtait dans ses injustes entreprises. Après ces dernières vexations, le maître, les frères et sœurs de l'Hôtel-Dieu se complaignirent au roi de France réintégré dans ses droits sur le Ponthieu, et demandèrent réparation.

Le roi porta la cause au Parlement et en même temps il donna ordre au sénéchal du Ponthieu d'ajourner Fremin Le Ver à son tribunal, pour rendre compte de sa conduite, faire valoir ses raisons ou l'obliger à ôter la nouvelleté et empêchement.

La question se termina par un accord dans lequel l'on reconnut les droits des religieux et l'on régla les droits de chaque partie au sujet des prises qu'ils pourraient faire sur les terres emblavées. Fremin Le Ver ayant son droit de terrage et les religieux celui de la culture du fonds, les deux parties éprouvant du dommage dans la distraction des récoltes, il fut convenu qu'elles pourraient également prendre les délinquants et que les profits des amendes seraient partagés à chacun selon qu'il appartient (1).

Le roi Charles leur fit ensuite remise de certains frais de procédure en considération des malheurs que les deux parties avaient éprouvés par suite des dernières guerres.

(1) *Cartul.*, n° 125.

Dans ces temps de trouble et d'appréhension continuelle, force était de vivre sous les armes, de faire le guet le jour et la nuit. Cette charge militaire était imposée aux bourgeois et l'on s'efforçait d'y faire contribuer les gens d'église. C'est ainsi que le capitaine de Saint-Riquier, de sa propre autorité, décréta que les frères de l'Hôtel-Dieu auroient leur jour de guet et de garde sur les murailles. Ceux-ci excipèrent de leur immunité dont on ne tenait pas compte ; c'est pourquoi ils s'adressèrent au roi Charles V, qui réprima cet abus de pouvoir.

« Charles, par la grâce de Dieu, roi de Franche, au gouverneur de Amiens et de Ponthieu ou à son lieutenant, salut : »

« Oye humble supplication des poures religieux, prieur, maistre, frères et suers de l'Ostel-Dieu de Saint-Nicolas en la ville de Saint-Riquier, disant que comme ils sont de poures religieux de l'ordre de saint Augustin ordonnés au service divin et des poures de Dieu affluant audit hostel, ouquelles sont faites et célébrées les sept œuvres de miséricorde et lesquels ne savoient faire autre mestier aucunement. Néantmoins les capitaines et gardes de ladite ville de Saint-Riquier s'efforchent et les vœullent contraindre de faire guet et garde en ycelle ville en leur très grand grief, préjudice et dommage ou retardement aussi et diminution du service divin et du gouvernement dudit Hostel-Dieu, duquez les revenus, par le fait des Anglais et des ennemis de notre royaulme estant naguères en le comté de Ponthieu, sont moult amendris et tournés ainsi comme en non valeur, si comme ils disent, réquérant sur ce leur être pourveu. »

« Pourquoi nous, ces choses considérées, vous mandons que vous faichés inibition et deffence aus dis capitaines et gardes de la dite ville de Saint-Riquier que les dis supplians ils ne contraignent doresnavant à faire guet ou garde en ycelle ville ouquelles nous le deffendons par ces présentes et à ce les contraigniez duement et par telle magnière que les dis supplians ne ayent cause (1). »

Outre le nom d'Oudard de Frenoy, il nous reste en ce siècle deux noms de pères-maîtres de l'Hôtel-Dieu, celui d'Adam le Folise en 1302, et celui de Guilbert en 1352. Aux siècles suivants la liste sera plus complète.

Une note d'un registre contenant certains faits passés dans l'Hôtel-Dieu nous apprend, d'après le *Cartulaire* de 1470, (*folio* 10), aujourd'hui perdu, que le 5 du mois de mai 1377, l'évêque d'Angurenne, coadjuteur ou plutôt auxiliaire du cardinal de Lagrange, a fait la dédicace de la chapelle de l'Hôtel-Dieu. Est-ce cette chapelle qui a précédé celle de 1728 ? il est permis d'en douter, tant les incendies et les guerres se renouvelèrent fréquemment à Saint-Riquier, pendant plus de 300 ans.

XVe SIÈCLE.

Les archives sont perdues pour la première moitié de ce siècle ; on sait seulement

---

(9) D. Grenier. *Tome* 27, *fol*. 93.

que frère Jean Le Cambier gouverna l'Hôtel-Dieu de 1413 à 1431, puis Nicole David paraît en 1431 et en 1461 avec le titre d'administrateur. On a recueilli aussi en 1461 le nom de Simon Maillard. On trouve le relief et le serment de Nicole de Douay en 1468, dans les archives du monastère et de l'Hôtel-Dieu. Il vécut jusqu'en 1478. Il a dressé un coutumier pour les vêtures et les principales cérémonies de l'Hôtel-Dieu, selon l'ancien usage de cette maison. Ce livre nous atteste qu'alors les religieuses portaient toujours l'habit blanc. Un état du terrier de l'Hôtel-Dieu à cette époque, en quatre volumes manuscrits, à la bibliothèque d'Abbeville, rédigés par le frère Douay, nous prouve qu'il s'occupait très activement de ses fonctions et qu'il tenait à sauvegarder les droits du dépôt confié à son administration (1). Grâce à l'autorité de son nom, il obtint du duc de Bourgogne et de Philippe de Crévecœur des lettres de franchise pour Neuilly et l'Hôtel-Dieu. En voici la copie :

« Nous, Philippe de Crévecœur, seigneur des Querdes et de Lannoy, chevalier, conseiller, chambellan de mon très redouté seigneur le duc de Bourgogne, et son lieutenant-général sur la rivière de Somme, en absence de Monseigneur de Ravestain, savoir faisons que en la révérence et contemplation du saint service divin et mission des vii œuvres de miséricorde, qui chaque jour sont célébrées en l'Hostel-Dieu de Monsieur saint Nicolas de Saint-Riquier, Nous, ledit Hostel-Dieu, les maistre, frères et suers d'icelui, leur maison et ceulx qu'ils ont à Nouilly, ensemble leurs gens, serviteurs et maisnies(2), avec tous leurs biens quelquonques, avons prins et mis et par ces présentes prendons et mettons en notre protection salve et spéciale garde ; si donnons en mandement à tous seigneurs, capitaines et conducteurs de gens d'armes et de route et de notre charge et compagnie, prions et requérons tous autres amis, alyés et serviteurs de mon dit seigneur le Duc, en la présente année, que audessus dit Hostel-Dieu, maistres, frères et suers, leurs biens, serviteurs et familles ils ne meffachent, prendent vivres ne quelquonques autres choses et maisnies, qu'ils ne se logent ou fachent logier, eux ou leurs gens, en leur dit hostel, censes et maisons en quelque manière que ce soit, mais les gardent et préservent de toutes obpressions, inquiétations, forces et violences, et tout che faire pour nous en cette partie qu'ils voldroient que fassions pour eux en tel cas ou aultre, si requis en estions. »

« Donné en témoignage de ce, soubs notre scel armorié de nos armes en plaquart, le ii° jour de février, l'an mil cccc lxx. — De Crévecœur des Quéres (3).

Après Nicole de Douay, Jean de Sangters administra l'Hôtel-Dieu pendant 14 mois. Puis frère Hugues de Bersaques dirigea la communauté de 1480 à 1489, et après son

---

(1) On lit ce qui suit en tête de ce cartulaire ou terrier de l'Hôtel-Dieu de Saint-Riquier en 1470.

Mille quatre cens soissante seze
Frere Nicolas de Douay

Fondre me fit en la fourneze
Maistre de l'Ostel-Dieu pour vrai.

(2) Ouvrages, travaux.

(3) D. Grenier. Tom. 27, fol. 107.

décès, frère Louis de Visques fut élu père-maître. Son serment fut conservé dans les archives du monastère.

Une entreprise d'Adrien le Moictier sur le domaine de l'Hôtel-Dieu à Neuilly suscita un procès en 1493. Les administrateurs de l'établissement religieux prouvèrent facilement leur droit seigneurial, indépendant de celui des sires de Neuilly. Ils se fondaient sur la possession immémoriale de leur domaine, sur le nom même du village, appelé Neuilly-l'Hôpital depuis plus de deux siècles, sur des amendes remises au bailli de l'Hôtel par les sergents des seigneurs de Domwast, lorsqu'ils faisaient des prises dans leurs terres, et sur d'autres raisons énumérées dans leur défense. Une sentence de Thierry de Lisques, lieutenant du sénéchal de Ponthieu, condamna les usurpations d'Adrien Le Moictier (1).

XVI° SIÈCLE.

Louis de Visques fut obligé de reconnaître, en 1507, qu'il ne pouvait élever aucun édifice sans le congé et la licence des religieux de Saint-Riquier. Il mourut en 1525 et fut remplacé par frère Jacques Ternisien, dont la famille, à cette époque, jouissait d'une grande considération à Saint-Riquier. Il ne prêta son serment à l'abbaye qu'en 1530, bien que Jacques de Lessau eût signifié que le nouveau père-maître fût disposé à relever les héritages en 1525. Son gouvernement a laissé plusieurs actes de bonne administration.

Son successeur, Raoul Ternisien, prenait le titre de maître ès-arts ; il parut en 1544 dans une fondation assez importante et dans un relief à l'abbaye. Cet acte de fondation nous a conservé des particularités dignes de mention : 1° Les religieuses discrètes dont les noms sont relatés appartiennent à des familles considérables de la contrée : ce sont les sœurs Marie-Rose-Marguerite de La Planche, Jehanne de Sangters, Marie de Villencourt, Jehanne Le Vasseur, Marie de Quevauvillers, Charlotte Laignel et Jehanne Le Moictier ; 2° La ville de Saint-Riquier, comme nous l'avons noté dans l'Histoire, a souffert de graves dommages, surtout de la part des Anglais. L'Hôtel-Dieu a été totalement consumé par le feu « qui y ont mis les dits Anglais ennemis, comme de ce a esté certifié par Simon Lefébure, Pierre Petit et Nicollas Leclercq, bourgeois et officiers de la ditte ville » ; 3° Pour subvenir aux réparations et réédifier leur maison, les religieux s'adressèrent à une sainte femme nommée Marie Decamps qui voulut bien leur faire « présent et léal don » d'une somme de 180 liv. et leur avancer une autre somme de 144 liv., à la condition qu'on célébrerait chaque jeudi une messe du Saint-Sacrement pour le repos de son âme, pour son feu mari et tous ses amis trépassés ; 4° Cette messe devait être célébrée à 7 heures, annoncée

(1) *Cartulaire.* N° 35-36.

chaque dimanche et sonnée par quelques coups de cloche, pour engager des personnes de la ville à y assister. Les religieuses s'étaient chargées du luminaire de cette messe.

5° Pour assurer la perpétuité à cette fondation et pour qu'il en soit à jamais mémoire, cette messe sera enregistrée et déclarée au livre où sont spécifiées les autres messes de fondation de l'Hôtel-Dieu.

6° Les sœurs seront obligées de faire un achat de rentes dans l'espace de 15 ans pour représenter la somme de 144 liv.: elles spécifieront que cette rente vient de Marie Decamps, et contracteront cet engagement sous la foi de leurs vœux (13 octobre 1544) (1).

C'est encore par les actes de l'Hôtel-Dieu que nous apprenons qu'en 1552, la communauté était administrée par frère François Veron. Il a payé son relief en 1554.

Par le bail de la ferme de Neuilly en 1556, on voit que le village et le manoir seigneurial de l'Hôpital « naguerre ont esté brûlés des ennemis de ce royaulme ». Les clauses de ce bail ne manquent pas d'originalité : Le fermier « rend chaque année
« XXII boisseaux de grains par chaque journal : à bled, le bled ; à mars, l'avoine ; un
« septier de pois blancs, deux septiers d'orge ; un pourceau gras de la valeur de LX s.
« Sera ledit preneur obligé chaque année de garder et herbiller deux bêtes à cornes,
« autrement dit bœufs maigres ou autres ; en la saison d'hiver, deux pourceaux dans
« la cour continuellement ; et en relevant par les dits de l'Hôtel-Dieu les dites bêtes,
« ils en pourront remettre d'autres de même nombre : *Item* 200 de bonnes gerbées et
« 200 de feurre d'avoine. Ledit preneur sera obligé de faire et payer aux officiers du
« dit Hôtel-Dieu un past, appelé bancquet, une fois l'an, quand il plaira auxdits de
« leur donner à manger, quand il visiteront la propriété, pourvu toutefois qu'ils pré-
« viennent trois jours à l'avance ; de faire un certain nombre de charrois avec deux
« benaulx à deux chevaulx et deux hommes pour les conduire ; de charrier aussi les
« bois pour les constructions à faire ; marler les terres, entretenir les hayes. Pour ce
« faire on accorda un quartier de bois ». En outre le fermier avoit droit de jouir du manoir seigneurial avec herbages, etc., et de XXI j^x de terre (2).

D'après un relief de 1563, frère François Veron était mort en 1562. Sire Antoine Lesur « se présenta dans l'abbaye comme maître de l'Hôtel-Dieu pour relever, droiturer et appréhender les immeubles de l'Hôtel-Dieu. »

Le relief est modéré à la somme de 40 liv. tournois en considération du pitoyable état de l'Hôtel-Dieu, « a cause de la ruine par cy devant advenue au bien d'iceluy comme il est notoire ». Le serment est prêté à l'autel de la Sainte-Vierge, par suite de la ruine du chœur et en présence de Nicolas Rumet, bailli de l'abbaye et de plusieurs religieux, l'abbé absent.

1572. Acquisition d'un pré au *Chemin de Millencourt* par échange avec Pierre Marcotte, bourgeois de Saint-Riquier.

(1) *Cartulaire*, N° 79.   (2) *Ibid*. N° 42.

Le samedi 29 août 1573 « Gabrielle Du Maisniel, fille d'honorable homme Jacques Du Maisniel, bourgeois et échevin d'Abbeville, après un an de probation, est reçue professe. Son père lui constitue une dot acceptée par frère Antoine Lesur, maître et administrateur, par Catherine Briet, Marie Maquet, Marie de Quevauvillers, Jehanne Le Moictier, Claude des Groseiliers et Michelle de Russel. L'acte d'acceptation indique qu'outre une rente viagère de VIII liv. tournois, destinée à son vestiaire et autres choses nécessaires, une pièce de vaisselle d'argent et une cuiller d'argent, Jacques Du Maisniel offre à l'Hôtel-Dieu un ténement et un pré de VII quartiers et II j^x et demi de terre. C'est la dévotion de sa fille et son zèle pour entrer en religion qui l'engagent à venir ainsi au secours de l'Hôtel-Dieu dont les ressources sont épuisées, comme nous l'avons vu plus haut » (1).

1574. Le Présidial d'Amiens constate et décrète que les maîtres de l'Hôtel-Dieu sont obligés d'assister aux offices dans l'église du monastère aux trois fêtes de Pâques, le jour de la fête de Saint-Riquier et les jours des Rogations.

Frère Antoine Lesur vécut jusqu'en 1598. Il eut pour successeur frère Jean Caumartin, comme on le voit par un relief du 7 juillet 1598.

XVIIe SIÈCLE.

A frère Jean Caumartin succéda frère Robert Manessier en 1626. Une quittance de relief donné à frère Riquier de Lussen et son serment entre les mains du prieur de l'abbaye fixent ensuite l'époque de la promotion de ce dernier en l'an 1631. Il vécut jusqu'en 1646 et fut remplacé par Me Pierre Delattre, prêtre séculier, choisi par la communauté et confirmé par l'évêque d'Amiens. Ce père-maître a fait ses vœux à la fin de sa vie, mais ses successeurs ne l'ont pas imité. Comme il n'y avait plus alors de prêtre profès, on se voyait dans l'obligation d'appeler des prêtres séculiers au gouvernement de la communauté.

Un registre aux délibérations de l'Hôtel-Dieu nous a conservé quelques détails sur la vie intime des religieuses au XVIIe siècle.

Ce que nous allons extraire de ces pages, qu'on ne destinait pas à la publicité, témoigne de la ferveur de ces humbles hospitalières. Rien de plus édifiant que les détails qui vont suivre et qui nous montrent dans quelles familles se recrutaient et se perpétuaient ces générations d'héroïnes de la charité.

Sœur Charlotte, de Buigny-Cornehotte, passa 30 ans en religion et mourut le 28 janvier 1638 à l'âge de 50 ans.

Sœur Hélène Le Cat, née à Grugie en Normandie, passa 36 ans en religion et mourut le 15 juillet 1640 à l'âge de 50 ans.

(1) *Ibid.*, 88.

Sœur Jeanne Prévot, de Saint-Riquier, passa 40 ans en religion et mourut le 4 octobre 1640 à l'âge de 56 ans.

Sœur Marguerite Le Sage, d'Abbeville, passa 50 ans en religion et mourut le 11 septembre 1644, à l'âge de 65 ans.

Sœur Jeanne Hurtel, d'Auxi-le-Château, passa 88 ans en religion et mourut le 2 décembre 1646 à l'âge de 108 ans. C'est la première religieuse qui fut enterrée dans la chapelle de l'Hôtel-Dieu. On sait que jusque-là les sœurs étaient inhumées dans l'âtre du monastère. (*Voir page* 417).

Sœur Anne Cardon, d'Abbeville, passa 70 ans en religion et mourut à l'âge de 87 ans.

Sœur Anne Larcher, d'Abbeville, entra dans la communauté à l'âge de 12 ans et fit profession à 16 ans. La délicatesse et l'étendue de son esprit l'appelèrent à la première dignité de la communauté où elle fut maintenue, pendant 33 ans, par des élections consécutives : elle travailla avec un grand zèle au bien spirituel et temporel de la communauté : elle avait un talent merveilleux pour parler de Dieu et des matières spirituelles ; ce qui a fait dire en son temps qu'un bonnet carré lui aurait mieux convenu qu'un voile : on se souvint longtemps de ses belles leçons. Elle mourut comblée de mérites et de bonnes œuvres à l'âge de 62 ans, après en avoir passé 46 dans la religion. Elle fut enterrée près de la grille du chœur des religieuses.

Sœur Charlotte Olivier de Grosserve, d'une noble maison près de Grandvilliers, fit profession à 20 ans On peut dire qu'elle eut toutes les vertus d'une bonne religieuse ; mais elle excella surtout dans la charité envers les pauvres, dans l'obéissance et la simplicité chrétienne. Ceux qui l'ont connue à fond ont pu affirmer qu'elle n'avait jamais perdu son innocence baptismale. Elle fut supérieure pendant 6 ans et mourut à l'âge de 72 ans, après en avoir passé 52 en religion.

Sœur Antoinette d'Olivier, sœur ou nièce de la précédente, prit le voile à l'âge de 16 ans : elle était si honnête, si affable, si prévenante et si bienfaisante que ceux qui l'ont connue ont conservé pour elle une estime toute particulière. Elle eut tellement l'esprit de son état que, même dans un âge très avancé et accablée d'infirmités considérables, elle ne voulut jamais omettre les exercices de sa règle, ni même se laisser dispenser du service de la salle des malades. Ses vertus et les belles qualités dont le ciel l'avait douée l'ont fait choisir trois fois pour supérieure. Dans cette importante dignité, elle se distingua toujours par sa sagesse et sa vertu, et surtout pendant sa dernière trienne, quand il s'est agi de recevoir les nouvelles constitutions, à l'établissement desquelles elle a beaucoup contribué, tant par ses exemples que par ses douces exhortations. Elle mourut à l'âge de 70 ans. Elle en avait passé 54 dans la religion. Lorsqu'après une vie si bien remplie Dieu jugea à propos de récompenser tous ses travaux, il la prépara à l'immortelle couronne par de cuisantes douleurs qu'elle supporta avec une constance héroïque.

Sœur Anne d'Olivier, de la même maison et probablement sœur de la précédente, mourut après 12 ans de profession. Elle était si compatissante pour les malades qu'elle se privait d'une partie de ses repas pour leur porter quelques petites douceurs.

Sœur Marguerite Buteux, de Saint-Riquier, prit le voile à 17 ans et mourut sans avoir fait profession, mais elle prononça ses vœux sur son lit de mort.

Sœur Antoinette Potier, d'Abbeville, fit profession en 1643 à l'âge de 26 ans. Elle passa 48 ans en religion, presque toujours infirme, mais se faisant remarquer par son humilité et son grand respect pour ses supérieures.

Sœur Marguerite Potier, d'Abbeville, fit profession en 1661, à l'âge de 17 ans. Elle mourut la même année, avec son innocence baptismale, après avoir beaucoup plus avancée dans la vertu en 6 mois que beaucoup d'autres en 10 années.

Trois autres religieuses de la même famille suivirent ces deux généreuses servantes de Dieu.

Sœur Marguerite du Wanel, de Saint-Riquier, fit profession à 17 ans et mourut à l'âge de 23 ans, pleurée par tous les malades, auxquels elle se montrait fort charitable.

Sœur Elisabeth Du Wanel, de Saint-Riquier, entra à l'Hôtel-Dieu à l'âge de 16 ans et mourut à 21 ans. Elle avançait dans la vertu à pas de géant : ce sont les propres termes dont se servait son supérieur pour faire son éloge.

Sœur Isabelle-Thérèse Monque et sœur Marie Monque, filles du seigneur de Quetina, dans le Boulonnois, vinrent en 1646. Isabelle fit ses vœux sur son lit de mort à 13 ans : sa sœur, à 19 ans, elle vécut jusqu'à 85 ans.

Sœur Marie Le Fèvre et sœur Françoise Le Fèvre, toutes deux d'Abbeville, et sœurs germaines, comme de religion, entrèrent très jeunes, prirent le voile à 15 ans et moururent vers l'âge de 20 ans, avec toutes les marques de la prédestination.

Sœur Marie de Montmignon, native de Saint-Valery, fit profession en 1665. Elle fut suivie d'une de ses sœurs nommée Marguerite, qui fit profession en 1667. Cette dernière fut supérieure.

Sœur Marie de Lattaignant, née à la ville d'Eu, fit profession en 1665.

Sœur Catherine de Lattaignant, de Froideville, près Eu, fit profession en 1667 à l'âge de 15 ans. Religieuse d'une vertu incomparable et d'une piété angélique, sœur Catherine mourut supérieure en 1732, après avoir fondé la maison de Rue qu'elle gouverna pendant 7 ans et où sa mémoire fut en vénération.

Sœur Catherine Le Roy, d'Abbeville, mourut à l'âge de 22 ans, en 1676, après avoir constamment montré une filiale dévotion à la Sainte-Vierge et une grande exactitude à l'observation des règles.

Sœur Marie Hourdel, née à Oisemont, mais plus tard domiciliée à Saint-Riquier, prit le voile en 1670. Elle fut plusieurs fois supérieure. Il est question d'elle dans la vie de M. Hourdel, prêtre lazariste, d'une admirable sainteté (1). Grande droiture, beaucoup de soumission, de tendresse pour les sœurs, de charité pour les pauvres ; elle trépassa en 1719 à l'âge de 74 ans.

Sœur Marie-Catherine Manessier, d'Abbeville, vécut 28 ans en religion et mourut à l'âge de 48 ans en 1704. On peut dire d'elle qu'elle fut une véritable et grande religieuse, aimant et honorant son état, toujours disposée à embrasser le plus parfait, ne se rebutant jamais à cause des difficultés. La parfaite pauvreté, toute affreuse qu'elle paraît même aux personnes qui font profession de la pratiquer, ne l'a jamais épouvantée ; elle n'éprouva jamais plus de joie que lorsqu'il lui fut permis de la pratiquer dans toute sa rigueur. Les pauvres haillons dont elle se couvrait et la nudité de sa chambre l'ont assez prouvé. Elle avait un si grand attrait pour l'oraison qu'elle y passait très souvent une grande partie de la nuit ; elle y recevait tant de consolations intérieures qu'elle ne cessait de verser des larmes, en admirant, disait-elle, l'excès de la bonté divine pour elle, après toutes les infidélités dont elle s'était rendue coupable. Pour les expier, elle terminait son oraison en prenant la discipline, quelquefois jusqu'à faire couler le sang. Elle était si mortifiée qu'elle répandait de la bière sur les mets qu'on lui servait, pour leur ôter leur saveur naturelle : elle coucha longtemps sur le plancher de sa chambre et le lit qu'elle accepta par obéissance n'était pas moins dur. Le haire et le cilice furent longtemps cachés sous ses vêtements : elle ne les quittait que sur l'ordre de sa supérieure. Après tant de cruautés sur son misérable corps, elle eut à subir, à l'heure de la mort, de terribles combats. Le démon, d'après ce qu'elle disait, lui apparaissait visiblement et voulait la pousser au désespoir, mais inutilement. Sa confiance en Dieu triompha de ses violentes attaques. « Malheureux, disait-elle, tu ne gagneras rien, j'espèrerai jusqu'au dernier soupir. »

Sœur Françoise Manessier fit profession en 1696, à l'âge de 36 ans. On loue sa délicatesse de conscience, son amour pour les pauvres et son esprit d'obéissance.

Sœur Marie-Catherine de Boesselle, fille du seigneur de Tocqueville, près Eu, a fait profession le 14 avril 1678.

Sœur Marie-Angélique Leclercq, dite *de Saint-Hubert*, parce qu'elle était de sa race, était fille du seigneur du Wualhon près Sarcus, village voisin du bourg de Grandvilliers. Elle prononça ses vœux le 16 janvier 1680, elle vécut jusqu'en 1733. Supérieure pendant 18 ans, elle s'est toujours fait aimer, sans rien relâcher de la sévérité de la règle ; c'est une des plus grandes religieuses de l'Hôtel-Dieu. Parfait détachement des choses créées, humilité, soumission, zèle pour le service des pauvres, douceur, prudence, toutes les vertus lui étaient comme infuses.

Sœur Catherine-Agnès de Romilly, fille naturelle de haut et puissant seigneur, messire Claude de Roncherolles, marquis du Pont-Saint-Pierre en Normandie, et châte-

---

(1) Voir notre Histoire. *Tome* II, *pag* 443.

lain de la Ferté, fut amenée à l'âge de 10 ans, en 1674. Elle fit profession le 16 octobre 1680. Elle mourut en 1720 après de longues souffrances courageusement supportées.

Sœur Anne-Françoise de Riencourt, de Beaugefroy près de Neufchâtel en Normandie, fit profession le 1er août 1685. Elle mourut l'année suivante à 18 ans et fut enterrée dans le chœur des religieuses. Grande et forte, elle embrassait avec plaisir les choses les plus difficiles à la nature. D'une conscience tendre et délicate, elle appréhendait extrêmement de manquer aux règlements. On remarquait en elle une douceur angélique.

Sœur Marguerite Palyart, d'Amiens, fit profession le 1er août 1683, à l'âge de 19 ans. Elle mourut en 1745 à 81 ans. C'était une grande hospitalière.

Sœur Marie Anne Palyart, d'Amiens, fut reçue à la profession le 12 avril 1690 à 19 ans. Elle mourut, en 1754, à 87 ans, après 65 ans de profession, pendant lesquels elle a fait des actions héroïques.

Marie-Françoise Bruslé, de Saint-Valery, fit profession en 1688, à l'âge de 24 ans.

Dlle Marie Becquin, d'Abbeville, fille de noble homme Claude Becquin, licencié ès-lois, conseiller du roy au siège présidial d'Abbeville, ancien maire de la ville, se fit pensionnaire à l'Hôtel-Dieu, à l'âge de 58 ans, et y trépassa, deux ans après s'être donnée à la maison avec ses biens par un contrat authentique. Sa mémoire fut en bénédiction pour ses vertus et son édification. Elle s'était condamnée à un silence presque perpétuel. La seule apparence du péché la faisait trembler. Les *Chroniques* font un grand éloge de sa foi, de son amour divin, de son humilité et de sa patience.

Sœur Marie-Madeleine Heuré, fille de messire Jacques-Philippe Heuré, chevalier, seigneur d'Arsanville-Vacquerie en Artois, fit profession en 1699.

Sœur Marie-Louise Levieurre, de Moyencourt près Poix, ne fit que passer. Elle mourut après un an et un jour de profession, avec son innocence baptismale. Elle fut enterrée la première dans le caveau, vers l'orient, à l'extrémité.

Marie Jeanne du Pontroué, d'Amiens, fille de M. du Pontroué et de Dlle Palyart, religieuse en 1710.

Sœur Françoise Vasseur, d'Abbeville, fille de Jacques Vasseur et d'Anne Lavernier, religieuse en 1714.

Sœur Marguerite-Françoise Buteux, fille de M. Jean-Baptiste Buteux d'Amiens, procureur au bailliage, religieuse en 1715, mourut subitement en 1717 ; c'était un sujet de grande espérance.

Sœur Agnès Vandesomples, d'Arras, d'une noble famille, reçue en 1720.

Sœur Marie-Catherine Le Feuvre, de Saint-Riquier, fille de Georges Le Feuvre, reçue en 1721.

Sœur Marie-Françoise Canu, de Saint-Riquier, reçue en 1722, à l'âge de 24 ans.

Sœur Marie-Jeanne-Thérèse Du Bois, d'Arras, fille du procureur fiscal de Monseigneur de Lépinois, reçue en 1723.

Sœur Guillaine-Brigitte de Lattre, de Lignereulle en Artois, reçue en 1724. Sa sœur, Marie-Madeleine, fit profession en 1729.

Sœur Marie-Thérèse Bouffeaux, d'Hallencourt, a fait profession, le 24 juillet 1736, entre les mains de monseigneur de la Motte, évêque d'Amiens.

Sœur Rosalie de Fontaine, fille de Charles-Alexandre de Fontaine, huissier à Saint-Riquier, a fait profession en 1742.

Sœur Marie-Anne Bouteillier, d'Abbeville, fille de Jacques-Antoine Bouteillier et de D^{lle} Marie-Anna Du Wanel, religieuse en 1745.

Nous arrêtons ici cette nomenclature qu'on trouvera peut-être fastidieuse. Nous avons voulu donner un nouveau témoignage de la grande ferveur du xviie siècle et fermer la bouche aux détracteurs de la vie religieuse. On a accusé les grandes familles d'avoir lancé leurs enfants dans la carrière religieuse par ambition et pour leur assurer des dignités et des revenus, que les lois de succession leur refusaient. Ici il ne peut être question de semblables espérances. Faire profession religieuse dans un Hôtel-Dieu, c'est épouser la pauvreté ; c'est s'unir à la souffrance sous les formes les plus hideuses et porter pour la vie toutes les croix que la nature humaine redoute le plus. Cependant de jeunes filles, envoyées dans l'âge le plus tendre, n'hésitent pas dans leur choix. De jeunes pensionnaires, libres de tout engagement, après avoir considéré de près cette longue suite d'actes d'abnégation, réclament la faveur de consacrer leur vie au service des malades, sans s'inquiéter des périls d'une mort prématurée. Reconnaissons qu'il n'y a rien d'humain dans ces vocations. La grâce seule élève ces âmes ferventes à une si haute perfection. Nos observations paraîtront d'autant plus justes que les enfants de bonne famille s'éloignent aussitôt que le relâchement et la corruption de la Régence et du règne de Louis XV rendent aux convoitises du monde tout leur empire sur les âmes. Vers la fin du xviiie siècle, l'Hôtel-Dieu n'est guère desservi que par de modestes filles de la campagne. Le dévouement est certainement le même, mais le fait social de ce déplacement est digne de remarque pour les esprits sérieux et éclairés.

Noms des pères-maîtres après Pierre Delattre : 1670, Me Daullé ; 1678, frère Robert Delattre ; 1681, Me Jean Cailly ; 1687, Me François Delahaye.

Le 3 juillet 1693, des lettres de Louis XIV, en exécution des édits et déclarations des mois de mars, avril et août 1693, prononcèrent l'union des biens et revenus de la maladrerie du Val à l'Hôtel-Dieu de la ville de Saint-Riquier (1), « pour en jouir et

---

(1) Nos archives ne nous ont pas conservé la date de la fondation de la maladrerie du Val des Lépreux. Il en est question pour la première fois dans une charte de Renaud de Saint-Valery qui permet aux lépreux de se fournir de bois dans ses forêts. Cette charte porte la date de 1140. Cinq ans après, Gelduin, abbé de Saint-Riquier, leur donnait la propriété du Val où ils ont établi leur habitation (Voir notre Histoire. Tome I, page 436).

Il reste aux archives de l'Hôtel-Dieu une copie

être les dits revenus employés à la nourriture et entretien des pauvres malades dudit Hôtel-Dieu, à la charge de satisfaire aux prières et services de fondation dont peut être tenue la ditte maladrerie ».

des anciens titres de la fondation de la Maladrerie. Les bienfaiteurs sont nombreux.

Relevons ici les noms de quelques personnages cités dans notre histoire. Renier de Belflos et son fils, Nanterre et Thomas de Maisons, Robert et Gui de Bussu ainsi qu'Asseline, femme de ce dernier et Gui leur fils, Bernard de Senarmont. Plusieurs lépreux ont fait des dons en reconnaissance des soins qu'ils ont reçus. Des bourgeois de Saint Riquier, dont les noms sont aujourd'hui inconnus, ont offert des aumônes proportionnées à leurs ressources.

Parmi les terres données, il faut signaler la ferme de Rastel aux environs de Saint-Acheul ou de Montigny, dont il est souvent question dans le petit *Cartulaire* de l'Hôtel Dieu. La donation est confirmée par Thierry, évêque d'Amiens, en 1158. L'Abbé Ursé abandonne en 1185 toutes les corvées dont les terres du Val étaient redevables au monastère, et ratifie les donations faites à l'établissement.

La chapelle du Val fut fondée en 1238, par Richilde Pérache. (Voir notre Histoire. Tome I, page 504.

Des privilèges furent accordés à cette institution si digne d'intérêt par les abbés de Saint-Riquier et les administrateurs de la commune. Il a été question plusieurs fois du Val des Lépreux dans notre histoire. Les faits et les débats que nous passons ici sous silence offriraient peu d'intérêt à nos lecteurs.

Comme établissements d'œuvres pies, les léproseries appartenaient à l'église et étaient régies selon les lois des saints canons. Les Souverains Pontifes et les conciles ne cessèrent d'intéresser la compassion du peuple chrétien en faveur de ces victimes des guerres saintes de l'Orient. Le dévouement religieux ne les abandonna point et montra jusqu'à quel héroïsme s'élevait la miséricorde envers les lépreux qui portaient sur leurs corps les hideux stigmates qu'un prophète avait reconnus dans le Sauveur des hommes. *Vidimus eum tamquam leprosum, novissimum virorum.*

Un ordre fut institué à Jérusalem par les chrétiens d'Orient vers 1060, pour recevoir, secourir et protéger les pélerins qui allaient visiter les lieux saints et particulièrement pour soigner les lépreux. Cet ordre eut des ramifications en France sous le nom d'ordre de saint Lazare et fut favorisé de privilèges par saint Louis. Etabli en France sous la règle de saint Augustin, il se dévoua au service des lépreux comme en Orient.

On donna aux chevaliers de cet ordre des pensions sur toute espèce de bénéfice et ainsi dotés, ils étaient très florissants à la fin du xiiie siècle. Forts de la protection royale et d'arrêts qui permettaient de leur conférer les maladreries du royaume, ils essayèrent de s'annexer leurs revenus. Une note des Archives du monastère nous révèle, dès 1482, des tentatives qu'on ne peut attribuer qu'aux chevaliers de saint Lazare. « Des lettres de la com-
« mune d'Abbeville pour maintenir leurs préroga-
« tives sur le Val de Buigny sont duysants aux
« mayeur et échevins de Saint-Riquier contre Ni-
« colas Du Hamel, bourgeois de Paris, et ses subsé-
« quents qui veuillent dire que le Val Saint-Riquier
« est de tout de fondation royale et à ce titre l'ont
« impéré des rois Louis et Charles et font grand
« quief à la poure maison et aux mayeur et éche-
« vins ci-dessus. On voit que che qui est laissé
« par testament et aumône n'est fondations telles
« qu'ils dyent, mais d'icelles terres et autres à eux
« appartenant : nous sommes les seigneurs et même
« du quief lieu comme il appert ci-dessus ».

Ne possédant que peu de fragments des archives de la Léproserie, nous n'avons pu suivre que très imparfaitement les démêlés de la commune pour la conservation des biens de sa maladrerie. Mais il nous en reste assez pour affirmer qu'elle résista énergiquement aux empiétements de cet ordre. Ainsi en 1552 un arrêt du roi reconnaît que la maladrerie du Val n'est point de fondation royale, mais qu'elle fut dotée par les bourgeois de Saint-Riquier : ce qui fut confirmé en 1558 par un autre arrêt du roi qui repoussa une nouvelle tentative de la chambre générale de la Réformation des maladreries contre les fermiers du Val.

Diverses procédures se renouvelèrent en 1581, 1585, 1586 et 1681 sous l'ordre de Notre-Dame du mont Carmel fondé en 1607 par Henri IV et uni à celui de Saint-Lazare. La chambre de Réformation condamna la commune de Saint Riquier à payer

La maladrerie apportait à l'Hôtel-Dieu la propriété et la jouissance de ccxxvi j* de terres labourables, non compris les enclos et les fermes et lii septiers de blé sur le moulin de Mirandeuil. Cet accroissement de revenus imposa de nouvelles charges aux religieuses. Jusque-là elles entretenaient 12 lits pour les malades, soit de Saint-Riquier, soit des lieux circonvoisins : on porta le nombre à 16. On aurait même reçu plus de malades si les besoins de la population l'avaient exigé. Mais il est certain que dans les temps antérieurs il y avait plus souvent gêne que surabondance. C'est pourquoi on profita des nouveaux revenus pour améliorer l'état des bâtiments.

XVIII° SIÈCLE.

Les religieuses qui tenaient plus à s'enrichir pour le ciel que pour la terre, en voyant les ressources temporelles se multiplier, cherchèrent à se garantir des abus qui accompagnent la prospérité et s'empressèrent de resserrer les liens de la discipline.

En 1701, l'évêque d'Amiens, Mgr Feydeau de Brou, donna en visite pastorale de nouvelles constitutions à l'Hôtel-Dieu de Saint-Riquier, à la demande des religieuses, non pour anéantir les constitutions de 1233, mais pour réformer ce qui était tombé en désuétude et imposer une plus grande nécessité de s'élever dans la science des saints. Ce vœu révèle tous les progrès du xvii° siècle dans les voies de la plus sublime perfection. Il fallait à ces grandes âmes un aliment plus spirituel, des épreuves plus dures pour la nature. Aussi quoique l'état religieux eût été accusé de décadence au xviii° siècle, nous pouvons assurer que les sœurs de l'Hôtel-Dieu ont persévéré dans l'observation rigide de leurs règles. La fin du siècle nous en fournira une preuve irréfragable.

Nous n'avons pas à analyser ces nouvelles règles ; elles furent approuvées le 12 mai 1701, imprimées et reçues le 8 septembre suivant. On peut les consulter.

Les constructions de l'Hôtel-Dieu furent renouvelées à cette époque, dans l'état où nous les voyons encore aujourd'hui. Les appartements du père-maître furent construits en 1688 : les parloirs et logements de domestiques en 1699 ; le dortoir sous lequel on

trois années d'arrérages : mais, sur la déclaration des autorités municipales, on n'osa point aller plus loin et l'on déchargea la commune de cette dette (1661).

En 1672, Louis XIV, pour récompenser les services rendus à l'Etat par les chevaliers de Saint-Lazare et du mont Carmel, leur attribua les revenus des maladreries, léproseries et autres œuvres pies dont la destination avait beaucoup perdu de son importance. Il y eut en 1675-76, une nouvelle contestation avec la commune de Saint-Riquier, mais pour cette fois la commune éprouva un échec et elle l'avait méritée.

Enfin la réunion de la maladrerie du Val-lès-Saint-Riquier à l'Hôtel-Dieu mit fin à tous ces conflits d'intérêt.

Le lecteur que ces questions pourraient intéresser pourra les étudier dans les archives de l'Hôtel-Dieu et de la commune.

On trouvera dans le *Cartulaire* de l'Hôtel-Dieu toutes les pièces relatives à cette union de la Maladrerie à l'Hôtel-Dieu.

a placé alors le noviciat, l'ouvroir, le vestibule, le réfectoire, et l'infirmerie en 1700 ; un autre dortoir sous lequel se trouvent la cuisine et la boulangerie, en 1704.

On cessa d'enterrer dans l'église et on déposa la dépouille mortelle des sœurs dans un grand caveau sous le dortoir ; ce caveau fut béni le 20 janvier 1702. Deux ans après, on bénit également une portion du fossé des murs de la ville, pour servir de cimetière aux pauvres décédés dans la salle.

L'église fut rebâtie en 1727 et consacrée par Mgr Sabatier, le dimanche 11 août 1728. On lit encore cette date sur la porte de cette église. *Fundavit Altissimus* (1728).

Enfin, en 1727, on répara la grande salle des malades, dont le pignon et les murailles sur la cour s'étaient écroulés, par suite de l'affaissement des fondations. Nous pensons que c'est encore la même salle que celle de nos jours, avec la même distribution et ses larges fenêtres cintrées, à laquelle l'hygiène moderne ne saurait rien reprocher.

Au moment de ces belles et solides constructions, l'Hôtel-Dieu possédait un habile administrateur ; non-seulement il a dirigé les travaux, mais il a laissé aussi des traces de son passage dans les nouvelles constitutions et dans les notices sur les grandes religieuses de son temps. Nous l'avons déjà nommé ; c'était maître François Delahaye. Homme d'action et d'énergie il soutint les droits et les prérogatives de son établissement avec beaucoup de zèle et peut-être aussi avec des prétentions qu'on n'a pas toujours acceptées. Il eut des démêlés avec les moines, avec le curé de la paroisse ; ce qui lui valut quelques échecs devant l'autorité ecclésiastique.

François Delahaye était remplacé en 1711 par René Roussel d'Argœuves qui eut pour successeur, en 1723, Charles Trancart. Ce dernier fut pourvu de la cure de Sainte-Marguerite du Val des Lépreux en 1726. Elle était vacante par la mort de feu Me Delahaye, dernier possesseur. On pourrait presque conclure de l'acte de prise de possession que la cure de Sainte-Marguerite du Val a été annexée à l'Hôtel-Dieu, comme les domaines (1). Il n'en est rien ; le revenu émanant d'un titre de bénéfice ecclésiastique, la chapelle avait toujours été donnée à un prêtre séculier. En 1790, on y voit un autre titulaire que le maître de l'Hôtel-Dieu.

Me Louis Daullé succéda à Charles Trancart (1736). Il devint, en 1743, titulaire de la chapelle de la Sainte-Trinité, du patronage du seigneur de la Ferté. Il vécut jusqu'en 1754. Après lui, N. Judcy remplit les fonctions de père-maître pendant une année.

Me Jean de Flandre, originaire de Proyart en Santerre, fut investi en 1755 des

---

(1) « Me Trancart a pris possession corporelle, réelle, actuelle des fruits, profits, revenus, émoluments, circonstances et dépendances sans omettre aucune chose, se transportant audit lieu du Val à l'endroit ou estoit anciennement érigée ladite église, touchant les anciens fondements d'icelle, y fléchissant les genoux, y faisant sa prière et gardant et observant les autres formalités. Me Trancart a requis procès-verbal de cette prise de possession. *Cartulaire de l'Hôtel-Dieu*, N° 186.

Le revenu de Sainte-Marguerite au Val des Lépreux était de 255 fr.

M. Darsy. *Bénéfices de l'Eglise d'Amiens.* Tome II, page 276.

fonctions de maître de l'Hôtel-Dieu. Il trépassa en 1788, ainsi qu'on le lit sur sa pierre tumulaire, conservée dans la chapelle de l'Hôtel-Dieu.

Le nom d'Antoine Du Preuil se lit dans les archives en 1790. Il ne consentit pas à se soumettre au serment imposé par la constitution civile du clergé et partit pour l'exil, d'où il ne revint pas à Saint-Riquier.

Le cruel hiver de 1709 fut, d'après les archives, désastreux pour l'Hôtel-Dieu. La gelée fit mourir les blés. D'une récolte annuelle de 500 setiers de blé on ne retira que xx gerbes de seigle. On conserva une partie de la réserve de blé de l'année précédente, afin de fournir aux fermiers de quoi ensemencer leurs terres, et l'on mangea du pain mélangé de pamelle. On s'applaudit d'avoir soutenu la communauté, sans contracter de dettes.

Pendant ce siècle, grâce aux revenus de la Maladrerie, on put réaliser quelques économies : on fait remarquer cependant que l'accroissement de ces revenus était lent et modéré, simple réserve pour parer aux calamités imprévues.

Nous ne renouvellerons pas ici les inventaires qui eurent lieu à l'Hôtel-Dieu, en 1790, comme au monastère et à la paroisse. On compte dans le procès-verbal environ neuf cents j^x de terre, puis des rentes sur le bureau du clergé, quelques autres rentes, le relief et les cens de 5 fiefs. La communauté possédait en numéraire environ 15,000 liv., ses dettes et charges déduites.

Le 28 octobre 1790, après l'inventaire des biens meubles et immeubles, les officiers municipaux firent connaître aux religieuses les lois nouvelles qui leur rendaient la liberté, assuraient une pension convenable aux sœurs que les sacrifices de la vie religieuse engageraient à quitter leur habit et leurs vœux, puis à rentrer dans le monde. Les religieuses étaient au nombre de 19. Après avoir constaté leur état et leur âge, on adressa à chacune d'elles cette question, « Voulez-vous abandonner ce genre de vie et rentrer dans le monde ». Ces généreuses hospitalières étaient bien étrangères à ce mouvement d'indépendance qu'on supposait émouvoir leurs âmes, comme celles du peuple nourri des idées révolutionnaires. Quoi ! quitter leur sainte solitude, renier leurs vœux et leur profession ! elles furent toutes saisies d'horreur à une semblable proposition, et les 19 réponses consignées au procès-verbal dans les mêmes termes sont restées comme un perpétuel témoignage de leur foi et de la sincérité de leur esprit religieux. On ne les lira qu'avec respect et admiration.

« Je veux être toujours fidèle à mes vœux et mourir en communauté dans l'Hôtel-Dieu. »

Voici les noms de ces modestes et fidèles filles de saint Augustin.
1. Sœur Marie-Théodore Bourgeois, dite de saint François, supérieure, 69 ans.
2. Sœur Noël de Mortagne, dite de sainte Marguerite, assistante, 68 ans.
3. Sœur Marie-Madeleine Caillerez, dite de saint Augustin, dépositaire, 44 ans.
4. Sœur Louise-Elisabeth Clabaux, dite de saint Paul, discrète, 66 ans.

5. Sœur Jacqueline-Françoise Nozot, dite de sainte Félicité, discrète, 65 ans.
6. Sœur Félicité Héroguelle, dite de sainte Pélagie, discrète, 64 ans.
7. Sœur Marie-Thérèse Thilliez, dite de sainte Marie-Thérèse, discrète, 57 ans.
8. Sœur Marie-Anne Delaplace. dite de sainte Marie-Anne, 57 ans.
9. Sœur Jeanne-Thérèse Houriez, dite de sainte Marthe, 56 ans.
10. Sœur Marie-Anne-Thérèse Camus, dite de sainte Victoire, 50 ans.
11. Sœur Elisabeth-Joseph d'Haï, dite de sainte Aldegonde, 43 ans.
12. Sœur Michelle Chivet, dite de sainte Rosalie, 47 ans.
13. Sœur Cécile Boyel, dite de sainte Scolastique, 38 ans.
14. Sœur Françoise Farsy, dite de sainte Angélique, 30 ans.
15. Sœur Marie-Jeanne Daboval, dite de sainte Julie, 40 ans.
16. Sœur Augustine Thoriez, dite de saint Joseph, 30 ans.
17. Sœur Euphrosine Blondelle, dite de sainte Elisabeth, 32 ans.
18. Sœur Scolastique Régnier, dite de sainte Agnès, 26 ans.
19. Sœur Restitude Devillers, dite de sainte Cécile, 25 ans.

Pendant les trois années qui suivirent, l'administration resta aux mains des religieuses, sous la surveillance des officiers municipaux. Elles jouissaient toujours de la même considération ; mais le 3 novembre 1793, sous prétexte que les malades étaient plus nombreux et les occupations des officiers municipaux plus variées, on forma un bureau d'administration composé de 6 membres, dont 3 appartenaient au conseil de la commune et les trois autres au club de la société populaire. On pressentit alors des tiraillements et des violences. Toutes les religieuses ne consentirent point à porter ce nouveau joug ni à recevoir des ordres des hommes les plus exaltés de la ville. D'abord 5 d'entre elles demandèrent leurs passeports et se retirèrent dans leur famille. Plusieurs autres les imitèrent dans la suite. Il n'en resta que 3 ou 4 qui subirent toutes les volontés des administrateurs (1). Il paraît qu'après la pacification de la France elles devinrent le noyau de la nouvelle communauté, que l'Empereur Napoléon reconnut, en 1811, par un décret spécial.

Les religieuses du xix° siècle ne le cèdent point à leurs mères des siècles précédents en charité, en dévouement ni en piété. Leurs œuvres les louent mieux que les éloges qu'on pourrait leur donner dans cet aperçu sur les bienfaits séculaires de l'Hôtel-Dieu de Saint-Riquier.

Fondations anciennes conservées et toujours acquittées.

1. Plusieurs obits pour Nicolas Pérache et Jeanne Dargnies, sa femme.
2. Obits pour Michel Hourdel, pour son fils Michel Hourdel, et Jeanne Coulon, sa femme.

(1) *Archives de la commune*

3. Obits pour Nicolle et Marie de Haut et Marie Gallet (1).

4. Obit pour François Grenon.

5. Obit pour Jacqueline Varlet.

6. Obit pour Antoine Dupetitrieux.

7. Obit pour Henri de Molliens, ses parents et bienfaiteurs.

8. Obit pour Pierre Laignel.

9. Obit pour M⁰ Joseph Delahaye, doyen de Picquigny, pour son père, pour Guillaume Dupontroué, son oncle, chanoine de Picquigny, mort à l'Hôtel-Dieu (2).

10. 4 obits pour les princes de l'Epinoy, seigneurs de Domvast.

11. Obit pour le seigneur de la Ferté.

12. 30 obits pour Jean Cocu (3) et Jeanne Turbet, sa femme.

13. 10 messes en carême pour Antoine Cardon et Anne Le Roy, sa femme.

14. 52 obits pour Paul Larcher (4).

15. 52 obits, plus 12 obits, plus 6 messes du Saint-Sacrement dans l'octave de la fête pour Elisabeth de la Boisselle et François Matiffas de Monthu, et des vêpres du Saint-Sacrement à toutes les fêtes (5).

16. 27 messes du Saint-Sacrement pour Marie Descamps (6).

17. 2 messes pour Marie de Monchaux, pour son mari et les trépassés.

Fondations pour la Maladrerie.

1. 40 obits de fondations diverses et 8 messes basses.

2. Une messe basse pour Jean Couppecoulle, un des fondateurs de la Maladrerie.

3. Des saluts pour le seigneur de Villers-sous-Ailly.

4. Un *Salve Regina* aux fêtes de la Sainte-Vierge pour François Marcotte, prêtre. Total 327 messes de fondation, sans les autres prières ci-dessus désignées (7).

---

(1) Fondation en 1555 par Dˡˡᵉ De Haut qui laissa à l'Hôtel-Dieu une maison et des terres à la charge de iv obits.

(2) Fondation par le père-maître de ce nom.

(3) Il y eut plusieurs religieuses de ce nom.

(4) Une de ses filles avait été religieuse.

(5) Des terres ont été données à Noyelles pour cette fondation.

(6) Voir plus haut, *page* 436.

(7) « On peut voir dans l'hospice de Saint-Riquier deux anges adorateurs, de Pfaff, le sculpteur Prussien à qui nous devons les deux statues de saint Martin et de saint Bernard qui accompagnent le grand autel de Saint-Wulfran. Les deux anges de Saint-Riquier mériteraient d'être plus connus. Quelques visiteurs les préfèrent aux statues d'Abbeville. Joignons-y les statues de saint Nicolas et de saint Augustin, patrons de l'Hôtel-Dieu. »

« Parmi les tableaux de l'Hôtel-Dieu il en est qui méritent mention. »

« Dans la salle des malades, deux tablettes perpétuent le souvenir de deux bienfaiteurs des temps modernes : M. Jules de Carpentin, administrateur de l'Hospice, ancien député ; M. l'abbé Dorémus, ancien aumônier de la duchesse de Berry, chevalier de la Légion d'honneur. »

M. Prarond. *Histoire de Saint-Riquier.* pages 301-302.

Aumôniers.

M. l'abbé Tripier, curé de Domqueur, ancien Lazariste, mort en 1848.

M. l'abbé Macquet, mort en 1838.

M. l'abbé Pointfer, mort en 1853.   M. l'abbé Harent, mort en 1876.
M. l'abbé Chivot, mort en 1869.   M. Darras, institué en 1876 (1).

---

(1) Notons en finissant quelques noms de religieux hospitaliers dignes de mention.
F. Gautier de Gapennes, F. Martin de l'Hôpital (xii⁰ siècle).
F. Alerme de Pommereuil, F. Gauthier d'Ergnies (xiii⁰ siècle).
F. Pierre d'Hornoy, F. Jean d'Oneux (xv⁰ siècle).

LIVRE XXI.

LA CHATELLENIE DE LA FERTÉ-LES-SAINT-RIQUIER.

Nous avons réfuté ce qui a été écrit sur Isambard de la Ferté (*Tome* i, *page* 267). Pour nous, il est à peu près certain que l'histoire des seigneurs de la Ferté est inconnue jusqu'au xi° siècle ; c'est la *Chronique* monastique qui révèle l'existence et les titres de cette noble famille. Il n'est pas étonnant du reste que l'oubli couvre le nom des seigneurs de la Ferté dans les siècles antérieurs : c'est le sort commun de presque toutes les grandes maisons de cette époque. Ce que nous connaissons de ces champions de la féodalité nous est surtout conservé par les titres de fondation d'Abbayes, par les chartes des Evêques et des Eglises. Hélas ! combien de documents historiques perdus par négligence et par des calamités de toute espèce ! Les érudits du xvii° siècle n'ont guère fait que glaner dans les chartriers trop souvent bouleversés. Celui de Saint-Riquier, si fortement atteint en 1131, a presque complètement disparu, dit-on, dans l'incendie de 1719. Que de parchemins jetés dans les greniers y ont pourri, sans qu'on ait pu reconstituer leurs pages si précieuses pour l'antiquité ! Nous sommes donc privés de tout renseignement avant le xii° siècle, mais à partir de cette époque l'histoire de la Ferté, sans être toujours bien riche de faits, se suit sans interruption et fournit quelques épisodes intéressants. Le château de la Ferté a été possédé par de hauts et puissants seigneurs. Le nom de ce noble domaine est une gloire pour le Ponthieu et surtout pour Saint-Riquier.

L'origine de la Ferté semble se rattacher aux possessions monastiques. Dans les dénombrements des terres de la Ferté, on remarque une certaine quantité de domaines situés aux endroits même où l'abbaye avait ses fiefs ou ses propriétés au ix° siècle, et où elle ne possédait plus rien dans les temps modernes. Est-ce concession bénévole de fief ? Est-ce usurpation ? Nous n'avons aucune raison pour insinuer ni l'une ni l'autre hypothèse. On dira peut-être que le seigneur de la Ferté, en sa qualité d'avoué du monastère, a reçu ces biens en récompense de ses services. Nous ne saurions contredire cette assertion, mais toutefois nous n'avons pas de document pour l'affirmer. Au contraire, d'après Hariulfe, l'office d'avoué était exercé par les comtes de Ponthieu qui l'avaient, ce semble, hérité de Hugues Capet, par une alliance avec sa fille Gisèle. En 1100, Gui, comte de Ponthieu, se déclare encore l'avoué de Saint-Riquier. Nous renvoyons à nos observations du xi° siècle sur cette question complexe. Nous n'avons point de nouveaux arguments pour la trancher. Du reste la mission des avoués semble terminée à l'époque où commence l'histoire des seigneurs de la Ferté. Quoiqu'il en soit de ces récits de nos annales, il reste démontré que le domaine de la Ferté,—on verra plus loin pourquoi nous ne disons pas encore la châtellenie,—était un des plus considérables du Ponthieu et que ses mouvances même sortaient des limites de la prévôté de Saint-Riquier (1). Ses alliances, à partir du xiii° siècle, ne paraissent pas l'avoir accru ; car elles sont toujours étrangères à la contrée et les seigneuries des nouveaux maîtres n'entrent nulle part dans le dénombrement de celle de la Ferté.

Le mot Ferté (*Feritas*) (2) éveille dans l'esprit je ne sais quelle idée de fierté qui rentre dans les mœurs du temps, et c'est là sans doute ce qu'on caractérise par cette *Ferté* des châteaux antiques. Dans une pièce de vers composée à la louange d'Anscher, on lit : *mens fera quippe datur,* jeu de mots, dit Mabillon, sur le château de la Ferté : puis

Signifer Anscherus Stirpis honore ferus (3).

Le possesseur du domaine de la Ferté est appelé *Senoriator*, mot teutonique sans doute, qui signifie maître d'un château ou d'une terre. C'est par le titre de *Seniorator* ou Seigneur que la famille de la Ferté est désignée à cette époque, comme d'autres le sont par les mots *Venator, Major,* etc.

Le nom de *Senior, Seniorator,* dit D. Cotron (4), est un titre honorifique équivalent au mot français Seigneur. Dans les miracles de Saint-Riquier, une femme demande à sa voisine si elle a assisté à la fête de son Seigneur, c'est-à-dire de Saint-Riquier. On lit ailleurs : Seigneur Saint-Riquier, secourez-moi dans ma détresse. *Senior Sancte Richari, succurre mihi* (5).

D'après Dom Cotron (6), le château de la Ferté n'aurait été édifié que vers 1190, sous Philippe-Auguste, et jusque-là les seigneurs n'auraient point porté le titre de châte-

---

(1) « La seigneurie de la Ferté,— qui s'en douterait aujourd'hui ? — dit M. de Belleval, a été l'une des plus considérables de tout le Ponthieu. Quatre-vingt-huit fiefs nobles et seigneuries en relevaient. Le château de la Ferté avait été une forteresse considérable et comme telle a joué un certain rôle dans l'histoire du Ponthieu. » — *Les fiefs et les seigneuries du Ponthieu.*

(2) *La Ferté, Feritas, Firmitas, La Fretté en Ponthieu, La Frété Saint-Riquier.*

Le mot Ferté est la traduction : selon les uns, du mot latin *Firmitas*, force donnée par un châ-teau ; selon d'autres, et c'est l'opinion la plus vraisemblable, du mot *Feritas* : il signifie *Munitio, Castrum undique Firmatum et clausum, idem ac Firmitas*, dit Ducange. » On fait encore dériver *Feritas* de *Ferus* ou de *Ferire Feritare*. Hariulfe fait allusion à la première étymologie.

(3) Voir cette pièce de vers (*Tome 1, page 387*).

(4) D. Cotron. — *Anno* 1097.

(5) Nous n'acceptons pas cette traduction d'un historien « Saint Riquier-le-vieux, secourez-moi »

(6) D. Cotron. *Ibid.*

lain de la Ferté, mais simplement celui de *Seniorator* ou de Seigneur. Il semble que l'histoire démente cette assertion aussi bien que le nom même de *Ferté*, antérieur de plus de 100 ans. Reconnaissons plutôt que l'origine de ce château est inconnue et qu'il aura pris une nouvelle extension sous Philippe-Auguste, au moment où ce prince, pour se mettre en garde contre les Flamands et les Impériaux qu'il battit si bien à Bouvines, fit élever de nouvelles forteresses sur divers points de son royaume et surtout vers les frontières. Comme nous avons eu occasion de le signaler ailleurs, Saint-Riquier et la Ferté, pendant plusieurs siècles, sont des postes avancés vers l'Authie et séparaient la France du gouvernement des Flandres et plus tard des possessions des ducs de Bourgogne.

CHAPITRE I.

LA FAMILLE SEIGNEUR (XIe ET XIIe SIÈCLES).

Le premier fait qui se rattache à l'existence des seigneurs de cette maison nous est transmis par Hariulfe ; il raconte, à la fin de la vie de l'abbé Ingelard, que ce prélat donna à un de ses parents, du nom de Regnier, le moulin de Mirandeuil, situé sur le Scardon et les revenus d'un four banal. Le chroniqueur est loin de justifier cet acte de libéralité qui ne fut pas approuvé par le couvent; mais cet acte constate un fait, c'est la possession du moulin de Mirandeuil par les seigneurs de la Ferté. L'abbé Angelran, successeur d'Ingelard, chercha à revenir sur cette donation. Regnier s'y opposa autant qu'il le put, mais en vain. Aux instances de droit succéda la prière. Pour ne pas être entièrement évincé, Regnier demanda qu'on lui laissât le moulin de Mirandeuil pendant son existence, celle de son fils et celle de son petit-fils, et qu'il fût entendu qu'après ces trois vies d'homme le bénéfice rentrerait sous la domination des Abbés. Angelran voulut bien y consentir et fit une charte dans laquelle il stipula cette condition, avec l'obligation toutefois de payer chaque année un cens de IV sous de denier, à la fête de Saint-Riquier du mois d'octobre. La charte fut signée par Enguerran, comte du Ponthieu, par Hugues, son fils, par les seigneurs du Ponthieu et entre autres par Oylard vicomte du Ponthieu, par Odelger, prieur du monastère, et d'autres moines Le nom du fils de Regnier est spécifié, il s'appelait Gautier. Le petit-fils n'est pas encore né. Comme le moulin de Mirandeuil a appartenu dans la suite des temps aux seigneurs de la Ferté, nous sommes portés à croire qu'il sera resté dans cette famille, au moyen sans doute de nouvelles conventions (1).

Gautier, fils de Regnier, lui succéda et de lui est issu un autre Gautier que nous croyons être le père de l'abbé Anscher.

D'après le témoignage de graves auteurs, l'épouse de Gautier se nommait Liedseline (2). De ce mariage sont issus Anscher, abbé de Saint-Riquier, Hugues et Robert. Mais après la mort du seigneur de la Ferté, Liedseline contracta une nouvelle alliance avec Anscher de Saint-Riqnier. Le testament de Robert de la Ferté qui se dit frère utérin de l'abbé Anscher déclare en même temps qu'il est fils d'Anscher et de Liedseline. Il se dit aussi frère de Hugues, et il nomme ses sœurs, Mathilde et Anicie.

D. Mabillon a été trompé par des documents puisés à diverses sources. Il donne Liedseline pour épouse à Anscher, frère de l'abbé de Saint Riquier dans un livre, et dans un autre livre à Hugues Le Seigneur (3). On voit par là combien ces généalogies sont embrouillées.

Anscher de Saint-Riquier (4) est le chef de la famille de Saint-Riquier dont nous avons donné plusieurs noms (*page* 110). De concert avec Liedseline, il a fondé sur les bords de l'Authie le prieuré de Biencourt, qu'il a libéralement doté de dîmes ecclésiastiques. C'était, comme on le sait, une restitution à l'église. Ces oblations de dîmes aux couvents anciens ou nouveaux, dans ce temps de recrudescence de foi religieuse, avaient été imposées par les conciles.

Nous avons la charte de fondation de Biencourt. Le prieuré fut d'abord donné à des moines de la localité (1090). Mais, quelques années après, sur le conseil de Gervin, évêque d'Amiens, et plus particulièrement encore d'Alelme de Saint-Pol, moine de Marmoutiers, le prieuré de Biencourt fut concédé aux moines de cette illustre abbaye. Fondée par saint Martin, dont le nom était si populaire dans les Gaules, elle jouissait d'une grande réputation de sainteté. Donner à Marmoutiers, c'était donner au grand patron de la patrie. L'abbaye seule de Cluny disputait à cette époque la prépondérance à Marmoutiers.

Alelme de Saint-Pol, de l'illustre famille qui avait mérité les éloges de Grégoire VII, après avoir renoncé aux grands biens qu'il possédait dans le siècle, s'en alla du fond de la Picardie chercher un asile pour son âme dans l'abbaye de Marmoutiers et s'y prépara au redoutable passage du temps à l'éternité, dans la pratique continuelle des austérités religieuses. Il avait fait, en quittant le siècle, une belle offrande à son monastère. L'éclat de cette fuite du monde, de ce sublime mépris des biens de la vie, encouragea certainement Anscher de Saint-Riquier et son épouse. Ils sentirent qu'il était bon de

---

(1) *Chron. Cent. Lib.* III. *Cap.* XXXII — *Lib.* IV. *Cap.* VII.
(2) *Lietsine. Liedzeline.*
(3) *Ann. Bened.* Tome V. pag. 563. — *Tome* VI, *page* 230.
(4) Anscher. — *Miles cognominatus de sancto Richario.* — *Hist de Marmoutiers.*

chercher des protecteurs dans ces milices du cloître, dévouées à toutes les expiations pour le salut des pécheurs. Dans son offrande à Dieu, nous voyons les sentiments du noble seigneur de Centule, en se donnant le nom de chevalier et de pécheur.

« Épouvantés, dit sa charte, de la multitude de nos péchés, grandement inquiétés du salut de nos âmes, pour placer toute notre confiance en celui qui justifie l'impie, moi, Anscher et Liedseline, mon épouse, nous avons construit à la gloire du Sauveur des hommes et en l'honneur de sa glorieuse mère, la vierge Marie, une église au milieu des domaines que nous possédons sur les bords de la rivière d'Authie. Nous nous sommes efforcés de la décorer aussi dignement que le permettaient nos ressources, obéissant à cet avertissement des saintes écritures qui recommandent aux fidèles d'honorer Dieu des dons de leurs biens, parce qu'il promet de glorifier ceux qui l'ont glorifié. »

Voici maintenant l'énumération des revenus donnés en propriété perpétuelle aux religieux chargés de desservir l'Eglise. C'est une page d'histoire locale et de géographie du xı° siècle. « Nous avons donné près de l'Eglise, dit la charte, un vignoble et une terre labourable tenue par le chevalier Bernard qui en fait volontiers l'abandon : la ville de La Broye avec toute sa dîme ; l'église de Fontaine avec sa dîme ; l'église de Tollent avec sa dîme et tout le domaine que nous y possédons, avec les fieffés et les tenants qui seront à l'avenir les hommes de l'Eglise ; la moitié de l'église d'Haravesne et de sa dîme ecclésiastique; la moitié de l'église et de la dîme de Buigny avec ses dépendances ; la dîme ecclésiastique et une moitié de dîme du village qu'on appelle Vinome avec ses dépendances. Nous donnons aussi nos hommes, à savoir : Gautier de Domqueur, Hainfrid, clerc de Saint-Mauguille, avec les bénéfices qu'il tient de nous, Hugues de Huitainéglise sera l'homme de l'Eglise avec son bénéfice, tant qu'il vivra ; après sa mort sa dîme ecclésiastique appartiendra à l'Eglise. Bernard de Noyelles sera l'homme de l'Eglise sus-dite, qui jouira du produit de l'autel de Noyelles. Nous cédons également au prieuré les dîmes que Hugues Botvel, Gui de Belleval et Roger son frère, Herbert de Birlagne tenaient de nous. Nous donnons encore pour hommes du prieuré Arnoult de Millencourt, avec l'autel qu'il tenait de nous en bénéfice. Enfin nous donnons à Dieu et à la bienheureuse vierge Marie pour le service de cette église tous ceux qui tenoient de nous quelque bien ecclésiastique. C'est pourquoi, à la prière et sur les instances et par les mains de notre très cher seigneur Alelme de Saint-Paul, moine de Marmoutiers, nous donnons à Notre-Dame de Marmoutiers et à ses moines ce prieuré avec tous les revenus qu'il tient de notre libéralité, pour qu'ils le possèdent à perpétuité; et afin que cette donation soit approuvée, inattaquable, perpétuelle, qu'elle assure le salut de nos âmes et de celle de Gui, notre fils, nous l'avons consignée dans cette charte en présence de témoins.

Fait l'an de l'Incarnation mxc, du temps de l'Abbé Bernard.

Cette donation fut confirmée par saint Geoffroy, évêque d'Amiens, en l'an 1114, le 4 juillet, jour de la translation de saint Martin, dans un synode ecclésiastique. La nouvelle charte est signée non seulement par le prélat, mais par ses deux archidiacres, Enguerrand (1) et Foulques, par Roger, doyen du chapitre, par Guarin, trésorier, par deux chanoines prêtres, deux diacres, deux sous-diacres, et en outre par Simon de Doullens et Beaudouin d'Encre, chanoines.

La charte énumère de nouveau une grande partie des donations faites par le chevalier Anscher. Elle y ajoute quelques donations particulières à La Broye, l'autel de Domvast, l'autel de Hère, l'autel de Saint-Aubin-sur-Somme avec l'habitation du prêtre, la moitié de l'autel de Nuelmont et Villers, une partie de la dîme de Bersaques, l'autel du Mont-Saint-Riquier, une part de l'autel de Domqueur, la terre que Robert tenoit de Hugues le Seigneur à Valloires, avec les eaux et toutes les dépendances, laquelle terre est cédée du plein consentement de Robert et d'Enguerran, son fils, l'habitation du clerc de l'église de Monchel et un courtil, la moitié d'un manoir à Ponchel, le tiers d'un domaine derrière Auxi, aux environs de Villencourt, un courtil auprès de Gennes et tout ce qui en dépend, Anscher entend que cette charte confirme tout ce qui a été légalement donné au prieuré de Biencourt, et ce qui pourrait être donné à l'avenir, sous la réserve toutefois des coutumes de l'Eglise d'Amiens, des coutumes synodales ou autres et des biens des clercs qui tiendroient leur fief dudit prieuré ou quelque portion de terre.

Ajoutons que, pour plus de sécurité, le donateur a demandé l'approbation de ses héritiers: de Anscher, abbé de Saint-Riquier; de Hugues et Robert, ses frères, et de leurs neveux. Dreux et Hugues, fils de Hugues, ont donné leur plein consentement à cette fondation, avec permission à leurs fieffés et autres tenants d'offrir au prieuré leurs terres et leurs revenus (2).

Nous avons la preuve d'une nouvelle confirmation en 1134 par Guarin (3), évêque d'Amiens. Des sceaux nombreux ont donné à la charte un nouveau caractère d'authenticité. On y lit les noms de Richer, abbé de Montreuil, de Robert, abbé de Saint-Josse, de Gui, abbé de Forêt-Montier, d'Eustache, abbé de Saint-Fuscien, de Serton, abbé de Saint-Lucien, de Godescald, abbé d'Auxi-les-Moines, et de Fulcod (4), abbé de Saint-Firmin (5).

Le prieuré de Biencourt traversa toutes les vicissitudes politiques sans trop souffrir. Il possédait, d'après la déclaration de 1730, un revenu de 5,000 liv. et le patronage des neuf paroisses suivantes: Bellencourt, Caumont-en-Artois, Epagne, Frohen-le-Grand, Labroye, Millencourt, Régnauville, Ponchel et Tollent (6). Saint-Mauguille avait été cédé à l'évêque d'Amiens. La maison du prieur existe encore avec le cachet d'un antique manoir; on ne liroit pas toutefois sur ses murs rustiques les précieux sou-

---

(1) Enguerran de Boves, successeur de saint Geoffroy.
(2) *Histoire de Marmoutiers. Tome* I, *pages* 376 et s.
(3) Guarin de Châtillon Saint-Pol, successeur d'Enguerran.

(4) Est-ce le doyen de la collégiale de saint Firmin ?
(5) *Ann. bened. Tome* VI, *page* 231.
(6) M. Darsy. — *Bénéfices de l'Eglise d'Amiens. Tome* II, *page* 390

venirs qu'il rappelle ; mais la foi les réveille et bénit les augustes bienfaiteurs, dont les libéralités ont fait si longtemps célébrer les louanges de Dieu dans cette solitude.

Nous nous sommes arrêté volontiers sur cet acte de bienfaisance du xi* siècle, le plus beau titre de gloire des seigneurs de la Ferté. Dociles aux avertissements de l'Eglise, ils lui ont rendu les revenus et les biens dont elle avait été spoliée dans les siècles précédents. Ces chartes soulèvent quelque peu le voile qui a couvert des iniquités sacriléges et mettent sur la voie de ces nombreuses réparations qu'on constate dans des fondations, dont cet âge a été si prodigue.

Un titre des archives de Berteaucourt signale en 1100 un Gautier Le Seigneur parmi les bienfaiteurs du couvent de Berteaucourt. C'est une seconde branche de cette noble famille.

ROBERT DE LA FERTÉ (1129) (1). *Robertus ex Nobilibus nobilis*, comme il le dit lui-même dans son testament, né de très bon père, « Anscher jadis chevalier et de Liedseline, » frère utérin de l'abbé Anscher, faisait reposer la force de sa maison sur la nombreuse lignée de ses neveux et de ses proches parents : il nomme parmi ses neveux Gui, Ursé, Angelran, Hugues et Henri, fils de sa sœur Mathilde, Henri, fils de sa sœur Anicie. Gui de Fontaine et ses frères, Enguerran et Ursé, Henri de Villeroy dont il est parlé dans son testament, pourraient bien appartenir aussi à sa famille, mais cette énonciation n'est qu'une conjecture.

Le testament de Robert de la Ferté a été analysé dans notre histoire (*Tome* I, *page* 424). C'est là qu'on lira aussi le récit de ses pompeuses funérailles.

Le soin de faire connaître ses frères et ses neveux indique que Robert est décédé sans postérité.

Il nous est échappé une erreur dans la vie d'Anscher quand nous avons écrit que Robert de la Ferté était fils de Gautier Le Seigneur. Son testament nous condamne.

Nous avons ajouté que Robert avait succédé à Gautier. Cette assertion est encore inexacte d'après la charte de saint Geffroy, dont il est question plus haut ; ni Anscher ni Robert n'ont possédé la seigneurie de la Ferté. C'est Hugues qui a succédé à Gautier.

Nous regrettons de ne pas avoir de fil conducteur dans le labyrinthe de l'histoire locale de ces temps si reculés. On nous permettra donc de signaler par ordre de date les faits recueillis dans divers auteurs.

1091. — HUGUES LE SEIGNEUR. Le *Seniorator* Hugues est nommé le premier parmi les hommes du comté de Ponthieu dans la charte de fondation du prieuré de Saint-Pierre à Abbeville. Il donne deux parties de dîme de Saint-Aubin et quatre hommes de Brailly, avec la terre suffisante pour une charrue.

Vers la même époque, Hugues Le Seigneur, avec l'assentiment de son fils, fonda le

(1) Ne serait-il pas plus vrai de l'appeler Robert de Saint-Riquier ?

prieuré d'Authie, en faveur de l'abbaye de Molesme. Cette fondation, d'après la charte, eut lieu à Abbeville entre les mains de saint Robert de Molesme. « Hugues Le Seigneur, dit la charte, rendit l'Eglise à Gervin, évêque d'Amiens, pour être consacré à Dieu et à Notre-Dame de Molesme (1). »

1100. Hugues Le Seigneur est présent à un acte de réparation de Gui, comte de Ponthieu, envers le monastère. (Tome I, page 391).

1102. Nous lisons dans l'histoire manuscrite de Formentin que Robert de Montgommery, comte de Belesme, d'Alençon et de Ponthieu, eut une querelle avec Hugues, seigneur de la Ferté, dont il prit le château qu'il détruisit entièrement. Il y a dans cette assertion un anachronisme d'un siècle et absence de preuves.

Les fils de Hugues, nommés dans la charte de saint Geffroy sur Biencourt, sont, Hugues et Dreux. Le second n'a pas laissé de souvenir dans nos annales. Le premier a succédé à son père.

Hugues Le Seigneur II. — 1134. Hugues Le Seigneur fut un des complices de Camp d'Avesne dans la ruine de Saint-Riquier. Il fit quelques donations « pour ce qu'il
« avait mal fait contre Saint-Riquier et son église et en errant : et pour à ce satisfaire
« il s'était réfugié et retrait en cette église et en présence de plusieurs a consenti que
« l'autre jour après la fête de la translation du saint, de droit hérédital il donnoit pour
« la réédifier XXIV sous sur le molin *qui dicitur Mirandeul*, et XIV écus à prendre sur une manse et une habitation (2). » Cette redevance devait être payée sur le pont de la Ferté.

D'après cet acte la femme de Hugues s'appelle Adde et ses fils Hue, Gautier et Odon, Hue est seigneur d'Outrebois, Odon, des Autheux. Gautier succédera à son père.

En outre Hugues, pour faire pénitence, se renferma dans ce monastère. C'est pour cette raison qu'il est nommé dans une charte Hue Le Moine.

1143. Hugues Le Seigneur signe la charte de Gelduin pour la confirmation des biens donnés aux clercs réguliers de Saint-Josse-au-Bois ou Dommartin (Tome I, page 433).

1144. Hugues Le Seigneur signe, comme seigneur suzerain, une charte de Guarin, évêque d'Amiens, dans laquelle Dreux de Daours donne aux moines de Molesme des cens qu'il possède à Authie.

On lit ailleurs que le même seigneur de la Ferté est aussi seigneur de Drucat et de Gapennes. Cette assertion est vraie, si on veut parler de la suzeraineté sur Drucat et sur Gapennes en partie ; car à cette époque il existait des seigneurs du nom de ces villages. Nous les appellerons, si l'on veut, les fieffés de la Ferté pour concilier tous les érudits dans l'histoire de la féodalité.

Odon Le Seigneur, chevalier, est dit seigneur de *Altaribus* dans une charte de 1166, c'est-à-dire des Autheux ou des Autels. Autheux ou Zoteux près d'Acheux-en-Vimeu,

(1) Voir la charte, dans *l'Histoire d'Authie* par M. l'abbé Danicourt, pages 73-74.

(2) *Cartulaire*. Fol. 60.

est cité parmi les domaines dépendants de la Ferté. On voit encore en 1273, Robert des Autheux, écuyer et un autre Robert en 1458. Odon signe encore une charte pour Selincourt et une autre pour Villencourt en 1193.

Hugues Le Seigneur a possédé la seigneurie d'Outrebois ; son nom n'est mentionné qu'une fois dans nos annales (1).

Gautier de la Ferté, 1150 à 1214. — Le nom de Gautier Le Seigneur se lit dans une charte donnée à Saint-Riquier en 1155. Sa femme s'appelle Eve Lengorée. On lui connaît, entre autres fils, Gilon mort avant 1165 ; il a aussi plusieurs filles unies aux seigneurs du pays, entre autres Marie qui a épousé Raoul de Roye et Marie de la Ferté, femme d'Enguerran de Villers, puis d'Alelme de Moreuil.

La vie de Gautier, dont on n'assigne point le terme, a dû être très longue. Sa bannière soutient à Bouvines l'honneur du pays de Ponthieu. On ignore par qui elle fut portée, mais c'est une preuve que Gautier était encore existant en 1214.

Nous avons rapporté deux contrats avec le monastère, celui de Bayardes et celui de Buigny-l'Abbé (*Tome* I, *pages* 445, 446). Sur le dernier, dit D. Cotron, le sceau de Gautier attaché par un double fil de parchemin n'a point d'emblème de noblesse ni d'armoiries, d'où il suit que ni Gautier, ni ses prédécesseurs n'ont jamais pris le titre de seigneurs ou de châtelains de la Ferté (2).

En 1167 Gautier, qui a des droits sur la terre d'Aillencourt, section de Moliens-Vidame, ratifie la donation de ce fief à l'abbaye de saint Pierre de Selincourt par Robert de Riencourt. Il donne en aumône, du consentement de sa femme et de ses fils, tout ce que Robert a accordé à cette église, avec la permission ou par une concession de Gérard, vidame de Picquigny. Cette terre étant « Bunnée (bornée) et cherchemanandisée, essartée d'un bois », Gautier la donne selon sa contenance et ses limites, promettant de la garantir et de défendre les religieux au besoin. Il y ajoute tout ce que le seigneur de Belavene possède de son fief et dans son fief. Il dépose en aumône son contrat sur l'autel de saint Pierre. Ses témoins étaient Odon Le Seigneur, Dreux de Selincourt, Pierre et ses frères, Henri De Thun, Jean de Lincheux, Hubert de Senarmont, Rorgo frère d'Eve et Girard, Jean de Roye, Gui et Rainold de Mons, Girard de Canny, Robert du Mesnil, etc. (3).

Gautier a signé la charte de commune d'Abbeville dans un plaid solennel où sont représentés les pairs du comté de Ponthieu (1184). Il s'intitule Gautier *Seniorator*.

1184. Nous renvoyons à l'histoire (*Tome* I, *page* 465), pour une fondation à l'abbaye de Saint-Riquier (4).

(1) On signale en 1129 un personnage important à Saint-Riquier, c'est Hugues, fils d'Adèle, dont le comte de Ponthieu fut l'hôte. Il a signé au testament de Robert de la Ferté.

Hugues, fils d'Héliarde, était aussi en 1150 un grand personnage de la ville de Saint-Riquier.

(2) D. Cotron. — *Anno* 1166.

(3) M. de Beauvillé. — *Recueil de Documents Inédits, etc. Tome* II, *page* 9.

(4) D. Cotron. — *Anno* 1185.

Quand l'Amiénois fut réuni à la couronne sous Philippe-Auguste (1185), pour prévenir les empiètements des voisins et toute cause de querelle, on jugea à propos de fixer les limites de ce comté (1). On appela les plus anciens ou les plus considérés des seigneurs de l'Amiénois, du Ponthieu et des pays voisins. Le nom de Gautier de la Ferté figure auprès de celui du comte de Ponthieu. C'est à la suite de cette conférence qu'on voit surgir de nouveaux châteaux dans ces contrées. « Alors, dit Dom Cotron, on « bâtit à la Ferté un château qu'on flanqua de hautes tours, de murs et de fossés, et c'est « depuis lors qu'on appelle la famille des *Seniator*, châtelains de la Ferté. » Notre chronique n'aurait-elle pas confondu la création d'une châtellenie à la Ferté (2) avec la construction du château ? Il est à croire que Philippe-Auguste, tout entier à ses projets de défense de son territoire, aura érigé çà et là des châtellenies ou des fiefs avec droit de tenir des châteaux et de posséder toute justice et que la châtellenie de la Ferté datera de cette époque ; mais son manoir seigneurial existait, comme nous l'avons noté plus haut.

Il ne reste plus qu'à signaler trois souvenirs de la vie de Gautier : 1° Le don de deux brasseries à l'Hôtel-Dieu d'Abbeville (1201) ; 2° Son sceau au bas d'une charte du comte de Ponthieu pour Montreuil (1210) ; 3° Des donations à l'abbaye de Berteaucourt.

Marie de la Ferté. — A la biographie de Gautier de la Ferté ajoutons quelques notes, éparses dans les archives du temps, sur Marie de la Ferté, ainsi nommée sans doute, pour la distinguer d'une autre Marie, épouse de Raoul de Roye.

Marie de la Ferté s'était alliée en premières nôces à Enguerran de Villers qui lui laissa un fils du nom de Gautier ; elle s'unit en secondes nôces à Alelme de Moreuil. C'est surtout par ses libéralités aux monastères que le nom de Marie de la Ferté a traversé les siècles.

Marie de la Ferté et son fils Gautier ont donné au prieuré de saint Pierre d'Abbeville les moulins de la Bouvaque ; Guillaume Talvas, comte de Ponthieu, confirma cette donation en 1192 (3).

Eve Lengorée donna un muid de blé au couvent de Moreaucourt, à prendre sur sa grange de Saint-Hilaire. Marie de la Ferté, sa fille, et Alelme de Moreuil, approuvèrent cette donation en 1198 (4).

1206. Marie de la Ferté et son fils Gautier ont donné au monastère de Valloires ce qu'ils possédaient de dîmes à Troussencourt, à Noyères et aux Roches. Alelme de Moreuil confirma la charte de sa femme ; mais il mourut peu de temps après : car l'année suivante, étant devenu, par la mort de son mari, libre et indépendante, comme elle le dit, Marie rédige une nouvelle charte. Craignant encore quelque surprise, elle de-

---

(1) Voir Ducange. *Histoire des Comtes d'Amiens*, pages 356 et suiv.

(2) Ducange. — *Glossaire au mot Castellania*.

(3) D. Grenier. *Tome* LVII, *fol.* 225.

(4) M. Darsy. *Bénéfices de l'Eglise d'Amiens*. Tome I, page 135.

mande, en 1209, à son père, Gautier le Seigneur, de donner une nouvelle force à ses pieuses dispositions, ce que l'illustre chatelain concéda gracieusement à la noble matrone (*Nobilem matronam*), Dame de la Ferté, avec l'assentiment de son frère Bernard (1).

1220. Pour le salut de son âme et celui de ses aïeux, la dame de la Ferté donna à l'église de Notre-Dame du Gard et aux moines de ce lieu un muid de blé, à la mesure du Ponthieu, sur son moulin d'Eaucourt.

A cette redevance de bled qu'on devait servir chaque année à la fête de saint Remi elle avait ajouté en perpétuelle aumône xxv j^r de bois, avec la propriété du fonds, à prendre sur son bois de Rue. Elle s'engage pour elle et pour ses héritiers à garantir cette aumône à perpétuité. La charte revêtue de son sceau portait la date du mois de décembre 1220; elle fut confirmée en 1222. Le revenu en fut payé jusqu'à la ruine du moulin et même après (2).

CHAPITRE II.

LA FAMILLE DE ROYE (XIIIe SIÈCLE).

RAOUL DE ROYE. — Nous avons laissé à la fin du chapitre précédent le vieux Gautier Le Seigneur portant le deuil de son fils Gilon, enlevé à sa tendresse par une mort prématurée et consolant sa douleur par une pieuse fondation.

Après la mort de Gautier dont on ignore la date, le château de la Ferté et ses nombreux domaines enrichirent une famille déjà puissante par ses seigneuries et ses alliances, à la suite du mariage de Marie Le Seigneur avec Raoul de Roye.

La famille de Roye, d'après Carpentier, remonte jusqu'aux comtes de Vermandois; elle étend ses rameaux sur différentes terres de la France et de la Flandre (3). On cite, dès le XIe siècle, des chartes où ses libéralités sont écrites. Elle a donné à l'Eglise des évêques, qui ont illustré leurs sièges par leur science et leurs bienfaits, à l'Etat des ministres habiles, aux armes des chevaliers renommés en leur temps. On a pu dire de

---

(1) Dom Grenier. — *Tome* XXVII, *page* 125.

(2) Au *Tome* I *de notre Histoire, page* 497 nous avons signalé une fondation de Marie de la Ferté que nous avons attribuée à l'épouse de Raoul de Roye. Il est possible que nous ayons confondu cette fille de Gautier avec celle dont nous donnons ici la notice.

(3) Carpentier, — *Histoire de Cambray*, au mot *Roye (Realis Mons)*.

cette famille qu'elle était la gloire de la patrie, la fleur de la chevalerie, la source de la vraie noblesse (1).

Barthélemy de Roye, chancelier de France sous Philippe-Auguste et sous saint Louis, personnage d'une sagesse consommée et d'un dévoûment à toute épreuve (2), appartenait par les liens les plus étroits à la branche de notre Raoul de Roye, fils de Rogues ou Roricon de Roye, ou selon d'autres historiens, de Raoul de Roye (3).

On lit dans un rôle du ban et de l'arrière ban du Ponthieu convoqué pour la bataille de Bouvines : les noms de Raoul de Roye avec celui de Gautier de la Ferté, de Raoul d'Airaines et de Hugues d'Auxi.

Raoul de Roye, seigneur de Guerbigny et de Monchy-le-Pereux, avait hérité ces domaines de son père. Il consentit à la donation que son frère Jean, chevalier et seigneur de Lagny, fit à l'abbaye d'Ourscamps en 1190. Il confirma aussi, en 1202, la vente d'une rente en grains sur la dîme de Lagny.

On connait un hommage de Raoul de Roye à Corbie en 1200. Raoul se dit homme de l'abbé comme ses prédécesseurs ; il doit LX s. de relief, le service à l'armée et la chevauchée : il doit hommage à l'abbé, à chaque installation (4).

Lors de la reddition de Rouen en 1204, Raoul de Roye signa avec Barthélemy de Roye, et tous les seigneurs qui accompagnaient Philippe-Auguste. On donne pour enfants à Raoul de Roye : 1° Mathieu de Roye ; 2° Marie de Roye. D'après le *Cartulaire* des hommages du seigneur de Nesle, Raoul de Roye vivait encore en 1230.

Quelques auteurs ont avancé que Barthélemy de Roye s'était allié à Marie de la Ferté ; c'est, à notre avis, une erreur. Le chancelier de Philippe-Auguste avait épousé Preigne, autrement dite Perelle ou Pétronille, fille de Simon III de Montfort (5).

MATHIEU DE ROYE. — Le fils de Raoul de Roye a été confondu avec un autre Mathieu, fils de Jean de Roye, son cousin-germain. Nous essayerons de restituer au seigneur de la Ferté les faits qu'on lui a déniés par erreur, pour les attribuer à son parent.

Le nom de notre Mathieu de Roye est signalé dans l'histoire, dès 1230, parmi ceux des plus illustres chevaliers de Picardie, qui se sont constitués plèges et caution pour Simon de Dommartin et Marie sa femme. Nommons ici avec Mathieu de Roye, Hugues de Châtillon-Saint-Paul, Gérard de Picquigny, vidame d'Amiens, Aleran de Beaurain, Eustache, vicomte de Pont-Remi, Guillaume de Cayeux, Simon de Dargnies, Raoul

---

(1) *Laus patriæ, flos militiæ, fons nobilitatis.*
(2) On lit sur sa tombe :
   Ut tantus fieret, monuit discretio sensus
   Mores, vita, manus larga, probata fides.
(3) Consulter sur la famille de Roye l'histoire de Grégoire d'Essigny, celle de M. Coet, couronnée par la *Société des Antiquaires de Picardie.*
(4) Bouthors. — *Coutumes. Tome* I, *page* 319.

(5) Rappelons ici que Hugues de Roye, chancelier des comtes de Flandres, signe en 1130 une charte à la sollicitation de notre Hariulfe, abbé d'Oudenbourg.

Armes de la famille de Roye : *de gueules à la bande d'azur avec un lambel de trois pièces.*

Le lambel indique un puîné.

d'Airaines, Guy de Ponches, Gauthier de Waben, Eustache d'Auxi, Aleaume de Fontaines, Guillaume de Drucat (1).

Mathieu de Roye fut, comme son père, seigneur de Guerbigny (2) et de Monchy-le-Pereux. Sa femme s'appelait Idonée ou Ydorée, selon d'autres versions. Son nom se trouve dans plusieurs actes publics de cette époque.

En 1231, Mathieu de Roye renonce aux droits qu'il avait sur le manoir de Becquigny.

Le *Cartulaire* des Templiers fait mention que Ydorée (*Ydorea*), femme de messire Mathieu de Roye, seigneur de Guerbigny, a confirmé la vente que messire Jehan de Daours fit aux Templiers de Belle-Eglise (1233). Cette vente avait pour objet un champart sur le terroir de Daours. Mathieu de Roye confirma également cette cession, comme on le voit par un autre acte aux archives de l'Etat. La terre de Daours dépendait de la Ferté et avait probablement appartenu à Ydorée (3).

D'après une charte de Mathieu de Roye, seigneur de Guerbigny, et d'Idonée, son épouse, il s'était élevé un différend entre Simon, comte de Ponthieu, et le seigneur de la Ferté, sur la possession d'un bois situé près de Forêt-Montier. Par suite de transaction le comte de Ponthieu donna à Mathieu de Roye ccc j^r de bois, *au Chemin de Ponthoile*, à essarter à leur volonté, à la condition toutefois de ne pas élever de forteresse en ce lieu (1233) (4).

Mathieu de Roye, seigneur de la Ferté, approuve une donation faite au village de Saint-Hilaire, par Idonée (*Idonea*), châtelaine de Péronne, mariée à Nevelin de Ronquerolles, chevalier (5). Cette similitude de nom entre cette châtelaine et la femme de Mathieu de Roye, n'indiquerait-elle pas des liens de parenté? La terre de Saint-Hilaire fut aussi tenue de la Ferté.

Philippe de Dreux avait légué, en 1227, des propriétés à Monchy-le-Pereux, provenant de Bernard de Monchy, pour y construire un couvent de religieuses Cisterciennes. Par suite de difficultés entre différents seigneurs du lieu, ces pieuses intentions n'étaient pas encore mises à exécution en 1239, comme on peut le conclure d'une lettre de Mathieu de Roye. Le seigneur de Monchy, pour arriver à fonder ce couvent, promet, sous peine d'une amende de XL liv. de dédit, d'approuver la sentence qui sera prononcée par les arbitres désignés pour statuer sur les droits de l'église de saint Quentin de Beauvais et de l'église paroissiale de Monchy-sur-Aronde.

(1) Duchesne. — *Histoire de Châtillon*, page 96.
(2) *Germiniacum*. La traduction de ce nom en français a beaucoup occupé les géographes. Dom Grenier et après lui M. Peigné-Delacourt ont établi par des preuves solides que le *Germiniacum* des chartes du XIIIe siècle était Guerbigny, village de l'arrondissement et du canton de Montdidier.

M. Peigné-Delacourt. — *Les Normands dans le Noyonnais*. — D. Grenier. — *Tome* I, 203-204.
(3) *Mémoires de la Société des Antiquaires de Picardie. Tome* XVI, *page* 151.
(4) D. Grenier. — *Tome* LVII, *fol.* 73.
(5) M. Daray. — *Bénéfices de l'Eglise d'Amiens. Tome* II, *page* 135.

La charte de fondation est du mois de janvier 1239. Elle porte que Mathieu de Roye, voulant échapper aux dangers de péché qui le menacent, purifier son âme par des aumônes, par des prières et des bonnes œuvres, a fondé pour le salut de son âme, de celle d'Idonée, son épouse, et de ses héritiers, une église en l'honneur de la sainte Vierge Marie, qui a engendré le Soleil de justice, notre Seigneur Jésus-Christ, et en l'honneur de tous les saints. Cette fondation a été consentie par son épouse et ses héritiers, par le patron du lieu, par le prêtre de la paroisse. Il donne son église à l'ordre de Citeaux, afin qu'on y établisse un couvent de religieuses et une abbesse qui les gouverne et pour que le service divin soit fait en ce lieu à perpétuité. Mathieu de Roye déclare ensuite qu'il a doté ce couvent de ses biens, qu'il a donné le lieu où l'église est bâtie et tout le pourpris, sans retenir ni pour lui ni pour ses successeurs aucun droit de justice ni de propriété. Il a donné les vignes plantées entre l'église et les deux tours près de Longueil, le tout libre de redevances et de dîmes. Il permet au couvent et à ses familiers de venir moudre leur blé au moulin de Monchy, sans redevance de mouture, ni exaction quelconque ; la charte porte encore d'autres donations : une demi-charrue de terre arable en un lieu désigné dans la charte, et si ce domaine est insuffisant, il promet d'ajouter ce qui manquerait ; puis x bouviers de terre sur le terroir de Marigny ; II bouviers près la *Croix d'Yves* ; II bouviers en deux pièces à *Leogerie* entre Marigny et Compiègne.

Tout ce que Mathieu de Roye donne par un sentiment de piété envers Dieu, en pure aumône et à perpétuité, il s'engage en son nom, en celui de sa femme et de ses héritiers, à le garantir et défendre contre toute entreprise de ceux qui ne voudraient respecter ni le droit ni la loi.

La charte porte les sceaux de Mathieu de Roye et de son épouse.

Les guerres des Anglais, ajoute le *Gallia Christiana*, ayant obligé les religieuses de se retirer ailleurs, l'abbé de Citeaux confia l'administration de ce couvent aux moines d'Ourscamps, qui y établirent un prieuré avec quelques moines pour le desservir. Le maréchal d'Humières y ramena des religieuses Cisterciennes en 1670 (1).

Gui de Monflières ayant vendu à l'abbaye d'Epagne xxi j^x de terre au territoire d'Eaucourt, pour le prix de LXXV liv., Mathieu de Roye, seigneur suzerain, approuva cette transaction, mais à condition que le seigneur de la Ferté aurait toujours droit à un relief de XII deniers par journal et à un cens de 8 s. par an. Après la mort de l'abbesse Eremburge Lorelice, est-il dit dans la charte, on désignerait dans le mois une autre religieuse à la volonté de l'abbesse et du couvent, pour acquitter la dette du relief, et il en serait ainsi d'hoir en hoir parmi les religieuses. La terre était située au camp vulgairement appelé *Le Constieleus*. Mathieu de Roye, pour son cens annuel, était tenu de garantir cette possession aux religieuses envers et contre tous ceux qui

---

(1) *Gallia Christiana*. Tom. IX, col. 847 Tom. x, col 266-67.

refuseraient de respecter le droit ou la loi. Si le comte de Ponthieu, qui possédait ce fief dans sa mouvance, ou son héritier faisait un procès au seigneur de la Ferté pour cette vente, l'abbesse et le couvent étaient tenus de rendre la terre sans conteste ni réclamation, à la condition que les LXXV liv. leur seraient restituées par Mathieu de Roye ou ses héritiers.

Les lettres étaient scellées du sceau de Mathieu de Roye (1).

Le seigneur de la Ferté possédait un droit de travers dans Saint-Riquier et lieux circonvoisins où s'étendaient ses domaines et où il avait la garde des chemins. Le roi saint Louis obtint pour les bourgeois de Doullens, le 25 février 1243, l'exemption du droit de travers de Saint-Riquier. On lit ce qui suit à ce sujet dans une *Histoire de Doullens* : « Le seigneur de la Ferté percevant un droit de travers à Saint-Riquier, il semblait naturel que les habitants de Doullens en fussent exempts ; car la distraction de ces deux villes du comté de Ponthieu et leur inféodation à la couronne motivaient entre elles des dispositions particulières et de nouvelles facilités de relation Appartenant à un maître commun, elles devaient concerter tous leurs moyens pour le bien commun : au moins tout obstacle à leur liaison devait disparaître. Saint Louis le comprit et fit preuve d'une paternelle bienveillance envers les bourgeois de Doullens, en leur obtenant du seigneur de la Ferté l'exemption du travers à Saint-Riquier. » (2)

Les conditions de cette exemption furent écrites en 1246. Mathieu de Roye, seigneur de la Ferté et sa femme Ydorée, à la suite d'un différend sur l'étendue de ce privilège, prirent le parti de s'en rapporter à un règlement dressé par le mayeur et les échevins de Saint-Riquier et d'éviter par là toute procédure. Les magistrats municipaux de Saint-Riquier, après en avoir délibéré, proposèrent les conditions suivantes : 1° Les chariots conduisant les cateux du propriétaire, de quelque lieu qu'ils viennent, seront exempts du droit de travers à Saint-Riquier, à Conteville ou ailleurs, pourvu que les cateux soient chargés en deçà du pont de Talance à Abbeville et que la voiture soit conduite à Doullens pour être déchargée là ; 2° Les chartiers s'arrêteront au bureau du travers et après avoir parlé aux officiers affirmeront, même par serment, si on l'exige, que le catel a été chargé dans le comté de Ponthieu ; 3° Que s'il arrive que le catel doit être conduit au-delà de Doullens on payera le travers et l'on sera quitte de l'amende ; 4° Quand un chariot vide qui n'est point du Ponthieu traversera la ville pour aller sur Doullens, afin d'y prendre du catel, ou quand, après avoir conduit le catel à Doullens, il reviendra à vide, il payera à Saint-Riquier et autres lieux où il y aura un bureau le droit de travers au taux fixé pour les chariots étrangers qui sont vides.

La charte écrite à Saint-Riquier au mois d'avril 1246, fut ratifiée par Mathieu de Roye et sa femme et scellée de leurs sceaux (3).

Cette exemption du droit de travers fut confirmée, en 1286, par le successeur de

---

(1) M. de Beauvillé : *Documents inédits. Tome* II, page 35.

(2) M. Delgove. — *Histoire de Doullens*, page 52.
(3) *Cartulaire de Doullens*, fol. LVIII.

Mathieu de Roye et renouvelée en 1341 par Gaucher de Châtillon et par Marguerite de Picquigny.

Nous avons dans le dénombrement d'une vente de domaines par la comtesse de Ponthieu à Robert comte d'Artois (1244) la mention d'un fief possédé à Ivregny-en-Artois par Mathieu de Roye qui sera, dit l'acte, tenu à un hommage envers le nouveau seigneur (1).

1244. L'abbaye de Corbie était en procès avec Jean, seigneur de Maisnières. Ce fut Mathieu de Roye qui fut choisi pour arbitre de leur différend.

Mathieu de Roye échangea en 1248 un journal de terre de son domaine sur lequel était situé le moulin de Faverolles et Forestel (2).

Quand la France, à la voix de saint Louis, s'arma en 1248 pour la guerre sainte, Mathieu de Roye partit avec son souverain et comme officier de sa cour.

Arrêtons un instant notre récit des faits qui assignent au seigneur de la Ferté une place honorable dans l'histoire locale, pour remarquer qu'il n'est plus question d'Ydorée, son épouse, à cette époque. Ce nom révélé par les chartes n'est signalé par aucun annaliste des temps modernes. Tous au contraire disent que Mathieu s'allia à Jeanne de Vendeuil et que de cette union sont issus un fils du nom de Mathieu et une fille du nom de Marie. Une seconde union de Mathieu de Roye n'a rien d'impossible, si on considère son âge, mais on verra, quand nous dirons quelques mots de sa sœur Marie et de sa double alliance, qu'elle était bien âgée alors pour une fille de Raoul de Roye. Duchesne nomme trois Mathieu de Roye, seigneurs de la Ferté, sans faire allusion au fils de Marguerite de Picquigny, épouse d'un Mathieu de Roye (3). N'est-ce pas une raison suffisante pour supposer que Mathieu de Roye fut le père de Mathieu II, époux de Jeanne de Vandeuil et que celui-ci serait le père de Mathieu III qui s'allia avec Marguerite de Picquigny. C'est pour nous le seul moyen de faire concorder tous les faits attribués à Mathieu de. Roye. Cette opinion que nous émettons, d'autres auront peut-être les moyens de la résoudre.

Mathieu II de Roye. — Il épousa Jeanne de Vandeuil, dame et héritière de Vandeuil. Elle était fille de Clerembert III de Vandeuil (4) dont les ancêtres s'étaient illustrés dans les premières croisades. Jeanne de Vandeuil qui convola en secondes nôces après 1285 et eut encore des enfants, ne pouvait guère être nubile avant 1265, c'est bien du reste au plus tôt l'époque de son premier mariage. Ses enfants étaient encore mineurs, ce qui ne peut s'expliquer, à moins que Mathieu de Roye eût contracté son second mariage dans sa vieillesse.

(1) P. Ignace — *Histoire des Mayeurs d'Abbeville*, page 144.
(2) *Mémoires de la Société des Antiquaires de Picardie*, Tome xi, page 612.
(3) Duchesne. *Histoire de Châtillon*, page 411.
(4) Duchesne. *Histoire généalogique de la maison de Béthune*, page 284.

D'après Rumet, Mathieu de Roye aurait dressé un cartulaire de ses seigneuries dans lequel on lit que la Somme et la Canche étaient l'enclos du Ponthieu.

Mathieu de Roye, qu'on qualifie depuis cette époque du titre de seigneur de la Ferté et de Vandeuil et Jeanne sa femme transigeaient, en 1280, avec les religieux, abbé et couvent de Saint-Nicolas-au-Bos en l'évêché de Laon sur la justice de Choegny et les dépendances de la seigneurie, sur la justice de la maison de Sauchel et ses appartenances, sur l'esbondement des terroirs de Choegny et de Vandeuil, enfin sur l'écluse entre Choegny et Busset, au lieu qu'on disait : *Au Pré Dame Ælis*. C'est le seul acte que nous ayons recueilli sur cette seigneurie du temps de Mathieu de Roye (1). La seigneurie de la Ferté, à ce qu'il paraît, lui causait plus d'embarras.

En 1257, le Parlement jugea un différend entre Mathieu de Roye et Henri de Montreuil, chevalier, sur le chemin de Maison-Ponthieu à Montreuil. Henri de Montreuil en réclamait la seigneurie qu'il tenait, disait-il, de la comtesse de Dreux. Mathieu de Roye soutenait, au contraire, que ce chemin était dans sa châtellenie, qu'il le tenait du roi et même que le roi y avait la haute justice. Après enquête, la réclamation de Henri de Montreuil fut mise à néant. *Henricus nichil probat*, dit l'arrêt, *et nichil habebit* (2).

Arrêts de 1266, 1267, 1287 qui terminent des démêlés avec le monastère (Notre *Histoire, Tome* I, *pages* 555-557).

Arrêts de 1277, 1285, 1287 sur les tailles, de 1269 et de 1281, sur des dommages causés par la commune dans les chemins (*Ibid. Tome* I, *pages* 535, 540).

En 1268, Mathieu de Roye vint se heurter contre la puissance royale. Accusé d'avoir relevé un homme noyé près de Saint-Riquier, il fut cité à la barre du Parlement pour entreprise sur la haute justice, qui n'appartenait qu'au roi et au comte de Ponthieu dans l'étendue de sa seigneurie. Le seigneur de la Ferté fut obligé de reconnaître en plein Parlement qu'il n'avait pas droit de haute justice : c'est pourquoi il fut condamné et l'on décréta qu'on ressaisirait le lieu pour maintenir la justice du roi, c'est-à-dire que par un nouveau simulacre de levée de corps au lieu indiqué, on ferait acte de juridiction royale (3).

Nous avons dans cette période, pour constatation de droit de suzeraineté, la confirmation du legs fait à Cramont par Eremburge de Castaigne, femme de Henri de Vencheneuil, bourgeois de Saint-Riquier. Le village de Cramont était un fief de la seigneurie de la Ferté.

Nous renvoyons à l'Histoire pour la vente du moulin de Mirandeuil au monastère (*Tome* I, *page* 545). Mathieu de Roye accompagna saint Louis à la huitième croisade, et quoique à la solde du roi il dut se procurer des ressources pour ce grand voyage. C'est la raison de ce contrat.

(1) Duchesne. *Ibid. Preuves, page* 175. (3) *Olim. Tome* I, *page* 715.
(2) *Olim. Tome* I, *page* 25.

1275. Mathieu de Roye fait une donation à Guillaume de Cramont, abbé de Dommartin.

1278. Druon de Roye et Mathieu de Roye, sire de Guerbigny, sont cités parmi les nobles chevaliers qui figuraient au célèbre tournoi de Ham. Peut-on supposer que ce fut le Mathieu de Roye de 1230 ?

1279. Hue d'Airaines sert un aveu à Mathieu de Roye pour une partie de la ville de Saint-Maixent.

1282. Mathieu de Roye, sire de la Ferté, seigneur suzerain d'Authie, ratifie une vente de dîme aux chapelains d'Amiens par Driex, chevalier, seigneur de Saint-Léger.

Mathieu de Roye mourut en 1285, laissant deux enfants en bas âge, Mathieu qui lui succéda dans ses fiefs et dignités et Marie de Roye.

Jeanne de Vandeuil, sa veuve, contracta un nouveau mariage avec Jean III de Falvy, dont elle eut un fils, Jean IV de Falvy, et une fille, Béatrix de Falvy, unie à Ferry de Picquigny (1). Jean de Falvy hérita de sa mère la seigneurie de Vandeuil, suivant la coutume du pays qui n'admettait pas la représentation (2). Jeanne de Vandeuil mourut après 1319. Son nom reparaîtra dans les procès qui suivirent la mort de Mathieu de Roye, son fils.

Donnons, avant de passer outre, une notice sur Marie I de Roye.

MARIE I DE ROYE. — Fille de Raoul de Roye et sœur de Mathieu I de Roye, selon plusieurs généalogistes, ou fille de Mathieu I de Roye, comme nous l'avons supposé. Marie de Roye épousa en premières nôces Aubert d'Hangest, seigneur de Genlis et du Pont-Saint-Pierre. Elle fut mère d'un autre Aubert d'Hangest, écuyer, « fils de feu Monsieur Aubert d'Hangest, d'après des lettres citées par Duchesne, et de Marie, à présent femme de Bouchard, comte de Vendosme ». Ces lettres sont de l'an 1269.

En l'an 1269, au mois de novembre, d'autres lettres portent que les exécuteurs testamentaires d'Aubert d'Hangest, époux de Marie de Roye, demandaient contre le comte de Vendôme que le legs d'Aubert fût pris sur le douaire de sa femme ainsi que sur les autres terres du défunt, puisqu'elle tenait le bail de son fils mineur.

Marie de Roye était donc mère d'un fils encore mineur en 1269, et s'engagea dans un nouveau mariage d'où sont issus plusieurs enfants. Il est difficile d'admettre qu'elle soit fille de Raoul de Roye qui était mort en 1230. N'est-il pas juste de supposer une lacune dans les généalogies des seigneurs de la Ferté et d'en revenir à une double génération de Mathieu de Roye jusqu'en 1285 ?

Marie de Roye, mariée en secondes nôces, au moins en 1269, à Bouchard VI, comte

---

(1) Ferry de Picquigny fut père de Jean de Picquigny, seigneur d'Ailly et d'Hornoy, l'exécré complice de Charles-le-Mauvais.

(2) Duchesne. *Histoire généalogique de la famille de Béthune*, 285. *Preuves*, 174-175.

de Vendôme, eut entre autres enfants Jean IV, comte de Vendôme, qui continua la lignée de ces hauts et puissants seigneurs.

En 1275, Marie de Roye fit hommage à Pierre de Brosses, seigneur de Langeais, en Touraine, pour un fief mouvant de sa seigneurie de Langeais, et nommé de Lavardin. L'acte fut passé en présence de plusieurs seigneurs, entre autres de Mathieu de Roye, son frère, de Foulques de Londres, archidiacre du Ponthieu, et d'autres personnages ecclésiastiques (1).

On ignore l'époque de la mort de Marie de Roye.

MATHIEU III DE ROYE. — Quand Mathieu II de Roye mourut, son fils n'était âgé que de 14 ans, il resta sous la tutelle de sa mère, Jeanne de Vandeuil, jusqu'à sa majorité ou plutôt jusqu'à son mariage. C'est au mois d'avril 1292 qu'il épousa Marguerite de Picquigny, fille de Jean, vidame d'Amiens, et de Marguerite de Beaumetz.

La baronnie de Picquigny, une des plus anciennes et des plus considérables du royaume, tenue dans l'origine en *franc-alleu*, releva de l'évêché, quand ses seigneurs devinrent vidames héréditaires d'Amiens, c'est-à-dire avoués ou défenseurs des évêques. Jean de Picquigny mêlé aux grands événements de l'époque, comme les seigneurs de Roye, fut accusé de ne pas défendre assez vigoureusement les droits de la sainte Eglise et fut même excommunié (2). On connaît dix enfants de Jean de Picquigny, six fils et quatre filles. Marguerite apportait à Mathieu de Roye une dot de six mille livres tournois.

Le seigneur de la Ferté ne fit que passer, sans laisser d'autre souvenir dans notre histoire qu'un différend avec le monastère sur la justice et la vicomté des trois jours de fête (*Tome I, page* 557). Il mourut à la fleur de l'âge vers 1302, laissant à son épouse trois petits orphelins, Mathieu IV de Roye et deux filles, Eléonore de Roye alliée à Jean de Châtillon dont il sera parlé plus loin, et Béatrix femme, selon quelques généalogistes, ou, selon d'autres, mère de Gautier d'Hangest, vivant en l'an 1356 (3).

MARIE II DE ROYE ET GUILLAUME DE BÉTHUNE. — La fille de Mathieu II de Roye épousa Guillaume IV de Béthune vers 1294. Ce grand seigneur hérita de Guillaume III, son père, les terres de Béthune et de Locres. Il vécut du temps de Philippe Le Bel, de Louis le Hutin, de Philippe Le Long, de Charles le Bel et de Philippe de Valois. Il était parent et allié de divers rois, princes, comtes et autres grands seigneurs du royaume et des états voisins. On voit son nom sur des actes de pacification entre Méhaut, comtesse d'Artois, et les nobles de son comté. Il eut aussi quelques démêlés avec Hugues de Châtillon, comte de Saint-Paul, pour des terres de sa seigneurie (4).

---

(1) Duchesne. *Histoire de Béthune. Ibid.*
(2) M. Darsy. *Histoire de Picquigny, page* 38.
(3) Duchesne. *Histoire de Châtillon, page* 412.
(4) Duchesne. *Histoire de Béthune, pages* 287-289.

Guillaume de Béthune mourut en 1340, à l'âge de 70 ans, laissant de Marie de Roye trois fils : Mathieu de Béthune, chevalier, seigneur de Vandeuil et La Fontaine, qui mourut avant sa mère en 1248 ; Jean de Béthune, dit de Locres, chevalier et seigneur de Vandeuil, qui continua le nom de sa famille ; le moine de Béthune. Ce dernier fut célèbre dans les guerres de cette époque. Page de Bertrand Duguesclin, connétable de France, il mérita par une si haute protection jointe à sa valeur de beaux emplois militaires. Il parut avec distinction au siège d'Auroy en 1364. « De Jugon, dit une Chronique, y vint moult belle compagnie avec le moyne de Béthune, qui maint jour avoit été page de Bertrand, mais par sa voulenté, l'avoit-il mis en honneur. Les Anglais y abattirent à terre le moyne de Béthune. Il suivit encore Bertrand Duguesclin au voyage d'Espagne pour secourir le roi Henri et y conduisit une compagnie de gens de guerre, du nombre desquels fut Robert Rumet, abbevillois » (1).

Le sobriquet de Moine est attribué en ces temps à plusieurs chevaliers de distinction. Il est probable qu'ils avaient été élevés dans des monastères ou même qu'ils avaient dans leur jeunesse essayé de la vocation religieuse dans le cloître.

Marie de Roye hérita de la terre de Vandeuil après la mort de sa mère et de Jean de Falvy IV, son frère utérin. Ce dernier avait d'abord hérité de la seigneurie de Vandeuil après sa mère, conformément à la coutume du pays qui ne donnait pas lieu à la représentation et transmettait les fiefs aux puînés des enfants mâles, mais étant trépassé lui-même sans postérité, Marie de Roye rentra dans ses droits. Son fils Mathieu de Béthune lui succéda.

En 1349, Marie de Roye, dame de Locques et Vandeuil, reconnut un droit de travers au chapitre de Laon, sur les terres de Vandeuil. « Les chanoines, dit la charte, ont droit de mener, faire mener et porter à col, à chars, à charettes, à brouettes et en toutes autres manières quelconques, par tous les passages, winages et destrois de la baillie de Vermandois et spécialement par la ville, terroir et winages de Vandeuil, toutes manières de vivres, denrées, marchandises, pierres, mairiens et spécialement mairiens pour leurs moulins du roi, franchement et quittement, sans payer pour cause de ce winage, roage, péage, tonniu, ni autre servitude aucunement » (2).

Marie de Roye vivait encore en 1352, comme on le voit dans les procès de la Ferté.

Mathieu IV de Roye et Marguerite de Picquigny, sa mère. — Aucun généalogiste n'a parlé du fils de Mathieu de Roye et de Marguerite de Picquigny, mais son nom est connu par des procédures et des donations de sa mère : il mourut dans sa jeunesse, laissant sa succession à sa sœur, Éléonore de Roye, déjà nommée dame de la Ferté, même à l'époque de son mariage.

On cite en 1303 un accord entre Marguerite de Picquigny et les mayeur et échevins de Saint-Riquier, pour une voie en dehors de la Ferté et les eaux du fossé du château.

---

(1) Duchesne. *Histoire de Béthune*, pages 291-292.   (2) *Ibid. page* 180. *Preuves.*

CHAPITRE II. — LA FAMILLE DE ROYE. 471

Trois générations de dames de la Ferté sont restées en présence, après la mort de leurs époux, et avec des droits acquis par leur mariage, avec des intérêts opposés, ce qui donna lieu à de grands et célèbres procès pour des douaires, des constitutions de dot, des arrérages ou arriérés de rente. Nous allons en donner une idée, d'après des documents recueillis dans les histoires généalogiques de Duchesne.

Le premier de ces procès se rapporte à l'an 1310, il fut soulevé entre Marguerite de Picquigny et Jeanne de Vandeuil, sa belle-mère. A l'époque du mariage de Marie de Roye avec le seigneur de Béthune, on lui avait, entre autres donations de son contrat de mariage, constitué une rente de 400 liv. à prendre chaque année jusqu'à extinction sur une somme de 4,500 liv. et en outre une somme de 500 liv. pour son mobilier. Après la mort de Mathieu II de Roye, son mari, Jeanne de Vandeuil avait tenu pendant sept ans le bail de son fils mineur et pour ce elle avait à payer les arrérages dus à sa fille. Il est à croire qu'une hypothèque légale grevait les possessions de son fils et que Jeanne de Vandeuil n'avait pas rempli ses obligations : car pour les sept années de bail Marie de Roye réclamait 2,800 liv. sur le douaire de Marguerite de Picquigny. Or celle-ci se rejeta sur la dame de Vandeuil et demanda qu'elle fût condamnée à payer cette somme ou à la garantir. C'est ce que décréta le Parlement dans son arrêt de 1310; mais il paraît que l'épouse du défunt seigneur de Roye s'obstina à ne point acquitter cette dette, car après sa mort cette question fut soulevée de nouveau en 1341, en 1348, en 1352 (1), par Marie de Roye, par Mathieu de Béthune et Locres, par Gautier de Hébuterne, leur fils. La première sentence fut toujours confirmée, comme l'équité le demandait, mais sans résultat réel, puisque, en fin de compte, d'une sentence on en appelait à une autre.

En 1328, on introduisit une autre cause de litige, à savoir : l'hommage de Robert de Noyelette sur ses possessions à Neuville. Il est reconnu dans l'arrêt que le fief de la Ferté à Neuville faisait partie de cette seigneurie.

Marie de Roye, pour ses reprises sur la succession de son père, reçut de la part de Jean de Falvy deux cent cinquante livrées de terre, avec la maison de Liéfontaine, sise en la prévôté de Saint-Quentin. Comme ce domaine était tenu en fief du roi, Charles-le-Bel y donna son consentement.

Dans le même temps une opposition sur le douaire de Marie de Picquigny et sur un quint denier cédé par Eléonore de Roye à sa mère fut encore jugée au profit de la dame de la Ferté (2).

A toutes ces procédures dont les généalogistes ont conservé quelques épaves, opposons dans la vie de Marguerite de Picquigny des souvenirs plus touchants de sa piété chrétienne. Les seigneurs féodaux étaient peut-être plus étrangers que nous le pen-

(1) *Ibid* pages 176, 182, 184.   (2) Duchesne. — *Histoire de Châtillon,* page 413. *Preuves, page* 246.

sons à tous ces démêlés, suscités, conduits et éternisés par la cupidité ou la jactance de leurs procureurs et intendants, classe de légistes très nombreuse au xiv° siècle. Marguerite de Picquigny, dont l'existence fut si vite abreuvée de chagrins de famille, chercha des consolations pendant son long veuvage dans les bonnes œuvres et dans des fondations dont il nous reste des titres authentiques.

Nos archives ont conservé les actes de fondation d'une chapelle au château de la Ferté en 1316, immédiatement après le mariage d'Eléonore de Roye avec Jean de Châtillon, seigneur de Roye. Cette jeune dame accomplissait les dernières volontés de Mathieu II de Roye, son père *(Tome* II, *page* 19*)*. Marguerite de Picquigny en conservait le patronage pendant toute sa vie. On ne dit pas quelle fut alors sa dotation, mais une charte de l'épouse de Mathieu de Roye, en 1343, nous indique ses revenus. Elle avait acheté douze livres de rente annuelle sur les cens, rentes et autres revenus de fiefs et arrière-fiefs de la Ferté : elle les échangea contre quarante journaux de terre sis à Cramont. Elle affecta cette propriété pour le service perpétuel de la chapelle de la Ferté, sans aucune servitude féodale. C'était au xiv° siècle une riche fondation, et la conversion des rentes en bien-fonds une sage précaution, probablement demandée par l'autorité ecclésiastique.

Dans la charte de 1343, Marguerite de Picquigny demandait que trois messes fussent célébrées à perpétuité chaque semaine ; à savoir le lundi et le vendredi des messes de *Requiem*, le mercredi la messe de la Trinité avec collectes pour les morts. Elle demandait aussi des messes, les jours de la Toussaint et des Trépassés, le jour de Noël et les trois jours suivants, le jour de la Thiépagne (l'Epiphanie), le jour de la Purification de Notre-Dame, le jour de la grande Pâque et trois jours suivants ; le jour de l'Ascension, le jour de la Pentecôte et les trois jours suivants « sans notte, mais le jour de la « Trinité on cantera à notte solempnellement », le jour du Saint-Sacrement, le jour de saint Jean-Baptiste, le jour de saint Pierre et saint Paul, le jour de la Madeleine et tous les jours des fêtes de Notre Dame « sans notte ». Ces fêtes tombant « ès jours « de septmaine que les capelains doivent canter messe, qu'ils soient quittes de canter de la journée. »

Aux messes il faut ajouter les obits suivants à perpétuité : savoir l'obit de Madame Marie de la Ferté, le 7 mars ; l'obit de Mahieu de Roye, chevalier, le 24 septembre ; l'obit de Mahieu de Roye, son cher seigneur et mari, le 16 août ; l'obit de Mahieu de Roye, son cher fils, le 23 septembre ; l'obit d'Eléonore de Roye, dame de la Ferté et Châtillon, sa chère fille, le 6 mai ; l'obit de Marguerite de Picquigny, dame de la Ferté, « le jour qui sera au plaisir de Dieu. Tous ces obits seront écrits à leur jour « au calendrier du missel. »

La douairière de la Ferté demande que les messes de semaine soient dites pour l'âme de Monsieur Mathieu de Roye et de tous ses amis, pour l'âme de Mathieu de Roye, son époux, pour Mathieu de Roye et Eléonore de Roye, ses chers enfants, et pour tous ses amis et ceux qui auront contribué à obtenir cette chapelle ou qui aideront à garder ses droits.

Si le chapelain était empêché de dire ces messes dans la chapelle de la Trinité, Marguerite de Picquigny veut et ordonne qu'elles soient célébrées dans l'église Notre-Dame de Saint-Riquier, mais qu'aussitôt l'obstacle levé on retourne à la chapelle de la Trinité. Elle désigne enfin pour premier titulaire de cette chapelle Jehan de Valloy et l'investit de tous ses droits sur le domaine de la chapelle (1).

La charte fut vidimée et transcrite littéralement par Pierre de Hanchy, official d'Amiens, en 1346, et collationnée encore en 1741 par les notaires du châtelet de Paris.

Une autre fondation de Marguerite de Picquigny au lieu de sa naissance, dans la collégiale de Saint-Martin, doit être mentionnée ici. C'est à Picquigny qu'elle fait élection de sa sépulture, c'est là que reposaient les corps de son mari, de son fils et de sa fille ; elle voulut que des prières fussent adressées au Dieu des miséricordes sur leur tombe et être comprise elle-même dans ces offrandes d'expiation. Cette fondation fut scellée de son sceau, le 16 novembre 1343, et corroborée par le scel aux causes de Saint-Riquier, le 17 septembre 1344.

Point de doute que sa piété et sa charité envers ses chers défunts n'aient déjà demandé des prières pour eux : mais elle a voulu les rendre perpétuelles et stables. A cet effet elle a encore acheté à Vauchelles, près Abbeville, quarante livrées de terre. La livrée de terre étoit une portion qui rapportoit une livre de revenu annuel. Sur les quarantes livrées la dame de Picquigny en donne la valeur de trente livres, soit CIV j^r (2) pour la fondation d'une chapellenie en l'église collégiale de Saint-Martin de Picquigny, dans la chapelle Notre-Dame où elle demande à être enterrée auprès de ses chers défunts dont il est parlé plus haut. Elle impose trois messes par semaine : deux de *Requiem*, une de *Beata* et les autres messes indiquées pour la chapelle de la Trinité de la Ferté, ainsi que les obits de son mari et de ses enfants. Elle ordonne que le jour de son propre obit dans l'église Saint-Martin, le chapelain distribue quarante sous parisis aux membres du chapitre de Saint-Martin, ainsi qu'il est accoutumé.

Une lettre de reconnaissance du doyen et du chapitre de Saint-Martin de Picquigny, sous la date du 20 juin 1344, nous apprend qu'à l'occasion de la fondation de cette chapelle, Marguerite de Picquigny avait fait d'autres dons à l'église de Saint-Martin, à

---

(1) *Manuscrit de M. le curé de Saint-Riquier, extrait des Archives de la Ferté.*
Une vitre de l'église Notre-Dame de Saint-Riquier rappelait sans doute cette donation. On y voyait les armes de Châtillon avec leurs alliances.
Nous avons noté (*Tome* II, *page* 19) que la chapelle de la Trinité fut détruite dans les guerres ; mais on voit par des dénombrements et des aveux que les XL jx de terre de Cramont étaient encore affectés à la même destination vers la fin du XVIIIe siècle. Les trois messes avaient été réduites à une seule. Le revenu en 1730 était de 220 liv.

(2) M. Darsy. — *Histoire de Picquigny*. Page 41. Le journal de terre, d'après ce calcul, devait rapporter 8 s. de revenu annuel à cette époque.

savoir, un calice et plusieurs ornements pour l'usage de sa chapelle, en outre un ornement de soie, couleur de pourpre, avec les armes de Roye ; un porte-autel de soie (devant d'autel) sur lequel on avait brodé un tableau de l'Assomption de la sainte Vierge ; un autre porte-autel d'or avec un tableau de Jésus en croix, dont les côtés étaient tissés en partie de toile blanche et en partie de cendal rayé de diverses couleurs, avec les armes de Picquigny et de Roye ; une aube parée de grandes bordures sur la toile, une étole et un manipule semblable, des nappes d'autel avec des broderies de sarrasin à grands nœuds, un corporal et une bourse sur laquelle on avait brodé l'image de Jésus en croix ; une chasuble noire de cendal de soie ; une étolle blanche et un amict.

Marguerite se réservait le droit de conserver chez elle ces objets précieux pendant sa vie, après elle tout devait revenir à la chapelle. Il faut ajouter un missel en trois pièces, dont la première contenait ce que le prêtre dit à la messe, la seconde, les évangiles, la troisième, les épîtres. Les couvertures étaient enrichies de coins en argent doré. Ce missel, servait à la chapelle, mais à la condition que le chapitre serait chargé de toutes les réparations. La donatrice avait aussi pourvu à l'ornement des sièges du prêtre, du diacre, du sous-diacre, par des coussins de soie marqués aux armes de Picquigny et de Beaumetz. Elle offrit enfin la relique d'une dent de saint Maur avec son reliquaire. Ces derniers objets restaient également au pouvoir de la dame de la Ferté jusqu'au jour de sa mort (1).

Nous avons mentionné à la page 29 son obit fondé dans l'église paroissiale de Saint-Riquier. On est touché des sentiments de cette affectueuse épouse, de cette mère, toujours occupée du souvenir de ses chers enfants. Réunie à ceux qu'elle a tant aimés sur cette terre, arrosée avec eux du sang précieux qui coule sur l'autel du sacrifice, elle n'a qu'une espérance, celle de leur être associée dans la céleste patrie et de chanter avec eux éternellement les miséricordes de Dieu.

Nous n'avons pu découvrir en quelle année mourut cette sainte dame de la Ferté. Elle vivait encore en 1352. Sa dernière fondation ferait supposer qu'elle est allée finir ses jours à Picquigny.

---

(1) *Manuscrit de M. le curé de Saint-Riquier.*

La chapelle de La Ferté à Picquigny subsista jusqu'à la confiscation des biens du clergé, toujours à la présentation des seigneurs de la Ferté. Elle rapportait en 1730, cinq cents livres au chapelain qui restait chargé d'acquitter les messes dont il est question dans l'acte de fondation.

Marguerite de Picquigny avait fondé cette chapelle avec trente livrées de terre. Il en restait dix que nous retrouvons dans une chapelle fondée à Saint-Riquier, sous la protection de saint Jacques-le-Mayeur, probablement dans l'église paroissiale ; c'est là du moins qu'elle existait en 1730, sous le patronage du seigneur de la Ferté.

Le chapelain devait acquitter une messe par semaine. Il possédait un fief restreint de 24 jx de terre qui lui rapportait 151 liv. Le fief était soumis au relief des fiefs nobles.

Le chapelain était obligé d'entretenir la chapelle paroissiale de Saint-Jacques, charge qu'il avait laissée aux marguilliers par une convention spéciale avec eux.

Voir M. Darsy. — *Bénéfices de l'Eglise d'Amiens.* Tome I, page 428. — Tome II, page 276.

CHAPITRE III.

LA FAMILLE DE CHATILLON.

Éléonore de Roye, dame de la Ferté et Jean de Chatillon (1315-1332). — La châtellenie de la Ferté entra dans la maison de Châtillon par le mariage d'Eléonore de Roye avec Jean de Châtillon-Saint-Pol. Il serait superflu de faire l'éloge du grand et noble nom de Châtillon, comme on le disait dans des plaidoiries relatives à la Ferté. « Qui ne voit par les histoires de France que cette maison fut l'une des plus illustres et des plus renommées de tout le royaume depuis quatre siècles. Il ne s'est fait aucune grande affaire de guerre ou de paix où quelqu'un d'icelle n'ait été engagé, ni aucune bataille mémorable ou voyage, tant dedans que dehors du royaume, que de la mer sur les infidèles, où il ne se soit trouvé quelqu'un de cette famille » (1). Ajoutons qu'elle a donné à l'église plusieurs saints, dont les noms sont aux martyrologes, de nombreux évêques et abbés au clergé français, et à l'église universelle le grand Pape Urbain II (2).

Mais ces hautes alliances ont-elles beaucoup servi les intérêts de la châtellenie de la Ferté ? N'ont-elles pas au contraire inoculé la plaie désastreuse de l'absentéisme, tant déploré par les économistes et les amis du peuple ? Les seigneurs de la Ferté ne résidant plus, ne paraissant qu'à de rares intervalles, quand il leur prenait fantaisie de visiter ce château, tout était abandonné à des intendants, dont la mission consistait surtout à pressurer la matière imposable. Par la force des choses, les rapports de bienveillance, de paternelle sollicitude envers les malheureux, étaient méconnus. Des seigneurs si haut placés, tout entiers aux grandes affaires de l'Etat, possesseurs d'autres domaines considérables, avaient à peine le temps de viser les actes conservateurs de la propriété et les comptes de recettes. Il serait presque déplacé de leur en demander davantage.

Ce Jean de Châtillon, le premier du nom qui ait possédé le château de la Ferté, est désigné par Duchesne sous le titre de seigneur de Châtillon, Gandelus, Troissy, Marigny, Saint-Hillier, la Ferté-en-Ponthieu, Dury, Bonnœuil-sur-Marne, Germaines et autres terres, conseiller du roi, grand queux, puis grand-maître de France (3).

---

(1) Duchesne. — *Histoire de Châtillon.* — *Préface.*
(2) *Ibid page* 411.
(3) Il n'est plus question des terres de la famille de Roye ; on trouve seulement celle de Guerbigny au pouvoir d'une Marie de Roye qui en fait hommage au seigneur de la Herelle.

Jean de Châtillon était le second fils de Gaucher de Châtillon et il appartient, d'après Duchesne, au onzième degré de la ligne directe mentionnée dans son recueil généalogique. Sa mère Isabelle de Dreux, sœur d'Alexandre, roi d'Ecosse et d'Artus II, duc de Bretagne, était alliée à la maison royale de France. Il porta d'abord, pendant la vie de son père, le titre de seigneur de Gandelus et de Marigny. Il approuva la vente de la terre de Champront à Enguerran de Marigny, conseiller et chambellan de Philippe IV (1303). Son père lui donna la terre de Saint-Hillier, en la prévôté d'Epernay, et plusieurs autres en la prévôté de Châtillon. Il jouissait de ces seigneuries, quand il s'allia avec Eléonore de Roye, que Duchesne qualifie du titre de dame de la Ferté-en-Ponthieu, de Dury, d'Yaucourt et autres lieux (1).

Jean de Châtillon reçut du roi l'investiture de la terre de la Ferté après son mariage, avec tous les droits politiques attachés à la châtellenie, et aussi avec l'obligation d'en remplir toutes les charges. C'est ce que nous voyons dans une lettre du roi Philippe V ainsi conçue :

« Nous faisons savoir à tous présents et avenir que nous, considérans les bons et agréables services que Jehan de Chastillon, chevalier, filz de notre amé et feal chevalier, Gauchier de Chastillon, comte de Porcian et connétable de France, nous a fez au temps et fet encore chascun jour, en récompense des ditz services lui avons octroyé et donné, octroyons et donnons par la teneur de ces lettres toute la justice et seigneurie haute que nous avons en la ville de la Ferté-en-Pontieu et ès appartenances d'icèle, à tenir de lui, de ses hoirs et de ceus qui de lui auront cause perpétuellement a touzjours, mais sauf et retenu à nous la souveraineté et l'omage, etc., et pour que ce soit ferme chose et estable perpétuellement à touz-jourz nous avons fait mettre à ces présentes lettres nostre scel. Donné à Paris, l'an de grâce MCCCXVII au mois de décembre (2). »

Ainsi, quand on avait la propriété, il fallait postuler l'investiture féodale pour une seigneurie ; autrement la terre aurait été confisquée pour forfaiture.

Les archives de la Ferté ont conservé une charte de transaction entre la commune et les seigneurs de la Ferté sur diverses contestations au sujet des fossés de la ville, des frocs, des fours et de quelques droits communaux ou seigneuriaux. Elle n'a plus d'intérêt pour nous.

Donnons ici une charte de Jean de Châtillon et d'Eléonore de Roye par laquelle les seigneurs de la Ferté concèdent, en 1325, leurs droits sur le tiers d'une petite place indivise entre le roi, le château féodal de Saint-Riquier et le monastère. La chronique a recueilli et enregistré avec empressement cette charte protectrice des droits de l'Abbaye C'est un des spécimens de chartes françaises dont nous sommes redevables à la chronique de D. Cotron (3).

(1) Duchesne. *Histoire de Châtillon*, page 411.   (3) Anno 1325.
(2) Duchesne. *Preuves*, page 244.

CHAPITRE III — LA FAMILLE DE CHATILLON.   477

« Nous Jehans de Chastillon, chevalier, sires de Maregny et de le Frété-en-Pontieu, et Léonor, sa femme, dame de ches lieus, faisons sçavoir à tous chieux qui ches présentes lettres verront et arront que nous, meus de bonne volonté et de boene dévotion et de pleine que nous avons et avons eu de piécha à l'esglise de Monsieur Saint-Rikier-en-Pontieu, et a religieux hommes l'Abbé et le couvent de le dite esglise et pour le grant affection et espéranche que nous avons en l'union de prières et doraisons des devant ditz religieux avons donné et otrié, donnons et otrions pour Dieu et en aulmosnes hérétaulement desoresmais et avons lait quittement et délivrement as devant dictz religieux, à leurs successeurs et a leur dites esglises sans rien retenir ny excepter et sans rien réclamer y dore en avant pour quelconque cause ou de quelque oncques occaision que che fust ou peult estre tout le droiture, toute l'action et justiche et toute le seigneurie que nous avions et poions avoir ou réclamer en plusieurs tenanches wuastres qui sont as dis religieux, ainsy comme elles sestendent et quelles sont mouvans d'un lieu qui est derrière leur dite esglise, que on nomme le poterne, en allant dusques à la rue que on dist desur le moustier et volons, gréons, otrions et assentons que les dis religieux pussent les dites tenanches anclore et atraire par dedans et par devers leur dite esglise perpétuellement et faire en tous leurs pourfis en la manière que il leur plaira, lequel don en le manière que dessus est dit et devisé nous promettons et avons enconvenus à tenir heretaulement et loyalement sans nul rappel as devans dis religieus, à leurs successeurs ne a leur esglise et sans molester eus les ditz religieus ne leurs successeurs ne leur esglise et sans jamais aller à l'encontre du don dessus dit es temps avenir de nous ou de nos hoirs. En tesmoignage de che nous avons baillés as dessus dit religieus ches presentes lettres scellées de nos sceaux qui furent faites en l'an de grâce mil trois chens vingt et chinque, le 13ᵉ jour du mois d'avrilz. »

Le roi donna aussi sa part de cette place, et les religieux la renfermèrent dans leur monastère ; ce fut un grand service rendu à l'hygiène de la ville ; car on la délivrait d'un cloaque infect et dangereux.

Nous ne pouvons guère qu'indiquer ou analyser les principaux événements de la vie de Jean de Châtillon et de son épouse. En 1324, Jean de Châtillon est désigné avec son père, comme exécuteur testamentaire du roi Charles-le-Bel. Ce seul témoignage de confiance nous indique la grande faveur dont il jouissait auprès du roi. La même année il confirma, de concert avec Eléonore de Roye, les coutumes et franchises des habitants de Saint-Hillier.

En 1326, il vendit au roi une rente sur la terre de Crécy pour la somme de 573 liv. Il soutint aussi un procès à la Cour pour la succession de Jean de Gandelus, son homme-lige, et il le gagna.

En 1327, du consentement d'Eléonore, son épouse, et de son père, il vendit aux maître, frères et sœurs de l'Hôtel-Dieu de Notre-Dame de Reims, la seigneurie de la ville de Cauroy-lès-Machaut, tenue en franc-alleu avec la justice et les revenus (1).

En 1330, Jean de Châtillon, à l'occasion d'un meurtre commis à Drugy, réclamait des droits de justice que l'Abbaye lui contestait. Il perdit le procès qu'il avait engagé contre les moines.

Jean de Châtillon succéda à son père dans la seigneurie de Châtillon. Le titre appartenait à l'aîné des fils, mais celui-ci était mort lui-même en 1325 avant son père, de sorte que Jean était devenu le chef de la famille. A ce titre il fut établi grand queux de France, c'est-à-dire intendant des cuisines royales. Il assista en cette qualité au sacre de Philippe de Valois. C'est ce qu'on conclut d'un procès soulevé en 1344 par les échevins et habitants du ban de l'archevêque de Reims, du ban de la ville de Reims et des autres villes qui étaient tenues de contribuer aux frais et dépens du sacre et du couronnement des rois, « estant entrés en contestation avec les grand'pannetier, échanson et queux de France et autres officiers du roi Philippe pour le résidu des viandes et autres choses administrées par les dits échevins à son couronnement. »

Jean, sire de Châtillon et de Gandelus, et Eléonore de Roye, sa femme, ont confirmé les donations faites par ses prédécesseurs au prieuré de Saint-Nicolas de la Ferté-Ancoul ou sous Jouarre, dépendant de l'abbaye de Saint-Jean-des-Vignes.

Dans une charte de 1333 pour l'abbaye de Cerfroy fondée par ses prédécesseurs, Jean de Châtillon réclama des prières pour lui, pour sa défunte épouse et pour ses enfants. Ces paroles indiquent qu'Eléonore de Roye était morte de 1331 à 1333 (2).

1335. On signale plusieurs procès du seigneur de la Ferté avec la commune de Saint-Riquier pour le moulin du Brusle, pour la rivière Malvoisine dépendante du Scardon, dont il réclame la propriété avec raison.

Eléonore de Roye laissait de son mariage avec Jean de Châtillon, six enfants : 1° Gaucher de Châtillon, qui succéda à sa mère dans la possession des domaines de la Ferté ; 2° Jean de Châtillon, seigneur de Gandelus, en Vermandois, lieutenant de Monsieur le duc d'Orléans ; 3° Gaucher de Châtillon, seigneur de Daours et Saint-Hillier, conseiller et chambellan du roi ; 4° Hugues de Châtillon, conseiller et maître des requêtes de l'hôtel du roi, seigneur de Marigny, qui embrassa l'état ecclésiastique et fut chanoine de Châlons-sur-Marne, chantre et chanoine de Reims ; 5° Jeanne de Châtillon, épouse de Gilles de Rodemarch ; 6° Isabelle de Châtillon, mariée à Guy II de Laval, seigneur d'Attichy.

Après la mort de sa femme, Jean de Châtillon convola en secondes nôces avec Isabeau de Montmorency, sœur de Charles, grand pannetier et maréchal de France, parrain du roi Charles VI, et en troisièmes nôces avec Jeanne de Sancerre, comtesse douairière de Dommartin, issue des anciens comtes de Champagne et de Brie. Il eut encore cinq enfants de ces deux épouses.

(1) Duchesne. — *Ibid.*, page 413.   (2) Duchesne. — *Ibid.*, page 414.

Les titres honorifiques de Jean de Châtillon lui furent mérités par sa valeur militaire. Il eut sa part de gloire dans les guerres de Flandre et accompagna, en 1340, Jean, fils du roi Philippe, alors duc de Normandie, au voyage de Flandres, et fut envoyé avec le duc d'Athènes, les maréchaux de France, le comte d'Auxerre et environ trois cents lances bien montées pour courir jusqu'à Valenciennes et « il chevaucha si avant, dit Froissart, que son cheval fut fery et chey dessous lui et le convint monter sur un autre. » On voit encore dans les récits de Froissart qu'il se renferma dans Tournay l'année suivante avec ceux qui défendirent cette ville si généreusement contre les entreprises d'Edouard, roi d'Angleterre. En 1349, le roi lui confia le titre de souverain maître de son hôtel ; ce qu'on a appelé depuis grand maître de France. On le voit à la bataille de Poitiers, luttant avec son roi contre la mauvaise fortune et tombant avec lui au pouvoir des Anglais.

Jean de Châtillon mourut en 1363 et fut inhumé dans l'église des Trinitaires de Cerfoy, près Gandelus (1).

Gaucher VI de Chatillon (1332). — Gaucher de Châtillon, sixième du nom, fut seigneur de Châtillon, de Troissy et de la Ferté-en-Ponthieu, chevalier de l'ordre de l'Etoile, conseiller du roi, capitaine de la ville de Reims et du pays d'environ, grand maître de France, après son père. En 1323, à l'âge de huit à neuf ans, on l'avait fiancé solennellement avec Jeanne de Guines, fille unique de Jean de Guines, vicomte, et de Jeanne de Chantilly.

On ne saurait dire si le mariage fut contracté ; il n'en reste point de trace. Ce qui est certain, c'est que Jeanne de Guines mourut sans laisser de postérité (1). Sa dot ou plutôt sa succession revint à la génération suivante au fils de Gaucher, Jean de Châtillon, par son union avec Jeanne de Coucy ou de Guisnes (2).

Un document cité par M. Darsy fait connaître, à l'occasion d'une approbation de vente à Dours, seigneurie dépendant de la Ferté, un mariage de Gaucher de Châtillon avec Marie de Toutencourt. La vente, dit l'acte, fut approuvée par Emengarde de Conty, dame de Querrieu, mère de Hugues Quiéret, acquéreur, et l'amortissement fut consenti par Gaucher de Châtillon, seigneur de la Ferté-en-Ponthieu, et Marie de Toutencourt, sa femme, ce fief étant tenu de la Ferté (1340) (3). Cette épouse de Gaucher de Châtillon fut inconnue à Duchesne, mais elle peut très bien prendre place dans l'histoire.

Gaucher, en 1341, épousa en secondes noces, dit Duchesne, Alemande Flotte, fille de Guillaume Flotte, seigneur de Revel et chancelier de France. On sait quel rôle Pierre Flotte, père de Guillaume, a rempli dans les démêlés de Philippe Le Bel avec le Pape Boniface.

Ce n'est qu'après 1345 qu'on trouve des actes dans lesquels la troisième épouse de

---

(1) *Ibid., pages* 415-421.
(2) *Ibid., pages* 427-28. *Preuves* 251.

(3) M Darsy. — *Bénéfices de l'Eglise d'Amiens.* Tome i, page 38

Gaucher de Châtillon est nommée. C'était du reste la troisième union aussi d'Alemande Flotte, comme on le voit par les plaidoiries du seigneur de la Ferté avec les deux maris précédents de cette dame, pour recouvrer des droits dont il se croyait nanti par les contrats de mariage de son épouse (1).

Gaucher de Châtillon avait succédé, en 1332, à sa mère Eléonore de Roye, dans la seigneurie de la Ferté : mais les revenus étaient toujours grevés du douaire et des redevances consenties envers son aïeule, Marguerite de Picquigny. Les procès nouveaux ne changèrent point les sentences anciennes : il fallut les subir jusqu'à la mort de Marguerite de Picquigny, dont on ne fixe pas l'époque, mais qui n'arriva qu'après 1352.

En 1335, Gaucher intenta un nouveau procès à la commune de Saint-Riquier, au sujet du moulin du Brusle, situé dans la banlieue de la ville. Ses prétentions étaient exagérées ; car ce lieu ne dépendait pas de sa seigneurie. Sa réclamation était plus juste pour son droit de propriété sur les eaux de la Malvoisine, affluent du Scardon ; aussi la sentence des juges lui fut plus favorable (1342).

Une composition, en 1339, avec l'Hôtel-Dieu de Saint-Riquier et l'hôpital de Saint-Jean de Jérusalem, substitué aux droits des Templiers, leur assura l'exemption de la redevance du travers perçue par le seigneur de la Ferté (2). Quelques années après (1352), les autorités d'Abbeville ayant refusé de se soumettre à ce tribut, Gaucher de Châtillon leur intenta un procès. Le bailly d'Amiens donna gain de cause aux mayeur et échevins d'Abbeville. Nous avons traité, (*page* 465), du privilège des habitants de Doullens.

Les bourgeois de Saint-Riquier furent exemptés du droit de travers pour toute denrée destinée à la ville, mais si ceux-ci devaient les transporter hors de la ville ou de la banlieue, ils subissaient la servitude commune. Pour se libérer de la redevance, ils n'avaient qu'à les faire séjourner un jour et une nuit dans la ville. Les marchandises achetées en ville par les bourgeois étaient aussi exemptes de ce tribut. Il était réglé qu'on ne serait condamné à l'amende pour une redevance de travers non payée qu'après avoir passé la dernière porte de la ville. Le délit de prise opérée dans la ville et la banlieue était jugé par l'échevinage (3).

En 1368 et 1536, le privilège de la ville de Doullens fut maintenu par arrêt royal malgré les tentatives des officiers de la Ferté pour soumettre les habitants de cette ville à la loi commune (4).

L'échevinage devait des cens à la Ferté et des surcens à l'Hôtel-Dieu : en 1356, le seigneur reporta les cens sur d'autres manoirs et l'échevinage fut libéré comme seigneurie indépendante, ne relevant que du roi. Il y eut aussi en cette année un concordat entre les autorités de la ville et la Ferté pour le service du guet. Les sujets de la Ferté

(1) Duchesne. — *Ibid., pages* 428-29.
(2) *Archives de la Ferté.*
(3) *Coutumes locales.*

(4) M. Delgove. — *Histoire de Doullens, pages* 65, 110.

demeurant dans les « forteresses ou entre les tours » c'est-à-dire dans l'enceinte de la ville, furent assujettis au guet et à la garde de la ville, mais on en exempta ceux qui étaient en dehors de cette enceinte (1).

Notons encore sur l'administration des domaines de la Ferté qu'en 1367 Gaucher de Châtillon fit saisir, décréter et exposer en vente la terre de Coulonvillers, pour quelques amendes que Thibaut de Moreuil, seigneur du lieu, avait négligé ou refusé de payer. Les parties intéressées ayant fait opposition, on entra en composition après des pourparlers amiables, et les procédures furent mises à néant (2).

Nous avons parlé dans l'histoire de Saint-Riquier, en 1349, d'un concordat nouveau entre les seigneurs de la Ferté et les religieux pour la garde des trois jours de fête *(Tome II, page 46)*. Ce n'est pas le seul démêlé à signaler ; quelques années auparavant (1340) un grand différend avait été jugé au Parlement entre le châtelain et les religieux. Il s'agissait de prises faites par les officiers de Gaucher sur certains chemins, de fours détruits par le seigneur, de personnes emprisonnées les trois jours de fête, de l'incendie de la maison d'un lépreux au Hamel, d'empiètements sur la seigneurie de Drugy. Tous ces méfaits remontaient au temps de Jean de Châtillon. Le procès pendant à la cour du Parlement avait été repris par Gaucher de Châtillon. Le seigneur de la Ferté gagna son procès, ainsi qu'en témoigne l'arrêt du Parlement, dont les annales monastiques n'ont pas toutefois gardé de trace. On n'explique point les motifs qui ont pu justifier tous ces excès.

Gaucher de la Ferté a laissé de beaux souvenirs dans l'histoire de sa famille et peut être cité parmi les membres les plus dignes des hommages de la postérité.

En 1358, après la funeste bataille de Poitiers et au milieu des troubles suscités en France pendant ces mauvais jours, le dauphin, à la prière des seigneurs et des échevins de Reims, établit pour capitaine de cette ville son amé et féal messire Gaucher de Châtillon, chevalier, seigneur de la Ferté-en-Ponthieu. C'est ainsi du reste qu'il s'intitule dans toutes ses lettres : il semble que ce soit son titre de prédilection. Gaucher signala dans ses nouvelles fonctions l'énergie de son caractère. S'étant fixé à Reims avec sa famille, il s'occupa activement de la défense de la place, en réparant les fortifications ruinées ou défectueuses, les murs ou « bâtis qui pourroient être perciez ou « eschielez sans grand difficulté, en ordonnant encore que des forteresses et maisons « fussent arses ou mises jus, afin que les ennemis ne s'en puissent hebergier ni ne les « puissent emparer ni enfoncer ». On voit dans ses lettres tous les détails des mesures prises pour la préservation de la ville : il assuma la responsabilité de tous les actes d'autorité ou de répression dont on aurait pu se plaindre : il fut implacable envers les voleurs, maraudeurs et compagnies de pillards qui couroient le jour et la nuit le pays de Reims et rançonnoient le pauvre peuple. Toutes les fois qu'il pouvoit les atteindre

(1) *Coutumes de la ville*, art. 65.   (2) Duchesne. — *Ibid.* 439.

il en fit prompte et bonne justice. Grâce à cette sévérité inflexible, il pacifia tout le pays, « par quoi les bons et loyals subjects et vrai obéissans puissent plus légière-
« ment demourer avec tous leurs biens en bonne paix et tranquillité ».

Aucun seigneur en son temps ne fut en plus grand crédit ni plus souvent employé au conseil ou exécution des affaires, tant sous le règne de Jean que sous celui de Charles le Sage, son fils et successeur. En 1362, après la paix de Bretigny, Gautier de Châtillon fut envoyé vers le Pape pour traiter les affaires les plus importantes du royaume, et même, son père étant mort pendant cette négociation, il obtint plusieurs sursis pour régler les droits de sa succession et l'acquit de divers reliefs. Il fut présent au fameux conseil du roi, assemblé en l'hôtel de Saint-Pol le 21 février 1365, au conseil du 28 décembre 1366, où l'on fixa l'apanage de Philippe d'Orléans. En 1368, il fut chargé conjointement avec Pierre, évêque d'Auxerre, et Arnaud de Corbie de négocier le mariage de Philippe, duc de Bourgogne, frère du roi, avec Marguerite de Flandre. A son retour, il accompagna le roi à la cour du Parlement où fut dénoncé la déloyauté du roi d'Angleterre et où furent admis les appels du comte d'Armagnac et des seigneurs de Gascogne. On sait quelle guerre s'en suivit. La valeur du sire de la Ferté ne se démentit pas dans ces jours glorieux pour les armes françaises : il porta grand dommage aux Anglais (1).

Gautier de Châtillon termina sa carrière en 1377, après une longue maladie. Ses honneurs et ses dignités ne l'avaient point enrichi. Malgré tous ses revenus et toutes ses seigneuries, il mourut pauvre, sans qu'on soit en droit de l'accuser de prodigalité. Dans ces temps malheureux, les hommes dévoués à la patrie savaient s'immoler eux-mêmes et sacrifier leur fortune. Gloire à ces héros inconnus, à ces martyrs du devoir ; ils furent les sauveurs de la France. C'est un témoignage que nous ne saurions rendre à son fils et successeur dans les domaines de la Ferté.

Enfants de Gaucher de Châtillon : 1° Jean II de Châtillon, son successeur ; 2° Gaucher de Châtillon III, seigneur de Troissy et de Marigny, puis de Châtillon, conseiller et chambellan du roi Charles VII ; 3° Marie de Châtillon ; 4° Oudard, bâtard de Châtillon, chevalier (2).

(1) Duchesne. Ibid. 427 à 440.
(2) Duchesne. Ibid. 442.

L'existence d'une bibliothèque au château de la Ferté aux xiv° et xv° siècles nous a été révélée par un savant archiviste de Normandie, M. Ch. de Beaurepaire. Le catalogue de cette bibliothèque a été retrouvé sur les couvertures d'un cueilloir de la châtellenie de la Ferté, du fonds de la baronnie du Pont-Saint-Pierre, aux archives de la Seine-Inférieure. Cette bibliothèque était considérable pour l'époque. Le catalogue indique 46 volumes dont quelques-uns renfermant plusieurs ouvrages, et le commencement et la fin manquent. La plupart des ouvrages étaient reliés en ais de bois. Les livres sont *romans* c'est-à-dire des ouvrages en langue vulgaire.

Ne faut-il pas reconnaître ici une libéralité de Marguerite de Picquigny, dont la sollicitude se serait étendue à tous les agréments de la vie morale comme à celle de la vie religieuse ?

Un bibliothécaire, l'aumônier sans doute, était constitué gardien de ce dépôt littéraire et veillait à sa conservation. Il inscrivait les livres demandés par les habitants ou les hôtes du château, comme

CHAPITRE III. — LA FAMILLE DE CHATILLON.

Jean II de Chatillon (1377-1416). — A la mort de Gaucher de Châtillon, Jean, son fils aîné, était déjà en possession de plusieurs terres de la châtellenie de la Ferté. Dans les fastes de la famille de Châtillon on le désigne ainsi : Jean de Châtillon II du nom,

on le verra dans la nomenclature du catalogue.

Cette révélation surprendra sans doute ceux qui proclament que les seigneurs de cette époque ne savaient ni lire ni écrire. Le nom des ouvrages ne les étonnera pas moins, car ils sont le témoignage de quelque culture intellectuelle.

Il serait difficile de retrouver aujourd'hui ces manuscrits six fois séculaires. Ils ont été dispersés, brûlés ou pillés dans les guerres. Cependant la bibliothèque de Rouen possède un ouvrage qui a dû appartenir à cette bibliothèque. Il porte pour titre : « *Divers traités de justice pratique et usage sur toutes sortes de matières, appartenant à Dame Marguerite de Chastillon, dame dudit Chastillon-sur-Marne et de la Ferté-en-Ponthieu...* » On peut conjecturer de là que cette bibliothèque se sera accrue ou renouvelée avec le temps.

Nous pensons que quelques lecteurs seront curieux de parcourir ce catalogue. Nous le copions ici avec les notes de l'éditeur (*soulignées entre parenthèses*).

Item, un livre (qui commenche) Les anchienes estores dient que Eracles... (*Bernard le Pèlerin*).

Item, le livre de l'art de her... (*hemer ?*) en un fourrel de quir bouli.

Item, Belet et un passionaire tenant ensemble abrégé.

Item, le livre des merveilles qui parle de Félix.

Item, la vie de saint Martin en romans.

Item, un Martinet en latin.

Item, un livre de Barlaam et Josaphat.

Item, un livre de trois colons et du bestiaire le cauchelier d'Amiens (*Bestiaire de Richard de Fournival*) et de la vie des Pères, et Luchidaire tout ensemble en romant.

Item, un livre de gouvernement des rois et des prinches que frère li Augustin fist en romant (*Gilles de Rome*).

Item, un livre des miracles de Notre-Dame en romant, liés en ais.

Item, un livre de Notre-Dame en latin, desliés en XV pièches.

Item, un livre des miracles Notre-Dame en romant qui n'est mie liés en ais.

Item, un livre qui apprend à muerir et i est le *Pater noster* exposée (*sic*).

Item, l'Image du monde en romant.

Item, un livre des sept pechiés mortiez, en romant, (*Peut-être s'agit-il d'une partie de la somme des vices et des vertus de Laurent, frère précheur*) et si i a sermons en fraichos des domées (*Dimanches*).

Item, un livre de cronicles en romant.

Item, un livret en romans de le Warde du quor et des tribulations (*par Beaudouin de Condé*) et le *Ave Maria* le prieus de VI.

Item, un livret comens Charles conquist Espaigne et le romans de la Crois tout ensemble. (*Nous ne pouvons dire à quel roman du cycle carlovingien cet article doit être rapporté.*)

Item, un livret en romans qui comenche : *Mousi est plus biau mestier et plus grand deduis de cueillir fleurs que d'espardre fiens.*

Item, un livret du sautier saint Jérôme, eures de passion Jhesu Crist, lié ensemble.

Item, un livre de sarmons en romant et comenche : *Ascendam in Palmam.*

Item, le somme maître Alain (*Summa de arte Prædicandi*) et plusieurs autres sarmons liés ensemble.

Item, le livre des Météores (*Traduction du traité d'Aristote*) en franchés.

Item, le *secretum secretorum*. (*Traité de médecine qui a joui d'une grande vogue au moyen-âge et qui a été longtemps attribué à Aristote.*

Item, la vie de saint Martin en fraichos (Midemiselle de la Ferté a ces deux derniers livres et j'en ay letre.)

Item, le livre du Trésor, que mésire Jehan de Pink... que Diex assoille, eut, e nous en avons une letre.

Item, un vieu messel rieulé de fer.

Item, un romans de le geste des roys de Franche.

Item, le vie le saint roy Lois.

Item, le romant de Troies.

Item, le romans d'Amaouri en aauverniaus. (*Peut-être une histoire d'Amauri de Montfort écrite en provençal.*)

Item, un livret qui comenche : *Maintes plaintes, maintes clamours*, et plusieurs autres dis en franchois

Item, un livret de la mareskauchie des kevaus en latin. (*C'est probablement l'ouvrage de Giordano Ruffo de Calabre.*)

seigneur de Châtillon, de la Ferté-en-Ponthieu, d'Argentan, d'Yaucourt, de Bellencourt et autres lieux. Il fut marié fort jeune à Isabeau de Coucy, vicomtesse de Meaux. « Il « n'était encore, dit Duchesne, qu'un jeune écuyer, mais si généreux et si rempli de « courage que son père, capitaine de Rheims, le chargea de faire le gué à sa place, « lorsque les Anglais passèrent par le royaume ». La mort frappa Isabeau de Coucy dans la première fleur de sa jeunesse, en l'an 1368. Peu de temps après, la dame de Ligne, sa sœur, recueillit sa succession, sauf quelques legs à Gaucher de Châtillon, son beau-frère, et à Marie de Châtillon, sa belle-sœur.

Jean de Châtillon ne se laissa point abattre par cette épreuve. On le voit à la bataille de Vuls où il fut solennellement fait chevalier, comme le porte un registre des plaidoiries de la cour. Son père lui procura une seconde alliance plus illustre encore que la première, en lui ménageant une union avec Marie de Montmorency, fille de Charles de Montmorency, maréchal de France. Cette princesse, veuve aussi et mère de deux enfants, apportait en dot la seigneurie d'Argentan, située en Normandie, avec le quart de la baronnie de Montmorency. Gaucher de Châtillon avait donné à son fils les terres d'Yaucourt et de Bellencourt et d'autres domaines pour lui former un revenu de mille livres.

Avant de raconter les folles prodigalités de ce jeune seigneur de la Ferté, citons deux chartes locales pour initier le lecteur à l'histoire intime des lieux. Nous avons deux chartes de 1378, l'une en faveur de l'Hôtel-Dieu, l'autre pour un privilège aux habitants de Saint-Riquier. Ces deux chartes témoignent de la bienveillance du nouveau châtelain, accordant des remises exigées par le précédent seigneur mais non dues (1).

Ces deux chartes données par Jean II de Châtillon en faveur de l'Hôtel-Dieu et de la confrérie de saint Nicolas témoignaient d'intentions libérales, d'un vrai désir de rendre justice aux sujets de la Ferté lésés par la rigidité de Gaucher, son père ; mais cette chevaleresque générosité s'était déjà heurtée contre l'écueil de la prodigalité. Marie de Montmorency, princesse de haut et puissant lignage, avait contracté des habitudes de

Item, un romant de bible rimé, lié en ais.
Item, un livre du Renclus de Moliens en un piau de vel et un autre lié en ais. (*Voyez Bibliothèque de l'Ecole des Chartes*, vi^e série, tome v, page 71).
Item, un livret des cronikles frère Martin. (Sur les *Chroniques Martiniennes*, voyez un *mémoire de l'Abbé Le Beuf, membre de l'Académie des inscriptions*, tome xxi.)
Item, un petit romant qui comenche : *Rois Salemon nous dist en son latin*.
Item, les gestes du roi Felipe, fil saint Loys en iii. quaiers.
Item, li romans de Caton.

Item, un livret o quiel sont les méditacions saint Bernart, et l'assonption Notre-Dame et plusieurs autres autorités.
Item, le cronikle en latin de Charlemagne, coment il conquist Espaigne (*Le Turpin*).
Item, un livre de médéchine, en romanth.
Item, un livre en romant qui comenche *Sens de povere home est peu prisiés*, et plusieurs autres dis.
Item, un viez livret des orisons.

. . . .

Ch. de Beaurepaire. *Bibliothèque de l'Ecole des Chartes*, 3e série, Tome iii, page 559-62.

(1) *Archives de l'Hôtel-Dieu et de Saint-Riquier*.

luxe et de dépenses qui furent funestes à son mari. Quoique celui-ci nous soit tout d'abord signalé comme brave dans les combats, il faut reconnaître qu'il était très faible d'esprit et d'une intelligence bornée ; il était même devenu le plastron de tous les sarcasmes et des plaisanteries des joyeux convives qu'on rassemblait à sa table. Dominé par sa trop prodigue épouse, il contracta des dettes et, pour subvenir aux dépenses d'une maison mal administrée, on aliéna plusieurs terres à des conditions très désavantageuses. Ainsi pour 6,000 liv. tournois ils vendirent le château, la châtellenie et la terre d'Argentan, d'un revenu de mille livres (1372). Ils y ajoutèrent bientôt leur quart de la baronnie de Montmorency (1373), les terres d'Yaucourt, de Bellencourt (1) et autres revenus (1377), de telle sorte qu'il ne leur resta plus de quoi vivre et se sustenter. Une pension de quarante livres par mois fournie par Gaucher de Châtillon n'offrit qu'une bien faible ressource à des seigneurs de si haute livrée. Les privations ne corrigèrent point ce mauvais ménage. La famille, prévoyant la fin prochaine de Gaucher de Châtillon et la dilapidation d'un héritage précieux, avait demandé au roi et obtenu par lettres patentes du mois de novembre 1374 l'interdiction de Jean de Châtillon. Il était ordonné qu'il serait gouverné par quatre membres de sa famille, savoir : le seigneur de Montmorency, le comte de Roucy, Jean de Châtillon, sire de Gandelus, et Hugues de Châtillon, seigneur de Germaine, ses oncles, et que sans le consentement de trois ou au moins de deux de ces gouverneurs ou administrateurs, il ne pourrait valider ni échange, ni vente, ni obligation quelconque. Mais ces liens dans lesquels on voulait enlacer un couple prodigue ne furent que d'un faible secours. La cupidité de l'usure, espérant les rompre quelque jour, ne cessa d'alimenter ce foyer dévorant de luxe et de dissipation. Jean de Châtillon s'obligea pour des sommes énormes envers des marchands et des usuriers. On cite entre autres les juifs Moyse de Prins et Boniface de l'Estoile qui lui prêtèrent, moyennant de bons intérêts, plusieurs mille livres. Le conseil de famille ne voulut point faillir à l'honneur et se mit en mesure de remplir des obligations qu'il condamnait sévèrement.

En outre, quand Jean de Châtillon succéda à son père dans les seigneuries de Châtillon, de la Ferté et plusieurs autres beaux domaines (1377), il fallut acquitter des dettes dont elles avaient été grevées par Gaucher de Châtillon. Pour cela on vendit divers revenus sur la Ferté et sur d'autres possessions, afin de le dégager des serres d'impitoyables créanciers qui avaient dévoré le patrimoine. On mit en vente la seigneurie et la châtellenie de la Ferté. Cet antique héritage, soigneusement entretenu par des seigneurs actifs et vigilants, rapportait quatre mille livres et représentait un capital de 24,000 liv. en fiefs, arrières-fiefs et autres profits.

Jean, comte d'Harcourt, et Catherine de Bourbon, achetèrent ce beau domaine en

---

(1) La terre de Bellencourt fut achetée pour 2,000 liv. tournois par le chapitre d'Amiens ; mais, en 1408, Gautier de Châtillon lui intenta un procès pour l'obliger à restituer cette terre.

1380, à très vil prix, n'en payant que 21,080 liv., sur quoi le roi leur fit don de 4,000 liv. qui lui étaient dus pour droit de vente et quint denier. Le bailli d'Amiens exigea qu'on consignât entre ses mains 3,000 liv. affectées au douaire de Marie de Montmorency, épouse du vendeur ; puis les comtes de Roucy et de Montmorency, complices de cette vente, que quelques documents appellent frauduleuse et qui fut suivie d'un procès fameux, disposèrent d'une partie de cette somme, de telle sorte qu'il ne resta à Jean de Châtillon de cette grande seigneurie que six livres tournois et une selle pour son cheval. Les terres de Vaux et de Vauchelles furent aussi vendues au comte d'Harcourt pour 600 liv. Enfin pour dernier sacrifice Jean fut condamné à faire la cession de la seigneurie et des armes de Châtillon à Charles de Châtillon, son oncle. Ce titre si éminent, dont l'éclat avait rejailli sur une longue suite d'illustres chevaliers lui rapporta 3,000 liv., quoiqu'on l'eût estimé au moins 20,000 liv. « Au moyen de quoi, « ajoute Duchesne, il demeura presque dépouillé de toutes ses possessions, et fut vrai- « ment un second Jean *Sans terre.* »

Tant d'humiliations n'ouvrirent point les yeux au trop faible sire de la Ferté ; il fallut encore user d'un moyen plus violent. Que n'avait-on commencé par ce remède extrême ? On le dépouilla de tous ses droits civils et on lui donna un curateur pour régir et gouverner le peu de biens qui lui restaient et surtout ceux qu'il pourrait acquérir par héritage et donation. Afin de soutenir les procès et de pourvoir à ses entretiens, ses plus proches parents et ses alliés présentèrent, à cet effet, une requête au Parlement qui, par arrêt du 3 janvier 1401, établit pour curateur son frère, Gautier de Châtillon, seigneur de Troissy. Quelques lecteurs pourront prendre intérêt aux noms des signataires de la requête. Tous reconnaîtront la solennité de telles procédures. Voici ces noms : Maître Jean de Norry, maître des requêtes de l'hôtel du roi ; Guillaume de Vienne, seigneur de Saint-Georges ; Robert de Béthune, vicomte de Meaux ; Philippe de Servoles, Amé de Choiseul, Jacques d'Amencourt, Gilles, seigneur de Chin, Beauduoin d'Arly (d'Ailly) dit Beaugeois, vidame d'Amiens ; Jean, seigneur de Croy ; Lancelot de Cléry, Robert de Châtillon, seigneur de Dours ; Antoine de Craon, Oudard, bâtard de Châtillon, chevalier ; Mathieu de Roye, écuyer, seigneur de Muret (1401).

Aussitôt que Gaucher de Châtillon fut investi de plein pouvoir sur l'administration des biens de son frère, il s'ingénia à faire rescinder plusieurs contrats de vente pour lésion envers un incapable. Le 27 juillet 1402 il obtint des lettres-patentes du roi Charles VI, portant permission d'ajourner Catherine de Bourbon, veuve du comte d'Harcourt, et Jean, comte d'Harcourt son fils, au bailliage d'Amiens, pour les faire condamner à remettre entre ses mains les lieux, domaines, justices et appartenances de la Ferté-en-Ponthieu, avec la restitution des fruits, profits, émoluments et revenus. Notons en passant que la famille de Châtillon avait été blessée dans son légitime orgueil par cette vente : car, dès 1380, Giles de Rodemach et Jeanne de Châtillon, son épouse, avaient actionné le comte et la comtesse d'Harcourt pour retraire la terre, le château, et la châtellenie de la Ferté. Jeanne de Châtillon, tante du pauvre sire, était fille d'Eléonore de Roye, et se croyait à ce titre des droits sur ce domaine féodal. Mais elle ne fut pas reçue dans ses dires et ce premier essai avait été inutile. En même temps Gaucher, tuteur de Jean, impétra d'autres lettres, touchant Isabeau de Châtillon, dame de Mouy, et Jeanne de Châtillon, dame de l'Isle-Adam, filles et héritières par bénéfice d'inventaire de Charles de Châtillon, pour plaider aux premiers jours du Parlement de Champagne sur l'achat de la terre et seigneurie de Châtillon-sur-Marne.

Cette cause eut un immense retentissement : car elle intéressait les plus nobles familles du royaume. Catherine, tante du roi, avait beaucoup de crédit au Parlement ; on craignait tout de son influence. Les plaidoiries, dit Duchesne, furent célèbres (1405). L'infortuné Jean *Sans terre*, accusé par ses plus proches parents ne fut guère épargné. Gaucher disait que messire Jean de Châtillon, son frère, dès l'âge de sept ans et dans son enfance n'eut discrétion et qu'on ne le sut gouverner. Quant à la vente de ses domaines, il n'y consentit que parce qu'on le menaçait de le battre de verges, s'il ne vendait ses terres, c'est ainsi qu'il vendit l'étang de Cheneurie, la Ferté-en-Ponthieu et la terre de Châtillon. Aux raisons qu'il donne pour attaquer ces contrats, il ajoute ce qui suit : « Car c'est moult noble chose et très noble nom et des plus grans seigneurs du royau-« me de France et le lignage le plus peuplé. Et dit que l'on treuve que comme oultre « la mer celz de Lisegnan est le plus noble et le plus grant lignage, aussi est en ce « royaume le lignage de Chastillon le plus grant ». C'est pourquoi les contrats qu'il a faits au temps passé sont nuls de toute nullité, qu'il y a eu déceptions et inductions frauduleuses. Les parties adverses ont été sommées de le laisser jouir de ses héritages, mais ils n'ont voulu rien entendre et il demanda qu'elles soient condamnées à rendre la terre de Châtillon avec les fruits, etc.

Les acquéreurs des domaines de Jean de Châtillon furent conduits par la force des choses à plaider sa réhabilitation, à le justifier des accusations portées contre lui.

Ce procès commencé en 1401 ne finit qu'en 1407 : il intervint deux arrêts, le premier pour la Ferté, en 1405, et le second deux ans après pour Châtillon. Le contrat de vente des terres et châtellenie de la Ferté fut déclaré nul. Catherine de Bourbon fut condamnée à les restituer au demandeur, en l'état où elles étaient au temps de la vente consentie par Jean de Châtillon, avec les fruits et revenus perçus depuis le commencement du procès. Toutefois les réparations furent compensées par la jouissance des fruits. Jean de Châtillon ne fut pas même obligé de rendre la somme payée, excepté 4,200 liv. versées à certains créanciers. La comtesse d'Harcourt fut laissée en possession du domaine jusqu'à restitution de cette somme et autorisée à faire des poursuites envers les autres créanciers, pour être remboursée de ses dépens. Elle fut aussi déchargée de tous les frais du procès. Le libellé de la sentence, sur un rouleau de parchemin de trois à quatre mètres, est encore en la possession de M. Chamont, propriétaire de l'antique château de la Ferté. Les acquéreurs du château de la Ferté furent aussi condamnés à le rendre au propriétaire ; mais on leur remit le prix d'acquisition ; on leur laissa les fruits perçus et on dut ajouter une somme de 2,640 liv. pour frais de réparations et dépenses au château ou sur les terres.

Si le lecteur s'imaginait que Jean de Châtillon, ainsi ballotté, ainsi déconsidéré, allait jouir de la paix par le gain même de son procès il se tromperait. Tous les frais d'éloquence de ses avocats, les longues écritures et les libellés de ses procureurs, loin de l'enrichir, creusèrent encore l'abîme, et ces domaines, recouvrés d'une manière presque inespérée, lui échappèrent de nouveau. Son frère Gaucher, pour fournir aux frais d'un procès si coûteux, avait aliéné plusieurs terres. Voulant rentrer dans ses débours il fut réduit à faire décréter de nouveau, en 1411, la terre de la Ferté. Elle fut vendue pour la somme de neuf mille six cent trente-huit livres douze sols huit deniers obole pite parisis, qui lui restaient dues sur les dépenses pour poursuite et administration des biens : il voulait qu'on lui adjugeât la terre pour cette somme ; un curateur *ad hoc* s'y opposa. Il y eut une nouvelle criée l'année suivante, mais sans effet. De là divers arrêts de la Cour.

Pendant ce temps Gaucher fut lui-même cité à un autre tribunal, où se décida son sort pour l'éternité (1411). Son fils Charles fut institué curateur en 1413. « L'humble
« supplication, dit le roi, des enfans, parents et amis charnels de feu Gaucher de Châ-
« tillon, jadis chevalier, seigneur de Troissy, et notre chambellan avons reçu, con-
« tenant comme iceluy Gaucher qui en son vivant estoit curateur créé par nostre cour
« de parlement de Jean, seigneur de Chastillon, chevalier, son frère, pour cause de sa
« prodigalité et insensibilité, de nouvel soit alez de vie à trépassement, à cause de la-
« quelle curation sont plusieurs procès tous en nostre dite cour du Parlement, comme
« es requestes du palais, pardevant nostre bailly d'Amiens, à la Ferté-lès-Saint-Riquier
« et ailleurs ; et aussi y a plusieurs terres à gouverner. Par quoi il est évidente néces-
« sité d'avoir à présent un curateur, bailliz, receveurs et autres officiers pour garder et
« gouverner les terres et exercer la jurisdiction dudit Jean, seigneur de Chastillon, et
« de soutenir les dits procès à cause d'icelle curation, si comme dient iceulx suppliants,
« requérant sur ce notre provision. »

En vertu de ces lettres les Présidents et conseillers de la Cour, commis à cette affaire choisirent pour curateur Charles de Châtillon, seigneur de Sourvilliers, et fils de Gaucher, à condition que « jusqu'à ce qu'il eust trente ans, ne pourroit vendre,
« obliger, engager, aliéner ni transporter en autre main aucunes des terres, héri-
« tages, seigneuries et possessions ou autres biens meubles, apartenants audit Jean,
« son oncle, et à ladite curation, sans le conseil des évêques de Laon et de Paris, et
« de Robert de Chastillon, et de Charles de Chastillon, seigneur de Bonneuil, ou de
« deux d'entre eux. »

Charles de Châtillon fut tué l'année suivante à la bataille d'Azincourt et la charge d'une curatelle si onéreuse tomba sur Guillaume, fils puîné de Gaucher. Enfin la mort de Jean II de Châtillon, en 1416, termina cette cause restée mémorable dans les Annales du Parlement (1).

Jean ne laissait point d'enfants. Guillaume de Châtillon, neveu de Jean, reçut tout l'héritage non plus pour dédommagement des dépens, mais par son titre d'aîné de la famille.

Guillaume de Chatillon, seigneur de la Ferté (1416 à 1440). — Guillaume de Châtillon, chevalier, seigneur de Châtillon et de la Ferté-en-Ponthieu, capitaine de Reims et grand queux de France, était le second fils de Gaucher de Châtillon et de Marie Cassinel, et neveu de Jean II. Après la mort de son père, en 1413, il demeura avec son frère Jean jusqu'en 1415, sous la garde de Charles, son aîné. Par le trépas de celui-ci à Azincourt, il fut non seulement mis hors de tutelle, mais établi lui-même curateur du seigneur de la Ferté. C'est le 15 novembre 1415 que les lettres de curatelle furent obtenues du roi par Girard de Montaigu, évêque de Paris, et autres parents de la famille.

Jean de Châtillon, sire de la Ferté, étant mort en 1416, il lui succéda dans les terres de Châtillon, de la Ferté et autres, à l'exclusion de ses neveux, fils de Charles, encore en bas âge, parce que la représentation n'avait pas lieu en ligne collatérale.

Guillaume de Châtillon s'accrut promptement non seulement en grandes seigneuries mais aussi en honneurs, en titres et en dignités. En 1418, le roi lui conféra le gouvernement de la cité de Reims, avec l'office de grand queux de France, déjà possédé par son aïeul et son bisaïeul. En lui confiant les fonctions de capitaine de Reims, il lui adressa aussi la commission de visiter les forteresses voisines de la ville, et de lui en faire connaître l'état. Au milieu des troubles et des guerres civiles de ce temps, il se laissa gagner à la cause du duc de Bourgogne et de Henri, roi d'Angleterre, contre le Dauphin. Il soutint longtemps ce parti. Après une captivité de quelques jours entre les mains de Ponthon de Xaintrailles, il fut lui-même chargé de garder de valeureux et puissants captifs qu'il mit à rançon et dont il reçut de beaux deniers. Il prit, en 1420, sur les Dauphinois la ville et forteresse de Château-Thierry, où il fit prisonnier le célèbre La Hire avec plusieurs de ses chevaliers. Il fut au siège du Marché-de-Meaux avec Henri, roi d'Angleterre, et obtint d'être créé chevalier devant la ville de Sédan par le comte de Salisbury, gouverneur de la Champagne.

« A quelque temps de là, les habitants de la ville de Reims, dit Monstrelet, eurent
« une si grande cremeur de la pucelle appelée Jeanne d'Arc, qu'ils rendirent la ville
« au roi Charles, jaçoit que le seigneur de Chastillon et le seigneur de Saveuse, qui
« étoient leurs capitaines, leurs remontrassent et voulussent donner à entendre le con-
« traire ; lesquels deux seigneurs voyant leur volonté et affection se départirent de la

(1) Duchesne. *Ibid.* 440-49, 473-74.

« dite ville de Rheims et s'en retournèrent à Château-Thierry, où ils furent bientôt
« obligés de capituler » (1). Ils se rendirent de là à Paris auprès du duc de Betfort.
Après la paix d'Arras, Guillaume rentra dans le devoir et ne porta plus les armes que
pour le service de son roi. On le vit au siège de Creil : mais depuis son nom n'est plus
signalé dans les gestes du temps.

1428. Il surgit un démêlé entre les Abbevillois et les officiers de la Ferté sur le travers de Saint-Riquier. Nicole de Bouberch fut chargé de négocier avec le bailli de la Ferté. C'est le seul souvenir que nous trouvons dans nos annales sur Guillaume de Châtillon. On peut croire qu'occupé d'autres soins plus importants il laissa la garde de son château de la Ferté à ses intendants. A l'époque du siège de Saint-Riquier, le château fut abandonné à la discrétion de ses ennemis : quand il fut brûlé, on ne voit pas qu'il s'empressa de le rebâtir. Sa châtellenie de la Ferté lui suscita cependant à lui et à son frère un grand procès contre Philippe de Montmorency et Marguerite de Bours. On se rappelle que Gaucher, son père, fit des dépenses considérables pour récupérer l'héritage de son prodigue frère et les terres de ses pères. Forcé d'emprunter, il avait vendu à feu Guillaume de Bours, père de Marguerite, et à Catherine de Poucques, sa femme, une rente annuelle et viagère de 200 liv. par., à prendre sur tous ses biens meubles et immeubles, pour le prix de 1,800 liv. par. La rente ne fut pas exactement payée et les arrérages s'accrurent jusqu'à 9,000 liv. C'est pourquoi Philippe de Montmorency, époux de Marguerite de Bours, fit décréter les terres de Châtillon et de la Ferté, hypothéquées et affectées au payement de la dette. Guillaume fit opposition à cette vente judiciaire, en alléguant pour sa défense qu'il n'était point héritier de Gaucher de Châtillon, son père, et qu'il avait renoncé à tous ses droits en faveur de son frère aîné, Charles ; que les terres de Châtillon et de la Ferté n'avaient jamais appartenu à Gaucher, son père, et qu'elles ne pouvaient être grevées de ses dettes ; que pour lui il tenait ces seigneuries de son oncle, Jean de Châtillon, comme son présomptif et unique héritier ; que les terres de Troissy et Marigny, provenant de son père et de son frère Charles et devant foi et hommage à Châtillon, avaient été saisies pour services non faits et qu'il s'en était appliqué les revenus, comme la coutume ou la loi le lui permettait. Ces raisons étaient péremptoires et la Cour déclara les demandeurs non recevables (2).

Guillaume de Châtillon mourut l'année même où il gagna ce procès (1440).

« Il gît en l'église du prieuré de Bainson, dit Duchesne, sous une haute tombe de
« marbre noir, mais les lames de cuivre contenant son épitaphe ont été levées ».

Le seignéur de Châtillon avait épousé Aliénor de Montigny-en-Ostrevent ; il en eut trois enfants qui moururent en bas âge. Jean, son frère, hérita de ses seigneuries. Aliénor de Montigny survécut à son mari jusqu'en l'an 1455. Elle eut aussi des procès

---

(1) Voir Monstrelet. *Livre* II, *chap.* 64.   (2) Duchesne. *Ibid. page* 529-538.

avec les héritiers des Châtillon, comme on le verra plus loin. Quoiqu'elle soit représentée sur la même tombe que son mari, elle ne fut pas inhumée auprès de lui : car elle avait élu sa sépulture dans l'église des Cordeliers de Reims, qu'elle réédifia après son incendie. Les armes de Châtillon et de Montigny étaient représentées dans une grande vitre, où paraissaient les images de trois petits enfants, qu'on nommait Jacques, Jean et Artus de Châtillon (1).

Jean III, seigneur de la Ferté (1440 à 1443). — Troisième fils de Gaucher de Châtillon, et héritier de ses frères et de son père, par bénéfice d'inventaire, Jean III de Châtillon posséda d'abord les seigneuries de Troissy, de Marigny, de Noviant, de Gamaches-en-Normandie, puis celles de Châtillon et de la Ferté-en-Ponthieu. Les créanciers de Gaucher lui intentèrent un nouveau procès, et parce qu'il était détenteur des seigneuries de son père, on le condamna à payer les arrérages de la rente, dont il a été question plus haut. Il paraît qu'il laissa passer l'arrêt de la justice, mais qu'il n'en prit souci ; car il laissa ces mêmes arrérages à liquider par ses héritiers.

Jean de Châtillon fut un des plénipotentiaires ou des conseils de Philippe, duc de Bourgogne, au traité de paix d'Arras, en 1435. Il était alors capitaine de la ville d'Epernay. Avec plusieurs autres seigneurs il consentit à la remettre entre les mains de l'Archevêque de Reims pour une somme de 4,000 salus d'or. Il rentra alors au service du roi Charles le Victorieux avec le duc de Bourgogne et son frère, Guillaume de Châtillon.

Jean de Châtillon épousa en premières nôces Béatrix de Nantouillet, dame de Noviant (1432), mais celle-ci mourut peu d'années après sans laisser de postérité (1435). Les terres de Noviant et de Neuville retournèrent à ses héritiers, ses trois filles étant décédées avant leur mère. En 1438, par une nouvelle alliance avec Blanche de Gamaches, le seigneur de Châtillon unit son nom et ses destinées à des familles célèbres et puissantes. En effet, Blanche de Gamaches, demoiselle de la reine, ainsi qu'elle est appelée dans une quittance du 24 juillet 1447, était fille et héritière de Guillaume, seigneur de Gamaches, grand-veneur du roi Charles VI et son bailli à Rouen, et de Marguerite de Corbie, nièce d'Arnaud de Corbie, chancelier de France. Mais si elle apportait à son époux un beau nom et une grande renommée de vertu, sa fortune était médiocre, son père ayant été pris plusieurs fois dans les dernières guerres et presque ruiné par d'excessives rançons.

Jean de Châtillon, pour effacer les traces de ses premières infidélités au roi, défendit sa patrie contre les Anglais avec le courage qu'il avait montré pour soutenir leur parti. Il fut un des chefs de l'armée française au siège de Pontoise en 1441. L'année suivante, il accompagna le dauphin, le futur Louis XI, au siège de Dieppe, avec plusieurs illustres capitaines. Il couronna ses hauts faits d'armes par une mort glorieuse

(1) Duchesne. *Ibid.*

au milieu des combats, le 29 décembre 1443. Son corps reposa dans l'église paroissiale du Troissy, sous une tombe de marbre noir ; on a conservé son épitaphe : « Cy gist noble et puissant seigneur, messire Jean de Chastillon, chevalier, seigneur dudit lieu de Chastillon, de la Ferté-en-Ponthieu et de Troissy, lequel trépassa en l'an de grâce MCCCC et XLIII, le jour de saint Thomas, XXIX jour de décembre. Priez Dieu pour l'âme de lui. »

Jean de Châtillon eut quatre enfants avec Blanche de Gamaches. Artus, Marguerite, Léonor et Catherine. Ces deux dernières moururent en bas âge. Artus et Marguerite furent successivement appelés à recueillir l'héritage de leur père (1).

ARTUS DE CHATILLON (1443 à 1467). — Artus, seigneur de Châtillon, de la Ferté-en-Ponthieu et de Troissy, fut élevé sous les yeux et la tutelle de sa mère. Blanche de Gamaches soutint énergiquement ses droits et administra elle-même ses biens. Elle dut résider à Châtillon, la plus considérable de ses seigneuries. Un différend avec le monastère de Saint-Riquier au sujet des trois jours de fête du glorieux patron de la ville fut réglé par des arbitres choisis d'un commun accord à peu près dans les mêmes termes que celui de 1349 (*Tome* II, *page* 46). Le procès, soulevé par les comtes de Bours sur la dette créée par Gaucher de Châtillon, se réveilla sous cette minorité, sans qu'on nous en fasse connaître l'issue. Aliénor de Montigny, la belle-sœur de Blanche de Gamaches, et veuve de Guillaume de Châtillon, lui réclama judiciairement le douaire coutumier que prétendait avoir « chacune d'icelles dames de la maison, chastel et « forteresse de Chastillon, à cause de leurs défunts maris ». Les parents de ces alliées les engagèrent à se constituer des arbitres. On leur partagea le château le 15 novembre 1454. En la même année ces deux dames s'opposèrent de concert aux criées des terres de Troissy et de Marigny, faites au nom du roi, pour des redevances à sa majesté. Plusieurs années après, en 1468 Blanche de Gamaches réclama une rente de 20 liv. tournois, constituée sur les terres de Cuise et d'Anise-en-Champagne, puis fit crier et vendre ces domaines pour se rembourser.

Mais alors, non seulement sa tutelle était éteinte, mais son fils Artus lui-même était mort. L'histoire n'a conservé qu'un faible souvenir de lui. Il existe aux archives d'Abbeville un titre dans lequel Charles de Bourgogne, comte de Charolais, constate que Artus de Châtillon lui a rendu hommage pour la châtellenie de la Ferté, tenue en partie du dit Charles à cause de son bailliage d'Amiens (1466). Il se maria fort jeune à Jeanne de Banquetin, fille de Jacques de Banquetin, seigneur de Beaupré, et de Marie de Mailly. Le contrat de mariage fut passé en 1456 ; son épouse lui apportait les seigneuries d'Esmeri-Hallon, de Flavy-le-Meldeux et de Beaupré. Il donna son aveu au roi en 1457. Pour remplir les premières obligations de leur contrat, Artus et Jeanne furent obligés de vendre à Guy de Brimeu, chevalier, seigneur d'Humbercourt, 200 liv.

(1) Duchesne, *pages* 538-543 *Preuves, page* 271.

de rente sur leurs héritages. « Mais, dit Duchesne, la mort, envieuse de leur félicité,
« les sépara quelque temps après, tranchant immaturément le fil de la vie d'Artus qui
« trépassa, sans lignée, en la plus belle fleur de son âge ». Ses seigneuries furent dévolues à sa sœur, Marguerite de Châtillon, et portées par son mariage dans la maison de Roncherolles.

Jeanne de Banquetin vivait encore en 1495, mariée en secondes nôces à Charles de Châlons, comte de Joigny (1).

CHAPITRE IV.

LA FAMILLE DE RONCHEROLLES.

Les seigneurs de Roncherolles prenaient le titre de premiers barons de Normandie et avaient la première place au parlement de Rouen. Un volume suffirait à peine pour réunir les documents qui font la gloire de cette illustre famille. Décorée des plus hautes dignités dès les temps les plus anciens, on la voit figurer au premier rang parmi les seigneurs de la cour de Charlemagne, en la personne d'Aginard de Roncherolles, l'un de ses FÉAUX (*Miles*), lorsqu'en 800 ce puissant roi des Francs partit pour Rome où il fut couronné Empereur d'Occident par le pape Léon III. Elle compte un grand nombre de chevaliers, de gouverneurs de places, de conseillers des rois. Son sang généreux a coulé sur tous les champs de bataille. Elle a produit au moins six sénéchaux du Ponthieu. Le nom de Roncherolles est encore porté avec distinction de nos jours.

Le prieuré des Deux-Amans fondé près de leur terre, dans le ixe siècle, leur a servi de sépulture jusqu'en 1789, c'est-à-dire pendant près de 900 ans. La seigneurie de Roncherolles tirait son nom d'un village de ce nom en Normandie. Ils furent connus en Picardie, même avant leur union avec la famille de Châtillon : à l'époque de la Ligue, ils étaient tout puissants à Abbeville.

PIERRE Ier DE RONCHEROLLES ET MARGUERITE DE CHATILLON (1467-1519). — Marguerite de Châtillon a porté dans les fastes nobiliaires les titres de dame de Châtillon, de la Ferté-en-Ponthieu, de Troissy, de Hugueville, de Maineville, de Longchampville.

---

(1) Duchesne. *Histoire de Châtillon*, page 544. — *au chef d'or.*
Armes de Châtillon : *de gueules à trois pals de vair,*

Ces trois dernières terres appartenaient à son mari, Pierre de Roncherolles, conseiller et chambellan des rois Louis XI et Charles VIII, fils de Louis de Roncherolles et d'Isabeau de Rouville. Pierre de Roncherolles jouissait d'un grand crédit auprès de Louis XI et fut employé aux affaires les plus importantes de l'Etat (1). C'est en 1471 qu'il épousa Marguerite de Châtillon.

Il existe, sous la date du 24 juillet 1473, un arrêt du Parlement qui confirme une sentence des requêtes du palais par laquelle Gauthier de Châtillon avait été envoyé en possession de la terre et châtellenie de la Ferté, que Catherine de Bourbon, comtesse d'Harcourt, avait achetée lors de la ruine du prodigue Jean de Châtillon. Comme il y avait eu appel de la sentence qui réintégrait Gauthier dans le patrimoine de sa famille, ce nouvel arrêt fut rendu sur les poursuites de Pierre de Roncherolles et de Marguerite de Châtillon.

Mais malgré toutes leurs oppositions les seigneuries de Troissy et de Marigny furent mises en vente par le procureur du roi et adjugées au seigneur de Broegny près Epernay, en août 1474.

Blanche de Gamaches était décédée peu de mois auparavant. Elle avait élu sa sépulture à l'église de Notre-Dame d'Escouys. On lisait sur sa tombe cette épitaphe : *Cy gist noble dame Madame Blanche de Gamaches, dame de Chastillon et de Gamaches, veufve de feu messire Jean de Chastillon-sur-Marne, chevalier, laquelle trépassa l'an MCCCCLXXIIII, le XIIII jour de may* (2).

Marguerite de Châtillon soutint, en 1483, un procès contre la veuve d'Artus de Châtillon, son frère, pour la délivrance de son douaire, et un autre, contre Antoinette de Rambures, veuve de Guy de Brimeu, pour une rente dont il a été parlé plus haut. Cette dette fut laissée à la charge de Jeanne de Banquetin. Celle-ci dut se libérer de cette obligation avec le revenu de son douaire que la loi lui attribuait.

Pierre de Roncherolles mourut en 1509 et fut inhumé dans l'église de Notre-Dame d'Escouis. Sa veuve fit présent à cette église d'ornements de velours rouge semés des armes de Châtillon et fonda une messe basse toutes les semaines pour le repos de son âme.

Le nom de Marguerite de Châtillon est énoncé en plusieurs seigneuries dans la rédaction des coutumes locales et notamment en celles de la Ferté en 1507.

Après avoir enrichi les églises par des fondations, exercé sa bienfaisance par d'abondants secours aux pauvres et aux malades de ses terres, s'être assuré des prières par des aumônes considérables, Marguerite de Châtillon rendit son âme à Dieu au mois de juin 1519. Elle élut sa sépulture dans l'église de Saint-Martin de Troissy, pour reposer auprès de son père, Jean de Châtillon. On lisait sur sa tombe en marbre noir : *Cy gist noble et puissante dame, Madame Marguerite de Chastillon, en son vivant Dame*

---

(1) Duchesne. *Ibid.* pages 545-46.   (2) Duchesne *Ibid. Preuves*, 271.

de Hugueville, Chastillon, La Ferté, Maineville, Marigny, Longchampville, Liouvre et Troissy, qui trépassa en l'an MDXIX en juin (1).

La dame de la Ferté laissa un fils et trois filles, savoir : Louis de Roncherolles, héritier du nom et des seigneuries ; Françoise de Roncherolles, unie à Jean de Vieux-Pont, chevalier ; Marie de Roncherolles, épouse de Jean de Gouvis, seigneur de La Marre ; Marguerite de Roncherolles, alliée à Jean Du Bec, seigneur de Boury et autres lieux.

Ainsi la châtellenie de la Ferté avait été pendant plus de deux siècles sous la domination des seigneurs de Châtillon. Cette noble famille donna dans cette période deux saints à l'église, le Bienheureux Charles de Blois, duc de Bretagne, en 1364, et le Bienheureux Pierre de Luxembourg en 1387.

Sous les Roncherolles la terre de Châtillon descendit au rang des domaines d'un rang inférieur, inféodés à d'autres noms, jusqu'au temps où elle fut vendue comme une propriété vulgaire, sans même qu'il se rencontrât un Châtillon pour relever un titre si noblement porté pendant dix siècles.

Louis de Roncherolles (1519 à 1536). — On donne à Louis de Roncherolles les titres de seigneur de Châtillon, du Pont-Saint-Pierre, de Hugueville et de la Ferté. Il épousa Françoise de Halluin, fille du seigneur de Piennes, gouverneur de Péronne, de Roye, de Montdidier, et sœur de François d'Halluin, évêque d'Amiens (2).

On indique dans un dénombrement du milieu du xviii° siècle deux aveux des terres de Châtillon et de la Ferté, présentés en 1528 et 1532, qu'on avait voulu infirmer en 1585, mais le Parlement, en 1586, donna levée des défenses contenues dans une sentence du bailliage d'Amiens (3).

Notre biographie de ce seigneur de la Ferté n'est pas plus riche en renseignements.

Duchesne lui donne pour fils Philippe II de Roncherolles : il a omis ainsi que beaucoup d'autres généalogistes un autre fils, Jean de Roncherolles, abbé commendataire du Gard et une fille, Marie de Roncherolles, qui épousa Jean de la Rivière, baron de Chepy, seigneur de Villers-Campsart et de beaucoup d'autres lieux.

Louis de Roncherolles mourut en 1536.

Avant de passer à son successeur, disons quelques mots de l'abbé du Gard et de sa commende. Ce sera une nouvelle note sur l'histoire de cette odieuse institution. François d'Halluin, évêque d'Amiens, premier abbé commendataire du monastère du Gard, résigna son bénéfice, en 1537, en faveur de son neveu, Jean de Roncherolles. Celui-ci n'était pas même ecclésiastique, mais la mort de son père avait obligé la famille à s'occuper de l'orphelin. La commende du Gard fut considérée comme un bénéfice de famille, et son oncle voulut bien s'en dessaisir en sa faveur. Il paraît que le revenu ne suffisait pas au jeune commendataire pour soutenir son rang dans la société ; car on

---

(1) *Ibid.* page 546. *Preuves*, page 273.
(2) Duchesne. *Ibid.* page 547.

(3) M Prarond. *Histoire de Saint Riquier*, page 326.

obligea Louis Huillard, abbé régulier de Mortemer, de lui céder une autre commende, en 1538. Huillard garda l'abbatiale et les autres dignités et devint administrateur des biens du monastère, comme vicaire général de l'abbé commendataire. En récompense de sa complaisance, on le nomma archévêque de Thessalonique. Jean de Roncherolles n'a guère laissé de traces de sa sollicitude pour ses monastères. On comprend que ce n'est pas le dévouement à l'église qui l'avait excité à subir ces dignités ; il lui suffisait d'en recevoir à temps les revenus.

L'Evêque d'Amiens avait possédé l'abbaye sous le nom du fiduciaire, Antoine-aux-Enfants. On a prétendu que ce clerc continua de jouer le même rôle sous Jean de Roncherolles. C'est une erreur, comme on le voit dans un dénombrement de 1547 : « Déclaration du temporel de l'abbaye du Gard, laquelle, en l'absence de M. Jean de « Roncherolles, leur abbé, étant à Rome pour les affaires du roy, baillent et délaissent « les religieux et prieur, etc... »

La commende du Gard, par une nouvelle résignation, passa, en 1552, entre les mains de Jean d'Halluin, déjà pourvu des bénéfice et commende de Saint-Pierre de Châlons-sur-Saône. Ce Jean d'Halluin était un cousin de Jean de Roncherolles, son prédécesseur (1).

PHILIPPE DE RONCHEROLLES (1536 à 1595). — Le nouveau seigneur de la Ferté, baron de Hugueville et du Pont-Saint-Pierre, seigneur de Maineville, de la Ferté, de Châtillon, chevalier de l'ordre du roi, gentilhomme ordinaire de la chambre du roi, capitaine de 50 hommes, gouverneur de Caen, Beauvais et Pontoise, donna son aveu au roi, en 1538, pour la succession de Louis de Roncherolles ; mais le père laissait des dettes considérables à son fils. Quoique l'histoire se taise sur ce point, il faut pourtant l'admettre en voyant un de ses enfants pourvu d'un bénéfice ecclésiastique par nécessité, et l'autre obligé de vendre la terre de Châtillon, devenue le patrimoine de sa famille. Il est vrai que cette seigneurie lui rappelait moins de souvenirs qu'aux premiers seigneurs ; cependant par cette cession, il brisait un anneau qui le rattachait à l'une des plus illustres familles du royaume. La seigneurie de Châtillon passa dans les mains du vicomte du Mont-Notre-Dame, sieur d'Aumale. Jacques d'Aumale la vendit à son tour à Jean Barillon, seigneur de Mansy, de Groue et de Ville-Parisis. Ainsi s'avilissent les plus beaux titres, quand ils se transmettent par la succession des femmes.

Philippe de Roncherolles, qu'on dit gouverneur de Caen et d'Abbeville, épousa en premières nôces Jeanne de Guizancourt, dont il eut quatre enfants : Pierre, chef de la famille ; François, seigneur de Maineville, tué à la bataille de Senlis en 1589, qui fut

---

(1) M. Delgove — *Le Gard.* — *Mémoires de la Soc. des Antiq de Pic.* Tome XXII, *pages* 254-258. *Gallia Christiana.* Tome X, col. 1332.

On dit cependant ailleurs que Jean de Roncherolles fut chanoine, vicaire-général de son oncle, François d'Halluin.

époux de Hélène d'O, père de Pierre de Roncherolles, seigneur de Maineville ; Anne de Roncherolles, conjointe à André Bourbon, seigneur de Rubempré ; Jeanne de Roncherolles, dont on ne fait pas connaître les alliances.

Après la mort de Jeanne de Guizancourt, Philippe de Roncherolles convola en secondes nôces, l'an 1558, avec Renée d'Espinay, fille de Guy, seigneur d'Espinay, comte de la Roche-Guyon et de Montfiquet, et de Louise de Goulaine. De cette union sont issus : Robert, seigneur de Roncherolles, père d'un autre Robert ; Charles, seigneur de Hugueville et gouverneur du Crotoy en 1591, qui eut de Marie de Bussy, sa femme, François de Roncherolles, héritier de la seigneurie de Hugueville ; Marie de Roncherolles, unie à Jacques Stuart, baron de Mont-Martin (1).

On donne encore une autre épouse à Philippe de Roncherolles, en 1544, Jeanne de Hautetot. Dans cette hypothèse, Renée d'Epinay serait la troisième.

Philippe de Roncherolles termina sa vie par une mort glorieuse au siège de Doullens en 1595.

PIERRE II DE RONCHEROLLES (1595 à 1601). — Baron du Pont-Saint-Pierre, seigneur de Hugueville, châtelain de la Ferté, chevalier de l'ordre du roi, capitaine de 50 hommes d'armes, sénéchal et gouverneur du Ponthieu à la fin du xvie siècle, Pierre de Roncherolles épousa Charlotte de Mouy, fille d'Antoine, baron de Mouy, et de Jeanne de Brouillard. On lui connaît trois fils et deux filles : Charles de Roncherolles, tué à Doullens ; Pierre, héritier des seigneuries de son père ; Nicolas, décédé en bas âge ; Françoise, née à Abbeville et mariée au seigneur de Bréauté ; Claude, femme de René d'Espinay, seigneur de Bois-Gueroult, comte de Resendal, vicomte de Buffon (2).

Le baron de Saint-Pierre joua un grand rôle à Abbeville pendant la Ligue. Sénéchal du Ponthieu et gouverneur d'Abbeville pour le roi, il sut maintenir le calme et tempérer les agitations trop violentes. Accusé quelquefois par les deux partis, il ne perdit rien de son sang-froid et fit toujours tête à l'orage. Arrêté cependant vers la fin de décembre 1591 avec son frère Charles de Roncherolles, gouverneur du Crotoy, par les ordres du duc d'Aumale, comme suspect de royalisme, il rendit le château d'Abbeville, qu'on démolit immédiatement. Cet acte d'adhésion à la volonté du parti des ligueurs lui obtint son élargissement et même en dédommagement de la perte qu'il avait subie, on lui offrit une somme considérable (3).

Nous renvoyons à l'histoire de la Ligue par M. Prarond ceux qui voudraient plus de renseignements sur les faits principaux de la vie du baron de Saint-Pierre En 1595 il marchait sous les ordres de Henri IV au siège de Doullens, où il se distingua, comme son père et son fils, par sa bravoure, mais sans y succomber.

---

(1) Duchesne. *Ibid.* page 547.
(2) *Ibid*.

(3) M. Prarond. *Histoire de la Ligue* dans les *Mémoires de la Société d'Emulation d'Abbeville* Passim.

PIERRE III DE RONCHEROLLES (1601 à 1630). — Après les grands événements de la Ligue et dans la période de paix qui suivit, la biographie des seigneurs de la Ferté offre peu d'intérêt. Pierre III de Roncherolles, baron du Pont-Saint-Pierre, châtelain de la Ferté, seigneur de Bouchevillier, de Marigny et sénéchal du Ponthieu, choisit pour épouse dame Marie de Nicolaï, fille de Messire Jean Nicolaï, seigneur de Goussainville, premier président de la Chambre des comptes de Paris, et sœur de dame Renée Nicolaï mariée à Messire Mathieu Molé. Pierre de Roncherolles eut une nombreuse postérité, sur laquelle nous n'avons que peu de renseignements, savoir : François, Pierre, Louis de Roncherolles, morts en bas âge ; Charles, Pierre et Jean ; Marie, décédée dans sa jeunesse ; Catherine, Marguerite, Marie-Catherine, qui épousa d'abord Augustin de Grouches, sieur de Chepy (1650) et en secondes nôces, Armand de Madaillan-Lesparre, comte de Lissey (1).

Le baron de Roncherolles présida en 1614 les Etats généraux du Ponthieu, et fut député, en 1621, aux Etats généraux de la Normandie, où il combattit énergiquement les calvinistes dont l'inquiète ambition n'était jamais rassasiée.

En 1601, il a fourni un dénombrement de la Ferté au roi. Nous conjecturons que c'est l'hommage de son investiture. Nous ignorons l'année de sa mort : elle arriva probablement l'an 1631, époque à laquelle son fils porta le titre de seigneur de la Ferté.

CHARLES DE RONCHEROLLES (1631 à 1661). — Aux titres de baron de Saint-Pierre et de seigneur de la Ferté, Charles de Roncherolles joint celui de sénéchal du Ponthieu, devenu, ce semble, héréditaire dans sa famille. Il s'unit à Jeanne-Françoise de Lameth de Bussy, et fut père de Claude de Roncherolles.

CLAUDE DE RONCHEROLLES (1661 à 1713). — Ce seigneur de la Ferté paraît dès 1661 avec les mêmes titres que son père.

Il est question de lui en 1674, en 1681, en 1690, en 1694. Claude de Roncherolles, fils de Charles, marquis du Pont-Saint-Pierre, conseiller au Parlement de Rouen, épousa Catherine Le Veneur. On constate, en 1673, la plaie de l'absentéisme. Le château est toujours debout avec son donjon et ses tours, mais il n'est plus entretenu ni capable de soutenir un siège. Des ruines, çà et là, accusent l'insouciance du seigneur occupé ailleurs. On dit que les calvinistes d'Abbeville se réunissaient pour leur prêche au château de la Ferté et que leur temple fut rasé après la révocation de l'édit de Nantes. Cette assertion, dont on ne donne pas les preuves, nous paraît hasardée, à moins que leurs assemblées ne fussent secrètes, au lieu de se tenir dans un temple. On trouve, en 1662, un bail emphythéotique des maire, échevins et communauté de la ville de Saint-Riquier à messire Claude de Roncherolles, pour le droit de pêche dans la rivière du Scardon.

(1) Duchesne. *Ibid. page* 548.

En 1681, une transaction amiable avec les religieux de Saint-Riquier mit fin à quelque différend entre les deux seigneuries.

1° Par ce traité, l'Abbaye de Saint-Riquier s'obligeait à payer chaque année, au seigneur de la Ferté, au terme de la saint Remi, une redevance foncière de 17 setiers d'avoine, et celui-ci se reconnaissait redevable d'une somme annuelle de 20 s. payable à la même époque ; 2° On reconnaissait le droit du seigneur de la Ferté pour la collation de la chapelle de la Ferté. Le chapelain était toujours obligé au serment prescrit par la fondation en 1316 ; 3° Les religieux restaient exempts du droit de travers, ce tribut étant toujours perçu dans leurs seigneuries sur leurs hommes qui n'avaient pas de titre d'exemption ; 4° Les droits anciens du seigneur et des religieux conservaient toute leur force ; 5° Le seigneur de la Ferté ne pouvait prétendre aucun droit dans l'enceinte de l'abbaye, ni pendant les fêtes de Saint-Marcoul, ni en aucun autre jour de l'année ; 6° Il était reconnu que la carrière percée au chemin de Bussu par les religieux avait obtenu l'agrément du seigneur de la Ferté en sa qualité de seigneur voyer et de gardien des chemins royaux et vicomtiers (1).

Les mêmes questions avaient été agitées en 1643, mais il paraît que les décisions étaient perdues ou périmées.

Au sujet du droit de travers dont il est parlé dans ce traité, il faut rappeler ici qu'en 1680, par sentence de MM. les trésoriers de France au bureau des finances d'Amiens, les seigneurs de la Ferté avaient été maintenus dans leurs droits de travers et de péage.

D'après un règlement de 1628 ce droit se percevait dans Saint-Riquier, à Neuville, à Bellancourt, puis à Yvrench, à Maison-Ponthieu, à Conteville et à Maizicourt.

On payait généralement de 8 deniers à une obole ou une maille, rarement 16 deniers. Les objets de consommation usuelle à poids égal étaient cotés moins haut que les effets plus précieux.

On exigeait 4 deniers pour cent livres, 4 ou 8 deniers pour des charrettes, 4 deniers pour un cheval chargé, 1 ou 2 deniers pour un homme portant une malle, etc.; 2 deniers pour le travers des chevaux ou des vaches, une demi-obole pour les porcs et les brebis, etc. (2)

1694. La terre de Fontaine-sur-Maye et une rente de 30 septiers d'avoine payée par l'abbaye de Dommartin furent vendues à Nicolas de Dompierre, sieur d'Embreville, conseiller du roi et élu d'Abbeville, par messire Claude de Roncherolles, chevalier, marquis du Pont-Saint-Pierre et de Maineville, baron d'Escouys et du Plaissier, seigneur de Touffreville, Dampierre, Marigny et autres lieux, premier baron de Normandie, conseiller-né au Parlement de Rouen, sénéchal du Ponthieu, châtelain de la Ferté-lès-Saint-Riquier, seigneur de Fontaine-sur-Maye, etc. Deux ans après fut vendue aux religieux de Dommartin une autre rente de 8 setiers de blé et 8 setiers d'avoine qu'on devait lui payer à la mesure de Saint-Riquier.

(1) *Inventaire des Titres*, page 711.   (2) M. Prarond. *Histoire de Saint-Riquier*, page 329.

En 1703, Claude de Roncherolles racheta une rente due au domaine du roi.

En 1712, à la fête de Saint-Riquier, les officiers de l'Abbaye se rendent à la Ferté pour faire leur serment devant le château ; mais ce serment n'est point reçu, faute de représentants.

En 1725, même défaut sous le successeur. Pour expliquer cette absence, il est bon d'ajouter que les officiers ministériels étaient les mêmes pour les deux administrations. On peut présumer, par ce laisser-aller, combien peu d'importance on attachait alors à cette formalité sans intérêt, depuis que les pélerins avaient cessé d'affluer dans les trois jours de fête. La France subissait une transformation dont les effets se faisaient sentir dans les pratiques religieuses elles-mêmes. Les exigences du marquis du Chastelet, en 1744, n'en paraîtront que plus ridicules et plus tyranniques.

MICHEL-CHARLES-DOROTHÉ DE RONCHEROLLES (1713 à 1739). — Ce seigneur de la Ferté, marquis du Pont-Saint-Pierre, est aussi sénéchal du Ponthieu.

Nous ne saississons le nom de ce nouveau châtelain que dans l'acte de vente de la seigneurie, en 1739. Le 13 août, par contrat passé devant M° Sauvaige, notaire à Paris, haut et puissant seigneur Michel de Roncherolles, chevalier, marquis du Pont-Saint-Pierre, a vendu à haut et puissant seigneur messire Alexis-Jean, marquis du Chastelet, la châtellenie, terre et seigneurie de la Ferté-lès-Saint-Riquier, relevant du roi à cause de son bailliage d'Amiens (1).

La châtellenie de la Ferté fut donc possédée par la même famille pendant près de trois siècles, de 1457 à 1739.

Michel-Charles-Dorothé de Roncherolles, marquis du Pont Saint-Pierre, sénéchal du Ponthieu, lieutenant général des armées du roi, mourut sans postérité, mais d'autres branches ont survécu.

Ajoutons ici quelques noms encore recueillis sur la famille de Roncherolles :

Louis de Roncherolles, abbé de Beaubec, vicaire général de l'ordre de Citeaux et de l'évêque de Beauvais. Il mourut en 1668.

Philippe de Roncherolles, chanoine de Saint-Wulfran vers 1674.

La famille de Roncherolles était représentée, en 1757, par le marquis du Pont-Saint-Pierre et par le comte de Roncherolles, son frère.

1824. Théodore, marquis de Roncherolles, était marié à Delphine-Adélaïde de Levis-Mirepoix et fut père de Marie-Adélaïde de Roncherolles, unie en 1834 à André-Henri, comte du Hamel.

Les annales religieuses nous signalent une Marie de Roncherolles, abbesse de Fontaine-Guerard au diocèse de Rouen (1588-1595). Elle avait été désignée, en 1588, comme abbesse de Saint-Sauveur au diocèse d'Evreux par la résignation de Madeleine *Aquaviva*. Mais elle eut une concurrente dans Anne de Bazencourt nommée par le roi lui-

---

(1) *Archives de la Ferté.*

même. Il y eut procès pendant deux ans. Madeleine *Aquaviva* le gagna et céda alors son abbaye à Angélique d'Estrées (1).

CHAPITRE V.

LA FAMILLE DU CHASTELET.

Alexis-Jean du Chastelet (1739 à 1766). — La famille du Chastelet remonte par titres authentiques jusqu'en 993. Elle fut alliée aux familles de Fiennes, d'Halluin, de Conty, de Moyencourt, etc.

Alexis-Jean du Chastelet, chevalier, marquis du Chastelet, seigneur dudit lieu, de la Ferté-lès-Saint-Riquier, Vermanton et autres lieux, grand voyer de Picardie, gouverneur de Bray-sur-Somme, était fils de Jean du Chastelet et de Geneviève Talon. Il épousa Jeanne Regnaut, le 3 mai 1741, et fut reçu aux états généraux de Bourgogne en 1751.

Le passage du marquis du Chastelet à Saint-Riquier est marquée par des entreprises violentes contre le monastère et par des prétentions qu'un philosophisme haineux uni à une grande puissance pouvait seul susciter. La querelle eut pour objet le serment de la fête de Saint-Riquier, tombé en désuétude, comme nous l'avons fait observer plus haut. Le nouveau châtelain essaya de convertir la cérémonie en hommage expiatoire du meurtre d'Isambard de la Ferté (7 octobre 1743). Il intenta même un procès devant le Parlement de Paris, pour soutenir cette singulière thèse. On alla jusqu'à citer un procès-verbal de dires et contestations relatifs à la cérémonie d'expiation, à laquelle les moines de l'Abbaye de Saint-Riquier avaient été condamnés par le Parlement de Paris, pour avoir tué Isambard, ancien seigneur de la Ferté-lès-Saint-Riquier.

Quand D. Lartisien, célérier de l'Abbaye, se présenta, en 1745, devant le château féodal, accompagné de Jacques-Angilbert Buteux, appelé à exercer les fonctions de vicomte, de plusieurs officiers fiscaux de l'Abbaye et de deux sergents et gardes pour prêter le serment accoutumé, avec les réserves de 1349, Charles-Alexandre de Fontaine, procureur fiscal de la châtellenie, refusa le serment du vicomte : « attendu qu'il devoit non « seulement être présenté par un religieux de l'Abbaye avec le procureur fiscal et le

(1) *Gallia Christ. Tome XI, col.* 321.

« greffier de l'Abbaye, mais que les deux sergents et gardes qui assistent le vicomte
« devoient avoir chacun une torche à la main, et ce, suivant les traités et concordats
« faits entre lesdits seigneurs, Abbé, prieur et religieux de la dite Abbaye et les sei-
« gneurs de la Ferté, dont et de quoi il a requis acte ». En dépit des protestations de
D. Lartisien, de l'exhibition des conditions et clauses de la convention de 1349, de leur
silence sur la présence des sergents, des torches, de Fontaine persista dans ses dires et
demanda qu'ils fussent consignés au procès-verbal. La question fut portée au Parlement de Paris. Les procédures durèrent longtemps, il y eut des mémoires contradictoires sur les droits et devoirs des vicomtes. Le procès ne fut jugé qu'en 1750. Le Parlement donna gain de cause aux religieux, contre l'absolutisme insensé du marquis
du Châtelet (1).

Il reste quelques actes du marquis du Chastelet dans les archives de la Ferté, entre
autres à la date du 25 juillet 1747, le bail du château, ferme, basse-cour, prés, plants
et terre de la Ferté au sieur Nicolas Lefèvre, ancien receveur de la dite Ferté. Ainsi le
manoir seigneurial était déchu de son ancienne splendeur. Toutes ses tours et son
donjon ne servaient plus qu'à abriter un fermier vulgaire.

Il y a, en 1750, des baux pour les moulins du Bosquet et de Cramont.

Le marquis du Chastelet, si ardent dans ses poursuites contre les religieux, se trouva
bien embarrassé, quand il fallut payer les frais du procès ; il paraît que sa fortune fut
compromise. Toutefois, après avoir été décrété et saisi par ses créanciers, notamment
par le sieur Jacques Archambault, ancien mousquetaire du roi, il put négocier un
arrangement. Nos archives indiquent qu'il obtint main levée de ses saisies soit corpo-
relles, soit immobilières (1753) ; mais, en juillet 1766, le domaine de la Ferté passa
entre les mains de Julien-Ghislain de Pestre (2).

Le marquis du Chastelet fut obligé de quitter un pays où il avait rendu son nom
odieux.

Nous ignorons par quel compromis la cérémonie du serment des trois jours de fête
de Saint-Riquier fut supprimée en 1762. Il est probable que les religieux de Saint-Maur
abandonnèrent leur droit de vicomté sur la ville à cette époque ; il était bien suranné,
d'après ce que nous avons rapporté plus haut.

(1) *Voir notre Histoire. Tome I, page* 273.   (2) *Archives de la Ferté.*

CHAPITRE VI.

LA FAMILLE DE PESTRE.

Julien-Ghislain de Pestre (1766-1774). — Un bail du domaine de la Ferté, en 1767, nous fait connaître les titres du nouveau châtelain. Ce bail est passé au nom de Julien Ghislain, comte de Pestre, écuyer, seigneur de Seneffe, Haubois, Turnhout, du marquisat de la Tournelle, de la châtellenie de la Ferté et autres lieux, conseiller, secrétaire du roi, maison et couronne de France et de ses finances. Le domaine fut démembré d'après ce bail et loué à plusieurs fermiers.

Le comte de Pestre avait épousé Dame Isabelle-Claire Cogels : il lui assigna la Ferté pour son douaire. On voit en effet qu'elle en a joui après la mort de son mari arrivée en 1774.

Le nouveau châtelain avait racheté avec les domaines de la Ferté la terre de Cramont, tenue en hommage de sa seigneurie; il la posséda aussi longtemps que la seigneurie de la Ferté.

Dame Isabelle-Claire Cogels, douairière de la Ferté (1774-1784). — Des baux sont passés au nom de cette dame en 1774, non seulement pour le domaine de la Ferté, mais aussi pour des terres situées dans diverses seigneuries, qui lui étaient soumises, comme Cramont, Geuville, Maison-Roland, etc.

Vers 1779, la question du quint denier et du relief fut aussi agitée par le seigneur de Moyenneville, comme on le voit par un grand procès soulevé à cette occasion. La dame douairière de la Ferté mourut en 1784.

Jean-Baptiste-Paul-Julien-Joseph, comte de Pestre (1784). — Il paraît qu'à son avénement le nouveau châtelain trouva des charges bien lourdes et une situation gravement compromise. La terre de la Ferté fut mise en vente par licitation avec les fiefs d'Hazarville, la prévôté de Guerville-en-Normandie, le domaine de Floriville-en-Ponthieu, la terre, baronnie et seigneurie de la Ferté-lès-Pestre, ci-devant Saint-Aignan, près Chambord. Quelle qu'ait été l'issue de cette licitation pour les autres domaines, nous voyons que la terre de la Ferté fut rachetée par le fils de Julien Ghislain. En 1791, le comte de Pestre, ci-devant châtelain de la Ferté, habitait Bruxelles. Il ne fut pas traité en émigré ; il conserva sa propriété jusqu'à sa mort, dont nous ignorons la date.

Félix-Joseph-Honoré-Julien, comte de Pestre. — Ce dernier a vendu cette propriété, en 1819, à Demoiselle Buteux de Franqueville, mariée en premières nôces à Dominique Canu, père de M. Dominique Canu, notre contemporain, et aïeul de MM. Fernand et Gustave Canu.

Après la mort de son époux, Madame Canu épousa en secondes nôces M. Chamont, receveur des domaines à Saint-Riquier. Aujourd'hui le château de la Ferté avec ses dépendances appartient à M. Anatole Chamont, son fils, dont la bienveillance a mis à notre disposition ce qu'il possédait des archives de la châtellenie de la Ferté (1).

CHAPITRE VII.

CHATELLENIE ET CHATEAU DE LA FERTÉ. — SES COUTUMES.

On appelait châtellenies des fiefs ayant pour chef-lieu un château-fort. La châtellenie avait pour unité géographique féodale une circonscription assez étendue. Celle de Saint-Riquier était tenue du roi, à cause du comté de Ponthieu, dit D. Grenier : à cause de son bailliage d'Amiens, disent d'autres dénombrements. Appuyés sur notre histoire locale, nous dirons que soumise d'abord au comté de Ponthieu, cette châtellenie en fut détachée au xiii° siècle avec la prévôté de Saint-Riquier, par suite du démembrement du comté de Ponthieu et que dès lors l'hommage devint direct au roi.

Notre histoire, d'après D. Cotron (Voir plus haut *page* 460), indique l'époque à laquelle il fut permis au seigneur de la Ferté de se bâtir un château. C'est là probablement l'origine de la châtellenie. Son étendue était délimitée par la circonscription dans laquelle elle percevait des droits de travers ou de péage, et où elle était obligée de garder et de surveiller les chemins, aux conditions établies dans les coutumes.

Les châtelains royaux, relevant directement de la couronne, avaient le droit de haute justice et des justices inférieures. Les autres, relevant des duchés, comtés ou baronnies, n'avaient que la moyenne et basse justice.

L'énumération des chemins sur lesquels le seigneur de la Ferté avait le droit de garde paraît motivée par le besoin d'éviter des conflits de juridiction avec l'abbaye de Saint-Riquier, qui jouissait du même droit sur un certain nombre de chemins dans

---

(1) *Archives de la Ferté.*

la même circonscription. Une convention du 11 janvier 1349-50 stipule que les officiers de l'abbaye et ceux de la Ferté peuvent poursuivre les voleurs à vue d'œil et à chaude trace (1).

Le seigneur à qui le droit de garde appartenait était constitué gardien de la paix publique. Lui seul avait la poursuite et la répression des malfaiteurs ; mais à côté de ce privilège pesait sur lui la responsabilité de certains délits, lorsque ces délits pouvaient être imputés à son défaut de vigilance.

On peut se représenter la circonscription de la châtellenie de la Ferté par l'aperçu suivant des chemins indiqués dans les coutumes de la Ferté :

1° Tous les chemins qui partaient de Saint-Riquier étaient délimités aux points suivants : de Saint-Riquier à Noyelles-sur-Mer par Millencourt, à Hautvillers ; à Rue par Neuilly, à Lamotte-Buleux ; à La Broye, par Gapennes et Brailly au moustier de Bezancourt ; à Hesdin par Villeroy, au chemin dudit moustier à Gueschard ; à Auxi-le-Château par Yvrench, à Auxi-le-Château ; à Hiermont par le bois des Allumières, à Hiermont ; à Flixecourt par le chemin de l'église de Bussu, au terroir de Brucamps ; à Maison-Roland à la chaussée de Brunehaut ; à Airaines par l'arbre d'Yaucourt, à Ailly ; à Oisemont par les buissons vers la Queute ; à Pré par le val de Mirandeuil, à Pré.

2° Le même seigneur avait la garde, sur une partie de leur parcours, des chemins d'Abbeville à Doullens, par Saint-Riquier ; de Montreuil à Amiens, par Saint-Riquier ; sur une partie de la chaussée Brunehaut ; sur une partie des chemins d'Abbeville à Crécy, à Dompierre, à Hesdin, à Domart, à Bertaucourt ; des chemins de Crécy à Doullens ; de la Broye à Domart, d'Auxi-le-Château à Domart, du Crotoy à Pont-Remy pour le Vimeu.

Sur tous ces chemins le seigneur de la Ferté avait justice, haute, basse et moyenne, connaissance et juridiction pour tous les cas et entreprises et tout profit des amendes ; le tout sauf le ressort et la souveraineté du roi et réservés les cas privilégiés à sa majesté (2).

Le droit de travers était une conséquence de la garde des chemins. Ce droit était payé par le marchand en retour de la protection que le seigneur bénéficiaire du travers garantissait à sa marchandise, pendant le temps qu'elle mettait à traverser sa seigneurie. Ainsi le marchand détroussé sur le chemin public avait son recours contre le seigneur à qui il avait payé son droit de travers, pourvu que le vol n'eût pas été commis avant le lever ou après le coucher du soleil (3).

L'abus des travers par l'établissement de trop nombreux péages a été plus d'une fois réprimé par l'église. Les oppressions de cette nature étaient comprises dans la célèbre

---

(1) Bouthors. — *Coutumes. Tome* II, *page* 531.
(2) Voir M. Prarond. *Histoire de Saint-Riquier*, *pages* 330-33.
(3) Bouthors. *Ibid.*

excommunication du souverain Pontife prononcée le Jeudi saint ou *In Cœna Domini*. Se doutent-ils seulement de ces faits, se demande l'historien Rohrbacher, ceux des écrivains modernes qui crient tant contre les bulles pontificales du moyen-âge ?

Le château de la Ferté, assis au faubourg de Saint-Riquier, en face du monastère, au confluent des deux ruisseaux du Scardon et de la Malvoisine, présentait une masse de bâtiments très pittoresques. Au centre de la cour s'élevait le donjon accompagné de quatre tours et d'un corps de logis à trois étages, le tout fort élevé et couvert en ardoises. Les granges, écuries et autres bâtiments, ainsi que la maison du fermier, étaient renfermés dans une enceinte fortifiée par de solides et hautes murailles, que des tours élevées de distance en distance rendaient plus menaçantes. Un fossé alimenté par les eaux des deux rivières et communiquant à des étangs en rendaient l'approche très difficile. Un pont-levis devait abaisser sa herse pour laisser pénétrer dans le château ; mais, au XVII° siècle, tours et créneaux étaient à demi ruinés et les murailles attendaient en vain des réparations. Depuis le commencement du XIX° siècle, des constructions modernes ont fait disparaître à peu près tous les vestiges des vieilles fortifications. On reconnaît cependant encore quelques pans de murailles du XIII° siècle à leur large appareil et aux rides et échancrures creusées par les vents salins de l'ouest.

« Il y a quelques années encore, écrivait en 1856, un infatigable fureteur d'antiquités,
« j'ai pu gravir à travers les décombres sur la dernière tour en ruines, dont les pierres
« blanches nourrissaient des broussailles et des arbustes. A mi-chemin de l'escalade,
« on rencontrait une petite pièce ouverte au vent. Le haut de la tour était chargé
« d'herbes. Au milieu des terres et des pierres écroulées qui élargissaient la base de
« ce dernier reste du château, une ouverture sans porte permettait de descendre par
« quelques marches usées et glissantes dans un étroit caveau : un assez long bout de
« mur en pierres blanches, mur très épais, tenait encore à la tour et chargé d'arbres
« en espalier servait de clôture, du côté de l'ouest, à la cour de M. Chamont, proprié-
« taire actuel des lieux. M. Chamont a depuis détruit la tour, mais le mur est encore
« debout, appuyant des arbres et des bâtiments d'exploitation (1). »

Les piétons arrivaient devant la herse du château féodal par une ruelle, les voitures par un long détour en dehors des remparts, en suivant la route de Vincheneux et en cotoyant le Bosquet, dont le site a paru assez agréable à certains touristes pour lui donner le nom de Paradis.

L'histoire militaire du château de la Ferté ne nous révèle que les accidents divers du siège de 1421, dont nous nous sommes occupés ailleurs.

On a des dessins de quelques parties de l'antique château de la Ferté dans les collections de M. de Saint-Amand et de M. Macqueron. Ces vues ont été tirées en 1795 et 1828. Les signes caractéristiques, dit M. Prarond, ont disparu avec le reste (2).

(2) M. Prarond. — *Histoire de Saint-Riquier*, page 322.

(3) M. Prarond. *Ibid.* page 324.

Société des Antiquaires de Picardie   P. N° 9.

Restes du Château de Laferté près St Riquier, dessin de Duthoit.

« La châtellenie,,au xviiiᵉ siècle, dit D. Grenier, consistait en un château-fort ruiné, en une ferme de vingt-quatre journaux de terres à la sole, en trois journaux de pré, un journal de plant, quatre journaux de bois à couper par an ou 44 jˣ de garenne, en un moulin à vent et en censives de toute espèce. Le moulin à vent s'élevait au milieu du pré ».

Les coutumes de la Ferté, rédigées en 1507, ont été éditées par M. Bouthors. Nous en donnons ici une analyse suffisante pour les bien connaître.

Article Iᵉʳ. — Les vassaux tenant en pairie doivent pour chaque pairie 10 liv. de relief, autant d'aide, 40 s. p. de chambellage, le quint denier en vente, quand le cas y échet, les plaids en personne, de quinzaine en quinzaine, au siège du bailliage de la châtellenie, s'ils y sont ajournés, et cela sous peine de 10 s. p. d'amende pour défaut de présence, service à ronchin. Ils ont haute, moyenne et basse justice.

Article II. — Les vassaux tenant en plein hommage, mais non en pairie, ne doivent que 60 s. de relief et d'aide et 20 s. de chambellage, mais ils sont soumis au quint denier en vente, au service à ronchin, aux plaids, sous peine de 5 s. d'amende pour défaut. Ils ont la basse justice et les justices supérieures pour fait spécial.

Article III. — Les fiefs restreints, sauf fait spécial, n'ont pas de justice; ils doivent 60 s. p. de relief et d'aide, 20 s. p. de chambellage, quint denier en vente, service de plaids et autres droits déclarés dans leurs lettres d'aveux, sans égard à la dite coutume.

Article IV. — Les héritages féodaux ou cottiers doivent relief après le trépas des possesseurs et reviennent à la main du châtelain. S'ils ne sont relevés, les féodaux dans les quarante jours, les cottiers dans les sept jours, les fruits et profits appartiennent au seigneur.

Articles V, VI, VII, VIII. — Les héritages cottiers, en certains lieux spécifiés dans la coutume, doivent pour relief le cens d'une année en cas de vente, le même relief pour l'issue et pour l'entrée, sauf la donation à l'héritier apparent en avancement de succession d'hoirie, qui n'oblige qu'au relief du cens. La coutume n'impose en d'autres lieux que 5 s. p. pour les masures, autant d'entrée et d'issue, dans quelques autres, 5 s. p. de relief, autant d'entrée et d'issue sur les terres, des redevances spécifiées sur les masures. Les terres villaines de ces villages, parce qu'elles doivent rentes, terrages ou champart, ne paient que 12 deniers de relief et autant d'entrée et d'issue.

Article IX. — Les rentes ou hypothèques sur pairie ou autres fiefs sont soumises au quint denier du prix de vente de la rente ou hypothèque et au même hommage que pour le fief.

Article X. — Pour le droit de mort et vif herbage, sur dix bêtes et au-dessus, le seigneur en prend une à son choix. Au-dessous de dix bêtes, on paie une obole pour chacune, le tout sous peine d'amende de 60 s. p.

Article XI. — Le fief qui échoit à une femme mariée doit le relief avec chambellage, comme si elle était libre ; le mari doit relief du bail sans chambellage.

Article XII. — Pour droit de tonlieu hors des lieux francs, vendeurs et acheteurs paient au seigneur deux deniers parisis pour un cheval, une obole parisis pour un porc ou une bête à laine, et cela avant le soleil couché, sous peine de 60 s. p. d'amende pour le seigneur.

Article XIII. — Pour les bestiaux pris dans les taillis on est condamné à 60 s. p. d'amende ; s'ils sont pris dans les hautes futaies on ne paie que 7 s. d'amende, quand ils ne sont pas gardés, mais la présence du gardien rend le délit moins excusable : 60 s. p. d'amende sans détriment de ce qui appartient pour le dommage.

Articles XIV, XV, XVI, XVII. — On paie 60 s. d'amende en outre du dommage pour les arbres, les taillis, les épines arrachées ou déplantées dans les bois du seigneur. Même amende pour avoir abattu, coupé, ébranché des chênes, pérots ou taions, des arbres qui auraient été marqués pour étalons. Même amende pour avoir coupé et emporté de l'herbe dans les bois, ramassé les glands, faines ou autres fruits servant à la pâture ou nourriture des bêtes.

Article XVIII. — Le seigneur a droit de garenne dans ses bois. Y chasser, y prendre lapins, lièvres ou autres bêtes « champestres », c'est une contravention qui fait encourir une amende de 60 s. p. et fait confisquer les filets et autres engins de chasse.

Articles XIX, XX. — Droits d'afforage et de forage dans les lieux mouvants de la châtellenie. La ville de Saint-Riquier s'en est rachetée par une somme de 20 liv.

Article XXI. — Droit de gambage sur les brasseurs de la ville de Saint-Riquier et de la banlieue. Ce droit oblige à payer douze pots sur chaque brassin de breuvage.

Articles XXII, XXIII, XXIV. — Il existe à Saint-Riquier un four banal auquel les habitants sont banniers, sous peine de confiscation de vivres et autres peines accoutumées ; mais on accorde pour une redevance de deux sous la faculté d'avoir un four pour les tartes, les gâteaux et pâtés, mais non pour le pain. Les boulangers, en 1507, n'étaient soumis qu'à un tribut de 15 s. par an, par condescendance et en considération de l'incendie de la ville.

Article XXV. — Pour droits qu'on dit d'amendissement les boulangers et brasseurs paient deux sous six deniers parisis au 8 octobre. L'omission de cette redevance était punie d'une amende de 7 s. 6 d. p.

Article XXVI. — Tanneurs et sueurs de vieils demeurant en la ville et banlieue de Saint-Riquier sont obligés à une redevance de cinq deniers parisis la veille de Noël, sous peine de la même amende que ci-dessus.

Article XXVII. — Les mottes des moulins de la cauchie de Cramont et d'Arondel, près de la Ferté, ne sont accessibles qu'aux bêtes qui portent les grains ou la farine. Si d'autres y sont prises, on est condamné pour chaque fois à une amende de 60 s. p.

Article XXVIII. — Certains banniers aux fours de Cramont et de la Ferté paient au lieu de deniers des chapons et des poules, conformément à des conventions spéciales avec les seigneurs.

Article XXIX. — En outre des terres villaines soumises au champart sont quittes de ce droit par des peines (ou corvées) selon la coutume du bailliage d'Amiens.

Article XXX. — Le seigneur de la Ferté jouit d'un droit de travers payable, sans le demander, en la ville de Saint-Riquier et autres lieux désignés aux environs, sous peine d'une amende de 60 s. p.. Quand on n'a pas payé ce droit, les officiers du seigneur peuvent faire retourner les marchands, voituriers, charriots, charrettes, bêtes et marchandises jusqu'aux limites fixées pour la perception de ce droit.

Article XXXI. — Le seigneur a, en la ville de Saint-Riquier, un vicomte qui prend le tiers de ses droits, à l'encontre de celui de l'Abbaye et de celui du Roy, d'après les règlements établis pour ces bénéfices.

Article XXXII. — Les sujets du seigneur dans les faubourgs de Saint-Riquier, ceux de Cramont, Genville, Fontaine-sur-Maie, Canchy et quelques autres lieux sont tenus de faire guet et garde au château de la Ferté, quand il existe quelque danger d'attaque et toutes les fois « qu'il en est mestier ».

Article XXXIII. — Pour les bestiaux pris dans les nouvelles éteules, dans certains puits à marne, le seigneur exige une amende de 60 s. p.

Article XXXIV. — Le seigneur a la justice et seigneurie des chemins, la pêche réservée des rivières joignant aux manoirs, terres et prés de la seigneurie, selon la coutume du bailliage d'Amiens.

Article XXXV. — Le seigneur a la garde des chemins désignés dans la coutume, en quelque juridiction et seigneurie qu'ils soient situés. Quiconque picque.... sur les dits chemins, coupe ou prend des arbres et buissons, encourt pour chaque fois une amende de 60 s. p. avec restitution de fruits. C'est le seigneur qui connait des délits qui se commettent sur ces chemins.

Article XXXVI. — En dehors de ces coutumes, le seigneur de la Ferté réclame tous les droits, amendes, privilèges, prérogatives appartenant à ceux qui ont justice haute, moyenne et basse, les droits non déclarés ici, parce qu'ils sont conformes aux coutumes générales du bailliage d'Amiens et des prévôtés où sa seigneurie s'étend, auxquelles coutumes il s'en rapporte et dont il veut jouir comme ses prédécesseurs. Que si des vassaux ou rentiers de la seigneurie voulaient dénier ces coutumes, usages, droits, justices de sa seigneurie ou quelque partie, le dit seigneur « offre de faire appa-
« roir cy avant que de raison en temps et en lieu, affin d'estre conservé et maintenu
« en son droit. »

Un dénombrement des derniers temps spécifie que pour tous ses droits et spécialement ceux de justice, le seigneur a un bailli avec son lieutenant, un procureur fiscal, un greffier, des sergents à pied et à cheval en nombre suffisant et tous autres officiers qui peuvent appartenir à telle juridiction et justice, avec les amendes, exploits et tous autres droits, profits, émoluments, honneurs, prérogatives dont jouissent de droit les seigneurs haut justiciers et châtelains. Les appels de son bailli ressortissaient, pour les causes et matières civiles, au bailliage d'Amiens, pour les causes criminelles, au parlement de Paris (1).

CHAPITRE VIII.

SEIGNEURIES ET FIEFS DE LA CHATELLENIE DE LA FERTÉ.

On peut suivre sur un registre du château de la Ferté les mouvances de cette seigneurie dans la dernière moitié du dernier siècle. Nous ne l'analysons pas ; nous nous bornons à faire connaître les fiefs et les lieux où ils sont situés. Ce registre paraît rédigé vers l'an 1780. Nous relèverons par-ci par-là quelques notes de M. de Belleval, dans son ouvrage sur les *Fiefs et Seigneuries du Ponthieu*, comme complément ou différence (2).

ALLERY. — « La seigneurie, dit M. de Belleval, était tenue du roi, à cause d'Airaines » ; mais la Ferté y possédait au moins des droits honorifiques, reste sans doute d'une seigneurie antérieure. Le châtelain de la Ferté avait la prééminence dans l'église et paroisse d'Allery ; ce qui formait peut-être avec un domaine un fief noble possédé par Messire Léonard Le Roy de Valanglart.

AUTHIE. — Terre, seigneurie et châtellenie, tenue noblement en deux pairies par Messire Antoine-César de la Roche de Rambures : 10 liv. de relief pour chaque pairie. Authie appartenait primitivement au monastère de Saint-Riquier, qui l'aura concédé à son avoué, seigneur de la Ferté.

BERNAY ET LA BUCAILLE. — Fief restreint de la commune de Bernay et la Bucaille, possédé par les habitants, corps et communauté, rapportant 20 s. par an et autres

---

(1) M. Bouthors. — *Coutumes de la Ferté* Tome II, page 495.
M. Prarond. — *Histoire de Saint-Riquier*, pages 340-54.

(2) Nous donnons la liste alphabétique des fiefs, en maintenant aux noms des localités principales ceux qui en dépendent.

droits réglés par la commune d'Amiens. « La seigneurie, dit M. de Belleval, appartenait au monastère de Forêt-Montier : mais La Bucaille était mouvante de la Ferté par Fontaine-sur-Maye ».

Bezancourt-en-Ponthieu. — La seigneurie était tenue en deux fiefs dont l'un de la Ferté et l'autre de Domwast. Le fief noble de la Ferté était tenu, du chef de sa femme Marie-Aimée-Catherine Le Roy, par Messire Antoine de la Villeneuve, vicomte des deux Airon.

Bouchon. — Fief démembré, tenu en pairie et noblement : 1° par D^{lle} Formentin ; 2° par Messire Claude-Honoré de Rambures, seigneur de Vaudricourt ; 3° par la dame Lamiré, veuve d'Antoine d'Amerval ; 4° par Antoine Jourdain, écuyer, seigneur de l'Eloge.— Bouchon appartenait au ixe siècle au domaine de l'Abbaye de Saint-Riquier.

Bray-lès-Mareuil. — Fief démembré tenu noblement : 1° par Jean-Robert de Mareuil ; 2° par dame Gabrielle de Caulières, veuve de Philippe Roucoux Le Canu, seigneur de Jonquières, qui possédait la terre et seigneurie de Bray-lès-Mareuil ; 3° par d'autres propriétaires.

Bussu. — Trois fiefs étaient tenus de la châtellenie de la Ferté et de la pairie de Drucat par indivis, pour une redevance de 60 s. de relief et de 20 s. de chambellage et autres droits féodaux. Ils appartenaient à Louis Levoir.

Bussuel. — Fief noble tenu par Messire François Vaillant d'Yaucourt.

Coulonvillers. — Terroir de Bleucourt, terre et seigneurie de Coulonvillers, tenu noblement par Messire Antoine-Marie de Carpentin, chevalier, seigneur de Fresneville, Festel, etc., demeurant en sa maison seigneuriale de Cumont.

Le fief des Bardes consistant en LXVI j^x de terre, en censives, etc., tenu par François-Isidore Le Roy, comte de Bardes (M. de Belleval).

Cramont ou Cromont. — Fief du chapelain de la Trinité de la Ferté, consistant en XL j^x de terre, au lieu dit *Les Haies de Dame Aelis* : hommage de bouche et de main avec les droits et devoirs portés par la coutume. Le chapelain jouissait de cette terre donnée par Marguerite de Picquigny pour sa dotation. Chapelain, Dominique Judcy, curé de Saint-Martin-du-Tertre y demeurant. — La seigneurie de Cramont vendue pour un temps fut rachetée plus tard.

Le fief de Vaux, à Cramont, était tenu noblement par dame Marie-Jeanne du Bourguier, veuve de Nicolas Griffon d'Offoy.

Pairie d'Yseux, à Cramont. — 5 s. de rente chaque année : 60 s. p. de relief, etc. Trois fiefs nommés Vendeuil, Cléry et Dancourt, restreints, tenus noblement par Louis-Nicolas de Cacheleu, seigneur de Vauchelles, avec les droits accoutumés.

Daours. — Fief de la terre, seigneurie et châtellenie de Daours, tenu noblement et en pairie par Adrien Vaquette de Fréchencourt, conseiller au bailliage d'Amiens : 10 liv. de relief.

Domqueur. — Fief de la terre et seigneurie de Domqueur, tenu noblement par Claude Marié, écuyer, demeurant à Amiens.

Drucat. — Fief de la terre et pairie de Drucat, tenu noblement par Messire Louis Descaules, chevalier, seigneur de Mesnil.—Drucat, ancien domaine de notre monastère.

M. de Belleval dit la seigneurie tenue du roi. Ce ne peut être que pour une partie.

Un fief de xxxv j^r, démembrés de la seigneurie, était tenu noblement par Messire Robert Le Pelletier des Forts, chevalier, comte de Saint-Fargeau, et par Marie-Madeleine Lamoignon-Basseville, acquéreurs de la famille Descaules.

Eaucourt. — La seigneurie d'Eaucourt avait longtemps appartenu à la Ferté ; elle était possédée en 1378 par Jean de Châtillon, mais elle fut vendue à la suite de ses dilapidations.

Famechon. — Fief de la terre et seigneurie de Famechon, tenu noblement et en pairie par Antoine-François-Augustin de Belloy, seigneur de Rogeant.

M. de Belleval signale une autre seigneurie tenue de Domvast. Ce n'est qu'un quint de celle de la Ferté.

Fief noble de Gourguechon, à présent Famechon, tenu noblement et en pairie par Henri-François-André Descaules, seigneur de Gourguechon. Ce fief contenait lxv j^r de terre, près de Notre-Dame d'Esmincourt. M. de Belleval le confond avec un autre fief près de Gueschard.

Quatre fiefs démembrés formant vii j^r de terre tenus par le sieur Simon-Joseph Phaff, sculpteur statuaire, demeurant à Abbeville, et D^{lle} Marie-Madeleine-Victoire Hourdel, son épouse, 60 s. p. de relief (Voir plus haut *page* 194).

Fief Marquais, tenu noblement par François Hamin, sieur de Guignemicourt.

Festel. — Fief de la terre et seigneurie de Festel, tenu noblement par la famille de Carpentin pendant deux siècles, puis en 1780, par M. de Saisseval, du chef de son épouse.

Ce fief était distinct de celui du monastère au même lieu.

Fléchin. — Fief noble près Bellinval, tenu par Jean-Jacques de Legorgue, bourgeois d'Abbeville, acquéreur de Messire Joseph Ghislain de Fléchin, seigneur de Fléchin.

Flibeaucourt. — Un fief tenu noblement par François Vaillant, souvent nommé dans nos annales. Le même tenait noblement un autre fief nommé Bonnelle.

Beaucourt, autre fief au même lieu, était tenu noblement par Messire Alexandre Benoit, comte de Monchy, chevalier, baron de Vismes, vicomte de la Queute, seigneur de Sailly-le-Sec, Flibeaucourt et autres lieux, demeurant à Francières.

Fontaine-sur-Maye. — Fief noble de la seigneurie et pairie, tenu noblement par M. Jacques-Nicolas Le Boucher d'Ailly, chevalier, seigneur de Richemont et autres lieux. Cette terre a été vendue en 1780 à Louis de Roussen, écuyer, sauf la seigneurie.

Il existait en ce lieu deux fiefs nobles, tenus par Messire Claude de Boubers, chevalier, seigneur d'Omattre, Préville, etc.

Un autre fief noble, tenu probablement par Messire de Villeneuve, le même que nous avons nommé plus haut.

Deux fiefs à services restreints.

Fransu. — Fief et seigneurie de Fransu, tenu noblement par Jacques-Adrien Viguier, écuyer, seigneur de Fransu, contrôleur ordinaire des guerres. Un quart de ce fief était tenu par le sieur Groult de Coulombeauville. — « Fransu tenu de Domart, dit M. de Belleval ». C'est une erreur.

Frireules. — Terre et seigneurie de Frireules, tenue noblement par Messire Jean-Louis Sanson de Frières, chevalier, seigneur des Zoteux, et par D^{lle} Louise Sanson de Frières, enfants mineurs de Marie-Nicole-Jeanne Le Sellier, veuve de M. Louis Sanson de Frières.

Forêt-Montier. — Le seigneur de la Ferté y possédait le fief Beauregard, tenu noblement par les pères Célestins d'Amiens, sans services de plaids mais sous tous les droits exigibles par la coutume. Les pères Célestins étaient tenus de célébrer une messe haute et solennelle en leur couvent, chaque année, en forme d'obit, pour le seigneur de la Ferté, décédé en dernier lieu, au jour anniversaire de sa mort. Tous les religieux étaient obligés d'y assister et le seigneur de la Ferté était convoqué. Le fief consistait en une maison d'habitation, ruinée en 1780, lx j^x de terre à labour et dlxvi j^x de bois.

Gapennes. — Terre et seigneurie de Gapennes, tenue noblement par Messire Marc-Antoine de Carpentin, nommé plus haut, acquéreur de Messire Louis Gaillard de Courcelles, ci-devant seigneur de Gapennes.

La seigneurie de Gapennes n'appartenait qu'en partie à la Ferté. Notre monastère en avait aussi une partie.

Plusieurs pièces de terre démembrées étaient tenues noblement par des particuliers.

Genville ou Agenville. — Il existait dans ce village deux fiefs appartenant à la Ferté : 1° le fief Fayelle, tenu noblement par Joseph Du Fresne, écuyer, seigneur de Fontaine, et Nicolas Tillette, écuyer, seigneur d'Offinicourt, de la pairie d'Yzeux et autres lieux, par 60 s. de relief chacun ; 2° le fief Hamel-Bélenglise, tenu noblement par Nicolas-Antoine de Grouches, seigneur de Chepy et beaucoup d'autres lieux. Ce fief consistait en 4 muids ou 48 setiers d'avoine, dus à la Ferté par les religieux de Saint-Riquier pour les deux tiers d'étalage perçus à Saint-Riquier.

Gorlay, près Hangest-sur-Somme. — Fief sans droit de censive ni de seigneurie, consistant en prés, terres, tenu noblement par dame Marie-Madeleine Le Moictier, veuve de Messire Jean-Baptiste Tillette, chevalier, seigneur de Mautort, demeurant en son château de Bichecourt près Hangest, sœur et héritière de Messire Antoine-Adrien Le Moictier, chevalier, seigneur d'Hangest, Soues, Bichecourt, Gorlay et autres lieux.

HALLENCOURT. — Fief de la Motte-les-Rôtis, tenu noblement par Messire Charles-Hubert-Gaspard de la Fontaine, seigneur comte de Verton, seigneur de Hallencourt.

RAINVILLERS. — Fief et seigneurie d'un hameau détruit dans la commune de Hallencourt, tenu noblement par Pierre-Wulfran Briet, écuyer, seigneur haut justicier d'Hallencourt, Rainvilliers et autres lieux : 5 s. p., relief au quint denier, sans autre droit. La famille Briet de Rainvillers existe encore et notre génération voit ce nom honorablement porté.

HANCHY. — Terre et seigneurie, tenue noblement en deux fiefs par Messire Jean-Louis Sanson, nommé plus haut (*page* 513); 60 s. p. de relief.

BAYART. — Fief tenu noblement par Messire Marc-Antoine-Alexandre de Carpentin, 60 s. de relief. Ne pas confondre avec Bayardes, fief à Yvrench.

HARAVESNE. — Terre et seigneurie d'Haravesne, tenue noblement par Monseigneur Emmanuel-Félicité Durfort de Durras, duc de Durras, pair de France, etc., héritier de dame Angélique Valon de Bournonville, duchesse de Durras, sa mère.

LA MOTTE-BULEUX. — Terre et seigneurie tenue noblement par M. Jean-Claude Duchêne, écuyer, maire d'Abbeville, seigneur de Courcelles.

Un fief démembré, de 17 septiers de blé et seigle et autant d'avoine à prendre sur la commanderie de Beauvoir, tenu noblement par dame Madeleine de Cacheleu, veuve de Messire Jacques Le Prêtre, prévôt royal et prévôtal de Crécy, et par Jean-Baptiste Le Fèvre, sieur de Hodeng.

MAISON-ROLAND. — Terre et seigneurie en deux fiefs, tenus par l'université des chapelains de Notre-Dame d'Amiens : 60 s. p. et un obit solennel pour M. de Roncherolles, le 13 août, Messire de Saisseval chapelain, étant homme vivant.

Une partie de la terre et seigneurie de Maison-Roland, tenue noblement par Claude Marié, écuyer, seigneur et patron de Domqueur, acquéreur de François d'Hervilly de Canisy et de dame Marie-Madeleine-Augustine Manessier de Guibermaisnil.

Une autre partie de la même seigneurie tenue par M. Pierre Foucques d'Emonville, chevalier, seigneur de Tœufles : 60 s. p. de relief.

MESNIL-DOMQUEUR. — Fief et vicomté de Mesnil, tenu noblement par Messire Paul-François de Buissy, chevalier, seigneur d'Acquet, Bealcourt et autres lieux.

BLANCHES OIES. — Fief restreint tenu par des cultivateurs : une oie blanche de cens.

MESNIL-CRESSENT. — Fief tenu noblement par Messire Louis Descaules et par Pierre

Descaules, écuyers, colégataires de dame Jacqueline Vaillant, veuve d'Adrien Descaules.

Ce fief était situé entre Neuilly et la Motte-Buleux, dit M. de Rosny.

Nampont. — Un fief restreint d'un manoir, tenu par Louis Poissant, maître de poste.

Neuville près Forêt-Montier. — Quatre fiefs tenus noblement par D^{lle} Marie-Marguerite de Fontaine, veuve de Messire de Fontaine, chevalier, seigneur de Neuville et autres lieux. Ces fiefs se nommaient La Motelette, Neuville, Le Blond et Pollehoye.

Nolette. — Terre et seigneurie de Nolette, tenue noblement par Messire Charles-Louis Rumet, chevalier, seigneur de Beaucauroy, Nolette, Morlay, fils et héritier de Louis Rumet.

Un autre fief consistant en domaine et censives valant 50 liv. tenu par le sieur Thomas, avocat.

Ouville — Ce fief sans domaine, consistant en censives, tenu en plein fief et hommage par Pierre Du Maisniel, écuyer, seigneur d'Applaincourt, Bellifontaine et autres lieux.

Marcotte. — Fief noble tenu par Pierre Barbier.

Fief restreint d'un manoir de lxv j^x de terre, possédé par les sœurs de l'Hôtel-Dieu d'Abbeville.

Plouy-Domqueur. — Terre, pairie et seigneurie, tenue noblement par Pierre Le Fèvre, écuyer, sieur de Vadicourt, acquéreur de Messire Jacques Toulet, prêtre, chantre de l'église collégiale de Saint-Wulfran d'Abbeville.

Port. — Quatre fiefs nobles, savoir : Lavier, Port, Bonance, le Fief Mathieu de la Porte, tenus par les Révérends Pères Chartreux d'Abbeville sous le nom d'un homme vivant : 60 s. p. de relief pour chacun.

Les Tombes, à Port. — Fief de censives et de justice vicomtière, tenu par Nicolas-François Boulon, seigneur de Noyelles et des Tombes.

Pré. — Hameau de deux maisons à Cahours. Fief noble tenu par Jean-François-Hubert Le Ver, chevalier, marquis de Caux et Pré.

Ray. — Terre et pairie, tenue en pairie par Charles-Louis d'Argouges, comte de Rune, maréchal des camps et armées du Roy.

Regnières-Ecluse. — Terre et seigneurie, tenue en pairie par Messire Joachim-Charles de Seglières-Belleforière, chevalier, comte de Soyecourt, héritier de Louis-

Armand de Séglières, son frère. M. de Belleval se trompe en affirmant que cette seigneurie relevait du Roi.

Bois de Vacquerie. — Fief en roture ; 12 s. de cens.

Romaine. — Fief de LXXXIX j^r de terre, dotation de la chapelle Saint-Louis à Drucat, tenu noblement de la Ferté par Messire Pierre-Jacques Descaules, prêtre, chanoine de Longpré, châtelain de Saint-Louis de Drucat.

Saint-Maxent. — Terre, seigneurie et pairie, tenue noblement en pairie, non du roi, ainsi que l'énonce M. de Belleval, mais de la Ferté, par Messire Antoine-Jean-Etienne de Grouches, chevalier, demeurant à Huppy.

Saint-Riquier. — Fief du Gros-Hêtre à Saint-Riquier et Vauchelles, tenu noblement par Robert Le Fuzelier, écuyer, seigneur d'Alliel.

Fief de la Lance. — Chef-lieu ; hôtel du Cygne. Fief restreint rapportant 4 liv. 13 s. de censives, à prendre sur plusieurs maisons, et en particulier sur l'hôtel du Cygne. Ce fief doit au château de la Ferté une lance ferrée de la valeur de dix sous, avec une paire de gants estimés 21 s., autant de relief ou d'entrée et d'issue et autres droits et devoirs féodaux. Le seigneur peut prendre la lance à son profit, sinon le fieffé doit jouter avec la lance contre la porte du château jusqu'à ce que la lance soit rompue. Ce fief était tenu par Nicolas-Antoine de Grouches, marquis de Chepy, époux de Geneviève Becquin.

Vincheneux. — Deux fiefs, l'un noble, l'autre restreint, contenant VII j^r de jardin.

Saulchoy. — Fief près d'Airaines, tenu noblement par Messire François Pecquet du Quesnel, seigneur de Dury et Dourier, chevalier de saint Louis, lieutenant pour le roi de la ville et citadelle de Doullens.

Serisy-Buleux ou Cerisy. — Seigneurie tenue noblement par dame Marie-Barbe Godard, veuve de Philippe du Gardin, écuyer, seigneur de Bernapré, acquéreur de Nicolas de Fontaine, écuyer, seigneur de Woincourt.

Un autre fief de la maison seigneuriale de Serisy, tenu noblement par Marie-Françoise Mautort, veuve d'Antoine Routier de Serisy, officier de la grande Fauconnerie, demeurant à Serisy.

Un autre fief restreint dont le relief était d'un éperon de fer ou de douze deniers.

Un autre fief distrait, tenu par M. Henri Ternisien, écuyer, seigneur de Valencourt.

Soues. — Terre et seigneurie, tenue noblement en deux fiefs par Messire François Leroy, marquis de Valanglart.

Thièvres. — Terre, seigneurie et pairie, côté de France, tenue noblement par

Messire Gérard-François-Joseph de Cuinghien, écuyer, sieur de Saint-Laurent, Thièvres et autres lieux.

Rouvillers. — Démembrement en huit fiefs d'une contenance de LIX j^r, tenus par le même.

Thuison. — Fief tenu noblement par un éperon doré de 5 s. par Jean-Baptiste Bail, seigneur de Lignières.

Vauchelles-les-Quesnoy. — Terre et seigneurie, tenue noblement par Messire Nicolas de Cacheleu, seigneur de Vauchelles.

Fief restreint de XXIV j^r de terre, formant le revenu de la chapelle Saint-Jacques à Saint-Riquier : douze deniers parisis de cens annuel.

Fief noble de la chapelle de Picquigny, à la nomination du seigneur de la Ferté : CIV j^r de terre.

Vaux-en-Artois. — Terre et seigneurie en trois fiefs, dont deux nobles, tenue par Messire Jacques Lamoral de la Porte, chevalier, seigneur de Vaux (enclave de Picardie).

Vaux-Marquenneville. — Pairie et seigneurie de Vaux, tenue par Messire Henri-Louis-Ferdinand de Riencourt, chevalier, seigneur de Tilloloy, Vaux, Arleux et autres lieux.

Poncheval. — Fief tenu noblement et en pairie par D^{lle} Marie-Charlotte de Bellengreville. Démembrement du fief, en faveur des religieuses Dominicaines d'Abbeville.

Wiry. — Terre et seigneurie de Wiry, tenue noblement par Jacques-Nicolas Le Boucher d'Ailly, déjà nommé, légataire de Jacques Lespéron, seigneur de Wiry, Ville, etc.

Vron. — Fief Hémencourt. Terre et seigneurie tenue noblement par D^{lle} Marie-Claire de Fontaine, fille de Messire Charles de Fontaine, seigneur de Vron.

Yvrench. — Fief de Bayardes restreint : VI j^r 11 s. de cens annuel.

Yvrencheux. — Fief Tillencourt, tenu noblement par Messire Louis Garet, chapelain de Saint-Jean des Prés, puis par Messire André d'Aumale, chevalier, seigneur d'Yvrencheux.

D'autres seigneuries sont mentionnées dans les siècles antérieurs. Il n'en restait plus de trace dans le dénombrement que nous avons eu sous les yeux.

Relevons en terminant quelques revenus mentionnés dans les dénombrements.

1° Redevances de l'échevinage de Saint-Riquier et des habitants : Pour l'échevinage et la maison, huit boisseaux de froment, deux chapons, huit deniers ; Pour afforage, d'après des conventions spéciales, 20 liv.; Pour des fours particuliers, 6 liv.; Pour quelques propriétés de l'église Notre-Dame, une liv. 14 s.; de Saint-Nicolas, 4 s. 5 den., 2 chapons.

Il serait fastidieux d'énumérer les cens ou surcens sur un grand nombre d'habitations de la ville. Un dénombrement les estime à 41 liv., 73 chapons, 13 setiers 12 boisseaux de blé froment.

Le prieuré de Saint-Pierre d'Abbeville rendait à la Ferté 11 setiers 4 boisseaux de blé.

« Le seigneur de la Ferté, dit D. Grenier, est patron et collateur de cinq chapelles, savoir : une à Picquigny, deux à Vauchelles-lès-Abbeville, deux à Cramont ».

Les renseignements donnés à l'illustre historiographe de Picardie sont inexacts. Trois chapelles seulement étaient placées sous ce patronage, celle de la Trinité, celle de Saint-Jacques à Saint-Riquier et celle de Notre-Dame à Picquigny.

Les terres de ces chapelles étaient situées sur les terroirs de Cramont et de Vauchelles. De là l'erreur de D. Grenier.

Noms de quelques chapelains de la Trinité : 1342. Jean de Vallois, choisi par Marguerite de Picquigny. — 1693. Jean Moisnel, qui faisait célébrer ses messes dans l'église après la ruine de la chapelle. — 1730. Me Jacques Thuillier. — 1780. Dominique Judcy, nommé plus haut, fut choisi par le marquis du Châtelet. Il était originaire de Saint-Riquier. Il permuta la paroisse de Saint-Martin-au-Tertre pour un canonicat à Beauvais, où il mourut quelques années avant la Révolution. Le dernier titulaire nommé par le comte de Pestre, fut Nicolas-Théodore Champion, chanoine de Saint-Wulfran, qui mourut en 1809, à l'âge de 79 ans.

Chapelains de Saint-Jacques. 1628. Jacques Prenel, étudiant à l'Université de Paris ; pourvu par le seigneur de la Ferté, il prêta son serment dans l'église de Saint-Riquier, et s'engagea, la main sur les saints Evangiles, à garder les droits de patronage, sans rien innover ni porter préjudice aux droits de l'abbaye. — 1646. Jean Briot. — 1724. Relief de maître Denis Baudet-Lapierre, prêtre du diocèse d'Autun, résidant à Amiens, chanoine et chantre de l'église cathédrale d'Amiens, greffier de la Chambre diocésaine. C'est lui qui délivra tous les extraits des déclarations délivrées par le bureau diocésain de 1727 à 1740. — 1740. Me Jean-Baptiste-Firmin Le Boucher. — 1745. Aveu de Me Jean-Angilbert Hourdel. — 1748. Aveu de Me Pierre-Dominique Hourdel. — Vers 1789. Messire Pierre de La Haye, prêtre, curé de la paroisse du Pont-Saint-Pierre, en Normandie.

Redevances de la Ferté. On payait, en 1730, à l'église paroissiale six setiers d'avoine à 5 liv. 15 s. le setier, formant la somme de 34 liv. 10 s., pour le service de Marguerite de Picquigny, maintenu jusqu'à ce jour (Voir *page* 29).

Le seigneur de la Ferté devait aux religieuses de Moreaucourt 12 liv. sur son droit de travers.

Noms de quelques baillis de la Ferté. — 1339. Jean de Molliens. — 1456. Jean Gobert; Colard de Franqueville était son lieutenant. — 1471. Nicole de Bouberch. — 1474. Jean de Bouberch. — 1507. Jean de Lessau. — 1511. Colard de Lessau. — 1529. Jacques de Lessau. — 1557. Jacques Roussel. — 1777. Vignon; Charles-Alexandre de Fontaine était son lieutenant.

SIGILLOGRAPHIE

QUELQUES SCEAUX & QUELQUES ARMOIRIES
DE L'HISTOIRE DE SAINT-RIQUIER.

1. ARMES DE L'ABBAYE.

De France ancien ou d'azur, au chef d'argent et trois fleurs de lys d'or, avec une mître et une crosse d'or mise en pal, tenue par un bras vêtu d'or, mouvant du flanc dextre de l'écu.

La congrégation de Saint-Maur avait placé sur un frontispice le mot: PAX, dans une couronne d'épines, en souvenir de l'acte héroïque de saint Benoît se roulant dans les épines pour apaiser une tentation.

D. Grenier. — M. de Belleval. — Le P. Ménétrier.

SCEAUX DES ABBÉS DE SAINT-RIQUIER.

2. L'ABBÉ PIERRE (1150).

Sceau Une main portant un bâton pastoral.

D. Cotron. — *Chron. Anno* 1150.

C'est, dit D. Cotron, le plus ancien sceau de l'Abbaye.

3. RIQUIER III (1195).

Association de prières avec Jean, Abbé de Marchiennes.

Sceau ogival de 60 mill.

L'Abbé debout, tête nue, crossé de biais, tenant un livre.

† Sigill. Richarii Abbatis sci Richarii

(*Sigillum Richarii, abbatis sancti Richarii*).

G. Demay.—*Inventaire des sceaux de Flandre*, n° 7172.

4. HUGUES DE CHEVINCOURT (1228).

Sceau. Un abbé tenant un bâton pastoral de la main gauche et dans la main droite un livre appuyé sur la poitrine.

D. Cotron. — *Chron. Anno* 1228.

C'est le type abbatial le plus ordinaire.

5. HUGUES DE CHEVINCOURT (1231).

Sceau ogival de 66 mill.

L'Abbé debout tête nue *cum coronâ*, portant la chasuble, la dalmatique, l'étole, l'aube, crossé, tenant un livre.

...gill... 𝔥𝔳𝔤𝔬𝔫𝔦𝔰 ..𝔟𝔞𝔱𝔦𝔰 : 𝔰' : 𝔑𝔦𝔠𝔥𝔞𝔯𝔦𝔦

(*Sigillum Hugonis abbatis sancti Richarii*).

Contre-sceau : Intaille antique. Tête de profil.

† 𝔖' 𝔥𝔳𝔤𝔬𝔫𝔦𝔰 𝔡𝔢 ℭ𝔦𝔳𝔦𝔫𝔠𝔬𝔯𝔱.

(*Secretum Hugonis de Civincort*.)

Abbaye du Gard. Abandon de droits sur des terres à Longueville (ou Longuevillette ?)

G. Demay. — *Inventaire des sceaux de la Picardie*, n° 1422.

6. GAUTIER I DE GAISSART (1241).

Sceau en cire jaune.

Un abbé, les pieds sur un escabeau, entre deux fleurs de lys, tenant de la main gauche un bâton pastoral, dans la droite un livre sur la poitrine.

La tête manque.

Contre-scel. Une tête de femme, dans un médaillon autour duquel on lit :

S. GALTERI DE GAISSART (1).

Cartulaire de l'Hôtel-Dieu.

7. GAUTIER II DE GAISSART (1248).

Sceau. Un abbé portant de la main gauche un bâton pastoral, dans la droite un livre appuyé sur la poitrine, sans armoiries.

Contre-scel. Un lys avec deux petits oiseaux.

Exergue du scel · GAUTIER, ABBÉ DE SAINT RIQUIER EN PONTHIEU.

Cartulaire de l'Hôtel-Dieu.

8. GILES DE MACHEMONT (1275).

Fragment d'un sceau rond de 60 mill.

Sceau. Personnage debout, vu de face et tenant un livre des deux mains. Dans la partie gauche, la seule qui subsiste :

(1) Nous représentons en lettres ordinaires celles qui sont ainsi marquées dans nos manuscrits.

... 𝔖𝔠𝔰 (*Sanctus*).

𝔖𝔠𝔱 𝔑𝔦𝔠𝔥𝔞𝔯𝔦 (*Sancti Richarii*).

Contre-scel. Une victoire ailée sur une pierre gravée.

† 𝔖𝔢𝔠𝔯𝔢𝔱𝔲𝔪.

Appendu à un accord entre l'Abbaye et le comte de Ponthieu, au sujet d'une donation faite à l'Abbaye par Dreux d'Amiens, chevalier, seigneur de Vignacourt. — Août 1275.

Douet d'Arcq. — *Archives de l'Empire.* J. 235, n° 30. (Tome III, 8392).

9. GILES, ABBÉ DE SAINT-RIQUIER (1275).

Fragment de sceau ogival de 60 mill.

Type abbatial.

..... 𝔫 𝔓𝔬𝔫𝔱𝔦𝔳𝔬 𝔇𝔫𝔦 𝔓𝔞𝔭𝔢 𝔠𝔞𝔭...

(..... *sancti Rikarii in Pontivo, Domini Pape capellani*).

Contre-sceau. Trois fleurs de lys, 2 et 1, accompagnées en pointe de deux points.

† 𝔖. 𝔑𝔦𝔨𝔞𝔯𝔦𝔳𝔰 (*Sanctus Rikarius*).

Appendu à une charte de l'an 1275.

Douet d'Arcq. — *Archives de l'Empire*, J. 235, n° 30. (Tome II, 9068).

10. GILES DE MACHEMONT DANS SON TESTAMENT (1289).

Sceau. Type abbatial.

Contre-scel avec cette inscription :

SAINT-RIQUIER.

D. Cotton. — *Chron. Anno* 1289.

11. JEAN DE FOUCAUCOURT (1303).

Fragment de sceau ogival de 55 mill.

Type abbatial mitré, dans une niche gothique.

Légende détruite.

Appendu à une adhésion au procès du Pape Boniface VIII. — 1303.

Douet d'Arcq.—*Ibid*. J. 484, n° 265. (Tome III, 9069.)

12. BEAUDUIN DE GAISSART (1317).

Fragment d'un sceau ogival de 57 mill.

Type abbatial mitré : accompagné de trois fleurs de lys, dans une niche gothique.

S' fris Balduini..... otivo

(*Sigillum fratris Balduini.... . in Pontivo*).

Contre-scel. Type abbatial mitré, à mi-corps, dans une rosace.

† Secretv... bīs sc̄i Rikarii

(*Secretum abbatis sancti Richarii*).

Appendu à une procuration pour les Etats-Généraux de 1317.

Douet d'Arcq. — *Ibid. J.* 443, n° 483. (*Tome* III, 9070).

13 et 14. AUTRES SCEAUX DE BEAUDUIN DE GAISSART.

Type abbatial, sans armoiries.

D. Cotron. *Chron. Ann.* 1310, 1315.

15. PIERRE DES ALLOUENGES (1349).

Sceau. Type abbatial. Abbé mitré, le livre appuyé sur le bâton pastoral.

Contre-scel. Une main tenant un bâton pastoral et des lys sans nombre et une couronne d'épines.

D. Cotron. — *Chron. Anno* 1349.

16. HUGUES DE ROIGNY (1380).

Sur le scel, les armes de l'Abbé.

Inconnues.

Sur le contre-scel, une main qui soutient un bâton pastoral et des lys sans nombre.

D. Cotron. — *Chron. Anno* 1280.

17. HUGUES DE ROIGNY (1387).

Sceau ogival de 55 mill.

Dans une niche gothique, l'Abbé debout, crossé, tenant un livre, accosté de deux écus déprimés, celui de senestre portant une bande.

.... is de Rovgni

(.... *Sigillum Hugonis de Hougni*).

Contre-sceau. Dans un encadrement gothique, un écu semé de fleurs de lys, au bras tenant une crosse.

.... Abbatis sc̄i Richarii

(.... *Abbatis sancti Richarii*).

Accord avec la commune de Saint-Riquier, au sujet d'un cens dû à la maladrerie du Val.

G. Demay. — *Inventaire des sceaux de la Picardie*, n° 1423.

18. GUISCHARD DE SALES (1407).

Sur le scel, les armes de l'Abbé avec des lys sans nombre, une main portant le bâton pastoral. Voici des armes de Sales : *d'azur, au château d'argent maçonné de sable.*

Incertaines.

D. Cotron. — *Chron. Anno* 1407.

19. ADAM DE BRAILLY, PRÉVOT DU MONASTÈRE (1338).

Sceau rond de 24 mill.

Armorial. Ecu à trois mollettes : 2 et 1, sur champ semé de croisettes, à la bande brochant sur le tout dans un trilobe.

...S dau. Adan de Br....

(*Seel dans Adan de Brailly*).

Appendu à une charte de juin 1338.

Douet d'Arcq. — *Inventaire des sceaux de l'Empire*, S. 224 (*Tome* III, 9363).

AUTRES SCEAUX DE SAINT-RIQUIER.

20. DOYENNÉ DE SAINT-RIQUIER (1288, 1424).

Sceau. Une fleur de lys.

Contre-scel. Un AGNUS DEI.

21. CONFRÉRIE DE SAINT-NICOLAS (XIVᵉ SIÈCLE).

Sceau ovale en bronze, portant cette inscription :

S. Confraternitatis Beati Nicolai, M. Sancto Richario.

Dans le champ, on voit saint Nicolas et les trois enfants dans un baquet ; au-dessus un dais gothique, au-dessous un écusson avec les armes du monastère qui sont à trois fleurs de lys.

Du cabinet de feu Hyacinthe Dusevel.

SCEAUX DE SAINT-RIQUIER.

22. ARMES ET SCEAUX DE LA VILLE ET COMMUNAUTÉ DE SAINT-RIQUIER.

Armes. *Sceau de France, d'azur au chef d'argent avec trois fleurs de lys d'or.*

23. Premier Sceau (1291).
Sceau rond de 68 mill.

Cavalier armé d'une masse d'armes, galopant à droite.

.. gillum commvnionis sci. Ricarii

(*Sigillum communionis sancti Ricarii*).

Contre-sceau. Buste d'homme, de face.

† Capvt sci Richarii

(*Caput sancti Richarii*).

Appendu à une charte du 27 décembre 1291, par laquelle la ville de Saint-Riquier prend à cens du roi une place à Saint-Riquier.

Douet d'Arcq. — *Archives de l'Empire*, J. 237. (*Tome* II, n° 5798.)

24. Second Sceau (1303).

Faible fragment de sceau ovale d'environ 60 mill.

Fragment de représentation équestre, à droite.

... M Co.....

(*Major communi...*).

Contre-sceau. Le buste du sceau précédent, mais dont on ne voit ici que l'épaule droite.

...Richarii...

Appendu à une adhésion du maire, des jurés et des échevins de Saint-Riquier, au procès de Boniface VIII, du 3 septembre 1303.

Douet d'Arcq. — *Ibid.* J. 488, n° 511. *Tome* II, n° 5799.

25. Troisième Sceau (1348).

Fragment de sceau rond d'environ 45 mill.

Ecu fleurdelisé, sous un chef.

... rvm sci. .

Appendu à une charte de l'an 1348.

Contre-scel. Un château à trois tours.

Douet d'Arcq. — *Ibid.* J. 5225. *Tome* II, n° 5800 (1).

Quatrième Sceau
26. SCEAU DU MAYEUR DE SAINT-RIQUIER (1427).

Sceau. Un cavalier armé tenant un glaive.

Contre-scel. Le chef de Saint-Riquier.

Cinquième Sceau.
27. SCEAU DU MAYEUR (1457).

Le sceau représente une ville forte. Au haut un chevalier sonne du cor.

Inscription.

Castrum S. Richarii.

Contre scel. Le chef de Saint-Riquier.

Sixième Sceau.
28. SCEAU DE LA VILLE DE SAINT-RIQUIER (1461).

Sceau. La face presque illisible... semée de fleurs de lys au chef...

---

(1) Autre description de ce sceau :
Ecu fleurdelisé sous un chef, dont la légende presque détruite signifiait Castrum sancti Ricarii.

Contre-scel. Un château donjonné de trois tours. Au haut du château, un homme dont on voit une partie du buste; il a une fleur de lys au côté sénestre; il est tourné à droite et tient dans ses mains une espèce de trompette dans laquelle il souffle. On lit autour : CASTRUM SANCTI RICHARII.

Cartulaire de l'Hôtel-Dieu, n° 124.

29. SCEL AUX CAUSES.

Sceau. Une forteresse percée de trois portes et surmontée de trois tours. Sur la plus haute un hibou; sur celle de droite une fleur de lys, et sur la troisième un oiseau planant.

D. Grenier cité par M. Prarond — *Histoire de Saint-Riquier, page* 113.

30. PIERRE LE POMMIER, LIEUTENANT DU PRÉVOT DE SAINT-RIQUIER (1384).

Sceau rond de 20 mill.

Ecu au sautoir cantonné de trois lions et d'un huchet à senestre.

Légende détruite.

Abbaye de Saint-Riquier. Commission donnée à un sergent de la prévôté.

G. Demay. — *Inventaire des sceaux. Archives de la Picardie*, n° 915.

31. JEAN DE LA PORTE, PREVOT DE SAINT-RIQUIER (1385).

Sceau rond de 20 mill.

Dans un quatrilobe en losange : un écu chargé d'une porte soutenue par un chevron et accompagnée en pointe d'un objet indistinct. Dans le champ : trois canettes.

...... 𝔏𝔢 𝔓𝔬𝔯𝔱𝔢

(*Scel Jehan de le Porte*).

Abbaye de Saint-Riquier. Sentence au sujet d'une maison à Saint-Riquier (22 avril 1385).

G. Demay. — *Ibid*, n° 916.

32. SCEAU D'UN PRÉVOT (1499).

Sceau en cire verte avec une fleur de lys sur le scel et le contre-scel.

33. SCEAU DE BAUDUIN TERNISIEN, PRÉVOT DE SAINT-RIQUIER (1500).

Sceau. Ce prévôt portait de... à trois merlettes de... 2 en chef et une en pointe, et un croissant en fasce.

Légende. BAUDUIN TERNISIEN.

Cartulaire de l'Hôtel-Dieu, n° 71.

34. AUTRE SCEAU D'UN PRÉVOT (1523).

Sceau aux armes de France; trois fleurs de lys, 2 en chef, 1 en pointe.

Légende. PRÉVOTÉ DE SAINT-RIQUIER.

35. SCEAU DE JEHAN D'ACHEUX (1574).

Même sceau, mais les fleurs de lys sont circonscrites par un quadrilobe.

Légende illisible.

SCEAUX DIVERS.

36. DOYENNÉ D'OISEMONT (1231-1266).

Sceau. Empreinte d'un lion.

Cartulaire de Saint-Riquier, fol. 150-151.

37. SCEAU DU MAYEUR DE MAYOCH (1230).

Sceau rond de 63 mill.

Représentation équestre à droite.

.... † 𝔖𝔦𝔤𝔦𝔩𝔩𝔲𝔪 𝔪𝔞𝔦𝔬𝔯𝔦𝔰 𝔡𝔢 𝔐𝔞𝔦𝔬𝔠𝔥

(*Sigillum majoris de Maioch*).

Appendu à une charte du 4 mars 1230 par laquelle les maire et échevins de Mayoch promettent d'abandonner le comte de Ponthieu dans le cas où il ne tiendrait pas ses engagements envers le roi.

<small>Douet d'Arcq. — *Ibid. J.* 395. (*Tome* II, 5774.)</small>

SCEAUX D'ÉVÊQUES.

38. THIBAUT D'HEILLY, ÉVÊQUE D'AMIENS (1174).

Sceau. Double lacs de cire jaune et rouge avec la tête d'un évêque.

<small>Le reste illisible.
D Cotron. — *Chron. Anno* 1174.</small>

39. EVRARD, ÉVÊQUE DE TOURNAY (1118).

Sceau. Tête d'évêque.

<small>D. Cotron. — *Chron. Anno* 1218.</small>

40. JEAN, ABBÉ DE FORÊT-MONTIER (1154).

Sceau. Type abbatial attaché à un chirographe pour l'abbaye de Valloires.

<small>Exergue. JOANNES ABBAS SANCTÆ MARIÆ FORESTENSIS MONASTERII, VENIENS APUD RICHARIUM, IN CURIA COMITISSÆ, CORAM FILIO SUO JOANNE COMITE.
D. Grenier. — *Vol.* 57, *page* 243.</small>

41. MONASTÈRE DE SAINT-MARTIN DE TOURNAY (1309).

Le sceau, au lès ou côté, grant image d'un évêque, assis en chaire, en habits pontificaux et à l'autre lès ou côté, grant image de saint Martin sur son cheval.

<small>*Cartulaire de Saint-Riquier.* — Chevincourt (1309).</small>

42. SCEAU DES CHEVALIERS HOSPITALIERS DE SAINT-JEAN-DE-JÉRUSALEM (1342, 1352).

Grand sceau à l'esgle.

<small>*Cartulaire de Saint-Riquier.*</small>

43. SCEAU DE LA COUR SPIRITUELLE D'AMIENS (1282).

Sceau. Une porte avec cette légende :
SIGILLUM CURIÆ AMBIANENSIS SECRETUM.
Contre-scel. Un oiseau prêt à s'envoler.

<small>*Cartulaire de l'Hôtel-Dieu*, n° 111.</small>

COMTES DE PONTHIEU.

44. GUILLAUME DE PONTHIEU (1210).

Sceau. Un cavalier portant un glaive de la main droite

Devise : ELLE MANQUE.

<small>D. Cotron. — *Chron. Anno* 1210.</small>

45. MATHIEU DE MONTMORENCY ET MARIE SON ÉPOUSE (1248).

Sceau de Mathieu. Un cavalier avec une épée à la main droite.

Contre-scel. Les armes de famille.

Sceau de Marie de Ponthieu. Une demoiselle tenant un lys à la main.

Contre-scel. Un lys.

<small>D. Cotron. — *Chron. Anno* 1248.</small>

SCEAUX ABBEVILLOIS.

46. UN MAYEUR D'ABBEVILLE (1170).

Sceau d'un chirographe sous l'Abbé Gaudefroy. Le chirographe était scellé d'un grand sceau sur lequel on voyait l'image d'un grand homme armé et à cheval.

<small>*Cartulaire de Saint-Riquier.* — *Anno* 1170.</small>

47. GÉRARD D'ABBEVILLE (1202, 1239).

QUELQUES SCEAUX ET QUELQUES ARMOIRIES DE L'HISTOIRE DE SAINT-RIQUIER. 527

Sceau tronqué. Un cavalier portant son écusson au cou.

Contre-scel. Sur un écu, trois écussons aux armes d'Abbeville.

Légende. SECRETUM.

Cartulaire de l'Hôtel-Dieu, n°s 1 et 12.

SEIGNEURS DE LA FERTÉ.

48. MARIE DAME DE LA FERTÉ. (XIIe SIÈCLE).

Sceau ogival de 40 mill.

Intaille représentant un abraxas.

† S Marie dne de le Ferté.

(Sigillum Marie, domine de le Ferté)

G. Demay. — *Ibid. Archives de la Picardie*, n° 311.

49. MATHIEU DE ROYE (1275).

Armorial. Une bande brisée d'un lambel à cinq pendants.

Seel appendu à un hommage de la comtesse de Vendôme à Pierre de la Broie. — 1275.

Douet d'Arcq. — *Sceaux de la France. Tome II*, n° 3476.

50 JEAN I DE CHATILLON.

Sceau. Un homme à cheval tenant l'escu des armes de Châtillon, brisées d'une merlette au canton chef.

Duchesne. — *Généalogie de la famille de Châtillon*, page 247. *Preuves.*

51. MARGUERITE DE PICQUIGNY, VEUVE DE MATHIEU DE ROYE (1342).

Sceau ogival d'environ 60 mill.

Dame debout, en robe ou en manteau vairé, tenant de chaque main un écu....

... erite...

Seel Marguerite.

Fondation d'une chapellenie à la Ferté-en-Ponthieu. — 4 décembre 1342.

G. Demay. — *Ibid* n° 58.

52. GAUCHER DE CHATILLON, SEIGNEUR DE LA FERTÉ-EN-PONTHIEU (1342).

Sceau rond de 52 mill.

Type équestre sur champ fretté : le bouclier et la housse aux trois pals de vair sous un chef chargé de trois merlettes.

S : Gaucher : de : Ch... segn : de : la : Ferte : en : Poti

(Seel Gaucher de Chasteillon, seigneur de la Ferté-en-Ponthieu).

Sur une charte pour la fondation de la chapelle de la Ferté. — Octobre 1342.

G. Demay. — *Ibid. Archives de la Picardie*, n° 236.

53. JEAN DE CHATILLON, SEIGNEUR D'YAUCOURT (1376).

Sceau. Ecu à trois pals de vair, sous un chef chargé de trois merlettes, penché, timbré d'un heaume cimé d'une touffe de plumes, supporté par deux lions.

.. Jehan de Chastelion chlr

(Jehan de Chastelion, chevalier).

Chapitre d'Amiens. Renonciation à un droit de champart à Bellancourt, lorsqu'il n'était encore que seigneur d'Yaucourt. — 27 mars 1376.

G. Demay. — *Ibid. Archives de la Somme*, n° 237.

FIEFFÉS DE SAINT-RIQUIER.

54. DREUX D'AMIENS ET PIERRE D'AMIENS (1268).

Sceau. Il représente des cavaliers assis sur des chevaux caparaçonnés, tenant une épée de la main droite, un bouclier de la gauche avec leurs écussons de famille (1).

D. Cotron. — *Chron. Anno* 1268.

55. GUI DE CANDAS (1210).

Sceau. Un chevalier tenant une épée de la main droite.

Ses armoiries manquent au manuscrit.

D. Cotron. — *Chron. Anno* 1210.

56. GUILLAUME COMTE DE VA-RENNES EN ANGLETERRE (1223).

Sceau attaché par un double lacs de parchemin.

Il représente un cavalier tenant une épée de la main droite et un bouclier de la gauche.

Les armoiries manquent au manuscrit. Elles seraient échiquetées d'or et d'azur, d'après un armorial.

D. Cotron. — *Chron. Anno* 1223.

57. JEAN DE COUDUN ET SON ÉPOUSE (1266).

Sceau de Jean. Un chevalier, dont le cheval est caparaçonné, tient une épée de la main droite et un bouclier de la gauche.

Les armoiries manquent au manuscrit. Ces armoiries représentaient un écu à une fasce.

Sceau de l'épouse. Une demoiselle avec un épervier sur le poing gauche et un éventail dans la main droite.

D. Cotron.— *Chron. Anno* 1266.

(1) Dans les *Archives de l'Empire*, J. 229, n° 19, on voit un sceau de Dreux d'Amiens avec ces lettres :

† S Droconis : de: Ambianis : dñi : Vinalcurtis

(*Sigillum Droconis de Ambianis, domini Vinaucurtis*). Contre-scel. Écu a trois écussons de vair.

58. GUI DE CAUMONT (1165).

Sceau. Un cavalier tenant une épée de la main droite et un bouclier de la gauche.

D. Cotron.— *Chron. Anno* 1165.

59. RENIER D'YAUCOURT (1231).

Sceau. Trois aigles éployées.

Ce sceau lui a été donné par l'abbé Gautier I de Gaissart.

Cartulaire de Saint-Riquier.

60. FAMILLE DE BERSAQUES (1266).

Armes anciennes.

Une mantelle de paon à six branches.

Cartulaire de Saint-Riquier.

61. SELLE DE BEAUVOIR DE SE-NARMONT (1318).

Le sceau de Selle de Beauvoir était écrit en rotonde avec ces mots :

CAPUT SELLONIS DE BELLO VISU.

---

62. LE PAPE ALEXANDRE III (1176).

Le sceau est attaché à un double lacs de cire rouge et jaune. Il représente, selon la coutume, la face des deux saints apôtres Pierre et Paul d'un côté. On lit sur le revers :

ALEXANDER PP. III.

D. Cotron. — *Chron. Anno* 1176.

SCEAUX DE L'ABBAYE.

QUELQUES SCEAUX ET QUELQUES ARMOIRIES DE L'HISTOIRE DE SAINT-RIQUIER. 529

On venait de terminer l'impression de la page précédente, lorsque M. l'abbé Gordière, curé de Saint-Antoine de Compiègne, précédemment curé de Machemont, où se trouvait le prieuré de Saint-Amand dont il a été plusieurs fois· parlé dans cette histoire, me communiquait deux sceaux de Jean de Foucaucourt parfaitement conservés et dessinés sous sa direction. En voici la description que nous donnons avec sa permission et dont nous lui sommes très reconnaissant.

« S. RIQUIER (Jean II de Foucaucourt abbé de). 1309.

Sceau rond de 52 mill. Collect. belg. N° 1825.

Abbé debout, vu de face, tenant un livre des deux mains, vêtu de la chasuble et de l'aube; dans le champ de chaque côté du personnage SCS — RICA. Sanctus Ricarius.

† SIGILLV. CAPITULI. SCI. RICHARII.
Sigillum capituli sancti Richarii.

Contre-sceau.

Sceau rond à collet de 22 mill. Collect. belg. N° 1826.

Pierre gravée, une victoire ailée.

† SECRETVM. SCI. RICHARII.
Secretum sancti Richarii.

Sceau en cire brune à double queue de parchemin, appendu à un accord entre les abbés de S. Riquier et de S. Martin, de novembre 1309. — P. 63, 264 de l'ouvrage de M. Gordière.

Douët d'Arcq le donne en partie n° 8392.

S. RIQUIER (Jean II de Foucaucourt, abbé de), 1309.

Sceau ogival de 62 mill. Collect. belg. N° 1823.

Buste de la Vierge tenant son enfant dans un cadre d'architecture Dessous, dans un portique gothique, un évêque (1) debout, mitré, crossé, tenant un livre de la main gauche. Vêtu d'un amict à collet brodé, chasuble ample, dalmatique brodée, étole droite, trois fleurs de lys superposées dans le champ à droite.

† S· I· DI· GRA· ABBIS· SCI· RICHARII· I· POTIVO.
Sigillum Ioannis dei gracia abbatis sancti Richarii in pontivo.

Contre-sceau (le premier de la PL. VIII).

Sceau rond, à rebord peu élevé, de 21 mill. Collect. belg. N° 1824.

SECRETV· IANNI· SCI· RICHARII.
Secretum Ioannis Sancti Richarii.

Sceau en cire brune, à double queue de parchemin, appendu avec les sceaux de la même date de la planche VIII, à la charte de novembre 1309. — P. 63. 264 » (2).

(1) N'est-ce pas plutôt un abbé mitré?
(2) *Prieuré de Saint Amand*, par M.Cordière, L.-A , Missionnaire apostolique, Chanoine de Nazareth, Curé de Machemont, Membre de plusieurs Sociétés savantes. Pages xv et xvi.

TABLE ALPHABÉTIQUE

DES NOMS DE PERSONNES.

A (¹)

AARON. Sa statue au portail de l'Eglise. II, 375.
ABBAYE (F. de l'). III, 94.
ABBEVILLE (F. d'). III, 246.
— Bernard, Ev. d'Amiens. I, 521, 525.
— Gérard. I, 476. — III, 424.
— Guillaume. III, 424.
— Hugues. I, 301.
— Jeanne. III, 285.
— Simon. III, 424.
ACCARD (F.). III, 73.
— Aléaume. III, 45 n.
— Giles. III, 430.
— Jean. III, 42.
— Jeanne. III, 83.

(¹) Un trait d'union entre deux chiffres indique l'étendue d'une biographie ou d'une notice plus spéciale.
Les noms des Saints sont placés à leur ordre alphabétique, mais quand le nom composé de Saint indique une famille, on le trouvera au mot SAINT.
ABRÉVIATIONS. — A. Abbé. — A.S.R. Abbé de Saint-Riquier. — Ev. Evêque. — M. Moine. — M.S.R. Moine de Saint-Riquier. — M.B. Moine Bénédictin. — n. note. — P. Prieur. — S. Saint. — B. Biographie. — F. Famille. — Les prénoms inscrits sous le nom de famille, indiquent qu'il est question de ces personnes en d'autres endroits de l'ouvrage.

ACHEUX ou ASSEU (d'), Josselin ou Gosselin. I, 466.
— Ses frères Simon, Hugues, Théobald. II, 503.
— Jean. III, 525.
ADALBAUD (St). I, 31, 43.
ADAM. Sa statue au portail de l'Eglise. II, 375.
ADAM ou ADE, maître de l'Hôpital. III, 117. — Voir L'ABROYE.
ADHELARD (St), (A.). I, 115-16, 118, 121, 122, 135, 219-22, 326.
ADRIEN (St) ou St Fricor. — Voir St Caïdoc.
ADRIEN I, pape. I, 117-28, 130, 158.
— II, pape. I, 259.
— IV, pape. I, 401, 442.
AGENVILLERS (F. d'). III, 283.
— Aléaume ou Alerme. III, 243, 247.
AGNÈS (Ste). Sa statue dans l'église. II, 399.
AGOBARD. I, 221.
AIGNEVILLE (F. d'). III, 273, 332.
— André. III, 132.
— Louise-Charlotte. III, 206.
AILLY (F. d'). III, 244, 317, 322.
— Gérard. III, 430.
— Marie. III, 105.
— Raoul. III, 239.
— Robert. I, 415, 422-23. — III, 424.
AIMERIC, Cᵗᵉ de Ponthieu. I, 9.
AINVAL (F. d'). III, 314.
AIRAINES (d'), Godard. I, 391. — II, 495.
— Jean. III, 67 n.

ALCAIRE, père de Saint Riquier. I, 1, 2, 6, 7, 9.
ALCUIN (M.B.). I, xxxiii, 116-24, 128, 129, 131-43, 200, 203. — II, 464, 487, 551.
ALDRIC (A.S.R.). I, 93 (B.).
ALEXANDRE DE BAYEUX. I, 469.
ALEXANDRE III, pape. I, 442, 443, 444, 449-53, 455, 456, 458, 459, 460, 489. — II, 499, 501. — III, 411.
— IV. pape. I, 521. — II, 507.
— VII, pape. II, 295 n.
ALIGRE (F. d'). I, 239.
— Charles (A.S.R). II, 233-67 (B.), 282, 386-90, 418.
ALIX (F.). III, 319.
ALIX, fille de Louis VII. I, 478.
ALLIEL (F. d'). III, 74.
— Firmin. II, 119 n. — III, 390.
— Hue. II, 97 n.
ALLOUENGES (des), Pierre (A.S.R.). II, 36-51 (B.). — III, 385, 523.
AMAND (St). I, 42-43, 48.
AMBOISE (d'), Engerger. II, 24.
AMERVAL (d'), Mathieu (M. S. R.). II, 193.
— François. III, 221.
AMIENS (F. d'). III, 204, 316. — III, 401.
— Anne. III, 286.
— Charles. III, 306.
— Dreux. III, 66 n, 288, 528.
— Foulques I, Ev. d'Amiens. I, 297.
—   II, Ev. d'Amiens. I, 340, 349, 350. — III, 237.
— Guillaume. III, 138.
— Hue et Renaud. III, 207.
— Pierre. III, 138, 207, 528.
ANACLET (Pierre de Léon), antipape. I, 401, 418.
ANDRÉ (St) Sa statue et sa chapelle. II, 404.
ANDRÉ, Abbé de Saint-Valery. III, 341.
ANGELRAN (le B), (A.S R). I, 312-32 (B.), xxxv, 230, 299, 367. — II, 277. — III, 411.
ANGILBERT (St), (A.S.R.). I, 94-208 (B.). — II, 552. — III, 407-10.
— Son mariage avec la princesse Berthe. I, 95-111.
— Ses miracles. I, 206, 392-98.
— Ses translations. I, 227, 342-43.
— Sa canonisation et son culte. I, 207, 344, 399.
— Ses reliques. I, 227, 342-43, 399. — II, 396, 537.

ANGILBERT (St). Sa châsse. II, 392.
— Sa chapelle. II, 396.
— Ses fêtes. II, 421, 423, 429, 431-32.
— Ses épitaphes. I, 205. — II, 550.
— Son tombeau. II, 384.
— Son surnom d'Homère et ses écrits. I, 135-141.
— Variantes de son nom. I, 114 n.
ANNE (Ste). Sa statue. II, 378.
ANSCHAIRE (St.). I, 222.
ANSCHER (A S.R.). I, 385-432 (B.), 98, 206, 371, 379. — II, 495.
ANSEGISE (A). I, 216.
— (M. S. R.) I, 162, 255, 263. — II, 551.
ANSELME (St) I, 376.
ANSLEIC (chef Normand). I, 248.
ANSTER, famille Anglaise. II, 412.
ANTOINE (St). Sa statue. II, 393.
AOUST (F. d'). III, 257.
— Marie. III, 302.
APOLLINE (Ste). II, 400.
ARDRES (F. d'). III, 333.
— Charles. III, 330-332.
— Claude. III, 330.
ARECH (d'), Thomas (M.S.R.). II, 76 n., 77.
ARGIES (d') Thomas (M.S.R.). II, 181.
ARGOULES (F. d'). III, 120.
ARNAUD, (d') Charles. III, 206, 344.
ARNON, Ev . I, 135, 140.
ARNOUL ou Hariulfe. I, xxxii n.
— Abbé nommé de S.R. I, 488.
— (St), Ev. I, 428-29. — II, 418, 420-21, 424, 427.
— Arch. de Reims. I, 298.
ARNOUL LE VIEIL, comte. I, 283-87.
ARNOUL LE JEUNE, comte. I, 290-91, 297. — II, 408-9.
ARRET (d'), Jean. III. 244.
ARTOIS (d'), Dame Catherine. III, 219.
ARVILLERS (F. d'). III, 395-96.
ASQUETTE (d'), Jeanne. III, 78.
ASSELIN, Thibaut (M.S.R.). II, 209, 214.
AUBELUCHE, Riquier, prévôt. I, 555.
AU CÔTÉ, Eustache. III, 82.
AUMALE (F. d'). III, 307.
— Jacques. III, 496.
— Marie-Louise. III, 253.

AUMALE (d'). Philippe III, 199.
— (duc d'). II 219-21 n
AUSONNERS (d'), Jean. III. 321.
AUTHEUX (des), Odon. I, 446 n.
AUXI (d'), Anselme. I, 445 n.
— Hugues I, 500.
— Jean IV. II, 88, 103, 136.
— Lambert I, 446 n.
AUXI (Les seigneurs d') aux sièges de Saint-Riquier. I, 415. — II, 88.
AVITIEN, clerc de Bayeux. I, 304

B

BAIL, Elizabeth. III. 304.
— Louise. III, 243.
BAILLEUL (F. de). III, 75.
BANQUETHUN (F. de). III, 120.
BARBE (Ste). II, 253, 404.
BARDOUL (F.). III, 120.
— Jean. III, 117 n.
BARLY (de), N. III, 104.
— Jacques. III, 104.
BARTHÉLEMI (St). II, 253.
BASIN, Hugues. II, 508.
BATAILLE, Louis, Ev. d'Amiens. I, XI.
BATHILDE (Ste). I, 83, 85.
BAUDICHON, janséniste appelant. II, 301.
BAUDRI, Ev. I, XV.
BAYENCOURT (F. de). II, 172, 193.
— Thibaut (A.S.R.). II, 171-91, (B.).
BEAUDOIN, Ev. I, 297.
— comte. I, 297.
BEAUDUIN, Jean, écuyer. III, 389.
BEAURAIN (F. de). I, 415, 549. — III, 224.
BEAURIEL (de), Jean. III, 309.
BEAUVOIR (F. de). III, 75.
— Ferry, Ev. d'Amiens. II, 116, 118, 128.
— Selle. III, 321, 528.
— (la Dame de). II, 134.
BECQUET (F.). III, 76
— Pierre. III, 213.
BECQUIN, Charles du Fresnel. III, 234
— Pierre. III, 234.
BÉDE (Martyrologe de). II, 419, 421, 547.
BEL, Simon (M. S R). II, 214.

BELESME (de), Robert, Cte de Ponthieu I, 352, 415 n , 425.
BELFLOS (de), Hugues. I, 446 n.
— Regnier. III, 444. — Voir YAUCOURT.
BELLEVAL (F. de), à Huppy. III, 230.
— Jean. II, 62.
— Jean. III, 166 n.
— Jean. III, 229.
— Pierre. III, 284.
BELLEVAL (F. de), à Yvrench. III, 301.
— Guy et Roger III, 435.
BELLINVAL (F. de) III, 244.
BELLOY (F. de) II, 170. — III, 299.
- Antoine-François-Augustin. III, 285.
— Guillaume. III, 286, 347.
— Jean-Philippe-Nicolas. III, 207.
— Jeanne. III, 273.
— Jeanne. III, 112.
— Louis. III, 275.
— Nicolas. III, 347.
BENOIT (St). I, 147, 155, 345 n. — II, 418, 425-26 n.
— Ses reliques. II, 253, 425.
— Ses fêtes. II, 421, 423, 425, 426, 429.
— Ses statues, sa chapelle. II, 377, 396, 397.
BENOIT D'ANIANE (St). I, 117, 214, 218 — II, 459.
BENOIT XII, pape. II, 20, 21, 22, 36.
— XIII, antipape. II, 61.
— XIV, pape. I, 62, 206, 207. — II, 402
BERCHOND, év. d'Amiens. I, 39.
BÉRENGER, hérésiarque. I, 351.
BERNARD (St). I, 400.
— (M S. R) I, 359.
— (F.) III, 284.
BERNAY (F. de). III, 214.
BERNIÈRES (de), Mathieu (M.S.R.). II, 4, 5.
BERRY (F. de). III, 265.
BERSAQUES ou BERSACLES (F. de). III, 76, 528.
— Adam. I, 436. — II, 80.
— Colard. III, 332.
— Guillaume. III, 428.
— Hugues. III, 435.
— Jacques. III, 65 n.
— Jean I, 555. — II, 80.
— Pierre. III, 284
— Robert. III, 359.

BERTAULT, Philippe. III, 322.
BERTHE, fille de Charlemagne. I, 97, 99, 109, 110, 122, 124, 138.
BERTULFE, prévôt de Bruges. I, 413.
BETHMAN, savant Allemand. II, 545-52.
BÉTHUNE (Le Moine de). III, 470.
BIENCOURT (de), Colard. III, 345.
BIEZ (F. du). III, 401.
BLAISE (St). II, 253.
BLONDEL, Louis et Jeanne. III, 307.
BLOTTEFIÈRE (F. de) III, 128, 265.
— Pierre. III, 78.
BLOUYN, Arnault (M.S.R.). II, 438.
BOCA (M.), archiviste. I, XIII
BOFFLES (de), Ramage. III, 201.
— Rasse. II, 119.
BOIS (F. du). III, 402.
BOISBERGUES (F. de). III, 312.
BOIS-JOLY (de), René. III, 184.
BOITELLE (F). III, 176.
— Wautier. III, 205.
BOLLANDUS. I, 97, 101. — II, 420.
BOMMY (F. de). de Lignières. II, 110-11.—III, 81.
— Jeanne. III, 193.
— Marie. III, 304.
— Pierre. III, 264.
BONIFACE VIII, pape. II, 1, 4, 7, 10.
BONNAINVILLERS (F. de). III, 242.
BONNEL (de), Hugues (M.S.R.). III, 277.
BONNIÈRES, Pierre. I, 529.
BORFONTAINE (F. de). III, 142.
BOSKET (F.). III, 81.
BOUBERCH (F. de). III, 81, 167.
— Guillaume. I, 44.
— Jean. III, 112.
— Mailly. III, 44.
— Pierre. III, 73 n., 152, 155.
BOUBERS (de), Edmond. II, 86, 93-94.
BOUCHARD, de Bruges. I, 413.
BOUCHARD ou BURCHARD, de Montmorency. I, 291. — II, 345.
BOUDINET, Jacques, Ev. d'Amiens. I, XI. — II, 535.
BOUDRAN, (M.S.R.). II, 267.
BOUFFLERS (F. de). III, 241.
— Aléaume. II, 82.
— Nicaise. II, 87, 95. — III, 134.
BOULOGNE (de), Guy, cardinal II, 38.

BOULLOGNE, Bon, peintre. II, 396.
BOUQUETOT (de), Jean, (A.S R). II, 78 (B.).
BOURBON (de), Catherine III, 244.
BOURBON (de), Jacques, Cte de Ponthieu. II, 48. III, 340
BOURDON, Nicolas (M.S.R) II, 98, 106, 107.
BOURGES (de), Pierre (A.S.R.). I, 437-42, (B.). — II, 498. — III, 521.
BOURGOGNE (duc de) II, 82-88.
BOURNEL (F.). III, 178, 199
— Marguerite. III, 194.
BOURGUIER (F. du). III, 303.
BOURNONVILLE (de), Jean. III, 234.
BOURS (F. de). III, 290.
— Marguerite III, 490.
— Thomas. I, 550.
— Witart ou Wiscart. II, 82.
BOUSSART, Riquier. III, 342.
BOUTERY (F. de). III, 227.
BOVES (de), Enguerrand, Ev. d'Amiens. III, 456.
BRADEL, Jean. III, 312.
BRAILLY (F. de). III, 83.
— Adam (M.S.R.). III, 523.
— Guillaume. I, 446 n.
— Henri (M. S R). II, 47.
BRAY (F. de). III, 383.
— Pierre. I, 470.
BRIENNE (de), archevêque de Toulouse. II, 308.
BRIET (F.). III, 170, 318.
— Daniel. III, 306.
— Guillaume. III, 74.
— Hue. III, 308.
— Jean II, 164.
— Oudard. III, 234.
— Pierre. III, 321.
BRIMEU (F. de). III, 179, 225.
— Jean et Eustache. III, 548.
BRISTEL (de), Aléaume (A). II, 87.
— Jacques. III, 167, 169.
BROEUILLET (F.). III, 206
BROSSARD (F. de). III, 314.
BROUILLY (de), Antoine. II, 82.
BROUTIN, d'Ergnies. I, 198.
BRUCAMPS (de), Marguerite. III, 86.
BRUGES (de), Jean. II, 104, 171, 173-74, 405.
BRUNEHAUT, reine de France. I, 83.
BRUYÈRE-CHALABRE (de), Alexandre-Joseph-Marie-Alexis (A.S.R.). II, 313-18, (B.).

BUCY ou BUISSY DE SULONNE (F. de). III, 204.
BUIGNY (de), Jean. III, 73 n
BUISSY (F. de). III, 137, 214, 258, 287, 300, 304, 306, 334.
— Beauduin. III, 389.
BUSSU (F. de) III, 193.
— Aeline. III, 192.
— Marguerite. III, 75.
— Robert et Guy. III, 444 n.
BUTEUX (F.). III, 83.
BUTEUX DE CELANGES. III, 16.
BUZENVILLE (de), Guy, Templier. III. 240.

C

CACHELEU (F. de). III, 193, 195.
— Antoinette. III, 187.
— Antoinette. III, 220.
— Barbe. III, 132.
— Claude. II, 219.
— Charles. II, 235.
— François (M. S.-R.). II, 241.—III, 122.
— Marie-Toussaine. III, 105.
CAHOURS (de), Hugues. I, 424. — III, 175.
CAIDOC et FRICOR ou ADRIEN (Sts), I, 71-75 (B.), 21, 40, 342, 344. — II, 252, 392, 424, 540.
CALLÉ, curé de Saint-Riquier. II, 365. 534, 536, 537, 538, 540, 541. — III, 32-33.
CALIXTE (Reliques de St). II, 253.
CALLANDE (de), (D^{lle}). III, 121.
CALONNE (F. de). III, 252.
— Anne. III, 334.
— Françoise. III, 300.
— Isabeau. III, 334.
— Marguerite. III, 306.
— Marie. III, 206.
— Nicolas. III, 334.
— N. III, 22 n.
CALOTAIS ou COLLETONS (les). III, 415.
CAMP D'AVESNE, Hugues. I, 414-22. III. 262.
CAMPIGNEULES (de), Giles et Edme. III, 298.
— Voir Boufflers.
CANAPLES (de), Guillaume. II, 54.—Voir Famille d'Amiens.
CANDAS (F. de). III, 271, 276.
— Enguerran. III, 427.
— Guy. III, 528.
— Hamelitus. III, 251.

CANNESSON (F. de). III, 304.
CANTELEU (F. de). III, 206
— Charlotte. III, 178.
CANTEREINE (la Bête). I, 422 n.
CANTREL, Jacques III, 30.
CANU (F). III, 504.
— Catherine III, 133.
— Dominique. III, 84.
— Marguerite. III, 100.
CAOURSIN, Nicolas. III, 303.
CAPET, Hugues, roi de France. I, 278, 288-94.
— II, 408-10.
CARBONNEAU (F. de). III, 313.
CARLET, curé de Manicamps. I, 104, 105 n., 289 n.
CARLOMAN (A.S.R). I, 258-61 (B.). — II, 550.
CARNAC (M S.R.). II, 312-13.
CARPENTIER. Jacques. III, 30.
CARPENTIN (F. de). III, 309.
— Artus. III, 294.
— Eléonore. III, 294.
— Jules III, 449.
— Marc-Antoine. III, 213
— Simon. III, 275.
CARUE, Jeanne. III, 340.
CASTAIGNE, Eremburge. III. 116, 428.
— Eve et Marie III, 118.
CASTEL (F. du) III, 208.
CATEGNY (F. de). III, 345.
— Andrieu. III, 328.
CATHERINE (Ste). Ses statues. II, 378, 399, 405.
CATTO, Angelo, cardinal. II, 147. — III, 264.
CAUMONT (F. de). III, 246.
— Guy. I, 163, 444. — III, 528.
— Henri. I, 442 n., 463 n., 476 n —III, 400.
CAUX (F. de). — Voir Le Ver.
CAYEUX (de), Ansel. III, 341.
— Mathieu. III, 431.
CÉCILE (Ste). II, 399.
CÉLESTIN II, pape. I, 456 n.
CELLES (de), Pierre (M. B.) I, 448.
CHABONS (de), Jean-Pierre-Gallien, év. d'Amiens. I, IX. — II, 535, 543.
CHALONS (de), Jean. II, 24. — III, 385.
CHAMONT (F.). III, 84, 504.
CHANAL, François. II, 201, 208-9. — III, 234.
CHANTELOU (de), Gui. III, 332.
CHAPELLE, Jean (de la). — Voir La Chapelle.

CHARLEMAGNE. I, xxxv n., 8, 64, 94-100, 104, 112-16, 117-25, 126-31, 132-40, 143-45, 198-202, 204. — II, 456, 461. — III, 407.
CHARLES-LE-CHAUVE I, 237, 240, 242, 243, 244, 255, 257, 253 60 — II, 550. — III, 410.
CHARLES V. II, 53. — III, 330.
— VI. II, 58, 60, 61, 62, 75, 82.
— VII. II, 103.
— VIII. II, 152, 164.
— IX. II, 208 n.
— X. II, 316
CHARLES-LE-BON (le B.), Cte de Flandre. I, 409, 412-13.
CHARLES-LE-TÉMÉRAIRE. II, 131, 135-37, 142, 143, 147.
CHASTELET (F. du). III, 501.
— (Marquis du). I, 273. — III, 500.
CHATEAUNEUF DE ROCHEBONNE (de), Charles-François (A.S.R.). II, 279-302, (B.).
CHATILLON (F. de). III, 475-92.
— Artus. I, 272.
— Béatrix. III, 385.
— Charles. II, 82.
— Elisabeth. III, 403
— Gautier ou Gaucher. II, 47. — III, 17, 527.
— Guy, archevêque. I, 357 n.
— Jacques. II, 82.
— Jean I. III, 527.
— Jean II. III, 17, 527.
— Marguerite. III, 483 n , 493.
— Milon, évêque. I, 491. — II, 507.
CHATILLON-ST-POL (de). I, 501 n. — II, 221 n.
CHATILLON ST-POL (de), Guarin, Ev. d'Amiens. I, 424. — III, 456.
CHAUMONT (de), Hugues. I, 409 n.
CHENNEVIÈRES (de), Philippe. II, 396 n., 404.
CHERCHEMONT (de), Jean, Ev. d'Amiens. II, 18.
— Jean, chanoine. I, 551.
CHEVALIER, Pierre, notaire public en 1410. II, 77.
CHEVINCOURT (de), Hugues (A.S.R.). I, 480 502 (B.), 461, 463, 465 n. — II, 505-7. — III, 207, 403, 521-22.
CHILDEBERT I. I, 83. II, 401.
CHILDÉRIC II. I, 83.
CHISSEY (de), Pierre. II, 59.

CHOLET, cardinal. I, 552
CHRÉTIEN (N.), chanoine. II, 507.
CHRISTOPHE (St). II, 385.
CHUIGNOLLES (F. de) III, 392.
— Agnès. II, 64-65.
CLABAUT, Hue. I, 555.
CLÉMENT (F.). III, 84.
CLÉMENT IV, pape. I, 521, 522, 525.
— V, pape. I, 457, 512.—II, 4, 8, 13, 17 n
— VII, antipape. II, 59, 61 n.
— X. II, 244
— XIV. III, 121.
CLOTILDE (Ste). I, 380.
CLOTIN — Voir COSCHIN.
CLOVIS I. I. 380.
— II I, 83
COCU, Philippe. III, 131.
COLLETONS ou CALOTAIS (les). I, 415 n.
COLOMBAN (St) et ses compagnons. I, 20, 54.
COLOMBE (Ste) II, 430.
COMMINES (le sire de). II, 88.
COMPTES (F. des). III, 401.
CONCHY (de), Gérard, Ev. d'Amiens. I, 512.
CONFLANS (F. de). III, 212.
CONSTANTIN (le Grand). II, 379.
CONTEVILLE (F. de). II^I, 246.
— Williaume. III, 263.
CORDELIERS DE SAINT-RIQUIER (les). II, 308 n.
CORNAILLE (F. de). III, 182.
CORNEHOTTE (de), Hugues. I, 444.
— Pierre. III, 424.
CORNU (F). III, 253.
COSCHIN (A.S.R.) I, 86-88 (B.), 230.
COSNAC (de), Daniel (A.S.R.). II, 269-74,(B), 260.
— Gabriel, Ev. II, 272.
COTRON (D.) (M. S -R.). I, xxix, xxxvi. — II, 255-56.
COUDUN (Sires de). I, 325, 357. — III, 351.
— Jean. III, 528.
COULOMBEAUVILLE (F. de). III, 169.
— Hugues. I, 542.
COULON, Etienne. III, 281.
— François. III, 300.
COULONVILLERS (F. de). III, 320.
— Gautier. I, 460.
COUPPECOULIE (F. de). III, 84.
— Jean. III, 443.

DES NOMS DE PERSONNES.

COUPPECOULLE (de), Marie. II, 80.
COURCELLES (de), Thomas. II, 102 n.
COURT (de). — Voir Ostremencourt.
COYPEL, peintre. II, 400, 402 n.
CRAMONT ou CROMONT (F. de). III, 85.
— Marguerite. III, 124.
CRÉCY (F. de). III, 208.
— Jean (A.). II, 6.
— Williaume. III, 260.
CRÉQUY (F. de). III, 189.
— Antoine. III, 366.
CREUET, Jean. III, 192.
CRÈVECŒUR (de), Philippe. II, 104, 127-30, 142, 157, 160, 162.
CROTOY (F. de). III, 345.
— Jean, templier. II, 9.
CROUSET, Eudes (M S R.). II, 5.
CROY (F. de) III, 179.
CUILLEREL, Hugues (A.S.R.). II, 79-109 (B.). — III, 110, 374, 388, 390.

D

DAGOBERT I. — I, 47-50, 83, 84.
— II. — I, 83.
DAMIETTE (F. de) III, 123, 257.
— Antoinette. III, 256, 306.
DANZEL D'AUMONT. III, 187.
DARSY, membre de la Société des Antiquaires de Picardie. I, XIII.
DAVID Sa statue. II, 75.
DENIS DE PARIS (St). I, 428.
DENIS L'ARÉOPAGITE (St). II, 428.
DESCAMPS, Marie. III, 436, 449.
DEVIGNE (Mme). II, 412.
DINGER (F.). III, 168.
— Charlotte. III, 344.
DODIEU, Claude (A.S.R). II, 190-204 (B).
DOMARD (F. de). III, 128.
-- Bernard. I, 325.
— Colard. III, 293.
— Jean. III, 73.
DOMMARTIN (de), Simon, comte de Ponthieu. I, 478 n , 501, 505. — III, 463.
DOMPIERRE (F. de). III, 303, 313.
— Bernard. I, 446 n
— Marie. III, 294.

DOMQUEUR (F. de). III, 85.
— Gautier. III, 424, 455.
— Jeanne. III, 169.
— Madeleine. III, 194.
— Marie. III, 293.
— Marie-Catherine. III, 309.
— Simon. I, 463 n.
DOMVAST (de), Bernard. III, 287
— Jeanne. III, 94.
DOREMUS (l'abbé). III, 449.
DORESMIEUX (F. de). III, 284.
— André. III, 95.
— Antoinette III, 172.
— Dlle N... III, 173.
— Robert et Pierre III, 92.
DORTHECH, comte de Ponthieu. I, 9.
DOUAY, Nicole. III, 435.
DOUBLET (M.S.R.). II, 300.
DOUCHES, Jean. III, 312.
DOULLENS (de), Simon. III, 456.
DOUZENEL (F. de). III, 187.
— de l'Epine. III, 135.
— N., receveur de l'Abbaye II, 313.
DREUX (de), Raoul. I, 355 n.
— Isabelle. III, 476.
DROGON, évêque. I. 316.
DRUCAT (de), Beaudouin. I, 463 n.
— Godard. I. 436.
DRUGY (F. de) III, 167.
— Michel. III, 139.
— Raoul. III, 103
DRUON (M.S R.). II, 311 n.
DU BOILLE (F.). III, 86.
DU BOIS DE BEL HOTEL (F.). III, 292
— Nicolas. III, 295.
DUCANGE. II, 248.
DUCORNET, Paul. II, 400.
DU FOUR (F.). III, 135.
— Marie. III, 126.
DUFRESNE-DUCANGE. III, 312.
— de Francheville. I, 142 n.
— Oudart. III, 431.
DUPRAT DE BARBANÇON. III, 397.
DURAND (M.B.). II, 261 n.
— (Ev.). I, 319.
DURET (M.S.R.). II, 440.

DUTHOIT, architecte, membre de la Société des Antiquaires de Picardie. II, 414.
DUVETTE, Alcide, membre de la même Société. I, XL.
DUWES, Jean. II, 96 n.

E

EDITH, reine d'Angleterre. I, 354.
EDOUARD (St). I, 354.
— Ier, roi d'Angleterre. I, 548, 552-53.
— II, — III, 338.
— III, — III, 338.
ELEVARE (Ste). I, 162-63, 388. — II, 252, 422 n., 431.
ELLECOURT (d'), Claude et Marie. III, 171 n.
ELOY (St). II, 253, 377, 405, 412, 413, 418, 424, 429.
EMBRY (F. d'). III, 205, 232, 282.
ENCRE (d'), Beauduin. III, 456.
— Effrid. I, 325, 357.
ENGILRADE (Dame), d'Encre. I, 244.
ENGLEBERINE (F. d'). III, 86.
ENGLEVERT (St). — (Voir Angilbert). I, 114 n.
ENGUERRAN (A.S.R.) — Voir Angelran.
ENGUERRAN I, comte de Ponthieu. I, 302, 323, 324, 328, 356. — III, 453.
— II. — I, 356. — III, 237, 365.
ENOCQ, Guillaume (M.S.R.). II 312, 319, 326, 330.
EQUITIUS (St) (A.). I, 348.
ERCHINOALD, maire du Palais. I, 43.
ERGNIES (F. d'). III, 86.
ERIATH (M.S R.). I, 255.
ESIMBARDUS. — Voir Isambard.
ETIENNE (St). II, 253.
ETIENNE (M.S.R.). I, 439.
— Evêque de Tournay. I, 420.
ESTRÉES (F. d'). III, 203, 313.
— Guy et Antoine. III, 313-14.
— Jean. III, 42, 125.
— Jeanne. III, 300.
— Marie. III, 212.
— Raoul. I, 500.
EU (d'). Geffroy, ou de WALLECH, évêque d'Amiens. I, 476, 488. — III, 417.
EUDES ou ODON (A.S.R.). I, 560 61 (B.). — III, 352.

EUGÈNE IV, pape. II, 101, 103.
EVE. Sa statue au portail de l'église. II, 375.
EVRARD, évêque de Tournay. I, 420. — III, 526.

F

FABRY, Jacques. — Voir Le Fèvre.
FALLIÈRES (l'Abbé). I, XI n.
FANEL, Obert. III, 189.
FAUQUET, Jean (M.S.R.). II, 39.
FAYEL (de), Robert (M.S.R.). II, 66.
FERTÉ (F. de la). — Voir Le Seigneur.
FESTEL (F. de). III, 308.
FEUQUIÈRES (F. de). III, 331.
— Bernard, (M S.R.). III, 218.
— Rault. III, 325, 328-29.
FIACRE (St). II, 254, 406.
FIRMIN (St), évêque d'Amiens. II, 377.
— Abbé de Cercamps. III, 263.
FLAMERMONT (F. de). III, 272.
FLANDRE (de), Jean. III, 386.
FLAVY (de), Charles. III, 396.
FLEVIN (F.). III, 87.
— Jacques. III, 43.
— Jean. II, 417.
— Martin. III, 43.
FOIGNY (de), Mathieu (M.B.). I, 482.
FONTAINES (F. de). III, 87.
— Marie. III, 83.
FONTAINE (de), Gaspard, abbé fiduciaire. II, 226.
FOSSÉ (du), Philippe (A S.R.). II, 51-57 (B.).
FOUCARD (M.S.R). I, 353.
FOUCAUCOURT (de), Jean (A.S.R.). II, 6-15, (B.).
— III, 522, 529.
FOUENCAMPS (de), Pierre. III, 313.
FOUILLOY (de), Evrard, évêque d'Amiens. I, 476, 485.
FOULQUES (A S R.). I, 285-87, (B.).
FRAMERIC, évêque de Thérouanne. I, 298 n.
FRANÇOIS DE PAULE (St). II, 196.
FRANÇOIS Ier, roi de France. II, 177, 187, 190, 192, 377.
FRANQUEVILLE (F. de). III, 87.
— Artus. III, 46, 308.
— Marie. III, 308.
FRANSIÈRES (F. de). III, 139.
— Guillaume. III, 202.

FRÉAUVILLE (de), Thomas. I, 491 n.
FRÉCULPHE, évêque de Lisieux. I, 219.
FREDIGARDUS (M.S R.). II, 547-48.
FREPPEL, évêque d'Angers. I, xi n.
FRESNOY (F. de). III, 226.
FRETEL DE VISME (F.). III, 423.
— Guillaume. III, 89.
FRIAUCOURT (F. de). III, 129.
— Gautier (M.S.R.). I, 463 n.
FRICOR (St). — Voir ST-CAIDOC.
FRICOURT (l'abbé) I, xiii.
FROISSART (F). III, 133.
— Pierre. II, 275, 283.
FULBERT, évêque de Chartres. I, 314.
FURCY (St), Abbé. I, 76.
FUSCIEN (St) et ses compagnons. I, 388 n.

G

GAILLARD, historien. I, 103.
— (F. de). III, 206, 207, 213, 245.
— Charles. III, 182.
— Jean-Henri III, 174.
— Jeanne. III, 105.
— Louis-Jean-Baptiste. III, 243.
GAISSART (F. de). — Voir GUESCHARD.
GAMACHES (de), Blanche. III, 491, 492.
GANDULFE (St). II, 253.
GAPENNES (F. de). III, 210.
— Charles. III, 214.
— Huon. III, 321.
GARBADOS (N.). III, 128.
GARDIN (du). III, 87.
— Philippe. III, 195.
GARLANDE (de), Etienne. I, 409 n.
GARNIER, conservateur de la Bibliothèque. I, xiii.
GAUDE (F.). III, 88.
GAUDEFROY (A.S.R.). I, 442-49 (B.). — II, 500.
— III, 176.
GAUTHIER (M.S.R.). I, 380.
GAUTIER (M.S.R.) I, 461.
— Abbé de Saint-Germain. I, 521.
GAVEL, Adrien. III, 332.
GAVRELLE (M.S.R.). II, 327, 331.
GEBERT. — Voir HÉREBERT.
GEFFROY (St), évêque d'Amiens. I, xv, 381, 397, 399 n. — III, 455.

GELASE (St), pape. I, 189.
GELDEQUIN. — Voir GELDUIN.
GELDUIN (A.S.R.). I, 433-37, (B.). — II, 498.
GENEVIÈVE (Ste). II, 379 n , 399.
GEORGES, évêque d'Amiens. I, 153 n., 154.
GERARD (St), (A.S R). I, 264-65.
GERBEROY (de), Richard, Ev. d'Amiens. III, 416.
GERBERT (A.S.R.). I, 279-81, (B.).
GERFONDUS — Voir GEROLD.
GERMAIN, moine à Maredsous. III, 367 n.
GEROLD (A S.R.). I, 478-79, (B).
GERTRUDE DE NIVELLES (Ste). II, 423.
— (Ste), abbesse. I, 43.
GERVIN (St)(A.S.R.). I, 333-68, (B.), 164, 329-30.
— II, 420, 425. — III, 236, 323.
— Ses ermitages. I, 346-47.
— Ses reliques. II, 254.
— Sa chapelle dans l'église. II, 396.
GERVIN II (A.S.R), Ev. d'Amiens. I, 368-84 (B.).
— III, 373 n, 454.
GHISLAIN (St). II, 254.
GILES, Ev. d'Héréford à Saint-Riquier. III, 416.
GIRARDIN, sculpteur. II, 388.
GISÈLE, fille de Hugues-Capet. I, 3, 111. — III, 411.
GISLEMARE I, 48, 52.
GODARD (F.). III, 319.
— Colard. II, 61.
GODEFROY, vicomte. I, 323 n.
GOLVIN, avoué de Chevincourt. I, 358.
GOMBAUT (M.S.R). II, 542-43.
GOMER (F. de). III, 317.
GORIN, Jean. III, 319.
GORMON. — Voir GUARAMOND.
GOTLAND (M.S.R.). I, 238.
GOTSMAN, Ev. d'Amiens. I, 296 n.
GOTZBERT, comte. I, 297.
GOUPILIÈRES (de), Philippe. III, 329.
GOURGUECHON (F. de). III, 293.
— Jean. I, 550.
— Denise. III, 240.
GOURLAY (F. de). III, 317.
GRADULFE. II, 501.
GRAMBUS (F. de). III, 305.
— Guillaume. III, 100.
— Jean. III, 91.
— Madeleine. III, 308.

GRATIEN (St). I, 347. — II, 420, 428.
GREBAN, Simon (M.S.R.), et Arnoul. II, 152-54.
GREDAINE (F. de). III, 130.
GRÉGOIRE LE GRAND (St). I, 25, 32.
GRÉGOIRE VII (St). I, 333, 373 n, 456 —III, 454.
— IX.— I, 481, 503, 510, 519, 523, 532 n.
— X. — I, 523.
— XI. — I, 550.
— XV. — II, 244.
— XVI. — II, 309.
GRENIER (M. B.). II, 302.
GRET, Georges. II, 129.
GRÉVIN, Martin (M.). II, 169. — III, 244.
— Jean. III, 133, 303.
GRICOURT ou GRIOCOURT (de), Thomas. III, 262.
GRILLY (de), curé appelant. III, 281.
GRIVILLERS (de), Jean. III, 351.
GROSELIERS (F. des). III, 170, 182.
— Jacques. III, 96.
GROUCHES (F. de). III, 228.
— Marie. III, 291.
— Nicolas. III, 234.
GROULT (F.). III, 171, 178, 234
— Charles. III, 168.
— Jacques. III, 101.
GUARAMONT ou GUARAMOND. I, 266-69.
GUELFE (A.S.R.). I, 253-58, (B.).
GUERANGER (M. B.). I, XXII n.
GUESCHARD ou GAISSART (F. de). II, 170. — III, 288, 293.
— Adrien. III, 295.
— Beauduin (A.S R.). II, 15-36 (B.) — III, 523.
— Gautier. I, 463 n.
— Gautier I (A.S R.). I, 503-505 (B.), 463. — III, 522.
— Gautier II (A.S.R.). I, 507-19, (B.). — III, 522,
— Gautier. III, 244.
— Gérard. III, 67 n.
— Henri. I, 436, 441 n., 444 n., 446 n.
— Hugues. I, 463 n. — III, 67 n., 190.
— Isabelle. III, 362.
— Jean. I, 550. — II, 418.
GUI, évêque de Soissons. I, 297.
— évêque de Carcassonne. I, 492.

GUI, frère de l'Abbé Angelran. I, 313, 317. — III, 412.
GUIFRID, GUIFROY. — Voir Gaudefroy.
GUILBERT, Aimé-Victor François, Ev. d'Amiens. I, XI.
GUILLAUME DE GELLONE (St). II, 344.
GUILLAUME, duc de Normandie. I, 352.
GUISE (de), La Duchesse. III, 337.
GUTMAIRE (St) (A S.R.). I, 88-93, (B.).
GUY (de), Pierre. I, 559.

H

HACHETTE (M.S.R.). II, 303 n.
HAIN (St). II, 254, 428, 541.
HAINFRID, curé de Saint-Mauguille. III, 455.
HALLENCOURT (de), Jean. III, 73.
HALLÉ, Guy, peintre. II, 398.
HALLUIN (de), François, Ev. d'Amiens II, 174. — III, 495.
HAMEL (F. du). III, 127, 300.
— Gabrielle. III, 275.
HAMON-LE MERCHIER (F.). III, 188.
HANCHY (de), Robert. II, 500.
— Pierre III, 473.
HANGARD (F. de). III, 88.
— Fremin. III, 59.
— Henri. II, 66.
— Jacques. III, 189.
— Jean III, 282.
HARCOURT (d'). Jacques. II, 86, 92-95, 99.
HARDI (F.). III, 295.
HARIULFE (M.S R.), Abbé d'Oudenbourg. I, 425-32 (B.), XV, XXVII, XXIX, XXX, 98, 104, 229, 377-78, 401. —II, 420, 421, 494.
HARIULFE LE JEUNE. I, 431, 442 n.
HARNAS (F.). III, 89.
— Bernard. III, 430.
— Jean. III, 44.
HARNIDE. I, 106.
HAST DE LA HUNE. II, 77.
HAUCOURT (de), Jean. III, 227-28.
HAUDRECHIES (F. de). III, 189.
— Jacques. III, 156-62.
(Souvent nommé dans la vie de Pierre Le Prêtre.)
— Jean. II, 117.

HAUT (de), Marie et Nicole. III, 449.
HAUTVILLERS ou OVILLERS (d'), Richard. III, 218.
— Vermond. I, 325.
HAYMON, duc de Ponthieu. I, 9. — III, 409.
HAYNAULT (de), Guérard (M.S.R.). III, 390.
HÉBUTERNE (de), Gautier. III, 389.
— Hue III, 389.
HECQUET (F.). III, 253
— Robert. II, 201.
HEILLY (d'), Thibaut, Ev. d'Amiens. I, 475-76. — III, 526.
HÉLÈNE (Ste). II, 379, 380, 396
HELGAUD (A.S.R). I, 250-53, (B.), 283.
HELISACAR (A S R.). I, 217-26, (B.).
HELLENCOURT (F. de). III, 285.
— Jean. III, 77, 204, 219.
— Louis. III, 332.
— Nicolas. II, 12.
HENEDOLFE (A.S.R.). I, 278, (B.).
HENRI Ier, roi de France. I, 323, 325, 329, 387.
— III, 237.
— IV. — II, 221 n., 222, 403.
— Archevêque de Reims. I, 450.
HERBAULT, architecte. II, 414.
HERBERT DE VERMANDOIS. I, 277.
HÉREBERT (A S.R.). I, 277, (B.).
HERIC ou HENRI (A.S.R.). I, 213-17, (B.).
HÉRICOURT (F. de). III, 205.
HERLUIN I, Cte de Ponthieu. I, 250, 252, 283-85.
HERMAND. — Voir HERVÉ.
— Julien (M.S.R.). II, 446, 539-40.
HERVÉ (A.S.R.). I, 206-7, (B.)
HERVILLY DE CANISY. III, 392.
HERVY (F. de). III, 188.
HESDIN (F. de) III, 89.
— Catherine. III, 344.
— Guillaume. I, 542. — II, 418. — III, 44, 73 n.
— Jean. I, 555.
— Jeannin. II, 67.
— Hugues. II, 140.
— Pierre. III, 321.
— Thibaut. III, 30.
HEUDAIN (F. de). III, 92.
— Jean. II, 66.
HEUTON. I, 214.
HEZEBERT (A). I, 325.

HILDEVERT (St), (A S.R). I, 90. — II, 277, 431, 432.
HILMERADE, Ev d'Amiens. I, 256.
HOCQUELUS (F. de). III, 334.
— Barthélemi. III, 105.
HOLLANDE (F. de). III, 123.
HONORÉ (St), év. d'Amiens. I, 8, 11, 257, 398.
HONORIUS III, pape. I, 453, 456, 487, 489, 502 n.
— II, 505-7.
— IV, pape. I, 524.
HORDESIER, Pierre (M.S.R.). II, 77.
HORMISDAS, pape. I, 452.
HOUDENCQ (F. de) III, 230.
HOURDEL (F. de). III, 92.
— Jean. II, 448 (B).
— Michel III, 448.
HOURDEL, (N). III, 130.
HOUSET, Léger, curé. II, 224.
HOUSSOYE (F. de La . III, 312.
HUBERT, chevalier I, 300. — III, 367.
HUGUES (St), év. — I, 87.
— l'Abbé. I, 253.
— fils de Philippe. I, 319.
— fils d'Héliarde. I, 425 n , 441 n , 442 n., 446 n.
HUMBERT, Jean (M.S.R.). II, 72.
HUMIÈRES (d') Charles (A S.R.). II, 204-12, (B.).
— III, 27.
— Jacques. II, 212 n.
HUPPY (F. de) III, 223.
— Gautier et Guifroy. I, 466 n.
— Hue. III, 430.

I

ILDIARDE. I, 297.
INCOURT (d'), Eustache. III, 265
INGELARD (A.S.R.). I, 295-312, (B.), 313.
INGUTION, prêtre. I, 397.
INNOCENT II, pape. I, 401, 418, 420, 427, 430.
— III, pape. I, 470, 478, 481, 482, 484, 485, 487. — II,504. — III, 411, 417.
— IV, pape. I, 496, 504, 506, 509, 510, 523. — II, 509-10. — III, 418.
— X, pape. II, 239.
ISAMBART (de la Ferté ?). 266-76 (B.), 277 n. — III, 501.

J

Jacques-le-Majeur (St). II, 385, 396, 398, 405.
Jean-Baptiste (St). I. 477. — II, 253, 395, 400, 423, 424, 427.
Jean l'Evangéliste (St). II, 253, 254, 406.
Jean des Temps. I, 432 n.
Jean (A.S.R.). I, 432, (B.)
Jean II, pape. I, 3.
— XV, pape. I, 297.
— XXII, pape. I, 457. — II, 436.
— XXIII, pape. II, 78, 79.
— II, roi de France. II, 44, 49, 57.
Jeanne d'Arc. II, 97-99, 379.
Jérémie (M.S.R.). I, 262.
Jérome (St). I, 155.
Jessé, évêque d'Amiens. I, 112, 155, 201, 223.
Jesus-Christ (Notre Seigneur). II, 395, 400, 406.
Joachim (St) II, 378.
Joly, propriétaire à Saint-Riquier. II, 412.
Jomard, moine appelant. II, 301.
Josse (St). I, 54 n., 294.
Jouvenet, Jean, peintre. II, 402.
Judas, Jean. III, 218.
Judcy, Antoine. III, 376 n.
— Dominique. III, 518.
— médecin. II, 412.
Jules II, pape. II, 172

L

La Barre (M.B.). I, 230.
La Boulanguière, Marie. III, 73, 431, 433.
La Broye ou L'Arbroye (F. de). III, 94.
— Adam. III, 415, 416, 423 n.
— Jean (A.). III, 1, 513.
— Jean. III, 415-16, 423.
— Wautier. III, 277.
La Chapelle (F. de). III, 136.
— Jean (M.B.). II, 98.
— Jean, historiographe. I, xxxii, xxxv, xxxix, 503 n. — II, 17.
La Chatre (de), Charles (A.S.R.). II, 213-15 (B.).
— Edme. II, 217.
— Henri (A S R). II, 217-28, (B). — III, 171.

La Cousture (F. de). III, 85.
La Cressonnière (F. de). III, 120, 174.
La Cressonnière (de), Ursé (A.S.R.). I, 465-67 (B.), 441 n.. — II, 503. — III, 444 n.
La Croix (de), Robert. II, 103.
La Doue (de), Ev. I, xi n.
Lagache (F. de). III, 242.
La Garde (de), Jacquette. III, 195.
. — Jeanne. III, 332.
La Grange (de), Jean, Ev. d'Amiens. II, 57.
Lambert, de Guisnes, Ev.d'Arras. I, 377 n , 380.
Lambertison (de). I, 551.
Lambreluche, Lambert, prévôt. III, 426.
Lamiré (F. de). III, 334.
— Robert. III, 307, 309.
La Motte (de), Vincent. III, 106.
Lance (de), Barbe. III, 131.
Lanchi. III, 117 n.
Lancy (de), Claude (M S R). I, 331, 367.
Langlais ou Langlet (F.). III, 95.
Langle (F. de). III, 95.
Langlois de Septenville (F.). III, 118.
Lannoy (de), Jean (A.). II, 149.
— Eve. I, 550.
— Guyot. III, 201.
— Jean. III, 262.
— Waleran (A.). II, 162.
La Porte, Jean, prévôt. III, 525.
La Rivière (F. de). III, 228.
Lartisien, Mathieu (M.S.R,). II, 299, 300. — III, 501.
La Tanche, Jean. III, 383.
Laurent (A.S R). I, 458-65, (B.). — II, 502.
Lavardin (de), Marquis. II, 510.
Lavernot (F. de). III, 324 n.
Laye (de), Olivier. II, 26.
Le Baille (F.). III, 120.
— Hubert. I, 463.
Le Bailli, Robert. III, 207.
Le Ber. II, 275.
Le Beuf, historien. I, 125 n.
Le Blond (F.). III, 317-18.
— Nicolas. III, 308.
Le Borgne de Crameilles. III, 355.
Le Breton, Jaquette. III, 263.
Le Briois (F.). III, 95.

LE CAILLE, David. III, 46.
— Marguerite. III, 186.
LE CAMBIER, Jean. III, 44
LE CARBONNIER (F.). III, 283.
— Denis. III, 308.
— Firmin-François. III, 17.
— Jean. III, 244.
LE CERF, Jeanne. III, 78.
LE CLERC (F.). III, 252.
LE COINTE, historien. I, 98, 102.
LE COMTE (F). III, 344.
LE CORDIER (F.). III, 120.
— Wilhaume. III, 81.
LE CORIER (F.). III, 120.
LE COUTELIER. III, 188.
LE DUC (F). III, 96.
— Robert. III, 277.
LE FARCY (F.). III, 96.
— Fremine. III, 82.
LE FÈVRE (F.). III, 96, 134, 170, 182, 214.
— Aubert. III, 256.
— Catherine. III, 213.
— Françoise. III, 98.
— Fremin. III, 214.
- Jacques ou Fabry. III, 380 n.
— Pierre. II, 417. — III, 254.
— Renée. III, 230.
— Robert. III, 133.
LE FÈVRE DES AMOURETTES (F.). III, 127, 214.
LEFÈVRE DE CAUMARTIN (F.). III, 97.
— Louis. II, 223.
LE FÈVRE DE LA POTERIE (F) III, 313-14.
LE FÈVRE DE SAINT-REMI (F.). III, 140.
LE FLAMENG, Pierre. III, 353.
— Raoul. III, 353, 355, 400.
— Raoul, à St-Riquier. III, 300.
— DE CANNY. III, 334.
LE FOURNIER DE NEUVILLE (F.). III, 257.
— Louis-François-Gabriel. III, 275.
LE FUZELIER (F.) III, 130.
— Dlle N III, 84.
LÉGER (St), Ev. et martyr. I, 83. — II, 428.
LE GOVE, Henri. I, 550.
LEGRAND (F). III, 120.
— Nicolas ou Colard. I, 550. — II, 103.
Giles. III, 321.

LE GUAY, Pierre. III, 126.
LE LANG DE RICHEMONT, Claude. III, 334.
LIGNY (de), Jean. III, 295.
LE LOCHE (F.). III, 195.
LE MAIRE, Guérard. III, 321.
— Jacques. III, 132.
LE MANGNIER (F.). III, 176.
LE MANSEL ou MANSIAUX (F.). III, 189.
— Adam. III, 277.
LE MARÉCHAL (F.) III, 98.
— Marie. III, 106.
— Robert. I, 559.
LE MARINIER, Pierre. III, 333.
LE MAYEUR ou LE MAIRE (F.). III, 120.
— Simon. I, 444 n., 446 n., 460.
LE MESSAGER (F.). III, 205.
LE MOICTIER, Adrien. III, 189, 436.
— Mariette. 129.
LE MOTTE (de), Jean. III, 43.
— Maroie. III, 211.
-- N.. III, 76.
LENFANT (F.). III, 177
LENGAGNEUR, Pierre. II, 75. — III, 138, 295, 347.
— Catherine. III, 91.
LENGLACÉ (F.). III, 98.
— Jean. III, 434
— Jeanne. III, 86.
LE NOURREQUIER, Jean. III, 168, 171 n , 295
— Marie. III, 313.
LENTUELLE, Périne. II, 417. — III, 101.
LÉON-LE-GRAND (St), pape. II, 398.
LÉON III (St), pape. I, 103, 112, 130-32, 153 n ,
169, 200, 202-3, 458.
— IV, pape. I, 58, 169.
— IX (St), pape. I, 348, 351. — II, 426 n
LE PARMENTIER, Jeanne. II, 417.
LE PERSONNE (F.). III, 194.
— Adrien III, 134.
LÉPICIÉ, peintre. II, 404.
LE POIVRE, Richard. III, 111.
LE PRESTRE, Pierre (A.S R.). I, XXXVIII. — II,
109-54 (B), 106-8, 418. — III, 374.
— Bernard. III, 346.
— Charles. III, 333.
— Hue. II, 119. — III, 332.
— Jean. II, 119.
— Jeanne. II, 417. — III, 91.

Le Prévot (F.). III, 99.
— Jean. III, 358.
— Thiébaut. I, 555.
Le Pullois (F.). III, 99
— Jeanne. II, 19 n.
— Pierre. II, 9. — III, 143.
Lequien (F.) III, 142.
— Renier. III, 118 n.
Le Quieux (F.). II, 155-56 n.
— Eustache (A.S.R). II, 155-70 (B.), 150-51, 383, 398. — III, 202.
— Hélène. III, 112.
— Mathieu (M.S.R.). II, 156.
Le Roy (F.). III, 100, 167, 181, 220.
— André III, 246.
— Jean. III, 82.
— Raoul. III, 331.
— Thibaut et Hugues. III, 192.
Le Sage (F). II, 170. — III, 131, 185.
— Antoinette. III, 195.
— Jean. III, 84.
Le Scellier de Riencourt. II, 248.
Leschopier ou Lessopier (F.). III, 102.
— David. II, 139.
— Jean dit Gramcoup. II, 139 n.
— Marie, III, 186.
— Nicole. III, 198.
— N. III, 187.
Lescuyer (F.). III, 245.
— Jean. III, 214.
Le Seigneur ou La Ferté (F.). III, 453-61.
— Gautier. I, 326, 385-86, 424, 442 n., 445, 446, 465, 500. — III, 186.
— Giles. I, 446, 465.
— Hugues. I, 391, 415, 423. — II, 495. — III, 215.
— Marie de la Ferté. I, 497. — III, 527
— Regnier. I, 325-26.
— Robert. I, 424. — II, 497.
Le Sellier, Jean. III, 431.
— Jeanne. III, 125.
— Williaume. II, 67.
Le Sénéchal, Jacques. II, 279.
Le Sergent, Pierre III, 333.
— Marguerite. III, 314.
Lesperon (F.). III, 245.

Lessau (F. de). III, 100.
— Adrienne. III, 178.
— Colard. III, 61.
— Fremin. III, -140
— Isabelle et Wasse, religieuses. III. 101.
— Jacques. III, 177.
— Jean. II, 196, 203, 209.
— Jeanne. III, 81, 104
Lesveillé, Jean. II, 369. — III, 188.
— Antoinette. III, 188.
Le Tellier, peintre. II, 414.
Letemple, membre de la Société des Antiquaires de Picardie III, 371 n.
Le Vasseur, Adrien (M.S.R.). II, 225.
— Flour. III, 104
— Hue. III, 262.
Le Veneur. II, 529.
Le Ver (F.). III, 173
— Antoinette. III, 170.
— Antoinette. III, 273.
— Firmin. III, 433.
— Hugues, seigneur de Cahours. III, 497.
— Isabelle. III, 242.
— Jean. III, 170, 181.
— Marie. III, 90.
— Nicolas. III, 170.
Le Ver (le Marquis). III, 423.
Le Vert, Raoul, archevêque. I, 393.
Le Vicomte (F.). III, 331.
— Hubert. I, 446 n.
— Hue I, 554.
— Jean. III, 329.
Le Vicomte, N. III, 265.
Le Wault (F.) III, 212
— Mathieu. II. 477. — III, 44.
L'Herminier (F.) II, 205. — III, 137, 303.
L'Heure ou Leure (F.). III, 102.
— Bertrand. III, 73 n.
— Philippe. II, 12, 32-33.
Lhopital (F. de). III, 103
— Adam. I, 542, 555
— Raoul. III, 61.
Liedseline. I, 186.
Liévin (St). I, 164. — II, 318.
Lignières (Bail de) (F.). III, 205.
Lignières de St-Amand (de). I, xxxviii. — II, 110.

LIPPE ou LIPPART (F.). III, 134.
LISQUES (de), Robert. III, 241, 243, 248
LOINTIER (F.). III, 168.
LOMER (St). I, 512.
LOTHAIRE, roi de France. I, 229, 288. — II, 493.
LOUIS (A.S.R.). I, 231-39, (B).
— I, le Pieux. I, 215, 220.
— II, le Bègue. I, 255, 257, 265, 267, 268.
  — II, 493.
— III. I, 269.
— VI. I, 321, 377 n , 402, 409, 413, 420.
  — II, 403, 495.
— VII. I, 420, 432, 435, 439, 446.
— VIII. I, 499, 501, 502.
— IX (St). I, 483, 499, 513, 520, 538, 546.
  — II, 393, 395, 420, 427, 510.
— X. II, 18.
— XI. II, 123, 124, 125, 128, 138, 144, 146, 157, 159, 160, 161, 163.
— XII. II, 172, 173, 377.
— XIII. II, 229, 257 n., 403.
— XIV. II, 239 n., 257, 403.
LOUVENCOURT (F.). III, 124.
— Adrienne. III, 114.
LUCAS (F.). III, 103, 117.
LUCIEN (St). II, 253.
LUCIUS III, pape. I, 459.
LUPICIN, prêtre. I, 388 n.
LUXEMBOURG (de), Louis. I, 199.
— St Pierre. II, 253-54.
LUYNES (de), Albert. III, 384.
LYCHOS, Hugues. II, 508. — III, 195 n.

M

MABILLON (M B.). I, 97, 101, 105, 229. — II, 420.
MACHEMONT (de), Giles (A.S R.). I, 519-60 (B).
— III, 522.
MACHU (F.). III, 402.
— Marie. III, 273.
MACHY (de), Simon. III, 95.
MACON (de), Guillaume, Ev. d'Amiens. I, 525.
MACQUET (F.). III, 120.
MADELGAUD, frère d'Angilbert. I, 114.
MAGENARD, Ev. I, 114.
— (M.S.R.). I, 256. — II, 551.
MAIGNES, Colard. III, 126.

MAILLET, Martin. III, 240.
MAILLY (de), Florimond et Yves. III, 184.
— Payen. II, 233. — III, 274.
MAISNIEL (F. du). II, 170. — III, 131, 302.
— Antoinette. III, 195.
— Charles-François. III, 185.
— Etienne (M.S R). II, 39.
— Jean. III, 133.
— Pierre. III, 133.
— Pierre. III, 323.
MAISNIÈRES (F. de) III, 120.
MAINTENAY (F. de). III, 120.
— Mahaut. III, 260, 261.
MAISONS (F. de). III, 233.
— Anscher. III, 424.
— Colinet. III, 202.
— François. I, 325.
— Guillaume. III, 89.
— Jean, écuyer. II, 119 n.
— Jeanne. III, 87.
— Nanterre. III, 444 n.
— Thomas. III, 444 n.
— Ursé. I. 559.
MALBRANCQ (le P.). I, XXXIII, XXXVIII, 114.
MALICORNE (F. de). III, 181, 272.
MANELLIER, Pierre. III, 221.
MANESSIER (F.). III, 185, 232, 243, 274.
— Antoine. III, 287.
— Antoinette. III, 171.
— Charles. III, 171, 178, 180, 188, 193, 199.
— François. III, 193.
— Josse. III, 178.
— Louis-Charles. III, 171.
— Marie. III, 171.
— Michel. II 235.
MANESSIER DE NEUILLY. II, 508.
MARC (St). Ses reliques II, 253.
MARCHEVILLE (F. de). III, 241.
— Robert. III, 303.
MARCOTTE (F.). III, 186.
— Charles et Claude. III, 197.
— François. III, 102, 449.
— Françoise. III, 131.
— Louis. III, 131.
— Dlle. M. III, 83.
MARCOUL (St). II, 401 n (B.)

MARCOUL (St). Ses reliques. II, 253, 402.
— Fêtes et messes. II, 418, 424, 425, 431, 432.
— Statues. II, 191, 377, 404.
— Chapelle. II, 401.
MARGANA (M.S.R.). II, 331, 537, 538.
MARGUERITE (Ste). I, 344 n., 399. — II, 393.
— reine de France I, 520. — II, 393 n.
MARIE, mère de Jésus-Christ. —Voyez Ste Vierge.
— ÉGYPTIENNE (Ste). II, 399.
— MADELEINE (Ste). II, 253, 378, 399, 426.
MARIE, mère de Cléophas. II, 399.
MALINGRE, Martin, chanoine d'Amiens. II, 126.
MARTEL, Charles. I, 83-84.
MARTÈNE (M.B.). II, 261 n.
MARTHE (Ste). II, 399.
MARTHONIE (de la), Geoffroy, Ev. d'Amiens. II, 227, 523.
MARTIN (F.). III, 120.
— (M.S R). II, 214, 225, 231, 241.
— IV, pape. I, 523, 524, 551, 552. — II, 515.
— V, pape. II, 78 n.
MASCLEF. II, 284.
MASLES DES ROCHES (de). II, 230-31, 250.
MASSON, négociant. I, XIII.
MATHIEU (A.S.R.). I, 480, (B).
— Abbé de St-Denis. I, 521.
MATIFFAS (F). III, 103, 186.
— François. III. 449.
— Guillaume et Périne. III, 44.
— Jean. II, 80. — III, 135, 163, 188, 189.
— Mahieu. III, 321.
— Robert (M.). II, 80.
MAUGUILLE (St). I, 75-82 (B), XXXVI, 73, 94 n., 309. — II, 492.
— Reliques. I, 344 n. — II, 82 —III, 540.
— Chasses. I, 388. — II, 252, 391.
— Miracles. I, 310, 389.
— Culte. I, 344 n. — II, 424, 431.
— Statue. II, 393.
MAUMARKIE (F.). III, 106.
— Robert. III, 430.
MAUR (St), (M.). II, 254, 377, 397.— III, 474.
MAURIANNE I, 2, 8 n.
MAURONT (St), (A.). I, 8, 44-46. — II, 424, 431.
MAURONTE. I, 48, 51, 52.
MAY (de), Guillaume. III, 243.

MAY (de), Marie III, 105.
MAYOC (F.). III, 345
MELUN (F. de). III, 285.
MESNIL (du), Hugues. I, 429. — II, 497.
— Antoine-Joseph. III, 258.
MEULAN (F. de). III, 391.
MIANNAY (F. de). III, 204.
MIBOURG ou MILLEBOURG (F. de). III, 106.
— Arnoul. I, 441 n.
— Jean. I, 442 n.
— Robert. I, 409, 411. — II, 496.
MICHEL (St). II. 375, 395, 427
MICHON (M S R). I, XXXVI, 256. — II, 546-52.
MILLENCOURT (F. de). III, 272.
— Arnoult. III. 455.
— Hugues (M.S R). I, 441 n, 441 n., 445 n.
— Mahieu. III, 89.
MILON, Ev. I, 421.
MIOLAND, Jean-Marie, Ev. d'Amiens. I, x.
MOLÉ, Léon (A.S R). II, 274-77, (B).
MOLLIENS (F. de). III, 106.
— Henri. III, 449.
MONCAULT, janséniste appelant. II, 301.
MONCHY (F. de). III, 404.
MONCHY (de), comte II, 305.
MONFLIÈRES (de), Guy. III, 464.
— Jean II, 12.
MONGÉ (M S R.). II, 302.
MONOQUILLERS (de), Jean. III, 168, 171 n.
MONS (F. de). III, 172.
— Charlotte. III, 302.
— Riquier. I, 555
MONT (F. du). III, 189.
MONTAIGU (de). Garin. I, 489 n.
MONTBAILLARD (M.S R). II, 248, 251, 265.
MONTCAVREL (de) II, 220 n
MONTIGNY (F. de). III, 107, 178.
MONTIGNY (de) (A). II, 263.
MONTMORENCY (F de) III, 291.
— Jacqueline. III, 317.
— Judith et Madeleine. III, 257.
— Marie, dame de Châtillon. III, 484.
— Mathieu, comte de Ponthieu. I, 505 — III, 308, 526.
MONTREUIL (F. de). III, 201.
— Guillaume I, 434.
— Pierre. III, 43, 252

MONTS (des), Beauduin. III, 403.
MONTVIONS, Robert. III, 346.
MONTVOISIN, Raoul. III, 26.
MORIAMESNIL (F. de). III, 213.
MORLERS ou MORVILLERS (de) Philippe. III, 429.
MORY (F. de). III, 313.
MOUFLERS (de), Henri. III, 319.
MOULIN (du), André ou le Magnier. III, 263.
— Isabelle la Magnières. III, 263, 265.
MOUSKE (de), Philippe. I, 267 n 275.
MOY (de), Dreux. III, 261.
MOYSE. II, 375

N

NAOURS (F. de). III, 107.
NATTIN (M.S R). II, 259 n , 263-64.
NESLE (de), Jean, comte de Ponthieu. I, 514, 550, 552.
NEUILLY ou NOULLY (F. de). III, 172.
— Alerme. I, 508.
— Guillaume. III, 302.
— Nicolas et Renaid. III, 428.
— Robert et Wautier. III, 424.
NEUVILLE (F. de). III, 250, 255.
— Guy. I, 533.
— Ingerran. I, 466 n.
— Jean. III, 250.
NICOLAS (St). II, 377, 418, 422, 424, 429. — III, 36-57. — Voir Confrérie.
— I, pape. I, 162, 255, 256, 269.
— III, pape. I, 523, 524.
— IV, pape. I, 524, 560. — II, 514
NICON, diacre. I, XXXIV.
NIELLE (F. de). III, 361.
NITHARD (A.S.R.) I, 239-42 (B.), 98, 105 n., 107, 229, 230, 245.
— Ses écrits. I, 107, 240.
— Sa sépulture. I, 342.
— Son épitaphe. II, 549.
NOTKER, Ev. I, 298.
NOUVILLERS (de), Marguerite. III, 167, 252.
— Marie. III, 181.
NOUVION (F. de). III, 107.
— Bertrand. I, 442 n.
— Henri. I, 529. — III, 251.
— Jean. II, 54. — III, 138

NOYÈRES ou NOYELLES-EN-CHAUSSÉE (F. de). III, 240.
— Alelme. III, 248.
— Bernard III, 455.
— Hubert. 1, 322-23.
— Oylard. III, 237.
— Robert (M.S.R.). II, 508. — III, 385.

O

OBEDEVALD. — Voir Hérebert.
OBIN ou AUBIN (F. d'). III, 399.
— Gérard. III, 428.
OCIALDE (A.S.R.). I, 82-86 (B.), 52.
ODELGER ou OGER (M.S.R.). I, 332, 367. — II, 453.
ODULFE ou ODULPHE (M.S.R.). I, 161, 246 — II, 551.
OFFEMONT (de), N. II, 64, 87.
OFFINICOURT (F. d'). III, 182.
— André. I, 528.
OLDERIC (A.). I, 363.
OLFRID (M.) I, 382.
ONEUX (F. d'). III, 250.
— Gillet. III, 331.
ORLAND, vicomte. I, 291.
ORLÉANS DE LA MOTTE (d'), Louis-François-Gabriel, Ev. d'Amiens. II, 293, 301.
OSTEREL (d'), Jean. III, 244.
OSTONE (d'), Jean. I, XXXIII.
OSTREMENCOURT ou DE COURT (F. d'). III, 176, 177.
— Gautier (de Court). I, 446 n.
— Wermond. I, 442 n.
OUDARD, curé de Saint-Riquier. II, 17-18.
OUVILLE (d'), Berte. III, 176
— Hurtade III, 190.
OYLARD, vicomte de Ponthieu. III, 453.

P

PADÉ, supérieur et curé de Saint-Riquier. I, VIII-IX. — II, 366, 394. — III, 32.
PAILLET, peintre. II, 397.
PANTALÉON (St) I, 338.
PAPEBROCH (le P.). II, 248 n.
PAPIN, Jean III, 188.
PARIS, diacre. II, 296.

PASCAL II, pape. I, 207 n.
PASCHASE RADBERT (St). I, xxxiv, 237-30. — II, 547-48.
PAUL (St). II, 328, 400.
— (St), 1er ermite. II, 253.
PAUL Ier, pape. I, 89.
— V, — II, 245.
PAULIN (St), patriarche d'Aquilée. I, 123.
PÉCOUL (F.). III, 108.
— Adrien. II, 231.
PÉPIN, roi de France. I, 84, 95, 98.
— roi d'Italie. I, 117, 124.
PÉRACHE (F. de). III, 127.
— Adam. III, 77.
— Ingerran et Raoul. II, 508.
— Nicolas. III, 448.
— Richalde. I, 504. — II, 508.
PÉRONNE (F. de). I, 120.
PÉRONNE (de), Gautier. I, 471.
— Robert. I, 370.
PERREAU (M.S.R.). II, 291-94 (B.), 301. — III, 449.
PESTRE (F. de). III, 503.
— Julien-Ghislain. III, 502.
PHAF DE PHAFFEN-HOFFEN (de), Georges. III, 306-307 (B.). — Voir Hourdel.
PHILIBERT (St), à Centule. I, 28, 86, 552.
PHILIPPE Ier, roi de France. I, 351, 364, 377 n., 388.
PHILIPPE-AUGUSTE. I, 466, 467, 471, 478 n , 489 n., 500, 502 — II, 503.
— LE-BEL. I, 519, 54'. — II, 8, 9, 10, 11, 12, 17, 515, 516.
— V. II, 29.
— VI. II, 26, 32, 36, 41, 43, 44, 48, 517.
PHILOMÈNE (Ste). Son tableau. II, 400.
PICQUIGNY (de), Jean et Inguerran. III, 117.
— Marguerite. III, 470, 474, 482, 483 n., 527.
— Robert. II, 13.
PIE VI, pape. II, 320 n.
PIERRE (St). I, 3. — II, 395, 398, 400
PINCHON, Pierre et Bernard. III, 69.
— Marie. III, 133.
PINSARD, architecte. I, XL.
PIOLLÉ, François. III, 30.
PIOT (M S.R.). II, 317.

PITHOU, Pierre. I, 107.
PLACIDE (St). (M.). II, 397.
PLAYOUT, Joseph (M.S.R). II, 311 n.
POCHOLLE (F. de). III, 108.
— Gautier. I, 446 n.
POIX (de), Robert. III, 3.
POLAGACHE (F. de). III, 181.
POLEY, Robert (M.S R.). I, 444 n.
POLLEHOYE (F. de). III, 243.
— Eustache (A.S.R.). II, 1-5.
— Marguerite. III, 7.
— Williaume. III, 247.
POMMEREUIL (F. de). III, 251.
— Aleaume. III, 118.
— Enguerran et Henri. III, 117.
— Ernoul. III, 260.
— Hugues (M.S.R). II, 119.
— Marguerite. III, 103.
— Robert. I, 555.
PONCHES (de), André. III, 168, 181, 182, 428.
PONTHIEU (F. des comtes de). I, 84 n.
— Agnès, comtesse. I, 425 n.
— Eléonore, comtesse. I, 552.
— Foulques (A.). I, 328-29.
— Gui, Ev. d'Amiens. I, 316, 328 n., 354.
— — Ier. I, 302, 356, 366, 380, 390-92.
— — II. I, 424, 425 n., 464. — III, 366.
— — frère de Jean. I, 441 n., 464.
— Guillaume, fils de Roger. I, 287.
— — I, de Talvas. I, 409, 411, 412, 425 n.
— — II, de Talvas. I, 463, 477, 478, 501, 502 n. — III, 239, 337, 362, 407, 425, 426, 456.
— Hugues, gendre de Hugues Capet. I, 301, 328. — III, 411.
— — fils d'Enguerran. I, 356.
— Ida, comtesse. I, 442.
— Jean I. I, 441, 462-64. — II, 502. — III, 414 n.
— — Jeanne, comtesse. I, 505, 513, 550, 552. — III, 328, 526.
— Marie, comtesse. I, 501, 502, 505. — III, 526.
PONTHIEU (de), Jacques. III, 366.
PONTHOILE (de) Remiaules. II, 418.
PONT-REMY (F. de). III, 100.
— Gillette. III, 272.

PONT-REMY Godard. I, 391. — II, 495.
— Godefroy. III, 237.
— Hue. III, 67 n.
POQUELIN (M.S.R.). II, 275.
PORTEMONT (F. de). III, 120.
POULAIN (F.). III, 129.
— Adrien. III, 134.
— Françoise. III, 86.
POUY, membre de la Société des Antiquaires de Picardie. I, XIII.
PRAROND. I, XXXVIII n.
PRÉ (de), Simon. III, 175.
PRÉS (des), Guy. III, 396.
PRESTOYE (de), D^{lle}. II, 417. — III, 120.
PROUVILLE (F. de). III, 120
— Jean. III, 430

Q

QUEVAUVILLERS (F. de). III, 136.
QUIERET (de), Adam. III, 3,2.
— Jean. III, 331
QUILLET, Thomas (M.S.R.). II, 72.

R

RABAN-MAUR (M. et Ev.). I, 135.
RADUISSONS (de), Guillaume. III, 362.
— Wiltus. III, 124.
RADULFE (M.S.R.). I, 363.
RAGNACAIRE, frère de Clovis. I, 2, 5, 6.
RAMBURES (F. de). III, 180.
RATBODE, Ev. I, 370 n.
RAY DU TILLEUL (F. de). III, 181.
RAYER (F.). III, 109.
— Honoré. III, 102.
— Jean. III, 42.
— Marie. III, 43.
— Toussaint. II, 34, 48. — III, 42.
— — prêtre. III, 43.
RAYNALDUS (A.S R?). I, 350 n.
RAYNEVAL (F. de). III, 317.
— Waleran. II, 51 n.
REALMONT (F. de). III, 219.
— Mahaut. III, 82.
REGNIER (M S.R.). I, 461.
REIFFENBERG (de), baron. I, 267 n. — II, 545-52.
RELY (de), Jean. III, 295.
RESSENDI (de), Walier. I, 441.

RIBBODON (A.S R.). I, 226-31, (B.), 343.
— Ev. de Trèves I, 135, 167 n.
RIBEAUCOURT (F. de). III, 254.
— Anne. III, 168.
RICHARD, frère d'Angilbert. I, 114.
— duc de Normandie. I, 320.
— le B. (A). I, 335-40.
RICHELIEU (de), Cardinal (A.S.R.). II, 228-38 (B.).
RICTRUDE (Ste). I, 31, 44-46. — II, 424, 431.
RICULFE, Ev. I, 117, 135.
RIQUIER (St) (A.S.R.). I, 70 (B.). — III, 407.
— Vies manuscrites et Biographies. I, XXXII-XXXV.
— Ses miracles. I, 58, 223-26, 234-37, 245-48, 256, 292, 326-28, 358-62, 382-83, 390, 511.
— Ses translations. I, 56, 234, 245, 284-86. 291-92, — II, 408-411.
— Son tombeau I, 64, 170, 180.
— Ses reliques. I, 63, 69-70, 246, 254, 262, 284-86, 291-92, 372. — II, 252, 408, 536.
— Ses châsses. I, XXXV n., 64, — II, 175-76, 246, 252, 391, 536.
— Son culte I, 63-70. — II, 418, 431, 552.
— Ses fêtes. I, 66-67 — II, 421, 423, 424, 428, 430, 511, 513, 516, 523.
— Eglises dont il est patron. I, 68.
— Lieux connus sous son nom. I, 68.
— Statues et bas-reliefs. II, 372, 379, 394, 396, 407.
— Portique de Saint-Riquier. II, 379.
RIQUIER II (A.S.R). I, 449-58, (B.).
— III (A.S.R.). I, 469-78, (B.). — III, 362, 415, 521.
— (A.). III, 328.
ROBERT, roi de France. I, 317-318.
ROBERT (M.S.R. et A.). I, 380, 431 n
— Maréchal du Ponthieu I, 476.
— Comte de Ponthieu. I, 415 n.
ROCH (St). Statues. II, 379, 393.
RODIN, seigneur de Ponthieu. I, 279 n.
RODOLFE (A.S R.). I, 242-50 (B), 237, 251.
— (M.S.R). I, 343.
ROGER (A). I, 441. — II, 498-99.
— Georges (M.S.R). II, 246.
ROHAUT (F. de). III, 132, 313.
— Guillaume. III, 51.

ROHAUT, Jean. II, 178.
— Roland. III, 91.
ROIGNY (de), Hugues (A.S R.). II, 58-68 (B.).
ROISEL, Jean. I, 538-39.
ROMEREL, Pasquier. III, 168.
RONCHEROLLES (F. de). III, 235, 493-500
— Catherine. III, 228.
— Claude. III, 18.
— Pierre. II, 219.
RONDEL (F. de). III, 401.
RORICON, Ev. d'Amiens. I, 374. — II, 561.
ROSWEIDE. II, 420.
ROUSSEL (F.). III, 109.
— Claude. III, 184, 186.
— Nicolas. III, 131, 186.
ROUSSEN (F. de). III, 131.
— Antoine. III, 30.
— Marie. III, 187.
ROUVILLE (de), Louis-Hercule. III, 300.
ROYE (F. de). III, 461-71.
— Barthélemy. I, 500.
— Jean. III, 500.
— Mathieu. I, 513, 529, 535, 540, 545, 555-56. — III, 66 n., 527.
— Raoul. I, 500.
ROYEL, Georges (M.S.R.). III, 122.
RUMET (F.). II, 209. — III, 27.
— Robert. III, 470.
RYMBAUT, Benoit, abbé fiduciaire. II, 218.

S

SACQUÉPÉE, Antoine. III, 170.
— Françoise. III, 284.
SAGNIER, Jacques. III, 280.
SAINT-BLIMOND (de), François. III, 314.
— Jean. III, 289.
— Jean. II, 66 — III, 42-44, 74, 90, 91.
— Nicolas. III, 91.
SAINT-DELYS (de), Philippe. III, 123.
— Isabelle. III, 204.
— Marie-Madeleine. III, 206
— Robert. III, 205.
SAINT-FUSCIEN (de), Marie. III, 73.
SAINT-MARTIN (de), de Langres. III, 132.
SAINT-MAULVIS (de), Guillaume. III, 183.
SAINT-POL (de), Aleline. III, 454.

SAINT-RIQUIER (F. de). III, 110.
— Anscher. III, 452, 454.
— Denise Chrétienne. II, 418.
— Giles. III, 11.
— Guérard. III, 282
— Jean. II, 119 n.
— Philippe. II, 115.
SAINT-SOUPLIS (F. de). II, 170. — III, 273.
— Antoine. III, 78.
— Antoinette. III, 273.
— Jean. III, 91.
— Marguerite. III, 78.
SAINT-VALERY (F. de). III, 363.
— Bernard et Gautier. III, 237.
— Renault. I, 446.
SAINTE-MARTHE (de), Denis (M.B.). II, 286.
SAISSEVAL (F. de). III, 333.
SALES (de), Guiscard (A.S R.). II, 69-77 (B.). — III, 523.
SALINIS (de), Antoine, Ev. d'Amiens. I, x.
SALPARWICH (de), Guillaume. II, 265
SANCHY (F. de) III, 120.
— Pierre. III, 143.
SANZAY (de), Guillaume (A.S.R.). II, 303-307 (B), 299 n.
SARTON (F. de). III, 295.
SATURNIN (St). II, 429.
SAVEUSE (de), Ferry. III, 75, 140.
SAXOWALE (M.S R.). I, XXVIII, 356, 431 n.
SCELLIER (le P.), jésuite. I, IX.
SCOLASTIQUE (Ste). Sa statue. II, 398.
SCOURION (F. de). III, 112.
— Charles. III, 205.
— Henri. III, 77.
— Pierre. II, 417.
SEGUIN, croisé, de Saint-Riquier. I, 390.
SELINCOURT (de), Dreux. III, 459.
SENARMONT (F. de). III, 321.
— Bernard. III, 444 n.
— Hubert. I, 446 n.
— Hugues. I, 436.
— Senard. I, 299 n.
SENAULT (F.). III, 168.
SIFFAIT, N. II, 305.
SIGEBERT, moine de Gemblours. II, 545.
SIGEFROY, comte de Ponthieu. I, 9, 43 n.
SI ETRUDE. I, 35.

SIGISMOND, empereur. II, 84.
SIGOBARD, comte de Ponthieu. I, 9.
— (M S.R.). I, 52, 54-55.
SILVÈRE (St), pape. I, 3.
SILVESTRE, Louis, peintre. II, 395-96.
— II, pape. I, 333.
SILVIN (St), I, 88. — II, 422.
SIMON (St), Stoch. II, 411.
— Laurent. II, 212 n. — III, 209.
— évêque de Tournay. I, 419.
SIXTE IV, pape. II, 151. 160, 161, 163.
SOISSONS (de), Nicolas. I, 362, 381.
SOLEFARINE, Hugues I, 442 n.
SOLLIER (le P.). II, 419, 420.
SOMMERS (de), Guillaume et Jean. III, 277.
SOTIN, Barthélemi III, 314.
SOUICH (F. du). III, 312.
SPONSARE (Ste). I, 162-63, 388. — II, 431.
STRABON, Walafrid (M.B.). II. 455 n.
STUART. Marie. II, 412.
SUCRE (de), Jean. III, 307.
SUGER (A). I, 437-40.
SULPICE (St). II, 253.
SYMPHORIEN (A.S.R.). I, 93 (B.). — II, 377, 396.

T

TANNOYE (de), Pierre. III, 118.
TARISSE (M.B.). II, 243
TERNISIEN, Bauduin. III, 155, 161, 525.
— Jacques et Raoul. III, 436.
TESTU DE BALINCOURT. II, 271 n.
THÉOBALD (M.S.R) I, 343.
THÉODOMIR, compagnon de St Vigor. I, 306.
THÉODULFE, Ev. I, 135, 140, 144.
THÉOPHILE (le moine). I, 195 n.
THIBOVILLERS (de), Jean. III, 184.
THIERRY, Ev. d'Amiens I, 437, 441. — III, 414.
— (M.S R) I. 331.
THOMAS DE CANTORBERY (St). II, 253 — III, 8.
— chanoine. II, 507.
THUN (de), Alard. I, 476.
TIGNY (de), Jeanne. III, 105.
— Marguerite III, 119.
TILLENCOUPÉ (F. de) III, 265.
— Jean. III, 204.
TILLETTE (F. de). III, 131, 182, 284, 343, 344.
— Pierre. III, 274.

TILLY (F. de). III, 229.
TINGRY (de), Jean (M S.R.). II, 72.
TIRON (de), St Bernard. I, 424.
TITIEN (Le). II, 400.
TŒUFLES (F. de). III, 228.
TOISON D'OR — Voir LE FÈVRE DE ST-REMI.
TONVOY (F. de). III, 142.
TOUTENCOURT (de), Marie, dame de Châtillon. III, 479.
TRIPIER, propriétaire II, 411.
TROTINS (F. des). III, 322.
TROUSSENCOURT (de), Bernard I, 399 n.
TROY (de), Philippe et Jacques. III. 101.
TRUFFIER (F. de). III, 308.
TURENNE, à Saint-Riquier. II, 264.
TURQUAISE, Robert. I, 536.
TYREL (F.). III, 236-37.

U

URBAIN II, pape I, 207 n , 331, 334, 369, 373-77, 379.
— IV, — I, 530, 531. — II, 17 n., 512.
— V, — II, 52.
— VIII, — I, XL.
URRE (d'), Claude III, 344.
URSIN, comte de Ponthieu I, 9.
URSINS (F. des) III, 211.
URSULINES, d'Abbeville. III, 180.
USUARD (M.B.). II, 419-20.

V

VAILLANT (F.). III, 130.
— François. III, 303.
— Jean. III, 188.
— Joseph. III, 188, 196, 199.
— Philippe. III, 286.
VAL (du), Robert. I, 441 n.
VALERY (St). I, 26, 31, 32, 54 n , 290-92. — II, 408, 410.
VALOIS (de), Philippe (M S.R). II, 190, 411.
VANDEUIL (de), Charlotte. III, 397.
VARENNES (de), Jean. III, 239.
— Jeanne. III, 317.
VARENNES (de), Guillaume, comte Anglais. I, 493.
— III, 404, 528.
VASSAL, Guy. III, 266.
VAUCHELLES (de), Alexandre. III, 43

VAUDRAY (F. de). III, 332.
VAUSSELLES (F. de). III, 126.
— Firmin. III, 134.
— Marie. III, 99.
VAUX (F. de). III, 200.
— Adde. III, 202.
— Adrien. III, 184.
— Anscher. I, 445 n.
— Gautier (M.S.R). I, 444, 460, 461, 463 n.
— Jean. III, 342.
— Jeanne. III, 363.
— Mathieu. III, 129.
VAUX (de), Pasquier. II, 81 n.
VÉRONIQUE (Ste). II. 396.
VIERGE (La Ste). Reliques. II, 253.
— Chapelle dans l'église. II, 399.
— Statues. II, 374, 378, 394, 405, 406.
— Tableau. II, 411.
VIERGES MARTYRES (Reliques des). II, 254.
VIGNACOURT (F. de). III, 169.
VIGOR (St). I, 303-9 (B.).
— Reliques. I, 320, 321, 352, 492. — II, 252, 538-40.
— Châsses. I, 361. — II, 176, 392.
— Fêtes et culte. II, 421, 423, 429, 431, 432.
— Statues. II, 377, 378, 396.
— Hôtel de saint Vigor. III, 7.
VILLE (F. de). III, 116.
VILLENCOURT (F. de). III, 260, 264.
— Religieuses de. III, 259.
VILLEROY (F. de). III, 260, 266.
— Henri. I, 425 n.
— Nicolas. I, 476.
VILLERS (F. de). III, 281.
— Enguerrand. III, 460.
— Jean. I, 554. — III, 489.
— Marie. III, 74.
— Robert. III, 429.
VINCHENEUIL (F. de). III, 10, 116.
— Bernard. III, 177.
— Henri. III, 428.
— Jean I. I, 545. — III, 17, 321, 428.
— Jeanne. III, 76.
VINCHENEUIL, à Nielle. III, 361 n.
VISMES (de) FRETEL. III, 277.
— Guérard. III, 277.

W

WACOUSINS, Pierre (M S.R.). II. 77.
WAIGNARD (F. de). III, 172.
— Antoine. III, 301.
— François. III, 163.
WALA (A.). I, 115, 116, 122 n., 221-23
WALBERT, comte de Ponthieu. I, 9, 10, 11.
WANEL (F. du). III, 119.
WARIN, Jean (M.S.R). II, 112
WARLUZEL (de), Claude III. 307.
— Ferry. III, 307, 309
— Jeanne. III, 309
— Marie III, 275.
WASSE (F. de). III, 331.
— Jean. III, 314.
WELAND, chef Normand. I, 244 n.
WINGLES (F. de). III, 393.
WINOC (St). II, 254.
WISQUIGNY (F. de). III, 427.
— Inguerran. III, 429.
WISSOC (F. de). III, 211.
— Antoine. III, 241, 243, 248.
WUIFROY. — Voir l'Abbé GAUDEFROY.
WUISSET, Guy. III, 425.
WULFRAN (St). II, 377.
WULGAN (St). I 79-81.

X

XAINTRAILLES (de), Poton. II, 87.

Y

YAUCOURT (F. d'). III, 196.
— Jean. II, 19 n., 418.
— Regnier. II, 508. — III, 200.
YVRENCH (F. d'). III, 299.
— Henri. I, 444 n.
— Ingelran. I, 463 n.
YVRENCHEUX (F. d'). III, 304.
YZENGREMEL (F. d'). III, 120.

Z

ZACHARIE, pape. I, 294 n.
ZIZONNIÈRES (de), Pierre Beaurain. III, 333

TABLE ALPHABÉTIQUE

DES NOMS DE LIEUX & DE FIEFS[1].

A

Abbeville. I, 500. — III, 527.
— (Hôtel d'). I, 380, 478 n., 499, 553. — II, 96, 127-29, 133-38, 198, 206, 234, 237, 241, 304. — III, 161-63.
— (Fief du Pain d'). III, 138.
Accinicourt (V.). III, 347, 410.
Acheux (F^f). III, 231.
Agenvillers (S.). III, 280.
Ailly-le-Haut-Clocher (V.). III, 357.
Albert. — Voir Encre.
Alise, ancien *Oppidum*. II, 427.
Alix ou Godard. (F^f). III, 319.
Allumières (F^f). III, 254.
Aloyaux (F^f). II, 179. — III, 103, 168.
Alsy (F^f). III, 268.
Amiens. I, 478. — III, 361.
— (Vieil) à Bray. III, 378 n.
Amourettes (F^f). III, 127.
Angleterre (Possessions en). I, 354-55. — II, 72. — III, 404-5.
Angoulan (Moulin). III, 132.
Annette (F^f). III, 214.
Anneau d'Or (F^f). III, 316.
Aoust (F^f). III, 268.

(1) Abbréviations. — A. Abbaye. — F^f. Fief. — F^{me}. Ferme. — M^{re}. Monastère. — P. Prieuré. — S. Seigneurie. — V. Village.

Aoust-Marais (V.). III, 268.
Applaincourt (F^f). III, 391.
Arcovillare (V.). III, 395.
Argoules ou Argouves (V.). III, 364, 406.
Argubium (V.). I, 54, 325, 354. — III, 406-10.
Arleux-lès-Bray (S.). I, 254, 261, 357, 370, 471. — II, 24. — III, 378, 385-91.
Voir Bray.
Arvillers (F^f). III, 391, 395.
Aubin-Saint-Vast. — Voir Obin.
Aumatre (S.). II, 135, 233. — III, 183.
— Ses Fiefs. III, 184.
Aumône (Jardin de l'). (F^f). III, 122.
Aumônier (Fief de l'). III, 122.
Authie (V. et P.). III, 365, 458.
Auxi-le-Chateau. I, 555.
Auxi-les-Moines (M^{re}). III, 366.
Avesnes-en-Ponthieu (V.). I, 68. — III, 364.

B

Bagneux (V.). III, 359.
Bailleul (Jardin). III, 122.
Balances (M^{re}). I, 433.
Bayardes (F^f). I, 445. — II, 500. — III, 43, 45, 309.
Beaurepaire (F^f). — Voir Luchuel.
Beauvoir (Commanderie). III, 298 n.
Bec-Helluin (M^{re}). III, 329, 360.
Becquerel (F^{me}). III, 346.

BEDEAU (Fief du). III, 126.
BELFLOS ou BEAUFLOS (Ff) III, 197.
BEL-HÔTEL (Ff). III, 214.
BELLEGENTE (Ff). III, 103, 104, 186.
BELLENCOURT (V.). III, 190.
BELLEVAL, à Huppy (Ff). III, 230.
— à Yvrench (Ff). II, 169. — III, 301.
BELLIFONTAINE (Ff). III, 304.
BELLINVAL (Grand et Petit) (Ff). III, 244, 298 n.
— (Courtil de Saint-Riquier). II, 23. — III, 245.
BERELLE. — Voir Bresles.
BERNAY-EN-PONTHIEU (V). III, 347, 410.
BERSAQUES (Ff). I, 254, 545. — II, 235-36. — III, 278.
— à Gorenflos (Ff). III, 79.
BERTAUCOURT (Mre). I, 376, 518. — III, 359 n.
BIENCOURT (P.). I, 380.—III, 185 n., 364, 454-56.
BIHEN (Fme). III, 346.
BLANGY (Mre). I, 86. — III, 375.
BLENCOURT ou BLEUCOURT (Ff). III, 140.
BOISBERGUE (S.). II, 140. — III, 310.
— (Mairie de) (Ff). III, 312.
BONANCES (Ff de). III, 255, 257, 258.
— (Mre). I, 433.
BONNELLE (Ff). III, 407, 410.
BORFONTAINE ou BONNEFONTAINE (Ff). I, 268 n., 540. — II, 475. — III, 10, 142.
BORSU (Ff). III, 367.
Botritium. II, 494. — Voir Bours.
BOUCHON (Ff). I, 247. — III, 315, 361.
BOURDON (V.). III, 361.
BOURECQ-EN-ARTOIS (V.). III, 398 n.
BOURS (Ff et P.). I, 229, 288, 298.— II, 494. — III, 8, 288, 398.
BOUVINES (Bataille de). I, 500.
BRASIGNY (Ff). III, 242.
BRAY (S.). I, 392, 470, 557. — II, 64, 108, 173, 198. — III, 378-91. — Voir Arleux.
BRÉDENÉ ou BREDENAY (P.S.R.). I, 376, 420, 459, 470-473. — II, 498. — III, 371-76.
BRESLE (Ff). I, 298, 325. — III, 394.
BRETEL (V.). III, 359.
BRISSAC (Ff). III, 128.
BROGNES (Mre). I, 282.
BRUSLE (Le) (Ff). I, 196.—III, 13, 56, 132, 480.
— (Terres du). III, 271.

BUIGNY (S.). I, 446. — II, 140, 230, 283. — III, 104, 185, 455.
— Mairie (Ff). III, 188.
BUIRES (Ff). I, 440 n. — II, 499. — III, 347.
Bulliacum pour *Lulliacum.* III, 370.
BUSSU (S.). I, 281, 298, 361, 465, 505 — II, 233 III, 191-96.
— Mairie (Ff). III, 193.
BUSSUEL (Ff). III, 196.

C

CACHELEU (Ff). III, 194.
CALOTERIE. I, 415.
CAMBERLAGE (Ff). III, 189.
CAMBERONNE (Ff). III, 231.
CAMPAGNE-EN-ARTOIS. III, 217.
Campania. I, 50. — III, 217.
CANTATRE (Forêt de). 1, 50. — III, 217.
CANY-DREUIL (Ff). III, 330.
CAPELLE-EN-ARTOIS (V.). III, 404.
CAPPY (P.). I, 392, 470-71 n.—III, 385, 393, 394.
CARBONNIER (Ff). — Voir Nubémont.
CARITIERS (Ff). III, 124.
CATEGNY (Ff). III, 345.
Catiacus. III, 394. — Voir Cappy.
CAUX ou CAHOURS (V.). I, 247. — III, 175.
CENTULE (Ville de). I, 14, 49, 84-86, 165, 196, 207, 209-10, 216. — Voir Saint-Riquier.
CERCAMPS (A.). I, 421.
CERISY-L'ABBAYE (A.). I, 307.
CHAMBELLAGE (Ff). III, 189.
CHAPITRE (Fief du). III, 319.
CHEVINCOURT (S.). I, 237, 246, 254, 327, 357, 370, 460, 491, 492, 494. — II, 38-40, 63-64, 72, 135, 198, 271, 284, 493, 502-3, 505, 507. — III, 347-57.
CHEVINCOURT (Domaines dépendant de). I, 461. — II, 503.
CHINCHIE (Fme). II, 279 n.
CHUIGNOLLES (Ff). III, 388, 391, 392.
CLAIRFAY (A.). I, 422.
CONCHIL ou CONCHY (Ff). III, 366.
CONDÉ (Ff). III, 316.
CONTEVILLE (V.). I, 324. — III, 365.
COQUEREL (V.). III, 361 n.
CORBIE (A.). I, 85, 295.

COUDUN (V.). I, 357, 398.
COULOMBEAUVILLE (F^f). III, 6, 168.
COULONVILLERS (V.). II, 188, — III, 320, 481.
COURVILLE (F^f). III, 323, 333.
COUTURE DES MARAIS (F^f). III, 188.
COUTURE DU QUESNE (F^f). III, 277.
COUTURIER (Fief du). III, 125.
CRÉCY (V.). I, 45, 48, 51, 52, 463 n. — III, 207.
CRESSONNIÈRE (F^f). III, 174.
CRINQUET (F^{me}). III, 178.
CROIX (Le), (F^f). III, 142.
CROIX-AU-BAILLY (V.). III, 142.
CROTOY (S.). I, 461-64, 478, 479, 513. — II, 26, 41, 47, 48, 53, 54, 60, 105, 109, 144, 502. — III, 335-47.

D

DOMART (S.). I, 300, 398 n., 399 n., 461. — III, 362.
DOMMARTIN (A.). I, 433, 440, 441, 461. — II, 232. III, 215, 399.
DOMQUEUR (V.). I, 226. — III, 365.
DOMWAST (F^f). III, 286.
DOULLENS. I, 300.
DOURIER (V.). I, 29 n., 68.
DREUIL-LÈS-AMIENS (V.). III, 361.
DRUCAT (V.). I, 260 n., 261. — III, 365
DRUGY (S.). I, 311, 319, 465, 544-545. — II, 29, 54, 87 n., 92, 125, 240, 241.—III, 165-174.
Dulciana Vallis (Val Douce) (F^f). III, 410 n.

E

EAUCOURT (V.). III, 360.
ELINCOURT (F^{me}). I, 392. — III, 351, 352.
EMBRI (F^f). III, 352.
ENCRE ou ALBERT (P.). I, 244, 261, 300.
— Ses dépendances. III, 376.
EPAGNE (F^f). III, 360.
EQUEMAUVILLE ou ESCAMONVILLE (S.). I, 320, 351, 443. — II, 224. — III, 233.
ESCAMEUVILLE. — Voir Equemauville.
ESMIMONT ou HÉMIMONT (F^f). I, 325. — III, 192.
ESTRÉES-LÈS-CRÉCY (S). III, 203-208.
ESTREBŒUF (V.). I, 248.
ETINEHEM (F^f). III, 387, 391.
EUHOLT ou EGHOLT (F^f). III, 410.

F

FAYEL-BELLENGLISE (F^f). III, 234.
FERTÉ. — Voir La Ferté.
FESTEL (F^f). III, 308.
FEUQUIÈRES (S.). I, 330, 356, 466, 515, 552-53. — II, 63, 185, 161, 476 n., 503. — III, 323-34.
FEUQUEROLLES (F^f). II, 161. — III, 329.
FIENVILLERS (V.). III, 365.
FILIÈVRES (F^f). III, 366.
FLAMERMONT (F^f). III, 272.
FLEURY ou SAINT-BENOIT-SUR-LOIRE (V.). II, 425 n
FLIBEAUCOURT (V). III, 222.
FLIXECOURT (Petit). III, 315.
FOLIE-BAS (F^f). III, 316.
FONTAINE-SUR-MAYE (V.) III, 208.
FONTAINES-SUR-SOMME (V.). III, 322.
FONTAINE-THAURAUDE (F^f). III, 316, 317.
FORÊT-L'ABBAYE (V.). III, 245.
FORÊTMONTIER (A.). I, 51, 203, 443, 478, 510. — II, 264, 500. — III, 406-410.
FOUCAUCOURT (F^f). III, 387, 391, 392.
FRAMECOURT (P.). III, 402.
FRAMERVILLE (*Flamiriaca Villa*) (V.). III, 391, 393.
FRANCAMP (F^f). III, 172.
FRANCE MARITIME (Duché de la). I, 11, 96, 111.
FRANCIÈRES ou FRANSIÈRES (F^f). III, 10, 139, 288.
FRÉVENT (V.). III, 366.
FRIAUCOURT (F^f). I, 319, 424. — II, 497. — III, 128.

G

GAISSART. — Voir Gueschard.
GAPENNES (S.). I, 319. — II, 185, 233. — III, 209-17.
— (Four de) (F^f). III, 210.
— (Prévôté de). III, 210.
GARD-LES-RUE (Château). III, 337, 339, 346, 408.
GELINDEN, au pays de Liège (F^f). III, 367.
GEZAINCOURT (V.). III, 359.
GOURGUECHON (F^f). III, 293.
GOURNAY-SUR-EPTE (V.). I, 90, 92, 193.
GOUAY (Ste Marie de) (A.). III, 401.
GOZICOURT (Chapelle de). III, 288.
GRAMBUS (F^f). III, 8, 304.

GREDAINVILLE (F*t*). III, 130.
GRICOURT ou GRIOCOURT (Moulin de). III, 262.
Guatenas. — Voir Wawans.
GUESCHARD ou GAISSART (S.). II, 179. — III, 82, 287-95.

H

HAMEL (Le) (F*t*). I, 247. — III, 131.
HANCHY (V.). I, 261. — III, 249.
HARANGUIER (F*t*). III, 142.
HARDINVAL (V.). III, 365.
HAUDRECHIES (F*t*). III, 189.
HAUTVILLERS (S). I, 50. — II, 233. — III, 217-22.
HAVECOURT (F*t*). III, 143, 361.
HAYE DE SAINT-RIQUIER (F*t*). II, 499.
HEERS, au pays de Liège (F*t*). III, 367.
HELLENCOURT (Grand et Petit) (F*t*). III, 285-86.
HÉMIMONT ou les MARETTES (F*t*). III, 188.
HEMON (F*t*). I, 261.
HERLEVILLE (F*t*). I, 246. — III, 391, 393.
HERMEL (F*t*). III, 221.
HESDIN ou SAINT-SOUPLIS (F*t*). III, 275.
HIERMONT (V.). I, 300.
HOCQUELUS (F*t*). III, 334.
HORNOY (V.). I, 396.
HOUDENCOURT (F*t*). III, 276.
HUPPY (S.). III, 222-31.
 — (Prévôté de) (F.). III, 226.

J

JUMIÈGES (A.). I, 86, 217, 226, 243, 253.

L

LA BROYE ou L'ARBROYE (F*t*). III, 423 n.
LA FERTÉ (Château). I, XXVI, 268, 276, 380, 385. — II, 87, 92. — III, 10, 67, 235.
 — Chapelle. II, 19 n. — III, 518.
 — Châtellenie. III, 451, 504-6.
 — Coutumes. III, 510.
 Fiefs. III, 506.
 — Seigneurie. III, 510.
LA HAYE près Domart (F*t*). III, 363.
LANGLET (Camp) (F*t*). I, 441.
LANNOY (F*t*). III, 289 n.
 — (V.). III, 346.

LE GARD (A.). III, 495.
L'EPINE (F*t*). III, 187.
LES HAYES DE VILLERS (F*t*). III, 282.
LE TITRE (V.). III, 221.
L'ETOILE (S.). III, 315-19.
LEUILLY (P.). I, 347, 459. — II, 501. — III, 369, 371.
LIHONS (P.). III, 392.
LIVRY (A.). II, 169. — III, 303.
LOCHE (F*t*). III, 194.
 — (Bois de) (F*t*). III, 196.
LONG et LONGUET (F*t*). I, 226. — III, 197, 361.
LONGVILLERS (V.). III, 359.
LUCHUEL (F*t*). III, 314.
Lulliacum. — Voir Leuilly.

M

MACHERIES (F*t*). III, 143.
MACHU (F*t*). III, 400, 401, 402.
MAISON-ROLAND (S.). I, 465. — II, 179, 225, 233, 235. — III, 232-35.
 — Mairie de (F*t*). III, 233.
MALVOISINE (Ruisseau). III, 11, 16.
MAMETZ (V.). III, 387, 394.
MANESSIER (F*t*). III, 242.
MARAIS (Couture des) ou MARETTES (F*t*). III, 188.
MARCHIENNES (A.). I, 44, 46, 473.
MARIA-KERKE, en Flandre (V.). III, 374.
MARIGNY (F*t*). III, 227, 475.
MARMOUTIERS (A.). I, 380. — III, 454.
MAYOCH (S.). I, 76, 356, 479, 513, 550. — II, 502. — III, 335-47, 525.
 — Tombeau de Léger. I, 464. — Voir Le Crotoy.
MEAULTE (V.). III, 387, 394.
MÉREMORTE ou MÉRIMONT (F*t*). I, 300, 359. — III, 367.
MÉRICOURT, près d'Auxi-le-Château (F*t*). III, 260.
MERLES ou MERLIMONT (V). III, 366.
MERVILLE ou BREUIL (A.). I, 45.
MESNIL-DOMQUEUR (V.). III, 359.
MÉSOUTRE (F*me*). I, 37, 422, 434. — II, 499. — III, 365.
MILLENCOURT-LES-BEAUFLOS (S.). III, 220, 271-79.
MIRANDEUIL (F*t*). I, 15, 325, 465, 545. — III, 17, 279

MOLINET ou MOUSTIER (F^f). III, 274.
MONCHY-LE-BRETON ou MONCHY-SAINT-RIQUIER (S.). I, 493. — III, 402.
MONFLIÈRES (V.). III, 190.
MONSTRELET (V.). I, 78, 81, 309. — II, 204. — III, 268.
MONTDIDIER. I, 328.
MONT DES ANGES. — Voir Nubémont.
MONTIGNY (F^f). III, 104, 178.
MONTIGNY-SUR-L'AUTHIE (V.). I, 354. — III, 364.
MONTREUIL. I, 303.
MONTS (Abbaye des). I, 444.
MONS-EN-TERNOIS (V). III, 366.
MORIAMESNIL ou *Moriamini* (F^f). I, 433. — III, 213.
MOTTE (La) (F^f). III, 221.
MOTTE DU MOULIN DE VILLERS (F^f). III, 282.
MOUFLIÈRES, près Valloires ou MONFLIÈRES (V.). I, 434, 440. — III, 364.
MOULINS de Saint-Riquier. III, 13.
— d'Arundel. III, 11.
— du Brusle ou Angoulan. — Voir Le Brusle.
— (le Grand). III, 181.
— (le Petit). — Voir Mirandeuil.
— de Marinis. I, 15. — III, 18.
— du Prier ou du Priel. III, 18.
— des Raques (F^f). III, 18, 175.
— de Tannoy ou de Tonvoy. I, 155. — III, 17.
MOUSTIER (F^f). — Voir Molinet.

N

NEUF-MOULIN (V.). III, 174-82.
NEUILLY-L'HOPITAL. III, 437.
NEUVILLE-LÈS-BRAY (V.). III, 387, 391.
NEUVILLE-LÈS-SAINT-RIQUIER (F^f). I, 211, 366. — II, 233. — III, 254-58.
NICAMP (Jardins de). III, 123.
NIELLE (F^f). III, 360.
NOUVION (V.). III, 222.
NOYELLES-EN-CHAUSSÉE ou NOYÈRES (S.). I, 319, 322-323, 356, 478, 514, 545. — II, 23 n , 230. — III, 235-49.
— Garenne. III, 239.
— Fief de Saint-Riquier. III, 244.

NOYON (Mont de), à Chevincourt. III, 350.
NUBÉMONT ou NUELLEMONT (F^f). I, 235, 286. — II, 105. — III, 280, 283.
NUM-EN-ARTOIS (*Neudum*) (F^f). III, 402.

O

OBIN ou AUBIN-SAINT-VAST (S.). III, 399.
— Grande et petite vicomté (Fiefs). III, 399.
— Petit fief de Saint-Riquier. III, 401.
OFFICES CLAUSTRAUX (F^f). III, 121.
OFFINICOURT ou OFFENCOURT (F^f). III, 182, 276, 385.
OMATTRE. — Voir Aumâtre.
ONEUX (S.). I, 465, 505, 543. — II, 230, 233. — III, 249-54.
— Mairie (F^f). III, 250.
ONICOURT (F^f). I, 398. — III, 229.
OSTELEUX (V.). III, 324.
OSTENDE (St Sébastien d'). III, 375.
OSTREMENCOURT (F^f). I, 545. — III, 174-76.
OSTREVENT (Pays d'). I, 43 n.
OUDENBOURG (A.). I, 427. — III, 373.
OURSCAMP (A.). I, 422. — III, 353, 355.
OUTREBOIS (F^f). I, 356. — III, 310.
OVILLERS, Ouvillers, Ouville (F^f). III, 219, 221.

P

PAGRANE (Pagavre ou Payran (P.), en Angleterre. I, 355 n. — III, 404.
PATRONVILLE (Grand et petit) (F^f). III, 97, 132.
PERNES (V). III, 366.
PHŒNUM (Mont) à Bayeux. I, 308 n.
PICOTEL (F^f). III, 304.
PICQUIGNY. II, 169. — III, 473.
PINCHEMONT (F^f). I, 440 n.
PLOUY-DOMQUEUR (V.). II, 221. — III, 365.
PODERVAIS. I, 244. — III, 376.
POLLEHOYE (F^f). II, 107. — III, 243.
POMMEREUIL (F^f). III, 251.
PONCHES (V.). III, 364.
PONTHIEU. I, 8-14, 283-87, 300, 501, 505, 552. — II, 40, 52.
— Etat religieux. I, 25-27.
PORTES (F^f). I, 356, 444. — III, 237, 246.
POTAGES (F^f). III, 126.

Pré (V.). III, 175.
Pré-l'Hoste (F^f). III, 256.
Préaux (V.). III, 364.
Prévot (Office du) (F^f). III, 122.
Prineres (V.). I, 226.
Proyart (V.). III, 387, 391.

Q

Quend (V.). III, 366.
Quentovic (Port de mer). I, 20, 294.
Quesnel (F^t). III, 319.
Quesnoy-lès-Gapennes (F^{me}). I, 461. — III, 215.
— Voir Dommartin.
Quesnoy-sous-Airaines (V.). II, 485

R

Rainecourt (V.). III, 393.
Rastel ou les Ratiaux (F^{me}). III, 61 n., 444.
Realmont (Reaumont, Royaumont (F^f). I, 50 n., 356. — III, 219.
Regnière-Ecluse (V.). I, 6. — III, 346.
Reviers (V.). I, 306.
Ribecourt (V.). III, 357.
Riquier (le bois). III, 364.
Rivière-Béthencourt (F^f). III, 123.
Robert-Le-Jeune (F^f). II, 12.
Roche cornue, à Noyelles. — III, 249 n.
Roches (Grange des), à Noyelles. I, 434.
Rollencourt (F^f). I, 229, 252, 288, 298. — II, 494.
Romaine (F^f). III, 407, 411.
Romont (V.). III, 217.
Rondel (F^f). III, 401.
Roquemont (F^f). I, 319, 443. — III, 363.
Roselflos (F^f). I, 443.
Rouanche (F^f). III, 143.
Rouatte (F^{me}). III, 346.
Rouge-Maison (F^f). III, 133.
Roye. I, 328.
Rue. III, 342, 343.

S

Sailly-le-Sec (V.) III, 222.
Saint-Amand-de-Thorotte (P.). I, 460. — II, 502. — III, 351.

Saint-Corneille (A.). III, 355.
Saint-Firmin-de-Béthencourt (V.). III, 337, 340, 343.
Saint-Gratien (V.). III, 346.
Saint-Jean-lès-Rue (F^f). III, 344.
Saint-Léger (V). III, 368.
Saint-Martin-au-Bosc (V.). I, 347.
Saint-Martin-de-Tournay (A.). III, 526.
Saint-Mauguille (F^f). I, 82, 309, 311. — II, 188. — III, 103, 134-35.
Saint-Médard-de-Soissons (A.). I, 430.
Saint-Michel du Tréport (A.). I, 73.
Saint-Omer. III, 366 n.
Saint-Pierre-lès-Calais. I, 355.
Saint-Riquier (Ville de). (XIe-XVIIIe siècle). I, xxv.
— Topographie. Rues, tours, fossés, etc. III, 1, 18, 424.
— Beffroy. I, 406, 535. 542, 557. — II, 316. — III, 6.
— Quartier et rue Habengue. I, 196. — III, 12, 71.
— Portes. II, 34 — III, 4, 7, 11.
— Tours. III, 5.
— Les cent tours. I, 2.
— Mont Pélerin (Rue du). III, 11.
— Malvinage. III, 9.
— Vivier du monastère. I, 225.
— Renclôtures. II, 259.
— Marchés. I, 514. — II, 164, 178.
— Incendies. I, 416. — II, 177, 200.
— La ville au pouvoir des comtes de Flandre. I, 284-87, 412, 466.
— La ville sous l'Abbé Anscher. I. 385, 413.
— La ville rattachée à la couronne et au bailliage d'Amiens. I, 501.
— La ville sous Philippe VI. II, 40-42.
— Subsides pour la rançon du roi Jean II, 51.
— La ville sous Charles VI et le siège de 1421. II, 83, 86-96, 101.
— La ville sous Louis XI. II, 123-33.
— Désastre de 1475. II, 138-142.
— La ville sous François Ier. Sièges de 1524 et 1536. II, 187-190.
— Excès des Espagnols aux environs de St-R. II, 234, 237, 264.

Saint-Riquier. La ville au XVIIIᵉ siècle. II, 314-318.
— Bois de. II, 272, 284. — III, 143.
— Lettres de sauvegarde. II, 49-50.
— Sceaux. III, 524-528.
— Seigneurie de l'Abbé sur la ville. I, 542-47. — III, 18-28.
— Les capitaines de la ville. III, 14.
— Les bourgeois appelant au futur concile contre Boniface VIII. II, 3.
— Vignes. I, 559.
— Le Camp du roi. I, 293.
— La tombe d'Isambart. I, 269, 271-76, 278.
— Noms (de), en divers endroits. I, 31, 69.
— Route (de), à Abbeville. III, 144.
— Rue (de), à Abbeville. I, 392 n.
— Voie de Saint-Riquier à Bray. III, 390.
Saint-Riquier-de-Pierrepont (Chapelle). I, 68, 328 n. — III, 397.
Saint-Riquier, à Monchy, près d'Eu. I, 69.
Voir les mots : *Centule, Commune, Comptes, Églises, Monastère*.
Saint-Sauflieu (V.). III, 371.
Saint-Valery. I, 32.
Saint-Vigile (Fᶠ). III, 347, 410.
Saint-Vigor-le-Grand (A.). I, 309 n.
Sainte-Colombe-de-Sens (A). I, 253, 262.
— à Chevincourt. III, 357.
Sainte-Marguerite-au-Val (Chapelle). I, 504. — III, 446.
Salle (Haute et Basse) (Fᶠ). III, 275.
Sancy (Fᶠ). III, 143.
Sarton (Fᶠ). II, 179, 288, 295.
Saucourt (Bataille de). I, 265.
Saveuse (Fᶠ). III, 140.
Scabelli-Villa. — Voir Equemauville.
Scardon (Rivière). I, 15, 147, 186, 391. — III, 11, 16.
Senarmont. II, 230, 476 n. — III, 321.
Seronville (Fᶠ). III, 177, 205.
Sorrus (V.). I, 35, 214. — III, 366.
Soyécourt (Fᶠ). III, 141.
Surcamps (V.). I, 319. — III, 358.
Suzanne (V.). III, 394.

T

Tannoy. — Voir Tonvoy.
Tarteron (Fᶠ). III, 343.
Thiboutot (Fᶠ). III, 11, 136.
Thoiras (Fᶠ). III, 194.
Thosan ou Toussaint (Chapelle de). I, 427, 459-460.
Tillencourt (Fᶠ). III, 309.
Tilleul (Fᶠ). III, 181.
Tilly (Fᶠ). III, 229.
Tonlieu (Fᶠ). III, 188.
Tonvoy (Fᶠ). I, 559. — III, 17, 142.
Tourmont (Bois de). I, 392, 470 n.
Tréport (A.). I, 73.
Trésorerie (Fᶠ). III, 122.
Tristiacum, pour Crécy. I, 52 n.
Trotins (Fᶠ). III, 140, 322.
Troussencourt ou Trois cents corps (Chapelle de). I, 434. — II, 23 n, 43.
Tullinum (Fᶠ). III, 222.

V

Val des Lépreux (Le). I, 436, 504.—II, 28, 223, 508. — III, 22. — Voir Maladrerie.
Val-Douce. III, 410.
Valines (Fᶠ). I, 50, 356. — III, 219.
Valloires (A). I, 434, 440, 444. — II, 22, 65, 217, 248, 364. — III, 248.
Valmaret (Fᶠ). III, 103, 188.
Valobin (Fᶠ). III, 253.
Vals ou Vallées, près Chevincourt. I, 254. — III, 357.
Vassorie (Fᶠ). III, 172.
Vauchelles-lès-Domart (V.). I, 247, 498. — III, 358.
Vauchelles-lès-Quesnoy (V.). III, 473.
Vauvillers (V.). III, 394.
Vaux-lès Saint-Mauguille (Fᶠ). I, 392. — III, 200-203.
— Mairie. III, 201.
— Carrrière de Saint-Pierre. III, 202.
Vercourt (V.). III, 346.
Verton (V.). III, 366.
Verve (V.). III, 357.

VEXIN (Pays). I, 225.
VICOGNE (A.). III, 374.
VIEULAINES (V.). III, 361.
VIÉVILLE (F*t*). III, 206.
— (P.), près Leuilly. III, 370.
VILLE et BOUT DE VILLE (V.). I, 443. — III, 315.
VILLENCOURT (S.). I, 476, 550. — II, 140. — III, 259-66.
— Prévôté (F*t*). III, 264.
— Vicomté (F*t*). III, 264.
VILLEROY (S.). I, 211, 225, 370, 555. — III, 259, 266, 291.
VILLERS, près Saint-Riquier (F*t*). I, 224, 545. — III, 281.
VILLERS-SOUS-AILLY (V.). III, 358.
VINCHENEUX ou VINCHENEUIL (F*t*). III, 10.
VISMES (F*t*). III, 277.
VITRY (V.). III, 356.

W

WABEN (V.). I, 300. — III, 366.
WAILLIE-SOYÉCOURT (F*t*). III, 394.
WARIPELLE (F*t*). III, 308.
WATTEN (P.). I, 52, 68, 382.
WAUCOGNE (F*t*). III, 347 n.
WAWANS (V.). I, 298. — III, 364.
WICHEMAEL-EN-FLANDRE (F*t*). III, 367.
WISQUIGNY (F*t*). III, 427.
WISSANT (Port de mer). I, 355.
WITZ-SUR-AUTHIE (S.). I, 225. — III, 259, 267.

Y

YAUCOURT (S.). I, 505. — II, 19, 20 n. — III, 196 200.
YVRENCH (S.). I, 319, 505. — III, 296-304.
YVRENCHEUX (F*t*). II, 105, 264. — III, 304-7.

TABLE DES MATIÈRES.

A

ABBATIALE. II, 259, 332.
ABBAYE ROYALE. I, 39, 447. — II, 466.
ABBÉS. Bénédictions, pouvoirs, services. I, XXI-XXIV, 435, 448.
— Un Catalogue des. I, 230. — II, 414, 492.
— Commendataires. I, 213, 218. — II, 191, 202.
Voir Commende.
ABBÉS-COMTES. I, 243, 250.
ABSTINENCE monastique. I, 475-76, 505. — II, 21, 353-55.
ACQUÊTS (Nouveaux). II, 4, 25-26.
ADOPTIANISME (Hérésie de l'). I, 126-127.
AFFORAGES. II, 75, 477 n.
AFFRANCHISSEMENT (XIII° siècle) I, 516.
ALBIGEOIS. I, 479, 516, 532.
ALLEUX de Saint-Riquier. I, 38. — II, 464 n
AMENDES de justice. I, 496, 527.
AMORTISSEMENT. II, 4, 467.
ANNATES. II, 3.
ANTIQUITÉS à Drugy. I, 544.
APPEL, Fol appel. II, 470 n.
APPELANTS de la Bulle *Unigenitus*. II, 287-97.
ARBALÉTRIERS de Saint-Riquier. III, 63.
ARBITRAGE. I, 497-98, 509.
ARBRE de Jessé. II, 371.
ARCHERS. III, 63.

ARCHIVES de Saint-Riquier. I, XXXIX.
ARTISTES du IX° siècle. I, 180.
ASILE (Droit d'). II, 31.
ASSEMBLÉE d'Attigny en 822. I, 219.
ASSOCIATIONS de prières. I, 473, 474, 512. — II, 37, 231.
ASSUREMENTS. I, 538-39.
AUBMAILLE (Bêtes d'). II, 477 n.
AUDITEURS royaux. III, 158-60
AUMÔNES du Monastère. II, 122, 454, 460-461.
AUTEL (l') catholique. I, 151.
AUTELS (Offrandes aux). II, 478 n.
AVEU. II, 471.
AVOUÉS des monastères. I, 301.
— de Chevincourt punis. I, 357-359.

B

BAILLIS III, 150.
— du Monastère. III, 27.
BANLIEUE de Saint-Riquier. I, 527-528, 532, 535, 542. — II, 33.
BANNISSEMENT. I, 554.
BATON cantoral II, 413.
BÉNÉDICTINS. II, 334, 335.
— Chapitres des moines. I, 214, 401, 481. — II, 20, 52, 76.
BÉNÉDICTIONS réservées aux Abbés. II, 7-8. — III, 19.
BIBLIOTHÈQUE de Saint-Riquier. I, 188-190, 345. 433; — II, 247, 284.

BIBLIOTHÈQUE de Saint-Riquier. Un manuscrit au
  ix° siècle à Bruxelles. II, 545-552.
  — de la Ferté au xiv° siècle. III, 482 n.
BIENS monastiques. Leur origine. II, 453-61.
  — Privilèges. I, 432 n. — II, 464.
  — Privilège du sel. II, 61.
  — Enumération des domaines. II, 482.
  — Domaine au diocèse de Liège. I, 319. — III, 371.
  — Acquisitions au xviii° siècle. I, 515
  — Fiefs du monastère, à Saint-Riquier. III, 121, 127
  — Fiefs perdus ou éteints, à Saint Riquier. III, 138.
     Voir décimes.
  -- Usurpation. I, 222, 293, 322 — II, 193.
  — Restitution. I, 297
  — Retrait II, 273
  — Partage des manses. II, 241.
  — Revenus. II, 478, 480.
  — Charges, subsides. II, 59, 207, 480, 481.
  — Bail de la commende. II, 275.
  — Vente des biens. II, 321.
BOUHOURDIS. III, 59.
BOURGEOIS et Bourgeoisie I, 407.
BRANLON. III, 59 n.
BUREAU des Aumônes. II, 316.

C

CAFFARDS (Pauvres). III, 117, 119 n.
CALAMITÉS des guerres. II, 103-105 n. — III, 46-49.
CALENDRIER du Monastère. II, 7.
CALICES du ix° siècle. I, 162.
CALVINISTES. Leurs excès. II, 205-7.
  — Au château de la Ferté. III, 498.
CAMBAGE. II, 477 n.
CANONISATION des Saints (vii° siècle). I, 56.
CAPITAINES de Saint-Riquier. II, 104. — III, 14.
CAPTIFS (Rachats des). I, 34.
CARITIERS. I, 558. — III, 124.
CARRIÈRES du Ponthieu (xviii° siècle). II, 235.
CARTULAIRE de Saint-Riquier. I, xxxix. — II, 167.
CATEL ou CATEUX. III, 66.
CENS. I, 409 n., 156. — II, 473. — III, 63.

CENSIVES. II, 472-73.
CÉRÉMONIAL du Monastère. II, 7, 276 421 n.
CHALUMEAU I 169
CHAMBELLAGE (Droit de). II, 470.
CHAMPART. II, 473.
CHAPELAINS du Pape. I, 519.
  — de Notre-Dame d'Amiens. III, 234.
  — de Saint-Quentin à la cathédrale d'Amiens. III, 394.
CHAPELLE ou Eglise de Saint Nicolas. III, 21, 46-48
  — Vente de cette chapelle II, 332.
     Voir Saint-Nicolas.
CHAPELLE des nobles, à Saint-Riquier. I, 211
  — Saint-Jacques à la Ferté. III, 474.
  — castrale d'Yvrenchaux. III, 297.
CHARTE apocryphe. I, 229 30.
CHARTES anciennes, perdues. II, 494.
CHÂSSES des saints. I, 165, 283.
CHATELAINS royaux. III, 504.
CHATELLENIE. III, 504.
CHEMINS (Garde des). III. 504, 509.
CHEVALIERS de Saint Jean de Jérusalem. III, 215, 206-208, 526.
CHIROGRAPHIE. I, 434 n.
CHRONIQUES de Saint-Riquier. I, xxxvi, xxxviii, 98. — II, 43 n.
  — d'Hariulfe. I, xxxvi, 386 n. — II, 250
  — de D. Cotron I, xxxvi. — II, 253.
  — de J. le Chapelle. I, xxxvii.
  — de Pierre Le Prêtre. I, xxxviii. — II, 10 n.
  — de Jumièges. I, 249.
  — de Tramecourt. I, xxxviii.
Ciborium de Saint-Riquier. I, 152.
CIMETIÈRE des moines. I. 194.
CLERCS séculiers dans les monastères. I, 240, 283, 284.
  — du Ponthieu. I, 502 n.
CLOCHES et clochers. I, 172.
  — Bénédiction II, 305.
  — Dans l'église de Saint-Riquier. II, 376.
CLOITRE monastique. I, 187. — II, 134, 440.
COMMENDE II, 185-96, 192, 202, 213, 239 n, 273, 560-61.
COMMERCE de la ville de Saint-Riquier. III, 14.
COMMUNES (Origine de-). I, 403.

COMMUNES Organisation. I, 402, 405-7, 409.
COMMUNE de Saint-Riquier. I, 402. — III, 55-70.
— Charte (de la). I, 408-410. — II, 495.
— Chartes de 1289 et de 1365. I, 467. — II, 503-504.
— (la) sous Anscher. I, 407-412.
— sous Gautier II de Gaissart. I, 515-17. II, 510-12.
— sous Giles de Machemont. I, 526-12.
— sous Jean de Foucaucourt. II, 11-15.
— sous Beaudouin de Gaissart. II, 27-42.
— sous Philippe du Fossé. II, 54-57.
— sous Hugues de Roigny. II, 65.
— sous Pierre Le Prêtre. II, 122 n.
— sous les moines de Saint-Maur. 265-66.
— au XVIII° siècle. II, 314-18.
— Mayeurs ou maires (de la). I, 406-12, 532-33. — II, 11, 266. — III, 68-70.
COMMUNE (la) et la Ferté. II, 34.
COMMUNE de Saint-Valery. I, 479.
— de Corbie. II, 111.
COMMUNION (la) des fêtes à Saint-Riquier au IX° siècle. I, 183.
COMPROMIS (le) au XIII° siècle. I, 498.
COMPTES de la ville de Saint-Riquier. III, 59-66.
CONFÉRENCES de 1602 et 1620 à Saint-Riquier. II, 223.
CONFRÉRIE de Saint-Nicolas. II, 5, 199, 223. — III, 21-22, 36-53, 524.
— Ses statuts. III, 37.
CONJUREURS. I, 553.
CONSOLATIONS ou *Caritates.* I, 254, 558.
CONSTITUTION civile du clergé. II, 326.
CONSTRUCTIONS monastiques (IX° siècle). I, 186.
CONTRATS sur la propriété ecclésiastique. I, 524.
CORVÉES. II, 473.
COTTIÈRES (terres). II, 472.
COURONNES de lumières. I, 166.
COURTOISIES. I, 558.
COUTUMES. I, XXXIX n., 403. — II, 227. — III, 27.
— du monastère. II, 169, 212, 466. — III, 27.
— de la ville. III, 54-58.
— de la Ferté. III, 507.
COUVENT (Petit). II, 227.
CROISADES et Croisés. I, 389, 390 n., 435, 483, 552. — III, 298.

CROISADES de Hongrie en 1396. II, 70.
CROIX I, 167.
— mystèrieuses à Saint-Omer. I, 287.
CRYPTE sous l'église. I, 341. — II, 120-21, 260, 428
CURÉS de Saint-Riquier. III, 19, 31.

D

DÉCIMES pour la Guerre sainte. I, 550 — II, 122, 481
DENRÉES (Quelques prix de) au XII° siècle. III, 38 n
DIMES II, 209, 454, 478.
— novales. I, 504, 508, 522.
DON au Roi. II, 481. — III, 60 n.
DONS aux églises (IX° siècle). I, 180.
DOYENS de chrétienté III, 145.
DOYENNÉ de Saint-Riquier. III, 144-48, 523.
DROITS seigneuriaux. II, 466-77.
DUEL judiciaire. I, 496.

E

EAUX minérales de Saint-Riquier. III, 10.
ECHEVINAGE. I, 405. — III, 9.
ECOLE du Palais (IX° siècle). I, 132-136.
ECOLES monastiques. I, 192, 349.
ECOLE de Centule. I, 192, 311-316.
— Son *Scriptorium* II, 548.
ECOLES communales de Saint-Riquier. III, 49, 58, 65.
ECRIVAINS monastiques. I, XV.
EGLISE de Saint-Riquier I, XII, XXVI.
— sous saint Riquier. I, 98.
— sous saint Angilbert. I, 144-84.
— ruinée par les Normands. I, 264.
— restaurée I, 179.
— Sous saint Gervin. I, 341-45.
— sous Gervin II I, 371.
— sous Anscher. I, 387, 416.
— sous Riquier II. I, 457.
— sous Giles de Machemont I, 513.
— sous Hugues Cuillerel. II, 95.
— sous Pierre Le Prêtre. II, 120, 146.
— sous Eustache Le Quieux. II, 163-67.
— sous Thibault de Bayencourt. II, 175-76.
— sous Claude Dodieu. II, 200-203.

ÉGLISE de Saint-Riquier sous Henri de la Chatre. II, 226.
— sous Charles d'Aligre. II. 250-55, 259-62.
— sous Léon Molé. II, 276.
— Description générale. II, 363-418.
— Revenus. II, 478.
— Sépultures. I, 258, 332, 366. — II, 44 n., 68, 170, 174.
— Chapelle Saint-Vincent. I. 319, 382.
— Autel de saint Laurent. I, 330, 344 n.
— Fondations II, 417.
— Album. II, 414 n.
EGLISE Notre Dame. I, 146, 154, 319, 387, 388. — II, 431 n. — III, 19, 28-30.
EGLISE ou chapelle saint Benoit. I, 147, 319, 387, 388.
EGLISE ou chapelle saint Nicolas. I, 388, 506, 525, 542. — II, 382. — III, 6.
Voir Chapelle, Confrérie et Saint-Nicolas.
EGLISE de l'Hôtel-Dieu. I, 476, 480. — III, 446.
— de saint Mauguille. I, 310-11. — III, 135.
— de saint Wulfran. II, 370, 381.
ELECTION et élus pour Saint-Riquier. II, 46 n.
ENCENSOIRS (IXe siècle). I, 170.
ENFANTS dans les monastères. I, 192.
EPAVES. I, 529 n.
EPIDÉMIES (XVIIe siècle). II, 222.
EPREUVES judiciaires. III, 150.
ESTRAYÈRES, *Estrariæ*. I, 529.
ETALAGE. I, 549 n.
ETUDES monastiques. II, 249.
— à Saint-Riquier (XVIIe siècle). II, 312.
EVANGELIAIRE de saint Angilbert. I, 173-75 — II, 22, 166, 254.
EVÊCHÉ ou cour spirituelle [d'Amiens (Sceau de l'). III, 526.
EVENTAIL pour la messe. I, 177.
EXCOMMUNICATION majeure. I, 531.
— monastique. II, 347.

F

FÉLONIE II, 471.
FÊTES (Grandes) de la ville de Saint-Riquier. III, 55.
— monastiques (IXe siècle). I. XXIV — II, 469.
— de Saint-Riquier. II, 227, 306.

FÊTES (trois jours de), en octobre. I, 271, 410, 533, 537-38, 540, 557. — II, 46, 56. 475. — III, 500, 501.
— de Noyelles. II, 75.
FEU grégeois. I, 416 n.
— sacré du samedi saint (XIe siècle). I, 347.
FIEFS. II, 468-74.
FIEFS de Saint-Riquier. III, 121, 127.
— vendus pour pauvreté. I, 545. — III, *Passim*.
— d'un pourvoyeur de poisson. I, 475.
FIEFFÉS de la prévôté à Saint-Riquier en 1337. II, 27.
FLÉGARDS. II, 475.
FLUX et reflux de la mer à Saint-Riquier. I, 15 n.
FONCTIONNAIRES de Saint-Riquier en 1777. III, 14.
FONDATIONS au monastère de Saint-Riquier. II, 417.
— paroissiales. III, 29.
FORAGES. II, 477 n.
FORTIFICATIONS. II, 56. — III, 2
FOUR banal. II, 476.
FOURCHES patibulaires. I, 529. — III, 9.
FRANCE au temps des Normands. I, 263, 278, 280.
FROC II, 475.
FROQUIERS (seigneurs). II, 476.
FUNÉRAILLES (droits des). II. 8.

G

GAMBAGE II, 477 n.
GARDE des chemins de l'Abbaye. II, 476.
— de la Ferté. III, 505, 509.
GARDES-SCELS de Saint-Riquier. III, 157.
GARENNE. I, 514 n. — III, 239.
GÎTE et Past (Droit de). I, 191, 411, 500.
GONFALON d'une église. I, 168.
GRANGES monastiques. I, 435.
GUERRE de Cent ans. II, 26.
— de la Fronde. II, 241.
— des Espagnols. II, 188, 198-99, 203-204, 234-37.
GUERRE civile sous Charles VI. II. 58.
— de la Ligue. II, 218.
GUERRES religieuses. II, 205-207, 213.

H

HAGIOGRAPHES du xviie siècle. I, 90.
HANAPS. I, 168, 170.
HENNEQUIN. I, 425 n.
HERBAGE (mort et vif). II, 473, 476.
HISTOIRE de Saint-Riquier (Sources de l'). I, xviii.
HOMMAGES. II, 471.
HOMMES féodaux ou de fiefs. II, 470.
— liges. II, 470.
HOPITAL du Hamel à Saint-Riquier (ixe siècle). III, 414.
HOPITAUX au ixe siècle. III, 414.
HOSTES, ottes, couquants et levants. II, 472 n.
Hostilicium. I, 298 n.
HOSTISIE ou OSTISIE. II, 33.
HOTEL-DIEU d'Abbeville. III, 414 n.
HOTEL-DIEU de Saint-Riquier. I, xxvi. — II, 168. — III, 413-450.
— Brûlé au xvie siècle. I, 199.
— Fondations. III, 449.
— Religieuses Augustines (de l'). III, 413, 436, 438-443, 447.
— Leur règle. III, 418.
— Maîtres et aumôniers (de l'). III, 431, 435, 437, 438, 443, 446, 449 n.
HOTEL de Saint-Riquier à Abbeville. — Voir Refuge.
— de la Gruthuse, à Abbeville. II, 173 n.
HUVELLAS. II, 475 n.

I

ILLUMINATIONS surnaturelles I, 362
IMMUNITÉ. II, 62, 67.
IMPIGNORATION (Contrats d'). I, 483-484. — II, 504.
INCENDIAIRES (Canon contre les). I, 418-19 n.
INCENDIES du Monastère. I, 416. — II, 280-84, 525-29.
INCENDIE arrêté par le Saint-Sacrement. II, 242.
INDICT. I, 452. — II, 505.
INDULGENCES pour la fête de Saint-Riquier. I, 506, 524.
INSIGNES pontificaux des Abbés. I, 171, 178, 349, 511-12, 521-22. — II, 509.

INVENTAIRE ou tables analytiques de l histoire de Saint-Riquier. I, xxxix.
INVESTITURES. I, 318, 514. — II, 471.

J

JACQUERIE aux environs de Saint-Riquier. II, 50.
JANSÉNISME au monastère de Saint-Riquier. II, 285-302
JUBÉ à Saint-Riquier. II, 166.
JURÉS ou échevins. I, 405.
JUSTICE du monastère. I, 537-38, 547, 548. — II, 25, 266, 467.
— de la Ferté. III, 10.
— à femmes. III, 9.

L

LAGAN (Abolition du). I, 463.
LAMPE devant les reliques des saints. I, 50, 166, 254, 261.
Laus Perennis à Centule. I, 182.
Lectorium à Saint-Riquier. I, 166.
LÉPROSERIE de Saint-Riquier. I, 436. — III, 443, 444 n.
— Ses fondations. III, 449.
— d'Abbeville. III, 219.
Lidimonium. I, 288.
LIGUE (la) à Saint-Riquier. II, 218-23.
— à Abbeville. III, 237
LITURGIE d'Amiens (ixe siècle). I, 219 n.
— Gélasienne à Saint-Riquier. I, 189 n.
LIVRE (la) de monnaie sous Charlemagne. I, 180 n., 210 n.
LIVRES Carolins. I, 127-28.

M

MAIRES des domaines. II, 463 n.
— de bannières. III, 63.
MALADRERIE du Val. — Voir Léproserie.
MALTOTE. I, 541. — II, 13, 32. — III, 59 n., 61 n.
Mandatum monastique. III, 120.
MANSES abbatiale et conventuelle. I, 237.
— Revenus perdus (leurs). III, 121.
MARCHÉS de Saint-Riquier (xve siècle). II, 55.
MARTYROLOGE de Saint-Riquier. I, 65, 109. — II, 418-22.

MAYEURS ou Maires (Election des). III, 59.
— Noms des III, 68.
MESURES de capacité à Saint-Riquier. III, 16.
MINIATURISTES du Moyen-Age. I, 190 n.
MIRACLES des saints. I, 57-63.
MIRACLE de saint Josse à Saint-Riquier. I, 294.
MISSIONS de saint Grégoire-le-Grand en Angleterre. I, 32.
MISSIONNAIRES Irlandais en France. I, 71.
MOINES (Devoirs et vie des). II, 334-362
— Leurs vertus et sainteté. I, 300, 482. — II 243.
— Dispenses de règles trop sévères. I, 504, 510.
— Libre possession des biens et fiefs. I, 523. — II, 514.
— Privilèges et exemptions. I, 451, 455. — II, 10, 464.
— Relâchement des. II, 312 n., 356-63.
MOINES de Saint-Riquier (les), à l'époque des Normands. I, 232, 244, 261-65
— sous Helgaud. Grand nombre de nobles. I, 250.
— sous Beaudoin de Gaissart. II, 30-31.
— sous Thibaut de Bayencourt. II, 180-84.
— sous Claude Dodieu II, 191, 196-203.
— sous Charles d'Humières. II, 210.
— sous Charles de la Châtre. II, 213.
— sous Richelieu. II, 231.
MOINES (les) de saint Maur à Saint-Riquier. II, 243-247.
MOINES (les) à l'époque de la Révolution. II, 320-31.
— aux Universités. II, 21. — III, 388.
— copistes. I, 190 n — II, 350.
— (Poésie des), au IX° siècle II, 547-52.
— Missions (des). I, 215 — II, 256, 351.
— Leurs enfants de chœur. II, 312.
— Seigneurie (des). II, 464-467.
— Guerre aux. II, 307-308.
— (Sépulture des), dans le cloître. II, 440.
— (Scandale des), de Saint-Germain-des-Prés. II, 310
— (Noms des), par siècle. II, 436.
— Autres noms. II, 161, 226, 289, 311 n., 313, 440.
— Eglises fondées par les. II, 466.

MONASTÈRES. I, XVIII, 185
— Nombreux au VII° siècle. I, 40.
MONASTÈRE de Saint-Riquier. I, XIX — II, 432.
— De fondation royale ? I, 215
— Abbaye royale. I, 39, 215.
— Armes. II, 521.
— Fondation. I, 38.
— du IX° siècle, et dépendances. I, 185-96.
— à l'époque des Normands. I, 263, 277, 279
— sous l'Abbé Ingelard. I, 294.
— sous l'Abbé Anscher. I, 388, 416-20.
— sous Giles de Machemont. I, 543-44.
— sous Philippe-le-Bel. II, 2.
— sous Pierre des Allouenges. II, 40.
— sous Pierre Le Prêtre. II, 134-35
— sous Eustache Le Quieux. II, 163, 166.
— sous Claude Dodieu. II, 200-203
— sous Charles d'Humières. II, 209.
— sous Henri de la Châtre. II, 218, 226.
— sous l'Abbé d'Aligre. II, 251, 259
— sous l'Abbé de Châteauneuf de Rochebonne (incendié en 1719) II, 280-84, 524-28.
— Sequestres ou économat. II, 302, 307-13.
— Inventaire des biens. I, 324-25. — II, 530-33.
— Dettes actives et passives en 1790. II, 532.
— Suppression et vente. II, 326-34, 533-34.
— Dotation des monastères. II, 453.
— La féodalité au monastère. II, 462-78.
— Aliénation des biens par autorité apostolique. III, 356.
MONASTÈRE de Saint-Gal. I, 186-87 n.
— de Port, ruiné. I, 234.
— de Gorze. Son manuscrit sur Saint-Riquier. I, 230, 342-43.
MONNAIE de cuir bouilli. I, 513.
MOSAÏQUE dans l'église. I, 150.

N

NOBLESSE de Saint-Riquier (La). I, 211. — III, 70-120.

NORMANDS en Ponthieu et à Saint-Riquier I, 96, 232, 242, 261-67, 279.
NOTAIRES apostoliques. III, 159.
— royaux. III, 76, 159-62.
NOUVELLES ecclésiastiques (les), *Journal Janséniste*. II, 288 n.
NOVALES — Voir Dîmes.

O

OBITUAIRE du monastère II, 418.
OBLATS ou serfs au tombeau des saints. I, 39 n.
OFFERTOIRES du IXe siècle. I, 168-169.
OFFICE de Saint-Riquier. II, 487.
OFFICES Bénédictins. I, 181. — II, 276.
— Pendant l'interdit. I, 523.
OFFICES claustraux. I, XXV. — III, 121-23.
ONCE d'or due au Pape. II, 506.
ORATOIRES monastiques. I, 146, 510.
ORDRE de Notre-Dame du mont Carmel. III, 52, 444 n.
— de saint Lazare. III, 444 n.
ORNEMENTS sacerdotaux (IXe siècle). I, 165, 175-77.
— (XVIIe siècle). II, 255, 413.

P

PAIRIE Origine de la). I, 303.
PALAIS abbatial. I, 191. — II, 40.
PARVIS de l'église de Saint-Riquier. I, 157. — II, 370.
PASSE d'armes près de Saint-Riquier. II, 91.
PAST (droit de). — Voir Gite
PATURAGES communaux. I, 496.
PÉCHÉS capitaux (huit). I, 365.
PEINTURES de la Trésorerie. II, 407-11.
PÈLERINAGES à Jérusalem. I, 336.
— au tombeau de Saint-Riquier. I, 69.
PÉNITENCE du curé d'Ars. I, 21 n.
PERSONNAT et Personnes. I, 354 p.
PESTE noire (XIVe siècle). II, 41.
PITANCE — Voir Caritiers.
PLEIGES ou Cautions. I, 554.
POMMES-CHAUFFE-MAINS. I, 168 — II, 413.
POPULATION de Saint-Riquier. I, 251. — III, 13.
PORTION congrue. II, 479.
PRÉBENDE d'un moine. I, 474 n.

PRÉDICATEURS extraordinaires à Saint-Riquier. III, 49. 50.
PRESCRIPTION (Origine de la). I, 507.
PRESTATION. II, 473.
PRÊTRES (Grand nombre de) à Saint-Riquier. III, 34.
— (Quelques noms de). III, 35-36.
PRÉVÔTS. II, 38 n.
— (Noms des) de Saint-Riquier. III, 155.
PRÉVÔTS fermiers. II, 62.
— de Saint-Nicolas. III, 38.
PRÉVÔTÉ monastique. II, 465. — III, 122.
— de Saint-Riquier. III, 148-54, 527.
— Ses droits sur Abbeville. II, 35-36.
PRIÈRES aux autels des saints. I, 155.
— pour les morts. I, 89, 473.
PRIEURÉ. II, 464.
PRIME (Châsse de sainte). I, 159, 492. — II, 252.
PRIMICIER du palais. I, 119-20.
PRIVILÈGES du monastère I, 201, 215, 451-55, 478, 489, 507-12, 521, 524. — II, 2, 101, 163, 186, 197, 504-507, 509-10, 514, 515, 520.
— de la ville de Saint-Riquier. II, 472. — Voir Bourgeoisie et Commune.
PRIX des terres (XIIIe siècle). I, 484.
PROCÈS divers. I, 485-90, 497. — II, 23, 233, 271-273, 312.
— célèbre à la Ferté. III, 487.
PROCESSIONS quotidiennes au monastère. I, 182.
— des grandes litanies. I, 183.
— sacrilège à Saint-Riquier. I, 530.
— du Saint-Sacrement. II, 10, 17-18. — III, 19.
— contre l'incendie. II, 112, 242.
— des confrères de saint Nicolas. II, 74.
PROCURATIONS des églises à l'archidiacre. I, 489.
PROCUREURS de la Prévôté. III, 157.
PROFESSION de foi prescrite par le pape Urbain VIII. I, XL.
PSAUTIER appris par les moines. I, 182.
— du monastère, très-riche. II, 7.
PUNITION des spoliateurs de biens ecclésiastiques. I, 357-60.

Q

Quint denier. II, 470, 474. — III, 503. — Voir Procès.

R

Recluses à Saint-Riquier. I, 235. — III, 11, 118.
Recommandations pour l'élection des Abbés II, 77 n.
Réforme de saint Maur. II, 243-47, 286-88, 309.
Refuges au ixᵉ siècle. I, 254.
Règle monastique à Saint-Riquier. I, 40, 89, 214. — II, 334.
— des religieuses Augustines. III, 418.
Relief au quint denier. I, 518. — II, 470 74.
— de la commune. I, 518. — II, 12, 67, 512.
Reliquaires et châsses II, 252, 412.
Reliques des saints. I, 158, 227, 262, 337, 341.
— avec les noms des saints. I, 153-54, 160-161. — II, 121, 252-54. —IIIᵉ 541-43.
— de la vraie Croix, II, 253, 413, 542.
— (Fête des), à Saint-Riquier. II, 429.
Rentes. II. 473.
— sur la ville III 60 n.
Requint. II, 470.
Rétable de Saint-Riquier au musée de Cluny. II, 214-15.
Richebourg. III, 362 n.
Romanciers (les) et les moines. II, 358.
Rotures. II, 472.
Rouleaux des morts (*Rotulus*). I, 249, 474.

S

Saints (les) du monastère. I, xviii.
— de Belgique, contemporains de Saint-Riquier. I, 43.
Saisine. II, 474 n.
Sala ou palais abbatial. I, 191.
Sauvegarde (Lettres de). III, 68.
Sceau d'Abbé. I, 44.
Schisme (Grand) d'Occident. II, 58.
Scriptorium. I, 190
Scriptorium de Saint-Riquier. II, 548.
Séminaire (Petit). I, ix-xii.

Senior ou *Seniorator* (Le Seigneur). III, 452.
Sépultures Mérovingiennes à Saint-Riquier. I, 17-18.
Sergents royaux. III, 158.
Serment aux magistrats de la commune I, 540.
Servage aux tombeaux des saints. I, 395 n.
Service des Plaids et autres. II, 469.
Siècle (Le xiiiᵉ) I, 481-483.
Sigillographie. III. 521-30.
Sou Anglais. III, 405 n.
Surcens II, 473. — III, 68.

T

Table du Seigneur. II. 470.
Tablet ou monument de Pierre Le Prêtre. II, 146.
Taille et Taillon. I, 411 n., 541.
Tapisserie de l'église (ixᵉ siècle). I 178.
Tarasque (La) II, 399.
Templiers. I, 413-44. — II, 8-10, 500.
Terrage. — Voir Champart.
Testament (xiiiᵉ siècle). III, 118 n.
— spirituel. II, 294 n
Tonlieu (*Theloneum*). II, 477 n.
Tours de Saint-Riquier. III, 65.
Travers (Droit de). I, 465, 476. — II, 169. — III, 67, 355, 465, 480, 499, 505, 509.
Trésor de l'église de Saint-Riquier. I, 165-80. — II, 254, 405-12.
Trêve de Dieu. I, 338. — II, 234.
Trois vifs et Trois morts (Les dits des). II. 410.

U

Usure (xiiiᵉ siècle). I, 482.
— des Juifs à Saint-Riquier. I, 545.

V

Val des Lépreux. — Voir Léproserie.
Vicomtes de la fête de Saint-Riquier. I, 517.
Vie érémitique. I, 52.
Villains ou hommes des *villes*. II, 472.
Villes et villages fondés par les moines. I, 209
Vivier du monastère de Saint-Riquier. I, 195

TABLE DES CHAPITRES.

LIVRE XVI

VILLE DE SAINT-RIQUIER.

                                                                                Pages.

CHAPITRE I. — La ville de Saint-Riquier, du xie au xviiie siècle.
Topographie. — Deux enceintes de murailles. — Les portes. — Les tours. — Les rues et les hôtels. — Le château de la Ferté. — Population. — Capitaines de la ville. — Fonctionnaires en 1777. — Mesures de capacité. — Rivière du Scardon 1

CHAPITRE II. — Seigneurie du monastère sur la ville.
Patronage des églises, chapelles de l'Hôtel-Dieu et de la Maladrerie. — Dîmes. — Droits seigneuriaux. — Baillis du monastère. — Noms de plusieurs baillis 18

CHAPITRE III. — Eglise paroissiale de Notre-Dame.
Revenus et charges. — Fondations et obits. — Chapelles. — Noms de curés. — M. Callé. — M. Padé. — Grand nombre de prêtres à Saint-Riquier. — Leurs noms, aux xve et xvie siècles. 28

CHAPITRE IV. — Confrérie de Saint-Nicolas.
Statuts de la confrérie. — Dons et legs. — Comptes. — Entreprises de Guillaume Rohaut et des commandeurs du Mont-Carmel et Saint-Lazare. 36

CHAPITRE V. — La commune de Saint-Riquier.
Ses droits, usages et coutumes. — Ses comptes. — Ses démêlés avec diverses juridictions. — Noms de mayeurs et d'échevins de 1158 à 1791 54

CHAPITRE. VI. — La noblesse de Saint-Riquier.
Grand nombre de nobles au Moyen-Age. — Noms et généalogies de quelques familles nobles qui ont habité Saint-Riquier 76

CHAPITRE VII. — Les fiefs de Saint-Riquier.
Fiefs monastiques. — Fiefs séculiers. — Fiefs perdus ou éteints. — Bois de Saint-Riquier. — Lieux-dits 121

CHAPITRE VIII. — Doyenné de Saint-Riquier.
Les doyens de chrétienté. — Paroisses, chapelles ou autres titres du doyenné de Saint-Riquier. — Noms de quelques doyens 144

CHAPITRE IX. — Prévôté de Saint-Riquier.
Son origine. — Prévôté royale. — Ses attributions. — Son étendue. — Noms des villages soumis à la prévôté. — Noms des prévôts, des gardes-scels, des procureurs, des sergents royaux, des auditeurs royaux, des notaires 148

CHAPITRE X. — Refuge d'Abbeville.
Abbeville, domaine de l'abbaye de Saint-Riquier. — Refuge. — Son origine. — Vendu en 1791 161

LIVRE XVII

LES FIEFS DE LA PREMIÈRE FONDATION.

CHAPITRE I. — Seigneurie de Drugy et de Neufmoulin, avec ses fiefs et les noms des fieffés . 165
CHAPITRE II. — Seigneurie d'Aumâtre, avec ses fiefs etc 183
CHAPITRE III. — Seigneurie de Buigny-L'Abbé, etc. 185
CHAPITRE IV. — Seigneurie de Bussu-Yaucourt-Vaux, etc 191
CHAPITRE V. — Seigneurie d'Estrées-les-Crécy, etc. 203
CHAPITRE VI. — Seigneurie de Gapennes, etc. 209
CHAPITRE VII. — Seigneurie d'Hautvillers, etc. 217
CHAPITRE VIII. — Seigneurie et prévôté de Huppy, etc. 222
CHAPITRE IX. — Seigneurie de Maison-Roland, etc 232
CHAPITRE X. — Seigneurie et prévôté de Noyelles-en-Chaussée, etc. 235
CHAPITRE XI. — Seigneurie d'Oneux et de Neuville, etc. 249
CHAPITRE XII. — Seigneurie et prévôté de Villencourt, Villeroy et Witz-sur-Authie, etc. . . 259

LIVRE XVIII

FIEFS DIVERS, DOMAINES, DIMES, REVENUS, ETC.

CHAPITRE I. — Seigneurie de Millencourt, avec ses fiefs et fieffés, etc 271
CHAPITRE II. — Seigneurie d'Agenvillers, etc. 280
CHAPITRE III. — Seigneurie de Gueschard, etc. 287
CHAPITRE IV. — Seigneurie d'Yvrench et d'Yvrencheux, etc. 296
CHAPITRE V. — Seigneurie de Boisbergues, etc. 310
CHAPITRE VI. — Seigneurie de L'Etoile et Bouchon, etc. 315
CHAPITRE VII. — Coulonvillers et Senarmont 320
CHAPITRE VIII. — Fiefs des Trotins à Fontaine-sur-Somme 322
CHAPITRE IX. — Seigneurie de Feuquières-en-Vimeu et Feuquerolles, etc. — La commune de Feuquières 323
CHAPITRE X — Seigneurie et prévôté de Mayoc et Crotoy, avec leurs dépendances. . . . 335
CHAPITRE XI. — Seigneurie et prévôté de Chevincourt (Oise). 347
CHAPITRE XII. — Dîmes sur quelques villages. 357
CHAPITRE XIII. — Domaines perdus sur la rivière de Somme, aux environs de Domart et Saint-Riquier; sur la rivière d'Authie ou aux environs; sur la rivière de Canche dans l'Artois. — Domaines aliénés en Flandre 360

LIVRE XIX

LES PRIEURÉS DU MONASTÈRE DE SAINT-RIQUIER.

Pages.

CHAPITRE I. — Prieuré de Saint-Lucien de Lœuilly 369
CHAPITRE II. — Prieuré de Brédené, en Flandre 371
CHAPITRE III. — Prieuré d'Encre. — Seigneurie d'Arleux-lès-Bray. — Seigneurie de Bray-sur-Somme. — Autres dépendances de ce prieuré. — Arvillers 376
CHAPITRE IV. — Prieuré de Bours-en-Artois et ses dépendances. 398
CHAPITRE V. — Prieuré de Pagrave, en Angleterre 404
CHAPITRE VI. — Prieuré de Forêt-Montier. — *Argubium* ou Le Gard-lès-Rue. — Chartes sur ce prieuré. — Ses dépendances. — Guy, abbé de Forêt-Montier. 406

LIVRE XX

L'HOTEL-DIEU DE SAINT-RIQUIER.

XIIe & XIIIe SIÈCLES. — Les Hôpitaux. — Fondation de l'Hôtel-Dieu de Saint-Riquier. — Sa chapelle. — Les religieuses Augustines. — Leur règle. — Les fondateurs et bienfaiteurs . . 413
XIVe SIÈCLE. — Faits divers. — Entreprises d'Oudart Du Fresne, de Firmin Le Ver 429
XVe SIÈCLE. — Les pères-maîtres de l'Hôtel-Dieu. — Lettres de franchises de Philippe de Crévecœur 434
XVIe SIÈCLE. — Fondation de Marie Décamps. — Bail de la ferme de Neuilly 436
XVIIe SIÈCLE. — Esprit religieux des Augustines. — Noms de quelques grandes religieuses. — Réunion de la maladrerie du Val 438
XVIIIe SIÈCLE. — Nouvelles constitutions des religieuses — Grandes constructions. — Les pères maîtres. — Les religieuses en 1790. — Fondations conservées depuis 1789. — Fondations de la maladrerie du Val. 445

LIVRE XXI

LA CHATELLENIE DE LA FERTÉ-LÈS-SAINT-RIQUIER.

CHAPITRE I. — La famille Le Seigneur.
La Ferté et son château. — Les premiers seigneurs. — Fondation du prieuré de Biencourt. — Robert de La Ferté. — Gautier Le Seigneur 451
CHAPITRE II. — La famille de Roye.
Quatre Mathieu de Roye — Leurs alliances. — Droit de travers. — Grand procès pour douaires. — Marguerite de Picquigny. Ses fondations 461
CHAPITRE III. — La famille de Châtillon.
Suite des seigneurs. — Faits divers. — Prodigalité de Jean II de Châtillon. Grand procès à ce sujet. — Bibliothèque de la Ferté. 475
CHAPITRE IV. — La famille de Roncherolles.
Suite des seigneurs. — La commende du Gard. — Pierre II de Roncherolles sous la Ligue. — Transaction de Claude de Roncherolles avec l'abbaye. — Vente de la Ferté 493

CHAPITRE V. — La famille du Chastellet.
  Entreprises violentes contre le monastère. — Vente de la Ferté 501
CHAPITRE VI. — La famille de Pestre.
  Le domaine de la Ferté grevé de charges. — Il est vendu... 503
CHAPITRE VII. — Châtellenie et château de la Ferté.
  Les châtellenies. — La garde des chemins. — Le droit de travers. — Le château. — Les coutumes de la Ferté 504
CHAPITRE VIII. — Seigneuries et fiefs de la châtellenie de la Ferté.
  Enumération des seigneuries et des fiefs. — Droits et redevances. — Patronage de plusieurs chapelles. — Noms de quelques chapelains et de quelques baillis 510
APPENDIX. — SIGILLOGRAPHIE.
  Quelques sceaux et quelques armoiries de l'histoire de Saint-Riquier 521
TABLE GÉNÉRALE DES NOMS DE PERSONNES 531
TABLE GÉNÉRALE DES NOMS DE LIEUX. 553
TABLE GÉNÉRALE DES MATIÈRES 561
TABLE DES CHAPITRES DU IIIe VOLUME 569

ERRATA DE CE VOLUME.

Page 10, note 1, ligne 4, n'on, lisez : n'ont.
» 17, ligne 14, molin, lisez : moulin.
» 22, note 1, 2ᵐᵉ col., ligne 8, sur lesquelles, lisez : sur laquelle. — appointés, lisez : appointées.
» 25, ligne 7, miens, lisez : Amiens.
» 26, ligne 1, tomberaient, lisez : tombaient.
» 56, ligne 13, el, lisez : le.
» 58, ligne 1, où, lisez : ou.
» 60, note 1, ligne 1, 950, lisez : 550.
» 73, ligne 16, 1331, lisez : 1391.
» 74, ligne 30, 1452, lisez : 1457.
» 75, ligne 21, après Ide de Francières, une virgule au lieu d'un point.
» 77, ligne 3, condamnés, lisez : condonnés.
» 82, ligne 23, ajoutez : Mailly de Bouberch (habitait le Hamel).
» 87, ligne 14, Estalou, lisez : Estalon.
» 90, ligne 30, Foncault, lisez : Foucault.
» 105, ligne 7, XII, lisez : XI.
ligne 13, Jean VIII, lisez : Jean VII.
ligne 17, Il fut maintenu, lisez (à la ligne) : Charles fut maintenu.
» 110, ligne 1, Cuilleret, lisez : Cuillerel. — Même faute, page 374, ligne 23.
» 138, ligne 25, Linguil, lisez : Lingueil.
» 142, ligne 22, lisez : Tonvoy ou Tanvoy.
ligne 26, chevin, lisez échevin.
» 143, ligne 11, Note 2, à retrancher.
» 146, ligne 21, Aussi, lisez : Ainsi.

Page 154, ligne 23, des, lisez : du.
» 155, 2ᵐᵉ col., ligne 4, 1499, lisez : 1459.
» 190, ligne 19, Hurtale, lisez : Hurtade.
» 202, ligne 8, Picolet, lisez : Picotel.
» 224, ligne 32, Après le mot *père*, mettez : point et virgule, et une virgule après *postérité*.
» 227, ligne 11, 1354, lisez : 1277.
» 227, dernière ligne, Honcourt, lisez : Haucourt.
» 234, note 1, ligne 1, en sautoir, lisez : au sautoir.
» 274, ligne 10, 1799, lisez : 1794.
» 288, ligne 16, Francières, lisez : Fransières.
» 293, ligne 24, Renaul, lisez : Renaud.
» 298, note 1, ligne 7, commandant, lisez : commandeur.
» 313, notes 3, 1, lisez : 1, 2.
» 316, ligne 3, près, lisez : prés.
» 321, ligne 19, Fossemant, lisez : Fossemanant.
» 323, ligne 11, Saint-Gervin, lisez : Saint Gervin.
» 329, dernière ligne, Le Comte, lisez : Le Vicomte.
» 396, ligne 30, de Borgne, lisez : du Borgne.
» 408, avant-dernière ligne, ne serait-il possible ? lisez : ne serait-il pas possible ?
» 421, note, 2ᵐᵉ colonne, ligne 5, lisez : surplis et pour élever.

ERRATA.

Page 440, ligne 17, Descamps, lisez : Decamps.
» 454, ligne 1, Portés, lisez : porté.
» 462, note 2, *discretio sensus*, lisez : *discretio, sensus*.
» 479, ligne 24, Guisnes, lisez : Guines.
» 483, note, 2me colonne, ligne 14, Moust, lisez : Moult.
» 549, 2me col., ligne 11, 70, lisez : 1-70.
» 550, 2me col., dernière ligne, Si etrude, lisez : Sigetrude.
» 562, 1re col., 1re ligne. manuscrit au, lisez : manuscrit du.
» 563, 2me col., ligne 35. Sous, lisez : sous.
» 564, 1re col., dernière ligne. — 567, 1re col., ligne 33. — 568, 1re col., ligne 31. Saint-Riquier, lisez Saint Riquier.

CORRECTIONS DE PLUSIEURS *ERRATA* DES VOLUMES PRÉCÉDENTS

TOME I.

Page 72, ligne 28, corriger ainsi ce vers :
Angilbert, en ces vers, proclame sa puissance.
» 333, ligne 13, lisez : le B. Richard.
» 351, ligne 23, lisez : Henri I.
»   4me note, au lieu du Tome V, lisez : Tome IV.

TOME II.

Page 229. Biffer la phrase de la ligne 26 restée dans quelques volumes.
» 243, ligne 26, xviiie siècle, lisez : xviie siècle.
» 269, ligne 18, 1726, 1730, lisez : 1626, 1630.
» 274, ligne 3, 1786, lisez : 1686.

FIN DU TROISIÈME ET DERNIER VOLUME.

Amiens. — Imprimerie Amiénoise A. DOUILLET et Cie, rue du Logis-du-Roi, 13

MÉMOIRES

DE LA

SOCIÉTÉ DES ANTIQUAIRES

DE PICARDIE.

DOCUMENTS INÉDITS

CONCERNANT LA PROVINCE.

TOME ONZIÈME.

AMIENS,
IMPRIMERIE A. DOUILLET ET Cⁱᵉ, RUE DU LOGIS-DU-ROI, 13.
A PARIS, chez A. CHOSSONNERY, Libraire, Quai des Augustins, 39.

1888

PUBLICATIONS DE LA SOCIÉTÉ DES ANTIQUAIRES DE PICARDIE.

MÉMOIRES IN-8°.

Tome Ier, avec planches lithographiées.
Tome II.
Tome III, avec atlas de 40 planches lithographiées, grand in-8°; Tome IV et Supplément, avec 9 planches de médailles; Tome V, avec 9 planches lithographiées; Tome VI, avec atlas de 16 planches lithographiées, grand in-8°; Tome VII, avec atlas de 20 planches lithographiées, grand in-8°; Tome VIII, avec 10 planches lithographiées (Épuisés).
Tome IX, avec 11 planches gravées.
Tome X, avec 12 planches lithographiées.
Tome XI, ou 1er volume de la 2e série.
Tome XII, 2e id.
Tome XIII, 3e id.
Tome XIV, 4e id. avec 14 planches lithographiées.
Tome XV, 5e id. avec 7 planches lithographiées.
Tome XVI, 6e id.
Tome XVII, 7e id.
Tome XVIII, 8e id. avec 11 planches lithographiées.
Tome XIX, 9e id. avec 13 planches lithographiées et gravées.
Tome XX, 10e id. avec 4 planches lithographiées et gravées.
Tome XXI, ou 1er volume de la 3e série.
Tome XXII, 2e id. avec 14 planches lithographiées.
Tome XXIII, 3e id. avec 30 planches lithographiées.
Tome XXIV, 4e id.
Tome XXV, 5e id.
Tome XXVI, 6e id. avec 9 planches lithographiées.
Tome XXVII, 7e id. avec planches lithographiées.
Tome XXVIII, 8e id. avec planches lithographiées.
Tome XXIX, 9e id. avec planches lithographiées.

MÉMOIRES IN-4°.

Tomes I et II. — COUTUMES LOCALES du Bailliage d'Amiens, par M. A. BOUTHORS (Épuisé)
(Ouvrage couronné par l'Académie des Inscriptions et Belles-lettres au concours de 1854.)

Tome III. — INTRODUCTION à l'histoire générale de la province de Picardie, par Dom Grenier, publiée par MM. Ch. DUFOUR et J. GARNIER.

Tome IV. — RECHERCHES HISTORIQUES ET CRITIQUES sur les anciens comtes de Beaumont-sur-Oise, du XIe au XIIIe siècle, avec une carte du comté, par M. L. DOUET-D'ARCQ.

Tome V. — HISTOIRE DE LA VILLE DE DOULLENS, par M. E. DELGOVE.

Tome VI. — CARTULAIRE DE L'ABBAYE DE NOTRE-DAME D'OURSCAMP, de l'ordre de Citeaux, fondée en 1129, au diocèse de Noyon, par M. PEIGNÉ-DELACOURT.

Tomes VII et VIII. — BÉNÉFICES DE L'ÉGLISE D'AMIENS ou État général des biens, revenus et charges du Clergé du Diocèse d'Amiens en 1730, par M. F.-I. DARSY.

Tomes IX, X et XI. — HISTOIRE DE L'ABBAYE ET DE LA VILLE DE SAINT-RIQUIER, par M. l'Abbé HÉNOCQUE.

BULLETINS.

ANNÉES	ANNÉES	ANNÉES
Tome Ier. — 1841-42-43 (Épuisé).	Tome VI. — 1856-57-58 (Épuisé).	Tome XI. — 1871-72-73.
Tome II. — 1844-45-46 (Épuisé).	Tome VII. — 1859-60-61.	Tome XII — 1874-75-76.
Tome III. — 1847-48-49	Tome VIII. — 1862-63-64.	Tome XIII. — 1877-78-79.
Tome IV. — 1850-51-52 (Épuisé).	Tome IX. — 1865-66-67.	Tome XIV. — 1880-81-82.
Tome V. — 1853-54-55 (Épuisé).	Tome X. — 1868-69-70.	Tome XV. — 1883-84-85.

PUBLICATIONS DIVERSES.

CATALOGUE du Musée départemental et communal d'antiquités, fondé à Amiens en 1836 par la Société des Antiquaires de Picardie. Deuxième tirage, 1848.

ANNUAIRE administratif et historique de la Somme, pour les années 1852 et 1853, publié sous les auspices du Conseil général du Département.

ALBUM.

1er fascicule, 5 planches. | 2e fascicule, 5 planches.

Ces ouvrages se trouvent à Paris chez M. A. CHOSSONNERY, libraire, 39, Quai des Augustins, et à Amiens, chez M. LE SECRÉTAIRE-PERPÉTUEL DE LA SOCIÉTÉ, au Musée.

www.ingramcontent.com/pod-product-compliance
Lightning Source LLC
Chambersburg PA
CBHW050419240426
43661CB00055B/2209